Radu Pavel Ghe

DISCO TITANIC

Radu Pavel Gheo

DISCO TITANIC

Roman

Aus dem Rumänischen übersetzt von
Gundel Große und Miruna Bacali

KLAK

1
Kaltes Bier

Er nahm einen langen Schluck und stellte die Flasche, an der das Wasser abperlte, auf den Holztisch. „So lässt es sich leben!“ Er lehnte sich zurück und trommelte auf seinen Bauch, über den sich das verschwitzte, an der Haut klebende Shirt spannte.

Die Sonne war noch nicht untergegangen. Rötlich sank sie langsam über die Häuser aus dem neunzehnten Jahrhundert auf dem anderen Ufer der Bega herab. Es war warm. Von der Böschung her wehte eine angenehme Brise. Die Geräusche des Biergartens belebten dezent das Ufer. Die Musik von der Bar war wie in allen rumänischen Biergärten ziemlich laut, aber nicht so laut, dass sie die Unterhaltungen beeinträchtigte. „Du hast heute einfach super gespielt!“, kommentierte Vivi, leicht aufgedunsen und blond, und zog die ausgeblichenen Augenbrauen hoch.

Er griff nach dem Bier, trank und gurgelte dabei kurz. „Du doch auch, Vivi... *Fucking real*! Aber klar, warum soll ich nicht angeben? Heute ist mir einfach alles gelungen. Wie bei der NBA! Selbst wenn ich den Ball rückwärts geworfen hätte, hätte ich auf jeden Fall getroffen. Allein die drei Punkte... wie viele Dreier hab' ich geschafft, Vivi, hast du gezählt? Sieben? Acht? Acht, glaub' ich.“

„Sieben“, korrigierte Vivi. „Und Cornel drei.“

„Und du selbst drei, oder?“ Er griff wieder nach dem Bier, das er in einem Zug leerte.

„Und ich drei“, stimmte Vivi zu.

„Mann, verdammt, wir hätten für Poli spielen sollen! Aber wer nimmt uns noch in diesem Alter? Dich vielleicht, Vivi, bist ja noch jünger.“

„Sicher“, lachte Vivi geschmeichelt und richtete den kleinen Kragen seines cremefarbenen T-Shirts. „Bei den *Old Boys* Poli. Ich bin immerhin fünfunddreißig, Vlad, verdammt noch mal! Aber wenn du sagst, dass es sich lohnt, dann geh’ ich mit Cornel hin. Heute haben wir es denen ja richtig gegeben.“

„Ich bin zweiundvierzig“, brummte Cornel und trocknete sich die schweißnasse Stirn ab. „Ich bin der *old boy*.“

Stimmte zwar, doch er sah nicht älter als dreißig, vielleicht fünfunddreißig aus. Der olivfarbene, trockene Teint voller Lachfalten und der Schnauzbart, den er seit einigen Jahren trug, machten ihn älter. Eigentlich sah man keinem von ihnen das Alter an, wie sie da am Ufer der Bega beim Bier saßen, an einem Fuß der Steinbrücke, die „Brücke der Jugend“ genannt wurde, obschon sie offiziell „Metropolit Andrei Șaguna“ hieß. Cornel war der Älteste, und der bärtige Loți, der es noch nicht für nötig befunden hatte, etwas zu sagen, war einundvierzig wie er, Vlad. Aus Gründen, die er und die anderen nur zu gut kannten, nahm Loți nicht an ihrer lauten Fröhlichkeit teil. Andererseits hätte er schwören können, dass Loți mit seinen dunkelblonden, zerzausten Haaren schon immer, oder zumindest seit sie sich kannten, in solche Stimmungen verfiel.

„Wie auch immer, wir haben es ihnen gegeben“, fuhr Vivi fort. „Aber ich bin total kaputt. Mir tut einfach alles weh.“

„Was hast du denn erwartet? Wir spielen vier gegen vier, logisch, dass du da geschafft bist! Weißt du, wie viel wir gerannt sind?“

„Nicht wie vor zwanzig Jahren“, lachte Vivi wieder. Er zeigte zu einer Gruppe hochgewachsener, schlaksiger Jungs auf der Promenade. „Wenn uns ein paar Jugendliche erwischen wie die da, schreien wir bald ‚Mensch, mach mal nicht so heftig!‘ Ich glaube, wir gehen noch nicht mal als *old boys* durch.“

„Nein, aber trotzdem... Jaja, ich weiß schon!“, erwiderte er schnell. „Dazu sind wir einfach nicht mehr fähig. Ich seh's ein, Vivi, und ich bin doch nicht bescheuert und renne wie ein Blöder, besonders mit meiner Lunge..."

Ohne seinen Satz zu beenden und als hätte er sich gerade an etwas erinnert, griff er nach der Zigarettenschachtel, zündete sich eine an und sog genüsslich den Rauch ein.

„Ach, das fühlt sich einfach gut an! Hey, Süße!", sprach er die Kellnerin an, die gerade an ihnen vorbeigelaufen war, und winkte. Als sie kam und dabei ein Tablett mit leeren Flaschen und Gläsern balancierte, lachte er sie an: „Bring nochmal vier, bitte. Und behalt uns im Blick, so wie ich dich im Blick behalte."

Als er das sagte, schaute er ihr direkt ins Gesicht, verzog seinen Mund mit den schmalen Lippen zu einem breiten Lächeln und zwinkerte ihr zu. Die Kellnerin zuckte gleichgültig mit den Achseln, konnte sich aber ein kleines Lächeln nicht verkneifen und machte auf dem Absatz kehrt.

Um sie herum herrschte entspanntes Treiben. Der Biergarten hatte sich inzwischen gefüllt. Wer an den Tischen keinen Platz mehr fand, setzte sich auf die entrindeten Baumstämme, die in Ufernähe platziert waren.

„Mensch, ich kannte früher mal einen phänomenalen Typen. Der wäre als fünfter Spieler im Team gut gewesen. Ein gewisser Leo. Er wohnte irgendwo im Elisabetin-Viertel. Wir haben uns im Schulsportclub kennengelernt, er war ungefähr drei Jahre älter als ich. Er war nicht wirklich groß, aber seine Präzision... als würde er die Bälle alle mit der Hand direkt platzieren. Natürlich machte er das mit der Hand, wie denn sonst?", wurde ihm bewusst und er lachte. „Er war nicht aufzuhalten. Immer entkam er und machte ruckzuck den Punkt. Aber er spielte aggressiv, und wenn ihm das Spiel nicht glückte, blockte er ab, hielt einen fest, spielte sich auf. Er kassierte einen Haufen Punktabzüge."

„Und wieso erzählst du uns erst jetzt von ihm?“, fragte Cornel.

„Ach, Leo hat sich schon längst aus dem Staub gemacht!“, antwortete er voller Bewunderung und zog kurz an seiner Zigarette. „Cooler Typ! Er ist vor der Revolution mit seiner Freundin über die jugoslawische Grenze abgehauen. Beim ersten Mal wurden sie erwischt und die haben ihn ordentlich durchgeprügelt. Aber der Typ ließ nicht locker und beim zweiten Mal hat er es geschafft. Er ist zu den Serben rüber. Dann ist er wohl bis nach Amerika, und ich habe gehört, dass er dort irgendwelche krummen Dinger gedreht hat und gestorben ist oder ermordet wurde. Aber sicher weiß ich nichts.“

Eine Weile blieb er in Gedanken verloren. Dann schüttelte er den Kopf und schaute zu Loți.

„Und du, Loți, wie fandest du's? Heute hattest du offensichtlich auf nichts Bock“, stellte er fest und griff nach dem frisch servierten Bier, von dem er wie zur Probe einen kurzen Schluck nahm. „Ach, einfach gut!“

„Ich hab heute nicht gut gespielt, na und?“, erwiderte Loți trocken und fragte gleich, fast beschämt von seinem eigenen Ton: „Wann spielen wir wieder?“

„Was sagst du, Vlade?“, fragte ihn auch Vivi. „Ich kann's mir nachmittags fast immer einrichten.“

Nachdenklich griff er nach der dunkelgrünen Flasche und schaute durch sie hindurch, als wollte er sich vergewissern, dass er eine klare Flüssigkeit trinkt. Er hielt sie gegen die Sonne, die irgendwo auf der rechten Seite, zur Traiansbrücke hin, im Sinken begriffen war.

„Vlade, so haben die zu mir gesagt“, sagte er plötzlich ernst. „Vlade Divac. Der beste Basketballspieler aus dem ehemaligen Jugoslawien.“

„Wer hat das zu dir gesagt?“, fragte Vivi.

Er antwortete nicht. Er trank wieder, diesmal langsamer, wischte sich den Mund ab und zündete sich eine weitere Zigarette an.

„Der war doch nicht der Beste", griff Loți ein. „Dražen Petrović war der Beste."

„Ach, scheiß auf Dražen Petrović!"

„Schau mal im Internet nach, wenn du mir nicht glaubst", bestand Loți darauf. „Der erste Jugoslawe, der von den Amerikanern für die NBA rekrutiert wurde. Nur, dass er damals nicht dorthin wollte. Ich glaube, es war '86, ich weiß es nicht mehr genau... Er ging zuerst zu Real Madrid. Aber wie Dražen spielte... Das kann man gar nicht vergleichen."

Er beugte sich mit einer schelmischen Miene über den Tisch, als wäre ihm gerade eine Idee gekommen. Einen Augenblick schaute er zu Loți, dann sagte er langsam auf Englisch, mit einer piepsigen Stimme, die einen gebrochenen französischen Akzent nachzuahmen versuchte:

„*Lissen veri cärfülli, ei schel sei sis onli wens*: dreizehntausend Punkte in der NBA. Dreizehn. Tausend." Vivi und Cornel lachten kurz mechanisch. Es war nicht das erste Mal, dass sie diese Phrase hörten.

Doch Loți blieb hartnäckig: „Es stimmt schon, dass Divac mehr Treffer gesammelt hat, aber ganz ehrlich, wenn wir jetzt danach gehen... Dražen hatte auch einfach Pech, der Arme, und so viele Spielzeiten hat er gar nicht erlebt. Wenn dieser Autounfall nicht gewesen wäre...! Aber wie er gespielt hat..., hast du das mal gesehen?"

„Scheiß auf Dražen Petrović!", wiederholte er eindringlich, damit klar wurde, dass er die Diskussion für beendet hielt. Dann tranken alle vier. Die junge Kellnerin ging an ihrem Tisch vorbei und sammelte drei leere Flaschen ein. Sehr ernst wandte er sich ihr wieder zu:

„Mal ehrlich, willst du nicht wenigstens ein Mal meinen Freund anlächeln?" Er zeigte auf das längliche Gesicht von Loţi, das an ein trauriges Pferd erinnerte. „Guck mal, er geht mit seinen Jungs an einem schönen Sommerabend aus und fühlt sich einfach nicht wohl. Er hat noch nicht mal sein erstes Bier geschafft. Du willst doch nicht, dass die Kneipe seinetwegen Pleite geht!"

Die Kellnerin schaute mit leicht gerunzelter Stirn zu ihm, dann zu Loţi. Wie vorher lachte sie kurz auf und blieb dann herausfordernd stehen.

„Merci, Süße!", sagte er. Die Kellnerin machte kehrt und stolzierte davon, wobei sie eine lange, kastanienbraune Haarsträhne auf ihren Rücken warf. Unter dem Tisch versuchte Loţi, ihm in das Schienbein zu treten. Dann griff er nach der Flasche und senkte verlegen den Kopf.

„Na komm schon, Loţi, entspann dich! Das geht vorbei, herrje! Wenn sie dich verlassen hat, hat sie dich eben verlassen! So kannst du dich doch nicht durchs ganze Leben schleppen."

„Du musst es ja wissen", brummte Loţi, kratzte mit einer Hand an seinem dichten, struppigen Bart und wandte den Blick ab.

„Ja, weiß ich, ich weiß es nur zu gut!"

„Komm schon, Loţi, verdirb dir doch nicht den ganzen Abend", bat ihn auch Cornel. Er wollte ihm unbeholfen auf die Schulter klopfen, aber seine Hand landete irgendwo auf Loţis Brust. „Komm, lass einfach gut sein..."

Ihr Tisch befand sich etwas abseits, am Brückenfuß, aber nicht direkt unter der Brücke. Eine Weile schwiegen alle vier und ließen ihre Blicke schweifen. Auf dem Fluss, direkt neben dem Biergarten, war dekorativ ein schwarzes kleines Schiff befestigt, eigentlich ein renoviertes Boot. Es war der begehrteste Platz des Biergartens. Die Tische auf dem Deck waren fast immer besetzt. Genau darüber spannte sich der steinerne, graue Bogen der Brücke, auf der immer wieder Fußgänger innehielten und das Gewimmel unter ihnen bewunderten. Der Verkehr floss unentwegt. Ein Amateurfotograf schoss Bilder und platzierte sich dafür in eine der vier Brückennischen, die aus historischen Gründen ohne die vier katholischen Bischofsfiguren geblieben waren. Rechts, etwas weiter weg – oder „bergab“, wie es grundlos die Bewohner dieser Stadt sagten, die flach wie ein Pfannkuchen ist –, glitt die feuerrote Kugel der Sonne über die Geländer der anderen Brücke, die heute nach Traian benannt ist. Ältere Bewohner der Stadt kannten sie noch unter dem Namen Huniade, und noch früher hieß sie Losonczy-Brücke. Zwischen den Brücken erstreckte sich auf beiden Uferseiten die Promenade, die von Magnolien und gusseisernen Straßenlaternen gesäumt war und der Bega „bergauf“ Richtung Rosenpark folgte.

„Lass uns doch Samstagabend spielen“, schlug Vivi vor.

„Samstag kann ich nicht“, sagte Cornel rasch. „Morgen fahre ich mit Otilia und dem Kleinen nach Surduc.“

„Naja, wir haben ja auch noch nicht mit den anderen geredet“, bekräftigte auch er. „Lasst es uns lieber auf nächste Woche verschieben. Bleiben wir bei Donnerstag, vor dem Wochenende, denn Freitag hat Emilia ihre Buchvorstellung. Ich ruf Micky an und schlag ihm ein Treffen vor, okay? Sag mal, Cornel, gibt's was Neues bei euch im Rathaus?“, wechselte er plötzlich das Thema, während er nachlässig mit dem Handy herumspielte. „Haben euch die Zigeuner wieder irgendein Haus weggenommen?“

„Mann, Vlad, du weißt doch, dass ich damit nichts zu tun habe“, antwortete Cornel vorsichtig.

„Ach, du hast damit nichts zu tun! Das weiß ich. Du bist der mit den europäischen Projekten, du führst die Stadt nach Europa. Als wäre sie nicht seit Maria Theresia dort. Aber du arbeitest nun mal da, Chef.“

Cornel war niemandes Chef, doch sie hatten sich daran gewöhnt, ihn „Chef“ zu nennen.

„Irgendwas musst du doch mitbekommen haben“, hakte auch Vivi nach.

„Irgendwas hab ich schon mitbekommen, Vivi“, grinste Cornel.

Er drehte das Handy auf dem Tisch hin und her und fixierte Cornel.

„Na dann klär uns doch auf, damit wir nicht dumm sterben. Sag bloß nicht, dass ihr denen die Oper überlasst! Oder was von dort noch zu kriegen ist. Die alte Polytechnik? Die Regionale Bahngesellschaft? Gebt ihr denen vielleicht das Stadion?“

„Nein, Vlad, nein“, lachte Cornel. „Man munkelt, dass sie das Kinderkrankenhaus zurückbekommen. Vor Gericht hätten sie schon gewonnen.“

Er ließ das Handy in Ruhe und schnaubte trotzig: „Das Kinderkrankenhaus? Sie restituieren es? Wie zur Hölle restituieren sie es? Wann haben die Zigeuner denn Kinderkrankenhäuser gebaut?“

„Nicht das ganze Krankenhaus“, erklärte Cornel rasch. „Einen Teil des Gebäudes. Das, was die Kommunisten beschlagnahmt hatten...“

„Schon wieder dieser Clan, diese Cârpaci?“, unterbrach er ihn aufgeregt.

Cornel nickte: „Sicher.“

Seine Aufregung amüsierte sie. Weder Cornel noch Vivi und noch nicht einmal Loți wussten jemals, was davon echt und was gespielt war.

„Ich hab in einer Zeitung im Netz gelesen, dass sie ungefähr hundert Immobilien haben“, griff Vivi ein. „Auf den einen oder anderen Namen... Villen, Liegenschaften, Krankenhäuser, alles Mögliche. Da kannst du nichts machen, alles ist gesetzlich vollkommen zulässig. Rückübertragungen, vor Gericht erstrittene Rechte, Direktkäufe... Ich weiß es nicht, verdammt nochmal, woher sie so viel Kohle haben."

„Vollkommen zulässig, hm? Wann hatten denn bitte die Cârpaci hunderte von Häusern, die ihnen die Kommunisten wegnehmen konnten?"

„Komm schon, das weißt du doch!", kicherte Vivi. „Erst kaufen sie die Rechte und dann das Haus... Was weiß ich, woher die das Geld haben."

„Dann frag sie doch, vielleicht sagen sie's dir", schlug Cornel vor, lächelte in seinen Schnauzbart hinein und fuhr fort: „Jedenfalls kriegen sie jetzt das Kinderkrankenhaus. So ist das Leben. Die haben Kohle und fertig."

„Hier geht es nicht nur ums Geld!"

Er blies kurz nach oben in sein schwarzes Haar, das ihm in die Augen gefallen war. Mit seiner Hand glättete er den schräg geschnittenen Pony, dann hielt er sie über die Augen.

„Hab ich euch die Geschichte von dem Typen erzählt, der nicht an die Cârpaci verkaufen wollte? ... Noch nicht? Ich kenne sie von meinem Vater. Es gab mal einen auf dem Loga-Boulevard, in einem verstaatlichten Haus mit vier Wohnungen, auf die allerdings keiner Ansprüche erhoben hat. Ich weiß nicht genau, ob der Eigentümer gestorben war und es keine Nachkommen gab... wie auch immer. Also, der Zigeuner kauft eine Wohnung dort und geht dann zu jedem einzelnen Nachbarn, damit sie ihm ihre Wohnungen verkaufen. Der Typ hier, von dem ich euch erzähle, lacht ihm ins Gesicht und sagt, dass er ihm null verkauft, so wie es jeder von uns auch getan hätte. Doch der Zigeuner sagt: ‚Verkauf's mir! Ich biete dir jetzt soundso viel an, aber wenn ich nächste Woche wiederkomm, dann kriegst du nur noch die Hälfte.' Der Mann macht ihm die Tür vor der Nase zu und sagt, dass jetzt aber Schluss damit ist. Na gut. Und dann zieht der Zigeuner dort ein und fängt an, Terror zu machen: laute Musik, Feiern, zerschlagene Flaschen. Die Nachbarn rufen die Polizei, die Polizei kommt entweder gar nicht erst oder macht nichts. Nach einiger Zeit stellt der Mann fest, dass seine zwei Nachbarn verkauft haben und er mit den Zigeunern alleine geblieben war. Seitdem gab es nur Krach: An der Türklinke klebt Scheiße, Zigeunerkinder zerschlagen seine Scheiben, das Eingangsschloss geht kaputt und er kommt abends nicht ins Haus... Irgendwann wurde ihm auch noch das Wasser abgedreht, weil er angeblich nicht bezahlt hätte. Der Mann war verzweifelt, rief ständig die Polizei an, ohne Erfolg. Er legte überall Beschwerde ein, ebenso ohne Erfolg. Die Sache war krumm. Da kam er auf die Idee, einen Freund anzurufen, der für den Geheimdienst in Bukarest arbeitete, irgendein Oberst. Er ruft an, erzählt und der Oberst verspricht, sich darum zu kümmern, er soll sich keine Sorgen machen. Und was glaubst du, was abends passiert? Der vom Geheimdienst ruft ihn an und sagt: ‚Pass auf, verkauf und verschwinde, so schnell du kannst. Denen solltest du nicht in die Quere kommen. Die sind stärker, als du dir vorstellen kannst. Naja, und so ist es.", schloss er und schlürfte widerwillig sein Bier.

„Und was hat er gemacht, hat er verkauft?", fragte Cornel.

„Na klar, was sollte er denn tun? Und so kaufen sich die Zigeuner in Temeswar ihre Häuser."

„Das ist doch ein reines Märchen, das man sich in der Stadt erzählt", mischte sich Loți mit ruhiger, gedehnter Stimme ein.

„Schaut mal, wer sich plötzlich meldet! Wieso, verdammt, soll es denn ein Märchen sein? Woher willst du das denn wissen? Bin ich etwa ein Märchenerzähler?"

„Mensch, Vlad, hast du dich etwa mit dem Kerl unterhalten?"

„Nein, Loți, aber ich kenne den, der es meinem Vater erzählt hat. Ich erkundige mich, wenn du willst. Aber es ist hundertprozentig so, wie ich es sage."

„Die Wahrheit ist...“, unterbrach Vivi und räusperte sich, „die Wahrheit ist, dass die Sache mit den Zigeunern verdächtig ist. Ich habe mit ein paar Leuten vom Gericht darüber gesprochen. Wusstet ihr, dass diese Cârpaci mit einer Anwältin aus Bukarest zusammenarbeiten? Nicht mit jemandem von hier, sondern aus Bukarest! Und nun ratet mal, wer die Anwältin ist? Die Frau des ehemaligen rumänischen Generalstaatsanwalts! Na?“

„Naaa?“, drehte er sich zu Loți und breitete die Arme aus, wie um etwas zu beweisen.

Loți sagte nichts mehr. Er zog an der Zigarette, griff nach der Flasche und trank sie aus. Dann nahm er die andere Bierflasche, die vor ihm stand.

„Siehst du, auch das haben wir den Walachern zu verdanken. So ist Temeswar kaputt gegangen: Es ist voll von Zigeunern und gierigen Olteniern, und die Walacher bumsen uns im großen Stil durch!“

„So ist ganz Rumänien, Vlad, nicht nur Temeswar“, sagte Vivi. „Aber in der Sache mit den Olteniern muss ich dir recht geben. Wo man auch hinschaut, gibt es nur Oltenier. Und wie die reden! Was machtest du, was aßest du, wo warest du...“

„Wie ficktest du. Sind wir etwa dafür bei der Revolution gestorben?“

Die anderen lachten. Begeistert lachte auch er. Um sie herum wurde es für einen Augenblick still, als hätte sich alles darauf verständigt, in genau diesem Moment innezuhalten. Sogar die Musik hatte aufgehört.

Die Stille wurde nur vom vereinzelten Zirpen der Grillen von der Böschung her unterbrochen (auf einmal erinnerte er sich an das laute, maschinengewehrartige Surren der Zikaden, der *Cvrčci*, an der Adria). Jenseits der Bega, in Richtung Opernplatz, wo einst die Züge nach Baziaș vorbeifuhren, befand sich nun ein Park und die mächtige Metropolitenkirche mit ihren neun großen Türmen.

Plötzlich ertönte von der Promenade am anderen Ufer der Bega eine tiefe, taumelnde, doch klare Stimme: „Du Wichser, wo hast du die Bottel versteckt?"

„Das nenne ich einen waschechten Banater!"

Die anderen – sogar Loți – brachen wieder in Lachen aus.

Die Stille im Biergarten verlängerte sich um einige Sekunden, als ob die Tischgäste hofften, dem Geheimnis der verschwundenen Flasche auf die Spur zu kommen. Doch vom anderen Ufer war nichts weiter zu hören als ein schnelles Rascheln in den Sträuchern und ein dumpfer Aufschlag. Danach erfüllte nur noch das gemächliche Treiben der Spaziergänger und das Rauschen der Autos auf der Brücke die Luft. An der Bar ging die Musik wieder los und alles war genau wie zuvor.

„So ist es, die Walacher fressen uns auf. Die ficken uns kreuz und quer durch. Wir zahlen Gebühren, zahlen Steuern, schicken haufenweise Geld nach Bukarest, und was haben wir davon?" „Nur Scheiße", flüsterte Loți, der diesen Vortrag nicht zum ersten Mal hörte und wusste, welche Antworten er zu liefern hatte.

Etwas irritiert hielt er inne. Dann schnellte seine weiße, mächtige Faust triumphierend hoch. „Aber hallo! Loți hat Scheiße gesagt!" Er nahm die Hand herunter und fuhr im gleichen Ton fort: „Genau das geben die uns. Seit der Revolution haben wir nichts anderes von ihnen gekriegt. Und das machen sie systematisch! Wobei, nicht erst seit der Revolution, sondern schon seit der Vereinigung neunzehnachtzehn. Seitdem stinkt's im Banat."

„Na komm schon, Vlad, die Vereinigung war doch in Ordnung", intervenierte Cornel versöhnlich und strich seinen Schnurrbart glatt. „Vergleich mal nicht Äpfel mit Birnen! Was war damals und was ist heute?"

„Was damals war? Jetzt mal ernsthaft, Cornel, lass uns nicht mit der Geschichte des Vaterlandes anfangen, Kapitel eins bis x. Ich weiß doch auch, was war. Die Rumänen aus Siebenbürgen brannten nach der Vereinigung mit dem Mutterland. Es stimmt schon, dass die Ungarn ihnen die Haare vom Kopf fraßen, daran lag's... Entschuldige, Loți!... Aber so war es! Mein Urgroßvater väterlicherseits soll damals in Alba Iulia gewesen sein, im Dezember achtzehn. Hab ich das erzählt? Er war ein großer Befürworter der Vereinigung und Eier hatte er auch, der Alte ... Gut, damals war er jünger als wir es heute sind. Jung und rastlos." Er lachte kurz.

„Bei ihm in Oravița erzählten sie, dass er unterwegs an einem Bahnhof zwei ungarische Gendarmen verprügelte, die sich mit ihm angelegt hatten. So erzählt man zumindest. Wisst ihr, ich kann das sogar verstehen: Der Mann glaubte an eine Idee. Friede seiner Asche, ich hab ihn nicht mehr erlebt. Nur eben, was dann kam... Wäre es eine echte Vereinigung gewesen, hätte ich es vielleicht kapiert, aber es war Annexion. Oder?"

„Ja, irgendwie schon", räumte Vivi ein.

„Ich hab sie fast vor Augen", fuhr er fort und blinzelte ernst. „Was sich wohl die Walacher gedacht haben? Die haben sich gierig die Lippen geleckt und gedacht: Heute ist uns der große Wurf gelungen, wir haben uns Siebenbürgen und das Banat geschnappt..."

„Und Bessarabien", vervollständigte Cornel.

Mit der Zigarette in der Hand durchschnitt er die Luft: „Bessarabien ging denen doch am Arsch vorbei! So wie heute. Siebenbürgen und das Banat, Alter, dort haben wir Fabriken von den Österreichern, nagelneue Eisenbahnnetze und Städte, in denen wir uns vergnügen können, mit Dächern, durch die es nicht regnet und Toiletten mit fließendem Wasser... Bei sich fuhren sie barfuß im Pferdewagen durch den Schlamm, aber hier waren alle Straßen gepflastert. Das ist es", folgerte er, „Annexion. Und nun Klappe halten, Banater, denn jetzt sind wir an der Macht."

„Ja, nur dass die Leute damals genau das wollten", widersprach ihm Cornel.

„Na gut, damals war das der Trend, aber das bedeutet doch nicht, dass es für immer sein muss. Wir hatten eine Abmachung, ja? Hast du dich daran gehalten? Gut. Hast du dich nicht daran gehalten? Dann auf Wiedersehen! Und wieso hatten wir keine andere Wahl?" Er hob den Kopf und schüttelte seine schwarze Mähne. „Und die Republik Banat? Das war damals eine Lösung. Eigentlich", fügte er etwas leiser hinzu, „wäre es auch jetzt eine Lösung. Es ist noch nicht zu spät."

Immer, wenn es um das heutige Temeswar, die „Walacher" oder das Altreich ging, kam man am Ende auf die berühmte Banater Republik zu sprechen. Niemand wusste Genaueres über diese Republik, aber sie fühlten sich beflügelt und irgendwie stolz bei dem Gedanken daran, dass sie irgendwann existiert hatte in dieser trüben Zeit Ende 1918, als Österreich-Ungarn zerfiel und an seiner Stelle neue, fragile Staaten auftauchten mit Grenzen, die noch unsicher wogten wie Meereswellen. Manche behaupteten, dass jene Banater Republik, die in Temeswar ausgerufen und von einem gewissen Doktor Otto Roth geleitet wurde, nur zwei Wochen lang bestand, und zwar bis zur Besetzung der Stadt durch die serbische Armee, die das ganze Banat an das Königreich Jugoslawien angliedern wollte. Andere vertraten die These, dass die Republik in Wahrheit noch während der serbischen Besatzung mehrere Monate lang existiert hatte und dass man sogar Briefmarken ausgestellt hatte, auf denen in deutscher und serbischer Sprache „Banat" gedruckt war. Und eine Briefmarke ist bereits ein Zeichen organisierter Staatlichkeit, ein offizieller Existenzbeweis eines Landes. Und wenn das noch nicht reichte, erinnerte man sich auch daran, dass jener Staat, der nie richtig einer gewesen und in Temeswar dermaßen diskret ausgerufen worden war, dass noch nicht einmal die Bauern aus den umliegenden Dörfern davon Wind bekommen hatten, immerhin von einer Regierung anerkannt worden war. Das verlieh dem Augenblick der Unabhängigkeit mehr Gewicht, auch wenn es sich bei dieser Regierung um die ungarische handelte, die selbst nicht lange existierte. Schließlich gab es Staaten, die auf viel weniger als einer Briefmarke und einer unsicheren offiziellen Anerkennung errichtet wurden. Diese Leidenschaft erfüllte sie alle und die Wörter „Autonomie", „Bukarester", „Altreichler" wurden ebenso oft wie die Präpositionen und Konjunktionen wiederholt. Bei den Fußballspielen von Poli skandierten die fanatischen „Drucker", die Fans aus Temeswar, sobald eine gegnerische Mannschaft aus Bukarest kam, in einem dröhnenden Chor: „Hier ist das Banat/ hier ist unser Land/ wir fahren eure Hauptstadt/ hier sofort vor die Wand!" Unter ihnen waren in weiß-violetten Trikots auch er, Loți, Vivi und Cornel. Für sie war die Banater Republik eine historische Realität und ein Vorbild, wobei Cornel etwas skeptischer schien. Vielleicht lag das daran, dass er beim Rathaus angestellt war und damit einer etwas stabileren Institution angehörte, von der er sich eher verstanden fühlte. Schließlich war sie näher dran an seinen modernen Sorgen als Familienoberhaupt, als an den Problemen von 1918.

Die Sonne hatte sich hinter der Traiansbrücke versteckt und die dritte Runde Bier wurde gebracht. Einmal ins Rollen gekommen, setzte sich die Diskussion über die Banater Republik minutenlang fort, obschon sie bereits alle möglichen historischen Alternativen durchdiskutiert hatten – von der Rückgewinnung des serbischen Banats, also des Teils, der Vojvodina hieß und 1918 an das jugoslawische Königreich angeschlossen worden war, bis hin zu den möglichen Grenzen eines hypothetischen unabhängigen Banater Staates. Nicht immer erwiesen sich diese Varianten besser als die Gegenwart.

„Die Grenze bei Orșova!“, skandierte er einen bekannten Slogan. „Die Grenze bei Orșova und die Walacher mit dem Pass am Zoll. Wenn alles ok ist, können sie rein, wenn nicht, dann tschüss und auf Nimmerwiedersehen. Oltenier, Walacher, was auch immer, macht euch nach Hause, wenn ihr euch nicht zivilisiert benehmen könnt! Na gut, ich sage ja nicht, dass man alle mit einem Arschtritt vertreiben soll. Sowas habe ich niemals gesagt, denn ich bin Banater und wir Banater waren immer tolerant. Wir leben und verstehen uns hier seit Jahrhunderten miteinander, es war und ist egal, wer was ist: Rumäne, Ungar, Deutscher, Serbe. Wen interessiert das, solange du ein Mensch bist? Stimmts, Loți? Hatten wir jemals Stress miteinander?“

„Du hast recht, Vlad“, bekräftigte Loți ernst.

„Aber Mann, wenn du in meine Stadt kommst, dann lerne gefälligst, dich anständig zu benehmen! Schieb dich nicht wie eine Kuh in einen Bus. Schmeiß nicht deinen Müll aus dem Fenster in der achten Etage. Spuck nicht auf die Straße. Und fluch nicht, wie es dir gerade einfällt, verdammt nochmal! Und kack nicht auf die Straße, denn man hat das WC erfunden, wo du mit Wasser spülst! Du bist in einer europäischen Stadt und nicht im Kuhstall deines Vaters. Lerne dich zu benehmen und dann werden dich die anderen in Ruhe lassen.“

„Das wird doch mit der Zeit besser“, sagte Cornel versöhnlich. „Es ging ja schließlich auch mit den Moldauern.“

„Der Chef hat recht“, bekräftigte auch Vivi. „Erinnerst du dich an die Schule? Na gut, ihr wart vermutlich schon in der Oberstufe. Meine Familie und die Nachbarn haben sich immer über die Moldauer aufgeregt, dass sie nicht zivilisiert sind, dass sie Trunkenbolde und Nutten sind und warum sie nicht einfach in die Moldau zurückkehren. Denn seitdem sie hierher gekommen sind, ist die Stadt heruntergewirtschaftet."

„Ha, ha, ha! Ich erinnere mich. Zu jemandem in der Klasse ‚Na, du Moldauer!' zu sagen, war schlimmer als jeder andere Fluch. Naja, aber wirklich, bei der Revolution sind die Moldauer scharenweise gestorben, die Armen... Man muss sich nur mal die Namen der Märtyrer angucken. Es sind so viele von dort."

„Na siehst du? Und noch etwas, Vlad. Die Leute sind mobil. Die Menschen ziehen dorthin, wo es ihnen besser vorkommt. Ich sehe es zwar auch so, dass sich viele weiter so benehmen wie in ihrer retardierten Kultur, aber naja, mit denen müssen wir zurechtkommen. Wollen wir mal die süße Kellnerin fragen, woher sie nach Temeswar kam? Ich könnte wetten..."

„Lass mal lieber, du Angeber, das weiß ich auch", widersetzte er sich und blies sich erneut seinen rebellischen Pony aus den Augen. „Ich habe dir ja gerade gesagt, dass ich nichts dagegen habe, wenn sie kommen. Wenn wir Banater nicht tolerant sind, dann weiß ich auch nicht... Sie sollen kommen, bitteschön, denn das Banat ist gastfreundlich. Ich verlange von ihnen nur, dass sie sich anständig benehmen und lernen, was zi-vi-li-siert bedeutet. Nichts anderes."

„Wie der, von dem du mir heute in der Umkleide erzählt hast?", mischte sich Cornel schelmisch ein.

Er runzelte die Stirn: „Wer?"

„Na, Emilias Typ. Der mit der Einladung!"

„Ach der! Oh Mann, das ist ein Ding. Das wollte ich euch sowieso erzählen."

Er schwieg kurz, schaute auf und zeigte ein langes feines Lächeln, nahm das Bier, trank fast theatralisch und begann, noch ehe er die Flasche wieder abgestellt hatte:

„Emilia hat eine Freundin, auch eine Lehrerin, die in unserer

Nähe wohnt, Richtung Fratelia. Emilia besucht sie ziemlich oft, vor allem, weil sie die alten Temeswarer Stadtviertel so bezaubernd findet, im Sommer wie im Winter ruhig und sonnendurchflutet, genau wie vor hundert Jahren. ‚Ich gehe gerne zu Fuß dorthin', so sagte sie zu mir, ‚ich spaziere gerne durch die kleinen Straßen mit den Häusern, die fast aneinander kleben, die mit roten Ziegeln gedeckt sind und Vorgärten haben, die sich fast bis zur Straße erstrecken, darin Blumen in Hülle und Fülle.' Letzten Samstag gegen Mittag, als sie gemächlich auf einem der kleinen Wege mit Häusern direkt an der Straße spaziert, läuft ihr ein junger Mann über den Weg, ‚gepflegt, städtisch, mit dieser lahmen Banater Art'. Wirklich so – eine Banater lahme Ente. ‚Und als er direkt vor mir war', sagte sie, ‚mustert mich der Typ kurz, bleibt stehen und sagt zögernd: *Seien Sie mir nicht böse... Ich bin nicht böse. Seien Sie mir nicht böse, aber dürfte ich Sie in den Arsch ficken?* Mir wird schwarz vor Augen. Ich war zu nichts anderem in der Lage als zu sagen: *Nein danke.* Der Typ nickte und ging ruhig weiter.' Du kannst dir vorstellen, wie es Emilia ging! Siehst du, das bedeutet Zivilisation!", rief er mitten in das Lachen der anderen, auch Cornels, der die Geschichte schon kannte. „Ein Walacher oder ein Moldauer hätte nicht lange gefackelt, Schlüpfer runter und los, wie die Bauern bei Marin Preda, grüß dich und dann zack... Aber der Banater fragt höflich, wenn er Lust kriegt. Wenn die Dame möchte, gut, wenn nicht, 'tschuldigung und auf Wiedersehen! Im gegenseitigen Einvernehmen, wie es juristisch heißt, stimmts, Vivi?"

Vivi lächelte breit und nickte.

„Und woher willst du wissen, dass der Typ kein Oltenier war?", intervenierte kühn Cornel.

Er lachte: „Und wenn schon, dann bitte, herzlich willkommen in der Banater Republik! Das bedeutet, dass er verstanden hat, welcher Geist hier herrscht. Und dann wird er unser Ehrenbürger.

Später schicken wir ihn als Vertreter zu den Walachern, damit er denen dort was beibringen kann."

Er wurde wieder ernst. „Mensch, ich habe doch nur genau das gesagt: Es gibt einen Banater Geist. Das wisst ihr doch auch. Es gibt ihn, aber langsam geht er verloren. Und wer ist schuld daran?", fragte er dröhnend und sein Gesicht verfinsterte sich. Ihm war nur halb zum Scherzen zumute.

„Ich habe nicht gesagt, dass es den nicht gibt. Aber die Banater Republik wird es trotzdem nicht geben, auch nicht in hundert Jahren, Vlad!", insistierte Vivi. „Es wäre zwar nicht schlecht, aber das wird nicht passieren. Das kann nicht passieren."

„Das bleibt abzuwarten", murmelte er.

Er hing kurz seinen Gedanken nach und sagte dann, mit demselben gebrochenen Akzent wie vorher: *„Lissen veri cärfülli, ei schel sei sis onli wens."* Dann schwieg er.

„Ok", lenkte Vivi ein, „was sagst du denn *nur einmal*?"

„Du glaubst, dass es noch lange so weitergehen wird? Wenn ich mich umschaue und sehe, was hier passiert, dann sage ich dir, dass Rumänien als Land und als Staat so richtig den Bach runtergeht. Garantiert! Und denen aus Bukarest geht es glatt am Arsch vorbei. Wenn von diesem Staat nichts mehr übrig bleibt, weder Gesundheitswesen, noch Schulen, noch Behörden, was glaubst du, was dann passiert? Also ich meine hier, im Banat, der Rest ist mir absolut egal. Na, ganz einfach: Wir machen Grenzen, richten uns unseren kleinen gemütlichen Ort ein und dann regeln wir die Dinge einfach zwischen uns. Das Banat kommt auch allein zurecht. Der Boden ist gut, wir haben Industrie in Hülle und Fülle und die Wirtschaftsbeziehungen haben wir sowieso allein gemacht, den Walachern zum Trotz. Der Westen ist gleich nebenan... und mal ehrlich, wir haben sogar unser eigenes Erdöl. Wir haben auch Gas. Und die Banater sind keine Betrüger wie die Walacher."

„Mach doch noch eine Revolution, Vlad“, lachte Cornel.

„Du wirst schon sehen, wie es ist, wenn dir die Walacher deinen Lohn nicht mehr auszahlen können.“

„Dann kassiere ich eben Geld für europäische Projekte und die können mich mal“, entgegnete Cornel etwas zögerlich und ordnete eine schwarze Locke auf seiner Stirn.

„Aha. Also kommst du doch zu meinem Ergebnis: wir kommen auch ohne sie aus. Ich bin ja nicht der Einzige, dem das durch den Kopf geht. Ich mag zwar etwas schlauer sein“, grinste er kurz und zwinkerte den anderen zu, „aber es gibt einen Haufen Leute, die genau dasselbe sagen wie ich. Hört nur mal hin, was hier so gesprochen wird. Wenn es dann passiert, seid ihr nicht im Bilde.“

„Wie im ehemaligen Jugoslawien“, mischte sich Loți ein.

Er protestierte umgehend: „Nein, nicht so!“

Er stand fast auf.

„Das kann man doch nicht vergleichen, Mensch Loți. Jugoslawien war ein starkes, richtig starkes Projekt. Tito hatte Eier, und wenn er noch gelebt hätte... Große Kunst hat er da gemacht. Wenn nicht diese Idioten, Milošević und Tuđman gewesen wären, würden die Jugoslawen auch heute noch zusammenleben.“

„Vlad, hörst du, was du sagst?“, fand Vivi deutliche Worte und fuhr mit der Hand durch das hellblonde, kurz geschnittene Haar. „Überleg mal, wie sich die Serben und die Kroaten gegenseitig umgebracht haben...“

„Und die Bosnier“, merkte Loți düster an.

„Und die Bosnier“, stimmte Vivi zu. „Und die Kosovaren. Sie haben sich abgeschlachtet wie die Irren. Diese Leute hatten ganz klar einen Dachschaden, sonst hätten sie nicht so gehandelt. Lieber mit den Walachern als in solchen Verhältnissen.“

„Das war Politik“, entgegnete er und wurde dabei plötzlich ganz rot, was ihm selten passierte. „Das war reine Politik! Hör mal, *batice*,

Bruder, ich weiß sehr gut, was dort passiert ist. Soviel Propaganda, wie sie von Milošević auf der einen und Tuđman auf der anderen Seite gehört haben, hätte genügt, sich bis heute gegenseitig die Kehlen aufzuschlitzen, sodass es in Jugoslawien heute weder Serben noch Kroaten geben würde."

„Und auch keine Bosnier mehr", ergänzte wiederum Loţi.

„Und keine Bosnier, gut, Loţi, setz dich, Note vier. Ich erinnere mich, dass ich um dreiundneunzig-vierundneunzig eine Reportage bei Televizija Beograd gesehen habe. Ein Interview mit einem serbischen Offizier aus Bosnien. Der Typ mit seiner Idiotenfresse erklärte, dass sie eigentlich gegen Söldner aus den arabischen Ländern kämpften, die Jugoslawien zerstören wollten. Der wusste das ganz genau, weil er sie im Wald Arabisch sprechen gehört hat. Diesen Schwachsinn hat die ganze Welt geglaubt, so wie wir bei der Revolution die Sache mit den Terroristen geschluckt haben. Das ist es, Loţi, verstehst du?"

„Reg dich nicht auf, Vlad", bat ihn Loţi schüchtern. Mit diesem Menschen konnte man sich einfach nicht streiten.

„Ich reg mich nicht auf, Loţi, mal ernsthaft. Ich sage ja nur, dass Jugoslawien eine funktionierende Sache war, gut durchdacht... Die Europäische Union ist ein Kackhaufen im Vergleich dazu. Wisst ihr, dass sich auch jetzt noch zehntausend Menschen bei der Volkszählung als Jugoslawen deklarieren? Nach zwanzig Jahren! Man konnte Jugoslawien nicht mit Rumänien vergleichen. Denkt mal daran, wie wir ihre Werbung geglotzt haben... Werbung, oh Mann! Erzähl das mal jemandem von heute, dass du wie ein Ochse die ganze Werbung von TV Belgrad angeglotzt hast. Du wirst ja sehen, was er dann sagt. Wie uns die Spucke tropfte, wenn wir die Lee-Cooper-Jeans, Coca-Cola und die Sportschuhe von Simod zu Gesicht bekamen..."

Er schwieg einige Sekunden, schien an etwas zu denken und begann dann wieder:

„Vielleicht hast du auch bisschen recht, Loți. Dass die Sache bei ihnen zu stinken begann, als ihre Wirtschaft kaputt ging. Ich habe das mit eigenen Augen gesehen, als ich damals dort war. Heute hat man ein Brot für tausend Dinar gekauft und morgen für eine Million. Wenn das mal so bei uns wird, dann werdet ihr sehen, wie die Banater die Grenze bei Orșova ziehen. ‚Guten Tag, Ihre Ausweise bitte!' ‚Wo hab ich den nur hingetan, verdammt nochmal?' Genau so. Warum sollst du in einem Land bleiben, das den Bach runtergeht, ohne dass es jemanden kümmert?"

„Also rette sich, wer kann", warf Vivi ein.

„Wenn es nicht anders geht, ja, rette sich, wer kann. Ich habe Verschiedenes überlegt und auch paar Dinge gelesen. Ich habe an meinen Urgroßvater gedacht, der in Alba Julia war. Was er wohl damals empfunden hat, als er sich über Großrumänien freute? So wie wir uns neunundachtzig gefreut hatten, als wir endlich Ceaușescu und den Kommunismus los waren und uns ein schönes Leben bevorstand. Als die Kommunisten kamen, haben sie ihn, meinen Großvater, eingesperrt. Und meine Großeltern mütterlicherseits wurden in den Bărăgan deportiert. Habe ich euch das erzählt? Titoisten, so wurden sie genannt, als ob sie was mit Tito zu tun gehabt hätten. Meine Mutter war auch dort. Und Onkel Laza wurde dort geboren in einem Dorf, das es noch nicht mal auf irgendeiner Karte gibt. Er hat einen Pass aus dem Altreich. Der einzige Walacher in der Familie!"

„Meine Großeltern waren auch im Bărăgan", erinnerte sich Cornel.

„Klar, die Kommunisten wollten das Banat einnehmen. Sowohl sie als auch die anderen. Sie brauchten Untertanen, keine Staatsbürger. Loți und ich haben in einem Strafbataillon unseren Wehrdienst geleistet, mit den ganzen Gaunern, und die Securitate hat für mich eine Akte angelegt..., ihr kennt die Geschichte. Was für ein Leben hätte ich gehabt, wenn es keine Revolution gegeben hätte!“

Er lachte kurz und ohne Heiterkeit.

„Jetzt sagt mal selbst. Also wenn ich mal nachdenke, unterm Strich..., in welcher Weise habe ich und haben meine Leute von Rumänien profitiert?“

„Frag nicht danach, was dein Land für dich tut...“, begann Vivi im scherzhaften Ton.

„Aber scheiße nochmal, doch, es soll was machen!“ Diesmal lachte er entspannt.

Sie sahen einander an, wollten etwas sagen, aber es fiel ihnen nichts ein. Sie tranken und stellten die Flaschen wieder auf den Tisch. Loți kreiselte seine Flasche konzentriert auf dem verwitterten Tisch, Cornel und Vivi rauchten. Er sah sich um: der Biergarten hatte sich geleert, hier und dort gab es einen freien Tisch. Es war dunkel geworden und auf der Promenade waren nur noch wenige Spaziergänger. Dafür hatten sich am betonierten Ufer der Bega einzelne Gruppen von Jugendlichen angesammelt, die auf den noch warmen Platten saßen und fröhlich und sorglos plauderten.

Die gelblichen Straßenlaternen verstreuten ihr blasses, kaltes Licht auf Teile der Allee und auf das trübe Wasser der Bega. Vom anderen Ufer, etwas weiter weg in Richtung Traiansbrücke war ein bekanntes Banater Volkslied zu hören, das sich mit der moderneren, aber diskreteren Musik vom Biergarten mischte.

„Hochzeit im Flora“, kommentierte Cornel.

„Heute Hochzeit, morgen Scheidung“, ergänzte fröhlich Vivi. Dann wurde er plötzlich ernst und schaute zu Loți. Er zuckte entschuldigend mit den Schultern: „Berufskrankheit.“

Vivis Worte schienen alle am Tisch nachdenklich zu stimmen.

Er zog an der Zigarette und fixierte Loţi, der immer trübseliger und weit entfernt von der allgemeinen Heiterkeit des Abends schien. Er hob seinen Hintern, ohne aufzustehen, und ließ kräftig genug, dass es alle hörten, einen fahren.

„Mensch Vlad, reiß dich am Riemen", empörte sich Vivi.

Er setzte eine ernste Miene auf, neigte leicht seine Adlernase und sagte mit niedergeschlagenem Ton: „Wenn der Schmerz dein Herz zerreißt, hört niemand deinen inneren Aufruhr. Wenn Tränen deine Wangen nässen, sieht niemand deine Trauer. Aber wage nur einmal, in der Öffentlichkeit zu furzen..."

Hier konnte er sich nicht mehr beherrschen, lächelte schelmisch und hob den zuvor demütig gesenkten Blick. Seine schwarzen Augen leuchteten. Cornel und Vivi wieherten und Vivi haute ihm kühn auf den Rücken. Auch Loţi lächelte und sah ihn irgendwie dankbar an. Er erhaschte den Blick und machte weiter.

„Loţi, kann ich noch eine Zigarette haben?", fragte er schnell und langte nach der Schachtel. „Wieso sind die so gut? Als würde ich nicht das gleiche rauchen. Rote Marlboro, oder? Wo hast du sie her?", fragte er hastig und beäugte im schwachen Licht die Schachtel.

„Das ist Schmuggelware", erklärte Loţi. „Von den Händlern vom Markt ‚700'."

„Aha, du kämpfst also gegen den Staat, was? Unterstützt Steuerhinterziehung?"

„Die sind billiger", antwortete Loţi trocken.

„Und besser, ganz klar", schlussfolgerte er und zog gierig an der Zigarette. „Die aus dem Handel sind mit rumänischem Tabak gemacht. Was auch immer man hineintut, sie bleiben einfach schlecht", erklärte er.

„Hast du jemals Marlboro aus der Ukraine geraucht?", fragte ihn

Cornel. „Oder aus Moldau? Probier mal die! Du weißt schlichtweg nicht, ob du Marlboro oder Fluieraș rauchst und was es dort eben noch so gibt… russische Machorka. Ja, Plugar! Es ist genau so, wie es früher mit den Carpați war. Wisst ihr noch? Die besten waren die aus Temeswar….“

„Ich korrigiere: die aus Sfântu Gheorghe.“

„Naja, Vlad, manche sagen, aus Temeswar“, beharrte Cornel. „Aber die schlimmsten, die allerallerschlimmsten, der Lungentod…“

„…die Carpați aus Târgu Jiu!“, riefen alle einstimmig.

„So isses, die Carpați aus Târgu Jiu, Oltenien. Wisst ihr noch? Dieser bittere und trockene Geschmack, als würde man Kuhmist rauchen.“

„Na also, was hab ich euch gesagt? Die Oltenier kriegen nichts Gutes hin.“

„Sie machen immerhin den Dacia, Vlad“, erinnerte ihn Cornel.

Er winkte ab. Genau in diesem Moment klingelte ein Handy auf dem Tisch: fünf Trompetentöne vom Synthesizer. Er griff nach dem Gerät.

„Wow, was ist das denn?“, fragte Vivi.

„Emilia“, sagte er schnell und hielt das Handy ans Ohr. „Hallo Emi, meine Liebe… Mit den Jungs, nach dem Basketball… Das zweite…. Na gut, das dritte… Ja, ich komme… Heute Abend? Na sag mal, wann geht er denn ins Bett?… Du bestehst also darauf… Gut, gut, ich bleibe noch bisschen, dann komme ich… Nur ein bisschen! …Ja, dieses eine bisschen, ja! Ciao!“

Er legte das Handy nervös auf den Tisch.

„Emilia“, wiederholte er noch einmal. „Sie möchte, dass ich nach Hause komme und dem Kleinen bei Mathe helfe. Als ob ich ihm wirklich helfen könnte!“

Er lachte böse.

„Das bisschen Mathe, was ich noch kann... *Lissen veri cärfülli, ei schell sei sis onli wens:* Wenn Loți nicht gewesen wäre, hätte ich die Uni nie geschafft."

„Ach Quatsch, du hättest es geschafft", protestierte Loți verlegen.

„Vielleicht ja. Damals hätte mich kein Lehrer durchfallen lassen. Helden fallen nicht durch Prüfungen. Na, deswegen sind wir bei der Revolution gestorben", feixte er. „Aber sag jetzt nicht, dass du mir nicht auch geholfen hast... wie oft eigentlich, Loți?"

„Ich weiß es nicht mehr, Vlad."

Loți war sichtlich beschämt. Um der Verlegenheit zu entkommen, trank er von seinem Bier, ohne zu bemerken, dass die Flasche schon leer war. Er stellte sie so unauffällig wie möglich auf den Tisch zurück.

Er sah es.

„Nehmen wir noch eins?"

„Vlad, ich hatte dich vorhin was gefragt", brachte sich Vivi in Erinnerung. „Was ist das für ein Lied auf deinem Handy? Dein Klingelton. Klingt wie *Van Halen*."

„Nein, das ist *Bijelo Dugme. Padaju zvijezde*."

„Aha, es klingt echt nach Van Halen", insistierte Vivi. „So ähnlich wie *Jump*."

„Kann sein.... Meister Bregović hatte die Gewohnheit, sich bei anderen zu bedienen. Aber das Lied ist richtig geil. Kennst du es nicht?"

Vivi schüttelte den Kopf.

„Da kannst du mal sehen, wie jung du bist. Banater und kennt *Padaju zvijezde* nicht! Guck mal im Netz, es lohnt sich. ‚*Padaju zvijezde za njuuuuu...*'", jaulte er und lachte dann über sich selbst. „Wirklich cool, wirklich... Na, gönnen wir uns noch eins?"

„Ich muss eigentlich los", entschuldigte sich Cornel und glättete sich kurz die Locke auf der Stirn. „Morgen muss ich ins Büro. Und Otilia wartet auf mich."

„Ich gehe auch", sagte Vivi, erhob sich halb und suchte sein Portemonnaie. „Ich habe morgen Vormittag zu tun. Also... bis nächsten Donnerstag?"

„Ich hab euch versprochen, dass ich mit Micky rede. Loți, du bleibst noch, ja? Lass mich nicht ohne Kippen."

Loți zuckte mit den Schultern.

Natürlich würde er noch bleiben. Wo sollte er auch hin? Er ahnte, wie sehr es Loți davor graute, in die Einzimmerwohnung im Studentenwohnheim zurückzukehren, in der er nun alleine schlief. Er winkte der Kellnerin an der Bar zu, die ihn sofort bemerkte.

Der Biergarten hatte sich deutlich geleert. Der Fluss und die Promenade, auf die die Straßenlaternen auf beiden Uferseiten kreisförmige Lichtstrahlen warfen, waren in all ihrer stillen Pracht zu sehen. Die dunklen Bäume verschatteten die gesamte Allee und nur bei Flora lechtete ein kompaktes Lichtknäuel. Von Zeit zu Zeit trug der Wind eine Welle von Volksmusik herüber.

Er wandte sich an die Kellnerin: „Zwei Bier bitte. Diesmal nur zwei. Kalt und zart, wenn möglich. Und die Jungs hier wollen zahlen."

Nachdem Vivi und Cornel aufgebrochen waren und die Treppen auf die Brücke der Jugend hochstiegen, drehte er sich zu Loți:

„Entspannt dich doch mal. Mein Gott, davon geht die Welt nicht unter."

„Du hast leicht reden."

„Das stimmt nicht, du blöder Ungar. Es ist überhaupt nicht leicht."

2
Film

FADE IN

1. SZENE

Innen, Abend

Ein geräumiger Flur, wie in einem Amtsgebäude, mit Mosaikboden und der hohen Decke eines eindeutig alten Bauwerks. Im Hintergrund sieht man den Eingang: zwei massive, schwere Doppeltüren aus geometrisch zusammengefügten, dunklen Holzplatten, in die auf jeder Seite jeweils drei rautenförmige Fensterchen hineingeschnitten sind. Eine der Türen ist versperrt und um so dichter strömen durch die andere unentwegt Jugendliche hinein, allein, in Paaren oder in Gruppen. Vom Flur aus öffnet sich ein großer Vorraum, an dessen Schwelle vier Jugendliche wie eine Postenkette stehen und das ernste Gebaren von Menschen mit einer Mission oder offiziellen Funktion an den Tag legen. Hinter ihnen, jenseits des Vorraums, sieht man einen langen, leeren Korridor, und weit rechts davon beginnt eine breite Steintreppe mit einem Geländer aus Schmiedeeisen, die zum oberen Stockwerk führt. Im Halbdunkel des Flurs, der – wie übrigens das gesamte Gebäude – schlecht beleuchtet ist, drängen sich die Jugendlichen von draußen an die Vier heran. Manche gehen mit Handzeichen und schnellem Gruß an ihnen vorbei, andere werden angehalten und ziehen Heftchen aus den Taschen. Die Vier nehmen sie entgegen, öffnen sie, betrachten zuerst die Papiere, dann ihre Besitzer und lassen letztere der Reihe nach durchgehen. Nur die Jungs werden angehalten; die Mädchen ziehen locker, mit herausfordernder Miene vorbei. Es ist ein stillschweigend angenommenes Privileg, pragmatisch begründet. Es gibt Momente, in denen die Gleichheit der Geschlechter beiden Parteien schadet.

Das alles passiert rasch und in einem fröhlichen Rumoren, während von irgendwo oben dumpfe, rhythmische Bassklänge ertönen. Von denen, die es durch die Eingangsbarriere schaffen und die Treppen hoch gehen – offensichtlich die einzige Richtung von Interesse – oder entspannt abwarten, dass sie an die Reihe kommen, sieht keiner und keine älter als fünfundzwanzig aus. Das rhythmische Dröhnen von oben scheint sie wie ein Stammesruf anzuziehen. Vielleicht hören so etwas auch Lachse auf dem mühsamen Weg zu den Orten ihrer Fortpflanzung.

Die Bewohner Temeswars werden hier wahrscheinlich das Innere des dortigen *Hauses der Studenten* wiedererkennen, das bis heute unverändert geblieben ist, und die versierteren oder älteren Zuschauer werden an der Kleidung und den Frisuren der Jugendlichen leicht die historische Epoche ableiten können. Ein deutliches Indiz ist auch das gelblich-schmutzige Eingangslicht zu schwacher Glühbirnen an einer zu hohen Decke. In ihrem armseligen Licht könnte man von oben, aus der Perspektive einer Fliege, Dutzende von Köpfen erkennen, die in das Innere des Gebäudes hineingleiten – schwarze, blonde, braune, hier und da rote Haare, die aus der Entfernung Flecken ähneln; wellige, glatte, lockige, zerzauste, zu einem Zopf zusammengebundene Haare, mit Strähnchen, lang, kurz oder stoppelig, doch am häufigsten ließen sich senkrecht nach oben gearbeitete Mähnen sehen als eine gezähmte Version der *Punk*-Frisuren, lange Haarsträhnen, die seitlich über den Kopf und über die Augenbrauen nach *New Romantic*-Art gestylt wurden, sowie die gewollte Unordnung der über Augen und Nacken fallenden Zotteln, an der man die *Rocker* erkennt. Die Aufmachung derjenigen, die sich hier angesammelt haben, lässt keinen Raum für Zweifel: viel billiger Stoff und improvisierte Accessoires, Kunstgewerbearbeit oder zu Hause angefertigt, hier und da ein Rock oder ein Jeanshemd mit Metallknöpfen, etwas häufiger Hosen aus dem gleichen bläulichen Stoff, mit Nieten an den Taschen. Die Mädchen sind erfinderischer und bunter: Sie tragen Mini- oder Maxiröcke in allen Farben, manchmal gepunktet oder mit abstrakten Mustern, Hosenröcke und leichte Hosen mit Bundfalten an der Taille, Polyester-Hemdblusen mit Puffärmeln, bunte und lockere Blusen mit Schulterpolstern. Um die Taille legen sie sehr breite Gürtel mit großen Metallschnallen, und an den Handgelenken haben sie oft mehrere Reihen rasselnder silberner Armreifen oder gewundene Lederbänder, die sieben- bis achtmal miteinander verknotet wurden. Fast alle sind stark in dunklen Farben geschminkt und haben ernste, scheinbar leicht verärgerte Mienen. Von den Jungs kann man dagegen keine besondere Kreativität im Stil erwarten: Es überwiegen die einfachen T-Shirts, sehr viele davon schwarz oder weiß, seltener bedruckt, obwohl man hier und da auch eins mit engen Nähten und kleinem Kragen erkennen kann, an dem links ein stolz zur Schau gestelltes Logo angebracht ist – ein grünes Krokodil. Manche tragen karierte oder gestreifte Hemden, die entweder ganz über der Hose hängen oder von denen nur ein Zipfel effektvoll über eine Hosentasche gezogen ist. Die meisten tragen bläuliche oder stonewashed Jeans, in verschiedenen Farbabstufungen gebleicht, doch auch von dunklen Bundfaltenhosen, deren Beine sich nach unten hin besonders stark verengen, wimmelt es. Vom Boden aus, aus der Perspektive einer Maus, würde man auf viele bis oberhalb der Knöchel hochgekrempelte Hosen blicken, auf ein Meer weißer Socken, viele Paare Sportschuhe, vermischt mit schwarzen Schuhen mit kleinerem oder größerem Absatz, haarige und zarte Unterschenkel, manche in Lycra-Strumpfhosen gehüllt, und auf die Hektik der Füße, die ihren Weg suchen.

Eine Panoramaaufnahme der gesamten Gruppe würde heutigen Zuschauern ein Gefühl rührender Armseligkeit vermitteln. Und dann gibt es noch jene Sachen, die der Film nicht wiedergeben kann, wie der erstickende Geruch nach jungem Schweiß, vermischt mit Deo und billigem Parfum, das auf die T-Shirts und Hemden, auf den Hals und die Brust, auf die Achseln und sogar die Intimzonen (so etwas machen die Mädchen) gesprüht oder großzügig verteilt wurde. Doch jenseits davon ist hier eine ungezügelte Freude zu spüren, ein dunkles Pulsieren von Erwartung und grenzenlosem Verlangen, das dem sonst farblosen Bühnenbild Lebendigkeit einhaucht.

Jenseits des Rauschens der Jugendlichen, jenseits der Schranke der vier Wächter am Eingang, schreitet auf dem langen und schmalen Korridor, der sich vorn abzeichnet, ein Mann mittleren Alters in einem bräunlichen, abgenutzten Anzug dahin. Die Haare kleben ihm an der Stirn, er trägt eine Hornbrille und hat eine apathische Miene, die sich so stark von dem lebendigen Gedränge am Eingang unterscheidet, als käme sie aus einer anderen Welt. Unter seinem Arm klemmt ein dicker Ordner mit allen möglichen alten Papieren, um die sich niemand schert, nicht mal er selbst (auch etwas, was der Film nicht zeigen kann). Er betrachtet das Gedränge, ohne es wirklich wahrzunehmen.

Doch der Mann im Anzug ist nur eine Kontrastfolie. Für diejenigen, die hier sind, existiert er gar nicht. Es existiert nur der endlose Menschenstrom, der es durch den Trichter der Vier schafft und dann nach rechts abbiegt, um die Treppe hochzugehen. Von Zeit zu Zeit hält der Strom auf einem seiner Nebenflüsse an, doch nicht für lange.

EINER DER VIER: Petrică, der Kerl hat angeblich seinen Index im Studentenwohnheim vergessen. Er sagt, du kennst ihn.

EIN ZWEITER DER VIER (PETRICĂ) *(schaut zu dem, den sein Kommilitone angehalten hat)*: Servus, Vasi! *(Zum Kommilitonen:)* Ja, lass ihn durch! Er ist ein Kumpel von mir aus Salonta. Eben gekommen, ist Ersti an der Elektro. *(Er zwinkert Vasi zu:)* Freunde erkennt man in der Not... Morgen im Complex gibst du einen aus.

VASI, eine eher unscheinbare Gestalt in Jeans und T-Shirt, nickt und geht wie durch einen Zaun, mit einer Schulter nach vorne. Sobald er drüben ist, folgt er denjenigen, die unter dem Bann rhythmischer Basstöne die Treppe hochsteigen.

(In solchen Filmen erscheinen immer Dinge, die schwer zu entziffern sind, wobei es nicht unbedingt so wichtig ist, dass der Studentenausweis aus irgendwelchen Gründen hier und jetzt „Index" heißt, dass man die Fakultät „Fakulta" nennt, wie auch, dass mit „Complex" das Viertel der Studentenwohnheime in der Stadt gemeint ist. Es sind nur Farbtupfer, aus denen sich die Nostalgie einiger Weniger nährt.)

Die Kamera fokussiert eine Gruppe mit einer sehr auffälligen Gestalt. Der Jugendliche ist fast zwei Meter groß, schlank, doch mit kräftigen Armen, und hat auf dem breiten, weißen Gesicht ein arrogantes Lächeln und einen irritierenden Blick, mit dem er über die Menschen hinwegschaut und dort etwas Interessanteres zu erkennen scheint. Er hat eine Adlernase, trägt die Haare kurz, fast kahlgeschoren, und ist beinahe komplett in weiß gekleidet: weißes T-Shirt mit kurzen Ärmeln, das seine runden Schultern kaum bedeckt, weiß-hellblaue stonewashed Jeans und jugoslawische Simod-Sportschuhe. Selbstverständlich sind die Jeans bis zu den Knöcheln hochgekrempelt. Rechts neben ihm steht ein Typ mit einem länglichen und gutmütigen Gesicht, er hat volle Lippen und hohe Wangenknochen. Er trägt ein grünes Shirt mit kleinem Kragen, Jeans und Sportschuhe – weiße natürlich. Die blonden, strohigen Haare hat er nach oben zu einer Art knotigem Kamm gestylt, und selbst so wirkt er klein neben dem Dunkelhaarigen, der offensichtlich sein Freund ist. Links neben und hinter dem Großen stehen zwei weitere Teenager, die noch kleiner wirken – einer davon trägt ein Jeanshemd und hat braune Haare, die wie ein glänzender Flügel über eine Gesichtshälfte gestylt wurden, der andere hat eine dunklere Haut, Locken und ein rundes, ausdrucksstarkes Gesicht. Das genügt, um deutlich zu machen, dass die ersten beiden die Hauptfiguren sind. Als sich die Kamera ein wenig entfernt, sieht man, dass der Blonde in Weiß, LOȚI, der sich gerade hinter VLAD einen Weg durch die Einlassschranke bahnt, in Wirklichkeit recht groß ist: Das Nebeneinander mit Vlad schafft falsche Eindrücke.

Die vier poltern fröhlich die Treppe hoch. Vlad und Loți nehmen zwei Stufen auf einmal. Loți bleibt stehen, er wühlt in seiner Hosentasche, holt einen schwarzen Plastikclip raus und will ihn an seinem Ohrläppchen befestigen.

LOȚI: Vlad, links oder rechts?

VLAD (*ist etwas weiter vorn, hält an und dreht sich zur Hälfte um*): Was machst du, Mann? Was is'n das?

LOȚI (*zeigt ihm den quadratischen, schwarz-grauen Clip*): An welches Ohr soll ich den machen? (*Lacht:*) Ich weiß nicht mehr, wie es die Homos machen und wie die Checker.

VLAD (*abfällig*): Ey, komm, hör auf mit dem Schwachsinn! Bist du eine Tussi? Mach ma' bisschen Lippenstift drauf!

LOȚI: Nein, Mann! (*Beleidigt:*) Ich bin ein genialer Typ. (*Er lacht fröhlich.*) Hast du das nicht in den Musikvideos gesehen? Ich weiß nur nicht mehr, ob man das links oder rechts dran macht. Die sollen nicht denken, dass ich schwul bin. (*Er schneidet eine Grimasse.*)

DER 1. BEKANNTE (*von hinten, während er die Treppe hoch läuft*): Links, Loți. Aber ich sag dir, lass es sein.

DER 2. BEKANNTE: Vielleicht denkt irgendeiner, dass du eine Tussi bist, und knutscht dich ab. (*Lacht laut.*) Er sieht dich von der Seite im Dunkeln und fällt auf einmal über dich her.

DER 1. BEKANNTE: Tanzen Sie, Fräulein? Entschuldigung, wieso sind Ihre Hände so groß?

DER 2. BEKANNTE: Und warum sind Ihre Beine so haarig?

LOȚI (*verärgert*): Macht euch nur über mich lustig! (*Er steckt den Clip in die Hosentasche und läuft die Treppe weiter hoch.*)

VLAD (*tröstend*): Das ist nicht cool, Loți. Ernsthaft.

(Die Filme ihres Lebens mögen persönlich sein, dennoch können wir Vlads Anachronismus nicht ignorieren: Es ist unwahrscheinlich, dass er in dieser Zeit „cool" gesagt hätte. *Doch solche Dinge passieren öfter: Die Erinnerung ist formbar, veränderbar; Erinnerungen erlöschen und verzerren sich. Andere Varianten: Es ist nicht ok./ Es ist nicht gut. / Es ist nicht genial./ Es ist nicht toll / Sei kein Trottel, Loți!)*

Die Vier erreichen den ersten Stock – das rhythmische Dröhnen wird stärker und verwandelt sich in eine noch undeutliche Melodie –, sie gehen an einer Steinsäule (vielleicht aus Travertin?) vorbei – die Musik explodiert beinahe –, dann drängen sie sich zusammen mit anderen durch eine breite Tür in einen geräumigen, dunklen Saal, der von bunten Lichtstrahlen und den Tönen eines Rockliedes durchdrungen wird. Der Song ist nun klar zu hören, er geht gerade zu Ende: *I Hate Myself for Loving You.* Der 2. Bekannte (der dunkelhäutige Lockenkopf) nimmt die Arme über den Kopf und bahnt sich einen Weg durch das schwarze Portal, wobei er die Hüften schwingt und Melodie und Rhythmus des Titels vollends ignoriert.

DER 2. BEKANNTE: Disko, Disko, Disko!

Drinnen sind mindestens hundert Leute – hundert Jugendliche tanzen in dem Saal mit dicken Vorhängen, die über die großen Fenster gezogen sind. Tagsüber könnte dieser Saal Parteisitzungen beherbergen. Es ist vorstellbar, dass auf dem Podium, wo nun zwei DJs einen riesigen Pick-up, eine silberfarbene Anlage und zwei schwarze Tonbandgeräte mit Holzgehäuse (Marke Kashtan 2) manövrieren, vor einigen Stunden an einem langen, mit rotem Tuch bedeckten Tisch ein Präsidium aus ernsten, Tätigkeitsberichte verlesenden Menschen saß (der Herr in Braun, unten im Flur, weiß es sicherlich am besten). Und dass an der Wand hinter den DJs, wo nun zwei klobige Lichtorgeln wie zwei liegende Ampeln hängen, die rot, gelb, grün, rot, grün, gelb leuchten, bis vor Kurzem noch das Bildnis von Nicolae Ceauşescu hing, der wohlwollend lächelte, was er jetzt wahrscheinlich nicht mehr tun würde. Von der Decke hängen zwei Diskokugeln herunter, die die bunten Lichter der Ampel-Orgeln brechen und im Raum verstreuen. Eine UV-Lampe strahlt in den Raum und bringt das Weiß der T-Shirts, Jeans und Schnürsenkel und sogar der jungen Zähne, die sich ab und zu im Halbdunkel abzeichnen, geisterhaft zum Leuchten. Ein Stroboskop, die jüngste Anschaffung des *Hauses der Studenten*, wird nur ab und zu in Betrieb gesetzt, was immer Jubel und Applaus nach sich zieht. Fast alle tanzen hemmungslos, in kleinen Gruppen oder in großer Runde.

Einmal drin, entfernen sich Vlad und Loţi von ihrer Clique und ziehen sich strategisch in eine Ecke zurück, von der aus sie fast den ganzen Raum sehen können. Wenn sie miteinander sprechen, tun sie es laut und abgehackt und versuchen, die Musik zu übertönen – gerade ist *Kylie Minogue* mit *Locomotion* zu hören–, dabei gestikulieren sie auffällig mit den Händen oder dem Kopf.

VLAD *(zeigt auf ein großes Mädchen mit schlanken, sehr langen*

Beinen – sie trägt einen dunklen Minirock, der diese gut zur Geltung bringt, und Schuhe mit flachen Sohlen, sogenannte „Ballerinas“ –, das im Rhythmus der Musik hin- und herschaukelt): Schau mal, Loți. Eine Partnerin für mich. *(lacht)*. Ein langes Elend.

Das Mädchen ist wirklich groß – nicht so wie Vlad, doch wahrscheinlich in etwa so wie Loți. Die langen Haare mit dunklem Glanz fallen beim Tanzen in Strähnen auf die Schultern und den Rücken und fliegen ihr manchmal ins Gesicht. Sie tanzt in einer relativ großen Gruppe von Mädchen, die alle frisch und fröhlich sind und lächeln und dabei Energie und Wellen aussenden, die einschüchtern und anziehen. Doch es wirkt, als würde dieses Mädchen den Kopf aus einem Getreidefeld herausstrecken oder auf einem Hocker stehen. Wahrscheinlich ist ihr das bewusst, denn sie tanzt leicht gebeugt, mit gekrümmten Schultern.

Aus den großen Boxen hört man jetzt leicht verzerrt einen italienischen Diskotitel. Die Mädchen heben die Arme über den Kopf, singen mit und wiegen sich hin und her. Ein kleiner Teenager mit Lockenkopf (der 2. Bekannte?) hat es bis in ihre Mitte geschafft und macht ein paar *Breakdance*-Bewegungen. Die DJs drehen beim Refrain die Musik leiser, damit man die Stimmen der Tänzer hören kann, wie sie *Stasera la luna* anstimmen. Danach dröhnen die Boxen wieder los: *„ci porterà fortuna, la luna“*, und auch Vlad und Loți wippen gemächlich, etwas phlegmatisch, hin und her, mit den Händen in den Hosentaschen und den Blicken überall. Das Lied klingt allmählich ab und aus den Boxen kommen langsame, abgehackte Töne – die Stimmung im Raum kippt.

LOȚI *(scheinbar ängstlich)*: Blues, Mann! *Terence Trent D'Arby*.

VLAD (*verächtlich)*: Lass mal, Loți, diesmal ruhen wir uns aus. Oder hast du ein Auge auf jemanden geworfen?

Loți schüttelt den Kopf: Er hat niemanden im Auge. Beide ziehen sich an den Rand des Raumes zurück. Vlad sieht trotzdem zwei Mädchen, die sich zum Ausgang drängen, schubst Loți an und zeigt mit dem Kopf auf die beiden. Die zwei Jungs gehen schnell auf die Mädchen zu und holen sie vor der Türschwelle ein.

VLAD: Entschuldigung... Tanzt ihr?

Die Mädchen drehen sich zu ihnen um, nicken und lächeln dabei. Vlad greift die Hand der Großen, Loți die ihrer Freundin und die vier vermischen sich mit den anderen Paaren auf der Tanzfläche. Sie tanzen langsam und schweigen dabei. Vlad schaut über den blonden Kopf seiner Partnerin zur großen Braunhaarigen, die mit einem Kerl mit hellen, lockigen Haaren tanzt. Der Typ reicht dem Mädchen bis unter das Kinn. Von sehr weit unten hält er sie an der Taille und reckt den Kopf zu ihr wie ein Gänserich. Er spricht langsam, dicht am Hals des Mädchens, wobei sein Adamsapfel vibriert und sein Mund angespannt ist. Das Mädchen ist über ihn gebeugt – wahrscheinlich ist sie es gewohnt. Vlad lächelt gemein mit schneidend dünnen Lippen. Er bewegt sich langsam und bewahrt dabei etwas Abstand zu seiner blonden Tanzpartnerin, die sich an seine Schultern klammert. Sie schwingen im Rhythmus der Musik. Bei den letzten Akkorden des Liedes löst sich Vlad von ihr, verneigt sich kurz und lächelt.

VLAD: Danke.

DAS BLONDE MÄDCHEN *(sie lächelt auch kokett)*: Gerne.

Vlad entfernt sich durch das Gedränge. Das blonde Mädchen schaut ihm lange nach.

2. SZENE (FORTSETZUNG)

Das Setting ist unverändert – der gleiche Saal in der Studentendisko. Man hört eine Mischung aus Diskoliedern, die ineinander übergehen, und die Jugendlichen tanzen mit der gleichen Leidenschaft zu *Modern Talking*, *Sabrina*, *C. C. Catch*, *Arabesque* und *ABBA*. Vlad und Loți haben sich unter die rot-gelb-grün flackernde Menge gemischt, und Vlad leuchtet manchmal von Kopf bis Fuß, wenn er groß und weiß durch die Strahlen der UV-Lampe geht, wie ein vom Leuchtturm angestrahlter Delfin, der halb aus den aschgrauen Wellen des Meeres emporsteigt. Irgendwann geht der Diskomix langsam mit dem Lied *'Cause You Are Young* zu Ende. Vlad macht drei Schritte hin zur großen Brünetten (oder Dunkelhaarigen), die einen schwarzen Minirock und ein wahrscheinlich… gelbes Hemd trägt. Einer von den DJs dreht schnell mit der Hand eine Tonbandrolle auf und fixiert sie, und sofort hört man die ersten Töne eines Liedes, das Vlad gut kennt.

VLAD *(taucht neben der Brünett-Dunkelhaarigen auf)*: Magst du tanzen?

Das Mädchen schaut ihn einen Augenblick an und hebt dabei den Blick – wahrscheinlich zum ersten Mal an diesem Abend –, dann nickt sie und bleibt stehen. Vlad umfasst ihre Taille und die beiden bewegen sich langsam zu *A Groovy Kind of Love*.

VLAD *(zuvorkommend)*: *Phil Collins.*

DAS MÄDCHEN *(leicht aufgekratzt)*: Ich weiß.

VLAD *(rasch)*: Ich habe nicht gesagt, dass du es nicht weißt.

Das Mädchen schweigt. Beide wiegen sich unbeholfen hin und her. Keiner von ihnen scheint ein sehr guter Tänzer zu sein oder sie harmonieren nicht. Vlad bemerkt voller Freude, dass er ein Stück größer ist als sie. Er riecht unauffällig an ihren Haaren.

VLAD *(sehr lässig)*: Du studierst, oder?

Das Mädchen nickt und lächelt belustigt in Vlads Kragen hinein.

VLAD *(ignoriert ihr Lächeln)*: Wo denn?

DAS MÄDCHEN: An der Philo. Und du?

VLAD: Ich auch. *(Schnell:)* Also ich bin nicht an der Philo, sondern an der Poly, Maschinenbau.

DAS MÄDCHEN *(gelangweilter Ton)*: In welchem Jahr?

VLAD: Im ersten. Und du?

DAS MÄDCHEN: Auch im ersten. Ich dachte... *(Sie schweigt.)*

VLAD: Du dachtest, ich bin älter? *(Er klammert sich daran: Es könnte ein Gesprächsaufhänger sein.)* Oder dass ich sitzen geblieben bin?

DAS MÄDCHEN: Mhm.

VLAD *(lacht)*: Sitzen geblieben?

DAS MÄDCHEN: Nein, nein! Du wirkst... älter. Also, ich meine dein Alter.

Eine Weile drehen sie sich noch langsam hin und her, ihre Gesichter gleichgültig, doch sie sind angespannt. Vlad sucht nach Worten. Das Mädchen schweigt, ihre Lippen zusammengepresst. Das Objektiv ist jetzt nur auf sie fixiert; um sie herum erkennt man unscharf noch zwei, drei Paare.

VLAD: Ich bin Vlad.

DAS MÄDCHEN *(schelmisch)*: Freut mich, dich kennenzulernen.

VLAD *(für einen Moment verwirrt, geht zum Angriff über)*: Und?

DAS MÄDCHEN: Und... *(lässig:)* Emilia.

VLAD *(nachdenklich)*: Emilia von der Philo. Das klingt gut.

Sie schweigen wieder. Vlad ist konzentriert und unsicher. Er bewahrt einen gewissen Abstand zu EMILIA, doch sein Kopf ist nah an ihrem Ohr. Ihr langes Haar berührt seine Wange.

VLAD *(fasst sich ein Herz)*: Kann ich dich etwas fragen? *(schnell:)* Ist aber nur Quatsch.

EMILIA *(absolut* lässig): Frag mal.

VLAD *(packt den Stier bei den Hörnern)*: Hast du diesem Kerl deinen Namen aufs Herz geschrieben?

Emilia wirft ihren Kopf zurück und schaut in Vlads weißes, lächelndes Gesicht.

EMILIA: Was? Welches Herz?

Vlad grinst breit, bis über beide Ohren: Er erinnert sich an die Episode vor einigen Minuten.

VLAD: Du hast vorhin mit einem getanzt. Ich wette, dass er dir ins Ohr gesungen hat: *„Sign your name across my heart, I want you to be my baby...“*

Emilia bricht in Lachen aus.

VLAD *(erleichtert)*: Ich hab dich vorgewarnt.

EMILIA: Das ist wirklich Quatsch.

VLAD *(witzig)*: Soll ich dir das auch vorsingen? Du musst wissen, dass ich den Text gelernt habe.

EMILIA: Nein, nein, danke. Der Kerl vorhin hat mir gereicht.

VLAD *(großzügig)*: Ärgere dich nicht über ihn, den Armen! Weißt du, das überkommt uns Jungs einfach, wenn wir mit einem schönen Mädchen tanzen. Was kann man schon machen, wenn man tanzt? Aus den Boxen hört man einen Sänger oder eine Band, die spielt – egal wer, sicher jemand Tolles. Warum sollen wir nicht das Gleiche tun? Er in den Boxen, wir hier. Ich gebe dir mein Pionierehrenwort, in diesen Augenblicken kommt es dir so vor, als würdest du genau wie der oder die singen. Genau so!

(Er singt schief, in einem gebrochenen Englisch:) „When I'm feeling blue, all I have to do is take a look at you...“ Siehst du? Genau wie er!

Emilia bricht in Lachen aus und lehnt sich mit der Wange an Vlads Schulter. Er nutzt die Gunst der Stunde und zieht sie näher an sich heran.

VLAD: Schief? Klang das schief?

Emilia nickt und klebt jetzt fast an seiner Brust. Sie fassen sich fester und gleichzeitig haben sie sich ein bisschen entspannt. Das Mädchen beobachtet ihn heimlich. Vlad tut so, als würde er es nicht bemerken.

VLAD: Weißt du, ich habe dich gleich bemerkt, als ich die Disko betreten habe.

EMILIA: Echt? *(Sie fühlt sich geschmeichelt, erwidert aber ironisch:)* Weil ich groß bin, stimmts?

VLAD *(zu direkt)*: Das auch, sicher. Warum soll ich lügen? Weißt du, *(er hat eine Idee)*, diesem Kerl da hättest du deinen Namen direkt auf den Kopf schreiben können, nicht auf das Herz. Das wäre dir leichter gefallen.

Emilia wird etwas steif und zieht ihren Kopf zurück.

VLAD: Entschuldige, es tut mir leid, bitte sei nicht sauer... Ich wollte nicht sagen, dass... *(Gehetzt:)* Hand aufs Herz! Weißt du was? Schau mich an. Du siehst, wie groß ich bin. Hast du eine Ahnung, was ich mir in der Schule alles anhören musste? Bohnenstange, Baum, lange Latte...

EMILIA *(vorwurfsvoll)*: Die Glühbirnenklaumannschaft.

VLAD *(voller Elan)*: Ganz genau! Das auch. *(Er überlegt weiter, merkt aber, dass „langes Elend" keine willkommene Ergänzung wäre.)* Ich hab das alles gehört. Du sollst nicht denken, dass ich sagen wollte... *(Verärgert:)* Jetzt hast du meinen Moment ruiniert. Ich habe gemerkt, dass du groß bist, aber das ist es nicht. Das war nicht der Grund. Mir sind deine langen Haare aufgefallen...

EMILIA *(erwartungsvoll)*: Jaaa...

VLAD: Und... du siehst bombe aus. Richtig bombe. *(Mit gespielter Unzufriedenheit:)* Uff, warum spielen die nicht mal *Clapton* mit *Wonderful Tonight*, damit ich dir vorsingen kann?

Emilia antwortet ihm nicht, doch sie wird weich, und Vlad zieht sie wieder näher an sich heran.

VLAD *(denkt ein bisschen nach)*: Du kennst *Wonderful Tonight*, oder?

EMILIA *(nickt)*: Natürlich kenne ich es.

VLAD *(unsicher)*: Das heißt... kennst du den Text? Auf Englisch?

EMILIA *(leicht arrogant)*: Ich studiere Englisch. Rumänisch-Englisch.

VLAD *(verlegen, wechselt das Thema)*: Du bist aber nicht aus Temeswar, oder?

EMILIA: Nein, aus Craiova. Du auch?

VLAD: Nein, ich bin von hier. Also aus Temeswar. *(Voller Elan:)* Und gefällt dir die Stadt?

Nun merken beide, dass das Lied gerade zu Ende gegangen war. Emilia löst sich von Vlad, ohne ihm zu antworten, aber Vlad bleibt stehen. Ein paar einfache Töne aus dem Synthesizer, gepaart mit Freudenschreien, kündigen einen zeitgenössischen Diskohit an. Vlad stellt sich rasch vor Emilia.

VLAD: Kannst du Fox?

EMILIA: Natürlich. *(Stolz:)* Ich kann alles Mögliche.

Vlad reicht ihr seine Hände und Emilia greift seinen erhobenen linken Arm. In diesem Moment geht das Stroboskop an und die beiden betrachten sich in der Menge der herumhüpfenden und sich drehenden Tanzenden in kurzen Blitzlichtern, die auf Vlads weißem T-Shirt explodieren. Sie sind zwei Gestalten, deren Köpfe sich über der Menge abzeichnen, als würden sie aus den dunklen Wellen eines Meeres, das von Blitzen durchfurcht wird, auftauchen. Beide lächeln und schauen sich an.

3. SZENE

Außen, Nacht
Draußen ist es dunkel, der Himmel klar. Auf der Straße, die zum Horizont hin offen ist und eingefasst wird von heruntergekommenen Gebäuden aus der Secessions-Zeit, von denen sich nur die hohen Silhouetten abzeichnen, brennen gerade mal zwei gelbliche Straßenlaternen und hier und dort leuchten Fenster in den Häusern.

Aus der Tür des *Hauses der Studenten* treten Gruppen von geröteten, verschwitzten, euphorischen und zuweilen auch nachdenklichen Jugendlichen. Ein guter Teil von ihnen bleibt an der Straßenbahnhaltestelle am Rande des Fußweges stehen und quetscht sich ins Wartehäuschen. Andere zerstreuen sich in Gruppen oder zu zweit auf der Straße in verschiedene Richtungen. Die größten Pechvögel unter ihnen lösen sich aus der dichten Masse heraus und verlieren sich einsam in irgendeiner Seitenstraße.

Vlad und Emilia treten nebeneinander aus der Tür inmitten einer Gruppe von Mädchen. Loți folgt Vlad mit einem Meter Abstand. Vlad neigt sich leicht zu Emilia.

VLAD: Wenn du willst, bringe ich dich zum Wohnheim.

EMILIA: Und du?

VLAD (*lässig*): Ich habe Zeit. Ich habe es nicht eilig. Ich gehe sowieso in die Richtung. Ich wohne nicht weit weg vom Wohnheim.

Loți hört ihn und macht amüsiert eine Grimasse. Vlad und Emilia lösen sich von der Gruppe, die zur Straßenbahnhaltestelle geht. Sie laufen langsam nebeneinander auf dem Fußweg.

EIN MÄDCHEN AUS DER GRUPPE: Emilia, fährst du nicht mit der Straßenbahn mit?

EMILIA (*dreht den Kopf*): Nein, ich gehe zu Fuß. Wir sehen uns im Wohnheim, gut? Ciao!

In der Zwischenzeit macht Vlad Loți ein kurzes Zeichen mit dem Kopf und zeigt dabei auf Emilia. Loți nickt und lacht, dann macht er ein Zeichen der Ermunterung, indem er den angewinkelten Arm nach oben schwingt, als würde er eine silberne Boule-Kugel platzieren wollen – ein Code von ihnen, eine Geste, die sie aus einem Videoclip mit den Bartträgern von *ZZ Top* geklaut haben.

Aus der Gruppe der Mädchen sind demonstrative Kichereien zu hören und eine ruft ihnen nach: „Tschüss, Emilia, komm gut zurück", aber Vlad und Emilia hören sie nicht oder zumindest scheint es so, als hätten sie sie nicht gehört. Sie gehen auf dem breiten Fußweg nebeneinander mit einem Abstand von einem halben Meter und ihre Silhouetten zeichnen sich überlang in der Nacht ab: eine weiß, deutlicher sichtbar, die andere zart und dunkler. Eine Zeitlang sagen sie nichts, bis sie sich weit genug von der Gruppe an der Haltestelle entfernt haben.

VLAD: Du hast mir immer noch nicht gesagt, ob dir Temeswar gefällt.

EMILIA: Naja, bis jetzt habe ich noch nicht viel von der Stadt gesehen.

Jetzt, in der Stille des Abends, ist ihre Stimme besser zu hören: Sie hat ein warmes Timbre, etwas tiefer, und sie spricht schneller als Vlad.

VLAD (*beeilt sich*): Ich kann sie dir zeigen, wenn du willst! Sie ist schön, du wirst sehen!

EMILIA (*sieht sich um und tut verwundert*): Ich sehe nichts Besonderes. Wann zeigst du sie mir denn?

VLAD (*lacht schwach*): Naja, jetzt nicht! Tagsüber, wenn es hell ist. (*Schmeichelnd, aber auch bittend*): Irgendwann, wenn du Zeit hast. Wann auch immer du möchtest…

EMILIA: Und Beleuchtung habt ihr nicht auf der Straße?

VLAD: Doch, haben wir, aber wir sparen.

Vlad lacht gezwungen, aber er redet nicht weiter. Auch Emilia sagt nichts. Das ist kein gutes Thema. Es ist noch nicht einmal interessant. Sie laufen eine Weile schweigend. Die Geräusche ihrer Schritte auf dem Fußweg sind zu hören.

VLAD (*fasst plötzlich ihre Hand*): Pass auf, dort ist ein Loch!

EMILIA (*lehnt sich an seinen Arm*): Dankeschön.

Nach einer Weile löst sich Emilia von Vlad und Vlad lässt seine Hand zögernd herunterhängen.

EMILIA (*mit etwas heiserem Ton, spricht sehr schnell*): Mir fällt ein, dass ich dich auch was fragen wollte. Was war das für ein Titel am Ende? Als alle mit den Händen nach oben gehüpft sind und mitgesungen haben?

VLAD (*strahlend*): Ach, das ist *Bijelo Dugme! Hajdemo u planine.* Lass uns auf den Berg gehen. Das wirst du hier in den Diskos öfter hören.

EMILIA: Das ist was Serbisches, oder?

VLAD: Ach so, ja, du bist ja von der Philo. (*Er lacht gezwungen.*) Du hast es genau erraten. Also, fast. Sind Jugoslawen. (*Belehrend:*) Es sind eigentlich Bosnier aus Sarajevo, aber sie sind vermischt. Du weißt ja, wie es bei denen ist: Serben, Kroaten, Bosnier, Slowenen, von jedem was. (*Enthusiastisch:*) Weißt du, wie schön es dort ist? Wow, sowas hast du noch nicht gesehen! Was die für Geschäfte haben mit allem drin: Kassetten, schicke Sachen, überall Jeans, in jedem Café Coca-Cola, und du kriegst alles: Pumas…

EMILIA (*unterbricht ihn*): Pumas?

VLAD: Sportschuhe von Puma. Und von Adidas und Nike. Und Jeans aller Sorten: stonewashed, mit Mesh-Einsätzen oder kariert. Und Jeanshemden. Alle Varianten, alle Modelle. Die neuesten Schallplatten! Die neuesten, die wie im Westen vertrieben werden. Und Bananen im Laden! Kaffee, ausländische Zigaretten... alles, wirklich. Alles, was du willst, und alles frei zu bekommen. Ich habe in ihrem Fernsehen gesehen, dass sie alles haben; aber das eine ist, es zu sehen, das andere, es auch bekommen zu können.

EMILIA (*mit hoher und hastiger Stimme*): Warst du dort?

Vlad legt eine Kunstpause ein. Er räuspert sich. Er fährt mit der Hand durchs Haar.

VLAD (*lässig*): Ähm, ja, ich war im Sommer mit meinen Eltern dort. Sieben Tage. An der Küste, an der Adria. Der schönste Ort, den ich in meinem Leben gesehen habe! (*Erklärend:*) Mein Vater hat eine Reise vom Reisebüro bekommen. Eigentlich (*er macht eine Pause*) hat er das gedeichselt. Er kannte jemanden, woher auch immer, und so hat das alles funktioniert.

EMILIA: Was, die haben euch aus dem Land gelassen?

VLAD: Tja, ja, genau *das* hat mein Vater hingekriegt. Mit der Reise, mit den Reisepässen, mit allem. Und so habe ich eben auch gesehen, wie es dort ist, bei denen. Richtig Westen, verdammt!

EMILIA: Und du hattest überhaupt keine Probleme?

VLAD (*misstrauisch, mit etwas zögernder Stimme*): Probleme? Warum sollte ich denn Probleme haben?

EMILIA: Naja, wegen der Sprache. Wie hast du denn dort gesprochen? Also, na gut, du hast gesagt, dass du Englisch kannst.

VLAD (*offenbar erleichtert, lacht laut*): Na klar kann ich Englisch. Habe ich dir vorhin nicht vorgesungen? (*Ernst:*) Nein, so gut bin ich nun auch wieder nicht. Nicht wie du, soviel ist sicher. Und die können auch nicht unbedingt Englisch. (*Pause.*) Nein, ich habe Serbisch mit ihnen gesprochen. Also, Serbokroatisch.

EMILIA (*verwundert*): Wirklich? Kannst du Serbokroatisch?

VLAD: Ja, ausreichend gut. Meine Mutter kann es besser. Also, total gut, sie ist Serbin. (*Schnell:*) Keine richtige Serbin. Zur Hälfte. Sie ist von hier, aus dem Banat, aber aus einem serbischen Dorf neben der Grenze. Als ich klein war, war ich im Sommer immer dort, bei meinen Großeltern. Ich war sehr oft dort. So habe ich es auch gelernt. Inzwischen habe ich schon wieder einiges vergessen, da meine Mutter nur noch Rumänisch spricht. Nur, wenn sie dorthin fährt, aufs Dorf…

EMILIA (*spielerisch*): Dann sag mir mal was auf Serbisch. Du hast mich neugierig gemacht.

VLAD (*verwirrt*): Was soll ich dir denn sagen?

EMILIA: Irgendwas, irgendetwas.

VLAD (*denkt kurz nach*): Gut. *Ti si tako lepa, najlepša devojka na celom svetu, i ja želim da te zagrlim, da te poljubim. Stvarno.*

EMILIA (überrascht): Aha. (*Nach einer Pause*:) Was hast du gesagt?

VLAD: Naja, das sage ich dir nicht.

EMILIA: Ach komm, sag schon! Was ist es, was du gesagt hast?

VLAD schweigt und lächelt breit.

EMILIA (*vorwurfsvoll*): Du hast was Dummes gesagt.

Vlad schweigt weiterhin.

EMILIA: Na klar, du hast was Dummes gesagt, damit ich es nicht verstehe.

VLAD (*zieht amüsiert die Schultern hoch*): Natürlich verstehst du es nicht, aber ich habe nichts Dummes gesagt.

EMILIA (*immer noch neugierig*): Und wie würde was Dummes klingen?

VLAD: Wie meinst du das?

EMILIA: Auf Serbokroatisch. Wie würde was Dummes klingen? Ein Fluch, eine… Ferkelei. Kannst du was?

Vlad schweigt. Er spielt auf Zeit. Inzwischen überqueren sie nebeneinander eine mehrspurige Straße mit einem Platz in der Mitte. Sie erreichen den anderen Bürgersteig. Sie bleiben kurz vor einer neobyzantinischen Kirche stehen, die an die Hagia Sophia in Istanbul erinnert: Es ist die orthodoxe Kirche auf dem Platz namens Küttl (oder auch Sinaia oder Ștefan Furtună). Dort lehnen sechs

Jugendliche an der steinernen Mauer, die den Kirchhof umgibt und auf der ein schmiedeeiserner Zaun angebracht ist. Ihre Silhouetten und drei-vier glimmende Zigaretten sind deutlich zu sehen. Eine der Silhouetten löst sich von dem niedrigen Mäuerchen und geht auf Vlad und Emilia zu. Es ist ein kleiner, gedrungener Kerl. Als er neben den beiden ankommt, sehen wir sein hübsches, rundes Gesicht, das übertrieben lacht. Er ist ungefähr sechzehn-siebzehn Jahre alt, kurz geschoren, mit einer sehr breiten Stirn. Und er trägt ein Shirt ohne Ärmel, das seine muskulösen Arme sehen lässt.

DER JUGENDLICHE (*zu Vlad, verschlagen*): Hör mal, hast du 'ne Zigarette?

VLAD (*trocken*): Nein.

Er will an dem Jugendlichen vorbei und streckt eine Hand schützend in Richtung Emilia aus, aber der Kerl fasst ihn eilig am Arm. Seine Freunde nähern sich.

DER JUGENDLICHE: Wart mal bisschen, Bursche! Warum hast du es denn so eilig? Erklär es uns mal kurz.

EIN ZWEITER (*von hinten*): Dir ist klar, dass du in unserem Viertel bist? Du kommst abends ohne Zigaretten in unser Viertel?

EIN DRITTER (*kaltblütig*): Vielleicht hat ja das Fräulein Zigaretten?

DER ERSTE: Das stimmt, daran habe ich nicht gedacht. (*Übertrieben höflich zu Emilia:*) Fräulein, könnten Sie uns vielleicht eine Zigarette leihen? Ich wäre Ihnen sehr verbunden.

Die Clique lacht.

EMILIA (*hochnäsig*): Ich rauche nicht.

Die Clique ruft ein kollektives „Ohhh!" der Enttäuschung: Oh Mann, das Fräulein raucht nicht.

DER ERSTE: Das tut mir leid. (*Zu Vlad:*) Aber du rauchst, stimmts?

VLAD: Ich habe dir gesagt, dass ich keine Zigaretten habe.

DER ERSTE: Habe ich dich das gefragt? (*Er dreht sich zu den anderen um und fragt rhetorisch:*) Habe ich ihn das gefragt?

Die Stimme des Jugendlichen wird drohend. Vlad tritt einen Schritt zurück und stellt sich zwischen die Gruppe und Emilia.

DER ERSTE (*bekräftigend*): Du kommst also hierher, in unser Viertel, wie der dort gesagt hat (*er zeigt nach hinten*), und bist eingebildet, hast aber keine Zigaretten? Hältst dich für toll, weil die Tussi hinter dir her ist?

VLAD (*trotzig*): Ich komme in euer Viertel, wenn ich Lust dazu habe!

Die Jugendlichen nähern sich noch mehr und murmeln unzufrieden. Emilia fasst Vlads Ärmel, aber er reißt sich mit einem Ruck los. Der kurzgeschorene Jugendliche baut sich kampfwütig vor Vlad auf.

JUGENDLICHER: So ist das also!

VLAD: Ja, genau so. (*Schnell:*) Und wenn ich Lust auf meine Freunde habe und wir verabredet sind, kann ich es nicht leiden, wenn man mir alles nachplappert. Sie haben mir gesagt, dass ich mit ihnen reden soll, wenn ich Probleme habe.

DER JUGENDLICHE (*weniger sicher*): Aha, wirklich? Du hast hier Freunde? Wen denn genau?

VLAD: Na, einer, ich weiß nicht, ob ihr den kennt, denn er ist schon älter… Micea, der Boxer. Er wohnt mehr in Richtung Ufer (*er zeigt irgendwohin, auf die andere Straßenseite*). Er hat mir gesagt, dass ich nach ihm fragen soll, wenn ich Probleme mit den Typen von hier habe.

In der Gruppe hinten sieht man einen leichten Rückzug. Der Jugendliche vor Vlad verzichtet auf seine kriegerische Pose und balanciert von einem Fuß auf den anderen. Einer aus der Gruppe, ein dunkelhäutiger Junge mit einer Zigarette in der Hand, macht zwei Schritte auf Vlad zu.

DER DUNKLE JUGENDLICHE: Woher kennst du Micea, du Schlauberger?

VLAD: Von überall. *(Er lacht.)* Er und ich, wir waren zusammen bei der Armee. Ich bin dieses Jahr fertig geworden. Na gut, eigentlich war er eher fertig, schon im Mai. Er müsste jetzt zuhause sein. Er ist echt fit.

DER DUNKLE JUGENDLICHE (*mit hoher Stimme*): Micea ist mein Vater, Mensch!

VLAD (*verwundert und übertrieben lebhaft*): Wirklich? Das heißt, dass du (*er zögert einen Moment*) Manix bist, richtig?

DER DUNKLE JUGENDLICHE (*aus der Fassung gebracht*): Ja, klar.

Die gesamte Gruppe ist plötzlich entspannter, aber auch verwirrter. Vlad hingegen fühlt sich seiner selbst sicher und lächelt breit, mit Lippen, dünn wie eine Linie, wie ein gebogener Schnitt.

VLAD: Dann sag mal deinem Vater Grüße von mir. Sag ihm, dass du Vlad, den Studenten, getroffen hast, seinen Kollegen vom Strafbataillon. Wie geht es ihm denn? Ist er zuhause?

MANIX: Nein. (*Fast stolz:*) Er ist im Popa Șapcă.

VLAD: Wie das denn?

MANIX: Ja, sie haben ihn in den Knast gesteckt. Sechs Monate. Bis zum Jahresende kommt er nicht nach Hause.

VLAD: Es tut mir leid, ehrlich! Was für ein Pech! Womit haben sie ihn denn ausgehoben?

MANIX: So eine Sache. Einbruch. Aber er war betrunken.

VLAD: Es tut mir wirklich leid. Der ist schwer in Ordnung! Aber naja, da kommt er im November frei, pass auf. Ich wette, dass er unter eine Begnadigung fällt. Es tut mir nur leid, wirklich! Was hatten wir für einen Spaß miteinander... (*Er wendet sich zu Emilia und fasst ihre Hand.*) Grüß ihn, wenn du bei ihm vorbeigehst, ja? Von Vlad, dem Studenten. Wenn er etwas braucht, wer weiß? Vielleicht kann ich ihm helfen. Naja, ich komme hier wieder vorbei. Ciao, Manix. (*Vage zur Gruppe*:) Ciao!

Vlad entfernt sich langsam und hält Emilia an der Hand. Die sechs Jugendlichen bleiben schweigend und verwirrt zurück. Hier ist etwas dazwischengekommen, das sie nicht verstehen. Eine Sache des Alters. Dieselbe Ratlosigkeit verspürt auch Emilia, die Vlad von Zeit zu Zeit einen Blick zuwirft. Er hingegen geht einfach mit festen Schritten weiter, ohne sich noch einmal umzuschauen.

EMILIA (*nachdem sie sich von der Kirche entfernt haben; zieht ihre Hand aus Vlads Griff*): Sei mir nicht böse, aber... Was war das denn eben?

VLAD (*lässig*): Das war eine Clique aus Klugscheißern aus dem Viertel. Sie legen sich mit jedem an, so bescheuert. Ein Glück, dass ich mich an Micea erinnert habe.

EMILIA: Und wenn du dich nicht erinnert hättest?

VLAD (*zuckt die Schultern*): Vielleicht hätten sie versucht, mich zu verkloppen. Das ist bei denen üblich. (*Eilig*:) Weißt du, das kommt nicht oft vor. Es ist auch nicht sicher, ob wir uns wirklich geprügelt hätten. Dich hätten sie auf keinen Fall angerührt, ich schwöre es! (*Trotzig*:) Ich wäre mit ihnen am Hals gestorben!

Emilia schweigt und läuft weiter neben Vlad her. Er nähert sich ein bisschen und greift schüchtern ihre linke Hand. Emilia zuckt zusammen, zieht aber ihre Hand nicht zurück.

EMILIA (*nach ein paar Sekunden*): Und du kennst diesen Boxer wirklich?

VLAD: Ja, sicher. Du denkst doch nicht etwa, dass ich das alles erfunden habe? Wir waren zusammen bei der Armee. Zumindest teilweise, denn mein Dienst war verkürzt, ich habe nur neun Monate gemacht. Micea hat lange gedient und war schon dort, bei der Einheit. Ich habe ihn kennengelernt, nachdem sie mich aufgenommen haben.

EMILIA: Ich dachte eigentlich, dass die Studenten die Armee extra absolvieren, nicht mit…. Also, dass sie die Offiziersschule machen oder sowas.

VLAD: Ach so, ja, die „Teristen“, die mit der verkürzten Dienstzeit, machen die Armee separat und vermischen sich nicht mit den einfachen Soldaten. Aber ich war besonders. (*Er lacht.*) Es war so gekommen. Ich weiß nicht, warum. Meine Kommilitonen waren alle in Lipova, außer mir und Loți. Uns haben sie direkt zum Strafbataillon geschickt (*er merkt ihre Ratlosigkeit*), also zur Arbeit, auf Baustellen und so. Nur uns zwei. Ach nein, es war noch ein Terist aus Oradea dabei, der Student in Cluj war. Wenn du mich fragst, warum, ich weiß es nicht. Gut, bei Loți vermute ich, dass es wegen seines Bruders war, denn der ist vor zwei Jahren über die Grenze nach Ungarn abgehauen. Aber ich glaube nicht, dass ich irgendwas Unerlaubtes getan habe. (*Nachdenklich*:) Also habe ich Glück gehabt.

EMILIA: Und dort hast du den kennengelernt, den Boxer?

VLAD: Micea. Ja, dort. Mit dem hatte ich echt Glück. Sonst hätten mich die von der Einheit, die Veteranen, fertiggemacht. Sie mochten die Studenten, die Intellektuellen, sowieso nicht. Vor allem, weil wir nur neun Monate gemacht haben, nicht sechzehn, wie sie. Micea ist eigentlich älter als wir, er ist bisschen über dreißig. Ehemaliger Boxer, so hat er es uns gesagt. Bisschen verdächtig und Zigeuner, aber absoluter Kumpel. Als er gehört hat, dass wir aus Temeswar sind… ‚Eh, die rührt ihr nicht an!‘, hat er zu seinen Kollegen gesagt. ‚Die rührt ihr nicht an, denn die sind aus Temeswar wie ich!‘ Ein echter Kumpel. Na gut, er hat ziemlich viel geklaut, das hat man gehört, er ist eingebrochen, hat geklaut und die Ware im Iosefin-Viertel verkauft, aber mit uns war er schwer in Ordnung. (*Nostalgisch*:) Er hat uns aus vielem rausgeholfen. Und was wir manchmal nachts gefeiert haben, das kann ich dir gar nicht sagen!

EMILIA: Sag es mir nicht. Ich bitte dich sogar. (*Sanfter:*) Trotzdem verstehe ich es nicht.

VLAD: Ich auch nicht. Gut, dass ich da rausgekommen bin. Wenn ich dir jetzt erzählen würde, was ich alles aushalten musste, wo ich war… in den Rüben, in den Kartoffeln, am Haus des Volkes, beim… ich weiß nicht mehr wo. (*Schlau:*) Aber ich sage es dir nicht, denn diese Lektion habe ich auch gelernt. Erstens: Sing nicht den Mädels ins Ohr. Zweitens: Erzähle ihnen keine Geschichten von der Armee, wenn du nicht willst, dass sie vor dir davonlaufen. Und das will ich nicht, ehrlich, ich will nicht, dass du vor mir wegläufst. (*Er drückt leicht ihre Hand.*)

Inzwischen sind sie auf einem kleinen betonierten Platz angekommen, an der Kreuzung zweier Straßenbahnlinien. Sie halten sich an der Hand und gehen langsam. Von hinten gefilmt mit ein paar Metern Abstand, zeichnen sie sich groß vor der Öffnung der Straße in Richtung Steinbrücke und vor dem klaren Himmel des Spätsommerabends ab. Auf dem kleinen Platz, rechts, wird ein weißer Steinaltar sichtbar, dessen Kuppel eine Marmorstatue der Jungfrau Maria überwölbt. Er zeigt Emilia den Altar.

VLAD: Guck mal, dort. Erinnerst du dich an das Bild mit Gheorghe Doja im Geschichtsbuch auf dem Lyzeum? Als sie ihn auf einen glühenden Eisenthron gesetzt haben und ihm eine glühende Eisenkrone auf den Kopf setzten? Und ihm mit einer Zange Fleischstücke aus dem Körper rissen, die seine Begleiter essen mussten. Einfach schrecklich.

EMILIA (*ein bisschen abwesend:*) Ja, ich glaube, ich erinnere mich.

VLAD (*ernst*): Und siehst du, das war hier.

EMILIA: Wie?

VLAD: Genau hier, auf diesem Platz. Hier haben sie Gheorghe Doja verschmort. Das ist der Ort. Es heißt, dass sie deswegen diese

Statue mit Maria errichtet haben, um den Ort von diesem damaligen Schrecken zu reinigen.

EMILIA: Ihn zu läutern.

VLAD: Genau, das war das Wort: läutern.

EMILIA: Aha. (*Nach einer Weile*:) Sag mal, warum hast du gesagt, dass sie den Boxer begnadigen werden? Woher weißt du, was er gemacht hat.

VLAD (*zuckt die Schultern*:) Na, ich glaube nicht, dass es was Schlimmes war. Irgendeine Gaunerei. Du hast es doch auch gehört: Einbruch. Weißt du, er ist kein schlechter Kerl. Er ist einfach vom Weg abgekommen…Er hat mir erzählt, wie sie ihn aus dem Club rausgeschmissen haben, nachdem er sich mit ein paar Leuten in einer Kneipe gedroschen hat und danach ist er so geworden. Ohne Arbeit, seine Frau auch ohne Arbeit, zwei Kinder…

EMILIA: Zwei?

VLAD: Ja, er hat noch eine große Tochter…, die ist ungefähr zehn, glaube ich.

EMILIA: Und die Begnadigung?

VLAD: Keine Ahnung, weiß der Teufel! Ist im November nicht der vierzehnte Kongress?

EMILIA: Ja?

VLAD: Ja, sicher. (*Mit Humor*:) *Lissen veri cärfülli, ei schel sei sis onli wens*: Dann wirst du sehen, dass auch die Begnadigungen für die Inhaftierten kommen. Als ich in der Armee war, haben uns diese, die Profis, erklärt, wie der Mechanismus funktioniert. Es waren sogar welche dabei, die zwei Begnadigungen miterlebt haben. Am Tag des Genossen und zum ichweißnichtwievielten Parteikongress… (*Er lacht schwach.*) An diesen Tagen würde ich, wenn ich eine Frau wäre, meine Handtasche nicht aus den Augen lassen. Die Stadt wird sich mit den ganzen Langfingern füllen.

EMILIA: Wie dein Boxer.

VLAD: Na, das ist nicht mein Boxer! (*Versöhnlich:*) Vielleicht beruhigt er sich jetzt auch langsam. (*Belehrend:*) Egal wie, es ist gut, ganz verschiedene Leute zu kennen. Du hast es ja vorhin gesehen. Man weiß nie, was passiert. Jetzt kannst du also auch, wenn du dort mal irgendwie alleine langgehst und dich jemand anmacht, einfach von Micea dem Boxer reden und hast keinen Ärger mehr.

EMILIA (*pikiert*): Merci. Ich nehme lieber die Straßenbahn.

VLAD (*lacht verwirrt*): Ach naja, ein andermal bringe ich dich zu ein paar Schriftstellern. Schließlich bist du ja in der Philologie.

EMILIA (*ziemlich kühl*): Du kennst welche?

VLAD: Ein paar... eigentlich kennt mein Vater sie. (*Gekränkt:*) Aber ich lese auch, nur, dass du es weißt. Es ist nicht so, wie ihr denkt, dass alle Polytechniker dumm sind und außer Mathe und Physik und Motoren nichts kennen. Auch wir lesen Bücher.

EMILIA (*provozierend, aber amüsiert*): Wirklich? Und ich dachte, nur die Philologen lesen. Und dass ihr gar keine Bücher bekommt. Sondern eher Aufgabensammlungen für Algebra und... und Trigonometrie und Physik.

VLAD: Ja, so ist es, hier hast du recht. Literatur ist für uns verboten. Aber wir suchen uns Freundinnen bei den Philologen, damit wir uns Bücher ausleihen können.

EMILIA (*spielt das Spiel mit*): Oder ihr klaut sie.

VLAD: Oder wir klauen sie. Aber wir klauen nicht selber. Wir schicken unsere zwielichtigen Freunde in die Bibliotheken.

EMILIA: Den Boxer Mircea.

VLAD: Micea.

EMILIA: Ja, den.

Sie lachen beide leicht. Die Spannung von vorher hat sich gelöst. Sie gehen nach rechts auf eine kleine dunkle Straße, neben der Straßenbahn.

EMILIA: Und was hast du zum Beispiel beim letzten Mal geklaut?

VLAD (*wie ein braver Schüler*): Beim letzten Mal habe ich zum Beispiel *Krieg und Frieden* geklaut. In zwei Etappen, denn es sind vier Bände und die kannst du nicht auf einmal mitnehmen.

EMILIA *(lacht)*: Das sagst du, um mich zu beeindrucken.

VLAD: Nein, nein, ehrlich! *Krieg und Frieden.* Aber nur die Teile mit dem Krieg, denn der Frieden ist langweilig: Tussen und Seufzer und alle möglichen Kleider und Spitzen und Bälle… Und Französisch! Mein Gott, wie sie alle Französisch palavert haben!

EMILIA: Sicher, der Krieg ist interessanter! Blut, Tote, Dreck, Kälte, Elend, Hunger…

VLAD (*schnell*): Ok, ok, du hast recht! Du bist gut im Zusammenfassen. Frag mich etwas anderes! Von jemand anderem.

EMILIA: Hast du was von Dickens gelesen?

VLAD: Äh, ja. *Oliver Twist.* Langweilig. *David Copperfield.* Nett, aber auch nicht so sehr.

EMILIA: Shakespeare?

VLAD: Ah, du pokerst hoch! Na gut. (*Nach etwas Nachdenken*:) Ich habe vor längerem etwa zehn Stücke im Fernsehen gesehen. Es war eine englische Serie, etwas mit Thames. *Hamlet*, *Heinrich IV.*, *Die lustigen Weiber von Windsor*, *Lear*, *Der Sturm*… das habe ich auch im Theater gesehen. Ich habe sie dann nicht noch gelesen. Ist das erlaubt?

EMILIA (*professoral*): Ja, das ist in Ordnung. Kennst du Salinger?

VLAD (*begeistert*): *Der Fänger im Roggen*! Wow, was für ein Buch! Ja, das war super! EMILIA (überrascht): Es hat dir gefallen? VLAD: Gefallen? Ich bin völlig hin und weg. Ich habe es… ich weiß nicht genau… drei oder viermal gelesen. Ich glaube, nur Asimov habe ich mehr gelesen.

EMILIA (*wenig überzeugt*): Das ist SF, Science Fiction, oder?

VLAD: Ja, SF, aber nicht nur SF. Ich erkläre es dir. Es gibt mehrere Arten von SF. Manche Bücher…

Die Kamera bleibt an einem Ort, während sich Vlad und Emilia langsam auf der Straße entfernen und Vlads Stimme immer leiser wird.

4. SZENE

Außen, innen, Nacht

Vlad und Emilia gehen Hand in Hand auf einer schmalen, betonierten Seitenstraße, die zu einem Studentenwohnheim führt, einem Block mit vier Etagen und einem Seitenarm, in dem sich Flur und Lesesaal befinden. In der Umgebung sind noch einige identische Gebäude zu sehen. Die beiden halten vor der großen Glastür mit einem Rahmen aus Roheisen, ganz in der Manier: hässliche und schwere Tür, an der du mit voller Kraft ziehen musst, damit sie aufgeht, und die dann mit einem irritierenden Knirschen von Metall auf Metall und Glas zuknallt. Die beiden haben es nicht eilig, an dem Metallblatt zu ziehen, das wie ein gebogenes Kronblatt wirkt und der klassischen und ebenso hässlichen Klinke aller Institutionstüren dieser Epoche entspricht. Sie bleiben unter einer flackernden Neonröhre vor dem Eingang stehen und wenden einander zu. Sie halten sich weiterhin an der Hand. Jetzt sehen wir Emilia zum ersten Mal in einem helleren Licht. Sie hat kastanienbraunes Haar, mit einem Pony, der über die Augenbrauen fällt, ein ovales Gesicht mit kleinen und vollen Lippen, die Augenfarbe ist unklar, vielleicht blau, vielleicht grün – wie das klare Wasser der Adria, denkt Vlad vielleicht – ein spitzes Kinn, das etwas hervorsteht, was ihr einen hochmütigen Zug verleiht. Die Kamera misst sie von oben nach unten mit den Blicken eines Mannes: eine gelbe, weite und durchgeschwitzte Synthetikbluse, die sich kräftig über der Brust wölbt, ein schwarzer, kurzer Rock aus billigem, ziemlich abgetragenen Stoff, und schwarze Ballerinas aus Lederimitat. Vlad hingegen schaut ihr nur in die Augen. Er schweigt. Er zögert. Er fährt mit einer Hand durch sein kurzgeschnittenes Haar und schluckt trocken.

EMILIA: Ich muss jetzt hoch. Es ist spät, ich glaube, schon nach elf. Danke, dass du mich gebracht hast.

VLAD (*fasst sie auch an der anderen Hand*). Warte kurz. Eine Minute. Hast du Lust...wollen wir uns wiedersehen? Nächste Woche vielleicht? Wir können in die Stadt gehen, vielleicht ins Kino...

EMILIA: Es tut mir leid. Also... ich würde wollen, aber wir müssen zum Landwirtschaftspraktikum. Zwei Wochen.

VLAD: Wirklich? Außerhalb von Temeswar?

EMILIA: Ja, irgendwo in einem Dorf, Recaș, so scheint mir. (*Verwundert*:) Was, musst du nicht zum Praktikum?

VLAD (*irritiert*): Nein, wir nicht... Pfff, daran habe ich nicht gedacht, verdammt! Stimmt, ihr habt Praktikum.

EMILIA: Ihr nicht?

VLAD (*irgendwie stolz*): Nein, wir machen kein Praktikum in der Landwirtschaft. Wir gehen in Werkstätten. Bei uns in der Polytechnischen. Deswegen habe ich nicht daran gedacht... In Recaș? (*Tröstend*:) Naja, ist schon ok. Bei den Weintrauben ist es schön. Gut, dass ihr nicht in den Mais müsst oder in ein anderes Elend. Kartoffeln. Rüben. Bei den Rüben is' es total übel.

EMILIA (*lacht*): Wie komisch es mir vorkommt, wenn du ‚is' sagst!

VLAD: Hey, was willst du, wir sprechen eben auch wie auf dem Land. (*Schnell*:) Und danach, also, wenn du wieder da bist? (*Er zögert.*) Vielleicht? Also, willst du?

EMILIA (*kokett*): Vielleicht. Mal sehen.

Emilia will ihre Hände aus Vlads zurückziehen. Vlad hält sie fest und kommt auf sie zu. Sie geht einen Schritt zurück.

VLAD: Soll ich dich nicht bis oben begleiten?

EMILIA (*lächelt*): Wenn du an der Pforte vorbeikommst?

VLAD: Probieren geht über Studieren.

Vlad lässt ihre Hände los und zieht mit Kraft an der Eingangstür zum Wohnheim. Die Tür scheppert in der Ruhe der Nacht und öffnet sich, wobei es knirscht, als das Metall des Rahmens auf dem Mosaikfußboden aus Zement reibt.

VLAD: Und jetzt sind wir im verbotenen Tempel. Wie in *Indiana Jones*.

Die beiden betreten den breiten Flur, der ebenfalls schwach von einer Neonröhre erleuchtet wird. Rechts sind Stufen zu sehen, die zum Treppenhaus und zu den Zimmern im Erdgeschoss führen. Ebenfalls dort, etwas vor den Stufen, erkennt man links den Lesesaal, groß und dunkel, und rechts den Pförtnerraum, der mit Glasscheiben abgetrennt ist. Gleich nach dem Eingang, direkt gegenüber, ist eine große Anschlagtafel aus Holz aufgestellt, die eine Abstellfläche wie ein Regal hat, auf dem einige Umschläge und Postanweisungen stehen. Auf der Tafel sind mit Klebestreifen oder mit Stecknadeln alle möglichen Zettel mit halbverschlüsselten Nachrichten angebracht. Vlad nähert sich langsam und schaut auf die dort befestigten Schnipsel aus rechteckigen, geviertelten oder halbierten A4-Blättern: „BJ 8/121", „Epilieren, 12, Zimmer 215", „Hemden, verschiedene Strumpfhosen von Adesgo, bunt – 010", „Maniküre – 13/114", „Kent Pack. (5), Vikend Stck (2), Carpați FF – 12/205", Vorlesg.kop. GARL– 12/304" („BJ", jenseits jeder sexuellen Bedeutung heißt das einfach ‚Bluejeans', und das Zimmer 8 ist höchstwahrscheinlich ein Zimmer mit ausländischen Studenten – Arabern und Griechen –, die Zugang zu solchen Waren aus einer anderen Welt haben. Übrigens ist die ganze Anschlagtafel eine Quelle von Produkten und Dienstleistungen, die stillschweigend erlaubt werden und die ein Studentenleben, das sowieso besser ist als alles danach, erträglich machen.)

VLAD: Was ist das denn „GARL“?

EMILIA: Geschichte der alten rumänischen Literatur. Lithografierte Vorlesung. Blödsinn, warum sollte ich dafür Geld bezahlen? Ich kann mir eine in der Bibliothek ausleihen.

VLAD: Und was genau ist das, alte rumänische Literatur? Alte Bücher?

EMILIA (*lacht*): Nein, nein! Das sind spezielle Dinge, nichts, was dich interessiert. Keine Motoren. Neagoe Basarab, Dosoftei, Varlaam…[1]

VLAD (*witzelnd*): Varlaam? Was ist das?

EMILIA (*unsicher*): Ein Priester…, ein Metropolit. Er hat ein paar Kirchenbücher geschrieben. Oder hat sie drucken lassen, ich weiß es nicht mehr genau.

VLAD (*buchstabiert*): Var-la-am. Wie kann man denn Varlaam heißen? Oder Neagoe Basarab?[2] Nea Goe. Herr Goe, als er alt geworden ist. Also, ich meine, nenea, Onkel Goe.[3]

EMILIA (*kichert*): Stell dich nicht dumm! Na los, ich muss hoch ins Zimmer.

Sie gehen zu den Stufen rechts. Aus dem Raum mit den Glaswänden kommt eine Pförtnerin heraus, wie sie im Buche steht: eine

---

1 Orthodoxer Bischof und Gelehrter (1585-1657), gilt als einer der Gründer der rumänischen Literatursprache. [Alle Fußnoten sind Anmerkungen der Übersetzerinnen].

2 Muntenischer Fürst (1451-1521). Einer seiner Texte (eine Art Fürstenspiegel an seinen Sohn Teodosie) gehört zu den ersten literarischen Texten der rumänischen Literatur.

3 Ein Wortspiel mit dem Namen der Hauptfigur aus einem Text von Ion Luca Caragiale (1852-1912).

ältere Frau in einem weinroten Bademantel wie im Krankenhaus, mit rundem Gesicht, roten Wangen und grauem, gelocktem Haar.

PFÖRTNERIN (*jäh*): Hallo Bursche! Bur-sche! Halt! Zutritt für Männer verboten! Und erst recht zu dieser Uhrzeit!

VLAD (*nähert sich süßlich der Pförtnerin*): Guten Abend, küss die Hand! Ich gehe nur kurz mit hoch, ich bringe das Mädel hoch und komme sofort wieder runter. Ehrenwort!

PFÖRTNERIN (*spottet*): Ehrenwort, Ehrenwort! Wie oft habe ich das gehört!

EMILIA (*kommt hinter Vlad hervor*): Küss die Hand, Tante Tudora, ich bins.

PFÖRTNERIN: Emilia. Sieh mal an! (*Ironisch*:) Du hast dir aber schnell einen geangelt.

EMILIA: Nein, Tante Tudora, wirklich. Er bringt mich bis zur Tür, das ist alles.

PFÖRTNERIN: Wie oft habe ich diese Geschichte gehört! (*Belehrend, wärmer*:) Pass mit diesen Herumtreibern auf, Mädel, denn die sagen alle dasselbe. Nur bis zum Wohnheim. Nur bis zur Tür. Nur bis ins… pfui, Gott, bewahre uns vor dem Bösen! So machen sie es, ja. Ich weiß genau, wie die Sache läuft. (*Kurz*:) Was willst du also?

EMILIA (*lächelt kühner*): Nur bis zur Tür, Tante Tudora. Ich schicke ihn sofort zurück.

PFÖRTNERIN (*seufzt theatralisch*): Na gut, geht. Aber pass auf, Mädel!

Emilia und Vlad gehen an ihr vorbei und nehmen die Stufen zum Treppenhaus.

PFÖRTNERIN (*ihnen hinterher*): Hauptsache, ich erwische ihn nicht, dass er länger bleibt! Hörst du, Emilia?

EMILIA (*auch sie ruft*): Nein, ich denke gar nicht dran! Vielen Dank, Tante Tudora!

VLAD (*murmelt amüsiert*): Du denkst gar nicht dran?

Vlad und Emilia steigen schnell die beiden Stockwerke hoch und betreten dann einen langen und leeren Flur, mit Dutzenden Türen auf beiden Seiten. Emilia geht voran, Vlad kommt brav hinter ihr her. Sie halten vor einer cremefarbenen Holztür.

EMILIA: Hier ist es. Zweihundertzwanzig.

VLAD: Zwei zwanzig. Wie beim Strom.

EMILIA: Wie bitte?

VLAD: Nichts. (*Er lächelt:*) Das wars ja gerade mit der Pförtnerin. Ich habe gedacht, die Alte kehrt mich mit dem Besen raus.

EMILIA (*lächelt ebenfalls und fährt sich mit einer Hand durchs Haar*): Sie hätte dich auch rausgeworfen, weißt du? Hast du gesehen, dass ich hier auch Leute kenne?

VLAD: Hab ich gesehen. (*Er macht einen Schritt auf Emilia zu.*) Ich hoffe, dass sie uns nicht kontrollieren kommt.

Vlad steht jetzt bei Emilia und fasst sie aufmerksam an der Hand. Emilia hält inne. Vlad nähert leicht seinen Kopf dem ihren, legt langsam die andere Hand in den Nacken des Mädchens und zieht sie stärker zu sich heran. Emilia wird weich. Er beugt sich zu ihr und küsst sie auf die Wange, dann, weil sie sich nicht zurückzieht, sucht er ihre Lippen, umfasst sie mit beiden Armen und drückt sie fest an sich. Sie küssen sich, bis ihnen die Luft wegbleibt, und lösen sich erst dann voneinander. Vlad schaut sie lange an, mit gerötetem Gesicht, als ob er sie erst jetzt entdecken würde. Er zittert leicht und atmet erregt. Er küsst sie noch einmal, diesmal etwas sanfter, und fährt ihr mit einer Hand durch das lange, glänzende Haar. Er tritt einen Schritt zurück.

VLAD: Ich denke nicht daran, dich nicht mehr zu sehen. Zwei Wochen? So lange bist du weg?

Emilia nickt.

VLAD: Und wie finde ich dich danach?

EMILIA: Na... an der Uni. Das ist am einfachsten. Du kommst zu unserem Stundenplan und schaust, wo Englisch steht, erstes Studienjahr. Oder hierher..., wenn du willst.

VLAD (*bewegt*): Wie soll ich nicht wollen?

EMILIA: Was weiß ich denn? Du bist voller Geheimnisse.

VLAD (*geschmeichelt, aber auch verwundert*): Wie meinst du das?

EMILIA: Na, zuerst sagst du mir, dass du Serbe bist...

VLAD (*schnell*): Ich bin kein Serbe. Meine Mutter ist... also zur Hälfte. Und das ist keine große Sache, wirklich.

EMILIA: Ist es nicht, aber es ist... so überraschend. Danach kommt die Geschichte mit der Armee. Und mit diesem Individuum, Mircea... Micea. Dann erzählst du mir, wie du am Meer im Ausland warst. Wer weiß, was ich beim nächsten Mal noch über dich erfahre? Was du gemacht hast, und ich weiß nichts davon.

Vlad schweigt. Er greift ihre Hand und hält sie weich, sagt aber nichts.

EMILIA: Na los, sag! Welche Geheimnisse hast du noch? Wenn du schon bis hierher hochgestiegen bist, kannst du es mir auch sagen.

VLAD (*scheinbar träumerisch, mit zärtlicher, fast bittender Stimme*): Welche Geheimnisse ich habe? Dass... du mir gefällst?

EMILIA (*klopft ihm auf die Schulter*): Ja, sicher. Soviel habe ich bis jetzt auch begriffen. Sag mir noch was anderes: Wie kommst du nach Hause? Du hast gesagt, dass du in der Nähe wohnst. Wie nah?

VLAD (*lächelt schlau*): Im UMT-Viertel.

EMILIA: Du weißt, dass ich Temeswar nicht kenne. Wo ist das?

VLAD: Am Stadtrand. Am Pădurea-Verde-Viertel. Es ist nicht weit, ehrlich. (*Dasselbe Lächeln:*) Ungefähr eine Dreiviertelstunde.

EMILIA: Bist du verrückt?

VLAD (*fröhlich und unbekümmert*): Offensichtlich ja.

EMILIA: Na, dann los. Es ist elf Uhr nachts, was machst du denn? Wie kommst du denn dorthin? (*Ein Schauer durchfährt sie*:) Und wenn du wieder auf solche Typen triffst?

VLAD (*mit wegwerfender Geste*): Ich habe keinen Schiss.

EMILIA (*zärtlich-ironisch*): Kennst du Micea?

VLAD: Ich kenne andere. Obwohl (*er schaut sie listig an*) du recht hast, der Weg ist weit… und es ist Nacht…

EMILIA (*brüsk*): Nein, nein, nein! (*Sie klopft ihm heiter mit der Faust auf die Brust*): Vergiss es! Das hast du Tante Tudora versprochen. Na los, mach los, mach schnell! Und besuch mich nach dem Praktikum, gut? Vielleicht findest du mich noch.

Emilia dreht sich zu ihrer Zimmertür um, mit dem Rücken zu Vlad. Er fasst sie an der Schulter und zieht sie zu sich, dann schließt er sie in seine Arme. Er küsst sie lange, fest und leidenschaftlich. Emilia legt ihre Arme um seinen Hals, stellt sich etwas auf die Zehenspitzen und lehnt sich an seinen Körper. Dann löst sie sich aus der Umarmung.

EMILIA (*stößt ihn mit den Händen, wie eine lange Katze*): Na los, geh! Und grüß Tante Tudora schön.

Emilia dreht sich schnell um, holt den Schlüssel hervor, schließt auf und tritt ins Zimmer. Sie dreht sich nicht um. Die Tür geht zu und Vlad bleibt allein auf dem Flur. Er bleibt kurz stehen, liest noch einmal die Nummer über der Tür – „220" – und bricht gemächlich auf. In der Stille ringsum hört man das Echo der weichen Schritte. Vlad beginnt zu trällern, mit klarer Stimme, die dann, während er auf dem Flur verschwindet, immer leiser wird: „*To su bili dani ljubavi, zajedno smo sretni* živjeli, *dane snova, avantura…*"

MIX AUS ALTERNIERENDEN SZENEN

(Parallelmontage)
Die folgenden Szenen entfalten sich rasch hintereinander und haben als Hintergrundmusik die Rockballade *Wind of Change* der deutschen Band *Scorpions*. (*Vlad ist nicht gerade besessen von dieser Melodie, die von „ein paar alten Kötern gejauchzt wird", aber er akzeptiert sie wegen der ihr anhaftenden symbolischen Aufladung. Und sie ist auf jeden Fall besser als Looking for Freedom von David Hasselhoff.*) Die Melodie wird immer leiser und sie verstummt, wenn sie von Dialogen oder anderen, lauteren Geräuschen überdeckt wird.

Die Szenen mit Vlad sind in Farbe gedreht, während die Szenen, mit denen sie sich abwechseln, in schwarz-weiß gehalten sind mit einer leicht körnigen Oberfläche.

SZENE A

Farbe, außen, Tag

Ein heller Nachmittag mit einer roten Sonne zu Beginn des Herbstes. Eine Gruppe Jugendlicher (fast nur Mädchen und höchstens sieben bis acht Jungen) kommen mit Taschen und Netzen in den Händen aus einem großen, weit geöffneten Eisentor, über dem eine Metallschrift angebracht ist: „Landwirtschaftliche Abteilung Nummer 5, Recaș". Sie steigen auf den offenen Anhänger eines Traktors, unterstützt von einem bärtigen Mann im blauen Arbeitsanzug.

Aus dem Tal taucht ein grüner Dacia 1300 auf. Das Auto fährt so schnell den Hügel hinauf, dass es eine Staubwolke aufwirbelt. Es hält genau vor dem Traktor und Vlad in Jeans und grünem Poloshirt steigt aus. Er wirft die Autotür zu und schaut zu der Gruppe neben dem Hänger. Er ruft: „Emilia!" Aus der Gruppe löst sich Emilia, großgewachsen, mit langem dunklen Haar, im fliederfarbenen Pullover und braunen, knöchellangen Rock. Sie kommt langsam auf ihn zu. Sie lächelt. In der einen Hand hält sie ein graues Köfferchen, in der anderen eine Handtasche und ein weißes Netz voller Weintrauben.

Emilia: Du bist mit der Limousine gekommen?

Vlad (*er geht auf Emilia zu*): Genau. Mit Papas Limousine. Was meinst Du? Wollen wir eine Rundfahrt durch unser unvergleichliches Land machen?

Vlad beugt sich zu Emilia. Er küsst sie kurz und schamhaft wegen der anderen und nimmt ihr den Koffer und das Netz ab.

Emilia (*unschuldig*): Können noch paar meiner Mädels mitkommen?

Vlad (*nach einem kurzen Augenblick, übertrieben lebhaft*): Soviel hineinpassen! Ich komme mit allen zurecht.

CUT TO:
SZENE B
Schwarz-weiß, außen, Tag

Ein rauchiger Tag in den Straßen einer deutlich fremden Stadt, mit Inschriften und Aufschriften auf Deutsch. Das Bild fokussiert auf eine hohe, teilweise gotische Kirche, mit einem grauen und zu beiden Seiten steil abfallenden Dach und einem runden Turm. Die Kamera schwenkt auf die Straßen der Umgebung, wo zehn- oder vielleicht sogar hunderttausende Menschen mit Plakaten zu sehen sind, die trotzig etwas rufen – ebenfalls auf Deutsch, aber es ist klar, dass es eine Demonstration gegen den Kommunismus ist. In der unteren linken Bildecke steht mit gerundeten Buchstaben: „Nikolaikirche, Leipzig“.

CUT TO:
SZENE C
Farbe, außen, Tag

Der Himmel ist klar, von einem metallischen Blau. Es scheint ziemlich kalt zu sein. Vlad ist auf dem Fußweg irgendeines Boulevards. Er steht unter einem stattlichen Baum, dessen Blätter gänzlich gelb sind. In der Nähe sind noch fünf-sechs Gaffer zu sehen. Alle verfolgen amüsiert die merkwürdige Prozession auf dem Boulevard: eine Gruppe junger Frauen, die in khakifarbene Militäruniformen aus grobem Stoff gekleidet und der Größe nach geordnet sind. Angeführt werden sie von einer rundlichen Kapitänin mit rotem Gesicht und kurzen Armen. Den Mädchen ist es sichtlich peinlich und sie versuchen – im vollen Bewusstsein ihrer schlecht genähten Uniformen, die entweder zu weit oder zu eng sind – ihre Gesichter zu verstecken. Jede trägt auf ihrer Schulter eine Maschinenpistole Typ Kalaschnikow, die sie ungeschickt halten, ein metallischer Auswuchs, der sie beschämt und den sie immer wieder mit dem Arm zurechtrücken. Einer von ihnen fällt die Waffe von der Schulter und der metallische Aufprall auf dem Asphalt entfacht ein wieherndes Gelächter der Männer, die am Straßenrand stehen.

Der Fokus zielt auf die Mädchen in der ersten Reihe der Gruppe. Die erste und größte ist Emilia. Ihr grünes Käppi sitzt straff auf der Stirn. Hinter den Ohren quellen Haarsträhnen hervor. Sie trägt viel zu kurze Hosen, die ihre Waden in grobgestrickten, khakifarbenen Strümpfen sehen lassen. An den Füßen trägt sie dickbauchige Schuhe, wodurch sie wie ein Clown mit großer Büste aussieht. Emilia schaut zu dem Baum, unter dem Vlad steht, und wird rot. Sie verbirgt ihr Gesicht und schaut zur anderen Seite des Boulevards, wo die anderen Gaffer das Schauspiel betrachten, aber wenigstens kennt sie sie nicht. Als sie heimlich wieder zu Vlad schaut, salutiert er mit geradem Rücken, starrem Blick und der Hand zum militärischen Gruß an der Schläfe. Emilia lächelt gequält und richtet ihr Gewehr auf der Schulter. Die Kapitänin hustet unzufrieden.

DIE KAPITÄNIN: Abtei-luuung, halt!

Die Mädchen halten an und stoßen dabei aneinander. Ihre Waffen, die Trinkflaschen am Gürtel und der Munitionsgurt aus braunem Leder auf den Hüften rasseln.

DIE KAPITÄNIN: Abtei-luuung, in Reih und Glied! Ein Lied, vorwärts… Marsch!

Die Mädchen (*singen in einem kläglichen Chor*): „Wir tapferen Soldaten mit der Brust aus Stahl/ Haben mit der Hand auf der Fahne geschworen/ Wenn das Land uns braucht einmal/ Geben wir uns in keiner Schlacht verloren."

Die Kamera schwenkt auf die Gesichter der Männer um Vlad, die sich vor Lachen biegen. Dann verebbt ihr Lachen zusammen mit den undeutlichen Kommentaren über die „Brust aus Stahl" und wird von *Wind of Change* übertönt.

CUT TO:

SZENE D

Schwarz-weiß, außen, Tag

Ein bewölkter und trüber Spätherbsttag in den Straßen einer mitteleuropäischen historischen Stadt. Die Großeinstellung zeigt Details im Hintergrund, die den Ort leicht wiedererkennen lassen: eine graue Steinbrücke mit zwei gotischen Türmen an den Enden, jenseits derer auf einem Hügel prächtige Bauten zu sehen sind, die von einer immensen gotischen Kathedrale mit einem grünen Turm bekrönt werden. Das ist der Veitsdom. Die Straßen der Stadt sind verstopft mit jungen Leuten, die sich zügig vorwärtsbewegen, Plakate mit Aufschriften tragen und etwas auf Tschechisch rufen. Sie sind überall, soweit das Auge reicht – es müssen einige hunderttausend sein – und das Rauschen ihrer Stimmen wird zu einem ohrenbetäubenden Lärm. Plötzlich sind aus scheinbar allen Ecken der Stadt zugleich kontrapunktisch die Sirenen von Polizeiautos zu hören. Einer der Demonstrationszüge rückt auf einem Boulevard vor und wird von einer Barrikade von Sicherheitskräften mit weißen Helmen und Knüppeln blockiert. Die Demonstranten schwenken Transparente, deutlich ist auf einem „Svobodu!" zu lesen. Plötzlich stürzen die Polizisten auf die Menschen ein, schlagen wütend mit ihren Knüppeln los und treiben sie auseinander. Die Kamera zittert und zuckt über die gebeugten Körper, über die Knüppel, die die Luft zerschneiden, über die Militärstiefel im Lauf und über die mit den Füßen zertrampelten Transparente. Die Schreie aus Schmerz oder Wut und die von den Militärs gebrüllten Anweisungen werden wieder von derselben Melodie der *Skorpions* überdeckt.

CUT TO:
SZENE E
Farbe, innen, Tag
Halbdunkel. Ein fast voller Kinosaal. Das Kameraobjektiv nähert sich Vlad und Emilia, die nebeneinander irgendwo hinten sitzen. Vlad nimmt Emilias Hand und lehnt seinen Kopf an ihren. Er küsst sie auf die Schläfe. Emilia dreht sich zu ihm und lächelt. Vlad neigt sich dichter zu ihr und küsst sie auf den Mund.

Vorn wird die Leinwand hell. Zu heiterer Musik läuft der Vorspann zum Film mit Darstellernamen, die auf „ić" enden, und dem Titel *Moj tata na odredjeno vreme*. Die Musik ähnelt allen Filmmusiken von 1970, obwohl dieser hier von 1982 ist. Im Vergleich zu *Wind of Change* klingt sie völlig veraltet.

EMILIA: Du hast mich in einen deiner Filme mitgenommen, du kleiner Serbe!

VLAD: Na, wenn du nicht in *Die Daker* wolltest! Und ich wette, dass wir auch noch Karten für *So stirbst du verletzt von der Liebe des Lebens* ...bekommen hätten. (*Er grinst breit.*) Das hier ist wenigstens lustig. So haben es zumindest die Jungs gesagt.

Und tatsächlich sind aus dem Saal schon vereinzelte Lacher zu hören, obwohl noch der Vorspann läuft.

EMILIA (*ratlos*): Worüber lachen die denn?

Vlad: Über Nicola Coio.

EMILIA: Was?

VLAD: Das war im Vorspann. Hast du es nicht gesehen? Nicola Coio, der Schauspieler.

Im schwachen Lichtschein, der von der Leinwand ausgeht, sieht man Emilias Gesicht, das weiterhin Vlad zugewendet ist. Sie ist weiterhin ratlos.

VLAD (*flüsternd, belehrend*): Eigentlich schreibt er sich Nicola Kojo, mit K und J, aber so wird es gelesen. Bei den Serben ist „j" „i", also liest man „i". Das ist ein billiger Scherz über... was von Männern, aber immer wieder unterhaltsam. Weißt du, es gibt eine serbische Rockband, *Galija*, und die haben einen Titel, bei dem der Sänger im Refrain sagt: „*Onda tražim bilo koju...*" und er wiederholt immer wieder „*bilo koju, bilo koju*". Meine Freunde biegen sich vor Lachen, wenn sie das hören. Du wirst das sehen, wenn wir mal eine Party machen: Sie bitten mich immer, das aufzulegen.

EMILIA (*entsprechend finster*): Etwas peinlich, diese Pointe.

Vlad (*verteidigt sich*): Na, habe ich das nicht gesagt? Aber es geht immer darum. Erinnerst du dich noch an die Englischstunden? Die Sache mit Sean Penn, als wir sagten: Sean Penis...

EMILIA (*arrogant*): Nein, ich erinnere mich nicht. Sowas hab ich nicht gehört.

VLAD: Herrje, ärgere dich doch nicht so! (*Verwundert*): Wieso kennst du das nicht? (*Er erinnert sich an etwas:*) Ach, ich erinnere mich daran, wie mal ein Serbe im Bahnhof von Temeswar war und die Anzeige mit den Zügen angeschaut hat. Dort war ein Zug aus Jebel angeschrieben. Wow, du hättest den sehen müssen, wie der sich vor Lachen bog! Er lachte und sagte unentwegt: „Iebel, iebel!"

EMILIA (*verwundert*): Und?

VLAD: Na, „iebel" ähnelt..., also auf Serbisch ist *jebati* „Sex machen", aber nicht so, sondern literarisch.

EMILIA (*ironisch*): Wie literarisch?

Vlad: Na komm, du verstehst schon... Wenn du auf der Straße fluchst, sagt du *jebe se*. Oder *jebem ti*.

EMILIA: Ok, ok, lass uns mal den Film anschauen.

Vlad schaut auf die Leinwand. Emilia sieht kurz zu ihm und lächelt leicht.

CUT TO:

SZENE F

Schwarz-weiß, Innen, Tag

Ein offizielles Treffen im Vatikan. Das wird schnell klar, als wir Papst Johannes Paul II. sehen. Umgeben von Kardinälen trifft er auf Michail Gorbatschow, den Generalsekretär der KPdSU und Präsidenten der UdSSR. Während die Bilder der Nachrichtensendung abgespielt werden – die beiden schütteln einander die Hände, dann schüttelt der Papst in seiner strahlend weißen Kleidung, mit einer weißen *zucchetta* auf dem Kopf und einem großen Kreuz auf der Brust, lächelnd die Hände von Raisa Gorbatschowa, die eine graue Tunika trägt (real war sie rot) – hört man immer lauter die letzten Akkorde von *Wind of Change*.

[ZENSIERTE SZENE]

Innen, Tag

Das Sekretariat einer gewöhnlichen öffentlichen Einrichtung: ein Raum mit großen Fenstern, mehreren Sesseln und zwei Schreibtischen, an denen Frauen im Kostüm sitzen, die Jüngere trägt Beige, die Ältere Violett. Beide tragen eine Kaltwelle mit den klassischen Locken der Epoche. Es klopft an der Tür und Vlad tritt ein, in Jeans, grauem Sweater und weißem Hemd. Das lange, auf eine Seite gekämmte dunkle Haar bedeckt die halbe Stirn.

VLAD (*höflich*): Guten Tag! Ich bin Vlad Jivan aus dem ersten Studienjahr des TCM. Ich wurde gebeten, ins Dekanat zu kommen.

Die jüngere Sekretärin hebt kurz den Kopf, dann schaut sie wieder in die Papiere, die vor ihr liegen. Die ältere Sekretärin steht auf. Sie ist exzessiv gepudert und hat Lippenstift in einem zarten Rosa aufgelegt. Ihr ernstes Gesicht scheint ärgerlich oder besorgt.

DIE ÄLTERE SEKRETÄRIN (*zeigt kurz auf eine Tür rechts von ihr*): Dort.

Vlad schaut sie verwundert an, geht aber zu der zugewiesenen, geschlossenen Tür. Er drückt auf die Klinke und tritt in ein kleineres Zimmer. Ein Schreibtisch steht vor dem einzigen Fenster, davor ein grüner, abgenutzter Sessel. Am Tisch sitzt auf einem normalen Holzstuhl ein Mann in einem Anzug aus blauer Baumwolle und in einem weißen Hemd, das am Hals geöffnet ist. Er trägt keinen Schlips. Er ist brünett, das schon etwas graue Haar ist kurzgeschnitten. Er ist frisch rasiert, die Wangen sind fast bläulich. Auf dem Tisch vor ihm liegt eine gelbliche Akte aus dickem, holzigen Papier. Als Vlad eintritt, steht der Mann auf und lächelt breit. Er ist groß, fast genauso groß wie Vlad, hat breite Schultern und kleine, behaarte Hände.

DER MANN: Vlad Jivan, richtig?

Vlad nickt ratlos.

DER MANN (*reicht seine Hand über den Tisch*) : Hauptmann … ser. Von der Securitate, Staatssicherheit.

Vlad reicht ihm die Hand und verbeugt sich ganz leicht. Sein Blick hat sich getrübt und vielleicht zittern ihm sogar die Beine.

Der Hauptmann, dessen Namen er nicht verstanden hat, drückt ihm fest die Hand und weist auf den Sessel.

DER HAUPTMANN (*lebhaft*): Setz dich, junger Mann, setz dich. Lass uns miteinander reden.

Vlad setzt sich in den Sessel und schaut versteinert auf den Mann vor ihm.

DER HAUPTMANN (*jovial*): Vielleicht fragst du dich, was wir zwei zu bereden haben. Auf jeden Fall viel, Vlad. Ich darf doch Vlad sagen, ja?

Vlad nickt. Er ist weiterhin verstört.

DER HAUPTMANN: Sehr viel, Vlad. (*Er klopft mit dem Knöchel eines Fingers auf die gelbe Akte vor ihm.*) Viel, aber es hängt auch von dir ab.

Der Hauptmann schweigt eine Weile und betrachtet eingehend den Jugendlichen. Vlad windet sich leicht im Sessel. Er will eine Hand in die Hosentasche der Jeans stecken, zieht sie aber schnell zurück und fährt sich damit durch die Haare, bevor er sie auf die Armlehne legt. Er schaut ebenfalls kurz zum Hauptmann, richtet seinen Blick dann schnell auf eine Wand und dann auf das helle Fenster neben dem schweigenden und unbeweglichen Mann. Er kratzt sich nervös am Nacken und kreuzt seine Beine. So bleibt er sitzen.

DER HAUPTMANN (*lächelnd*): Na, du musst dir keine Sorgen machen. Ich will nur bisschen mit dir reden, ganz normal von Mensch zu Mensch. Na, sag mal, ist an der Uni alles in Ordnung? Bist du zufrieden?

VLAD (*schnell*): Ja, sicher… (*Er räuspert sich*) Ja, alles ist in Ordnung. Es ist sogar sehr gut.

DER HAUPTMANN: Und die Dozenten machen ihre Sache so, wie es sein muss?

VLAD: Ja, ziemlich… das heißt: ja. Wie Dozenten eben. Sie sind so, wie es sein muss.

DER HAUPTMANN (*ehrlich interessiert*): Und deine Kommilitonen? Verstehst du dich gut mit ihnen?

VLAD: Ja, wir verstehen uns gut. Sie sind in Ordnung.

DER HAUPTMANN: Ich hoffe, du hast auch paar Freunde!?

VLAD: Ja, naja…, ja, ich habe ein paar Freunde, mit denen ich mich gut verstehe. Also… ja.

DER HAUPTMANN: Gut, in Ordnung. Freut mich, das zu hören. Schön zu erfahren, dass alles in Ordnung ist. Denn schließlich seid ihr, die Studenten, die Zukunft dieses Landes. Die wertvollste Investition. Wir müssen doch an die Zukunft unseres Landes denken, richtig?

Vlad nickt.

DER HAUPTMANN: Denn eigentlich kümmern wir uns um uns, um alle. Wir wollen nicht, dass etwas Schlimmes passiert, dass irgendwer irgendeinen Blödsinn macht und damit unsere Zukunft gefährdet, nicht wahr?

VLAD (*verloren*): Ja.

DER HAUPTMANN (*lacht und zeigt seine Zähne*): Na, Mensch, sei doch nicht mehr so ängstlich! Ich habe dir gesagt, dass wir ein bisschen reden wollen, das ist alles. Wir müssen schließlich auch auf dem Laufenden bleiben in Bezug auf das, was hier passiert. Wenn alles in Ordnung ist, müssen wir uns keine Gedanken weiter machen. Weder ich noch du. Nicht wahr?

VLAD: Ja, sicher.

DER HAUPTMANN: So. (*Vertraulich:*) Du ahnst gar nicht,

wie schön sich das alles für mich anhört! Sehr schön! Denkst du, ich selbst will Ärger haben? Denkst du, dass ich mir Sorgen machen will und Nachforschungen anstellen und herumrennen will? Meinst du, ich will mir die Nächte um die Ohren schlagen und über Wochen nicht mehr nach Hause zu Frau und Kind können? (*Er schweigt zwei-drei Sekunden.*) Das will ich nicht. Niemand will Ärger. Stimmts?

Vlad nickt wieder.

DER HAUPTMANN: Wir wollen, dass die Dinge so laufen, wie sie müssen. Dass sie in Ordnung sind. Dass wir alle unsere Arbeit machen. Und meine Arbeit ist es, vorher darüber Bescheid zu wissen, nicht was passiert, denn dann ist es zu spät…, nicht was passiert, sondern (*er betont jedes einzelne Wort*) was passieren könnte. Verstehst du?

Vlad schweigt und gibt kein Zeichen mehr.

DER HAUPTMANN (*ernster, mit härterem Blick*): Ich sehe, dass du nicht verstehst. Na, ich nenne dir mal ein Beispiel. Eins, das du kennst. Obwohl... vielleicht hast du es vergessen.

Der Hauptmann öffnet die Akte vor ihm.

DER HAUPTMANN: Hier steht, dass du das Industrielyzeum Nummer 9 in der Stadt absolviert hast. Ist das so?

Vlad (*absolut verloren*): Ja, das stimmt.

DER HAUPTMANN: Das von UMT, dem Maschinenbauwerk, das wir alle kennen. Und dein Vater ist übrigens ja Ingenieur bei UMT, im Betrieb. Klar. Aber jetzt bist du Student im Maschinenbau. Du weißt, wie es im Volksmund heißt: der Apfel fällt nicht weit vom Stamm. Und das stimmt.

Der Leutnant schweigt wieder. Vlad schaut versteinert auf die geöffnete Akte auf dem Tisch. Der Leutnant blättert sie gemächlich durch, dann schaut er auf den Jugendlichen.

DER HAUPTMANN: Das ist alles schön und gut, keine Frage.

Du gehst deinen Weg wie jeder anständige und verantwortungsbewusste Jugendliche. (*Er schweigt kurz.*) Trotzdem hattest du dort, auf dem Lyzeum, einen kleinen Zwischenfall. Wir übersehen mal die Dummheiten eines Jugendlichen, das Schwänzen, die wechselhaften Zensuren, die kleinen Unfälle... Es ist klar, dass man in diesem Alter hitzig ist und unreif. Nach einiger Zeit kommt der gute Kern zum Vorschein. Das sieht man auch hier: du bist auf der Uni, bist jetzt Student, und wer weiß, morgen-übermorgen könntest du Ingenieur werden oder sogar noch mehr. Ich bin mir sicher, dass du das könntest, richtig? Was sagst du dazu?

Vlad sagt nichts. Er ballt seine Fäuste. Er hat zu schwitzen begonnen. Er öffnet unauffällig einen Knopf an seiner Jacke.

DER HAUPTMANN (*freundlich*): Komm, zieh sie aus. Es ist warm hier. Zieh sie aus.

Vlad zieht seine Jacke aus und legt sie auf seine Knie.

DER HAUPTMANN: So. Also, wie gesagt, wir werden nicht hier sitzen, um über die Dummheiten aus dem Gymnasium zu reden. Wir waren alle nicht besser. Aber es gibt einen ernsthafteren Vorfall. In der ... (*er schaut in die Akte*) elften Klasse, wenn ich mich nicht irre. (*Er schaut Vlad an.*) Im Zusammenhang mit einem Lehrbuch und der Hymne. Erinnerst du dich?

Vlad schweigt. Er hat ein angespanntes und gerötetes Gesicht, als ob er gleich in Weinen ausbrechen wollte.

DER HAUPTMANN (*plötzlich schneidend*): Erinnerst du dich?

VLAD: Ja. Ja, ich erinnere mich.

DER HAUPTMANN (*wieder jovial*): Gut, gut. Dann insistiere ich nicht weiter. Obschon die Verunglimpfung unserer Staatssymbole eine Gesetzesübertretung darstellt und man mit siebzehn Jahren verantwortlich für die eigenen Taten ist. Aber naja, ich bin geneigt zu glauben, dass es hier um eine Dummheit aus der Jugend geht. Eine Überspanntheit. Ein dummer Scherz. Ein gefährlicher, darüber darfst du dir keine Illusionen machen. Aber ich kann es verstehen. Schließlich wollen wir auch niemanden bestrafen, glaub mir. Wir wollen helfen. Und dir könnten wir gut helfen. Du kannst dir gar nicht vorstellen, wie gut. Vor allem, weil du ein Element mit Potenzial zu sein scheinst. Dieses Land braucht Menschen mit Potenzial. (*Er blättert wieder durch die Akte und ändert den Ton*:) Ich sehe, dass du diesen Sommer in Jugoslawien im Urlaub warst. Am Meer, richtig? War es schön?

Jetzt wird Vlad blass und stammelt etwas. Seine Hände krallen sich in die Armlehnen des Sessels und er wird rot. Der Blick des Hauptmanns wird starr, wie der eines Anglers, der ein Floß sieht, das plötzlich untergeht. Der Mann schaut Vlad mit schmalen Lippen und prüfendem Blick aufmerksam an. Nur seine Finger zucken kurz und formen sich wie Krallen, die das Opfer packen wollen.

DER HAUPTMANN: Wo warst du?

VLAD (*kaum hörbar*): In Split. Mit meinen Eltern.

DER HAUPTMANN: Meer, Sonne, Ausland... Ich nehme an, dass du dich herrlich vergnügt hast, oder?

VLAD (*der fast winselt*): Ja.

DER HAUPTMANN (*behutsam*): Was würde ich darum geben, auch mal dorthin zu kommen! Mich zu entspannen und Abstand von den täglichen Sorgen zu haben. Leider ist es mir nicht erlaubt. Noch nicht einmal zu unserem Meer darf ich. Dein Glück ist, dass du jung bist. Dass du dich noch amüsieren kannst. Es ist trotzdem gut, wachsam zu sein und dich (*langsam und betont*) nicht zu sehr zu vergnügen.

Ab jetzt schaut er während des Redens unentwegt auf Vlad und beobachtet dessen Reaktionen. Er spricht die Wörter langsam und abgehackt, als ob er sie prüfen würde.

DER HAUPTMANN: Denn diesmal... war es vielleicht ... etwas viel... etwas zu viel. Unsere jugoslawischen Kollegen... von der

UDBA, der Geheimpolizei… wissen es besser. Auch wir könnten es besser wissen..., wenn wir wollten. Das kommt darauf an, verstehst du?

VLAD (*mit toter Stimme*): Ja, ich verstehe.

DER HAUPTMANN (*froh*): Ich wusste, dass wir uns verstehen würden! (*Er geht zu einem professionellen Ton über.*) Also, die Sache ist die: Wir wollen nicht, dass du irgendetwas Inkorrektes oder Unmoralisches machst. Nur, dass du ein anständiger und würdiger Bürger des Landes bist. Das ist alles. Du sollst zu deinen Vorlesungen gehen, sollst gut lernen, deine Prüfungen bestehen und weder in der Uni noch anderswo Probleme machen. Mach keinen Unsinn mehr wie am Gymnasium.

Vlad nickt. Ja, so wird er es machen.

DER HAUPTMANN: Perfekt. Und natürlich wäre es normal, dass du, wenn du etwas Verdächtiges, Illegitimes siehst, … sagen wir, ein Dozent verhält sich nicht korrekt euch gegenüber oder fordert Bestechungsgeld bei den Prüfungen..., wenn du so etwas siehst, ist es deine Pflicht, die Befugten zu informieren. Wir wollen, dass die Dinge an der Universität korrekt laufen, ja? Denn es geht um unsere Zukunft.

VLAD: Ja, natürlich.

DER HAUPTMANN: Oder wenn du von irgendwo hörst, dass einer deiner Kommilitonen einen falschen Schritt tun möchte, eine unüberlegte Handlung, verstehst du, die sein Leben zerstören könnte..., lass ihn nicht, ja? Es wäre schade um ihn.

VLAD (*dankbar*): Also, wenn er schwänzt?

DER HAUPTMANN (*lacht*): Ach so, nein, nein! Damit verliert keiner seine Zeit. Ich sage nicht, dass das gut ist, aber das ist auch nichts Schlimmes. Hast du je einen Studenten gesehen, der nicht schwänzt? (*Er lächelt leicht.*) Aber, zum Beispiel, wenn ein Dozent nicht zu den Vorlesungen kommt, aber behauptet, dass er kommt. Das ist etwas anderes. Oder wenn ein Dozent Dinge sagt, die nicht konform sind, wenn er Gerüchte verbreitet… oder sich an die Studentinnen ranmacht. Weißt du, sowas passiert. Und in solchen Fällen ist es gut, wenn wir informiert sind, falls die Dinge aus dem Ruder laufen... Dass wir vorsorgen, schützen können. Die Menschen können sich irren, ohne es zu wollen, und es ist gut, sie vorher zu stoppen. Apropos, du bist mit Ladislau Horváth befreundet, richtig?

VLAD (*zuckt überrascht zusammen*): Ja, wir sind Kommilitonen... das heißt… und wir kennen uns gut. Wir waren zusammen in der Armee…

Plötzlich weitet sich sein Blick, als sei ihm gerade etwas bewusst geworden. Er unterbricht sich und schweigt.

DER HAUPTMANN: Ja, klar, ihr habt zusammen die Armee gemacht. Sehr gut. Die Armee bringt die Menschen zusammen…. Und wusstest du, dass dein Freund Ladislau einen Bruder hat, der Rumänien illegal verlassen hat?

VLAD: Ja, das wusste ich.

DER HAUPTMANN: Und dass er bestimmte Informationen an fremde Radiosender weitergegeben hat? Informationen, in denen er das Land und unser Volk besudelt hat. Er hat alle möglichen Lügen über Rumänien und über die Partei- und Staatsführung verbreitet.

VLAD: Nein, das wusste ich nicht.

DER HAUPTMANN (*schaut ihn prüfend an*): Ich glaube dir. Ich habe Vertrauen in dich, Vlad. Du bist ein junger Hoffnungsträger, auch wenn du … einige Fehler gemacht hast. Ja, er hat solche Informationen verbreitet. Erst letzte Woche. Gut, vielleicht muss er auch mit den Wölfen heulen, um sich sein Brot zu verdienen. Aber er hatte einen irredentistischen, extrem gefährlichen Ton, verstehst du? Vor allem in der gegenwärtigen Lage, mit der

Instabilität weltweit. Wir können uns nicht erlauben, so etwas zu ignorieren, nicht wahr?

VLAD (*nickt überzeugt*): Ja.

DER HAUPTMANN: Gut, sehr gut. Ich habe nicht gesagt, dass dein Freund hier irgendwie involviert ist. Ich glaube es nicht. Aber er hält den Kontakt mit seinem Bruder. Das ist natürlich menschlich, nicht? Er ist vom selben Blut. Andererseits wollen wir nicht, dass dein Freund auf einen falschen Weg gerät oder dass er auch irgendwelche Dummheiten macht. Das wäre schade.

VLAD: Gut, aber was soll ich…

DER HAUPTMANN: Du musst nichts machen, wie ich schon sagte. Nur wenn du etwas Verdächtiges siehst bei ihm oder jemand anderem... Wir verlangen nicht mehr von dir als von jedem ehrlichen Bürger dieses Landes. Und wir möchten eine engere, direktere Verbindung zu dir haben. Denn wie gesagt: wir glauben, dass du ein Jugendlicher bist, auf den man zählen kann, einer mit Potenzial. Und die, die uns helfen, helfen eigentlich dem Land. Das ist klar. Weißt du (*der Hauptmann wird ernst*), wenn sie die Universität beenden, kommen viele Ingenieure auf eine Baustelle irgendwo am Rande des Landes, wo sie vielleicht Jahrzehnte in Blechbaracken wohnen. Sie tun ihre Pflicht, sie tun, was getan werden muss, und auf diese Leute können wir stolz sein. Andererseits kann man seine Pflicht auch anders tun, sagen wir zum Beispiel in einem Betrieb in einer größeren Stadt, vielleicht sogar in Temeswar. Oder sogar an der Universität, wer weiß?

Während er spricht, zieht der Hauptmann aus der Akte ein Blatt Papier und hält es ihm hin.

DER HAUPTMANN: Nimm das, lies es und unterschreib. Damit wir korrekt miteinander in Beziehung treten.

Vlad steht auf, nimmt das Blatt aus der Hand des Leutnants und liest im Stehen.

Im Wissen darum, dass die Verteidigung des Vaterlandes und der Sicherheit des Staates eine patriotische Verpflichtung des gesamtes Volkes darstellt, eine in der Verfassung verankerte heilige Pflicht eines jeden Bürgers; im Bewusstsein der Bedeutung des Beitrags für die Verteidigung des Landes, den zu erbringen ich als Bürger der Sozialistischen Republik Rumänien berufen bin, erkläre ich,…, geboren am…, in …, wohnhaft in…, meine Bereitschaft zur Zusammenarbeit mit den Organen der Staatssicherheit. Ich erkläre mich bereit, das Geheimnis der mir anvertrauten Mission gegenüber jeder Person zu wahren, unabhängig von ihrer Funktion, ihrem Grad, der Herkunft oder dem Grad der Verwandtschaft.

Die Informationen werde ich in Form schriftlicher Notizen liefern, die ich anstelle meines realen Namens mit dem Namen…. unterschreiben werde. Die Informationen werden objektiv sein, ohne Bevorzugung oder Parteinahme und unabhängig davon, wer die Person ist (Verwandtschaft, Bekannte oder Freunde). Ich bin mir darüber bewusst, dass ich über den Auftrag, den ich von der Staatssicherheit bekommen habe, mit niemandem sprechen werde. Im Fall der Übertretung mache ich mich entsprechend den Gesetzen der Sozialistischen Republik Rumänien strafbar.

DER HAUPTMANN: Siehst du? Das ist nichts Großes.

VLAD: Das heißt, ich soll Informant werden?

DER HAUPTMANN (*plötzlich verärgert*): Wie kannst du denn sowas sagen? Nicht Informant. Mitarbeiter. Hoffnungsträger. (*Mit einem resignierten Ton*:) Aber wenn du willst, kannst du bis zum nächsten Mal darüber nachdenken.

VLAD: Bis zum nächsten Mal?

DER HAUPTMANN: Ja, das nächste Mal, wenn wir wieder reden. Und dann werden wir ein bisschen über unsere Hymne reden, vielleicht auch… (*er macht eine Pause*) über Jugoslawien. Wie du willst. Denk nach. Aber denk gut nach.

Vlad schaut auf das Blatt, das er in der Hand hält.

DER HAUPTMANN: Darf ich ehrlich sein? (*Er wartet nicht ab.*) Es würde mir gefallen, wenn du mit uns zusammenarbeitest. Vlad, du bist ein Mensch, dem man vertrauen kann. Ehrlich, offen, ernsthaft. Ich weiß, dass du niemandem etwas Böses tun wirst. (*Vertraulich*:) Du hast keine Ahnung, mit was für Menschen wir manchmal zu tun haben! Karrieristen, Neider, Frustrierte, Individuen, die allen erdenklichen Blödsinn über Freunde und Bekannte und ihre Chefs von sich geben, vor allem über ihre Chefs, nur um irgendwelche Vorteile zu erhalten. Und wir müssen diesen ganzen Unsinn auseinandernehmen, nur um herauszufinden, was wahr ist und was nicht, damit wir keine Fehler machen. Du kannst das Leben eines Menschen zerstören, weißt du? Und danach werden wir zur Verantwortung gezogen. Wenn ich sehe, wozu die Menschen – manche Menschen – im Stande sind, wird mir schlecht. Deswegen suchen wir Menschen, denen man vertrauen kann, solche wie dich, verstehst du?

Vlad nickt schwach.

VLAD: Und hier, wo steht „mit dem Namen … unterschreiben werde"?

DER HAUPTMANN: Wir suchen einen Namen für dich aus. Das hat keine Bedeutung. Das erkläre ich dir. (*Nach einem Moment des Überlegens*:) Was sagst du zu „Mechaniker"?

VLAD (*schnauft ironisch*): Mechaniker des Maschinenbaus?

DER HAUPTMANN: Dann willst du lieber einen richtigen Namen? Cornel, George, Liviu…?

VLAD (*resigniert*): „Der Mechaniker" ist gut.

DER HAUPTMANN: Perfekt. (*Er springt auf.*) Komm her an den Schreibtisch und füll es aus.

5. SZENE

Außen, Nacht

Ein trockener, herbstlicher Winterabend, zwischen neun und zehn Uhr, am Eingang des Studentenwohnheims von Szene 4. Vlad und Emilia stehen sich gegenüber, halten sich an den Händen und schauen sich in die Augen. Emilia trägt Hosen aus schwarzem Stoff und einen rosafarbenen Mohairpullover und Vlad eine stonewashed Jeans und eine blaue Regenjacke mit großem Reißverschluss. Man sieht, dass es kalt ist, aber nicht zu sehr: Emilia, die ziemlich dünn angezogen ist, fröstelt etwas.

EMILIA (*besorgt*): Du hast was, Vlad, und willst es mir nicht sagen. Willst du dich... von mir trennen?

VLAD (*drückt ihre Hände und zieht sie zu sich*): Sag nicht so etwas! Was denkst du denn? Es ist nichts, absolut nichts, ich schwöre es. Ich habe gerade paar blöde Tage, das ist alles. Ich weiß nicht, irgendwie ist mir gerade die Lust am Leben vergangen.

EMILIA: Und an mir?

VLAD: Niemals! (*Er zieht sie an seine Brust und sagt über ihren Kopf hinweg*:) Wenn du nicht wärst…, ich wüsste gar nicht, was ich ohne dich machen soll! Ich fühle mich wie…, ich weiß nicht, es ist gerade blöd. Sowohl an der Uni als auch zuhause. Mein Vater meckert, weil ich geschwänzt habe, warum ich schwänze, dass ich es so mache wie damals, als ich bei der ersten Hürde durchgefallen bin…, als ob er in seiner Studentenzeit nie geschwänzt hat! Gestern hat mir irgendjemand in den Vorlesungen die Kassette von Queen geklaut, die du mir zurückgegeben hast. Der ganze Blödsinn, der sich so ansammelt, sei's drum. (*Er erinnert sich*:) Du fährst nächste Woche?

EMILIA: Ja, ich glaube, am Freitag. Ich muss fahren.

VLAD (*ironisch*:) Hast du Sehnsucht nach Mama und Papa?

EMILIA (*schimpft:*) Naja, Sehnsucht! Aber wo soll ich denn zu Weihnachten hin? Die Wohnheime machen zu. Und ich war seit anderthalb Monaten nicht mehr zuhause. (*Sie fährt zärtlich durch sein Haar:*) Ich komme im Januar zurück. Ich lasse dich doch nicht allein! Und morgen sehen wir uns, ja?

VLAD: Den ganzen Tag! Ich hole dich vom Wohnheim ab.

EMILIA: Um neun, Vlad! Dass du auch kommst und dich nicht mit irgendeiner in der Stadt verbummelst!

VLAD (*fröhlicher*): Nur, wenn sie aus Oltenien ist. Und groß.

EMILIA: Wie hast du beim letzten Mal gesagt? Ein langes…

VLAD: Ein langes Elend… (*Schnell*): Eine Dummheit, verzeih!

EMILIA (*entspannter*): Ich verzeihe dir. Wie soll ich dir nicht verzeihen?

Vlad umarmt sie fest und küsst sie lange, trotzig, mit einer Spur von Verzweiflung. Er lässt sie los und atmet geräuschvoll aus. Emilia lacht und tritt einen Schritt zurück.

EMILIA: Na los, geh schon! Sonst kriegst du Haue vom Papa!

VLAD: Sicher, sicher. (*Unsicher*): Wenn ich wenigstens so einfach davonkäme. Ciao!

EMILIA: Gute Nacht, mein liebster Vlad!

Emilia dreht sich um und zieht an der schweren Wohnheimtür aus Metall und Glas. Sie wirft Vlad eine Kusshand zu und zieht dann die Tür mit Getöse zu. Vlad läuft den Weg zurück und betritt die Straße zwischen den Wohnheimen. Er will losgehen, als er plötzlich aus der entgegengesetzten Richtung immer stärkeren Lärm hört, der zwischen den Wohnheimen widerhallt: das unklare Rauschen von Stimmen, die rhythmisch etwas rufen. Er überlegt einen Moment. Er dreht sich um und geht in Richtung des Lärms. Draußen ist es ziemlich dunkel, die Straße unbeleuchtet, aber die Silhouetten der Wohnheime sind noch erkennbar. Je weiter Vlad geht, umso deutlicher werden die Stimmen. „Nieder mit ...escu!"

„Nieder mit…“ etwas anderem, dann ganz klar „Freiheit!“ Vlad geht schneller. Nach einer Weile ist auf der schmalen Straße zwischen den Wohnheimen eine Menschenmasse zu sehen, die immer weiterläuft und etwas ruft.

Der Teil des Bildes, der Vlad einschließt, ist in Farbe gefilmt, während die andere Hälfte in einem grobkörnigen Schwarz-Weiß gehalten ist. Die Menschengruppe, nur in das schwache Licht aus den Wohnheimfenstern getaucht, kommt bei Vlad an und skandiert immer lauter: „Nieder mit Ceauşescu!“, „Nieder mit der Diktatur!“, „Freiheit!“, „Gorbatschow!“ und nachdrücklich „Studenten, kommt zu uns!“ Von hier und da kommen aus den Wohnheimen zwei-drei junge Leute und laufen mit. Deutlich mehr öffnen die erleuchteten Fenster und schauen auf die Straße. Dann ziehen sie sich zurück.

Als Vlad auf Höhe der Demonstranten gelangt, springen die Farben von ihm auf das ganze Bild über und durchmischen auch die schwarz-weiße Menschengruppe, die weiter Parolen skandiert und die geballten Fäuste hebt. Vlad gesellt sich zu ihnen. Er hält Schritt mit ihnen und schaut sich verwundert um: er kann es nicht glauben. Dann beginnt auch er zu skandieren, zunächst schüchtern, dann immer lauter und nachdrücklicher. Er ballt die rechte Faust und reckt sie hoch gen Himmel. „Nieder mit Ceauşescu!“ „Freiheit! Freiheit!“ In seiner Nähe wird eine Frau von ungefähr vierzig Jahren in einem dicken grünen Mantel sichtbar, die sich an die Straßenseite begibt und in Richtung der Wohnheime ruft: „Kommt zu uns! Los, ihr Feiglinge! In dieser Nacht darf niemand schlafen. Kommt zu uns!“ Auch die Menge ruft „Rumänen, kommt zu uns!“ oder „Studenten, kommt zu uns!“ Die Kamera filmt das Panorama der ganzen Menge, die zwischen den Wohnheimen hervorquillt und sich nach links bewegt. Dann richtet sie sich langsam auf Vlad, der sich an einen der Männer aus der Gruppe wendet.

VLAD: Wohin gehen wir?
MANN: Zum Bezirkskomitee der Parteikreisverwaltung.

CUT TO:
Nacht. Der Ort ist schwach erleuchtet – es ist nicht erkennbar, woher das Licht kommt. Ein breiter Boulevard mit vier Spuren und zwei Straßenbahnspuren zeichnet sich ab. Gesäumt werden sie von Baumreihen, die die beiden Fahrtrichtungen voneinander abgrenzen. Weitere Reihen von stattlichen Bäumen begrenzen beide Bürgersteige mit Ausnahme des Stücks, auf dem sich ein großes Gebäude erhebt, das Autorität ausstrahlt und einen hässlichen langen Balkon hat, unter dem die Wappen der Sozialistischen Republik Rumänien und der Kommunistischen Partei angebracht sind. Vor dem Gebäude hat sich eine riesige Menschenmenge angesammelt, die den gesamten Boulevard und beide Bürgersteige füllt. Vor ihr steht ein Kordon von Ordnungskräften des Innenministeriums in blauen Uniformen mit Helmen und Visieren und weißen Metallschutzschilden. Die Demonstranten stehen nur wenige Meter von ihnen entfernt. Der Fokus richtet sich auf Vlad, der gemeinsam mit den anderen schreit und die Faust reckt. Das Bild richtet sich wieder auf die Menge. Der gesamte Boulevard rauscht auf und ab: lange Wellen von Protestparolen wechseln mit kurzen Momenten stummen Lärms. In einem jener Momente ist Splittern von Glas zu hören, vielleicht von einem großen Fenster. Dann stürmt die Menge wie auf ein Zeichen hin auf das offizielle Gebäude zu. Die Militärs von den Wachtrupps beginnen, mit Schlagstöcken und Knüppeln auf die Menge einzuschlagen, und alles transformiert sich in ein großes Handgemenge ... Wir sehen Vlad wieder, der nach vorn stürmt, schiebt und dabei stöhnt. Vor ihm taucht ein Soldat mit erhobenem Knüppel und mit einem Schutzschild an der Seite auf. Vlad wehrt ab und schlägt ihm mit der Faust ins Ge-

sicht: Er schlägt mit Kraft und der Soldat fällt auf den Rücken, wobei ihm der Schild aus der Hand rutscht. Die Menge tritt ihn nieder, manche schlagen ihn im Vorübergehen, er aber brüllt wild und windet sich. Im Bild erscheint die Frau im grünen Mantel, die den weißen Schild aufhebt und ihn im Weitergehen vor ihr Gesicht hält. Vlad stößt sich weiter vorwärts und ruft etwas. Neben ihm schwenken zwei Männer dicke, frisch abgerissene Äste. Schreie, Flüche und von Zeit zu Zeit Klirren von gesplitterten Scheiben.

Im folgenden Augenblick hört man ein langes Pfeifen und trockenes Knallen, gefolgt von pausenlosem Zischen, und über die Menge breiten sich Wolken von weißlichem Rauch aus. Die Menschen beginnen sich die Augen zu reiben und sich weg zu ducken, die Augen tränen ihnen, sie bleiben stehen. Von irgendwoher strömen weitere Militärs in Blau herzu, die mit ihren Schlagstöcken nach links und rechts schlagen und die Demonstranten allmählich auseinandertreiben. Auch Vlad duckt sich weg und schützt mit dem Jackenärmel die Augen. Um ihn herum laufen die Menschen von dem grauen Gebäude weg und zerstreuen sich. Über ihm taucht ein Soldat mit Helm, aber ohne Schild auf, der ihn wütend auf Schultern und Rücken schlägt: einmal, zweimal, dreimal. Vlad fällt auf die Seite, dreht sich und versucht aufzustehen. Inzwischen kommt ein anderer Mann von hinten und haut dem Soldaten einen Ziegelstein auf den Kopf. Daraufhin fällt der und der Helm rutscht von seinem Kopf. Vlad, der gerade aufgestanden ist, fängt an, ihm wie verrückt mit den Füßen ins Gesicht und in die Brust zu treten. Er schlägt ihn brutal, mindestens zehnmal, mit zu einem Grinsen entblößten Zähnen, wobei er schreit: „Du Scheißkerl! Du Scheißkerl!" Das Gesicht des Soldaten ist blutüberströmt. Er windet sich, mit den Händen am Kopf, und bleibt dann unbewegt liegen. Vlad treibt mit der Menschenmenge weiter und rettet sich auf den Fußweg dem Gebäude gegenüber. Überall sind Schreie, Stöhnen, Klirren von zersplitterndem Glas, trockenes Knallen und kräftige Schläge zu hören. Die Kamera folgt Vlad, der sich hinter einer Straßenecke versteckt und sich dabei unentwegt die Augen reibt. Er bricht in eine unbestimmte Richtung auf und entfernt sich vom Schauplatz der Auseinandersetzung.

6. SZENE

Außen, innen, Tag

Am Abend, der Himmel ist klar und es wird langsam dunkel. Vlad und Emilia stehen am Eingang eines Kinos und betrachten ein Plakat mit einer schlanken, brünetten Frau, die in einen Fellbikini gekleidet ist. Darunter steht mit roten Buchstaben „Loana". Emilia trägt einen kurzen blauen Mantel mit einem breiten Kragen, quadratischen Taschen und etwas zu kurzen Armen, aus denen ihre Handgelenke herausschauen, und einen langen, kirschfarbenen Rock mit Blumenmuster. Sie trägt schwarze Stiefeletten. Vlad trägt eine Jeansjacke, seine stonewashed Jeans und weiße Puma-Sportschuhe. Die schwarze Fülle des zur Seite gekämmten Haares fällt fast bis in die Augen.

EMILIA (*mit witzigem Ton, aber zitternd*): Hierher wolltest du mit mir gehen? Um dich an Raquel Welch sattzusehen?

VLAD (*mit falscher Fröhlichkeit*): Na, mal ehrlich! Daran habe ich überhaupt nicht gedacht. Es ist ein amerikanischer Film. (*Hartnäckig*:) Aha, Emi, das denkst du also über mich? (Überzeugt:) Wenn du es wissen willst: du bist tausend Mal hübscher als diese Raquel Welch. Ich schwöre bei allem, was du willst.

Seine Antwort hat keine große Wirkung: es ist klar, dass weder Emilia noch Vlad wirklich an diesen Film denken oder an Raquel Welch (höchstens nur ein bisschen). Sie verlassen den Eingang mit den eingelassenen Glasvitrinen voller Filmwerbung und gelangen auf einen großen Platz, der zu beiden Seiten von drei- bis vierstöckigen Gebäuden im Secessions-Stil eingefasst ist. Dort wogen chaotisch große, aufgeregte Menschengruppen, die offenbar eine Richtung suchen. Das Gebäude, in dessen Parterre sich das Kino befindet, ist allerdings ein neuerer Block, aus den 1970er Jahren, mit acht ärmlichen Etagen. Über dem Eingangsbereich, in dem Emilia und Vlad gestanden haben, formen reliefartig gerundete, silberfarbene und ineinander verschränkte Buchstaben die Worte „CINEMA TIMIȘ". Auf der linken Seite öffnet sich der Platz zur großen orthodoxen Kathedrale mit neun Türmen, hinter der sich ein Park mit alten Bäumen befindet. Und dieser Platz, dieser ganze Platz bis zum Park und noch darüber hinaus, wie auch die gegenüberliegende Seite des Platzes ist vollgestopft mit Menschen. Von weiter weg sind Rufe und Parolen zu hören.

VLAD: Habe ich es dir nicht gesagt? Jetzt hast du es auch gesehen: die ganze Stadt ist so. Ich wette, dass wir es schaffen…

EMILIA (*unterbricht ihn ängstlich*): Psst! Sag nichts! Wenn dich jemand hört?

VLAD: Wer denn? Die von hier? (*Er zeigt auf die Gruppen, die sich in die eine oder andere Richtung bewegen, sich vermengen und immer mehr werden.*) Was denkst du denn, was die hier machen? Hast du gesehen, was auf dem Libertate-Platz los war? Sogar heute Nacht. Wenn du dort gewesen wärst... Es ist klar, dass es passiert, es ist sicher, dass es passiert. (*Er erinnert sich und reibt sich die Schulter*) Es tut mir auch jetzt noch weh, so ein Mist!

Von irgendwoher rechts des Platzes, den wir noch nicht vollständig sehen, ist ein durchdringendes Geräusch von zersplitternden Vitrinen und lauten Rufen zu hören: „Nieder mit Ceaușescu!" „Nieder mit dem Tyrannen!" „Freiheit!" Ein paar Menschen in ihrer Nähe treten in die Vitrinen eines Geschäfts neben dem

Kino. Neben ihnen schnellt eine gefleckte Katze hervor, die aus dem Nichts aufgetaucht ist, verwirrt im Zickzack rennt und sich schließlich in einen Lüftungsschacht flüchtet. Neben der Mauer des Gebäudes, zwei Schritte neben Emilia und Vlad, steht ein älterer, dünner und dunkler Mann mit abgetragener Kleidung, einem Hut und schwarzer Brille. Neben ihm, auf den Bodenplatten des Platzes, steht eine weiße Personenwaage. Der Mann ruft monoton, wie eine Beschwörung:

MANN MIT BRILLE: Die Waage wägt präzise. Geprüft bei Metrolologie! Die Waage wägt präzise! Geprüft bei Metrolologie! Die Waage wägt…

Der Mann mit der Waage scheint der einzige Mensch zu sein, der von dem Aufruhr um ihn herum völlig unbeeindruckt ist. Vlad wirft ihm einen neugierigen Blick zu.

EMILIA: Vlad, ich habe Angst! Die werden uns mitnehmen.

VLAD (*zeigt ungestüm um sich*): Alle?

EMILIA (*bittend*): Bitte, Vlad, lass uns gehen. Hier wird was passieren. Und die Polizei wird kommen.

VLAD (*mit demselben Ton*): Na und? Sollen sie doch kommen. (*Beruhigend:*) Hab keine Angst, es wird nichts passieren. (*Er stellt sich auf die Zehenspitzen und ruft:*) Nieder mit Ceaușescu! Nieder mit dem Diktator! (*Er wendet sich zu Emilia:*) Siehst du?

Emilia fröstelt in ihrem Mantel, zieht Vlad am Ärmel und zwingt ihn, mit ihr wegzugehen. Die Kamera verfolgt sie und enthüllt jetzt auch die rechte Seite des breiten Platzes, wo das hohe und weiße Gebäude der Oper mit ihrer neoklassizistischen Marmorfassade und dem Säulenbalkon zu sehen ist. Von einem Gebäude am Rande des Platzes steigt dicker Rauch auf. Vlad zeigt ihn Emilia.

VLAD: Siehst du? Es brennt die Eminescu-Buchhandlung.

EMILIA (ängstlich, aber trotzdem neugierig): Oder die Drogerie?

EIN MANN NEBEN IHNEN (*im Vorbeigehen*): Es brennen die Bücher von diesem verdammten Schwein, diesem Verbrecher!

VLAD (*lebhaft*): Emi, das war einer von deinen Leuten, aus Oltenien.

Sie antwortet nicht. Die beiden nähern sich einer Menschenmenge, die Richtung Oper zieht. In diesem Augenblick hört man aus der Richtung des Rauches trockene und kräftige Salven aus Schusswaffen, deren Schall über den gesamten Platz hallt. Dann andere Schüsse, diesmal Geratter aus Maschinengewehren, aus einer unklaren Richtung. Die Menschen beginnen zu fliehen. Einige bleiben stehen, sind orientierungslos und rufen weiter „Freiheit!" und „Nieder mit Ceaușescu!".

EMILIA (*haltlos, bittend*): Los zum Wohnheim, Vlad! Ich bitte dich, lass uns gehen! Und zwar jetzt…

Auch Vlad ist unsicher. Er fasst Emilia an der Hand und sieht sich um.

VLAD: Und wohin genau sollen wir laufen?

EMILIA: Ich weiß es nicht. Irgendwohin. Los, los, dorthin!

Aber sie zeigt in keine Richtung. Vlad geht dann energisch nach links, in Richtung Kathedrale. Die Schüsse sind jetzt aus mehreren Richtungen zu hören und verdichten sich. Die beiden beschleunigen ihren Schritt und mischen sich unter die Menschen, die in dieselbe Richtung gehen. Sie überqueren eine Straße vor der Kathedrale und wollen in den Park hinter der Kirche, wo sie noch in Sicherheit wären. Aus der Nähe, wahrscheinlich von rechts, ist wieder Geratter von Maschinengewehren zu hören. Das immer dichtere Echo der Schüsse füllt jetzt den ganzen Platz. Die beiden rennen los. Hinter ihnen fallen Kugeln auf den Asphalt. Vlad wirft sich blitzartig auf den Fußweg, ungefähr fünf Meter neben den Steintreppen der Kathedrale. Emilia hat ihn losgelassen und bleibt erstarrt stehen. Sie sieht sich entsetzt um. Sie weint.

VLAD (*brüllt*): Runter, Emi, runter!

Vlad will aufstehen. Eine neue Salve ist grauenerregend nahe zu hören und jemand rechts neben ihnen brüllt. Ein anderer ruft markerschütternd: „Diese Schweine! Diese Schweine!“ Vlad steht auf und greift Emilias Hand. Sie scheint völlig verwirrt.

VLAD (*jault*): Runter, Emi, runter, verdammt nochmal!

Er stößt sie brutal und Emilia stürzt der Länge nach auf den Asphalt, die Hände vorm Gesicht. Sie schreit kurz und entgeistert. In diesem Moment ist wieder eine Gewehrsalve zu hören und Vlad stürzt, zuerst auf die Knie, dann langsam auf eine Seite. Neben ihm breitet sich eine dunkelrote Blutlache aus. Vlad liegt zusammengekrümmt und hält sich eine Hand an den Bauch.

VLAD (*verwundert*): Guck mal, guck… Verflucht!

Emilia liegt noch unten, schaut zu Vlad und kriecht zu ihm. Sie streichelt seine Stirn, dann die Brust. Sie richtet sich auf die Knie auf. Ratlos schaut sie auf das Blut, das auf den Asphalt fließt.

EMILIA (*versucht zu schreien, mit kläglicher Stimme*): Hilfe, sie haben ihn angeschossen! Hilfe (*Sie bricht in Weinen aus und schreit noch lauter*:) Sie haben ihn angeschossen! Hilfe!

Im Bild tauchen zwei Männer auf, die gebückt laufen und neben ihnen stehen bleiben.

ERSTER MANN: Sie haben ihn getroffen? Wo?

Emilia zeigt auf Vlad, der sich weiter den Bauch hält und dumpf zu stöhnen beginnt.

ERSTER MANN (*zum zweiten*): Sie haben ihn in den Magen geschossen. Los, schnell! (*Er zeigt hinter sich*): Wir bringen ihn dorthin, auf den Weg. (*Er reckt sich hoch und schreit*): Ein Auto! Halten Sie ein Auto an! Es gibt noch einen Verletzten!

Die beiden Männer fassen Vlad, einer unter die Achseln, der andere die Füße, und bringen ihn an die Straßenseite. Da Vlad groß und schwer zu tragen ist, schleifen ihn die beiden eher auf dem

Boden, eine Blutspur zeichnet sich ab. Es herrscht Chaos um sie herum: Schreie, Gewehrfeuer, Rufe und Flüche. Auf dem Weg entgleiten Vlads Beine einem der beiden Männer und Vlads Körper schlägt auf den Asphalt. Er schreit heftig. Emilia läuft hinterher und weint laut.

ZWEITER MANN: Verzeih mir, Junge, das wollte ich nicht. (*Voller Verdruss:*) So eine Scheiße! Diese Schweine!

Die beiden erreichen den Rand des Fußwegs und legen Vlad dort ab. Einer von ihnen geht auf die Mitte der von Autos leergefegten Straße, jenseits der man weitere Menschengruppen sieht, die sich schutzsuchend an den Häuserwänden drängen. Weiter hinten steht eine khakifarbene Militärtruppe mit Stahlhelmen und mit den Waffen am Anschlag, die aber nicht zu schießen scheinen. Auf der Straße neben der Kathedrale taucht ein verirrter, weißer Dacia auf. Der Mann auf der Straße stellt sich dem Auto in den Weg und reißt die Hände hoch. Das Auto hält an und ein dicklicher, glatzköpfiger Mann im gestreiften Pullover steigt aus.

ERSTER MANN (*mit abgehackter Stimme*): Wir haben einen Verletzten hier. Wir müssen ihn ins Bezirkskrankenhaus bringen.

AUTOFAHRER (*besorgt*): Was ist? Haben sie ihn angeschossen?

ERSTER MANN: Ja, er ist angeschossen worden. Los, schnell!

Sie laufen beide zu der Stelle, an der Vlad ausgestreckt liegt und eine Hand auf die Magengegend drückt. Er ist blass, hat die Augen geschlossen und atmet sehr langsam. Emilia ist über ihn gebeugt. Sie weint und streichelt ihm von Zeit zu Zeit die Stirn. Als sie das stehengebliebene Auto auf der Straße sieht, springt sie auf.

EMILIA: Er stirbt, er stirbt! Bitte, er stirbt!

ERSTER MANN: Wart mal ab, Mädchen, der stirbt nicht. Wir bringen ihn jetzt ins Krankenhaus.

Die drei Männer schleppen Vlad bis zu dem weißen Dacia und

legen ihn auf die Rückbank. Emilia zwängt sich ebenfalls ins Auto und klemmt sich zwischen die Bank und Vlads Körper. Der Fahrer steigt ein und das Auto startet ruckelnd, wobei der Auspuff wie ein Schuss knallt.

7. SZENE

Innen, Nacht
Der breite Gang eines Krankenhauses, von weißem, kalten Licht von Neonröhren erhellt. Überall stehen Tragen mit Verletzten, manche mit Rädern, manche ohne, einfach abgestellt. In einer Ecke sind Körper zu sehen, die ausgestreckt auf dem Fußboden liegen. Ärzte und Assistenten in blutbefleckten Kitteln gehen eilig von einer Trage zur nächsten. Der Mosaikfußboden ist mit einer Schicht zähem Blut bedeckt, an dem die Schuhe festkleben und schmatzen. Ein Arzt nähert sich der Trage, auf der Vlad liegt, von Emilia bewacht. Das Mädchen hat strubbeliges Haar und auf dem Mantel haben sich dunkle Flecken ausgebreitet. Vlad liegt unbewegt mit weißem Gesicht und geschlossenen Augen. Die Jeansjacke liegt auf dem Fußboden, sodass er nur die Jeanshose trägt und ein weißes dickes Shirt, das vom Blut ganz steif ist. Die Assistentin schneidet das Shirt mit einer Schere auf und der Arzt betrachtet die Wunde des Jugendlichen, gefolgt von der Assistentin, die die verwundete Haut abtupft. Emilia hat sich an die Seite zurückgezogen und schaut, erstarrt vor Angst, zu.

ARZT (*zu Emilia*): Verwandtschaft von dir? Wie heißt er?

EMILIA: Vlad Jivan. Ein Freund... (*Sie bricht in Tränen aus.*) Mein Liebster.

ARZT (*mitfühlend, während er Vlad abtastet und seinen Puls misst*): Es tut mir leid. (*Nach einer Weile:*) Seine Lunge wurde massiv beschädigt. Und die Leber, aber die Lunge ist das größte Problem. (*Zur Assistentin, die etwas notiert:*) Wir schicken ihn ins Babeș. Haben wir noch Rettungswagen?

ASSISTENTIN: Ich glaube, ja. Ich rufe einen.

Sie geht hinaus. Emilia nähert sich dem Arzt, schüchtern, mit erhobenem Kopf und Wangen, die von der verlaufenen Wimperntusche verschmiert sind. Sie ist größer als der freundliche und wohlgenährte Arzt, aber unbeholfen wie ein Kind.

EMILIA: Herr Doktor! (Ängstlich und zitternd:) Ist es ernst? Wird er es schaffen?

ARZT (*zieht die Schultern hoch*:): Ich will dich nicht anlügen, Fräulein. Ich weiß es nicht. Er hat viel Blut verloren und seine Lunge… Aber ich weiß es nicht. Er ist jung, er ist stark. Wenn er ein bisschen Glück hat…

Emilia bricht wieder in Tränen aus.

ARZT (*streichelt sie kurz an der Schulter*): Na komm schon! Du wirst sehen, er wird es schaffen, er wird es schaffen. Wir schicken ihn ins „Victor Babeș", dort sind gute Thorax-Chirurgen.

Emilia weint noch heftiger. Der Arzt eilt zu einer anderen Trage weiter. Emilia nähert sich Vlad und beugt sich über ihn. Sie hält die erhobenen Hände über den Seiten der Trage, ohne sie zu berühren, als fürchte sie, eine falsche Bewegung zu machen.

EMILIA: Vlad, mein Lieber! Ach, Vlad, verzeih mir! Nicht wegen mir…

VLAD (*zuckt plötzlich zusammen und murmelt im Delirium*): *Marina, hajde, Marina. Marina, hajde…*(*plötzlich mit einem rauen, brutalen Tonfall*): *Jebem te u usta, jebem te u usta, govno jedno… Jebem te u usta, ti, govno jedno…*

Seine Stimme erlischt und Emilia starrt auf das weiße Gesicht ihres Freundes.

8. SZENE

Außen, Tag
Der Hof einer Einrichtung – eher ein Park, mit ziegelrot gestrichenen Holzbänken, Kieswegen und vielen hohen Bäumen. Im Hintergrund ist ein großes Gebäude zu sehen in einem Gelb aus der Zeit Maria Theresias, mit großen Fenstern und drei Spitzdächern, die mit roten Ziegeln gedeckt sind. Die Bäume im Hof bekommen Blätter. Die Sonne scheint, eine orangefarben glühende Sonne an einem klaren blauen Himmel.

Das Objektiv der Kamera ist auf eine Bank gerichtet, auf der Vlad und Emilia sitzen. Vlad in einem blauen Baumwollkittel, mit langem Haar, das wild gewachsen ist, und Emilia in einer grauen Jacke und einer Jeanshose, die an den langen Beinen eng anliegt. Sie halten sich an den Händen und betrachten einander mit freudiger Verwunderung, als ob sie sich gerade erst entdeckt hätten. Vlad mit seinen schmalen Lippen lächelt breit.

VLAD: Na, hast du je einen toten Teufel gesehen? So hat mein Großvater immer gesagt.

EMILIA (*lacht*): Ich hätte ihn gar nicht sehen wollen. Du bist mein Teufel.

Emilia greift seinen Hals und küsst ihn, sie dreht sich zu ihm und drückt ihre Brust auf seine Brust.

VLAD: Aua!

EMILIA (*rückt etwas ab*): Habe ich dich dort berührt? Tut es weh? Verzeih mir!

VLAD: Ein bisschen. Es macht nichts, wirklich. Es geht vorbei.

EMILIA (*immer noch ängstlich*): Ja, es geht vorbei. (*Unvermittelt, beseelt:*) Ich liebe dich, mein Vlad! Du bist mein Leben!

VLAD (*ruhiger als sie*): Und du bist meins.

EMILIA: Nein, nicht so! Wenn du nicht gewesen wärst, weißt du, damals, dann hätten sie mich getroffen. Wenn du mich nicht geschützt hättest…

VLAD (*verwirrt und stolz*): Naja, ja. Komm, lass es … Du wärst nicht gestorben. Du bist mein Teufel.

EMILIA (überzeugt): Der bin ich.

VLAD: Und du warst die ganze Zeit bei mir. Die ganze Zeit! Weißt du, so wie in dem Stück von Billy Idol: „*If I should stumble, catch my fall…*" So halten wir es auch miteinander, stimmts? So haben wir es gemacht.

EMILIA: Ja, so ist es. (*Zögernd:*) Nur dass…

VLAD: Was ist?

EMILIA: Ach, nichts.

VLAD (*großspurig*): Na komm, lass uns jetzt nicht mehr belügen, ja? Wir haben noch ungefähr achtzig Jahre, in denen wir uns unglücklich machen können.

EMILIA (*zärtlich*): Denkst du?

VLAD: Garantiert. Oder wenigstens siebzig, soviel ist sicher. Ich für mich weiß, dass ich voller Leben bin. Hast du es nicht gesehen?

Vlad lacht. Auch Emilia lacht, aber nicht aus vollem Herzen.

VLAD: Na los, sag schon! Worum geht's?

EMILIA: Ach… na gut. (*Mit allem Mut:*): Wer ist Marina?

VLAD (*verwundert*): Wer?

EMILIA (*sicherer*): Marina. Du hast sie damals gerufen. (*Sie sieht Vlads Ratlosigkeit.*) Damals, in jener Nacht, als du angeschossen wurdest. Als du auf der Trage lagst und wir dachten, dass du stirbst. (*Ihr Gesicht wird düster*). Ich war mir sicher, dass du dort vor meinen Augen stirbst. Ich weiß nicht, warum. Und du hast ihren Namen gerufen – Marina.

VLAD (l*acht schwach*): Marina?

EMILIA (*bleibt unbeirrt*): Ja, das hast du gesagt. Haide, Marina, haide, Marina. Und paar Worte auf Serbisch, die ich nicht verstanden habe.

VLAD (*zieht die Stirn kraus, überlegt*): Marina… Naja, vielleicht… (*Zögernd*:) Was weiß ich, was in meinem Kopf war? Nachdem ich dort gestürzt war, erinnere ich mich an nichts mehr. Mir scheint, zwei Männer waren neben mir. Und du, daran erinnere ich mich. (*Er schaut sie an und begreift, dass er nicht so einfach davonkommt.*) Gut, ich habe mal ein Mädchen gekannt, Marina. Im letzten Jahr, als ich in Split war. Ich habe es dir erzählt. Aber ich hatte nichts mit ihr.

EMILIA (*ohne Mitleid und masochistisch*): Hat sie dir gefallen?

VLAD: Ob sie mir gefallen hat… Vielleicht, ein bisschen. (*Schnell*:) Aber ich habe nichts mit ihr gehabt, Ehrenwort! Wir waren Freunde, wir haben uns angefreundet… nicht mit ihr, nicht nur mit ihr, wir waren eine Clique dort. (*Unglücklich*:) Na sieh mal an, womit du mich jetzt ärgerst! Ehrlich, es war keine große Sache. Und überhaupt habe ich dich ja damals noch nicht gekannt. Was weiß ich, warum ich gesagt habe, was ich gesagt habe. Vielleicht wegen des Serbischen... ich habe an etwas auf Serbisch gedacht… Ich habe keine Ahnung. Und deswegen…

Emilia hört geduldig zu und fixiert ihn.

EMILIA: Nicht, dass du von irgendwas besessen bist? Du sagst, sie hat dir gefallen.

VLAD (*abwertend*): Welche Besessenheit? Sei nicht dumm, Emilia! Ich kann eine Besessenheit für alle Mädels der Welt haben. Für Raquel Welch, stimmts!? Aber dich liebe ich, Emi! Dich liebe ich, nur dich!

EMILIA (*etwas versöhnter*): War sie schön?

Vlad (*tut ratlos*): Wer? Marina? Na klar war sie das. Guck, ich bin ehrlich. Sie war es, aber nicht ein Viertel so schön wie du. Das kann man nicht vergleichen. Nicht zu einem Tausendstel.

Vlad dreht sich vorsichtig zu Emilia, um sie zu küssen. Emilia bleibt unbewegt, zieht sich aber nicht zurück, als er ihre Wange mit einer Hand berührt, dann küsst er sie auf den Mund, zuerst langsam, dann fester, er presst seine Lippen auf ihre, kaut leicht darauf und atmet schneller.

VLAD (*löst sich etwas aus dem Kuss*): Ich liebe dich, mein süßes Dummerchen! Dich und nur dich!

Er küsst sie wieder. Die Kamera verharrt zwei-drei Sekunden auf ihren vereinten Gesichtern, entfernt sich dann langsam und vergrößert das Bild, um den ganzen Hof des Krankenhauses einzufangen. Und dann richtet sie sich auf den strahlend blauen Himmel.

ENDE

3
Brot und Salz

„Warum nennst du mich denn blöder Ungar, Vlad?", platzte es aus Loți heraus.

Er flüsterte beinahe und senkte den Blick. Obwohl er Loți nicht gut im Licht der Laternen von der Promenade sah, wusste er, dass er errötet war, wie es ihm immer passierte, wenn er sich ärgerte und nicht wusste, wohin mit seiner Wut.

Er klopfte leicht mit der Bierflasche auf den Tisch.

„Mann, Loți, ich nenne dich nicht blöder Ungar, ich nenne dich nur einen Blödmann. Denn das bist du!"

Loți sagte nichts mehr. Er kratzte sich mit der Hand den kurzen und struppigen Bart. Er zog an der Zigarette und atmete den Rauch lange aus. Er zog wieder an der Zigarette. Er griff nach der Bierflasche und stellte sie auf den Tisch zurück. Vlad hatte ihn gekränkt und sieh mal an, er ist sogar noch böse. Das passierte nicht zum ersten Mal. Es war nicht richtig. Und trotzdem schien Loți von einem diffusen Gefühl der Schuld erfasst, weil er und sein Freund in diese Situation geraten waren.

„Das bist du!", wiederholte er trotzig, vielleicht, weil er fürchtete, dass er beim ersten Mal nicht verstanden worden oder weil er beim vierten oder fünften Bier war.

„Warum denn, Vlade?"

„Vlade Divac!", rief er aus und strich seine Hand wieder durch den schwarzen Seitenscheitel. „So wurde ich mal genannt. Das war einmal. Und jetzt? Alles Scheiße!"

Er sah, dass Loți immer verwirrter wurde. Als ob nicht die ganze Zeit die Rede von Vlad war. Er versuchte trotzdem, friedlich zu sein, und stotterte:

„Na egal, Vlad, lass es! Ich verstehe nicht, was… Wenn du jetzt… was soll ich noch sagen? Du hast Emilia, du hast Alexandru… Ich, also, wenn ich…“

„Du hast Emiliaaaa...Du hast Alexandruuuu! Mein Gott, wie wunderbar! Wie glücklich bist du und wie schlecht geht es mir! Verdammt!“

Er trank finster aus der Flasche und als er sie absetzte, wechselte er jäh den Ton:

„Du hast keine Ahnung, Loți! Keine Ahnung hast du!“

Er verschluckte sich am Bier und begann zu husten, wobei er sich auf dem Stuhl krümmte und wand. Als er sich beruhigt hatte, wischte er seine schweißnasse Stirn ab und schaute Loți an. Der schwieg. Er betrachtete ihn lange im gelblichen Lichtschein und fasste dann einen Entschluss.

„Mensch, Loți, du bist mein bester Freund, weißt du das? Mein einziger wirklicher Freund. Weißt du das oder nicht?“

„Ich weiß, Vlad, natürlich weiß ich das!“, bestätigte Loți lebhafter und kratzte sich verlegen am Ohr. Er flüsterte: „Und du meiner. Der bes…“

„Du hast sie vorhin gehört, als sie mich angerufen hat. Wie lange ich noch bleibe, dass es spät ist und dass ich nach Hause kommen soll… Als ob sie das Recht hat, mir sowas zu sagen!“

Loți wusste nicht, was er darauf antworten sollte. Auch er sagte nichts mehr. Er sah nur lange, irgendwie provokativ, seinen Freund an. Diesmal hielt es der Blonde nicht lange aus.

„Warum?“

„Darum“, warf er ihm hin und schien sich etwas aufzurichten. „Darum, Mensch, Loți! Denn es ist nicht alles so, wie es dir vorkommt. Süße, bring mal noch ein Bier!“, wandte er sich an die Kellnerin, die gerade am Tisch vorbeilief. Sie nickte kurz zum Zeichen, dass sie ihn gehört hat.

„Naja, Vlad, eigentlich reicht es“, wagte sich Loți vor.

„Moment mal, von wegen es reicht! Noch eins. Damit...“

Er hielt inne und beugte sich dann vor: „Weißt du, was Sache ist? Nein, woher sollst du es denn wissen? Ich habe das noch niemandem erzählt... schau mal, noch nicht mal dir, meinem besten Freund. Weißt du, dass...?“

Er unterbrach sich und fing in rauerem Ton wieder an: „Aber du hältst den Mund, ok?“

Loți nickte, ja klar, er hielt ihn schon.

„Weißt du, dass Emilia mich betrogen hat?“

„Was?“, rief Loți aus und machte große Augen. „Doch nicht Emilia!“

„Doch, Emilia!“, sagte er nachdrücklich, irgendwie zufrieden mit der Enthüllung.

Die Kellnerin tauchte neben ihnen auf und stellte brav das Bier auf den Tisch.

„Merci!“, sagte er lächelnd und wartete, bis sie gegangen war. „Doch, Emilia, doch! Was zum Teufel denkst du, wer wir sind: Philemon und Baucis? Ich weiß, dass sie dir gefällt, aber auch sie betrügt. Tra-ra!! Große Entdeckung: Die Frauen betrügen! Ich habe das vor fünf Jahren entdeckt.“

„Wie?“, wiederholte Loți im selben Tonfall, halb verblüfft, halb empört.

„Wie man eben betrügt. Was, soll ich das jetzt aufmalen?“

Er zog eine Zigarette aus Loțis Päckchen und zündete sie sich an. Er wusste nicht gleich, wie beginnen.

(*Die Geschichte mit der SMS*)

Vielleicht mit diesem dämlichen Vormittag, als er sich aus Langeweile das Handy von Emilia griff, das vor seiner Nase auf dem

Glastisch im Wohnzimmer herumlag, und damit zu spielen begann.

„Ich weiß auch jetzt eigentlich nicht, warum ich in die Nachrichten geschaut habe."

Trotzdem scrollte er lange eine nach der anderen durch und las sie sprunghaft – Nachrichten von ihm: „Meine Schöne, holst du heute Alex um zwei ab?", „Ich reserviere jetzt, gut? Küsschen, Schatzi", das war zu Emilias Geburtstag; dann von einer Kollegin: „Wir haben um 10 die Besprechung, kommst du?"; von Alex: „Ma, ich bin von der 1 los mit der Ma von Andrei" und andere, viele weitere: „Herzlichen Glückwunsch, unsere liebe Tochter, wir vermissen euch. Wann kommt ihr mal nach Craiova? Mit Alexandru?" von Emilias Eltern. Er erinnerte sich und rekapitulierte Teile ihrer jüngsten Geschichte, bis er zu einer merkwürdigen Nachricht von einer unbekannten Nummer kam, bei der sich seine Nackenhaare aufstellten:

„Niemals werde ich unsere traumhafte Nacht vergessen. Wenn ich die Zeit zu 89 zurückdrehen könnte. Ich war ein Idiot. Aber vllt geht es ja nochmal. Vllt gibt es ja ein nächstes Mal. Vllt leuchtet unser Stern ja noch. Was sagst du?"

Am Ende kein Name. Und keine Antwort von Emilia, obwohl er fiebrig alle von ihr gesendeten Nachrichten, die im Speicher verblieben waren, durchsucht hatte. Sein Blick trübte sich, die schweißigen Finger rutschten auf den Tasten des silbernen Telefons entlang und sein Herz dröhnte.

„2006 war das", präzisierte er mit kehliger Stimme. „Ich erinnere mich auch jetzt noch an den Text. ‚Vielleicht geht es ja nochmal. Vielleicht leuchtet unser Stern ja noch.' Vielleicht geht es ja nochmal. Ist das nicht blöd?"

Obwohl er von Emotionen überschwemmt wurde, arbeitete sein Verstand allmählich klarer. Die SMS war zwei Tage nach

Emilias Rückkehr von einer pädagogischen Weiterbildung in Deva geschickt worden. „Scheiß Weiterbildung!“ Hätte er sich in jenem Moment im Spiegel gesehen, hätte er sich nicht gefallen: Sein Gesicht war starr und blass, die Augen versteinert, die Iris eingefroren, und auf den Lippen lag ein schmerzlicher Zug. Er tippte sich die unbekannte Nummer in das Telefon und legte Emilias Handy auf den Tisch zurück. Als sie im Wohnzimmer erschien, groß, heiter, lächelnd und schön, lächelte er ihr mechanisch zu. Emilia sah ihn an und runzelte etwas die Stirn. Was ist, Vlad, mein Lieber, ist dir nicht wohl? Er wischte sich den Schweiß von der Stirn. Wie besorgt sie schien! Sie hätte auch die Liebespolizei betrogen! Und als er sich das sagte, wurde ihm kurz schwindlig – ihm wurde wirklich schwindlig. Die Liebespolizei hatten sie beide einst, vor langem, erfunden, im Bett, als sie nackt und warm einer im anderen eingenistet lagen und sich eine Institution vorstellten, die diejenigen Verliebten bestraft, die einander verrieten. Sie hatten mit dieser Idee gespielt und stellten sich gewaltsame Bestrafungen der Liebespolizei in den Häusern der Verräter vor: brutal durchgeführte Verhaftungen mit halbnackten Nachkommen der Ehebrecher und vor allem Strafen für die Verräter. Dass sie an einer Sexpartie des Partners mit einer Freundin teilnehmen müssten. Aber nein, nicht Sex, sondern ein Abend voller zärtlicher Umarmungen und liebevollem Flüstern mit einer anderen – ‚oder einem anderen‘, hatte Emilia ergänzt – unter den Augen des Verräters. In einen steinernen Turm verbannt zu werden, wo sie regelmäßig Nachrichten von der neuen und flammenden Liebe des anderen zu erhalten hätten. Mit Fotos, mit romantischen Filmchen, mit Liebesbriefen und Nachrichten an die andere. Oder an den anderen! Den Verräter zu köpfen! Aber nein, die Brüste der Verräterin abzuschneiden. Die Lippen der Verräterin. Die Männlichkeit. Die Fraulichkeit, hatte er gesagt und sie damit zum Lachen gebracht. Gebrannt, gebrandmarkt zu werden mit einem glühenden Eisen auf der Stirn: „Verräter der Liebe". Mit dem Brandmal, so nennen sie das. Oder gezwungen zu sein, einsam zu altern, absolut einsam, in einer Zone für junge Verliebte, und danach von allen vergessen zu sterben. Eingeäschert und vom Wind verweht zu werden.

Nur, dass die Liebespolizei nicht existierte. Und selbst wenn sie existiert hätte, sie hätte ihm nichts genützt – wie ihm klar wurde. Sie hätte den Schmerz nicht beruhigt. Der Schmerz war real: etwas beengte und bedrückte sein Herz. Ihn schmerzte die bei der Revolution verletzte Lunge, ihm juckte der ganze Körper. Er versuchte, Ruhe zu bewahren, obwohl in ihm eine explosive Wut anschwoll, die ihn erstickte. Er betrachtete das besorgte Gesicht der Frau, jenes ovale, längliche Gesicht mit den hohen Wangenknochen, der schön geschwungenen Wangenpartie, das Gesicht, dessen Linien und Konturen er seit fast zwanzig Jahren kannte und dessen feine Falten, die mit den gemeinsam verbrachten Jahren erschienen waren, er mit so viel Liebe verfolgte. Er betrachtete es, er streichelte es in Gedanken, er wurde traurig und er beherrschte sich. Wenigstens jetzt. Nein, es ist nichts, Emi, meine Liebe. Etwas niedriger Blutdruck, glaube ich. Sowas in der Richtung. Ich habe keinen Kaffee getrunken. Sie musste sich noch ein bisschen gedulden. Sie muss sich gedulden. Sie wird es erfahren. In seinen Gedanken formten sich, wie eine Botschaft mit verlorenem Sinn, die Worte des Unbekannten aus dem Telefon von Emilia: ‚Wenn ich die Zeit zu 89 zurückdrehen könnte.' Ja, und was wäre dann? Nachdem Emilia in die Schule aufgebrochen war und wie üblich Alexandru mitgenommen hatte, um ihn an seinem Lyzeum abzusetzen, griff er zum Telefon und wählte eine Nummer.

„Hallo, Mister Gigi', beginne ich ganz locker. Ich bin's, Vlad. Vom Verlag, von TeLe... Ja, gut. Sehr gut. Nicht wie sonst, aber es geht. Und dir?… Freut mich. Pass auf, ich habe eine Bitte. Ich will jemanden treffen, einen Lehrer... Ja, na deswegen habe ich dich doch angerufen… Nein, ich kenne ihn nicht persönlich, es ist komplizierter, ich erzähle es dir ein anderes Mal. Mir hat jemand eine Nummer dagelassen, hat aber die Kontaktdaten verloren… Ja, eine Vertrackterei, wie die Oltenier sagen. Die Sache ist die, dass ich dort nicht selbst, so ganz direkt, anrufen und mit der Tür ins Haus fallen will. Ich wüsste gerne, was mit ihm ist, verstehst du? Zu sehen, was der Kerl so im Kopf hat… Es könnte auch ein Irrtum sein, deswegen bitte ich dich in dieser Phase um deine Hilfe… Na gut, ich sage es dir, denn es ist ja nicht wer weiß was für ein Geheimnis. Ein Vertrag mit paar Hilfskräften, aber nicht bei uns… In einem anderen Bezirk… Ja, ich würde mich vergrößern, aber ich will mich nicht blind hineinstürzen, du weißt, wie die Walacher sind. Wir legen los, organisieren, kümmern uns, finden für alles eine Lösung und dann wird dir bewusst, dass sie dich stehen lassen. Ausgenutzt und ausgeraubt. Deswegen... wenn du etwas erfährst… Sicher, Mister Gigi, das kriegen wir hin. Komm vorbei, wenn du möchtest, ich bin gegen zehn, elf im Verlag. Dankschön, ich bin dir etwas schuldig… Na, das ist nur so eine Rede, du weißt, dass ich dir niemals etwas schuldig bleibe."

Mister Gigi, Schulinspektor. Er kannte ihn seit vielen Jahren, seitdem er in seinem Verlag begonnen hatte, Lehrbücher und Schulhefte zu drucken, die Mister Gigi an den Schulen des Bezirks verkaufte. Ein Geschäft mit gesichertem Einkommen.

„So läuft der Laden, Loți. Alle machen es so. Also die, die es können. Du kannst dir nicht vorstellen, wie viel Mist Emilia an ihrem Lyzeum verkauft hat! … Und erinnerst du dich noch an den Prof von der Elektroirgendwas bei uns, der zu den Prüfungen mit den Stapeln ausgedruckter Vorlesungen kam? Seine Vorlesungen. Und alle wussten, dass du diese Vorlesungen kaufen musst, um die Prüfung zu bestehen. Niemand lernte mehr. Wie hieß er nur gleich?"

Loți zuckte die Schultern.

„Na Mensch! Der, der… es war gleich im ersten Studienjahr, also in meinem, nachdem ich das Jahr wegen der Revolution verloren hatte. Du warst schon im zweiten. Ich weiß noch, dass ich überhaupt nicht mitgeschrieben hatte. Ich hörte nur zu, naja, so richtig ein Geschäft. Wir standen alle Schlange, mit dem Studienbuch in der Hand, und gingen einer nach dem anderen an sein Pult. Neben ihm der Assistent mit den Stapeln von Vorlesungen. Der Prof nahm dein Studienbuch: ‚Wieviel willst du?', ‚Naja, Herr Professor, eine drei, damit ich durchkomme.' ‚Drei? Macht eine Vorlesung.' Du bist zum Assistenten hin, hast bezahlt, eine gedruckte Vorlesung genommen, dann dein Buch mit der Note vom Prof und auf Wiedersehen. ‚Und du?' ‚Ich hätte gerne eine Eins, denn ich habe ein Leistungsstipendium und will es nicht verlieren…' ‚Eins? Zwei Vorlesungen, mein Junge, und viel Glück mit dem Stipendium. Der nächste.' Wie hieß der nur gleich?"

Loți schaute ihn hilflos an.

„Mensch, wie kannst du den vergessen haben?! Ein kleiner Alter mit Glatze und roten Wangen. Naja…" Er winkte ab. „Herr Gigi war auch einer von denen. Ich habe ihn jetzt drei Jahre nicht gesehen. Ich glaube, er ist in Rente. Seine Frau war eine richtige Kuh, eine Kröte, so mit rötlichen Haaren und Dauerwelle. Sie gefiel mir überhaupt nicht, ich weiß nicht, warum. Sie war Sekretärin an der Universität, bei der Philologie, und Emilia hat mir gesagt, dass sie mit der Securitate zusammengearbeitet hat."

„Na, was denkst denn du, wie es bei uns war?", fuhr Loți auf. „Unsere Sekretärinnen… aber woher sollst du das wissen", fügte er hinzu, ohne zu bemerken, dass sich Vlad verfinsterte. „Sie haben mich auch mal dorthin gerufen, vor der Revolution. Wegen der

Sache mit meinem Bruder. Gleich nachdem ich mit der Uni angefangen hatte. Da war dort diese alte Tante, die uns immer rauswarf, wenn wir außerhalb der Sprechzeiten das Sekretariat betraten, und brüllte, dass wir unverschämt sind. Sie hat mich in ein Büro geschickt zu so einem, einem Securisten, der mich ausgefragt hat, eine kurzgeschnittene Murmel, Hauptmann oder Major…"

‚Hauptmann', dachte er, sagte es aber nicht laut. Hingegen sagte er kurz und trocken: „Ja, Mensch, so erbärmliche Typen! Wirklich wahr!"

Immerhin erfuhr der erbärmliche Typ Gigi so viel, wie man aus der Telefonnummer eines Unbekannten, der möglicherweise Lehrer ist, erfahren kann. Ungefähr zwei Tage nach der SMS, zehn Uhr abends, saß er wie üblich mit Emilia auf dem cremefarbenen, weichen Sofa im Wohnzimmer im Parterre ihres Hauses und zappte durch die Kanäle seines massiven Fernsehers mit Flachbildschirm. Gerade hatte er sich eine Flasche Bier aufgemacht und trank gierig. Vlad, mein Lieber!, rief Emilia unglücklich. Mann! Nimm dir doch ein Glas. Er rückte etwas von ihr ab und fuhr mit der Hand durch den langen, schräg geschnittenen Pony. Er sah sie aufmerksam an, mit einem kleinen Grinsen. Diese Oltenierin war verflucht hübsch! Sie hatte auch jetzt noch lange Haare, wahnsinnig seidig und schwarz, sie färbte sie noch nicht einmal, und ihre Arme waren geschmeidig und feingliedrig geblieben. Unter dem blauen, weichen Morgenmantel aus Seide zeichnete sich die lange Linie ihrer schlanken Beine mit den elegant geschwungenen, weichen und delikaten Waden deutlich ab. Emilia sah seinen Blick. Sie lächelte verwirrt, als bedauere sie, was sie gesagt hatte.

„Ich richte den Kragen meines Shirts und sage: Wo ist Alex? Alex ist oben und schläft. Das weißt du doch!, wunderte sich Emilia und spitzte die vollen Lippen. Ok, gut, wenn wir nur zu zweit sind…, müssen wir etwas besprechen. Na klar, leg los, meine

Lieber!, sagt sie. Ich habe schon gesehen, dass etwas ist. Nimm dir doch endlich ein Glas! Also, sag, was ist mit dir? Sie streichelte mich am Unterarm."

Da erinnerte er sich an die Liebespolizei. Aber das brauchte er im Moment nicht, nicht jetzt.

„Ich habe mit einem Ruck meinen Arm weggerissen und sie kalt angeschaut. Willst du mich veralbern? Wer ist dieser Romeo Pielaru?, sage ich langsam, ihr direkt ins Gesicht. Kenne ich den auch? Oder müsste ich ihn ab jetzt kennen?"

Emilia zog sich an die Kante des Sofas zurück und zuckte in den Beinen. Er verfolgte sie mit seinen Blicken und sah, wie ihr alle Gesichtsmuskeln zuckten, als ob sie ihre Züge nicht mehr beherrschen konnte. Danach versteinerte sie in einer länglichen Maske mit großen Augen. Diese Augen!

„Welcher… Pielaru?, stammelte sie schließlich. Ich grinse, greife nach der Bierflasche und singe mit falscher Stimme ‚*Lažeš, zlato, lažeš , dušo, lažeš , vještice, lažeš tvojim slatkim jezikom, kurve svetice…*' Vlad, mein Lieber, bitte!, wimmert sie. Was bittest du mich? Was? Was zum Teufel bittest du mich? Du dumme Kuh hast noch nicht mal Grips genug gehabt, die Nachricht aus deinem Handy zu löschen. Sag an, wer ist dieser Sack von Pielaru? Welchen Schwanzoltenier hast du da in Deva gefunden? Sag es mir, ich will es wissen. Wie war eure traumhafte Nacht?"

Er trank von dem Bier und knallte die Flasche auf das niedrige Tischchen, das klirrte, als ob es zerbrechen wollte. Emilia zog sich noch stärker zurück und klebte an der breiten Armlehne des Sofas. Der Seidenmantel öffnete sich und entblößte ihre birkenschlanken Beine, die in einem ungewissen Dunkel zusammentrafen. Einen Augenblick war er erregt, was ihn noch wütender machte. Er stand auf und überragte Emilia. Schlag nicht, Lieber! Ich schlage nicht!, ließ er sich wieder im Sessel nieder, weit entfernt von Emilia. Ich schlage nicht, ich schreie nicht, denn dann wecke ich den Kleinen auf, ich mache keinen Skandal, ich bringe niemand um, ich bin zivilisiert, verdammt nochmal! Sag mir nur, wie du diesen Pielaru von Târgu-Jiu gesaugt hast. Rede nicht so!, wimmerte Emilia. Es ist nicht so. Es war nicht so. Es war… nichts war, mein Lieber, Ehrenwort! Dein Pionierehrenwort! Na, dann sag mir eben, wie es war, ich will es wissen. Sag mir, wer das ist… mein Kompagnon, wenn ich es mir recht überlege, weil wir ja schließlich im selben Loch waren. Sag es mir, Emi... meine Liebe! Und Emilia sagte es ihm. Während sie sprach, begann sie leise, geräuschlos zu weinen. Romeo war ihr Liebster aus dem Lyzeum in Craiova. Damals, im Juli 1989, hatten beide die Prüfungen an der Philologie in Temeswar abgelegt. Romeo fiel durch – ‚drei Punkte zu wenig', wie Emilia präzisierte; er lachte verächtlich – und ging zur Armee. Dann kam die Revolution und im Sommer 1990 schrieb er sich zuhause, in Craiova, für die Zugangsprüfung ein und wurde aufgenommen. Jetzt war er Lehrer in Târgu-Jiu, war verheiratet, hatte auch zwei Kinder – ‚Auch er!', lachte er, aber er hörte weiter zu – und… das wars. Ja, beide hatten sich wirklich in Deva getroffen, bei dieser Weiterbildung, und sich miteinander erinnert. Danach haben sie die Nacht lang bei einem Glas Wein geredet. Das ist alles. Nur sie beide, ja. Aber sie hatten nichts gemacht. Nichts Schlechtes jedenfalls.

„Das heißt also, ihr habt nur geredet? Ja, wir haben nur geredet, sagt sie, mit tränennassen Wangen. Ihr habt euch euer Leben erzählt, nicht? J-ja… Ihr habt euch nicht angefasst? Habt ihr euch nicht ein bisschen gestreichelt, Haut auf Haut, am Hals, an der Wange… auf den Lippen? Nichts, wirklich? Eine traumhafte Nacht? Emilia hat nichts mehr gesagt. Sie hat lange geschwiegen und auch ich hatte nichts mehr zu sagen. Sie begann, ihre Hand langsam durch das Haar zu streichen, mit geneigtem Kopf und Augen, die sich in das cremefarbene Sofa versenkten. Ich hatte keine Geduld mehr. Eine traumhafte Nacht, verdammt nochmal! Eine traumhafte Nacht! Ich ließ die Bierflasche auf dem Tisch. Ich lief ins Schlafzimmer, suchte ein paar Sachen zusammen und stopfte sie in meine schwarze Sporttasche, die, mit der ich zum Basketball und zum Krafttraining gehe. Sie rannte mir mit nackten Füßen hinterher auf die Treppe nach oben und jammerte flüsternd, dass ich Alex nicht wecken soll, denn es war doch nichts, es war nichts, ihr war nicht klar, was sie damals, in dem Moment, gemacht hat, denn wenn ich mehr, also, wenn ich nicht so... Und hier, lieber Loți, hat mir deine süße Emilia die dämliche Replik aus den amerikanischen Filmen serviert: ‚Du bist nicht mehr der Mann, in den ich mich einst verliebt habe!' Ey, fuck! Ich war nicht mehr der Mann, in den sie sich verliebt hatte!"

Er wurde wieder wütend und zündete sich noch eine Zigarette an.

„Ich habe sie gefragt, was ihr nicht passt und warum sie es mir bis jetzt nicht gesagt hat, und dann begann sie mit diesem Kack: Dass ich die ganze Zeit fluche, vor allem, dass ich fluche, es ist ihr peinlich, wenn sie mit mir unter Leuten ist, weil ich auch vor dem Kind fluche, weil ich an Koprolalie leide oder an Kackolalie, ich weiß nicht mehr genau, Kacke, Kackolalie, und dass ich mich behandeln lassen soll und Haloperidol nehmen soll. Verdammt, ich war *immer* so, sage ich zu ihr. Du hast mich *so* gemocht. Nein, denn früher war ich nicht so. Deswegen leckst du dich mit einem anderen im Gebüsch in Deva, weil ich fluche! Sicher, dieser Pielaru, der Schwanzficker, ist ein Herr. Apropos, ich habe mir bei Facebook seine Seite angeguckt: Er ist dunkelhäutig, ein *waschechter* Oltenier, so ein Angeber, ein kleiner, runder Kopf mit Glatze, Loți ... so, bis zu den Haarspitzen. Klein und umtriebig, das sah man schon auf den Fotos, und er schrieb einen Haufen philosophischen Mist mit pädagogischer Mission und dass die Schönheit die Welt retten wird. Weißt du, er schreibt auch Gedichte. Ein sensibles Gemüt! Er ist auch im Schriftstellerverband, wie Emilia – ich wette, zur Rente gibt der Staat diesen, diesen Künstlern, noch einen Zuschlag, fuck! Ein Wichtigtuer! Und das war der Mann, in den sie sich verliebt hatte! Ich glaube, Emilia reichte er nicht mal bis zum Bauchnabel – mit dem Kopf, will ich sagen. Aber was hätte ich Emilia sagen sollen? Verdammt, du wolltest ein Haus und dass wir nicht mehr im Block wohnen, und na, ich habe dir eins gebaut. Eine Villa mit einer Etage, denn so mag sie es, sie will eine Lady mit Villa und Terrasse sein. Ich habe es komplett selbst gebaut, mit meinem Geld, das ich mit meiner Arbeit im Verlag verdient habe, denn Geld für ein Haus verdienst du nicht mit dem armseligen Gehalt eines Lehrers! Danach wollte sie ihre Gedichte veröffentlichen, also habe ich sie veröffentlicht und habe sie über meine Kontakte in die Buchläden gebracht, damit sie sich als Kunstfuzze fühlen kann."

„Emilias Gedichte sind schön", wagte sich Loți vor. „Nicht wahr?", fügte er zaghaft hinzu.

Er erinnerte sich, wie stark ihn ein Buch von Emilia bewegt hatte, *Andros* – ‚Von Alexandros', wie sie ihm, dem Dummkopf von Ingenieur, erklärt hatte –, das sie nach der Geburt von Alex geschrieben hatte. Ja, sie waren gut, sicher waren sie gut. Aber wie kannst du solche Dinge über das Kind schreiben, das aus dir selbst in die Welt geworfen wurde, über den Beginn des Todes und den langen Weg der Liebe, und dich danach mit Pielaru besudeln? Er winkte genervt ab und zeigte zur Bega, die in der Kühle der Nacht dunkel und langsam dahinfloss.

„Gedichte… so viele, wie die Bega Wasser hat! Na gut, ich weiß natürlich auch, dass sie nicht schlecht sind. Nur, dass ich mit Gedichten nichts anfangen kann, Loți. Gib mir eine Geschichte, nicht Zustände und Gefühle und Betrachtungen. Und mal ehrlich: Wer liest denn Gedichte? Wozu soll man Gedichte schreiben? Na gut, sagen wir: Sie schreibt Gedichte, das ist ihr Leben oder *whatever*. Sie und Pielaru sind sensible Gemüter, ich bin ein abgehalfterter Geschäftsmann. Ok. Danach hatte sie Ambitionen, in den Schriftstellerverband einzutreten. Sie ist eingetreten. Als sie Gymnasiallehrerin werden wollte, denn dazu habe sie eine Berufung, Be-ruuu-fung zur Lehrerin, habe ich ihr eine Stelle am Lyzeum in Temeswar organisiert. Ich sage dir nicht, wie viel ich dafür bezahlt habe. Andernfalls hätte sie sich mit ihrer Berufung zur Lehrerin irgendwo bei Chizătău abstrampeln können oder noch schlimmer, irgendwo am Arsch des Bezirks, wo der Hund verreckt ist. Was habe ich nicht alles gemacht! Was sie mir gesagt hat, das galt, und was sie wollte, hat sie auch bekommen. Aber nein, ich bin nicht mehr der Mann, in den sie sich verliebt hatte! Wer bin ich denn dann, verdammt nochmal?

Nachdem er das gefragt hatte, trampelte er, ohne eine Antwort abzuwarten, die sowieso nicht kommen würde, die Treppe hinab und verließ stürmisch das Haus. Er ließ Emilia mitten im Zimmer stehen, mit nackten Sohlen auf dem glänzenden Parkett, im kalten Licht des durcheinander gewirbelten und unbelebten Schlafzimmers, und ging aus der Tür, stieg in den schwarzen BMW und fuhr bis zum Hotel Continental. Dort nahm er sich ein Zimmer und forderte vom Rezeptionisten ein Mädchen für die Nacht. Egal, was es kosten würde, so hatte er gesagt. Nur dass, zur Schande – oder vielleicht eher zur Ehre – des Personals dieses berühmten Hotels, das einst nach einem unbeständigen, aber stolzen Patron aus dem Frühkapitalismus Rumäniens, *Continental Cornel* hieß, der Rezeptionist in dieser Nacht kein verfügbares Mädchen finden konnte, wie viel sie auch gekostet hätte. Er blieb allein in dem unpersönlichen Zimmer – allein mit einer Flasche Jack Daniels, die er bis zum Morgen leerte, wobei er zwei Päckchen rote Marlboro rauchte, durch die Fernsehkanäle zappte und dabei mit leerem Blick entweder auf den Bildschirm oder auf die weißen und hässlichen Vorhänge des hohen Fensters schaute. Plötzlich war er in Weinen ausgebrochen, aber das ging Loți nichts an. Eigentlich hatte er ihm nur ein Viertel von diesem Abend, der fünf Jahre zurücklag, erzählt. Er hatte viele Details ausgelassen, die in seinem Gedächtnis gut verankert waren, darunter vielleicht am wichtigsten Emilias Vorwurf im Zusammenhang mit Herrn Vergil. Den hatte er Loți gegenüber jetzt nicht ein einziges Mal erwähnt, obschon ihn Emilia mindestens drei Mal äußerte, als sie den Vlad beschrieb, von dem sie sich entliebt hatte. Über Herrn Vergil diskutierte er nicht sehr gerne – weder hier, noch mit Loți, und auch nicht im Zusammenhang mit der Geschichte mit der SMS.

„Und danach?“, fragte Loți und schlürfte von seinem unendlichen Bier.

„Danach bin ich drei Tage im Conti geblieben. Natürlich hat sie mich angerufen. Am Anfang war sie böse, du kennst die Taktik. Sie gab mir alle Schuld, dass wegen mir alles begonnen hat, dass wenn ich nicht so gewesen wäre, wäre auch sie nicht… Ich habe ihr gesagt, dass sie das jemand anderem erzählen soll und habe aufgelegt. Sie hat mich wieder angerufen, wieder mit dieser Platte, aber dann ist sie weich geworden. Sie begann zu weinen und um Entschuldigung zu bitten, hat mich gebettelt und gefragt, was ich tun will, und dann hat sie wieder geweint und mich gebeten, nach Hause zu kommen, sie hat mir gesagt, dass sie mich liebt, und wenn ich, dann auch sie… Na, das kennst du ja auch.“

„Nein, das kenne ich nicht!“, erhob Loți die Stimme. „Woher… äh, woher soll ich das denn kennen, zum Teufel nochmal!?“

„Na, egal. Jedenfalls hat sie es so gemacht. Sie kam einmal sogar zum Verlag, sie wusste, dass ich dort bin. Schließlich haben wir uns ausgesöhnt und fertig. Und jetzt sind wir hier. Sieh mal an.“

Er lachte breit und fein und lehnte sich zurück. Loți schaute ihn lange an.

„Na, was hätten wir denn machen sollen?", wurde er wieder wütend und blies sich den Pony aus den Augen. „Wir haben schließlich Alex, nicht? Und naja, jeder kann sich mal einen Schnitzer leisten. Gut, sie hat geschworen, dass damals nichts war, also…"

Er unterbrach sich.

„Hör mal, fluche ich wirklich so viel?", fragte er aus heiterem Himmel.

„Äh… ich weiß nicht", stammelte zögernd Loți. „Vielleicht. Wir fluchen alle", ergänzte er rasch.

„So ist es, sch…! Nicht wahr? Ich bin mit ‚Scheiße!' aufgewachsen. Alle sagten ‚Scheiße!'. Es kam mir auch gar nicht mehr wie ein Fluch vor, sondern nur so wie ein ‚also' oder ‚pass auf'."

„Scheiße", wiederholte der Blonde nostalgisch. „Der Fluch von Temeswar. Damals, als wir jung waren."

„Noch nicht einmal ein Fluch. Aber naja, wir sagen ja nur das Wort, aber wir tun niemandem etwas. Denn denk mal an Oltenien und an die Moldau. Selbst, wenn man sie am Schwanz zieht, würden sie nicht ‚Schwanz' oder ‚Scheiße' sagen. Sie sagen es nicht, aber sie machen es…, was die nicht alles machen! Wenn ich irgendeine *site* mit Nachrichten von dort öffne, da hast du es, Gruppenvergewaltigung, Mord mit der Axt, die Ehefrau erhängt. Die 5-Uhr-Nachrichten, *made* im Altreich. Und die dann von dort hierhergekommen sind… Oh Mann! Schlägerei im Studentenwohnheim? Die Oltenier. Die mit dem Hammer erschlagene Frau in Ronaț? Die Moldauer. Raub auf der Piața Unirii? Die Oltenier. Meine Herren, die sind zu uns gekommen, wir haben sie aufgenommen, wie es sich gehört, mit Brot und Salz, und sie benehmen sich wie bei sich in… in… in… Retardien."

Ihm ging die Puste aus. Er trank Bier und knallte die Flasche ärgerlich auf den Tisch. Ein junges Paar vom Nachbartisch schaute zu ihnen – sie verängstigt, er streng -, dann wandten sie sich wieder einander zu.

„Entschuldigung!“, rief er schnell. „Kommt nicht wieder vor. Kommt nicht wieder vor, Scheiße nochmal“, fügte er leiser hinzu.

Eine Zeitlang schwieg er. Auch Loți schwieg und warf einen verstohlenen Blick auf die Uhrenanzeige seines Handys: es war kurz nach zehn oder viel nach zehn, er sah nur die ersten beiden Ziffern auf dem Bildschirm.

„Die Sache ist die, dass ich sie geliebt habe. Ich liebe sie, verdammt! Diese verrückte Oltenierin! Emilia Olteanu, erinnerst du dich noch daran, dass sie so hieß? Olteanu, der Oltenier. Die Oltenierin Olteanu.“

„Ja, ich erinnere mich noch“, murmelte Loți.

„Naja, jetzt ist alles ok. Nicht wie vorher. Es wird nie wieder so wie vorher sein. Aber es ist ok.“

Aus seinem Tonfall erriet man eher das Gegenteil. Aber schließlich hatte er fünf Bier getrunken und begann gerade das sechste.

„Naja, also nicht gerade ok... Du kennst du Geschichte von dem Bären, der mit dem Bauern befreundet ist.“

Loți schüttelte den Kopf.

„Na, es war einmal ein Bär, der sich mit einem Bauern angefreundet hat. Sie waren gute Freunde, so wie wir beide.“

Er lächelte breit.

„Jedenfalls, nach einer Weile passt irgendetwas der Frau des Bauern nicht, denn sie beginnt plötzlich damit, dass der Bär gefährlich ist, dass er mit ihrem Kleinen spielt, aber doch ein wildes Tier bleibt und bald das Kind umbringen wird. Eines Tages, als der Mann bei der Arbeit ist, hackt die Frau dem schlafenden Kind die Hand ab, wirft die Stühle um, zerschlägt ein paar Töpfe und verspritzt das Blut im ganzen Haus. Als der Mann nach Hause kommt, zeigt sie ihm das Kind mit dem Verband und das Chaos im Haus und sagt, dass das alles der Bär war."

Er hielt inne, trank Bier und starrte Loți an.

„Und?", ermunterte er ihn mit großen, verwunderten Augen und ähnelte in diesem Moment einem Kind.

„Na, logisch, dass der Bauer als Bauer zur Axt greift, in den Wald geht, den Bären sucht und ihm mit der Axt auf den Kopf haut. Ich glaube, der Bauer war Moldauer", fügte er nach kurzem Überlegen hinzu. „Wie auch immer, der Bär flieht, der Bauer geht nach Hause und fertig. Und nach vielen Jahren gesteht die Frau ihrem Mann, was sie getan hat. Ich weiß nicht warum, denn die Frauen würden den Teufel tun und nichts sagen, aber so geht nun mal die Geschichte. Der Mann, der Bauer, bringt seine Frau um und geht danach in den Wald, um zu sehen, was mit seinem ehemaligen Freund ist, ob er noch lebt, ob er gestorben ist? Er findet ihn, fällt auf die Knie und sagt ihm, dass er dumm war und auf seine Frau gehört hat und dass er ihn um Verzeihung bittet. Der Bär, der ein gutes Herz hat, sagt ja, gut, aber er, der Bauer, soll wissen, dass es nie mehr so wie vorher sein wird. ‚Warum denn nicht?', wundert sich der Bauer wie der Ochse... denn du musst wissen, er war Siebenbürger und sein Gehirn arbeitete langsam. ‚Warum denn nicht?', sagt der Bauer. ‚Ich habe dich um Verzeihung gebeten, ich weiß, dass ich falsch gehandelt habe und es wird nicht mehr vorkommen. Und ich sehe, dass die Wunde an Deinem Kopf verheilt ist.' ‚Ja', sagt der Bär, ‚die Wunde ist verheilt, aber schau mal', und der Bär zeigt auf seinen Kopf, ‚das Loch ist geblieben.'"

Er schwitzte wieder schrecklich. Nach einem kurzen Schweigen fügte er pathetisch hinzu:

„So ist es auch bei mir. Das Loch ist geblieben, Loți. Da kannst du nichts machen. Das Loch ist geblieben."

Loți kratzte sich langsam am Bart und nickte verständnisvoll.

Klar, dass das Loch geblieben ist. Wie denn auch nicht? Er setzte die Flasche Bier an.

„Und du…", wagte er sich zaghaft neben der Bierflasche hervor. „Du hast nicht…?"

„Was soll ich…? Ich… aha, verstehe. Aber klar doch. Ich war ja auch im Recht, verdammt! Nicht wahr?"

Loți nickte energisch: ja, er hatte recht.

„Es war nicht so, dass ich mir eine bestimmte gesucht hätte", er beugte sich etwas zu Loți und senkte die Stimme. „Aber es ist passiert. Jetzt weiß ich, dass ich der Fluch der Frauen bin", lächelte er breit und sein Gesicht rötete sich. „Seit ich denken kann, fliegen sie nur so auf mich, sobald sie mich sehen. Ach, nein, natürlich habe ich nicht so einen Quatsch im Kopf. Emilia hatte eine Kommilitonin im Studentenwohnheim, die wollte was von mir, wenn ich dort war. Eine große Brünette… sie ähnelte ein bisschen Emilia. Und naja, einmal, als ich in ihr Zimmer ging, erschien sie frisch geduscht nur mit einem blauen flauschigen Bademantel bekleidet. Sie drehte und wendete sich und zupfte dauernd so an den Schößen des Mantels herum, dass ich alles sehen konnte. Ich sah und sah und… nichts. Ich habe noch nicht mal daran gedacht. Aber nach der Sache mit diesem Mistkerl… Aber vielleicht geht es ja nochmal!"

Er spuckte ärgerlich aus.

„Weißt Du, Loți, ich schaute sie an und es war die Emilia, die ich kenne, sie sprach und benahm sich so wie immer, nur, dass es nicht mehr sie war. Ich meine, es war nicht mehr wie vorher. Wir küssten uns, wir waren zärtlich miteinander… na sieh mal an, was ich dir jetzt erzähle! Aber die Sache ist die, dass es nicht mehr dasselbe ist. Etwas ist kaputt gegangen. Wir sitzen beide auf dem Sofa, wir lachen und erzählen uns verschiedene Dinge, wir gehen zusammen aus, wir vergnügen uns, wir streiten auch mal über Blödsinn und vertragen uns dann wieder, wie alle. Aber wir sind nicht mehr so. Und ich glaube nicht, dass es vielleicht ja nochmal geht. Mir ist es egal. Und weißt du was? Ich wette, dass ich nicht der Einzige bin. *Lissen veri cärfülli, ei schel sei sis onli wens:* Die Frauen betrügen und fertig. Jetzt weißt du es auch."

Loți schien protestieren zu wollen, aber er kam nicht dazu.

„Ich hatte auch Ausrutscher, ja", setzte er schnell fort. „Eine kennst du auch, das war gleich nach der Phase mit dem Oltenier. Mit Pielaru. Keine große Sache, sie hat ungefähr zwei Jahre bei mir im Verlag gearbeitet. Flori, erinnerst du dich?"

„Ach Florentina!", erinnerte sich Loți. „Ja, du hast uns erzählt, wie du sie kennengelernt hast. Wir haben uns auch einmal getroffen."

Er hatte es ihnen erzählt, ja. An einem Sommernachmittag, als sie zu viert beim Bier saßen, im selben Biergarten am Brückenfuß, vielleicht sogar am selben Tisch wie jetzt und auch nach einem Basketballspiel.

(*Die Geschichte mit dem Unfall*)

Er war wie immer gegen zehn zum Verlag aufgebrochen.

„Damit ich nicht sinnlos eine Stunde Zeit auf dem Weg verblase. Ihr wisst ja auch, wie der Verkehr früh in Temeswar ist. Jeder Blödmann hat ein Auto – und ich vorneweg", lachte er.

Es war noch kühl, hell und auf der Straße war Ruhe. Er mochte es, in dieser dörflichen Ruhe aufzustehen, wenn die Vögel zwitscherten und der Duft grünen Grases in der Luft lag. Emilia war zeitig mit ihrem alten Toyota losgefahren und hatte Alex mitgenommen, um ihn beim Pädagogischen Lyzeum aussteigen zu lassen, bevor sie zu ihrer Schule weiterfuhr. Also war er allein und fühlte sich wohl. Auf der Terrasse, nur in Unterhosen, trank er entspannt seinen Kaffee, rauchte drei Zigaretten, hustete leicht wie jeden Morgen, bevor er aufbrach, aß schnell etwas, zog sich an, stieg in seinen schwarzen, heißgeliebten BMW und fuhr wie immer auf den Rebreanu-Boulevard. Er nahm immer einen kleinen Umweg, auf dem er schneller vorankam, und hatte sich an die Strecke gewöhnt: die Straße bis zur Kreuzung bei Girocului, nach der er abbog und sich dann geradeaus hielt, über die Michelangelo-Brücke bis zum Hotel Continental und bis zur Mauer der alten Festung. Er umrundete den großen Springbrunnen mit der „Windrose", zu der die Bewohner einfallslos „Die vier Himmelsrichtungen" sagten, und bog dann nach rechts ab, wo er das Auto in der Nähe des Verlags auf einem kleinen Platz ließ.

Er fuhr entspannt und hatte eine Zigarette im Mund. Die Straße war ziemlich frei, im Auto tönte ein altes Album aus Jugoslawien, von *Bijelo Dugme*, und ab der Kreuzung Richtung Continental und bis zur Mitte des Titels *Hotel motel* war der Tag so schön verlaufen, wie nur selten. „*Hotel, ne podnosim, hotel, motel mrzim i ovu ljubav*", aber nachdem er die Kreuzung überquert hatte, kam ein Auto von links und nahm ihm die Vorfahrt. Er bremste reflexartig, wobei die Zigarette auf den Gummiteppich fiel.

„Und als ich auf diesen Scheiß-Ford schaue, was sehe ich? Eine Nummer aus Mehedinți, Oltenien, oh Mann, fick dich! Na warte", sag ich dann, „jetzt zeige ich dir mal, wie man in Temeswar fährt."

Er hob wütend die Zigarette auf und warf sie aus dem Fenster, dann beschleunigte er und fuhr dem Ford hinterher. Er holte ihn kurz vor dem kleinen Tunnel an der Festungsmauer ein. Nachdem er ihm kurz auf den Fersen geblieben war, zog er plötzlich von hinten hervor, überholte zur Hälfte das Auto aus Mehedinți und versuchte, vor ihm einzubiegen. In diesem Moment versuchte der Fahrer des Fords aus unklaren Gründen ebenfalls, nach links herauszuziehen. Er schrammte an der rechten Fahrertür, fuhr auf den gegenüberliegenden Fußweg und kam mit der Vorderfront in einem Metallzaun, den er leicht eindellte, zu stehen.

„Ich setze schnell zurück, parke auf dem Bürgersteig und steige aus, wobei ich die Tür zuknalle. Du selten dämlicher Oltenier!, rufe ich und gehe zu dem schäbigen Auto, das mit einer Seite steckengeblieben, wie ein rötlicher Hund mit dem Kopf im Zaun."

Die Fahrertür des Fords öffnete sich und es erschien eine zitternde junge Frau von etwa zwanzig Jahren, mit vor Angst verzerrtem Gesicht und Wangen, über die zwei von Wimperntusche schwarz gefärbte Tränenspuren liefen.

„Ich holte kurz Luft und fand mein Gleichgewicht wieder. Das Mädchen weinte so sehr, dass ihre Bluse bebte. Im wahrsten Wortsinn, ha-ha. Sie trug so ein weißes Plastikhemd mit Fransen, durch das man ihren BH durchsah. Sie trug einen jämmerlichen Minirock aus schwarzem Stoff und natürlich hohe Absätze. ‚Nein…, nein…, nein…', das war das Einzige, was sie herausbrachte. Ich habe nie erfahren, wieso ‚nein', aber mir war klar, dass die Oltenierin unter Schock steht. Naja, ich habe sie jedenfalls in den Arm genommen. Meine Wut war dahin. Beruhige dich, bleib ruhig, sei ruhig, das macht nichts. Das macht nichts, sage ich ihr, schau du selbst, es ist nichts passiert. Es ist absolut nichts passiert, beruhige dich… Das Mädel drängte sich an mich heran und klebte ihre Wange an mein Shirt. Sie zitterte noch und roch nach stechendem Parfüm, vermischt mit Schweiß. Trotz ihrer Absätze reichte sie mir nicht mal bis zu den Achseln. Was soll ich da denken? *Shit*, jetzt wird das Emilia heute Abend riechen und dann wirst du sehen! Es ist nicht schlimm, wirklich, nicht schlimm, versuche ich das Mädel zu beruhigen. Schau selbst, es ist nichts passiert. Es ist nichts geschehen. Und wirklich, es war nichts Großes passiert: Der Lack an der rechten Tür war etwas zerkratzt und vielleicht war auch eine Delle in dem schwarzen, glänzenden Blech. Der

Ford dagegen hatte links den Scheinwerfer verloren, er hing an zwei Kabeln, wie ein herausgezogenes Auge. Als ich merkte, dass sie sich beruhigt, habe ich sie auf Abstand gebracht und angeschaut. Die Oltenierin sah nicht schlecht aus, verdammt! Langes, glänzendes, braunes Haar, schöne große Brüste, akzeptable Beine. Warum hast du dich denn so vor mich gepackt, Mensch, Mädel?, sage ich. Sie heulte und seufzte zweimal, aber sie zitterte nicht mehr so stark und schließlich stammelte sie: Ich… habe nicht gewusst, wo ich rausfahren soll. Ich bin nicht von hier… ich kam zu meiner Schwester, zu einem Bewerbungsgespräch… und das Auto gehört auch nicht miiiiir! Und wieder hat sie geheult. Grüne Augen. Nein, sie sah überhaupt nicht schlecht aus. Hör doch mal auf, sage ich, weine nicht mehr. Hörst du, hör auf zu weinen! Ist doch schade! Eine schöne Frau wie du, mitten in Temeswar… Guck mal, dir läuft die ganze Wimperntusche runter. Das Mädel wischte sich mit dem Handrücken die Augen, heulte wieder und seufzte dann tief, wobei sie eine Hand vor der Brust hielt. Los, ich sage dir jetzt, wie wir es machen, sage ich entschlossen. Hör endlich zu weinen auf, jetzt fertig, vorbei. Es ist nichts passiert. Wir gehen zu meiner Versicherung und machen eine freundschaftliche Einigung, ok? Niemand hat Schuld, es ist nichts passiert, die Autos werden repariert, das ist keine große Sache, wie du selbst siehst... Hast du eine Versicherung? Ja, seufzte das junge Ding wieder. Aber es ist nicht meeeiiiin Auto…, was soll ich machen? Jetzt weinte sie nicht mehr so herzzerreißend, sondern eher bittend, mit verstohlenem Blick, und wartete ab, wie ich reagiere. Warte, sage ich, warte, wein nicht mehr, denn es ist in Ordnung! Hast du die Zulassung? Sie nickte so... unterwürfig mit verkniffenem Mund. Ja, hatte sie. Gut. Und das Auto ist versichert, sagst du. Ja. Ok. Das werden wir schon lösen, hör auf mich. Na los, steig ins Auto und fahr mir hinterher!“

Auf dem Fußweg waren schon ein paar Neugierige stehengeblieben. Einer sah das Autokennzeichen und brummte gleich etwas über die Oltenier, aber nicht zu laut. Ein anderer sagte, dass du mit diesen ganzen Verrückten noch nicht einmal mehr auf dem Fußweg deines Lebens sicher bist, und es entspann sich eine Diskussion über Fußgänger, die von unaufmerksamen Autofahrern überfahren worden sind, wozu jeder irgendetwas beizutragen wusste. Von irgendwoher an der Kreuzung Richtung Continental hörte man eine Polizeisirene. Aha, jetzt kommen auch die noch, kommentierte einer der Fußgänger. Mit Blaulicht geht es schneller. Den haben die wahrscheinlich aus dem Bett geholt, von den Nutten, lachte ein anderer. Guck mal, wie viel Schiss die haben! Das Polizeiauto hielt hinter dem BMW und tatsächlich stiegen zwei finstere Polizisten aus, die ihre Gürtel geraderückten, während sie sich näherten. Das Mädchen fröstelte und hielt sich mit einer Hand am Ärmel seines Shirts fest, wobei sie fast an ihm klebte. Er fühlte einen bekannten, angenehmen Schauer und drückte den Rücken durch. Er wandte sich freundlich an die Polizisten und bereitete seine Aussage vor. Als sie aber näherkamen, entspannten sich die Polizisten unvermittelt und einer lächelte.

„Vlad, du bist es!, sagte Dani zu mir, ihr kennt Dani, inzwischen haben sie ihn vom Straßenverkehr abgezogen. Ich hatte den Eindruck, es ist dein BMW, so er. Was um Himmelswillen ist denn passiert? Grüß dich, Dani, so ich. Grüß dich, Imi. Es ist nichts, das könnt ihr ja sehen. Wir haben uns ein kleines bisschen touchiert. Das kommt vor. Nur, dass sich das Mädel sehr erschreckt hat. Aber das kriegen wir auch hin.“

Als er den letzten Satz gesagt hatte, blinzelte er den beiden Polizisten zu. Sie lächelten einhellig und der, der Dani genannt wurde, nahm sein Käppi ab und fuhr sich mit der Hand durch das spärliche Haar.

„Und es ist niemandem etwas passiert?, insistierte Dani. Niemandem, nichts, sag ich. Passt auf, ich komme zwei Uhr auf einen Kaffee ins Conti und dann erzähle ich es euch. Habt ihr Zeit? Mal sehen, ob wir Zeit haben, spielt sich Dani auf. Diese Tage ist es verrückt in der Stadt. Soll ich dir eine SMS schicken? Gut, sagt er und zuckt die Schultern. Also ist alles in Ordnung. Ja, in Ordnung, sag ich. Ich kümmere mich drum. Wir machen einen Bericht.

Die Biene kam unter meiner Achsel hervor und machte große Augen. Sie schaut mich mit einer Bewunderung an, ob nun vorgetäuscht oder echt, von einer Art, die so vollendet war, dass... Ihr wisst schon, jener Blick der Mädels. Na, in dieser Sekunde habe ich gewusst, dass ich sie sofort, auf der Stelle, nehmen könnte, dass ich sie zu mir in den Verlag bringen und so nehmen kann, wie ich will. Und sie hätte mir wieder gedankt."

„Und du hast sie nicht mitgenommen?", fragte neugierig Cornel.

„Also hör mal, Chef". Er klopfte mit dem Finger auf seine Wange und zeigte dann auf seinen Ehering. „Mensch, was soll denn das? Ficken wir jetzt fröhlich alles um uns herum?"

„Und was hast du dann gemacht?".

„Nichts. Das heißt, wir haben eine gütliche Einigung gemacht und fertig. Ich habe ihr auch meine Visitenkarte gegeben. Der Oltenierin, meine ich."

Er lächelte mit seinem großen Mund, den schmalen Lippen.

„Ich habe ihr gesagt, dass sie mich anrufen kann, wenn sie Probleme mit der Arbeit hat, dass ich ihr vielleicht helfen kann. Man weiß nie", zwinkerte er wieder.

Dann, nach einem Augenblick, als wollte er sich rechtfertigen, dass er die Geschichte nicht erwartungsgemäß beendet hatte, ergänzte er:

„Mensch Chef, wo kommen wir denn hin, wenn wir anfangen, alle Oltenierinnen, die nach Temeswar kommen, zu knallen? Wir haben ja noch unsere Jobs, Familie und Kinder. Und mal ehrlich: das Mädel sah nicht schlecht aus, war aber auch nicht besonders. Ihr wisst doch auch, wie die Oltenierinnen sind: große Titten, runder Arsch und kurze Beine. So wie Dackel auf hohen Absätzen. Die Sorte, bei denen du ihn in den Schnabel tust, ohne dass sie in die Knie gehen müssen, gleich so im Stehen. Und wenn du ihn reinstecken willst, hältst du sie trotzdem auf den Beinen, nur dass du selbst in die Knie gehen musst, um zu zielen. Eine komplizierte Mechanik… Im Ernst, guck dich nur mal um! Da siehst du, wie viele von diesen Titten mit den kurzen Beinen ihren Hintern durch die Stadt bewegen. Wie Gänse aus der Bega."

Vivi und Cornel lachten ein bisschen. Nur Loți dachte nach und meinte dann:

„Emilia ist nicht so."

„Natürlich ist Emilia nicht so!", bekräftigte er trotzig. „Emilia ist ein seltenes Vögelchen, verdammt nochmal!"

„Ein Storch", warf Vivi mit einem schmalen Lächeln ein.

Er schaute finster, die Augen schmal, dann beruhigte er sich.

„Ein echter Storch! Nur, dass er nicht in die warmen Länder fliegt", beendete er die damalige Diskussion.

„Das heißt, du hast… Du und Florentina?" Loți riss die Augen auf. „Naja, damals hast du uns gesagt…"

„Ja, ja, das habe ich gesagt", schnitt er ihm das Wort ab. „Das war davor. Danach war danach."

„Und das, wann war das? Als sie bei dir im Verlag war?"

„Ungefähr zwei Jahre später. Es war ein fittes Mädel, die Flori. Haha! Weißt du, was ich gerade gedacht habe? Erinnerst du dich noch an die Geschichte mit der kleinen Welt?"

Natürlich hatte Loți sie sich gemerkt. Eine Zeitlang hatte er sie damit verrückt gemacht. Irgendwo hatte er gelesen, dass jeder

Mensch auf dem Planeten nur sechs Handschläge von jemandem anders von sonst woher entfernt ist. Jeder, das hatte ihn beeindruckt. Sieben Milliarden Menschen, die auf dem riesigen Globus verstreut und trotzdem einander so nahe sind. Sechsmal Händeschütteln – damit kennen wir uns fast alle. Einige Monate lang beharrte er bei den Treffen nach dem Basketball darauf, die Beziehungen zu erproben. Zum Beispiel Barack Obama. Obama hat mit Sicherheit Angela Merkel die Hand gegeben, die wiederum Traian Băsescu die Hand gegeben hat, der die Hand meinem Freund Costin von der Präfektur gegeben hat, der wiederum mir die Hand gegeben hat. Und ich Vivi, ja, Vivi, siehst du, so ist es. Viermal Händeschütteln. Oder Bill Gates. Bill Gates hat die Hand einem Buchhändler aus Seattle gegeben, als er sich paar Bücher gekauft hat, der hat die Hand Radu Pavel Gheo gegeben – ein ehemaliger Kommilitone von Emilia, Schriftsteller, der ein Jahr in den Staaten war – und der hat mir die Hand gegeben. Dreimal! Oder guck, Vladimir Putin, das ist einfach: er hat Băsescu die Hand gegeben, danach kommt Costin, dann ich. Dreimal Händeschütteln. Und sogar Osama bin Laden... der hat mit Sicherheit irgendeinem arabischen Scheich die Hand gegeben, der die Hand einem Staatschef von ihnen gegeben hat, der Merkel oder Putin die Hand gegeben hat und ab da wird es einfach. Fünf Kontakte, höchstens! Die Welt ist klein, seht ihr? Die drei Freunde gaben ihm recht. Sein Enthusiasmus hatte sie angesteckt und sie wollten noch mehr davon hören.

„Naja, ich habe auch an Johannes gedacht, den Mann von Florentina. Den hast du auch kennengelernt. Wir waren an einem Abend auf ein Bier mit ihm. Der war ein rötlicher, blasser Typ, mit einem irgendwie großen Kopf."

Loți sah ihn etwas unaufmerksam an, nickte aber schnell, als wüsste er, um wen es geht.

„Naja, ich habe gerade daran gedacht", seine Augen blitzten vergnügt und hintertrieben, „dass dieser Johannes nur ein Lippenpaar von meinem Schwanz entfernt ist."

Loți dachte kurz nach, schwieg aber weiter. Er trank einen Schluck.

„Die Oltenierin hat sich gemacht. Die liebe Flori… Jetzt ist sie in Wien, lebt in der Hauptstadt. Warum auch nicht? … Na, was ist denn?"

Er hatte beobachtet, dass Loți unruhig auf seinem Stuhl hin und her rutschte. Unter seinem Blick hielt der Blonde inne und schaute sich um.

„Vlad… es ist spät geworden", wagte er sich vor. „Ich würde jetzt auch ins Wohnheim wollen."

„Ok, ok. Na, dann gehen wir jetzt", versicherte er ihm, worauf er sich die verschwitzte Stirn abwischte und sich aus Loțis Päckchen eine neue Zigarette anzündete. „Aber du hast mir nichts von Roji erzählt."

„Was soll ich dir erzählen?"

„Ich habe dir von Emilia erzählt", erklärte er ihm tadelnd. „Das habe ich niemandem erzählt. Absolut niemandem. *Ei schel sei sis onli wens…* "

Er lachte bitter.

„Mensch, ich wäre für sie gestorben! Wie bei der Revolution, Loți!" Er wies mit dem Finger theatralisch auf seine Brust. „Ich wäre für sie gestorben, weißt du?"

„Ich weiß, Vlad", stöhnte Loți mit gesenktem Kopf.

„Na, und du?", begann er nach einer Weile wieder. „Sag mir doch mal, was ist mit Roji? Was ist dir mit ihr passiert? Musstest du sehen, dass sie dich betrogen hat? Hast du sie mit einem anderen erwischt?"

Loți hob den Kopf und sah den Freund verblüfft an.

„Sie hat mich nicht betrogen, Vlad!“, sagte er betont, dann sanfter: „Das heißt nein… ich glaube nicht.“

„Gut, und dann? Na los, sag schon, was war los?“

(Loţis Geschichte)

„Also“, begann Loţi zögernd und rieb sich wieder den Bart, „Roji wollte, dass wir heiraten. Eigentlich, dass wir ein Kind machen. Sie wollte ein Kind haben und nur das hat sie dann auch den ganzen Tag gesagt: ein Kind, ein Kind, ein Kind. Ich habe nein gesagt. Dann hat sie gesagt, dass sie nicht mehr mit mir zusammenbleibt und hat ihre Sachen gepackt. Sie hatte nicht so viel“, bemerkte Loţi überrascht. „Sie ist zu ihrer Tante, aber dort ist sie auch nicht mehr. Sie ist weg. Sie geht auch nicht mehr ans Telefon, denn sie erkennt meine Nummer. Und ich weiß nicht, wo sie ist.“

Er blieb still, mit dem Blick fest auf Loţi. Eine halbe Minute verging. Von der Kathedrale hörte man die Turmuhr dreimal dröhnend schlagen: Viertel vor. Vielleicht elf, dachte er. Loţi zog gierig an der Zigarette und er beobachtete, dass ihm die Hand zitterte. Irgendwo fiel einer Kellnerin Glas aus der Hand, das spitz klirrte und ein Echo nach sich zog.

„Und?“, rief er, als sei er eben aufgewacht.

„Das ist alles.“

„Wie, alles?“, brummte er unzufrieden.

Was, das war alles?

„Es könnte sein, dass sie zu ihrer Familie gefahren ist, nach Sfântu Gheorghe“, fügte Loţi weich hinzu. „Denn sie hat auch gekündigt. Sie hat gekündigt und…“

Loţi hielt inne.

„Wie, sie hat dich also nicht betrogen? Ich meine, ihr habt euch nicht deswegen…?“

„Nein.“ Loți schüttelte langsam den Kopf. „Wegen dem Kind.“

Und er schwieg wieder, nachdenklich. Auch er blieb in Gedanken versunken. Er sah sich um, im Biergarten und auf der Promenade, wo Kinder umher rannten und ungehemmt jauchzten. Als er in ihrem Alter war, hätte ihm niemand erlaubt, so lange aufzubleiben. Und Loți sicher auch nicht.

„Hör mal, und warum machst du mit ihr kein Kind? Weißt du nicht, wie?“, lachte er breit und bösartig. „Soll ich kommen und es dir zeigen?“

„Vlad!“

„Mal ehrlich, warum machst du ihr kein Kind? Warum heiratet ihr nicht? Das ist doch keine große Sache! Es ist nur ein Blatt Papier, niemand will dir ans Leben. Willst du, willst du? Ja, ja! Ich erkläre euch für verheiratet, so und so. Die Frauen wollen eine Hochzeit, sie wollen dieses Papier, wollen ein Hochzeitskleid, na, wusstest du das nicht? Es geht nicht um irgendwas Übertriebenes. Was hast du denn gedacht? Dass ihr das ganze Leben so lebt?“

„Und was soll ich deiner Meinung nach machen?“ Loți wurde plötzlich trotzig und reckte den Hals wie ein Truthahn. „Wo soll ich denn deiner Meinung nach mit ihr … und einem Kind leben? In einer armseligen Einzimmerwohnung im Studentenwohnheim? Mann, Vlad, sei mir nicht böse, aber du hast leicht reden.“

Jetzt war Loți ziemlich verärgert, sodass er nicht sagte, was er sagen wollte. Er wusste zu viel über die Geschichte hinter der Geschichte seines Freundes. Zu Beginn des Jahres 1993, als Loți noch an der Uni war, hatten sich seine Eltern eine Unmenge Geld geliehen und es auf der Caritas-Bank deponiert, die Millionen von Leuten verrückt gemacht hatte. Auch sie hatten auf Reichtum gehofft. Und als nach paar Jahren das Pyramidensystem zusammengebrochen war, hatten sie alles verloren. Sie mussten ihr Haus verkaufen, um die Schulden zu begleichen, und wollten danach die

Stadt für immer verlassen. Sie erhielten nicht sonst was dafür: Es war ein kleines Haus im Stadtbezirk *Freidorf*[4] und das Viertel hatte nicht den besten Ruf. Nachdem sie alle Schulden abbezahlt hatten, blieb ihnen noch etwas Geld, von dem sie sich ein Haus mit zwei Zimmern in einem Dorf kauften, ungefähr einhundertfünfzig Kilometer von Temeswar entfernt. Sie ließen Loți in der Stadt, zogen weg und lebten auch jetzt noch dort: Sie hatten beide ihre Rente, betrieben etwas Landwirtschaft und kamen irgendwie zurecht. Das einzige Glück für Loți war, dass man ihm vorgeschlagen hatte, erst Präparator und dann Assistent an der Polytechnischen Universität zu werden. So erhielt er auch die Einzimmerwohnung im Wohnheim der Uni, wo er zur Miete wohnte. Und seitdem, seit mehr als fünfzehn Jahren, wohnte er dort. Er hatte keine großen Aussichten, der arme Loți, dachte er. Aber immerhin.

„Hast du noch was von deinem Bruder gehört?“, erinnerte er sich plötzlich.

„Lajos? Der ist einundneunzig nach Amerika gegangen. Er sagte, dass er in Budapest keinen Sinn mehr sieht. Er ist in die Staaten emigriert und hat uns einmal aus Chicago geschrieben. Seitdem war's das. Kein Lebenszeichen mehr. Ich weiß überhaupt nichts mehr von ihm. Absolut nichts.“

„Hast du ihn auf Facebook gesucht? Wer weiß? Auf Facebook findest du ja heute die ganze Welt wieder.“

„Na, denkst du vielleicht nicht? Er ist nicht auf Facebook. Er ist nirgendwo. Er ist verschwunden und fertig. Wer weiß, vielleicht ist er auch gestorben“, schloss Loți langsam.

Loți und Glück, naja! Er erinnerte sich daran, dass auch sein Vater damals, dreiundneunzig, Geld bei der Caritas anlegen wollte. Er hatte sein Auto verkauft, jenen grünen Dacia, mit dem Vlad die

4 Deutsch im Original.

Mädchen beeindruckte, an der Uni oder wenn er ins Studentenwohnheim zu Emilia fuhr. Was für Zeiten! Aber sein Vater blieb stur, verkaufte das Auto und schickte ihn danach nach Cluj, um das Geld zur Caritas zu bringen, die damals das Zentrum Rumäniens wurde. Irgendwann, Ende März, kam er morgens dort an nach einer quälenden Reise in dem übervollen Zug, der sich vollständig in den Bahnhof Cluj entleert hatte, und lief schlicht und ergreifend der Menschenmenge hinterher. Er war nachts losgefahren, weil er einen guten Platz in der Schlange ergattern wollte, wie damals in den Milchschlangen, aber hier war es anders. Es war verrückt. Tausende Menschen, die in ungeordneten Schlangen standen, warteten darauf, dass die Schalter öffneten. Es war noch nicht hell geworden und bitterkalt, viel kälter als in Temeswar. Er ertrug aber keine Kälte. Und auch keine Schlangen. Als er sich nach einem guten Platz umschaute, den es aber nicht gab, sah er plötzlich unter den Leuten von der Security, die den Eingang bewachte, einen Mann, der ihm bekannt vorkam. Kühn ging er zu ihm, grüßte ihn freundlich und ignorierte die wütenden Proteste der Wartenden. Der andere nannte seinen Namen. Nach ein paar Minuten zögernder und vager Gespräche wurde ihm auf einen Schlag bewusst, dass der Mann der Hauptmann seiner ehemaligen Militäreinheit war. Er fragte ihn flüsternd, ob er nicht irgendwie die Schlange umgehen könnte, woraufhin ihn der Leutnant oder ehemalige Leutnant komplizenhaft anlächelte. Natürlich konnte man, was konnte man schließlich nicht in Rumänien? Für zweihundert Mark konnte man. Aber nur, weil sie sich kannten, wegen ihrer gemeinsamen Vergangenheit und weil sein ehemaliger Untergeordneter, wie Vlad ihm bereits erzählt hatte, einer unserer geliebten Helden war, die sich bei der Revolution von 1989 geopfert hatten.

Vielleicht hatte er damals zum ersten Mal das Gespür des Geschäftsmanns bewiesen. Er zahlte dem Leutnant das Äquivalent für zweihundert deutsche Mark in Lei und deponierte außerhalb der Reihe das Geld seines Vaters – aber nicht alles. Etwas mehr als ein Drittel. Nicht weil er seinen eigenen Vater bestehlen wollte. Sowas hätte er nicht gemacht. Aber ihm schien, dass ein Geschäft, das darauf beruht, dass eine Menge Menschen ihr Geld systematisch, in einer bestimmten Ordnung, anlegten, um nach einer gewissen Zeit achtmal mehr von denen zu bekommen, die nach ihnen anlegten, die wiederum auch das Geld von anderen Anlegern bekämen und immer so weiter, nicht „immer so weiter" gehen kann. Vor allem, wenn es so leicht ist, die Schlange zu umgehen, die Ordnung zu missachten und das Vertrauen in die Grundlage des Systems zu zerstören. Wenn manche die Schlange umgehen und überhaupt keine Ordnung mehr herrscht, dann wird früher oder später der Mechanismus explodieren, vielleicht ganz plötzlich, mit vielen Opfern und viel Skandal. Andererseits lief sein Verlag schlecht genug, er musste noch bestimmte Dinge für die Ausrüstung kaufen, sodass ein paar Investitionsgelder nicht übel wären. Er sagte sich, dass das bei der Caritas angelegte Geld so gut wie sicher verloren ist und er seinen Vater folglich vor einem größeren Schaden bewahrt. Und wenn auf wundersame Weise die Geschichte doch so lange gut geht, bis die Reihe an ihn kommt, dann bedeutet ein Drittel des Dacias multipliziert mit acht doch auch ein kräftiger Gewinn.

Sie ging nicht gut. Das Pyramidensystem der Caritas stürzte wenige Monate später zusammen und das natürlich, bevor sein Vater auch nur einen einzigen Ban[5] zurückbekommen hätte. Es war einer jener Momente, in denen er ihm absolut zu Recht und mit einer unglaublichen Genugtuung sagen konnte: „Habe ich es dir nicht gesagt?" Nur, dass sein Vater nicht mehr als ein Auto

5 Rumänische Währung, 100 Bani ergeben 1 Leu.

verlor. Noch nicht einmal so viel: nur ein Drittel davon. Loţis Eltern dagegen verloren alles und waren gezwungen, vorzeitig in den Ruhestand zu gehen und aus Temeswar wegzuziehen. Ja, Loţi war ein Pechvogel. Ihn durchströmte ein Gefühl absurder Schuld, das sich in Unzufriedenheit und dann in Wut verwandelte.

„Ich will mich nicht aufregen!", fuhr er Loţi an.

Loţi schaute verblüfft auf und versuchte sich zu erinnern, worauf er sich bezog.

„Mensch Loţi", er mäßigte seinen Ton, „du bist in Ordnung. Aber was verdammt nochmal willst du mit deinem Leben machen? Da hockst du allein in deiner Wohnung und beschwerst dich über die Schlechtigkeit des Lebens? Ohne Frau, ohne ... ohne Kind, ohne nichts. Willst du das?"

„Und was soll ich tun?", fragte Loţi genervt.

„Verdammt, riskier einfach mal was! Ich weiß, ich weiß: du hast nichts, du kannst kein Kind großziehen, du hast kein Haus wie ich, du kannst ihm nichts zu essen geben... Scheiße nochmal, es wird irgendwie groß. Denk du doch auch mal nach: du bist einundvierzig. Und wie alt ist Roji?"

„Siebenunddreißig", flüsterte Loţi.

„Siebenunddreißig. Da tickt schon die Uhr. Die biologische Uhr, Mensch!", beantwortete er die ratlosen Blicke des Freundes. „Seit wann seid ihr zusammen? Seit fünf Jahren? Seit sechs?"

„Sechs."

„Also, sechs Jahre war sie mit dir zusammen und hat immer gehofft und gewartet. Sie hat sechs Jahre ihres Lebens verloren, indem sie auf dich gewartet hat. Das bedeutet, dass sie dich liebt, dummer Ungar, der du bist! Andernfalls hättest du dir schon lange die Wunden geleckt!"

„Vlade!" Loţi raffte sich auf, sagte dann aber nichts mehr.

„Du willst sie doch, ich weiß", redete er lächelnd weiter. „Soll ich es dir erklären? *Lissen veri cärfülli, ei schel sei sis onli wens:* Scher dich nach Sfântu Gheorghe, such sie und halt bei ihren Eltern um ihre Hand an oder was ihr Ungarn in diesen Angelegenheiten eben macht! Aber lass die Sache nicht auf sich beruhen. Und ich sage dir, mach schnell, denn vielleicht fickt sie sonst irgendein Oltenier, während du dich am Arsch kratzt. Das ist manchen schon passiert… Riskier doch mal was, verdammt! Ja, vielleicht geht es nicht gut aus, vielleicht aber doch. Vielleicht geht es sogar sehr gut aus. Und vielleicht geht es dir auch schlechter als jetzt, wo du mit mir zusammen bist und in fünf Minuten nach Hause gehst, obschon du eigentlich gar kein Zuhause hast? Denk mal nach!"

Loți dachte nach oder schwieg zumindest und starrte auf die grüne Flasche vor sich.

Vlad erinnerte sich kurz an Roji: ein brünettes Mädel, klein, heiter und rundlich, sie bestand gefühlt nur aus Rundungen. Sie neckte Loți immerzu und drängt sich an ihn, wobei sie über seine Schüchternheit witzelte. Aber es gefiel Loți. Ein gutes Mädchen. Gerade wollte er etwas sagen, als er neben sich eine kühne und heisere Mädchenstimme hörte:

„Blumen zu verkaufen, kaufen Sie Blumen!"

Er sah neben sich ein größeres dunkles Mädchen mit braunen, schulterlangen Locken. Er sah genauer hin. Das Mädchen lächelte mutig und hielt ihm drei kleine kraftlose Rosen hin: eine gelbe und zwei rote. Sie schienen aus einem Garten zu stammen und der Hitze des Tages zum Opfer gefallen zu sein.

„Kaufen Sie, bitte!", insistierte das Mädchen mit ihrer kindlichen Stimme, aus der der typische Akzent der Bettler zu hören war. „Ich will mir aaa-uch etwas zu essen kaufen!"

Aber er sah jetzt nicht auf die Blumen. Das Mädchen war ungefähr zehn-elf Jahre als, war auf dem Weg in die Pubertät und bekam langsam weibliche Formen. Er musterte sie vom Kopf bis zu ihren kleinen und nackten Füßen, auf denen sie leicht balancierte: Sie hatte ein etwas kurzes, dünnes Leinenkleid mit Blumenmuster an, das im Schein der Glühbirnen von der Promenade durchsichtig war, sodass sich die knospenden Brustwarzen wie feine Knöpfchen sichtbar durch das Kleid abzeichneten und auch die langen, zierlichen Beine und das Höschen wie durch einen durchsichtigen Schleier zu sehen waren. Das Mädchen fing den Blick des potentiellen Kunden auf und vielleicht fühlte sie seine Berührung oder vielleicht empfand sie etwas anderes, das ebenso unangenehm war. Sie wendete sich etwas ab und ließ den Kopf hängen. Aber sie hielt ihm die Blumen weiter hin.

Er gab Loți kurz mit dem Kopf ein Zeichen – schau sie dir an.

Loți schien ihn zu hören und wusste, was er sah. Ja, sie war schön, die Arme.

„Kaufen Sie nun oder nicht?", knurrte das Mädchen und schien plötzlich verärgert, wobei sie den Blick weiter gesenkt hielt, aber sie fasste sich sofort wieder: „Sie können sie zu Ihrer Liebsten mitnehmen, da freut sie sich."

„Na sieh mal an, welche Phrasen sie kann!", lachte er. „Wieviel bekommst du?"

„Zwei Lei pro Blume, fünf Lei, wenn Sie alle nehmen", beeilte sie sich wieder lebhaft.

Sie blieb trotzdem zur Seite gewandt und hielt mit der linken Hand das Kleid fest, das im Wind flatterte.

„Aber wie kann es sein, dass dich deine Eltern nachts so herumlaufen lassen?"

„Wir sind arm, wir haben kein Geld und kein Eeeessen! Kaufen Sie eine Blume für Ihre Freundin, damit wir uns Brot kaufen können!"

„Ihr seid arm, ja?", fragte er übertrieben fröhlich. Dann wandte er sich Loți zu: „Guck mal, die sind arm."

„Arm, ja!“, bekräftigte das Mädchen. „Wir haben nichts. Kaufen Sie nun? „Hör mal, du gehörst aber nicht irgendwie zu den Cârpaci?“

„Welche Cârpaci? Nein, ich gehör zu niemand. Kaufen Sie...“

„Na doch, du bist von denen!“, verstellte er sich und machte auf böse. „So ist es. Du wohnst hier, in der Villa, auf der Mihai Viteazul?“

„Nein, das stimmt nicht. Ich gehör nicht zu denen... ich wohne nicht...“

Amüsiert vom Stottern des Mädchens redete er im Befehlston weiter:

„Aber wo wohnst du? Na los, sag mal!“

Das Mädchen knetete mit einer Hand den Saum des Kleides und mit dem anderen Arm, in dem es die Rosen hielt, zeigte es vage in Richtung Traian-Brücke.

„Wo?“, insistierte er und drehte sich zu dem Mädchen hin. „Am Maria-Platz? Am Bega-Ufer? Im Iosefin-Viertel?“

Ein paar Köpfe von den anderen Tischen in der Nähe schauten amüsiert zu ihnen. Das Mädchen nahm es wahr und errötete. Es stammelte lebhaft:

„Na los, kauf doch die Blumen! Zwei Lei pro Stück, damit ich mir zu essen kaufen kann...“ „Gut, gut, na lass mal schauen. Aber sag mir mal noch: Gehst du morgen in die Schule? Du gehst doch in die Schule, oder?“

„Ich g-gehe...“, zögerte das Mädchen.

„Geh in die Schule“, so riet er ihr, „denn für ein so hübsches Mädchen wie dich“ – er schaute ihr direkt in die Augen –„ist es schade, wenn es auf der Strecke bleibt, ohne Schule und ohne alles. Wie heißt du nochmal?“

„Jasmina“, flüsterte sie beinahe.

„Jasmina“, polterte er und bewirkte, dass sie den Kopf zwischen den Schultern einzog. „Mensch, Mädchen, du bist eine waschechte Banaterin, stimmts?“

Das Mädchen nickte bestätigend. Sie hatte große, schwarze und runde Augen und die Lider zitterten. Sie schaute ihn ungläubig an und schien bereit wegzulaufen. Er lächelte sie an:

„Na, Jasmina, komm mal noch näher. Na los, komm ran, ich fresse dich schon nicht.“

Jasmina machte zwei holprige Schritte und hielt den Arm mit den Blumen weiterhin steif erhoben. Er zog sie neben sich und fasste sie an den dünnen Schultern.

„Du bist ein hübsches Mädchen, weißt du?“ Das Mädchen schwieg und spannte sich noch mehr an.

„Ja, ja, das bist du. Hör mal, was ich dir vorschlage. Siehst du den Tisch dort?“, er zeigte auf den Ponton des Biergartens, der direkt am Ufer der Bega verankert war. „Dort, wo die beiden Fräuleins sind. Geh zu ihnen, gib ihnen die Blumen und sag ihnen, dass sie von uns sind, von mir und von diesem Mann mit dem Bart.“ Er zeigte mit der freien Hand, in der er die Zigarette hielt, auf Loți. „Du gehst hin, lässt die Blumen dort, sagst ihnen, dass sie von uns sind, und dann kommst du zurück.“

„Vlad!“, protestierte Loți.

„Schschsch!“

Er wandte sich wieder dem Mädchen zu und zog sie noch näher an sich. „Mach, was ich dir sage, komm zurück und dann gebe ich dir fünf… ach nein, ich gebe dir zehn Lei, gut?“

Jasmina blieb weiter angespannt. Es gelang ihr nicht, etwas zu sagen. Sie legte den Kopf zurück und schaute verängstigt auf diesen großen und sehr weißen Mann, der sehr verschwitzt roch.

„Einverstanden?“ Das Mädchen nickte.

„Prima!“, sagte er fröhlich.

Er ließ sie los, aber sie blieb stehen.

„Na los, schlag ein!"

Und er griff mit seiner großen und breiten Hand nach der Hand des Mädchens. Zögernd legte sie ihre kleine Hand in seine große. Er drückte sie fest und schaute ihr noch einmal direkt in die Augen.

„Unglaublich hübsch bist du! Na, mach los!"

Das Mädchen ging zu dem schwach beleuchteten Tisch auf dem Ponton, der von einem Baum verschattet war. Sie merkte, dass ihr seine und wahrscheinlich noch mehr Blicke aus dem Biergarten folgten. Sie blieb an dem Tisch stehen, an dem die jungen Frauen, die beide ein hohes Glas in der Hand hielten, miteinander sprachen oder wenigstens so taten, ohne sie zu bemerken. Das Mädchen sagte ihnen schnell etwas, zeigte mit dem Finger in Richtung Brücke, knallte die drei Rosen auf den Tisch und kam schnell zurück, blieb aber auf Abstand.

„Ich habe sie ihnen gegeben!", sagte sie eilig mit sichtlicher Erleichterung.

„Gut gemacht", lobte er sie und drehte seinen Stuhl dann ungezwungen zu Loți: „Sag mal, kann ich mir noch eine Zigarette nehmen?"

Das Mädchen stand wie angewurzelt und schaute ihn fragend an. Er schien sie aber nicht mehr zu sehen. „Wann hast du morgen Unterricht, Loți?"

„Ab zehn."

„Aha, ab zehn! Ja, ja...", murmelte er ernst und schlürfte von seinem Bier.

Er merkte, wie ihn jemand am Ärmel seines Shirts zog und drehte sich um, scheinbar überrascht, dass neben ihm das lockige und barfüßige Mädchen stand.

„Na, gibts Probleme, Mädel?", fragte er sie trocken.

„Ich habe ihnen die Blumen gebracht", erklärte sie ihm eifrig.

„Sehr gut, dass du sie ihnen gebracht hast. Und was hat das mit mir zu tun?“ „Du hast gesagt, dass du mir zehn Lei gibst!“, erklärte sie und wippte mit dem nackten Fuß.

„Das habe ich gesagt?“ „Ja, du hast gesagt, dass du mir zehn Lei gibst, wenn ich die Blumen zu den Fräuleins bringe!“ Sie zeigte gebieterisch mit der Hand.

„Ich?“, wunderte er sich noch mehr. „Wann habe ich das gesagt?“

Das Mädchen schien aus dem Gleichgewicht zu geraten.

„Ja, hast du gesagt. Vorhin hast du das gesagt. Du hast gesagt, dass du mir zehn Lei gibst!“

„Na, vielleicht hab ich das gesagt, Jasmina.“ Er schlug einen versöhnlichen Ton an. „Aber jetzt habe ich kein Geld. Lass es dir von den Cârpaci geben, denn die haben viel Geld, sehr viel, nicht so wie ich. Guck mal, dort auf dem Boulevard kannst du bei jeder Villa klingeln und sagen, dass ich dich geschickt habe.“

Dann drehte er sich zu Loți, der schweigend zuschaute. Jasmina schwieg einen Augenblick, dann zog sie ihn erneut am Ärmel.

„Gib mir das Geld!“, wiederholte sie, aber nicht sehr laut, eher jammernd. „Na los, gib es mir, du hast gesagt, dass du es mir giiibst! Das hast du gesagt!“

Weil er nicht reagierte, drehte sich das Mädchen zu Loți:

„Gib du mir zehn Lei! Denn Sie haben gesagt, dass Sie es mir geben“, kam sie mit den Pronomen durcheinander. „Bitte, gib es mir, denn Sie haben gesagt...“

Loți zog verlegen die Schultern hoch und zeigte auf Vlad: „Er hat das Geld.“

Das Mädchen riss sich vom Tisch los und kam wieder zu ihm: „Gib mir das Geld! Gib mir das Geld, gib es mir, gib mir...“

„Was anderes kannst du wohl nicht?“

„Aber du hast gesagt, dass du es mir gibst!“, stöhnte das Mädchen. „Vorhin hast du gesagt...“

Sie wippte trotzig mit dem Fuß und ihre kindliche Miene verzerrte sich. Eine der Kellnerinnen im Biergarten wollte sich drohend nähern, aber er machte ihr ein Zeichen mit der Hand, dass sie ruhig bleiben solle. Jasmina, mit feuchten Augen und bereit, in Weinen auszubrechen, senkte das Kinn entschieden und ängstlich zur Brust und verharrte so. Er zog langsam sein Portemonnaie aus der Tasche, suchte darin und hielt dem Mädchen eine gelbe Banknote, fünfzig Lei, hin. Das Mädchen hob den Kopf und schaute zwischen verhangenen Lidern auf das Geld, noch ungläubig, riss ihm dann den Geldschein aus der Hand und rannte los. Nach dreivier Schritten blieb sie stehen, drehte den Kopf und schrie mit weinerlicher, kummervoller Stimme:

„Du blöder Kerl! Leck mich am Arsch!“

Dann rannte es unter der Brücke weg. Einige Sekunden waren ihre nackten Füße rhythmisch und dumpf auf dem Asphalt der Promenade zu hören. Er sah ihr hinterher und lachte breit.

„Hast du das gehört, Loți? Leck mich am Arsch! Man sieht, dass sie gut erzogen ist, die Ärmste. Leck mich am Arsch. Was auch immer passiert, wir sollten doch höflich mit älteren Leuten sein, nicht? Der Anstand, der unterscheidet uns von den Tieren.“

Einen Moment lang hing er seinen Gedanken nach.

„Und sie war echt süß, stimmts, Loți? Mit diesen weißen Schlüpfern, Marke Tetra…“

„Du hast sie sehr verängstigt, Vlad“, sagte Loți vorwurfsvoll.

Er lachte und winkte mit der Hand ab:

„Was, verängstigt? Das geht vorbei. Die zu verängstigen? Wer weiß, was ihr noch so passiert, wenn sie von ihren Leuten weiterhin nachts zum Betteln geschickt wird! Sie ist schon bisschen groß für sowas, findest du nicht?“

„Vlad!“, sprang Loți an.

„Mensch, chill mal!! Das sage ich doch nur einfach so. Naja, ich habe mich zwar amüsiert, aber diese Sachen mit den Kindern, die betteln, sind nicht ok. *Lissen veri cärfülli:* in ein-zwei Jahren schiebt garantiert jemand seinen Schwanz in sie rein. Und danach wird sie verheiratet, wie es bei denen so üblich ist. Großes Elend! Denen müsste man die Kinder wegnehmen. Sobald sie beim Betteln erwischt werden, schwupp, weg, fertig! Sollen sie doch selbst betteln, wenn sie Lust haben, aber nicht ihre Kinder verhöhnen."

Loți öffnete den Mund für einen Kommentar, aber er überlegte es sich anders und machte ihn wieder zu.

Inzwischen kamen lächelnd die beiden jungen Frauen, denen er die Blumen durch Jasmina geschickt hatte, an ihren Tisch. Eine von ihnen war blond und großgewachsen und trug einen kurzen blauen Rock, ein weißes Hemd mit Spitzenärmeln und schien nicht älter als dreißig zu sein. Die andere, die jetzt die Blumen in der Hand hielt, war eine kräftige Dunkelhaarige. Sie trug eine kurze, an den muskulösen Schenkeln eng anliegende Jeanshose und ein schwarzes, weites Shirt. Sie schien etwas älter zu sein.

„Vielen Dank für die Blumen!", sagte sie.

„Gern geschehen. Es war uns ein Vergnügen", lächelte er. „Ich bin Vlad", ergänzte er rasch, erhob sich und reichte ihnen die Hand. „Und das ist Loți."

„Ladislau Horváth", sagte Loți, erhob sich und verneigte sich förmlich.

„Anca."

„Ich bin Christina", ergänzte die Blonde mit einem reizenden Lächeln, das die breiten Zähne freigab.

„Wollen Sie sich zu uns setzen?", schlug er schnell vor und zog einen Stuhl näher an die beiden jungen Frauen heran.

„Nein, vielen Dank", antwortete Anca. „Es wäre schön, aber wir sind gerade im Aufbruch. Wir haben bezahlt und... Aber übrigens kenne ich Sie, Herr Jivan, ja?"

Er nickte.

„Sie waren mal mit Ihrer Frau beim Elternabend bei uns, am Pädagogischen“, erklärte sie. „Wissen Sie, Alexandru ist mein Schüler. Ein sehr guter Junge und sehr sensibel!“

„Ja, das ist er, sensibel. Er ähnelt seiner Mutter. Es tut mir leid, dass ich Sie nicht erkannt habe. Ich schaffe es nicht, in der Schule vorbeizukommen. Meine Frau schon eher.“ „Naja, ich unterrichte Geschichte“, schien sich Anca zu entschuldigen. „Das ist nicht so wichtig. Aber Sie müssen wissen, dass Alexandru auch gut in Geschichte ist.“

„Davon bin ich überzeugt. Das hat er auch von seiner Mutter geerbt, glaube ich“, lächelte er. „Sie hat es mit den Geisteswissenschaften. Wir Ingenieure halten es eher mit Maschinen.“

Ein Schweigen entstand, das wieder Anca unterbrach und dabei die Rosen schwenkte:

„Naja, wir müssen los. Morgen haben wir Unterricht. Puh, ich freue mich wirklich auf die Ferien!“ Sie blickte kurz zu ihrer Kollegin, die bestätigend nickte. „Auf jeden Fall freue ich mich, dass wir uns… so... kennengelernt haben. Vielleicht sehen wir uns mal wieder.“

„Sicher sehen wir uns mal wieder“, erwiderte er mit Nachdruck.

Sie schüttelten einander die Hände, die beiden jungen Frauen drehten sich um und brachen auf. Christina dreht sich noch einmal zum Tisch der beiden um und sagte mit einem charmanten Lächeln: „Danke für die Blumen.“

Die beiden liefen los. Er gab Loți einen Schubs.

„Hast du gesehen? Sie sprach mit Dir, Mensch Loți! Was sagst du dazu?“ Er zwinkerte ihm zu.

„Lass mich in Ruhe, Mensch, Vlad!“, fuhr Loți ihn an.

„Sie hatte auch keinen Ehering!“

„Mann, Vlad!“

„Na hör mal auf, ich hab doch gesehen, dass du der Blonden gefallen hast."

„Naja, ihr gefallen!", schnaufte Loți und schüttelte den strubbeligen Schädel.

„Ich wette darauf. Aber was geht es dich an? Du denkst ja doch immer an Roji, stimmts?" Loți schwieg und griff nach dem Marlboro-Päckchen. Er merkte, dass es leer war, und schaute Vlad an.

„Alle. Es ist alle", und er zog unschuldig die Schultern hoch. „Ich hole dir ein Päckchen an der Bar."

„Vlad, ich würde eigentlich..." „Wollen wir losmachen? Gut, dann gehen wir. Ich weiß zwar nicht, warum du dich so beeilst, denn auf dich warten zuhause keine Kinder... Na, es war ein Scherz!", fügte er rasch hinzu. „Es wird sich schon alles klären, verdammt nochmal, sind wir Männer oder Waschlappen? Hallo!", hob er die Stimme und winkte in Richtung Bar.

Die Kellnerin erschien neben ihm: „Zahlen?"

„Und ein Päckchen Marlboro, bittschön!", lächelte er galant. Dann sagte er zu seinem Freund: „Loți, lass das Geld stecken, gut? Denn ich habe wie ein Schlot deine Zigaretten geraucht."

„Aber Vlad!", protestierte Loți schwach. „Das ist dann wie beim letzten Mal." „Ich weiß. Ich bin Vlad, verdammte Scheiße! Wie lange kennen wir uns schon?"

*

Sie hielten an der Taxistation neben dem Biergarten des ehemaligen Capitol-Kinos. Er war leicht getaumelt, sowohl als sie die Steintreppen neben dem Brückenfuß hochgestiegen und auf dem Fußweg angekommen waren, als auch auf dem Weg zum Taxi, sodass Loți ihn immer wieder diskret gestützt hatte. Den kurzen Weg neben dem Park der Kathedrale bis zur Taxistation legten sie überwiegend in Stille zurück, die nur von kurzen Ausrufen unterbrochen wurde: „Es war schön!", „Mann, dieser Berg", (obwohl dort kein Berg war, wie überhaupt nirgendwo in Temeswar), „Das wiederholen wir".

„Hast du meine Dreier gesehen?".

„Pass auf!".

Jetzt waren sie bei den gelben Autos angelangt, blieben stehen und hielten kurz inne, als ob sie außer Atem gekommen wären.

„Loți, soll ich dich beim Wohnheim absetzen?", fragte er plötzlich und richtete seine Sporttasche auf der Schulter.

„Nein, ich laufe."

Keiner bewegte sich von der Stelle. Sie schwankten beide und warteten. Inzwischen war es kühl geworden und ein schwacher Sommerwind trug den Duft nach feuchtem Gras aus den umliegenden Parks zu ihnen. Auf der Straße beschleunigte plötzlich ein Auto, seine Reifen quietschten und hinterließen den Geruch von verbranntem Gummi, was den Zauber der Nacht zerstörte.

„Der Blödmann! Und jetzt an der Ampel latscht er auf die Bremse! Jeder Idiot hat ein Auto."

„Vlad, ich gehe jetzt los."

„Ja, ja, geh nur... Nein, warte! Warte mal kurz!"

Er holte hastig sein Portemonnaie hervor, öffnete es und zog einen Stapel blauer Geldscheine heraus.

„Loți", murmelte er verlegen, „du sollst nicht, äh, verdammt nochmal, du sollst nicht, du sollst nicht denken, nur, ich dachte, wenn du nach Sfântu Gheorghe fahren willst..."

Er hielt ihm das Geld hin. Loți zog seine Hand zurück und trat einen Schritt rückwärts.

„Vlad, was machst du denn? Was soll das?" „Halt mich nicht für blöd, Mensch, Loți! Naja, nimm es als ausgeliehen, dass du die Reise und alles mögliche andere bezahlten kannst. Wenn du fährst... ist natürlich deine Sache, ob du fährst, aber nimm es bitte!"

„Wofür?"

„Damit du dort sein kannst! Damit…"

Damit ich mich beruhige, das hätte er sagen sollen, aber das konnte er noch nicht einmal denken.

„Du gibst es mir zurück, wenn du kannst, gut? Oder andermal, wenn wir uns sehen. Es bleibt unter uns, Mensch, begreif es doch endlich! Falls du es brauchst. Weil du so verdammt stur bist. Sag niemals nie. Und ich weiß, dass du auch, wenn ich je irgendeinen Ärger gehabt hätte… na, nimm es einfach!" Und er hielt das Geld an Loți Hand. „Und guck nicht mehr so wie ein trauriges Pferd in den Trickfilmen."

Loți öffnete langsam die Hand und nahm den Geldstapel.

„Oh Mann, mit soviel Geld bist du unterwegs?", sagte er in einem Ton, der sowohl neugierig als auch entspannt sein wollte, aber weder das eine noch das andere war.

„Das hat mir ein Typ heute gegeben, dem ich ein Buch verlegen soll. Gedichte auf Banaterisch. Blödsinn, weißt du, aber eben unser Blödsinn. Identitätsblödsinn, sozusagen", kicherte er erleichtert. „Wenn du willst, bekommst du auch ein Exemplar, wenn es gedruckt ist."

„Und wieviel ist das jetzt? Nur, dass ich Bescheid weiß", fügte Loți schnell hinzu.

„Zweitausend, in etwa. Naja, komm, das ist doch nicht das Problem. Mach dir keinen Kopf drum. Du kümmerst dich um dich und denn reden wir. Ich mach los!", warf er noch schnell hin und ging zum ersten Taxi in der Straße. „Grüß Roji von mir!"

„Danke, Vlad", schaffte Loți zu antworten.

Aber er hörte ihn nicht mehr. Er hatte sich schon auf die Rückbank des gelben Autos fallen lassen und die Tür derb zugeschlagen. Das Auto startete. Allein geblieben, schaute Loți auf das Geld in seiner Hand und begann es mit einer beschämten Begeisterung zu zählen. Es war mehr, als Vlad gesagt hatte. Er zog sein Telefon raus. Er sah eine Weile auf den Bildschirm. Dann überlegte er es sich anders, steckte das Telefon in die Tasche zurück, zusammen mit dem Geld, und ging langsam in Richtung Podul Tineretii, Brücke der Jugend.

„Brauchen Sie ein Taxi?", hörte er hinter sich.

Er drehte sich nicht um. Unter dem gelben Licht der Laternen lief er gemütlich, leicht gekrümmt, den Fußweg entlang.

*

Er schlug die Tür zu: „Zur Letea, gleich am Eingang vom Rebreanu." Der Taxifahrer ließ schnell den Motor an und fuhr los. Als er auf den Bürgersteig schaute, wo Loți stand, sah er ihn in derselben Pose, in der er ihn verlassen hatte. Eine Sekunde später war Loți irgendwo hinten geblieben. Das Taxi fuhr über die Brücke der Jugend und hielt an der Ampel.

„Auf den Rebreanu, haben Sie gesagt? Wo wollen Sie langfahren?" „Wo Sie wollen. Ist es gut über den Bălcescu und dann über den Brâncoveanu?"

Jetzt schien ihn die Müdigkeit zu überwältigen und die Erschütterungen des Autos verursachten ihm leichte Übelkeit.

Er setzte sich bequemer hin und versuchte, den Rücken aufzurichten, aber er stieß mit dem Kopf an das Dach. „Sieben Meter ohne Kopf", sagte er amüsiert zu sich selbst. „Die Glühbirnen-Klau-Truppe, Meister Jivan!" Er sah links den alten Bau der Polytechnik, mit den roten Ziegelsteinbauten, die von einer Baumreihe eingerahmt wurden, und hörte in diesem Moment den Chauffeur:

„Balcescu, achtundvierziger Revolutionär von achtzehnhundertachtundvierzig. Brâncoveanu war Fürst der Walachei und starb in Istanbul. Sein Kopf wurde abgeschlagen und genauso bei seinen vier Kindern."

Er zuckte zusammen. Die Wörter und der Akzent des Fahrers waren sonderbar – fremd und trotzdem familiär. Er sah in den Rückspiegel und begegnete dessen fröhlichen Blick: ein runder Kopf, bräunliche Haut, leicht mandelförmige Augen und eine Glatze, die sich in Richtung Scheitel wie auf einem entwaldeten Berg erstreckte. Er erinnerte ihn an die sonnenverbrannten Traktoristen im Dorf seiner Großeltern, als er Kind war. Nur dass der Fahrer keine Baskenmütze trug. Er schien ähnlich alt wie er, vielleicht etwas älter. Er lächelte.

„Sie sind kein Rumäne, richtig?" „Naja, jetzt schon. Ich habe die Prüfung bestanden. Im letzten Jahr habe ich sie abgelegt."

Er wurde neugierig. „Und wer ist Rebreanu?", fragte er beiläufig.

„Großer rumänischer Romanschriftsteller aus dem zwanzigsten Jahrhundert. Hat *Ion* geschrieben, *Der Aufstand* und *Der Wald... Der Wald...*" „...der Gehenkten", half er ihm.

„Genau. Ja, das wusste ich." Der Fahrer hatte kleine Probleme mit dem rumänischen ă, das er scheinbar aussprach und auch wieder nicht. Und mit der grammatischen Kongruenz. Man musste genau hinhören, um zu bemerken, dass er Ausländer ist. Was er nach seiner Aussage ja auch gar nicht war. Er war kein Bessarabier, denn so sah er nicht aus. Er schien eine Sorte Araber zu sein oder zumindest aus dem Orient. Nur, dass er das „p" nicht in ein „b" oder das „t" nicht in ein „d" transformierte, wie er es von den arabischen Studenten in Temeswar gewöhnt war. „Ein doller Dyb!" Er hatte sogar einen leichten Banater Akzent.

„Und woher kommen Sie?"

„Aus Teheran", antwortete der Fahrer, der die Frage erwartet hatte. „Aus dem Iran, von dort bin ich."

„Sie waren hier Student, oder? Wo?" „Nein, nein. Nicht hier. Ich kam einundneunzig. Auf der Uni war ich in Teheran. Nach Temeswar kam ich erst viel später. Aber hier lebe ich. Ich habe Frau und Kinder."

„Jetzt bist du Rumäne."

„Nein. Das heißt, ja, aber erst danach", protestierte der Fahrer lachend.

Und dann hörte er den Iraner ganz deutlich das Banater Mantra aussprechen:

„Ich bin ein waschechter Banater." Diesmal traf er alle Laute richtig. Wahrscheinlich hatte er diese Phrase oft wiederholt. Der Fahrer lachte und nickte.

„Ich bin auch ein waschechter Banater", sagte er fröhlich und streckte seine Hand zwischen den Vordersitzen durch. „Vlad!"

Der Iraner drückte sie kurz, dann griff er wieder schnell zum Schaltknüppel.

„Hamid. Sehr erfreut!"

„Also Banater!"

„Ja, ja", nickte Hamid energisch und erinnerte ihn kurz an die Plüschhunde, die man früher hinten im Auto, an der Heckscheibe, platziert hatte und deren Kopf auf und ab nickte, wenn das Auto durchgeschüttelt wurde.

„Und wie bist du hierher gekommen? Also ins Banat?"

(*Die Geschichte von Hamid*)

„Ich bin einundneunzig gekommen. Damals hatte ich mich entschieden, den Iran zu verlassen, denn dort konntest du nicht mehr hum… menschenwürdig leben. Man konnte nicht mehr so weiterleben. Deswegen, weil uns dort die Popen anführen. So ist es. Ich pisse auf das Land, das von Popen geführt wird. Die Imame, die Popen, so heißen sie bei uns. Es ist ohnehin alles gleich, stimmts? Ich glaube an Allah und dass Allah groß ist, aber Allah hat nicht gesagt, dass ich keinen Wein trinken soll, keine Musik, die ich mag, hören soll und keine Party machen soll. Ihr macht viele Partys und das ist doch schön, oder? Na klar ist das schön."

„Ein Cousin von mir hat gesagt, dass ich kommen soll. Ich hätte nach Deutschland oder Schweden gehen können, aber er sagte, komm hierher, denn in Temeswar ist es gut. Ich kam mit dem Reisepass und habe eine Firma eröffnet, damit ich die Aufenthaltsgenehmigung erhalte. So war damals in Rumänien das Gesetz. Ich bin so gekommen, als Investor, und habe den Aufenthalt genehmigt bekommen. Ich habe die Firma mit meinem Cousin für zwei, drei Jahre gehabt, dann lief sie nicht mehr und wir haben sie aufgegeben."

„Ja, habe ich schon gesagt. Ich bin ein waschechter Banater. Ich lebe ja hier."

„Die Familie ist schön, ja. Ehefrau und zwei Kinder. Hast du auch Familie? Alles Gute! Das ist auch gut. Nur eins ist auch gut, aber ich habe immer gesagt, dass zwei besser ist. Aber es können natürlich auch drei sein."

„Nein, ich gehe nicht dorthin zurück. Also, ich besuche natürlich meine Verwandtschaft, das ja. Hier ist es gut. Es gibt keinen Ärger, keinen Krieg. Weißt du, ich war im Krieg, als bei uns Krieg war gegen Irak. Ich wurde eingezogen und war dort. Ich habe auch eine Kriegsverletzung, sie haben mich nachts angeschossen und zur Rettung gebracht, zum Frontarzt. Und da kam der Arzt und hat mir gesagt, dass er ein, na sag schon, eine Niere entfernen muss. Dass es nicht anders geht, nur mit der Niere, denn so ist die Wunde. Aber ich wollte nicht. Ich habe mit meinem Onkel aus Teheran telefoniert und er hat gesagt, dass ich nichts herausnehmen soll, er wird sich kümmern. Und dann habe ich gesagt, dass er sie mir nicht rausnehmen soll und der Arzt hat gefragt: auf meine Verantwortung? Und ich habe gesagt, ja, auf meine Verantwortung. Dann haben sie mich ins Militärkrankenhaus gebracht und ich war nicht mehr im Krieg. Mein Onkel kam, hat sich gekümmert und mich nach Teheran gebracht ins Krankenhaus und dort haben sie mich operiert und die Niere nicht entfernt. So war es im Krieg. Ich habe großes Glück, dass ich so davongekommen bin.

„In der Revolution wurdest du verletzt? Oh je.... Was für ein Verbrechen! Ich weiß, dass damals viele gestorben sind."

„Ich habe nicht gesehen, wie es vorher war. Nur, dass ich weder Kommunisten noch Popen mag. Wir leben gut hier, mit Brot und Salz, wie man so sagt. Keiner hat ein Problem mit uns. Wir haben Freunde, machen Partys, machen Witze. Allah ist der Eine für alle. Wir haben damit nichts zu tun. Ich bin von Beruf Ingenieur. Ich hätte auch das machen können, aber das ist so, das ist komplizierter. Mit dem Taxi ist es freier, ich arbeite, wie ich will, ich gehe nach Hause, kehre wieder zur Station zurück, kümmere mich. Ja, gut genug. Es reicht für die Familie. Meine Frau ist auf der Bank, sie hat Gehalt und wir kommen zurecht. Sie war dreimal in Teheran. Mit mir war sie. Sie sagt, dass es ihr schon etwas gefällt, aber sie sagt nicht ehrlich, dass es ihr nicht gefällt. Auch mir gefällt es jetzt, wo die Popen herrschen, nicht. Vorher war es schön, musst du wissen! Teheran war schön und dort war viel los."

„Mir gefällt nicht alles. Die Klauerei gefällt mir nicht. Sie ist überall. Auch im Banat. Ich kenne von meinem Cousin einen Haufen Geschichten mit der Klauerei. Es wird viel geklaut und das ist schade. Auch bei uns im Iran wird geklaut, aber ich glaube, nicht so viel. Nein, Bukarest gefällt mir nicht. Ich war oft dort. Es ist nicht schön. Es gibt dort mehr Geld, aber es ist nicht schön. Es ist wie jetzt in Teheran, nur dass die Popen nicht regieren. Es ist alles so voll und die Leute sind gereizt und rennen hin und her, alle rennen rum und haben schlechte Nerven. Hier ist es schön und ruhig. Das sagt auch meine Frau."

„Sag mal, wo soll ich halten?"

„Halt hier, rechts. Ich gehe über die Straße, lass mal. Guck, gleich dort, auf der anderen Seite, das zweite Haus am Ende der Straße. Dort", zeigte er: „Das weiße Haus mit der Etage. Vielen Dank! Wieviel schulde ich dir?" Hamid wischte mit dem Handrücken über die kahle Stirn und schaute auf das Taxometer.

„Sieben Lei."

Er holte sein Portemonnaie hervor und gab ihm zehn Lei: „Ist in Ordnung so."

Er öffnete die Tür, stieg vorsichtig aus und zog dann die Sporttasche heraus. Als er losgehen wollte, durchfuhr ihn ein Gedanke. Er neigte sich zum Fenster auf der Fahrerseite: „Weißt du was? Wenn ich mal ein Taxi brauche, wie finde ich dich?" Er lachte. „Ich würde mich freuen, wenn wir uns wieder unterhalten könnten."
„Unbedingt, Herr Vlad", zeigte Hamid auf die Nummer auf der Fahrertür. „Null-drei-vier. Aber ruf sonst beim Dispatcher an und frag nach Hamid. Mich kennen alle dort."

„Das glaube ich dir", antwortete er fröhlich. „Danke und noch guten Dienst!"

Hamid grüßte ihn, winkte und das Taxi fuhr los. Er lief leicht geneigt in Richtung Fußgängerüberweg. Er überquerte die Straße, ging ein Stück zurück und dann nach rechts, zu einer weißen Villa auf der linken Seite in der schmalen Straße, gleich neben einem Haus aus Tonziegeln. An der Tür suchte er die Schlüssel und murmelte ein paar Zeilen aus dem Lied einer serbischen Band, S.A.R.S., die ihm plötzlich, warum auch immer, einfielen: *„Ratujemo ti i ja, k'o Izrael i Palestina, ratujemo ti i ja, k'o sila i osovina."* Du und ich, wir kämpfen wie Israel mit Palästina, wir kämpfen wie der Bruch mit dem Knochen, wie das Bier mit dem Raki, wie das System mit der Anarchie... Er schloss vorsichtig das Tor auf, ging durch den kleinen Hof und hielt an der Tür mit der durchscheinenden Scheibe vom Hauseingang. Durch die Scheibe war Licht zu sehen, was bedeutete, dass Emilia noch nicht im Bett war. Er schloss die Haustür auf und betrat den Flur mit großen, schweren Schritten: „Penelope! Ich bin zurück!“

4
Fischsuppe

Was solls, dachte er, während er sich so unauffällig wie möglich auf einen der Stühle in der letzten Reihe setzte. Dann ist er eben zu spät gekommen! Er hoffte, dass Emilia es nicht bemerken würde, aber als er zu ihr schaute, blickte sie ihn direkt an und runzelte die Stirn. Naja, soll sie doch die Stirn runzeln! Immerhin hatte er die ganze Woche Stress wegen der Präsentation und auch heute kam er kaum zur Ruhe: erst kaufst du Wein, jenen offenen, und spezielle Flaschen für die Redner, räumst den Kofferraum im Verlag aus, bringst auch die Bücher mit, kaufst mal noch Gebäck, dann die Sandwiches, wir brauchen auch Teller und Gläser, hast du daran gedacht?, holst deine Leute, auch noch aus dem UMT-Viertel, wie immer konnte sich seine Mutter bis zur letzten Sekunde nicht entscheiden, was sie anzieht, und sein Vater hatte einen Fleck auf seiner blauen Krawatte entdeckt – Vater, lass doch jetzt die Krawatte und weißt du, lass doch das Sakko, draußen sind vierzig Grad, was denkst du, wie warm es in der Buchhandlung sein wird? Mama, das Kleid steht dir super, glaub mir, wieso siehst du denn nicht gut aus? Du hast immer gut ausgesehen! Ja, und das sage ich auch zu Emilia, und ich habe doch recht! Ich belüge euch doch nicht, außer, wenn es um mich selbst geht, ha, ha, ja, Papa, wirklich, so ist es mit den Witzbolden, sie sagen die Wahrheit und man glaubt ihnen nicht, darum wird gelacht, die Wahrheit ist lächerlich, habe ich irgendwo gelesen, na los, wir sollten endlich gehen, wir kommen sonst zu spät, um fünf ist es, und ihr werdet sehen, was jetzt für ein Verkehr in der Stadt ist, ja, na los, ist in Ordnung, geht mal voraus, ich schließe ab, das Auto steht unten, der BMW, klar, ich fahre nur Dacias und deutsche Autos, so, jetzt geht's los, ist doch jetzt egal mit dem Portemonnaie, ich hab auch eins, na los, wir kommen sonst zu spät – , danach suchte er einen Parkplatz bei Modex, aber es gab keinen, schnell zum Parkplatz des Hotels *Central*, dann schnell in die Buchhandlung, plötzlich geht es um Vaters Hüfte, die weh tut – Hier ist es, guck, von Ion Barbu, dem Dichter, Papa, darum heißt sie *Joc secund*[6], das hat keinen Zusammenhang mit Blaga[7], ich weiß, dass die Straße so heißt, na, wie sollte man sie auch nennen? Buchhandlung *În marea trecere*[8], *Spațiul mioritic*[9] oder was der eben noch alles geschrieben hat, ernsthaft jetzt, los ihr Lieben, ihr wisst, wie Emilia ist, wenn sie ein Buch vorstellt… Nein, ich kenne ihn nicht, ich habe ihn nur zweimal gesehen, aber wir reden danach mit ihm – und ausgerechnet da rief Herr Vergil an.

Herr Vergil hatte ein dringendes Anliegen. Immer gab es was Dringendes in solchen Momenten. Aber er wusste genau, dass die Dringlichkeiten von Herrn Vergil lohnten, ernst genommen zu werden, auch wenn sie im unpassendsten Moment kamen. Mehr noch, sie *mussten* ernst genommen werden, aber das war eine andere Geschichte. Er betrat mit seinen Eltern die Buchhandlung „Joc secund", führte sie zwischen den Regalen hindurch bis in den Raum, wo sich schon viele Leute eingefunden hatten, und ging dann schnell mit dem Telefon am Ohr raus auf die Straße. Herr Vergil hatte schon mit seinen Erklärungen begonnen, so bedächtig und ruhig wie immer, als stünde ihm die ganze Zeit des Universums zur Verfügung, während er nervös mit dem Fuß wippte und immer mal wieder Bekannte grüßte, die im letzten Moment zur Buchvorstellung gekommen waren.

---

6 Dt.: *Zweites Spiel.* Berühmtes Gedicht von Ion Barbu, rumänischer Mathematiker und Dichter (1895-1961).

7 Lucian Blaga, rumänischer Dichter und Kulturphilosoph (1895-1961).

8 Dt.: *Im großen Übergang.* Titel eines Gedichtzyklus von Blaga.

9 Dt.: *Der mioritische Raum.* Kulturphilosophischer Essay von Blaga.

Es ging um ein Set von Broschüren für eine Kampagne gegen das Rauchen oder gegen den Drogen- oder Alkoholkonsum, irgend so ein Mist, er, Herr Vergil, wird ihm alle Details per Mail schicken. Es war eine umfängliche Sache von nationaler Tragweite, mindestens zehntausend Stück, drei verschiedene Modelle, auf jeden Fall eine Menge Geld. Das Angebot im geschlossenen Umschlag, die Auftragsvergabe *offline*, elektronische Entscheidung in Bukarest. Alles abgekartet, wie üblich, Herr Vergil nannte ihm auch die Summe, die er bieten muss, damit er die Nase vorn hat, und versicherte ihm, dass es keine Überraschungen geben wird, nur muss er ihm die komplette Bewerbung irgendwie morgen schicken, damit sie spätestens Montag früh in Bukarest ankommt. Noch eine verlorene Nacht, soviel davon überhaupt noch übrig ist. Und dazu die Rennerei morgen, die er gar nicht mehr mit einrechnete. Das wars, er seufzte und zuckte mit den Schultern. Es müssten mindestens sechs- bis siebentausend Euro rauskommen, ohne den Anteil für Herrn Vergil. Die Buchvorstellung dauert ungefähr eine Stunde, wenn nicht die Literaten noch ins Palavern kommen, dann noch eine oder anderthalb Stunden des Salbaderns bei Wein und Häppchen, freut mich, sehr angenehm, danach noch zwei Stunden im Restaurant mit Emilias geladenen Gästen, dann die Eltern nach Hause bringen in ihren ärmlichen Block... Gut, gegen elf, zwölf müsste er zuhause ankommen und dann könnte er loslegen.

„Kriegen wir hin, Herr Vergil."

Natürlich ist das hinzukriegen. Wäre ja schade, wenn nicht.

Als er wieder in die Buchhandlung kam, war der erste Redner schon am Ende. Es war ein ungefähr sechzigjähriger Lyriker oder Kritiker mit länglichem, trockenen und bis aufs Blut rasiertem Gesicht und mit weißen Zotteln, die ihm auf die Schultern fielen. Er trug einen grauen, verschossenen Anzug. Er hatte ihn schon auf anderen Buchvorstellungen getroffen, zu denen Emilia ihn mitgeschleppt hatte, aber bis heute konnte er sich den Namen und die Spezialisierung dieses Menschen nicht merken. Wahrscheinlich wirklich ein Lyriker. Oder Kritiker. Oder beides.

„Von diesen Gedichten ausgehend, denn ich kenne das Werk von Frau Emilia Jivan, habe ich schon vorher die sinnliche Freude am Detail bemerkt und so auch in diesem Buch. Wenn ich an die vorhergehenden Bücher denke, so ähneln sie einem Geschwader kleiner Kriegsschiffe, die hier und da mit stärkeren Booten und stärkeren Kanonen gewürzt sind, deren… die sind, also jede davon verweist auf dieselbe Tiefe. Hier ist das Detail nicht überflüssig, ist kein vergängliches Detail, sondern diese Details sind wie kleine Felskuppen, unter denen sich ein Vulkan zeigt, der sich in den Tiefen befindet, in den Wassern des Meeres. Es gibt das Wunder, das Wunder des tiefen Details, tief und versteckt, und ich bin glücklich, dass sie existieren."

Ich bin auch glücklich, aber ich kapiere hier überhaupt nichts.

„Also", setzte der Kritiker oder Lyriker oder beides fort und wendete sich feierlich an Emilia, die mit geröteten Wangen neben ihm auf dem blassgrünen, langen und weichen Sofa saß, „gratulieren wir unserer jungen Dichterin für diese *Doruri fecunde*, die *Fruchtbaren Sehnsüchte*, die unsere Seele erschüttert haben, wie es nur die großen Dichter und vor allem die großen Dichterinnen unserer Kultur vermögen. Und nur in ihren Momenten der Gnade! Frau Emilia Jivan, Sie haben mich überrascht und erschüttert und ich bin mir nicht sicher, ob Sie das noch ein weiteres Mal können. Aber ich hoffe, ja, und ich warte vertrauensvoll auf Ihr nächstes Buch."

Im üblichen Beifallssturm beugte sich der Redner zu Emilia und küsste sie auf beide Wangen, sehr nahe am Mund, wie er feststellte, ohne sich zu wundern. Emilia trug ihre Lesebrille und hatte sich ein tulpenrotes Kleid angezogen, mit einem tiefen Dekolleté, auf das, so hätte er wetten können, die anwesenden Jugendlichen, die mit Sicherheit von ihrer Schule kamen, ihre Augen hefteten. Eigentlich glotzte auch der Redner permanent und maß, während er sprach, ihr Talent von Kopf bis Fuß. Wie heißt er denn nur gleich, wie heißt er nur gleich? Aber egal, er war eine Persönlichkeit der Stadt – wenn nicht groß, so wenigstens alt, denn Emilias Buchvorstellungen hatten Niveau.

Fruchtbare Sehnsüchte! Er lächelte giftig. Mann, wenn du so angezogen kommst, voller fruchtbarer Sehnsüchte… Er schluckte trocken und richtete sich etwas auf seinem Stuhl auf, Gefühle von Stolz und Genugtuung, gemischt mit noch etwas anderem, durchzogen ihn. Ja, Emilia sah toll aus. Die Wärme und die Aufregung des Augenblicks hatten ihre Wangen und den Hals gerötet und diese Aufwallung, die bis zu dem tiefen V des Kleides hinabstieg, reizte ihn plötzlich. Vielleicht heute Nacht… Ach verdammt, diese Nacht wird er sich mit dem Angebot beschäftigen müssen. Obwohl, wer weiß? Wenn er zart war, zielstrebig und schnell genug… Um auf andere Gedanken zu kommen, ließ er seine Blicke durch den von Regalen eingefassten Raum schweifen und ging das hochgeschätzte Publikum durch. In der ersten Reihe saßen natürlich Mutter und Vater und ganz brav und gerührt Alex – bald, so habe ich das Gefühl, werde ich auch einen Gedichtband von ihm herausbringen –, neben ihnen zwei jüngere Schriftsteller oder vielleicht Journalisten, egal, er hatte sie auch bei anderen Buchvorstellungen gesehen, etwas weiter hinten drei noch jüngere Schriftsteller, die ihm zunickten, ja, einige von ihnen hat er sogar bei TeLe verlegt, dann ein paar Schüler, die auf die Beine und den Ausschnitt ihrer Lehrerin starrten und die vielleicht irgendeiner Strafarbeit auf den letzten Metern entkommen wollten – eine Bosheit meinerseits, aber das ist nicht ausgeschlossen, nichts erweicht das Herz einer Lehrerin mehr als Bewunderung, und außerdem kannst du davon ausgehen, dass bei einer solchen Lehrerin die Bewunderung ernst gemeint ist und dazu führt, dass du dir nachts einen runterholst, wie bei meiner Physiklehrerin aus der elften, die kleine, ehemalige Ballerina, na sieh mal an, ich habe vergessen, wie sie heißt, ich vergesse Namen, wie schrecklich! Es waren noch ein paar Kolleginnen von Emilia vom Energetic-Lyzeum da, zwei Freundinnen mit ihren Männern, paar Unbekannte und natürlich die unvermeidlichen Buffetdiebe, die keine Buchvorstellung, bei der es Speisen und Getränke gratis gab, verpassten. Bei den ersten Buchvorstellungen, bei denen er war, hatte er sie verächtlich, manchmal sogar genervt angeschaut (vor allem, wenn sie bei seinen Vorstellungen im Verlag TL anwesend waren), er hatte beobachtet, wie sie schnell, wie ein heißhungriger Fischschwarm, zu den Platten mit dem Essen und zu den Getränken eilen, und zwar sofort, wenn das literarische Gefasel vorbei ist, und sich dann mit ihren Bergen von auf den Teller gestapelten Sandwiches und mit einem größtmöglichen Glas in der Hand in die Ecken zurückziehen und wegschauen, sobald du sie mehr als eine Sekunde anschaust, damit du sie ja nichts fragst. Allmählich aber entwickelte er ein zärtliches Mitleid für sie. Schließlich waren sie das konstante Publikum aller Schriftsteller, die Menschen, auf die du zählen konntest und dank derer du nicht mit der leeren Buchhandlung oder dem leeren Saal allein bliebst. Und vielleicht wussten sie mehr über die lokalen Schriftsteller als eine Menge an Literaturspezialisten der Stadt. Und wie schwer muss es ihnen außerdem fallen, eine, zwei oder manchmal auch mehrere Stunden dazusitzen und die Vorträge, die sie schon mal in ungefähr derselben Form gehört haben, für weitere hundert Male herunterzuschlucken! Für diese Arbeit waren die Sandwiches, das Gebäck und die zwei, drei Gläser mit Getränken, an die sie herankamen, eine armselige Entlohnung. Ganz zu schweigen von der Disziplin, die von diesen Profis der Buchvorstellung verlangt wurde.

Jetzt hatte der ehemalige Kollege von Emilia, Radu Pavel Gheo, zu sprechen begonnen. Er hatte ihn schon zwei-, dreimal flüchtig gesehen, einmal auch auf einer Buchvorstellung von Emilia. Er war blond, kraushaarig und Brillenträger, ziemlich groß, dürr und mit krummem Rücken. Er war übrigens auch nicht im Sakko gekommen und noch nicht einmal im Hemd. Er trug ein weißes, schlecht gebügeltes Shirt und ein Paar blaue lange Jeans. Klar, Stil der Achtziger, den hätte er aus einem Kilometer Entfernung erkannt. Obwohl er ihn aus dem hinteren Bereich des Buchladens nicht ganz sah, hätte er wetten können, dass der Blonde weiße Schuhe von Adidas trug. Und weiße Socken, was denn sonst? Gheo war der Typ, der einen Händedruck von Bill Gates entfernt ist, er war ein Jahr zusammen mit seiner Frau in den Staaten und hatte nach seiner Rückkehr ein Buch über Amerika geschrieben. Das Buch hatte ihm gefallen, es las sich entspannt, aber am meisten bewunderte er die Art und Weise, wie der Typ seine missratene Emigration perfekt in einen literarischen Erfolg umgemünzt hatte. Klar, Erfolg in Rumänien, wo den Leuten immer noch der Kiefer herunterklappte bei allem, was nach Amerika oder nach Westen roch, aber immerhin. Jetzt hörte er seit einer Weile die Rede des gescheiterten Emigranten, obwohl der Typ eine krächzende Stimme hatte, was ihm etwas Unseriöses verlieh. Er hatte mit einem Witz begonnen, so wie er es wahrscheinlich von den Amerikanern gelernt hatte, indem er sagte, dass er Kommilitone mit Emilia war, sie aber nicht dafür lobt, denn wenn er alle seine Kommilitonen von einst loben würde, hätte er keine Zeit mehr, gute Schriftsteller und gute Lyriker zu lesen. Dann wurde er ernst und erzählte, dass sich in diesem Buch mit jedem Vers die Gefühle aufbauen und am Ende jedes Gedichts entladen (wie eine Ejakulation, dachte er) und dass es in der Lyrik eine Kunst der wohldosierten Effekte gibt, eine Kunst der lyrischen Verführung, die Emilia Jivan umfassend beherrscht und dabei sogar eine gewisse Schlauheit an den Tag legt, so könnte er sagen und so sagt er es auch. Und der Blonde warf einen verstohlenen, spielerischen Blick zu Emilia, die die von der Brille eingefassten Augen abwendete und sich leicht zu ihm neigte.

„Die Lyrik, die Lyrik ist die einzige Wortkunst, die nach Perfektion strebt. Und ich als Prosaautor bekenne es ehrlich, wenn ich sie treffe. Die Perfektion, will ich sagen", faselte Gheo. „In *Fruchtbare Sehnsüchte* spürt man dieses Streben nach Perfektion in jedem Gedicht – und ich übertreibe nicht, wenn ich das sage –, diese Kompetenz in Verbindung mit dem authentischen lyrischen Schauer, dieses Enthüllen der Gefühle, die gefiltert werden durch…"

Seine Ohren verschlossen sich. Auch er hatte, wie die Buffetdiebe, unzählige ähnliche Vorträge gehört und fragte sich jetzt verwundert und gleichzeitig von dieser Verwunderung begeistert, wie es die Schriftsteller schafften, jedes Mal dasselbe zu sagen und dabei immer wieder andere Wörter zu verwenden. Das war eine interessante Überlegung. Schade, dass er sie Emilia nicht mitteilen konnte! Auf keinen Fall, erschreckte er sich amüsiert. Dann schämte er sich: Wieso machte er sich immer über Emilias Bücher lustig? Sie waren nicht schlecht, wie alle sagten. Und auch Loți gefielen sie sehr. Ok, er hatte keine Ahnung von Lyrik..., aber es war seine Frau, seine Liebste, verdammt nochmal!

Schließlich wurde der Redner nach weiteren zehn Minuten fertig, küsste Emilia ungefähr so wie sein Vorgänger, als ob er sich diese Gelegenheit nicht entgehen lassen wollte, dann setzte er sich unter dem Klang des vorschriftsmäßigen Beifalls.

Noch etwas Geduld. Er setzte sich in dem kleinen und wackligen Klappstuhl zurecht, der mit rotem Kunststoff gepolstert war und unter seinem Gewicht quietschte. Es war extrem heiß, die in dem kleinen Saal zusammengefundene Menge erhitzte noch mehr die Atmosphäre und durch das große Fenster rechts schien ihm die

Sonne direkt auf sein graues Seidenhemd. Jetzt wird Emilia noch paar Vorzeigegedichte lesen und dann fertig mit dem ersten Teil. Dann folgt ein geselliges Beisammensein in der Herde und dann der Teil mit dem Restaurant, wo er wenigstens etwas Gutes essen konnte. Er hoffte, dass sie noch einen freien Tisch bekämen: Gestern hatte er so viel zu tun, dass er aus Frust nicht noch reserviert hatte, und jetzt dachte er, dass es vielleicht besser gewesen wäre, wenn er sich persönlich darum gekümmert hätte.

Emilia stand auf, rückte ihre schwarzgerahmte Brille zurecht, griff nach einem Exemplar auf dem niedrigen Tischchen vor ihr und blätterte es langsam durch, in einem Schweigen, das nur von fröhlichen Kinderstimmen aus dem Nachbarraum durchbrochen wurde, die keineswegs angezogen schienen von den lyrischen Schauern, die hier herausgefiltert wurden. Er sah sogar kurz einen rötlich gelockten Kinderkopf, der hinter einem Regal auftauchte, glücklich lächelte und wieder verschwand. Einen Moment verspürte er das Bedürfnis, auch dorthin zu gehen, hinter das Regal, und ein paar dicke Bücher auf den Fußboden zu werfen.

„*Von weitem*“, kündigte Emilia mit ihrer Lehrerinnenstimme an.

„Zu weit“, flüsterte jemand links vor ihm.

Er sah schnell in die Richtung, aus der der Kommentar kam, und entdeckte einen Jugendlichen mit schelmischer Miene, schwarzhaarig und mit einer Habichtsnase, der sich zu einem anderen beugte, einem rundlichen Braunhaarigen mit langen, behaarten Armen. Sie schienen weder Schüler noch Buffetdiebe zu sein. Ob sie aus literarischem Interesse hierhergekommen waren? Oder waren es Ehemänner oder die Freunde irgendeiner Tussi von hier?

„Wird jemals jemand unsere Seelen trennen?“, rezitierte *ex abrupto* Emilia.

„Wenn du verkeilt bist, ist das ziemlich ernst“, hörte er wieder.

Der dickliche Braunhaarige kicherte leise.

„Aber wer sind wir? Wenn du dich von oben betrachtest, von der Sonne her, siehst du in der Ecke einer winzigen Gegend, zwischen zwei winzigen Meeren, zwei Lichter, das eine kleiner, das andere größer…“

„Und eins zwischen den Beinen“, flüsterte der Schwarzhaarige. „Naja, die Gute ist eine Dichterin!“

„Und zwischen ihnen, ein Blitz in der Nacht. Zwei Scheinwerfer schauen einander an…“

„Polizei!“, rief unterdrückt der Schwarzhaarige. „Zeig dein Gesicht!“

„Es summt elektrisches Flüstern über die winzigen Berge, über die verwunschenen Hügel, über die wilden Wasser, über die Welt und die Menschen, vor und zurück.“

„*Yep, Baby*! Vor, zurück, vor, zurück…“, setzte der unverschämte Typ vor ihm fort.

„So sind wir – zugleich. Könnte uns jemals jemand auseinanderbringen?“, schloss Emilia.

Im Schweigen, das nach dem letzten Vers den Saal durchzog, hörte er die blökende Antwort des Schwarzhaarigen: „Nee!“, die schnell vom begeisterten Applaus des Publikums überdeckt wurde. Der Witzbold klatschte ebenfalls trotzig. Er begann ihm zu gefallen. Auch er kannte dieses Spiel.

Emilia las noch zwei Gedichte und dann, auf Bitte des Publikums, noch ein etwas abstruses über die geistige Leiter eines Verrückten und eines Dichters, bei der die letzten Stufen fehlten oder schief waren, und jemanden, der Zyklopengötter verehrte, die sonst niemanden interessierten.

„Schlägt die Glocke? Lass sie schlagen!“, endete sie apotheotisch.

Dann fing nach einer halben Sekunde, in der die Leute verstanden hatten, dass das Gedicht zu Ende ist, wieder der Applaus an, hörte aber aus strategischen Gründen nach etwa fünf Sekunden auf, damit er nicht als Einladung zu einer weiteren Zugabe interpretiert werden würde. Ihr ehemaliger Kommilitone, Gheo, kündigte eine Autogrammstunde mit der Autorin an. Die Buffetdiebe bewegten sich langsam, aber entschieden, in Richtung der Ecke, die zur kleinen Terrasse auf der Rückseite der Buchhandlung führte, wo Wein, Gebäck und Sandwiches schön vorbereitet auf dem Tisch standen. Er ging zu Emilia, küsste sie kurz auf die Wange und beglückwünschte sie, und sie lächelte ihn an, vergaß aber nicht, mit einem leichten Vorwurf zu fragen: „Du bist wieder zu spät gekommen, stimmts?"

Und danach noch etwas besorgter: „Ist Loți etwas passiert? Er hat noch nie bei meinen Buchvorstellungen gefehlt."

Er verstand: *Er* hatte einmal gefehlt, ein einziges Mal.

„Naja, Loți ist nicht in der Stadt", entschuldigte er ihn. „Er hat was Wichtiges zu tun."

„Was Wichtiges?", entfuhr es Emilia. Sie stand bei ihm und schaute zum Tisch, wo sich bereits einige Leute angesammelt hatten, die ein Autogramm wollten.

„Du hast keine Ahnung", murmelte er und ging zu den beiden Rednern, um ihnen die Hand zu reichen.

Als er in den kleinen Raum voller verschwitzter Menschen und roter Stühle schaute, beobachtete er, dass drei oder vier von den jungen Männern, die offenbar Schüler vom Lyzeum waren, artig und mit reumütiger Miene zu Emilia gingen und in den Händen wie ein Opfer das weiß eingebundene Buch ihrer Lehrerin hielten. Fruchtbare Sehnsüchte, ganz eindeutig, ja. Es gelang ihm aber nicht, herauszufinden, wer der Schwarzhaarige war, der die ganze Lesung über herumgekichert hatte.

Sie hatten entschieden, nach der Buchvorstellung ins Al Duomo zu gehen, das ein Italiener in einem alten, aber sanierten Gebäude eröffnet hatte und das sich unweit von der Katholischen Kirche an der Piața Unirii befand. Weil das Lokal in derselben Straße wie der Verlag war, hatte er dort schon manchmal zu Mittag gegessen. Er mochte den Ort, obschon ihn zugleich der kulinarische Snobismus nervte. Da das Essen aber gut war, überwog immer wieder sein Vergnügen. Nicht von ungefähr hatte er diesen großen runden Bauch bekommen, den er oft vor seinen Freunden streichelte, um zu zeigen, dass er ihn nicht störte.

Sie brachen zu fünft zum Restaurant auf. Der Dichter oder Kritiker mit den weißen Strähnen war schnell verschwunden, er meinte, dass er irgendwohin müsse, vielleicht zu einer anderen Buchvorstellung, aber er nahm die drei Flaschen französischen Wein mit, den Emilia für ihn in einer Papiertüte vorbereitet hatte. Dann bat Alex darum, zu seinen Freunden gehen zu dürfen. Er lächelte verständnisvoll und flüsterte ihm zu, dass er sich schnell aus dem Staub machen soll, ehe Emilia auf andere Ideen käme. Die Vorstellung, den Abend mit ernsten und problembeladenen Erwachsenen verbringen zu müssen, konnte Alex nicht locken. Nicht mit siebzehn Jahren. Außerdem vermutete er, dass sein Sohn eine neue Freundin hatte oder sich bemühte, eine neue zu finden, um eine große Enttäuschung zu überwinden.

So blieben nur seine Eltern übrig und Emilia mit ihm und dem anderen Schriftsteller, ihrem ehemaligen Kommilitonen.

„Warum ist eigentlich Alina nicht gekommen?“, fragte Emilia Gheo, als sie nebeneinander unter den schattigen Linden der Piața Unirii liefen.

„Sie ist in Iași, bei ihrer Mutter. Morgen hat sie Geburtstag und...“ Das war nicht gerade eine Erklärung, aber Gheo beendete den Satz nicht.

„Wie, ist deine Frau Moldauerin?“, mischte er sich mit schelmischer Stimme ein.

„Äh, ja, sie ist aus Iași", verteidigte sich Gheo lächelnd.

„Und du bist Banater, oder?"

„Na klar, ich bin von Caraș. Neben Oravița, dort ist ein Dorf, bei..."

Gheo schien noch etwas hinzufügen zu wollen, aber seine Stimme brach plötzlich ab.

„Mensch!", lachte er derb und schlug auf seinen Bauch. „Ich habe eine Oltenierin geheiratet und du eine Moldauerin! Siehst du, so wird das Banat zu einer Hybride!"

„Vlad!", mischte sich sein Vater streng ein, der mit ernster Miene und im Rücken verschränkten Händen hinter ihnen her lief und in seinem karierten Sakko stoisch die noch massive Wärme ertrug.

„Mensch, Vater, ich habe doch nur Spaß gemacht", wehrte er ab und fuhr sich eilig mit der Hand durch das Haar. „War Blödsinn! So ist es ja auch ok, wenn wir den Altreichlern die Frauen wegnehmen", redete er weiter, wobei er sich Gheo näherte, als wollte er ihm ein Geheimnis mitteilen. „Wir rauben ihnen die Sabinerinnen, haha… Stimmt doch, oder? Schlimm ist doch, dass uns die Oltenier überschwemmen. Schlimmer noch als die große Paarung von neunzehnachtzehn."

„Ja, aber so viele sind es nun auch wieder nicht", relativierte es Gheo. „Ich kenne auch paar. Ein Großteil von ihnen sind IT-ler, Gefolgsleute und …"

„Oltenier als IT-ler! Sie hauen mit ihren Pranken in die Tastatur!"

„Vlad!", rief jetzt Emilia, mit spitzer und ärgerlicher Stimme.

„Ist schon gut, Emi, ich sage nichts mehr!" Er nahm einen demütigen Ton an und senkte den Kopf. „Die Oltenier sind das Salz der Erde, gut, es in die Wunde zu streuen. Na los, ärgere dich doch nicht mehr. Du weißt doch, dass ich es nicht ernst meine."

Dann hob er wieder den Kopf und zwinkerte Gheo zu, der unsicher lächelte, zu Emilia blickte und nichts sagte. Besser so.

Sie kamen rasch bei Al Duomo an. Ihnen war warm geworden und als sie durch den gewölbten Eingang des alten österreichischen Gebäudes traten, atmeten alle erleichtert auf angesichts der Kühle der dicken roten Ziegelwände. Sie stiegen ins Untergeschoss hinab, er voran. Im Restaurant war es ziemlich voll, aber sie fanden einen freien Tisch. Sie setzten sich, wobei Emilia zwischen ihm und Gheo saß und seine Eltern ihnen gegenüber Platz nahmen. Nach kurzer Zeit erschien ein kleiner Kellner, der ihnen die großen Speisekarten reichte, so groß wie königliche Urkunden.

„Darf ich Ihnen die heutigen Spezialitäten nennen?“, fragte er feierlich und musterte alle mit einem professionellen Blick, der dann auf ihm verharrte.

„Nein, Costele, komm schon! Lass die Speisekarten hier und wir rufen dich dann, gut?“

„Natürlich, Herr Vlad, wie Sie wünschen“, antwortete der Kellner brav und verschwand.

Er schaute aufmerksam Emilias Gast an, der befangen die Speisekarte durchblätterte, die mit italienischen Wörtern gespickt war. Vielleicht suchte er etwas, das nicht zu teuer schien und das er kannte. Diese Art von ihm, seine Sätze zu beenden, als ob er noch etwas sagen wollte, aber nicht genau wusste, was… schriftlich war er selbstsicherer. Aber vielleicht ist das Schreiben ja etwas anderes. Wie auch immer, seine Angelegenheit! Er öffnete auch die Speisekarte, obwohl er schon wusste, was er wollte. Er hatte Appetit auf Steinpilzsuppe mit Trüffelcreme. Und mit Schinken extra, wie er es mochte. Er hätte wetten können, dass seine Eltern etwas nehmen würden, das ihnen italienisch vorkam, vielleicht Spaghetti, Pasta Bolognese oder etwas ähnliches, und Emilia würde auf jeden Fall etwas Leichtes bestellen.

„*Broccoli a vapore*", sagte sie anmutig zum Kellner, als dieser zurückkam, um die Bestellung aufzunehmen.

Er lächelte in sich hinein. Rohkost, ganz klar. Viehfutter.

„Ich würde so einen Lachs mit Koriander nehmen", bestellte Gheo. „Und einen großen Kaffee, ohne Milch."

„Lasst uns auch einen guten Wein bestellen!", schlug er vor, nachdem seine Eltern die *Bolognese* bestellt hatten. „Wir haben doch etwas zu feiern, nicht? Costele, bring uns einen Cuvée Überland von 2009", dann erklärte er ernst: „Das ist ein guter Verschnitt von Cabernet und Merlot aus Recaş. Banater Spitzenwein. Ach, und bring für mich bitte eine Coca-Cola."

„Vlad, trinkst du nichts mit?", wunderte sich sein Vater.

„Nein, Vater. Du kannst doch nicht wollen, dass ich euch an den Zaun oder in den Graben fahre. Oder dass sie mir die Fleppen wegnehmen. Jetzt, mit den neuen Regeln fürs Fahren unter Alkoholeinfluss können mir meine ganzen Leute nicht mehr helfen."

„Ach, aber nein, nein!", protestierte der Alte und erhob sich halb von seinem Stuhl. „Du musst uns nicht nach Hause fahren! Wir können ein Taxi nehmen."

„Vater, willst du jetzt wirklich diese Diskussion beginnen?", fragte er und bemühte sich um einen heiteren Ton.

„Oder Emilia bringt uns, nicht wahr, meine Liebe?"

„Nein, Vater, mal ehrlich! Lass mal Emilia, denn sie wird heute schließlich gefeiert. Seid vorsichtig mit dem Wein, denn er ist stärker, als er scheint. Er betrügt dich mit seinem Aroma."

„Seit wann hast du eigentlich eine Brille?", wandte sich Gheo an Emilia.

Emilia lächelte und hob stolz den Kopf. Sie schien fast genauso groß wie ihr ehemaliger Kommilitone zu sein. Sie setzte die Brille ab und legte sie auf den Tisch, neben den Teller.

„Es ist nur eine Lesebrille. Mir tut sonst der Kopf weh. Ich wollte Kontaktlinsen, aber ich vertrage sie nicht, ich bin allergisch."

„Ach, die Brille ist doch besser", ermunterte sie Gheo und schaute durch seine beschlagenen Gläser lange auf Emilia. „Die gibt dir eine intellektuelle Aura, so, sexy…"

„So?", fragte sie, setzte die Brille auf die Nasenspitze und schaut schelmisch über die Gläser hinweg.

„Genau, genauso! So machst du es auch in der Schule, oder?"

Emilia lachte und fuhr sich gemächlich mit der Hand durch das Haar, wobei sie ihren Blick senkte.

Er schaute kurz zu den beiden. Natürlich, wenn der Ehemann dabei ist, heißt Flirt nicht Flirt, sondern nur ein unschuldiger Witz zwischen zwei ehemaligen Kommilitonen. Und wenn ich jetzt eine Faust zwischen die Lichter dieses Klugscheißers platzieren würde, wie würde das dann heißen? Obwohl, es ist letztlich völlig egal. Er macht ja auch immer mit den Weibern diese zweideutigen Sachen. Das machen alle Typen in seinem und Gheos Alter. Wenigstens das.

„Hör mal, Gheo", Emilia wendete sich jetzt ganz dem Schriftsteller zu, „weißt du noch was von unseren ehemaligen Kommilitonen? Ich treffe mich nur noch hin und wieder mit Sergiu."

„Ach, Sergiu ist immer noch beim Radio. Ich habe ihn paarmal getroffen, aber immer nur kurz. Du weißt ja, wie er an der Uni war. So ist er auch jetzt: Immer hat er was zu deichseln. Beim letzten Mal hatte er irgendwas mit goldenen Hähnen, hat gekauft oder verkauft. Erinnerst du dich noch, wie er zu euch ins Wohnheim kam, um Jeans zu verkaufen? Billig, billig."

Sie lachten beide und Gheo fuhr sich mit einer Hand durch das gelockte Haar, wobei er eine Haarsträhne auf die Stirn zog. Was für eine typische Geste! Der gerupfte Achtziger. Wie ich, dachte er und widmete sich seinen Eltern. Die beiden hatten über ihre ehemaligen Kommilitonen zu sprechen begonnen und er hatte keine Lust, ihnen zuzuhören und dabei müde zu werden.

„Vater, wie steht es bei euch?“, begann er ein Gespräch, von dem er schon wusste, dass es langweilig wird – aber wenigstens langweilte nur er sich. „Braucht ihr etwas?“

„Nein, du Lieber, was sollen wir brauchen?“, antwortete seine Mutter. „Natürlich kommen wir zurecht. Aber warum habt ihr denn Alex nicht mitgebracht?“

„Alex… ist mit seinen Kumpels unterwegs, Mama. Morgen beginnen die Ferien, lass ihm seinen Spaß.“

Die monotonen Gespräche dauerten noch ungefähr zehn Minuten an, eine Zeit, während der auf dem Tisch eine Flasche mit rubinfarbenem Wein und dampfende Speisen erschienen, ein Aschenbecher, der sich schnell füllte, ein neuer Aschenbecher, Messer und Gabeln klirrten, Gläser anstießen und Wünsche mit und ohne Sinn ausgesprochen wurden.

Plötzlich wurde er auf die Unterhaltung von Emilia und Gheo aufmerksam und wandte sich ihnen zu:

„Was, ihr wart Kommilitonen mit der von TVR? Der Sportreporterin?“

„Mit Dodo?“, fragte Gheo schnell, offensichtlich dankbar. „Ja, sie war mit uns in Englisch. Sie war in der 12, mit Emilia.“

„Wirklich?“ Er wurde fröhlich. „Dass ich sie dort nicht gesehen habe? Ich hätte sie mir gemerkt. Wirklich, die mit…“

„Vlad!“, unterbrach ihn vorwurfsvoll Emilia.

„Die Dünne, wollte ich sagen, Emi. Die Dünne.“

Und als er das sagte, hob er die zu Schalen geformten Hände vor die Brust, hob und senkte sie leicht und skizzierte riesige Brüste.

„Ja, ja, die!“, lachte Gheo. „Ein fittes Mädchen, übrigens. Oltenierin“, fügte er hinzu.

„Ha,ha, ha! Das hätte ich wetten können. *Lissen veri cärfülli, ei schel sei sis onli wens...*"

Er machte eine strategische Pause, die sich hinzog. In diesem Moment richtete sich Gheo auf, als ob er aufgewacht wäre, und rief mit demselben Akzent aus:

„*It is ei, Leclerc*!"

„Hehe, na sag mal! Du kennst *'Allo, 'Allo*!?"

„Wie denn nicht?", beeilte sich Gheo, fröhlicher und kühner als bisher.

Dann deklarierte er mit dicker Stimme und demselben französischen Akzent:

„*Iu, stiupid wumen*!"

„Ja, genau!", bestätigte er begeistert und näherte seine Hand mit der Zigarette gefährlich Emilias Dekolleté.

„Im Sommer habe ich jede Nacht die Serben geguckt, 'Programm Plus'", redete Gheo weiter. „*'Allo, 'Allo, Family Ties, Cheers*, eben alle Sitcoms der Zeit... Eine Zeitlang gab es auch *Alf*... Hast du das auch gesehen?"

„Na logisch!"

„Und die Musik? Erinnerst du dich an die Musik? Die Videoclips zwischen den Folgen..."

„Und die Werbung!", ergänzte er schnell. „Jugoslawische Werbung! Wahnsinn, wir haben sie angeschaut, als ob es die besten TV-Programme der Welt wären! Sie kennt das nicht", er zeigte mit der Hand zu Emilia, die ihn ratlos anschaute, „bei ihnen in Craiova haben sie noch nichtmal die Bulgaren bekommen."

„Doch, klar", protestierte Emilia schwach.

„Auch in Temeswar war es nicht einfach", setzte er fort und ignorierte sie, „aber mein Vater hat das hingekriegt. Weißt du noch, Vater, als uns dieser Meister von dir aus dem Betrieb die serbische Antenne gemacht hat?"

„Ach, ja," bestätigte sein Vater ernst. „Herr Ișfan. Der war ein guter Handwerker, Gott hab ihn selig!"

„Wir haben Belgrad 1 und Belgrad 2 bekommen", redete er einfach weiter. „Nur Treči Kanal hatten wir nie."

„Dafür brauchte man einen Dekoder", präzisierte sein Vater im selben ernsten Ton und kratzte sich den dichten, grauen Bart.

„Bei mir auf dem Dorf war es einfacher, denn wir waren direkt neben der Grenze", lobte sich Gheo. „Belgrad I bekamen wir mit der rumänischen Antenne. Nur für 2 brauchten wir eine spezielle. Aber die Musik, kannst du dich an die Musik erinnern? Ich habe bei denen den ersten Videoclip mit *Madonna* gesehen, *Like a Virgin.*"

„Der mit ihr auf der Gondel, in Venedig", vervollständigte er sofort.

„Ja, genau der!"

„Und gefiel dir Musik von denen nicht? Die jugoslawische? *Bijelo Dugme, Parni Valjak...*"

„Na klar gefiel die mir!", fuhr Gheo hoch. „Mann, wie viele Partys wir in der Studienzeit nur mit serbischer Musik gemacht haben..., also, ich meine, mit jugoslawischer."

Sie redeten ab jetzt nur noch miteinander und ignorierten Emilia, ignorierten aber auch seine Eltern, als ob sie sie nicht mehr sahen, als ob sie niemanden mehr um sich herum sahen und hörten, denn sie waren an einem anderen Ort und in einer anderen Zeit, nämlich ein Vierteljahrhundert zurück, in einem kommunistischen, grauen und bedrückenden Rumänien, aber eigentlich auch nicht dort, sondern in ihrem entrückten Traum, in einem idealisierten Jugoslawien, in dem sie zwar nicht gelebt, aber an dem sie sich damals orientiert hatten, einem Jugoslawien, nach dem sie sich sehnten und das sie jetzt wiederentdeckten, zu dem ihre Erinnerung zurücksprang und sie miteinander ihre Nostalgie teilten. Am Anfang hat mich ihre Musik nicht sehr umgehauen, es waren die üblichen Tops im Radio im Studio B, Dvesta Dva, ach, die kenne ich nicht, ich glaube, die haben wir in Temeswar nicht bekommen, und bevor die aus dem Westen kamen, die es damals gab, *Depeche Mode*, *Eurythmics*, *Billy Idol*, *A-ha*, erinnerst du dich an *A-ha*?, na klar, *Take on me*, was für ein Lied, wow, was für ein Song, das ist die Melodie von mir und Alina, einer unserer Songs, aber davor kamen die jugoslawischen Hits, mir brachte ein Onkel von den Serben Kassetten mit, Onkel Laza, er hatte einen „kleinen Handel", meine Mutter auch, er beförderte den ganzen Monat über Ware, mir brachte er einmal *AC/DC* mit, *Back in Black* und *Highway to Hell*, wir hatten alle Alben, *Crvena Jabuka*, *Piloti*, *Bijelo Dugme*, kennst du *Kosovka djevojka*?, und dann saß ich nachts bis um drei, mein Vater war genervt und mein Großvater sagte, dass ich den ganzen Strom verbrauche, der Strom war die Obsession ihrer Generation, aber den *filmski maraton* hat auch mein Vater mitgeguckt, stimmts, Vater?, und von dort habe ich mir diese Sache gemerkt, *Lissen veri cärfülli*, ich habe mir die ganze Serie heruntergeladen und habe sie mir angeguckt und habe es genossen, damals habe ich nicht viel verstanden, ich konnte nicht gut Englisch, erinnerst du dich an die *„fallen Madonna with big boobies*" von, wie hieß er?, von Klomp, ja, ich konnte auch kein Englisch, aber ich habe die serbische Übersetzung gelesen, damals kam ich mit Serbisch zurecht, meine Mutter ist zur Hälfte Serbin, weißt du, das habe ich schon vermutet, inzwischen habe ich viel vergessen, aber ich denke, ich würde zurechtkommen, *Cheers*, wie mir *Cheers!* gefallen hat, das kann man mit *'Allo, 'Allo*! nicht vergleichen, das war super, jetzt ist mir klargeworden, dass der Woody von der Bar Woody Harrelson war, weißt du, ich ärgere mich, dass 2006 das Konzert von *Bijelo Dugme* war, mit der wiedervereinten Truppe, für nur drei Konzerte, sie haben einen Haufen

Geld bekommen, in Sarajevo, Zagreb und Belgrad, Freunde von mir waren dort, ich konnte nicht, verdammt, ich auch nicht, ich war in Iași, das letzte Album von 1989, *Ciribiribela*, na klar kenne ich das, „*Ako se sutra zarati, moja mala,* šta ćemo *ja i ti*", weißt du, was das heißt, als ob sie gewusst hätten, was passieren wird, wenn morgen der Krieg beginnt, meine Kleine, was machen wir da, und *Lijepa naša*, das geht dir ans Herz, „*Lijepa naša domovino*", ich habe darüber einen Text geschrieben, *Bila jednom jedna zemlja*, über alles schreibt ihr immerzu irgendeinen Text, nach Kusturica, stimmts?, kannst du dich noch an Helga erinnern?, aus *'Allo, 'Allo*!, Helga und *Herr Flick* von der Gestapo, oh Mann, die Episode mit *the gâteau from the château* und *the candle with the handle*; klasse, unvergleichbar, auch nicht mit *Seinfeld*, ehrlich, *Bajaga* magst du, oder?, na klar, logisch!, erinnerst du dich daran, als sie hier zum Temeswar-Tag gespielt haben, daran hab ich auch gedacht, zum Tag, als die rumänischen Truppen in die Stadt kamen, neunzehnachtzehn, ich habe *Bajaga* sogar die Hand geschüttelt, also *Momcilo*, überleg mal, das ist der Tag, als die Rumänien die Stadt übernommen und die Serben diesen Teil des Banats verloren haben, aber zum Tag der Stadt kommt ein Serbe hierher und singt, das ist das Banat, das erste Mal habe ich ihn bei „Rock für die Revolution" gesehen, im Olympia-Saal, im Januar neunzig, es waren auch *Riblja Čorba* und *Victorija* da, ich war damals im Krankenhaus, nachdem sie mich angeschossen hatten, ich schaue auch jetzt noch jugoslawische Werbung bei youtube, da gab es die „*To je to, Biopro*", der totale Blödsinn, aber eingängig, oder aber das mit der Pipi-Limonade, in Split gedreht, am Strand von Bačvice, letztes Jahr war ich in Kroatien, in Split, und ich habe mich auf den Süßwarenladen Kraš gestürzt, ich war auch in Split, habe ich dir das gesagt?, aber vorher, neunundachtzig, genau im Sommer vor der Revolution, in Zagreb, in Split gibt es Kraš nicht, ehrlich,

ich war mit meinen Eltern, sieben Tage, unglaublich, wie sie dort gelebt haben, Tito, dieser Kerl, wenn der noch gelebt hätte, Split ist herrlich, und jetzt?, ich habe den Diokletion-Palast gesehen, warst du in Bačvice?, na klar, dort wurde auch ein Clip mit *Đavoli* gedreht, ich habe ihn mir mal angesehen, dieser Strand mit dem ewig flachen Wasser, was für sauberes Wasser die Kroaten haben, verdammt, die Adria, Jadran, blau-grün und du siehst den Grund, bis zu dreißig-vierzig Metern tief, von *Đavoli* hat mir *Dani ljubavi* gefallen, das kenne ich, na klar!, und *Stojin na kantunu*, das ist das mit dem Clip in Bačvice, und kennst du *Marina, Marina* von *Prljavo Kazalište, Schmutziges Theater*, ja, das kenne ich, hat mir ein Freund übersetzt, und *Fischsupp*e, *Riblja Čorba* und *Brot und Salz, Leb i Sol*, ja, ja, und *Daleka Obala*, also *Ferner Ort*, sie hatten eine Menge Rock- und Popbands, *Plavi Orkestar*, wow, die waren super, *Zeleni su bile oči ti…*

„Hör mal, Vladi!", fuhr Emilia plötzlich lebhaft dazwischen. „Wie wäre es, wenn wir in diesem Jahr nach Split in den Urlaub fahren?"

Er verstummte jäh und schaute sie verwirrt an. Gheo sagte begeistert:

„Na Mensch, das wäre ja super! Toll! Es lohnt sich, weißt du, es lohnt sich! Wir haben auch daran gedacht, nochmal zu fahren und nur in Split zu bleiben, wenigstens zwei Wochen. Wenn ihr könntet… das wäre was!", wandte er sich nur an ihn und fixierte ihn mit der elektronischen Zigarette in der Hand, an der er pausenlos zog.

Verwirrt, wie aus Trance gerissen, schaute er Gheo an, dann Emilia, dann seine Eltern, die nichts sagten.

„Na, Vlad, mein Lieber, willst du? Wir haben die ganze Zeit schon gesagt, dass wir nicht wissen, wohin wir dieses Jahr fahren sollen! Du zeigst mir die Orte, an denen du warst", fügte sie mit einem schelmischen Lächeln dazu. „Du hast gesagt, dass es dir gefallen hat, nicht?"

„Es war sehr schön!“, seufzte seine Mutter nostalgisch und zog ihr Kleid glatt. „Vladi, ihr könntet doch fahren, oder? Habt ihr Geld?“, fragte sie unvermittelt besorgt.

„Mama!“, platzte es aus ihm etwas überheblich heraus.

„Na also, warum sollt ihr dann nicht dorthin fahren?“, beharrte sie. „Du kannst ja auch die Sprache…“

„Hast du nicht gehört, dass er es vergessen hat?“, schaltete sich sein Vater ein. „Er konnte Serbisch eigentlich nicht richtig gut, denn du hast beizeiten nicht mehr mit ihm gesprochen. Nur, wenn er die Alten auf dem Dorf besucht hat, da hat er noch was gelernt.“

„Ich kann noch genug“, behauptete er und sagte zu seiner Mutter: *„Još razumem nešto, mama, ne brini se. Nisam glup.“*

„Bravo, *sine*!“, lächelte sie schüchtern.

Sie schien sich zu wundern, dass sie einen so großen und selbstbewussten Sohn hat.

„Ok, ja, wir könnten fahren. Warum nicht? Natürlich würde ich mich freuen, Split wiederzusehen“, fügte er langsam hinzu.

„Hör mal, Vlad, mein Liebster“, begann Emilia mit derselben zärtlichen Stimme, „spielst du mir auch mal das Lied *Marina* vor?“

„Was?“, zuckte er zusammen.

„Du hast vorhin über ein Lied namens *Marina* gesprochen. Ist das gut? Du hast es mir nie vorgespielt.“

Er lachte laut und zündete sich noch eine Zigarette an. Er schluckte trocken. Er trank von der Coca-Cola. Er schaute Emilia lange an.

„Das willst du? Ich spiele es dir vor, klar“, sagte er schließlich und blickte rüber zu Gheo: „Weißt du, was gerade mit Emilia los ist? Ich habe damals, neunundachtzig, in Split ein Mädchen kennengelernt, ein junges Ding, Marina. Und das hat sich Emilia gemerkt. Ich weiß nicht, was sie denkt, was wir dort gemacht haben. Und wir kannten uns damals auch noch nicht. Du willst aber nicht deswegen nach Split fahren, oder?", lachte er breit mit seinen dünnen Lippen.

Emilia lachte lange. Was für ein Blödsinn war das jetzt wieder?

„Du hast gesagt, dass es dort schön ist", begann sie wieder. „Und auch Gheo hat gesagt, dass es schön ist. Ich war noch nie am Meer bei den Kroaten."

„Es ist wunderschön!", bekräftigte Gheo und rutschte auf seinem Stuhl herum. „Wenn ich könnte, würde ich dorthin ziehen, zu ihnen. Aber es ist nicht gerade…"

„Ich habe gehört, dass es die, die Kroaten, besser haben als wir", sagte sein Vater.

„Ja, sicher!", bestätigte Gheo. „Seitdem der Krieg vorbei ist, entwickelt es sich dort, wie bei uns in zwanzig Jahren nicht. Ihr müsstet mal sehen, was die für Straßen haben! Und in den Städten, die alten Gebäude…"

„Ein Teil der Straßen ist noch von Tito", unterbrach er ihn kühl.

„Ja, das stimmt", gab Gheo nach.

„Und pass mal auf: Wenn sie nicht angefangen hätten, sich wie die Verrückten zu bekämpfen, wäre Jugoslawien heute das stärkste Land vom Balkan. Nicht nur vom Balkan! Sie hätten auch Italien eingeholt, verdammt!", ärgerte er sich.

Niemand widersprach ihm und niemand pflichtete ihm bei. Gheo zog kurz seine blonde Haarsträhne in die Stirn und sagte zu Emilia: „Es kann nicht sein, dass du *Marina* nicht kennst. Wir hatten das die ganze Zeit bei unseren Partys in der 13 an. Du warst doch auch dabei, weißt du das nicht mehr?"

„Es könnte sein", überlegte Emilia. „Vielleicht erinnere ich mich, wenn ich es höre. Wer hat das gesungen?"

„*Prljavo Kazalište* heißen die, *Schmutziges Theater*", fiel er ihnen ins Wort.

„Kroatische Rocker", präzisierte Gheo, um nicht nachzustehen. „Absolut super. Sie spielen auch heute noch, weißt du?"

„Ja, die sind gut", antwortete er fröhlich.

Er schwieg und zog an der Zigarette und schaute ihm direkt ins Gesicht. Ihm war eine Idee gekommen, zumindest dachte er an etwas anderes.

Der BMW hüpfte wie ein Boot über die schlecht asphaltierten Straßen der Gegend um den Ostbahnhof, oder den „kleinen Bahnhof", wie ihn die Hiesigen berechtigt und einfallslos nannten. Er fuhr schweigend und überließ Emilia das Gespräch mit seinen Eltern, die auf der Rückbank saßen, unter dem Vorwand, dass er auf den Weg schauen muss, wobei die Straße gut beleuchtet war. Während er an den hohen Straßenlaternen entlangfuhr, versuchte er, sich klarzuwerden, woher seine Unzufriedenheit rührte, beinahe war es Ärger, den er empfand, seitdem sie das Al Duomo verlassen hatten. Sehr wahrscheinlich von Emilias ehemaligem Kommilitonen. Obwohl ihm der Typ anfangs gefiel, das auf jeden Fall, eigentlich auch danach noch, solange sie so hitzig diskutierten, hatte er trotzdem etwas, das ihn irritierte. Ja, er erinnerte sich, dass er ihn ab einem bestimmten Moment unentwegt nervte. Zum Beispiel, als sie die Diskussion über Jugoslawien begonnen hatten und er ihm zu erklären versuchte – und seine Bestätigung hören wollte –, wie unsinnig die Zerstörung dieses großen, reichen und starken Landes war, das die Banater nicht nur fasziniert, sondern das ihnen auch geholfen hatte, im Kommunismus zu überleben und bei Laune zu bleiben. Jeans von Lee Cooper, Sportschuhe von Simod und Puma-Schuhe, Shirts, Schokolade, Bananen, westliche Musik, Coca-Cola, alles kam von ihnen... Und Zucker und Öl und die Marke Vegeta und Wurst, sogar Brot, hatte Gheo vervollständigt, der aussah, als hätte er in den Jahren des Kommunismus wirklich eine lange Hungerszeit hinter sich gebracht und käme auch jetzt nicht gut zurecht. Ja, aber…, so begann ihn der Typ zu nerven. Ja, aber letztendlich war es normal, dass es so kommen würde, also nicht gerade normal, denn nichts war normal in diesem großen Abschlachten – „Unter Brüdern", hatte er ihn erinnert, „unter Brüdern" –, aber wenn sie sich nun wirklich abspalten wollten, denn es ist klar, dass sie das damals wollten… Wirklich? Er hatte keine Ahnung von der ganzen Propaganda, die einerseits die Serben in Belgrad in die Köpfe der Menschen stopften, andererseits die Kroaten, Slowenen, Makedonier und Kosovaren – und die Bosnier, hätte Loți gesagt. Na klar wusste er das, insistierte Gheo, aber das erklärt nicht, warum sie sich wie die Verrückten umgebracht haben, denn keine Propaganda funktioniert so effizient, wenn sie nicht auf ein schon vorbereitetes Feld trifft, auf dem der Samen dann aufgeht. Was ist das für ein Rotz mit dem Samen?, grinste er und entschuldigte sich darauf bei seiner Mutter und bei Emilia. Dann sagte der andere trotzdem etwas Interessantes, nämlich, dass wir in einer Epoche der Fragmentierung leben, des Lokalismus. Die Nationalstaaten hätten überall Probleme, es könnte aber sein, dass, wenn die Dinge in Kroatien, Slowenien oder anderswo im ehemaligen Jugoslawien irgendwie schlecht laufen, in zwanzig-dreißig Jahren plötzlich eine Generation da ist, die so ein großes und reiches Land wie früher möchte, die den Mythos von Großjugoslawien vom Anfang des zwanzigsten Jahrhunderts auferstehen lassen möchte. Ja, das war eine gute Überlegung! So, wie die Nostalgie in Bezug auf den Kommunismus entsteht, setzte Gheo fort; es gibt haufenweise junge Leute, die noch nicht gelebt haben, als es Ceaușescu oder Breschnew oder Honecker gab, und die die abgenutzten Ideen von Marx, Lenin und Trotzki wieder in Umlauf bringen. Ja, unterbrach er, und danach wird alles mit den verfälschten oder deformierten Erinnerungen, die sie von den Eltern gehört haben, vermischt, denn viele haben sich in dem Chaos nach

1989 nicht zurechtgefunden und sehnen sich zurück nach dieser engherzigen und armseligen, aber sicheren Stabilität. Die Caritas, zum Beispiel, erinnert ihr euch noch daran, mit all den Leuten, die gierig danach waren, aus einem Nichts heraus Vermögen zu erlangen? Hier hatte sein Vater irgendwie geräuschvoll geschwiegen, er hatte begonnen, mit der Serviette zu rascheln und umher zu schauen. Er hatte schnell das Thema gewechselt. Sie begannen eine Diskussion über das Banat, die sich am Wein aus Recaş entspann, wobei er etwas bedauerte, dass er ihn nicht probiert hatte. Er bekam Appetit, als er die anderen sah. Er hatte aber wahrscheinlich noch eine Flasche Cuvée Überland zuhause, zwar von 2010, aber trotzdem gut genug. Vom Wein gelangten sie schnell zur Banater Republik und zum unabhängigen Banat, das sich von Rumänien, von den Walachern und dem ehemaligen Altreich befreien würde. Was, das wäre unmöglich? Vor allem im Augenblick. Ja, aber ... begann wieder Gheo. Ja, aber, fuck! Und das war ein gebildeter Banater, nicht irgendein Dahergelaufener! Er wusste, worum es ging, er kannte die Landesgeschichte, er war damit einverstanden, dass das Banat bis 1919 nichts mit der Geschichte Rumäniens zu tun hatte! Ja, aber... Was „aber"? Er hat doch vorher selbst gesagt, dass sich die Nationalstaaten fragmentieren. Ja, aber jetzt wäre das kontraproduktiv, sagte Emilias ehemaliger Kommilitone. Und unmöglich. Er erinnerte ihn an Jugoslawien, an die Tschechoslowakei, er erinnerte ihn an Katalonien und an Schottland, an Belgien, welches nur noch davon zusammengehalten wurde, dass dort die EU saß, solange es die eben noch gab. Ja, aber wir bringen die Dinge durcheinander, beharrte Gheo. Jugoslawien ist eine Sache, Schottland eine andere. Schottland ist noch nicht einmal unabhängig. Das wird es aber werden, erwiderte er. Das ist zumindest die Tendenz, verdammt nochmal, hast du nicht selbst gesagt, dass das die Tendenz ist? Der Zeitgeist. Und es gab mal einen Staat, der Banat hieß, und wenn es auch nur für zwei Monate war, einen Monat, einen Tag, wenigstens als Idee, wie auch immer, aber es gab ihn! Na, hat er vorher nicht selbst gesagt, dass es einen fruchtbaren Boden geben muss, damit die Saat aufgehen kann? Diesen Boden gibt es wie Scheißhaufen, entschuldige bitte, Vater, aber es gibt ihn, schaut dir doch nur einmal die vielen Foren an, die über das Banat diskutieren, und hör hin, was die Leute in den Biergärten erzählen. Es ist genug Saat da! Ja, aber jetzt ist die Situation eine andere, hatte Gheo wieder begonnen – und er zog unentwegt aus jener Eisenzigarette. 1919 war das Banat ein ganz anderes. Zum einen war es das ganze Banat, also auch mit dem Teil, der jetzt bei den Serben ist – und den kannst du ihnen nicht wieder wegnehmen – und dann gab es damals keine Mehrheitsbevölkerung im Banat. Gut, die Rumänen waren mehr, klar, aber sie machten nicht mehr als dreißig, fünfunddreißig Prozent der Gesamtbevölkerung aus. Ungefähr ein Viertel waren Deutsche, ungefähr zwanzig Prozent Serben, ungefähr genauso viele Ungarn… Aber welches unabhängige Banat kannst du denn jetzt machen? Zwei Bezirke, Caraş und Timiş, und ohne Deutsche, denn jetzt gibt es mehr Roma als Deutsche! Mit einer Handvoll Serben und ebenso vielen Ungarn? Ethnisch ist das Banat wie das ganze Rumänien. Es ist eine Art Fischsuppe, in der von jedem etwas drin ist, aber egal, was du in den Topf tust – noch ein paar Serben, ein paar Oltenier oder Moldauer, zwei, drei Deutsche für das Aroma, ein paar Ungarn als Gewürz und was du noch auftreiben kannst: Tschechen, Slowaken und Bulgaren – es bleibt trotzdem eine Fischsuppe. Aber nein, was für eine Suppe?, griff er die Metapher auf, denn er mochte Fischsuppe. Fischsuppe war es vorher, mit den Deutschen, den Ungarn und den Rumänen. Aber wenn du anfängst, auch Frösche und Regenwürmer hineinzutun, dann machst du die Suppe kaputt. Hier wurde Emilia wütend, also wie, er macht sie zu einem Frosch? Oder Regenwurm? Ach, Emi, meine Liebe, du bist doch kein Regenwurm, ich habe nur Gheos Idee fortgesetzt, hatte er sich zurückgenommen, dann witzelte er, und was, wenn es so wäre? Wenn die gesamte Banater Fischschaft ein bisschen an dir picken wollte, siehst du denn nicht, wie die Barsche vom Nachbartisch glotzen? Alle lachten, sogar sein Vater, aber Gheo machte stur weiter, denn er wusste es besser. Vielleicht ventiliert man hier, in Temeswar und in größeren Städten, die Idee mit dem unabhängigen Banat, um irgendwelche Frustrationen durchzufiltern, wie eben auch bei der Geschichte mit „Siebenbürgen den Siebenbürgern". Aber der Mehrheit der Bevölkerung ist das egal. Und wann hat je die Mehrheit der Bevölkerung gezählt?, fuhr er Gheo an. Die Revolution wurde in Temeswar und in Bukarest gemacht, mit einer Handvoll Menschen. Die restlichen Rumänen saßen vor dem Fernseher und haben abgewartet, was dann passiert. Wenn das kommunistische Regime gestürzt worden wäre, sehr gut, wenn nicht, ach naja, dann ist es eben so, sie haben nichts gemacht, sie sind unschuldig, das Regime ist gut, das Leben geht weiter. Ob mit Ceaușescu oder ohne, sie hätten trotzdem gelebt. Sie hätten sich an alles angepasst. Die Revolutionen vollziehen sich in der Stadt und werden nicht von der Masse gemacht. Revolutionen sind keine demokratischen Wahlen. Denn dafür sind wir bei der Revolution gestorben, lachte er und war zufrieden mit seiner Erklärung. Und wirklich hatte er damit Gheo zum Schweigen gebracht- zumindest hatte er diesen Eindruck. Aber der hat trotzdem nicht zugegeben, dass er recht hatte. Dann mischte sich Emilia ein, um ihren ehemaligen Kommilitonen zu verteidigen, und fragte ihn, warum er dann Geschäfte mit Herrn Vergil aus Bukarest mache, wenn doch alle Walachen blöd sind. Oder war Herr Vergil kein Walache aus dem Altreich? Er wurde wütend. Was hatte das eine mit dem anderen zu tun? Geschäfte sind Geschäfte. Aber er hat keine Erklärungen mehr abgegeben, denn es hatte keinen Sinn.

Mit den Roma war es dieselbe Diskussion. Auch Gheo hatte zugegeben, dass sie alle historischen Gebäude im Stadtzentrum auf räuberische Weise bekämen, und andere noch dazu, dass sie Unterlagen fälschten, die Bewohner der Stadtvillen im Zentrum terrorisieren und die Leute im Rathaus und in den Notariaten übers Ohr hauen. Ja, das machen sie, aber ... Und von hier begann er eine ganze Theorie des historischen Rechts zu entfalten, ausgehend von den ersten Eigentümern der Villen im Stadtzentrum, die, die sie gebaut hatten. Die meisten waren aus dem Altreich, wusstest du das? Sie kamen aus dem Altreich, sie haben alle Führungsämter im Banat übernommen und Vermögen angehäuft, wie es heute die Politiker und die Staatsdiener machen: mit Bestechungsgeldern, mit Plünderung öffentlicher Gelder, mit zweifelhaften Geschäften und politischen Machenschaften. Mit dem Patriotismus im Wort und der Hand im Budget des Staates. War es richtig so? Natürlich nicht. Gut. Achtundvierzig kamen die Kommunisten, haben sie aus ihren Häusern rausgeholt, haben sie ins Gefängnis gesteckt und sind selbst in diese Häuser eingezogen. Kommunistische Bonzen, Securisten, Aktivisten – die alle wohnten in den Villen im Zentrum. Na, und nach der Revolution, in den neunziger Jahren kamen die Roma, die wiederum ihre Dinger gedreht haben. Sie haben die aus den Häusern geworfen, die die anderen rausgeworfen hatten, die wiederum durch Diebstahl und Lüge zu Reichtum und Häusern gekommen waren. Richtig? Natürlich nicht, nichts ist hier richtig, aber was soll man machen. Das ist Rumänien, wer sich des Bettelns nicht schämt, nährt sich reichlich! Solange ihn die Geschichte lässt. Hast du den ehemaligen Sitz der Securitate auf der Loga gesehen, wohin sie die politischen Gefangenen in den fünfziger Jahren gebracht haben, um sie zu verhören und zu foltern? Man hatte dort an der Hausfassade eine Marmorplakette angebracht. In Erinnerung, im Gedenken... Jetzt ist das ein Zigeunerpalast, der Palast von Puiu Napoleon. So steht es groß dran, auf der Vorderfront. Das ist es: historische Gerechtigkeit. Und nachdem Gheo eine Weile überlegt hatte, begann er wieder mit „Ja, aber…“. Ja, aber es geht hier gar nicht um die. Temeswar ist voller armer Roma, die in heruntergekommenen Häusern und Bretterbuden wohnen. Das wusste er auch, daran musste ihn jemand, der nicht in Temeswar geboren war, nicht erinnern. Letztendlich waren „die Zigeuner“, über die sich die Temeswarer so ärgerten, zwei große, weitverzweigte Halbwelt-Clans. Zwei. Und es wäre ihnen nicht gelungen, die Hand auch nur auf eins der Gebäude zu legen, wenn ihnen nicht die Rumänen, also die „waschechten Banater“, grinste Gheo, geholfen hätten, von denen sie die Informationen bekommen haben darüber, wo sie zuschlagen können, und die ihnen auch mit den Akten und allem anderen geholfen haben. Und er hatte sich an Iasmina erinnert und das Thema gewechselt. Schließlich hatte er es nicht mehr ertragen und ihm gesagt, dass er an krankhafter Widerspruchssucht leide. Und dass, wenn er ihn im Lyzeum kennengelernt hätte, er ihn sicher verprügelt hätte, wenigstens, um seine Nerven zu beruhigen. Gheo lachte gezwungen und hat zugegeben, dass ja, wahrscheinlich ja. Sie waren schließlich im selben Alter. Vielleicht hatten sie sich sogar schon einmal gesehen. Im Wohnheim, in der 12, als Vlad zu Emilia kam. Sicher sind sie mindestens einmal aneinander vorbeigegangen. Oder noch länger her, in den Achtzigern, in irgendeiner Disko in der Stadt. Das könnte sein. Bist du dir sicher, dass ich dich nicht verhauen habe? Ich glaube nicht, antwortete Gheo zögernd. Nein, nein!, bekräftigte er sofort. Auch nicht im Lyzeum?, insistierte er, irgendwie voller Hoffnung. In welche Disko bist du denn gegangen? Na, wieviel Auswahl hatten wir denn?, lachte Gheo. Ins Zentrum, in die Disko 53, vom Eisenbahnklub, Club CFR…. warst du mal dort? Klar warst du. Das war die beste. Danach kam noch die von der Holztechnik, die

Tehnolemn im Küttl-Viertel, aber ich war dort nie. Es war zu weit. Und das Viertel war irgendwie dubios. Wie?, hatte sich Emilia gewundert. Tehnolemn, Holztechnik? Ja, die Disko Tehnolemn. Ein hübscher Name, stimmts?, hatte er gegrinst und kurz zu seinen Eltern geschaut, die seit Minuten nichts mehr gesagt hatten. Erzähl mal den Jugendlichen von heute, dass es eine Disko mit dem Namen Holztechnik gab. Ich glaube, das war so eine Art Arbeiterklub, stimmts, Vater? Ja, so wird es wohl gewesen sein, hatte sein Vater ernst geantwortet. Und dann gab es noch die im Fabrik-Viertel. *2. April*, hatte sich Gheo erinnert. Die Disko der Moldauer und der Soldaten, so nannten wir sie. Dort spielten sie auch Volksmusik, kannst du dir das vorstellen? Disko mit Volksmusik! Sie war bei der Bierfabrik, wo jetzt die Fabrikgaststätte ist. In die *2. April* ging ich öfter, denn sie war näher zum Lyzeum. Warte kurz! Auf welchem Lyzeum warst du? Auf dem Silvic, dem Forst-Lyzeum, im Pădurea-Verde-Viertel, antwortete Gheo und entschuldigte sich dann: Ich weiß, dass das nichts mit Philologie zu tun hat, aber … Haha, im Pădurea Verde! Also, ich habe im UMT-Viertel gewohnt! Er schaute kurz auf seinen Vater und setzte dann kühn fort: Tja, wie haben die vom Silvic jede Woche verprügelt, jedesmal, wenn sie in unser Viertel kamen. Bist du dir sicher, dass du nicht auch etwas abbekommen hast? Oder in der *2. April*? Nein, nein, hatte sich Gheo verteidigt. Ich hatte eine Zeitlang eine Freundin, die dort wohnte, in dem Block über dem Lebensmittelladen, aber es hatte sich niemand mit mir angelegt. Ein einziges Mal haben mich welche in der *2. April* verprügelt, aber das waren paar kleine Zigeuner. Und nicht sonstwer. Mensch Jungs, unterbrach seine Mutter, nun sprecht doch nicht mehr davon, vom Prügeln und den Zigeunern. Was ist denn mit euch los? Wir sind hierhergekommen, um Emilia zu feiern und nicht, damit ihr über eure Diskotheken sprecht. Und du, Vlad, willst uns jetzt von allen

Dummheiten berichten, die du gemacht hast? Wenn wir das gewusst hätten… Ich habe genug davon gewusst, murmelte sein Vater. Mir hat das, was ich erfahren habe, genügt. Papa, wir waren doch bloß kleine Jungs!, verteidigte er sich. Ja, bloß kleine Jungs, Herr Petru, bekräftigte auch Gheo. Alle Jugendlichen haben solche Geschichten auf Lager. Und dabei übertreiben sie oft…, das können Sie sich gar nicht vorstellen! Um ehrlich zu sein, ich weiß auch nicht mehr, was nun wahr ist und wieviel von dem, was mir alles passiert ist, ich selbst noch dazu erfunden habe. Du erzählst und erzählst und blähst die Geschichte auf, damit sie interessanter klingt, du fügst immer noch etwas dazu und schließlich glaubst du selbst daran, dass dir das alles passiert ist, was eigentlich gar nicht geschehen ist. Das sagt ihr jetzt einfach so, klagte Vlads Mutter. Ich habe gestern im Fernsehen gesehen, dass ein Junge in einem Park erstochen wurde, im selben Alter wie ihr. Er wurde einfach so mit einem Messer niedergestochen. Er war noch nicht mal siebzehn Jahre alt. Ja, aber…, begann wieder Gheo. Ja, es war nervtötend. Aber immerhin musste er zugeben, dass er gerne mit ihm zusammen gewesen war, auch wenn sie sich gestritten haben. Trotzdem hätte dieser Gheo ruhig ein bisschen nachgeben können. Was, verdammt, passiert eigentlich mit uns? Wir treffen immer seltener auf Menschen, die wir mögen. Sogar mit denen in unserem Alter, die genau dieselben Dinge erlebt, dieselben Filme gesehen und dieselben Bücher gelesen haben, die, mit denen wir in dieselben Diskos und zu denselben Partys gegangen sind und die, verdammt, vielleicht sogar mit denselben Mädchen getanzt und über dieselben Dinge diskutiert haben, auch mit denen verstehen wir uns am Ende nicht mehr! Ich kann nur noch mit Loți entspannt reden. Wobei er mich inzwischen auch nervt. Vor zwanzig Jahren waren wir noch nicht so wählerisch. Wir trafen uns, saßen bis zum Morgen bei Wodka und Zigaretten und redeten, bis uns der Mund weh tat, ich weiß gar nicht mehr, worüber, und waren Freunde fürs Leben. So dachten wir, fürs Leben. Es reichte, dass wir im selben Viertel wohnten und uns zwischen den Blöcken trafen und fertig, wir waren eine Clique. Wir hätten sogar unser Leben füreinander gegeben. Jetzt treffe ich in meinem Viertel keinen mehr aus meiner Clique. Und ich will auch nicht. Ich glaube nicht, dass ich mich auch nur mit einem von ihnen verstehen würde. Ob Alex auch so ist? Obschon er gar nicht weiß, was eine Clique ist. Oder weiß ich es nicht?

Er fuhr an dem ehemaligen Maschinenbauwerk vorbei, wo sein Vater fast vierzig Jahre lang Ingenieur war und seine Mutter fast ebenso lange Buchhalterin, dann begann das Viertel mit den Blöcken. Auf dem Fußweg ging unter dem schwachen, gelblichen Licht der Straßenlaternen ein Mann mit gebeugtem Rücken mit seinem weißen, fluffigen Hund spazieren. Er erkannte ihn, wurde langsamer, öffnete das Autofenster und schrie:

„Socolaru! He, Socolaru! Du dummes Schwein, du scheiß Verräter!“

Der Mann fuhr zusammen, zog den Kopf noch stärker zwischen die Schultern und beschleunigte seinen Schritt. Der Hund aber blieb zurück und zog an der Leine, sodass der Mann stehenblieb.

„Du scheiß Verräter!“, rief er wieder, wobei er den Kopf aus dem Fenster reckte. „Ein Scheißhaufen bist du geblieben, Socolaru! Ein Kackhaufen, das warst du das ganze Leben!“

„Vlad!“, schimpfte Emilia und zog ihn am Ärmel.

„Vlad, mein Lieber, lass ihn in Frieden!“, mischte sich auch seine Mutter vom Rücksitz ein. „Lass ihn, den Armen!“

„Arm?“, warf er ihr trocken zu und steckte danach wieder den Kopf aus dem Fenster: „Du bist ein Kackhaufen mit Augen! Du bist ein Nichts, hast alles verkackt! Kannst jetzt den Hundearsch ablecken!“

Der Mann auf dem Fußweg ging um die Ecke und verschwand im Dunkel zwischen zwei Blöcken.

„Ich erwisch dich eines Tages, du Rindvieh!“, rief er ihm nach, diesmal aber fröhlich. „Ich fahr dein Vieh über den Haufen, du Blödmann! Ich mach dir eine Mütze aus seinem Fell, Socolaru, damit du im Winter nicht frierst! Du blöder Verräter!“

Er beschleunigte und fuhr in die Straße, in der seine Eltern wohnten. Er hielt vor dem Block seiner Kindheit und drehte den Kopf zum Rücksitz.

„Vlad, Mensch Vlad, red nicht mehr so“, bat ihn sein Vater sanft, überraschend sanft.

„Lass ihn doch endlich in Ruhe, mein Lieber“, sagte seine Mutter. „Der kann einem wirklich leidtun, der Arme!“

„Der Arme! Welcher Arme? Wegen ihm habe ich die Armee im Strafbataillon gemacht. Und wenn die Revolution nicht gewesen wäre, wer weiß, was mir noch passiert wäre. Vater, sag du nicht auch noch, dass ich ihn in Ruhe lassen soll! Du weißt schließlich, was er gemacht hat.“

„Ach naja…“, seufzte der Vater und drückte die Tür auf.

„Er ist allein geblieben, Vlad, und er kann einem leidtun“, intervenierte seine Mutter. „Er geht immer ungewaschen und niemand kümmert sich um ihn, er hat nur diesen Hund und …deswegen, Vlad, darfst du nicht so mit ihm reden.“

„Verdammt nochmal…“, begann er wieder, beruhigte sich dann aber: „Keine Sorge, Mama, ich tue ihm nichts. Ich erschrecke ihn so halt ein bisschen, damit er es nicht vergisst. Aber ich kann ihm niemals verzeihen, dem Rindvieh!“

„Der Herr wird ihm verzeihen“, seufzte seine Mutter und stieg aus dem Auto.

Er grinste. Guck an, plötzlich fühlte er sich besser.

5
Schmutziges Theater

Ja, es war ein guter Tag. Sein Vater schien sich schließlich damit versöhnt zu haben, dass sein Sohn Schüler an einem Industrielyzeum ist, denn diesmal brummte er nichts mehr in sich hinein, als er seine fanfarenartige Stimme hörte. Bisher hatte er immer geknurrt, wenn er ihm mit einer bittend fröhlichen Stimme verkündete, dass er in Algebra eine Eins bekommen habe, eine Eins in Chemie, eine Zwei in Biologie und eine Eins in Materialkunde. Jetzt warf er ihm auch nicht mehr abfällig den Satz hin, den er bisher schon tausendmal in verschiedenen Varianten gehört hatte: „Na klar, prahl nur mit einer Eins auf dem UMT-Lyzeum!“, „Schämst du dich nicht? Auf so einem beschissenen Industrielyzeum?“, „Ich würde mich in Grund und Boden schämen, mit einer Eins am UMT zu prahlen!“ Diese verhasste Phrase, die, egal in welcher Form, ihm so auf die Nerven ging, dass er fühlte, wie ihm die Tränen kamen, und sich wünschte, sitzen zu bleiben, um zu sehen, was der Alte dann sagen würde – nein, diesmal schluckte der Vater unter dem strafenden Blick der Mutter seine Worte herunter und beschloss, nichts zu sagen, es war egal, das Schlimme war schon geschehen, er nickte sogar, als seine Mutter ausrief: „Bravo, *sine*!“, dann ging er ins Wohnzimmer, wo er etwas am neu gekauften Farbfernseher baute, für den er sechs Monate auf einer langen Warteliste gestanden hatte und der aus der Fabrik mit einem Defekt gekommen war.

„Bravo, *sine*!“, wiederholte seine Mutter. „Schön, dass du deine Arbeit machst!“, sagte sie laut, damit man es auch im Nachbarzimmer hörte.

Er lächelte sie artig an. Jetzt war der Moment zum Angriff.

„Ja, Mama, ich strenge mich an! Aber kann ich bitte heute

Abend ein bisschen in die Stadt? Erst mache ich meine Hausaufgaben für morgen, jetzt gleich mache ich sie, kein Problem, ehrlich! Aber die Jungs sagen… und ich würde heute auch gerne bisschen ausgehen…"

„Welche Jungs?", war die Stimme des Vaters vom Wohnzimmer zu hören.

„Na, einfach die Jungs… Mircea und Vali…, glaube ich", sagte er laut und demütig.

„Geh nur, Vladi, geh nur", antwortete seine Mutter rasch und warf einen Blick zum Wohnzimmer. „Aber bleib nicht bis Mitternacht. Du weißt, was alles in der Stadt passiert."

„Aber mach erst die Hausaufgaben!", fügte sein Vater überflüssigerweise hinzu und ergänzte dann mit anderem Tonfall, wobei ein trockenes Geräusch von auf Holz schlagendem Metall zu hören war: „Verdammt!"

Er griff schnell nach seiner Schultasche im Flur, warf das Notenheft hinein und trat in sein Zimmer, wobei er den Kopf etwas einzog, um sich nicht am hölzernen Türrahmen zu stoßen. Das war ihm schon passiert. Er war sechzehn Jahre alt und fast einen Meter neunzig groß, was ihm die verwunderten und amüsierten Kommentare seiner Eltern einbrachte, die beide nicht größer als einssiebzig waren und sich fragten, woher eine solche Bohnenstange in ihrer Familie kam? Hoffentlich nur hat nicht Dragana ihren Mann mit irgendeinem serbischen Basketballer betrogen, wie sein Vater immer mal wieder bei Vergnügungen witzelte, wenn er seinen großen, schönen und klugen Sohn lobte, der Schüler am Loga-Lyzeum war, in einer Eliteklasse mit Mathe und Physik…, aber damit war es ja jetzt vorbei. Er war nur groß und schön geblieben – und das auch nur in den Augen seiner Mutter, die ihn unermüdlich vor dem Vater verteidigte, indem sie versuchte, Vlads Dummheit als Wohltat darzustellen.

Und dabei war es eine Dummheit, wie er selbst genau wusste. Es war im Sommer passiert, bei den Jahrgangsprüfungen zwischen zehnter und elfter Klasse. Für ihn wäre die Prüfung eigentlich reine Formsache gewesen, nicht weil er der Beste aus seiner Elitenklasse wäre – wobei er auch kein Schlusslicht war –, sondern weil er gerade nicht an einer richtigen Prüfung teilgenommen hatte, mit einer realen Konkurrenz, wie bei den Zugangsprüfungen zur Uni. Für die Jahrgangsprüfung am C.D. Loga meldeten sich auch Schüler aus anderen Lyzeen an und hofften, es zu schaffen und dort weiterlernen zu können, aber nur wenigen gelang es; das Lyzeum war wirklich gut und anspruchsvoll, sodass die Neuen fast keine Chance hatten, die Aufnahme zu schaffen. Die, die es nicht schafften, also die Mehrheit, füllten im Herbst alle freigebliebenen Plätze an Lyzeen mit schlechtem Ruf, an die anspruchsvolle Eltern ihre Kinder nicht geben wollten: landwirtschaftliche Lyzeen, Industrielyzeen oder Berufsschulen. Somit hätte er überhaupt keine Probleme haben müssen. Nein, hätte er nicht.

Es war Ende Juni, der Morgen der Physikprüfung. Bei der Matheprüfung vor zwei Tagen war er wunderbar zurechtgekommen und das wusste er: Er hatte die Aufgaben in weniger als einer Stunde gelöst und das Prüfungsblatt mit einer Würde übergeben, die seinem grauen Anzug angemessen war, mit Schlips, den er erst das zweite oder dritte Mal in seinem Leben trug, und er war mit derselben ernsten und reifen Haltung in den Flur getreten, obwohl er vor Freude am liebsten herumgehüpft wäre. Jetzt aber, bei der zweiten Prüfung, betrachtete er das gelblich-weiße Blatt vor sich, mit der Ecke rechts, in die er seinen Namen geschrieben und die Stelle gefaltet, versiegelt und abgestempelt hatte, und spürte, wie ihn Freude umfing. Die Hand zuckte auf der Bank und der Füller kratzte leicht auf dem gelblichen, schlecht lackierten Holz. Der aufsichtshabende Lehrer hatte gerade die Aufgaben an die schwarze Glastafel geschrieben und er sah – nein, ich *weiß* es! –, dass er eine gute Note erhalten würde, mindestens eine Zwei, wenn nicht sogar fast eine Eins. Er fuhr sich mit der Hand durch die Haare. Er rückte den schmalen Schlips aus schwarzem Leder zurecht. Er sah sich um. Seine Mitschüler saßen ebenso brav und schön angezogen an jeweils einem Einzeltisch und sahen sich die Aufgaben an. Manche bewegten lautlos die Lippen, andere hatten begonnen, die Aufgaben auf das Papier zu schreiben. An den großen Fenstern des Klassenzimmers sammelten sich die Sonnenstrahlen eines extrem heißen Sommertags, wie gestern auch, und vor ihm begann Marian, fieberhaft auf dem Konzeptpapier zu rechnen. Er sah auf seine Armbanduhr: neunuhrzwanzig. Er begann. Ungefähr anderthalb Stunden hatte er dann wie in Trance mal auf das Konzeptpapier, mal auf das Prüfungsblatt geschrieben, völlig losgelöst von der Welt um ihn herum. Als er fast fertig war, drehte sich Marian heimlich um:

„He Vlad, welcher Wirkungsgrad ist bei dir rausgekommen?"

Er sah sich verstohlen um, um die Aufpasser zu sehen, beugte und krümmte sich wie eine Schildkröte, die den Hals in ihren Panzer zurückzieht, und flüsterte: „Null, acht zwei, Mensch."

„Ruhe!", hörte er die raue und laute Stimme eines der Aufseher, der zwischen den Holzbänken umherging. „Wollt ihr rausfliegen?"

Er versteinerte. Der Lehrer, ein breitschultriger Mann mit ergrauendem Haar, einem kleinen Mund und flacher Nase, lief gemächlich bei ihnen entlang und ging zum Lehrertisch.

„Das kann nicht sein!", flüsterte Marian trotzig. „Bei mir ist eins dreißig rausgekommen!"

„Nein, Mensch!"

Der Ochse!

„Doch, eins dreißig! Du hast was falsch!"

„Ich habe Ruhe gesagt!", war wieder die Stimme des Lehrers zu hören, der sich umdrehte und sie schneidend ansah. „Ihr wisst wohl nicht, was eine Prüfung ist? Ich sage es nicht noch einmal!"

Alle Köpfe im Raum drehten sich zu ihnen um, sodass sie wieder in unschuldigen Positionen verharrten. Er sah mit nachdenklicher Pose zum Fenster, als ob er gerade ein neues physikalisches Gesetz entdeckt hätte und nicht wüsste, wie er es am besten aufschreiben sollte, und Marian hatte sich über sein Blatt gebeugt, wobei er es fast mit der Nase berührte. Aber etwas trieb ihn an, nachzuhaken, und nach einigen Minuten reckte er sich zu Marian und flüsterte:

„Das kann nicht sein, Mensch! Der Wirkungsgrad kann nicht größer als Eins sein!"

In der Stille des Raums hörte man eilige, drängende Schritte. Der Lehrer mit dem ergrauenden Haar kam direkt zu seiner Bank zu und fasste ihn am Arm: „Auf!"

„Au!", entfuhr es ihm.

Er stand auf und riss sich kurz los.

„Raus mit dir!", bellte der Lehrer.

Er wurde plötzlich kraftlos.

„Aber, Genosse Lehrer…"

„Raus!", erhob der Lehrer die Stimme. „Wie oft soll ich es dir noch sagen? Ich habe dich zweimal verwarnt! Schluss jetzt, raus!"

„Genosse Lehrer, ich habe nichts gemacht…", greinte er und versuchte, sich kleiner als der Lehrer zu machen.

Er spürte, wie es ihm die Beine wegzog. Weinen kam ihn an und er presste die schmalen Lippen fest aufeinander, aber in dieser Weise bekam sein Gesicht einen ironischen Ausdruck, der den Lehrer noch stärker aufregte.

„Wir diskutieren nicht mehr! Such dein Zeug zusammen und geh! Siehst du nicht, dass du deine Mitschüler störst? Wie heißt du? Honoriu", rief er den anderen Aufseher, „schau mal auf der Liste nach, wo der Kerl steht. Wie heißt du?"

„Aber ich bitte Sie, Genosse Lehrer! Ich bitte Sie! Ich habe doch nichts gemacht! Ich bin fertig geworden…, ich habe alles aufgeschrieben…"

Er nahm das Prüfungsblatt vom Tisch, hielt es ihm bittend hin und merkte, wie seine Stimme versagte. Das Papier zitterte in seiner Hand. Der Lehrer nahm es, legte es zurück auf den Tisch und strich alles mit einem großen X durch.

„Auf Wiedersehen!", sagte er böse und schob ihn zum Ausgang.

Er ging wie betäubt hinaus und verbarg vor seinen Mitschülern, dass er weinte. Wenigstens sollte er sich nicht zum Gespött machen. Obwohl er sie alle dort nicht mehr wiedersehen würde.

(Eine Woche später, als man die Liste mit den Ergebnissen aufgehängt hatte, stand der Name Vlad Jivan irgendwo unten, in einer separaten Spalte, und rechts daneben stand statt der beiden Zensuren und des Durchschnitts nur „Entfernt". Etwas weiter oben, zwischen den Durchgefallenen, stand Marians Name – logisch, denn der Wirkungsgrad kann nicht größer als Eins sein. Aber das konnte ihn nicht trösten.)

Er schleppte sich langsam nach Hause, ohne die Straßenbahn zu nehmen, um die Begegnung mit seinen Eltern so lange wie möglich hinauszuzögern. Es war ein wunderbarer Tag, klar und lichtvoll, alles um ihn herum glänzte grün, die Luft hatte sich noch nicht zu sehr erhitzt und die Menschen wirkten fröhlich und zufrieden. Ihm schien, dass es außer ihm keinem in dieser Stadt schlecht geht, dass der dünne und bucklige Mann im braunen, schäbigen Anzug, der einen kahlen Hund an der Leine führte, einen geheimen Grund für seine Freude hatte, den er langsam auskostete, während er die Brücke von Băile Neptun überquerte, dass die drei jungen, mit kurzen Faltenröcken oder engen Jeans ungewöhnlich angezogenen Mädchen wunderschön und unbeschwert lachten und dass die dicke Frau in einer schmutzigen Schürze, die aus einer Fleischerei kam und ein leeres Bastnetz schlenkerte, gerade von der größten Last ihres Lebens befreit worden war, und er hätte was auch immer dafür gegeben, an der Stelle irgendeines dieser Menschen zu sein. Schließlich kam der Moment, in dem er zuhause anlangte, er schloss auf und trat in eine Stille, die ihm trostlos erschien, obwohl er sie vorausgeahnt hatte, er setzte sich auf einen Stuhl und schaute ins Leere. Er weinte nicht. Er knirschte und sprach mit sich selbst. Er ging durch die vier Zimmer und konnte sich zu nichts entschließen, denn er hatte nichts mehr zu tun. Er zog auch den von seiner Mutter für die Prüfung schön gebügelten Anzug mit dem weißen Hemd und der Krawatte nicht aus. Später hörte er einen Schlüssel im Schloss und blieb versteinert im Flur stehen.

Seine Mutter kam zuerst heim. Er erzählte ihr alles, wobei er die Brutalität des Lehrers betonte und seinen Anteil etwas minimierte, und da bekam sie Angst und weinte, auch er weinte, er hing an ihr wie ein sechsjähriges Kind und bat sie, ihn da irgendwie rauszuholen. Seine Mutter sah ihn mit ihren blauen Augen an, die vom Weinen ganz klar waren, und schickte ihn einkaufen. Er sollte sich einfach draußen in der Nähe des Blocks aufhalten und die Straße im Blick behalten, bis er seinen Vater kommen sah. Dann sollte er noch eine halbe Stunde warten, ehe er wieder in die Wohnung käme. So war es besser.

Vielleicht hätte ihm sein Vater ein paar Ohrfeigen gegeben. Er hätte ihn ausgeschimpft und erniedrigt. Aber er fürchtete sich weder vor den Schlägen noch vor der Erniedrigung, sondern vor dem Moment, in dem er sagen müsste, was passiert war, vor dem Augenblick, da er seinem Vater in die Augen sehen müsste und den weiteren Lauf seines eigenen Lebens und dem seiner Eltern mit wenigen Worten ändern würde. Er hatte irgendwo gelesen, dass im Altertum die Boten, die schlechte Nachrichten brachten, umgebracht wurden. Jetzt verstand er, warum. Er spürte, dass, wenn sein

Vater die Nachricht in seiner Abwesenheit erfährt, die Verbindung zwischen dieser Nachricht und ihm etwas schwächer wird, sodass er dann vor seinen Vater treten kann, wenn das alles – der Ausschluss von der Prüfung und natürlich vom Lyzeum, auf das sein Vater so stolz war, die Demütigung des Versagens und die sinnlose Weise, in der das geschehen war – Teil der Vergangenheit sein wird, einer Vergangenheit, die ihn nur zufällig betrifft und die schließlich vergangen sein wird, denn darum heißt sie auch Vergangenheit. Und wie kindisch seine Überlegungen vielleicht auch waren, er hatte immerhin teilweise recht: Als er zuhause ankam, hatte sich die Wut seines Vaters beruhigt, in der Küche lagen die Scherben einer roten Kristallvase, die seinem Vater sowieso nie gefallen hatte, dort wogte aber auch ein hässliches Schweigen, das nach abgestandenem Zigarettenqualm und nach Worten roch, die wenig zuvor mit Erbitterung ausgesprochen worden waren. Aber er kam wenigstens ohne Schläge davon, wenngleich nicht ohne Erniedrigung. Es würde vorübergehen.

Die Demütigung war auch jetzt noch nicht ganz vorbei. Offenbar frustriert, weil er ihn im entscheidenden Moment nicht zu fassen bekommen hatte, machte sich sein Vater über ihn lustig und bestrafte ihn den ganzen Sommer über auf verschiedene Weise. Er hatte ihm allerdings wirklich geholfen, sich in einem anderen Lyzeum einzuschreiben, um nicht auf der Berufsschule zu landen – auf dem Industrielyzeum Nr. 9, das alle unter der Bezeichnung UMT-Lyzeum kannten – und weil er Chefingenieur bei UMT war, dem Maschinenbauwerk Temeswar, hatte er sich um alle Papiere gekümmert und ihm sofort eine privilegierte Position zugeschanzt. Er war schließlich nicht irgendwer, sondern sein Sohn, was alle Lehrer der Schule sofort mit Schuljahresbeginn erfuhren. Weil zudem das UMT-Lyzeum wirklich etwas gewöhnlicher war, mit zusammengewürfelten Schülern, viele vom Dorf und aus ärmeren Familien, zukünftige Mechaniker, Fräser oder Dreher bei UMT, merkte er ziemlich schnell, dass er in jedem Fach ohne große Anstrengung glänzen konnte, was seiner Meinung nach gut war, aber nach Meinung des Vaters schlecht. Wie auch immer, das war die neue Realität seines Lebens, mit der er sich schnell genug angefreundet hatte und deren Vorteile er auszuschöpfen wusste, während sein Vater, wie jeder Vater mit Ambitionen, seinen Frieden auch jetzt noch nicht gemacht hatte. Wie immer versuchte seine Mutter, nach allen Seiten zu vermitteln, und verteidigte ihn, was nicht immer klug war, aber letztendlich doch fruchtete – denn der Alte, so ambitiös und spröde, wie er war, liebte beide gleichermaßen. Wie jeder Jugendliche profitierte er davon, während sein Vater, wie jeder Vater, gerne wütend wurde, sich aber wieder beruhigte. Wie sonst hätte er ihm sonst erlaubt, in die Stadt zu gehen?

Er betrat sein Zimmer und schloss sorgsam die Tür, an die er mit Reißzwecken ein großes Poster mit *Iron Maiden* im Konzert und einer eisernen Jungfrau im Hintergrund der Band sowie ein kleineres Poster von *AC/DC* befestigt hatte. Sie stammten aus *Bravo*-Zeitschriften, die ihm Ragnar aus Deutschland geschickt hatte. An den Wänden befanden sich noch zwei weitere Poster mit Rockbands, auch aus der *Bravo*, und noch ein paar in matteren Farben von jugoslawischen Basketballmannschaften. Die waren aus Zeitschriften, die sein Onkel Laza mitgebracht hatte: die Mannschaft der Kroaten von Cibona Zagreb, die 1985 die Europapokalmeisterschaften gewonnen hatten, und die jugoslawische Nationalmannschaft, die 1984 bei der Olympiade in Los Angeles die Bronzemedaille erhielt. An einer Wand und einer Tür des Kleiderschranks aus Melaminholz waren noch ein großes Plakat mit der bosnischen Basketballmannschaft Košarkaški Klub Bosna Sarajevo und zwei mit Basketballern zu sehen: Mirza Delibašić von Bosna und

Dražen Petrović von Cibona. An der anderen Schranktür klebte ein Kinoplakat aus dickem Papier, auf dem Superman – eigentlich Christopher Reeve – in seiner Uniform mit den Unterhosen über den Hosen kühn in die Ferne schaute, eine Hand an der Hüfte und der flatternde Mantel im Rücken. Im Hintergrund eine Stadt und Wolkenkratzer. Sowohl Superman als auch die Wolkenkratzer waren in weiß und grau reproduziert. Nur der obere Bereich des Plakats mit dem Filmnamen war blau, ein verblasstes Graublau, weil beim Druck Farbe gespart worden war. In einer Zimmerecke neben dem von seiner Mutter sorgsam gemachten Bett lagen ein brauner Basketball und ein Paar hohe Basketballschuhe. In der anderen Ecke, neben der Garderobe, befand sich ein winziges Bücherregal voll neuer oder zerfledderter Bücher, manche aufgereiht, andere unordentlich auf den Regalböden abgelegt.

Er warf einen Blick auf den Schreibtisch, wo zwei mit dem Einband nach oben aufgeschlagene Bücher lagen: das *Almanahul Anticipația 1987*[10], für das er in diesem Sommer zu mindestens zehn Kiosken gegangen war, ehe er es bekommen hatte, und *Hundert Jahre Einsamkeit* von Gabriel Garćia Márquez, das ihm Mircea ausgeliehen hatte. Mircea hatte ihm dabei mitgeteilt, dass er umsonst gelebt haben würde, wenn er diesen Roman nicht liest. Sodass er das Buch an sich genommen hatte und sich jetzt damit herumschlug und nur langsam vorankam. Diese eigentümliche Atmosphäre einer weit entfernten Welt, in der sich sowohl der Sex als auch die Revolutionen in einer Art heißer und schmachtender Trance vollzogen, verwirrte ihn und zog ihn an, aber die Lektüre fiel ihm schwer und jetzt, als er den weißen Einband mit dem scharlachrot gedruckten Namen des Autors und dem sehr grünen

10 Almanach der Zukunft. Es handelt sich um ein populärwissenschaftliches Almanach, auch mit Science-Fiction-Literatur, das vom Zentralkommitee des Kommunistischen Jugendverbandes herausgegeben worden war.

Buchtitel betrachtete, fühlte er eine Abneigung dem Buch und sich selbst gegenüber. Mit dem Almanach war es einfacher, dort hatte er eine Geschichte entdeckt, die ihm im Kopf geblieben war: *Wir können uns für Sie an alles erinnern* von einem Amerikaner, Philip K. Dick. Er überlegte, dass er am Sonntag in Ruhe das Almanach durchblättern und vielleicht auch den Roman von Márquez beenden könnte, dessen schon gelesener Teil dreimal kleiner war als die Menge an Seiten, die er – unbedingt! – schaffen musste. Vor allem spürte er, ohne dass er es erklären konnte, dass es einen Unterschied gab zwischen der Entspannung, die er im Almanach fand – ungefähr so wie im *Programm Plus* von den Jugoslawen – und der angenehmen Qual dieses Romans mit den merkwürdigen Südamerikanern.

Aber nicht jetzt. Jetzt warf er einen Blick darauf, was der Stundenplan des Lyzeums für freitags vorsah: nichts Schlimmes. Physik vielleicht, denn er wollte unbedingt die brünette, zierliche Lehrerin mit dem runden, feinen Gesicht und dem kurzgeschnittenen Haar mit einem Pony wie Nadia Comăneci[11] beeindrucken, die Ballerina gewesen war. Man erzählte von ihr, dass sie auf dem Oberschenkel die Spuren einer chirurgischen Naht habe, die von einer Verletzung herrührte, wegen der sie das Ballett aufgeben musste. Von diesen Spuren träumten Nacht für Nacht fast alle Jungs der Schule. Aber weil er die ersten beiden Jahre auf dem Loga-Lyzeum absolviert hatte, wo die Lehrbücher in den Mathe- und Physikstunden nur eine Art dünne Vorspeise waren zu den komplexen Problemen aus den speziellen Aufgabensammlungen für Eliteschüler, war es auf dem UMT ein Kinderspiel, das bestätigende Lächeln der Ballettlehrerin zu erobern. Sein Vater hatte durchaus recht.

11 Berühmte rumänische Turnerin, die minderjährig bei den Olympischen Spielen 1976 und 1980 mehrfach Gold erkämpfte.

Nach ungefähr einer Stunde packte er die Lehrbücher und die Hefte in die Schultasche und brach zu seiner Clique auf. Kurz überlegte er anzurufen – wenigstens das Wildschwein –, aber er riskierte es lieber nicht: das Telefon stand auf einem kleinen Tisch im Flur und er wollte von seinem Vater nicht gehört werden. Er ging aus der Wohnung, wobei er der Mutter ein „Mama, ich bin bald wieder zurück!" zuwarf, und lief über den schmalen Gang zur gegenüberliegenden Wohnung, zu Mircea. Er klingelte und Mircea erschien auf der Schwelle, mit der schwarzen Brille auf der Nase, zerzaustem Haar und in einem blauen, ausgefransten und ausgeleierten Trainingsanzug. Mircea selbst sah ziemlich ausgeleiert aus: wenn es etwas gab, das sein Freund hasste, dann war das Sport.

„Grüß dich, Alter!"

„Grüß dich, Vlad. Komm rein."

Sie betraten die Wohnung, die identisch war mit der seiner Eltern, und er roch den warmen Duft nach gekochten Bohnen mit Schweinefleisch. Hier wird schwer gekocht, dachte er. Es war nicht verwunderlich, dass Mircea so rund war. Er hatte sogar Speck angesetzt. Mircea ging in sein Zimmer und er folgte ihm, nachdem er schnell seine schmutzigen Basketballschuhe am Eingang ausgezogen hatte.

In Mirceas Zimmer, das heller war als seins, denn er hatte ein Fenster in Richtung Westen und jetzt schien die Sonne genau hinein, herrschte ein elektrometallisches Chaos: Apparate ohne Gehäuse, ein großes und schweres Maiak-Tonband, Fäden bunter Drähte, Schräubchen, zwei Lötkolben auf einem Tisch, der voller Kisten war mit Teilen, die Füßchen hatten, Transistoren, Dioden, Thyristoren und was Mircea noch so angesammelt hatte und auf dem Teppich zwei große, schwarze Lautsprecher, die mit der Öffnung nach unten abgelegt waren. Er schaute mit Expertenblick im

Zimmer umher und entdeckte zwei Schallplatten auf dem Bücherregal.

„Mensch Mircea, was hast du denn dort? Oldfield?"

„Ja", nickte Mircea mit seinem großen Kopf, die Haare kurzgeschnitten. „*Discovery* und *The Killing Fields*. Dănețu hat sie mir ausgeliehen. Wenn du willst, kann ich sie dir überspielen, aber du musst mir eine Kassette geben. Ach!", fiel ihm plötzlich ein, „deine Leute haben dir kein Maiak gekauft, oder?"

Natürlich nicht. Das Tonband war eins der Dinge, die er in diesem Sommer verloren hatte. Im August war er sechzehn geworden, aber nach dem Vorfall bei der Prüfung konnte vom Maiak keine Rede mehr sein.

„Wenn du willst, kannst du sie bei mir anhören."

„Leihst du sie mir nicht aus?"

„Nein, Mensch, das geht nicht!", entgegnete Mircea. „Wenn… ein Kratzer draufkommt? Dănețu würde mich umbringen, von dem würde ich nie wieder etwas kriegen. Komm am Sonntag zu mir und dann hören wir sie zusammen."

„Na gut, mal sehen."

Er fuhr sich mit der Hand durchs Haar. Es war im schon recht lang ins Gesicht gewachsen. Das freute ihn.

„Hör mal, Mircea, wollen wir heute Abend eine Runde in die Stadt? Ich habe mir überlegt, dass wir in die *2. April* gehen könnten, vielleicht reißen wir ja was auf…, was denkst du?"

„In die *2. April*?", murmelte Mircea unzufrieden. „Dort ist es doof."

„Ja, ich weiß, aber heute ist nichts im Eisenbahnclub."

„Gut, aber müssen wir deswegen in die *2. April*?"

„Ach Mann, nun sei doch nicht so! Es ist dort doch auch ok."

Mircea zog ratlos die Schultern hoch. Er steckte die Hände in die Taschen seines ausgeleierten Trainingsanzuges.

„Ich kann nicht, Vlad! Ehrlich, ich kann nicht. Ich habe zu tun, verdammt! Ich muss diesen Verstärker reparieren und zwei *Pink Floyds* überspielen. Morgen muss ich die Platten zurückgeben."

„Welche *Pink Floyds*?"

„*The Piper at the Gates of Dawn* und *Animals*. Ich habe die originalen amerikanischen Platten", prahlte Mircea.

„Die originalen sind englische. Und *Animals* ist übrigens nicht so gut."

„Mir gefällts", beharrte Mircea.

„Mensch, du Moldauer, echt jetzt! Wann kommst du denn mal wieder mit zum Aufreißen? Du willst doch nicht als Jungfrau sterben? Los komm, vielleicht findest du dort Ileana, dann kannst du sie mal flachlegen."

„Ach, leck mich doch!", protestierte Mircea.

„Na gut, mach ich", sagte er und neigte sich mit dem Kopf nah zu Mirceas Bauch. „Warte kurz, ich muss noch bisschen Spucke sammeln."

Beide lachten los.

Er richtete sich auf, während Mircea wieder mit demselben entschuldigenden Ton begann: „Ich kann nicht, Mensch Vlad, ehrlich! Ein andermal, gut?"

Mircea war stur, er kannte ihn gut und insistierte nicht.

„Und weißt du, Ileana geht nicht in diese Soldatendiskos!", rief ihm Mircea noch hinterher, als er die Wohnung verließ.

Soldaten- und Moldauerdisko, dachte er. Aber sowas hätte Mircea nicht gesagt. Egal. Er stieg zwei Etagen hoch und klingelte an Valis Tür. Vali selbst öffnete, groß und blond, in einem Shirt und Leinenhosen, die mit weißer Farbe bespritzt waren, auf dem Kopf hatte er einen dreieckigen Papierhut. Auf der Hutspitze war Ceaușescu zu sehen, der auf dem Kopf stand und dessen Kinn von der gefalteten Zeitung abgeschnitten wurde. Vom Titel mit schwarzen, riesigen Großbuchstaben war zu lesen: „ATERLAND, FÜR DAS WOHL DES VOL."

„Wie geht's, Alter, was machst'n?"

Vali breitete die Arme aus: Es war zu sehen, was er machte.

„Kommst du am Montag zum Training?"

„Logisch", antwortete Vali und rieb sich die fast weißen Hände mit der schrumpeligen, rosafarbenen Haut, an der die Farbe klebte.

Sie waren zusammen im Basketball, im Schulklub. Keiner von ihnen war bisher in eine große Mannschaft gelangt, aber sie standen hin und wieder auf der Reserveliste für die Stadtspiele.

„Ey, sag mal", hörte er plötzlich Vali, „kennst du Leo? Leo Poneavă", erklärte er, weil er seinen ratlosen Blick sah.

„Ach Leo! Vom Basketball. Ja, der Typ, der die ganze Zeit rumdrängelt, verdammt."

„Ja, genau, der! Du weißt, der war die ganze Zeit einfach immer nur ein Klugscheißer. Erinnerst du dich?"

„Ja, klar. Aber den habe ich lange nicht gesehen. Was ist denn mit ihm?"

„Oh Mann…"

Vali senkte die Stimme und beugte sich vor. Ein starker Geruch nach Farbe und Schweiß stieg ihm in die Nase.

„…er ist über die Grenze."

„Wie?"

„Ja, verdammt! Der Typ ist echt stark, musst du zugeben!"

„Und woher weißt du das?"

„Hat mir ein Typ erzählt, der im Elisabetin wohnt, ganz in seiner Nähe. Der ist mit seiner Kirsche zu den Serben rüber. Aber dort haben sie ihn gekriegt, weißt du? Beide. Ey, das ist ein Ding… Sie haben ihn aufgegabelt, verdroschen und was die Grenzer eben alles so machen. Angeblich haben sie ihn kahlgeschoren und danach ist er die ganze Zeit mit Mütze rumgelaufen. Ich glaube, sie haben ihn auch exmatrikuliert oder sie mussten ihn exmatrikulieren. Und was glaubst du, was der zwei Wochen später macht? Der nimmt seine Kirsche und probiert es wieder."

„Wow!"

„Ja, Mensch. Der hat Eier, was?" Vali hob die Hände zu zwei Schalen und federte nach. „Solche Eier. Verdammt, die erwischen dich, die prügeln dich durch, dass du nicht mehr weißt, wo hinten und vorne ist, und du versuchst es wieder. Und jetzt, beim zweiten Mal, haben sie ihn nicht erwischt. Die sind jetzt beide drüben."

„Und wo genau?"

„Das weiß ich nicht", Vali zog die Schultern hoch und richtete seinen Papierhut. „Ich glaube, in Deutschland. Der hat sicher Verwandtschaft dort. Leo, Leonard, weißt du. Was für ein Name soll das denn sein?"

„Leo Poneavă! Poneavăn. *Von*[12] Poneavă. Na, Mensch, lass mich mit deinem Geschwätz!"

„Vielleicht war seine Mutter Deutsche, was weißt du denn? Oder seine Kirsche. Aber egal, das ist ein Ding, Mann! Stark!"

Er schwieg kurz, bis er die Nachricht verdaut hatte.

„Gut, und was machst du gerade?"

„Ich habe meiner Mutter versprochen, die Küche zu malern. Guck mal!", Vali zeigte in die Wohnung. „Ich glaube, damit werde ich heute nicht fertig."

„Ich dachte, dass wir heute Abend bisschen in die Stadt gehen könnten."

„Das wird nichts", sagte Vali entschieden. „Ich kann nicht, das siehst du doch!" Und er zeigte wieder in dieselbe Richtung. „Da hättest du bisschen eher was sagen können!".

Er beharrte nicht. Vali wohnte mit seiner Mutter allein: sein

12 Deutsch im Original.

Vater hatte vor ungefähr vier Jahren die Familie verlassen und war zu einer anderen Frau irgendwo in der Nähe gezogen, in ein altes Haus an der Piața Traian. Hin und wieder traf Vali ihn dort oder an der Piața de Fîn, die wieder in Badea Cîrțan umbenannt worden war. Aber er tat, als sähe er ihn nicht. Das einzige Mal, als er den Alten angesprochen hatte, ungefähr einen Monat nach dem Auszug, wurde der wütend und gab ihm einen Faustschlag vor die Brust, Vali hatte zurückgeschlagen und schließlich hatten sie sich böse verprügelt. Seitdem redeten sie nicht mehr miteinander. Vali hatte einmal zu Vlad gesagt: „Ich habe gesehen, dass sie die Häuser am Prințul Turcesc abreißen und Blöcke bauen. Ich hoffe, dass sie auch seine Bude pulverisieren, mit seiner Zigeunerin und allem, was drin ist, und er mit dem nackten Arsch auf der Straße landet." Vali war schwer in Ordnung und man konnte sich auf ihn verlassen. Genau darum hatte es auch keinen Sinn, ihn zu nerven.

Er verließ den Block, lief über die Straße nach gegenüber und klingelte beim Wildschwein, der eigentlich Remus hieß. Es war niemand zuhause. Aurel, auf den er keine Lust hatte, war irgendwo in der Stadt unterwegs. Und mehr gab es in ihrer Clique nicht. Er erinnerte sich kurz an Ragnar, sein bester Freund aus dem Block – der und Mircea. Ragnar wäre ganz sicher mitgekommen. Mit ihm war er immer überallhin gegangen. Aber Ragnar war vor einem reichlichen Jahr mit seinen Eltern emigriert und lebte nun in Deutschland, in Mannheim. Naja, er würde allein ausgehen und fertig. Er wollte auf jeden Fall raus. Es war so schön draußen! Vielleicht einer der letzten schönen und warmen Herbsttage, wie man sie Ende Oktober durchaus noch in Temeswar antraf. „Ok, dann sind die ganzen Mädels eben meine", sagte er sich, schniefte kurz und ging in seinen Block zurück, in die Wohnung, in sein Zimmer.

Er brauchte nicht lange, um die Kleidung auszuwählen. Ganz

klar das weiße Shirt, das schön gefaltet in seinem Schrank lag. Die stonewashed Jeans, die seine Mutter gebügelt hatte, mit dem schwarzen Nietengürtel, seinem Rockergürtel. Auf dem Fußboden leuchteten gereinigt und gewienert die weißen sogenannten Adidas, die keine Adidas waren, sondern Simod – jugoslawische Sportschuhe, die Onkel Laza mitgebracht hatte. Die Jeansjacke, die an den Bündchen kaputtging, aber das war nicht zu ändern, er hatte keine andere und die Bündchen trug man sowieso hochgekrempelt. Weiße Strümpfe, ganz klar. Und von irgendwoher, aus den Tiefen des Schranks, unter einem Stapel von selten getragenen Hemden, ein angebrochenes Päckchen weiße Kent und ein Feuerzeug aus goldfarbenem Metall, sein Schatz, den er bei *ocskó* für fünfzig Lei gekauft hatte. Er rauchte selten und versteckte es vor seinen Eltern, aber schließlich ging kein wirklich starker Typ ohne Zigaretten aus. Für ihn bedeutete eine Zigarette ein Mädchen, dem er etwas Interessantes über sich erzählt, während er den Rauch beiläufig in den Himmel bläst, weswegen das Kent-Päckchen fast noch voll war.

Nachdem er sich so aufmerksam angezogen hatte wie ein Krieger, der in den Kampf zieht, ging er ins Bad und begann, die Haare zu stylen. Er kämmte sich ausführlich und versuchte dabei, soviel Haar wie möglich von der rechten auf die linke Seite zu bringen, und er zog den ausgefransten Pony weit über die linke Augenbraue. *New Romantic…* naja, es ging, obwohl er gerne die rechte Seite des Kopfes abrasiert hätte. Nur, dass ihn dann jeder Lehrer sofort aus dem Unterricht geworfen und zum Friseur geschickt hätte. Sogar die kleine Ballerina – er hielt einen Moment träumerisch inne und vergaß, in den Spiegel zu schauen. Oder schlimmer noch, jeder Polizist konnte ihn auf der Straße anhalten und ihm eine Glatze rasieren. Er hatte mehrfach von solchen Geschichten gehört. Warum sollte er das riskieren? Die Mädchen hatten es viel einfacher, verdammt. Er ging in sein Zimmer zurück und zog aus dem Garderobenschrank einen blauen Denim-Spray, den er wie einen Schatz hütete. Er sprühte sich maßvoll unter den Achseln und am Hals ein, dann schüttelte er besorgt die Flasche: Sie hatte sich ziemlich geleert. Er seufzte wieder, zog die Jeansjacke an, steckte in die Innentasche das Zigarettenpäckchen und das Feuerzeug und ging in den Flur.

„Mama, ich gehe!“, rief er und griff nach den Schlüsseln am Schloss.

„Bleib nicht so lange, mein Lieber!“, rief die Mutter aus der Küche.

Er blieb kurz angespannt stehen. Aber die Stimme seines Vaters war nicht zu hören. Er atmete erleichtert auf, rauschte in den Hausflur und fuhr sich mit der Hand nochmal durch den Pony über den Augen, bevor er die Tür ins Schloss zog. Er trat auf die Straße, bog neben den Blocks auf die CFR-Straße ab und brach zur Straßenbahnhaltestelle auf. Er lief zügig den breiten Fußweg entlang, unter den Bäumen mit gelben Blättern, die im Licht der Nachmittagssonne zu leuchten schienen. Seine Füße in den weißen Simod-Schuhen mit vier roten Streifen, die ihm ungeheuer elegant vorkamen, flogen über den aufgerissenen Asphalt, der voller Schlaglöcher war. Er lief und trällerte eine Melodie, von der er nur ungefähr zehn Wörter kannte, die aber perfekt zu dem Augenblick passten: „*It's a miracle, it's a miracle, it's a miracle, and dreams are made of* la-la“. Dabei passierte er die großen, vergitterten Tore des Maschinenbauwerks, wo seine Eltern arbeiteten, „*there's something in my eyes*“, dann ging er weiter, neben den Werkstätten des Werks entlang, „*it's a miracle*“, auf dem Weg Richtung Stadt, Richtung Freiheit und Vergnügen, „*it's a miracle*“, dann überquerte er die beiden Gleise der Eisenbahn und die Straße am Ende des Betriebs, „*and dreams are made of* la-la“, und hielt an der Straßenbahnstation an.

An der Schleife beim Maschinenbauwerk war das Ende der Straßenbahnlinie oder, genauer, das Ende der beiden Linien, die parallel in entgegengesetzte Richtungen liefen, und von dort zur Piața Traian führten, wo sie sich wie zwei Flüsschen, vereinigten und dann weiter in Richtung Stadtzentrum flossen: die *Schwarze 1* und die *Rote 1*. Alle anderen Straßenbahnen der Stadt hatten normale Ziffern, ohne Farben. Die Nummer der *Roten 1* war mit roter Farbe geschrieben und befand sich in einem kleinen Metallkästchen, das über dem Führerhaus angebracht war, und die *Schwarze 1* bestand natürlich aus schwarzer Farbe. Er hatte auch einen Witz darüber gehört, nämlich, dass die Temeswarer so zählen lernen: schwarze 1, rote 1, 3, 4, 5, 6 und so weiter. Und vielleicht war hieran etwas Wahres, denn die Straßenbahn 2 gab es nicht.

Obwohl die Station leer war, wartete er nicht lange. Heute hatte er dauernd Glück: Auf der anderen Seite der Schleife, an der Station der *Roten 1* Richtung UMT-Stadion, erschien nach ungefähr zehn Minuten eine gelbe, viereckige, rasselnde Straßenbahn, die fast leer war. Er rannte schnell hin, vorbei am Kiosk, wo Tickets und Zeitungen verkauft wurden, und sprang auf den Einstieg.

„Vlad, Vlad!“, hörte er eine Mädchenstimme irgendwo hinter sich. „Halt mir die Tür auf, Vlad!“

Er drehte sich um. Über die Eisenbahnschienen kam eilig Ileana gerannt, das Mädchen aus dem Nachbarblock, in das Mircea verliebt war. Galant blieb er am Einstieg stehen und klemmte den Fuß unter den Metallrahmen der pneumatischen Tür, um sie am Schließen zu hindern. Das Mädchen erreichte die Straßenbahn, sprang flink auf die Stufen und er zog seinen Fuß zurück.

„Merci, Vlad!“, keuchte Ileana.

„Du rennst ja echt schnell, Ileana“, lachte er und stieg hoch in die Bahn, gefolgt von Ileana.

„Pfff, du kannst mich mal!“, gab sie zurück.

Sie hatte eine tiefe, wohlklingende Stimme, die einen einschüchtern konnte. Aber nicht ihn. Er suchte nach einer passenden Antwort. Inzwischen schlossen sich quietschend die Türen und die Straßenbahn ruckelte los. Ileana hielt sich gut an einer Aluminiumstange fest, die von zahlreichen Händen zum Glänzen gebracht worden war, und schaute ihn an.

„Du hast dich ja aufgebrezelt, Alter!", grinste sie. „Hast du ein Date?"

„Na klar", antwortete er und steckte seine Hände entspannt in seine Hosentasche. „Mit dir, ist doch klar!"

Als die Straßenbahn zu schnell die Kurve in Richtung „Victor Babeș"-Krankenhaus nahm, verlor er das Gleichgewicht. Seine Füße rutschten auf komische Art weg, er wollte sich an etwas festhalten und fiel seitlich auf einen harten, roten Plastikstuhl. Ileana begann mit derselben tiefen Stimme zu lachen und er verlor die Fassung.

„Du hast mich eben umgehauen, du Schöne!", versuchte er sich zu retten. „Aber wohin bist du eigentlich so gerannt? Auch zu einem Date?", wechselte er dann das Thema. „Du wirst Mircea das Herz brechen."

„Quatsch! Jemand hat meiner Mutter gesagt, dass es in der Fleischerei im Traian-Viertel Fleisch gibt. Sieh mich doch mal an!"

Ileana war tatsächlich überhaupt nicht für ein Date angezogen: Sie trug ihren blauen Sportanzug, den sie immer zum Training anhatte, und knautschte in der Hand einen blauen Einkaufsbeutel. Ileana spielte Handball, hatte kräftige, männliche Hände und ein breites Kreuz – im Notfall konnte sie einem gut bei einer Schlägerei beistehen. Er betrachtete sie von seinem Stuhl aus, auf den er sich entspannt gesetzt hatte: ein großes und rundes Gesicht, eine etwas platte Nase und dicke, aber schön geschwungene, sinnliche Lippen. Sie erinnerte ihn an die Schauspielerin in einem Film, den er bei den Serben gesehen hatte. Manchmal schien sie jungenhaft, aber wenn sie irgendetwas sah, das ihr gefiel, oder wenn sie etwas begeistert erzählte, wirkte sie kindlich, naiv, was vom schwarzen, kurzen Haar im Topfschnitt mit Pony betont wurde. Sie hatte ziemlich breite Schultern und keine großen Brüste, kompensierte die Breite aber durch Länge. Es machte ihm Spaß, sie mit Mircea zu ärgern, über dessen Verliebtheit nicht nur die Jungen vom Block gegenüber Bescheid wussten, sondern auch Ileana selbst. Manchmal, wenn ihr der dickliche Elektrotechniker zu aufdringlich schien, gab sie ihm einen kräftigen, aber freundschaftlichen Klaps, wie einem Hund, der zu frech wird. Er mochte es, sie Leana zu nennen, so wie ihr Handballtrainer sie nannte, wenn er nicht zufrieden mit ihr war – „Mensch Leana, du rennst ja wie durch ein Maisfeld!" oder „Beweg den Arsch, Leana!" und er knallte ihr eine auf den Hintern –, aber eigentlich mochte er sie. Und sie ihn.

Er stand auf und griff auch nach der Haltestange. Jetzt standen sie nebeneinander und hatten sich plötzlich nichts mehr zu sagen.

„Hier bist du jetzt?", fragte unvermittelt Ileana, als die Straßenbahn am Babeș-Krankenhaus und an der Lorena-Straße vorbeifuhr.

„Ja", antwortete er herausfordernd. „Guck, dort, hinter dem Krankenhaus. Es ist in Ordnung dort!", fügte er etwas zu eifrig dazu.

„Wirklich? Auf dem Industrielyzeum?"

„Ehrlich! Es ist in Ordnung! Ich habe dort paar Leute aus der Clique und... und kein Lehrer nervt mit dem Gelerne.... Es ist nicht wie auf dem Loga, wo sie dich so massiv quälen: Übungen aus der *Mathematikzeitung*, Vorbereitung für die Olympiade und Paukereien aller Art. Naja, hier am UMT lern ich nichts und krieg trotzdem Einsen wie am Fließband, verdammt! Und wie geht's dir?"

„Sehr gut..., weißt du, nächste Woche fahre ich mit der Mannschaft nach Brașov. Bist du auch aufgenommen?"

„Fast", antwortete er ausweichend und Ileana insistierte nicht weiter.

Ileana war ein Jahr älter als er und wusste zu gut, was es bedeutete, darauf zu warten, in eine große Mannschaft aufgenommen zu werden. Und dort nicht zu sein.

„Aber trotzdem, wohin willst du denn so aufgedonnert, so in Schale geworfen?"

„In die Stadt... einfach so...", sagte er unentschieden. „Ich wollte mal raus. Vielleicht gehe ich auch in die *2. April.*"

„Alleine?" „Ja, warum denn nicht? Oder willst du mitkommen? Ich würde mich freuen."

Ileana schniefte und richtete kokett ihren Pony.

„Tsss, klar, ganz bestimmt! In die *2. April*! Wenn du mich zum Eisenbahn-Klub eingeladen hättest... oder in ein Café... ins Kino..."

Sie sah ihn mit ihren großen und runden braunen Augen an. Er wurde unsicher.

„Naja, vielleicht lädt dich ja Mircea ein!", warf er ungeschickt hin.

„Lasst mich doch mal alle mit diesem Mircea in Ruhe!", schimpfte Ileana los.

„Wieso, was hast du denn? Er ist ein guter Kerl!" Solidarität unter Männern!

„Klar ist er in Ordnung, ich habe ja auch nicht gesagt, dass nicht, verdammt! Aber was nervt ihr mich alle mit ihm?"

„Also, du kommst jetzt nicht mit mir mit?"

„Na, kommst du vielleicht mit mir mit zum Fleischer?" „Soll ich mir anschauen, wie du dort in der Schlange langsam abstirbst?"

„Lass mich ruhig absterben. Pass du nur gut auf, wie dich die

Moldauer in der *2. April* verdreschen!" Ileana lachte. „Na, guck, wir sind da!"

Die Straßenbahn hielt an der Piața Traian. Sie stiegen aus und die *Rote 1* fuhr weiter, wobei sich ihr Gleis mit dem Gleis der *schwarzen 1* von der rechten Seite und der 4 und der 6 von links vereinte, Ileana hastete los zur Fleischerei, wo man schon eine Menschenmenge sah, die sich die ganze Straße entlang zog, einer hinter dem anderen, und nur er blieb an seinem Platz.

„Ciao!", rief er ihr nach.

Die Piața Traian war um diese Uhrzeit, am Nachmittag gegen fünf, etwas nach fünf, voller Menschen. Wie immer war das breite Viereck des eigentlichen, gepflasterten Platzes leer, aber um ihn herum, neben den verfallenden Gebäuden, deren Giebel, Balkons und Loggien kurz vor dem Abbruch standen, die aber noch traurige Reste ihrer imperialen Schönheit bewahrten, liefen Menschen jeden Alters mit all ihren Sorgen und Nöten in alle Himmelsrichtungen vorüber. Viele in ihrer übrigens armseligen, dunklen – „traurigen", wie man gemeinhin sagte – Kleidung eilten entweder zu den Straßenbahnhaltestellen an der Ecke des Platzes und an den Straßenrändern oder zu den Geschäften im Parterre der alten Gebäude, in die sie schnell hineingingen und die sie schnell wieder verließen. Dort, wo keine Schlange stand, lohnte es sich auch nicht, länger zu verweilen. Er hob den Kopf und sah auf dem zweistöckigen Gebäude an der nördlichen Ecke des Platzes die rostüberzogene Statue des Gottes Merkur, der sich mit einem Fuß in der Luft und dem anderen auf einer großen Kugel in einem heiklen Gleichgewicht hielt. Alles war in das rötliche Licht der letzten Sonnenstrahlen getaucht. Aber dann wurde sein Blick angezogen von zwei Jugendlichen mit Punk-Frisur, ganz in seiner Nähe, vor dem gelben Häuschen des Straßenbahndispatchers. Die beiden hatten demütig die Köpfe mit dem aufgebauschten Haar voller stachliger, gelber Strähnen, bei denen man sich fragte, wie sie es schafften, dass sie hielten (vielleicht mit Bier?), gesenkt. Ein dicker Mann in brauner Cordkleidung mit einer karierten Mütze redete drohend auf sie ein. Der Fahrkartenkontrolleur, wurde es Vlad bewusst. Er hat die Typen ohne Fahrschein aufgegabelt. Da gucken sie aber dumm aus der Wäsche, dachte er, aber zugleich ergriff ihn eine vage Unruhe. Das konnte auch ihm jederzeit passieren. Es konnte ihm auch heute passieren. Die Kontrolleure, Polizisten, Lehrer, Eltern und sogar die einfachen Menschen aus dem Wohngebiet oder von der Straße, alle brachen sie einen Streit vom Zaun und vor allen musste man sich in Acht nehmen, sobald man sich einfach nur freuen, sich anders fühlen oder etwas anderes machen wollte. Sich frei fühlen wollte, das war das Wort. Die beiden Unglücksraben wollten garantiert auch in die *2. April*. Aber jetzt hat ihnen der Dicke die Laune verdorben. Wie hoch war die Strafe, einhundert Lei? Zweihundert? Eigentlich konnte es ihm ja egal sein. Müssen sie eben bezahlen, wenn sie zu doof waren.

Er drehte sich um und ging in die schmale Straße, die zur Bierfabrik und zur Disko *2. April* führte. Warum, zum Teufel, hieß die eigentlich so? Vielleicht war es irgendein wichtiges Datum, etwas mit dem Moldaufürsten Ștefan dem Großen oder der Kommunistischen Partei. Warum hieß sie nicht *1. April*?, feixte er in sich hinein. Also, der 2. April war der Tag der Dummen, die begriffen haben, dass sie dumm sind ... oder wie? Aber eigentlich war es egal. Er war nach fünf Minuten angekommen und zahlte die Eintrittskarte, wobei er die Ohren spitzte, während er in seinen Hosentaschen wühlte. Von drinnen war Musik zu hören. Seine Brust wurde weit und warm, etwas pulsierte betäubend im Hals und im Kopf und über die Arme lief ihm ein angenehmes Kribbeln.

Nur dass er, kaum war er im Klub angekommen, sich unwohl fühlte, so, als wäre er ungebeten in eine fremde Wohnung gekommen. Er war allein. Er schaute durch den langen und hohen Raum, der von großen, gelben Glühbirnen erleuchtet war, als sei es ein Sitzungssaal. Naja, gut, es war keine supertolle Disko. Hier tanzte man wie an den Dorftanzabenden. Ja, in der *2. April* schwebte ein ländliches Flair von Bauern, die westlich sein wollten. Auf dem Bretterboden tanzten und bewegten sich ungefähr hundert Mädchen und Jungen, die sich unbedingt vergnügen wollten, egal wie, und die in größeren oder kleineren Kreisen gruppiert waren. Die gehobelten Bretter bogen sich unter ihren Füßen, wodurch aus den Ritzen kleine Staubwolken aufwirbelten. Irgendwo im Hintergrund des Saales war ein hohes Podium zu sehen, mit zwei dunkelroten, halb zur Seite gezogenen Vorhängen, auf dem zwei Männer mit der Musikanlage standen: zwei Tonbandgeräte, eine Verstärkeranlage mit zwei hohen, schwarzen und staubigen Boxen, die nebeneinander auf dem Podium standen, und ein Haufen Kabel auf dem Boden, unter den Füßen der DJs – wenn die beiden so genannt werden konnten. Er erinnerte sich an das Kulturhaus auf dem Dorf seiner Großeltern, das schlecht angestrichen war und von dem der gelbliche Putz abbröckelte. Dort hatte er einmal ein von Amateuren aus einem Dorf in Jugoslawien schlecht gespieltes Theaterstück gesehen. Ein schmutziges Theater, schoss es ihm durch den Kopf. Schmutziges Theater, aber mit Musik. Und mit Mädels, trotzdem mit Mädels. Er schaute noch einmal durch den Saal, wo er ein paar Soldaten in trostloser, khakifarbener Kleidung, mit klobigen Stiefeln an den Füßen ausfindig machte, die mit wilder Freude, geröteten Gesichtern und großer Anspannung im Rhythmus der Musik den Fußboden bearbeiteten. Dann entdeckte er in einer Gruppe drei Jungs aus seinem UMT-Viertel. Er kannte sie nur vage, aber gut genug, um sich dem Kreis zu nähern, ihn zu betreten und sie mit einem Lächeln zu grüßen. Zwei von ihnen nickten ihm zu, wobei sie ihre Hüften weiter schwangen und die Hände nach oben schüttelten zur Melodie von *Wham!*, die ihm gefiel, die aber nicht hierher passte: *Wake Me Up Before You Go-Go.*

Er wusste, dass er nicht gut tanzte, was ihn oft wütend machte. Meistens versenkte er seine Hände relaxt in den Hosentaschen und begann, sich im Rhythmus der Musik, ähnlich einer Pappel mit *New Romantic*-Frisur, hin und her zu wiegen, dabei langsam und gelassen mit dem Kopf zu nicken und immer mal wieder einen Fuß anzuheben, wenn er das nicht vergaß. Die einzigen Tanzschritte, die er gelernt hatte, waren die für Fox, die Minimalanforderung, um zu überleben, und diese auch nur dank Ileana, die eines Abends drei Stunden geopfert hatte, um ihm das beizubringen. Dabei führte sie ihn, ließ sich auf die Füße treten und hin und her zerren und zerrte ihn im Befehlston auch selbst herum, während auf einer Kassette in ihrem Zimmer zwei ganze Alben von *Modern Talking* – ein einziger Horror! – durchliefen. Aber immerhin hatte er dann die Schritte gelernt. Ileana ist einfach klasse! Nicht hübsch, aber klasse. Absolut in Ordnung. Und, klar, es gab ja noch den Blues, die langsamen Tänze, für die man nichts bringen musste und wo es nur darum ging, sich so eng wie möglich an die Frau zu pressen, die einverstanden war, mit dir zu tanzen, ihren zarten, betörenden Schweiß zu riechen, der meistens mit dem Deodorant *Fa* oder *4x4* vermischt war, und ihr einfach paar Worte zu sagen, die dir gerade durch den Kopf gingen. Sie zu bezaubern. In einer richtigen Diskothek konntest du versuchen, sie zu küssen, wenn du es dir trautest oder wenn sie dir zu verstehen gab, dass du es darfst – sehr kompliziert, diese Kunst der Aushandlung! Hier aber, in diesem schmutzigen Theater – der Ausdruck gefiel ihm –, in diesem Ballsaal, der wie eine durch die Lupe betrachtete Wohnblockküche ausgeleuchtet war, konnte keine Rede davon sein, die eigenen Lippen wenigstens der Haut an der Wange oder am Hals des Mädchens zu nähern. Höchstens vielleicht draußen, beim Aufbruch. Und dafür musstest du erstmal ein Mädchen finden.

Er betrachtete den staubigen Saal, während er sich weiterhin langsam und lässig bewegte. Inzwischen ertönte aus den Boxen *Thriller* und er bemerkte mit Verdruss im benachbarten Kreis einen dunkelhäutigen Jungen, der begann, perfekt die Bewegungen von Michael Jackson zu imitieren. Er war großgewachsen, wenn auch nicht so groß wie er, braunhaarig und muskulös. Er hatte ein dünnes Bärtchen unter der Nase und war ganz weiß angezogen: weißes Shirt, weiße Hosen mit Fransen, die an den Knöcheln gerafft waren, weiße Strümpfe und weiße Schuhe mit dünner Sohle. Er sah, dass sogar die Schnürsenkel weiß waren, und der Kerl, konzentriert und ernst, bewegte sich mit solcher Leichtigkeit zum Rhythmus der Musik, dass er neidisch wurde. Solche waren immer gut beim Tanzen: Türken und Zigeuner. Und Schwarze. Er hingegen bewegte sich wie ein Besen mit Armen. Sein Neid wurde noch größer, als er sah, wie sich um den weißen Kerl herum immer mehr Leute – und sehr viele Mädchen – ansammelten, ihn bewunderten, klatschten und ihn anfeuerten, wie in den Filmen mit amerikanischen Jugendlichen, die er auf Videokassette bei Mircea gesehen hat. Am Schluss legte der Dunkle sogar einen perfekten Spagat hin, wobei er fast den dreckigen Fußboden mit seinem Hintern berührte, dann sprang er elegant auf seine Füße und führte genau am Ende der Musik beide Hände vors Gesicht. Er war schweißgebadet und atmete schwer, aber er lachte. Er klatschte sich mit einem Freund neben ihm ab und drehte sich danach zu einem Mädchen um, das er bisher, während des Tanzes, nicht bemerkt hatte.

Jetzt aber zog sie seine ganze Aufmerksamkeit an. Was für eine Kirsche, wow, was für eine Kirsche! Die absolute Punkerin. Klein und dünn, angezogen mit einem schwarzen, männlichen, weit geschnittenen Sakko, dessen Ärmel hochgekrempelt waren und das weiße Futter sehen ließen, mit einem weißen Rüschenhemd und schwarzen, breiten Pumphosen. Das Mädel hatte außerdem eine verrückte Frisur: eine pechschwarze Mähne, die sich steif auf dem Kopf hielt. Die Seiten waren abrasiert. Ja, die Mädchen konnten sich mehr erlauben als die Jungs. Sie hatte sich stark weiß geschminkt, sodass sie fast blutleer aussah, und die Augen hatte sie tiefschwarz umrandet. Wenn man sie genauer betrachtete, sah man, dass sie nicht unbedingt schön war – sie hatte ein längliches Gesicht, wie ein Fuchs, dünne Lippen, die dunkelbraun geschminkt waren, spitze Wangenknochen und eine dünne, wachsartige Nase. Aber sie war toll! Und soweit er das einschätzte, war sie mit dem Typen zusammen, mit diesem Michael Jackson aus dem Fabrik-Viertel.

Tatsächlich begann der Kerl beim ersten langsamen Lied, zärtlich mit der Punkerin zu tanzen. Auch er blickte suchend nach einem freien Mädchen, aber er fand keine, die ihm gefiel und die so interessant war, wie das Fuchsmädchen, das mit Michael Jackson tanzte, sodass er sich zu der gelbbraun glänzenden Wand des Saals zurückzog. Eine mollige Jugendliche in einem rosafarbenen, ausgefransten Shirt schaute ihn kurz an, aber er tat, als sähe er sie nicht. Er verfolgte die beiden: sie schienen sich nicht mehr so gut zu verstehen. Michael Jackson beugte sich immer wieder zur kleinen Punkerin, aber sie zog sich immer wieder zurück und versuchte, ihn auf Distanz zu halten. Gut zu wissen, dachte er. Warten wir mal den nächsten *Blues* ab.

Er erkannte ihn sofort an den ersten Akkorden: *Can't Fight This Feeling*, und bis der weiße Tänzer wieder bei Besinnung war, war er bei der Punkerin.

„Tanzt du?“, fragte er sie eilig.

Das Mädchen hob langsam den Blick mit halb geschlossenen Augen.

„Ok“, sagte sie gelangweilt. Er umfasste sie mit einem Arm irgendwo an der Schulter und beugte sich zu ihr.

Die Punkerin legte ihre Hände weich auf seine Oberarme. Sie hatte dünne und knochige Arme und am linken Handgelenk hatte sie mehrere übereinander gebundene und miteinander verknotete Lederbänder. Er nahm außerdem wahr, dass sie anstelle des Gürtels eine Aluminiumkette durch die Gürtelschlaufen gezogen hatte, deren Enden mit einer großen Klammer zusammengehalten wurden, die irgendwo auf der Höhe einer Hosentasche herabhing. Tolle Frau!

„Tolles Lied, oder?“, fing er an und war froh, dass die schlechte Wiedergabequalität ihn nicht zwang, ihr ins Ohr zu schreien.

„Hm, gut“, antwortete sie mit heiserer Stimme.

Aus den Augenwinkeln sah er, dass sein Rivale – denn das war der dunkle Tänzer – mit niemandem tanzte, sondern ihn verstohlen aus zwei Meter Entfernung und einer Gruppe von vier, nein, fünf Jungs, betrachtete. Ihn durchfuhr kurz ein Schauer: der Typ war bestimmt von hier, vom Fabrik[13]-Viertel. Die Zigeunerclique von hier war in dieser Gegend bekannt und es war gut, wenn man nichts mit ihr zu tun hatte. Und einem von hier die Freundin auszuspannen, war nicht gut. Na, und wenn?, ermutigte er sich selbst und zog das Mädchen noch etwas näher an sich heran. Er fühlte sich von seiner eigenen Courage angestachelt. Das Mädchen wehrte sich nicht.

„Wohnst du hier in der Gegend?“ „Hm, ja, in der Nähe.“

„Ich bin Vlad.“

„Mira.“

„Mira?“

„Von Mirabela“, schniefte sie. „Mira ist doch ok, oder?“ „Mira

13 Deutsch im Original.

ist schön. Und der dort… Michael Jackson, ist der mit dir zusammen?“ Das Mädchen lachte kurz und spitze und wurde noch etwas weicher in seinen Armen.

„Michael Jackson. So nennst du ihn?“ „Äh, ja. Ich habe gesehen, wie er sich als Tänzer aufspielt.“ „Er heißt Elvis, muss du wissen.“

„Elvis? Ehrlich?“, lachte er laut und hoffte heimtückisch, dass Elvis alias Michael ihn hört. *„Are you lonesome tonight…“*

Die Punkerin gab nicht zu verstehen, ob sie die Anspielung verstanden hatte.

„Der ist nicht mein Freund“, erklärte sie verächtlich. „Der rennt mir seit einem Monat hinterher. Das ist furchtbar nervig.“

Das bedeutet, dass sie ihn loskriegen will. Genau das.

„Magst du die Disko hier?“, fragte er sie gleichgültig.

„Naja, so halb.“, antwortete sie noch gleichgültiger.

„Im CFR-Klub ist es besser, oder?“

„Auf jeden Fall. Aber es ist weiter weg.“ Was könnte er noch sagen? Das Lied ging zu Ende. Er beugte sich noch etwas mehr zu ihr, fasste sich ein Herz und sagte:

„Mir gefällt total deine Frisur!“

„Wirklich?“ Mira lachte überheblich.

„Ja, sie ist total schick. Darfst du so in die Schule?“

„Nein, überhaupt nicht. In der Schule lasse ich die Haare unten.“

„Und… an welche Schule gehst du?“ „An die Sanitar, ans Gesundheitslyzeum. Weißt du, wo das ist?“

„Klar! Im Cetate-Viertel.“

Er hatte keine Fragen mehr. Oder der Tag war blöd und ihm fiel nichts mehr ein. Außerdem störte ihn, dass die Punkerin überhaupt nichts von ihm wissen wollte. Jetzt könnte ich was mit Musik fragen, dachte er, aber er schaffte es nicht mehr: das Lied war zu Ende, es folgte ein italienischer Diskotitel und er musste das Mädchen aus seinen Armen entlassen.

„Dankeschön“, sagte er und ging einen Schritt weg.

Mira nickte kurz und schaute ihn mit demselben arroganten, kaum sichtbaren, Lächeln an, was ihn noch mehr anstachelte. Aber als er zu seiner Gruppe zurückgehen wollte, sah er, dass sich Elvis Mira näherte, nach ihrer Hand griff und ihr etwas sagen wollte. Sie riss sich los, aber Elvis zog sie wieder zu sich, wobei er wütend etwas knurrte. Mira schob ihn weg, riss sich noch stärker los und lief dann zum Ausgang.

Jetzt war der Moment! Ohne zu zögern ging er zu ihr und stellte sich in den Weg.

„Gehst du?“, fragte er sie hastig.

„Mhm“, nickte Mira und richtete kurz mit beiden Händen ihre Frisur.

„Soll ich dich nach Hause bringen? Es ist Nacht und…“ Hier verhedderte er sich und fand kein passendes Wort mehr. Das Mädchen schaute ihn lange an und hob den Kopf sehr hoch. Sie hatte schöne Augen, schwarz und groß, mit langen Wimpern. Er fühlte wieder den Mut und die Aufregung von gerade eben. Er wartete brav, wie ein Hund am Fuße seines Herren.

„Gut“, entschied Mira.

Sie gingen zusammen aus der großen Tür. Die Musik wurde immer leiser. Sie durchquerten den kurzen Flur und schon waren sie draußen. Die Stille bewirkte, dass es ihnen in den Ohren rauschte. Es wurde langsam dunkel und kühl. Die schmale Straße war vom gelblichen Licht vereinzelter Straßenlampen schwach erleuchtet. Die beiden liefen langsam nebeneinander her, wobei sich ihre Augen erst an das Halbdunkel gewöhnen mussten.

„Hast du keine Angst?“, fragte Mira plötzlich.

„Wovor soll ich denn Angst haben?“ Er drückte stolz den Rücken durch. „Vor Elvis?“

„Naja, klar.“

„Gehört er irgendwie zu der Clique?“ „Na klar, was denkst du denn.“

„Das ist mir scheißegal!“

Er zog die Schultern hoch, beschleunigte aber instinktiv seinen Schritt.

Zu spät: in diesem Moment hörten sie hinter sich Schritte. Er drehte sich um. Ein Schatten, ein einziger, weiß wie ein Gespenst, war aus der Tür des Klubs getreten und ihnen mit diesen gänzlich weißen Schuhen nachgelaufen.

„Mira, warte! Mira, warte und lass uns reden, verdammt!“

Mira fasste seine Hand und begann ebenfalls, schneller zu laufen. Elvis holte sie ein und rief: „Mira, warte! Warte doch bisschen, bitte! Lass uns reden, Mira! Mira!“

„Es gibt nichts zu reden“, rief das Mädchen über ihre Schulter hinweg.

Aber sie blieb stehen.

Auch er blieb stehen. Er wandte sich an den Jungen in Weiß. Neben ihnen rasselte eine gelbe, erleuchtete, aber leere Straßenbahn vorbei und warf Licht auf sie alle drei.

„Lass uns bisschen dorthin gehen“, sagte Elvis versöhnlich und griff Mira am Unterarm. „Ich tu dir nichts, wirklich.“

In diesem Moment legte er unbedacht die Hand auf Elvis‘ muskulösen Arm und hatte den Eindruck, damit eine Geste zu imitieren, die er irgendwo oder irgendwann einmal gesehen hatte.

„Nimm deine Hand weg!“, fauchte Elvis und schob seinen Arm weg.

Auch diese Worte kamen ihm bekannt vor – als würden sie alle drei eine Rolle spielen.

„Lass sie los!“

„Du hältst dich auch für den Größten, was?“, antwortete der Kerl in Weiß und blies sich vor ihm auf.

„Ja, ich halte mich für den Größten“, sagte er und sog unbewusst Luft in die Brust. „Und du denkst, hier ist dein Revier?“

„Ja, das denke ich. Vielleicht soll ich dir eine knallen?“ „Wenn du Kraft hast?“ „Ja, habe ich.“ „Dann versuch es.“

„Du glaubst es nicht, was?“

„Versuch es!“

Ihn durchfluteten Angst und Freude, was sein Herz schneller schlagen ließ. Ihm war plötzlich warm und seine Ohren rauschten leise. Er ballte die Fäuste und atmete tief ein, wobei er den anderen fixierte. Auf Mira achtete keiner von ihnen mehr: sie hatte sich an die Mauer des Gebäudes zurückgezogen und schaute die Jungs angstvoll an. Sie standen einen Meter entfernt voneinander, schauten sich an und schwankten leicht.

Es war ihm nie klargeworden, ob ihn der Kerl in Weiß wirklich schlagen wollte. Es schien ihm aber, als hebe er den Arm, und seine angespannten Nerven sendeten schnell den Befehl. Er verpasste Elvis mit der linken Faust einen Schlag irgendwo in die Brust, dann drehte er sich etwas, um Schwung zu holen, und zielte mit der rechten Faust ungestüm auf die Nase. Elvis zischte das Blut aus der Nase wie aus einem Springbrunnen und befleckte das weiße Shirt und die Hosen. Er fiel auf den Rücken, stöhnte und blieb so liegen.

„Los, wir verziehen uns!“, intervenierte Mira und griff nach seiner Hand. „Jetzt kommt gleich die ganze Clique. Los, los!“

Sie rannten beide los zur Piața Traian, aber niemand folgte ihnen. Er hörte hinter sich noch das schniefende Weinen von Elvis und dachte mit Genugtuung daran, dass der Zigeuner vielleicht keine weiteren, weißen Hosen habe – oder kein weiteres Shirt – und sich jetzt in den Diskos nicht mehr aufspielen konnte. Der arme Kerl!

Als sie an der Kreuzung an der Piața Traian ankamen, hielten sie atemlos und schweißgebadet an.

„Und dann habe ich sie nach Hause gebracht“, hatte er am nächsten Tag Mironel, seinem Banknachbarn, erzählt. „Mann, die war einfach toll, die Kirsche! Eine richtige Punkerin, du hättest denken können, dass sie aus Deutschland ist… und überhaupt, so ne Angeberin, …bis die mal warm geworden ist“, lachte er. „Dünn, aber total heiß! Wir haben zwei Stunden bei ihr vor dem Block gestanden und rumgeknutscht. Schade, dass wir nirgendwohin konnten!“.

„Hast du ihre Titten angefasst?“, fragte Mironel und warf Lehrbuch und Physikheft auf die Bank.

„Na klar! Wenn du wüsstest, die hatte es echt in sich! Pass auf, ich erzähle es dir…“.

Nur, dass es nicht viel zu erzählen gab und wenn er ehrlich gewesen wäre, war die Geschichte, die sein Mitschüler mit heruntergeklappten Kinnladen anhörte, zwei Stunden länger als die vermeintlichen zwei Stunden, die er Mira geküsst hatte. Und er erzählte ihm nicht, dass er noch jetzt Angst hatte, dass dem Typen, den er zum Bluten gebracht hatte, etwas Ernsthaftes passiert ist. Er war gegen neun am Abend zuhause angekommen und in sein Zimmer verschwunden, angefüllt mit der Angst, die sich in ihm auf dem gesamten Weg bis ins UMT-Viertel angesammelt hatte. Die überschwängliche Stimmung war allmählich verflogen und jetzt stellte er sich alle möglichen Dinge vor. Wenn Elvis etwas Schlimmes passiert war, er sich vielleicht mit dem Kopf gestoßen hatte oder sonstwas? Wenn er ihn bei der Polizei anzeigte? Oder seine Eltern, wenn nicht er? Was wäre, wenn jemand an der Tür klingelte und seine Mutter, wenn sie öffnete, einem Polizisten mit Haftbefehl oder was auch immer gegenüberstand? Was hätte *dann* sein Vater gesagt?

Mit dieser Angst hatte er den ganzen Freitagnachmittag überlebt. Und so war es nicht verwunderlich, dass er am Samstag zwölf

Uhr während der letzten Schulstunde voller Freude und Ungeduld war. Er war davongekommen, ganz klar war er von der Geschichte mit Elvis davongekommen, auch wenn er jetzt für ein, zwei Monate nicht mehr in die *2. April* gehen konnte, es war ja auch nicht wer weiß wie toll dort, ein schmutziges Theater mit Moldauern und Soldaten. Und eigentlich wäre es im ganzen Fabrik-Viertel nicht gerade gut gewesen, auf Elvis oder seine Clique zu stoßen, aber wenigstens war nichts Schlimmes passiert und was am wichtigsten war: seine Eltern hatten nichts erfahren, jetzt war schon Samstag und er hatte noch einen freien Sonntag vor sich. Vielleicht kommt er heute Abend wieder in die Stadt. Er dachte daran, dass er Mira anrufen und mit ihr zusammen in ein Café gehen könnte… oder nein, besser in einen Film irgendwo im Zentrum, ins Capitol oder ins Timiș. Seit einer Stunde, was zufälligerweise die Geschichtsstunde war, hatte er zu nichts mehr Lust und wartete nur noch darauf, dass es vorbeigeht. Der Lehrer hatte drei Mitschüler abgefragt und hatte jetzt schon zu unterrichten begonnen, und er, der in einer Bank weiter hinten im Klassenraum saß, kritzelte Kleinkram ins Heft und auf den Deckel vom Lehrbuch. Er öffnete plötzlich das Buch, überblätterte die Seite mit der Fotografie des Präsidenten Nicolae Ceaușescu und hielt unentschlossen auf der mit der Hymne der Sozialistischen Republik Rumänien inne. Er las sie mechanisch durch, griff aus einem spielerischen Impuls heraus nach dem Bleistift und spazierte mit ihm über die Seite. „Drei Farben kenne ich auf der Welt." Er lachte. Er strich mit einer dünnen Linie das Wort „Farben" durch. Darüber schrieb er „Schlüpfer". Drei Schlüpfer kenne ich auf der Welt. Sie erinnern an ein tapferes Volk… nein, nicht so. Er strich das Wort „Volk" durch und schreib darüber „Po". Was für ein Quatsch. Er erschauerte vor Vergnügen und Kühnheit. Er strich das Wort „Po" durch, überlegte kurz und schrieb „Teil". So. Köstlich! Es war so köstlich, dass man das nicht für sich behalten konnte. Er stieß seinen Banknachbarn an. Er zeigte ihm diskret den Beginn der modifizierten Hymne.

„He, he!“, lachte unterdrückt Mironel.

„Schscht!“

Er beugte sich über das Lehrbuch, versteckte sich dadurch hinter seinem Vordermann und feixte verhalten.

„Worüber lachst du, Aronescu?“, höre man die ärgerliche und spitze Stimme des Geschichtslehrers. „Sag es! Vielleicht lachen wir dann ja zusammen! Habe ich etwas zum Lachen gesagt?“

„Nein, Genosse Lehrer!“, verteidigte sich reumütig Mironel.

„Dir kommt also die Ethnogenese der Rumänen lächerlich vor, Aronescu?“, bohrte der Lehrer weiter. „Also sag uns, worüber lachst du?“

„Es ist nichts zum Lachen, Genosse Lehrer!“.

Er schloss schnell das Lehrbuch. Der hier, Socolaru, ihr Geschichtslehrer, war ein historischer Wichser. Er war etwas über zwanzig und hatte gerade die Uni beendet. Er sah sogar noch jünger aus, war ein dünner Großer mit leicht gebeugtem Rücken, dünnem, glatten blonden Haar und einem länglichen, ausdruckslosen Gesicht ohne Bart. Aufgrund seiner Jugend war es schwer für ihn, sich den Schülern gegenüber durchzusetzen, und er hatte immer das Gefühl, dass er nicht respektiert wurde, sodass er zwischen weicher Nachsicht und jähen Wutausbrüchen hin und her schwankte. Wenn er genervt war, flüsterten sich die Jungs zu, dass „Socolaru wieder seine Regel hat“, und wie es manchmal so passiert, dieser Satz erreichte das Lehrerzimmer und letztlich auch Socolaru selbst. Das war für ihn ein Beweis mehr, dass die Schüler – und zwar vor allem die Jungs – seine Autorität unterliefen. Für die Mädchen hatte er eine sichtbare Schwäche.

„Natürlich ist es nicht zum Lachen, Aronescu! Hör zu, schreib, was ich dir sage und grins nicht mehr rum!“, sagte Socolaru mit schriller Stimme, die streng sein wollte.

Die Dinge beruhigten sich. Nach einer Minute beugte er sich wieder über das Lehrbuch und nahm die Operation des Umschreibens der Staatshymne wieder auf, wobei er den Radiergummi in der Hand hielt. Manche Strophen ignorierte er, weil sie ihn nicht inspirierten, aber er fand einen apotheotischen Schluss, der ihn vor Begeisterung schwitzen ließ.

Drei ~~Farben~~ Schlüpfer kenne ich auf der Welt
Sie erinnern mich an ein tapferes Volk Teil
Das ~~kühn~~ haarig ist und einen alten Ruf hat
~~im triumphalen Kampf~~
Und sich gerne in große Ärsche steckt.

Für den Ruhm des Vaterlandes,
~~Zerstören wir die Feinde im Kampf~~
Waschen wir uns zwischen den Beinen
Mit anderen Völkern unter der Sonne,
~~Sind wir würdig, in Frieden zu leben.~~
Alle mit schmutzigen Schwänzen.

Und du, stolzes Rumänien,
~~für immer~~ Gigantisch sollst du gedeihen
Und in der kommunistischen Ära
~~Wie ein Stern erstrahlen.~~
Kannst du schauen, wie du es verkackst.

In diesem Moment hob er den Blick und sah Socolaru in seinem graugrünen Anzug zwei Meter entfernt von ihm. Er zuckte erschrocken zusammen und griff schnell nach dem Radiergummi. Aber der Lehrer machte vier große, eilige Schritte und warf eine Hand auf das offene Lehrbuch, das auf der Bank lag. Mit der anderen Hand nahm er sein Ohr in den Schraubstockgriff.

„He, Jivan, was machst du hier?", fragte er ironisch. „Schreibst du Liebesbriefe?"

„Nein, Genosse Lehrer!", verteidigte er sich und versuchte, das Lehrbuch unter der Hand des Lehrers wegzuziehen.

Socolaru griff das Ohr noch fester und zog es nach oben, wodurch er ihn unter dem Gelächter der Mitschüler zum Aufstehen in voller Länge zwang.

„Lass mal sehen, Jivan, lass mal sehen!", redete Socolaru mit honigsüßer Stimme weiter. „Lass sehen, was du hier dichtest, während ich euch nützliche Dinge beibringe. Vielleicht hast du eine interessantere Beschäftigung gefunden, ja?"

Und während er das sagte, griff er nach dem Lehrbuch und schaute es genau an.

Vlad streckte die Hand nach dem Buch aus.

„Nein-nein-nein!", schüttelte Socolaru seinen Kopf und drehte ihm dabei am Ohr.

„Aua!"

Im nächsten Moment verstand Socolaru, was genau er in der Hand hält. Er schloss das Buch und ließ das Ohr los.

Er rückte seinen Kopf zurecht, begann, sich mit der Faust das schmerzende Ohrläppchen zu reiben und blieb stehen.

„Genosse Lehrer, ich bitte Sie um Entschuldigung", begann er bittend.

Aber der Lehrer ging mit seinem Lehrbuch schon zum Lehrertisch.

„Genosse Lehrer, geben Sie mir bitte mein Lehrbuch zurück?" Socolaru drehte sich um und schaute ihn lange verächtlich an. Dann sagte er kalt:

„Wir reden nach der Stunde weiter, verstanden? Du bleibst bitte nach dem Klingeln in der Klasse. Und jetzt", er wechselte den Ton, „kehren wir zu unseren Schafen zurück, *revenon a notrî muton*, wie ich es sagen würde, wenn ich Französisch unterrichten würde…".

Es waren ein paar vereinzelte, anbiedernde Lacher zu hören und Socolaru lächelte. Er irrte niemals mit seinen Pointen.

Eine halbe Stunde später, nach der Diskussion mit dem Lehrer, durchquerte er den Hof des Lyzeums, lief neben den hohen Pappeln in Richtung der Mauer, die an das Krankenhaus „Victor Babeș" grenzte, und ging aus dem Tor mit den Metallgittern, das dem Tor des Maschinenbauwerks stark ähnelte. Er lief mit hängendem Kopf und als er auf die Lorena-Straße kam, bog er statt nach links zur Straßenbahnhaltestelle nach rechts ab und nahm einen langen Umweg nach Hause, der ihn an den Weg nach der missglückten Zwischenprüfung hätte erinnern können. Die Schultasche hing weich in seiner Hand und er fühlt sich kraftlos. Am liebsten wäre er nie mehr nach Hause gegangen! Nie mehr! Was sollte er seinem Vater sagen? *Wie* sollte er es ihm sagen? Diesmal wird er sicher was kassieren, garantiert!

Aber er fürchtete sich nicht vor den Schlägen seines Vaters, sondern vor etwas Undefiniertem und viel Ernsteren, vor etwas, das er noch nicht gut verstand, von dem er aber wusste, dass es viel schlimmer war.

Er bog an der Straßenecke nach rechts. Der Himmel hatte sich eingetrübt und die Wolken sammelten sich bläulich in Richtung des Pădurea-Verde-Viertel, was ihn noch mehr bedrückte. Er erinnerte sich an das Gespräch: der Klassenraum war leer und düster ohne das warme Gemurmel seiner Mitschüler, Socolaru stand am Lehrertisch, mit einem kleinen Lächeln auf dem schmalen, dachsartigen Gesicht, hielt das Geschichtsbuch in der Hand und wartete, während sich durch die breiten Fenster, die hier und dort von an ihnen klebenden Blättern verschmutzt waren, das gelbbläuliche Licht wie eine Vorahnung hineinwälzte.

„Also, Jivan, damit beschäftigst du dich also in der Geschichtsstunde!“

Er stand und hatte beide Hände auf die Bank gelegt. Seine Beine wurden weich. Niemals hätte er gedacht, dass dieses Gefühl, das in den Büchern beschrieben wird, so real sein kann: die Kniegelenke waren scheinbar aus Gummi, er spürte sie nicht mehr, und nur die auf der zerschrammten Tischplatte der Bank gedrückten Hände bewahrten ihn vor einem Sturz auf den Fußboden.

„Bitte verzeihen Sie mir, Genosse Lehrer!“, begann er mit weinerlicher Stimme, die er schon vergessen hatte und die er hasste. „Es war eine Dummheit, ehrlich, ich wollte nicht...“. „Schwer zu glauben, dass du nicht wolltest“, antwortete Socolaru gemächlich und machte einen Schritt auf ihn zu.

Er klopfte mit den Fingern auf den weichen, senfgelben Einband des Buches.

„Du hast hier etwas erarbeitet! Du bist ein wirklicher Dichter, Jivan, was soll ich dazu sagen!“

Da fühlte er zum ersten Mal das Grauen vor dem Unvermeidlichen, des unbekannten, aber logischen Unglücks, das sich in die Worte des historischen Wichsers eingeschlichen hatte.

„Das Lehrbuch bleibt bei mir, Jivan! Kein ‚aber!‘“, griff er seinen Einwand voraus, wobei seine Stimme laut wurde. „Es bleibt bei mir! Und du gehst schön nach Hause und sagst deinem Vater, dass er am Montag zu mir in die Schule kommen soll. Was arbeitet dein Vater?“

„Er ist ... Ingenieur im Maschinenbauwerk“, stotterte er. „Chefingenieur. Er ist...“.

„Gut, gut“, schnitt ihm der Lehrer das Wort ab und schloss dabei einen Knopf am kreidebestaubten Sakko. „Er soll in die Schule kommen, hast du verstanden?“

„Ich habe verstanden. Aber, Genosse Lehrer, ich bitte Sie, ich bitte Sie sehr!“

Er ballte die Fäuste auf der Bank, zitterte und schwitzte vor Angst, ein heimliches Schwitzen aus den Poren. Er sah vor seinem inneren Auge katastrophale Szenerien: die Exmatrikulation, vielleicht sogar die Erziehungsschule... und noch etwas viel Schlimmeres, Ernsteres. Etwas, das Socolaru wusste. Der Lehrer grinste ihn kurz an.

„Wir diskutieren hier nicht weiter, Jivan! Du gehst zu deinem Vater und sagst ihm, was ich dir gesagt habe. Was hast du denn gedacht, wozu du hier bist? Los, geh! Wir sind fertig!“

Sodass er jetzt weiter auf der Renașterii-Straße trottete, am Zaun des Energetic-Lyzeums entlang. Vor dem Eingang musterten ihn fünf ältere Schüler, die ebenfalls dem Unterricht entkommen und voller Energie waren, die sich entladen musste. Sie kannten seine Matrikelnummer vom benachbarten Rivalenlyzeum, was genügte, um sich über ihn lustig zu machen – wer weiß, vielleicht ergab sich ja daraus eine kleine Schlägerei. Einer von ihnen machte zwei Schritte nach vorn, bereit, ihm den Weg zu verstellen, aber er schaute auf und da sah der andere etwas, was ihm Einhalt gebot, dann zog er sich sogar zurück. So lief er abwesend auf der Mitte der Straße weiter und strengte sich an, die Spucke herunterzuschlucken und nicht zu weinen. Er biss die Zähne zusammen und ballte die Fäuste, genauso wie im Klassenraum. Auf der CFR-Allee bog er wieder nach rechts ab und lief am UMT-Stadion entlang, ohne die *Rote 1* wahrzunehmen, die an der Haltestelle gehalten hatte. Er trottete weiter.

Schließlich kam er zuhause an. Auf dem Weg hatte er überlegt, irgendwohin zu fliehen, zu den Großeltern auf das Dorf oder über die Grenze, warum nicht, wie Leo Poneavă. Oder sich im Wald zu verstecken und dort ein paar Tage zu bleiben, bis alles vorüber war. Aber sie hätten ihn gesucht. Die Polizei und die anderen, die Securitate, von der er nur Vages gehört hatte, hätten ihn gesucht. Das wäre noch schlimmer gewesen.

Zuhause aß er schnell und ohne Appetit, wich den Blicken der Eltern aus und antwortete nur mürrisch und kurz auf ihre Fragen. Ein Glück, dass sie nicht nachbohrten: seine Mutter hatte Migräne, wie so oft, wenn das Wetter umschlug, und sein Vater war mit seinen Gedanken woanders. Nach dem Essen schloss er sich in seinem Zimmer ein und versuchte, eine Beschäftigung zu finden. Sein Blick fiel auf den Plattenspieler, aber er hatte keine Lust auf Musik. Er griff sich den braunen Basketball aus der Ecke und drehte ihn leicht in den Händen. Er setzte sich aufs Bett und blieb so sitzen, mit dem Ball in der Hand. Er roch ihn an. Sollte er seinem Vater sagen, dass er am Montag in die Schule kommen muss? Aber wie? Ihm sagen, was und warum? Und was er gemacht hat? Plötzlich wurde ihm klar, dass ihm dasselbe auch wegen der Geschichte mit Elvis passieren könnte. Jederzeit konnte die Polizei an der Tür erscheinen und nach ihm fragen. Wie viel Pech er in diesen Tagen hatte! Irgendwie wünschte er sich, dass alles auf einen Haufen kommen möge. Dass man mit ihm schimpft, ihn schlägt, ihn einsperrt!

Der Regen verstockte sich, nicht zu fallen und nur der verdunkelte Himmel, der jetzt fast grau war, drückte auf das Wohngebiet und über dem Pădurea-Verde-Viertel. Fünf Uhr am Nachmittag klingelte es an der Tür. Er hörte, wie seine Mutter öffnete und dabei eine ernste und höfliche Stimme annahm, die durch das Holz seiner Tür ins Zimmer drang. Dann erkannte er vage die spitze Stimme von Socolaru, diesem Teufel! Er hatte keine Geduld mehr: er war extra hierhergekommen, um ihm ins Unglück zu stoßen. Es war klar, dass er sein Feind war. Der historische Wichser! Aber er ging nicht aus dem Zimmer hinaus. Er warf sich ins Bett und zog die Bettdecke über sich. Wenn jemand eintrat, würde er schlafen, und fertig. Sein Herz schlug schmerzhaft in der Brust. Er spitzte die Ohren und versuchte, jedes Geräusch jenseits der Wand zu entziffern. Er hätte fliehen und nicht nach Hause kommen sollen. Aus dem Zimmer von nebenan drang die schroffe Stimme seines Vaters und das verkackte Gemurmel von Socolaru. Beide Stimmen redeten plötzlich leise miteinander. In der Küche klirrten Teller oder Tassen: klar, seine Mutter machte Kaffee. Er erinnerte sich an ihre Kopfschmerzen und wurde noch bedrückter. Die Stimmen waren noch ungefähr eine Viertelstunde lang leise zu hören, dann rief sein Vater kurz einen Satz, der mit „so etwas!" endete und alles wurde wieder leise. Nach wenigen weiteren Minuten öffnete und schloss sich die Wohnungstür und sein Vater stürzte wütend in sein Zimmer, wobei er die Tür an die Wand schlug:

„Tu nicht so, als ob du schläfst, du elender Nichtsnutz!"

Er sprang erschrocken und wie betäubt unter der Decke hervor. Von der Türschwelle aus rang seine Mutter die Hände und bat: „Lass ihn, Petrică, lass ihn doch, er hat es doch nicht gewusst, Petrică...".

Sein Vater warf sich auf ihn. Er begann, ihn wütend, chaotisch mit einem breiten Ledergürtel zu schlagen, wobei er auch den Plattenspieler neben dem Bett traf, dessen Plastikhaube kaputt ging. Er krümmte seinen Rücken und bedeckte den Kopf mit den Armen. Der Gürtel knallte auf seinen Rücken und auf die Beine, die in einem dünnen Trainingsanzug steckten. Er drehte und schützte sich wie ein einfältiger Bär und sah mit Schrecken durch seine Finger, wie sein Vater von allen Seiten auf ihn losging.

„Die dämliches Rindvieh! Du bist so ein dämliches Rindvieh! Dass du so dämlich, so ein idiotischer Ochse geworden bist!", schrie sein Vater und schlug, schlug, schlug.

Der Metallverschluss des Gürtels traf ihn am Kopf und riss dabei Haut von der Schläfe. Er fiel auf die Knie, legte den Kopf aufs Bett und bedeckte ihn wieder mit beiden Armen, die er fest darübergelegt hatte. Er begann heftig zu weinen und mit den Beinen zu zucken. Sein Vater schlug kraftvoll noch vier-fünf Mal, wobei er die Haut am jetzt nackten Rücken aufriss, warf dann plötzlich den Gürtel zur Seite und zerhaute eine Scheibe vom Bücherschrank. Er rannte aus dem Zimmer, schrie dabei „Du dämliches Rindvieh! Du Idiot!“ und verschwand in der Küche. Erst jetzt wagte es seine Mutter, sich ihm zu nähern, und ließ sich neben ihm auf die Knie. Sie legte ihre Hände um seinen Kopf und begann ihn zu streicheln. Sie weinte lautlos mit tränennassem Gesicht und küsste ihn. Auch er weinte und stöhnte. Von der linken Schläfe über die Wange rann ihm ein dünner Blutfaden.

Nach einer halben Stunde lag er im Bett, im Halbdunkel des bleifarbenen Sonnenuntergangs, mit einem Verband an der Schläfe, der von Pflaster gehalten wurde, und schaute aus dem Fenster zum Himmel, der vom Nachbarblock verdeckt wurde. Er hätte irgendwohin fliehen müssen. Ja, er hätte versuchen können, nach Drüben zu kommen. Das Dorf der Großeltern war genau dort, neben der Grenze, und die Gärten mancher Leute erstreckten sich bis an den Grenzstreifen. Es wäre leicht gewesen, nach Jugoslawien zu gelangen. Serbisch beherrschte er gut genug und von dort aus hätte er weitersehen können. Er hätte versuchen können, nach Italien zu kommen, er hatte gehört, dass es Tage gibt, an denen die jugoslawische Grenze zu Italien offen ist – wohl in Trieste, auf der anderen Seite des Landes. Oder nach Österreich. Oder Deutschland. Obwohl es für ihn in Italien leichter gewesen wäre: *„Pronto, bella signorina, grazie, che fai?, molto bene.“* Er lachte schwach, dann wurde er wieder düster. Warum sollte er es nicht tun? Hier erwartete ihn nichts Gutes mehr: weder in der Schule noch zuhause. Dieser Wichser von Socolaru wird ihn bei der Securitate verraten und dann werden sie ihn abholen. Er wusste nicht genau, was nach dem Abholen passieren würde, aber auf jeden Fall großer Mist, garantiert großer Mist. Wahrscheinlich würden sie ihn befragen und schlagen, wie in den Filmen mit der Gestapo. Und er würde ihnen nichts zu sagen haben, außer dem, was er schon gesagt hatte.

In der Küche brach ein schrecklicher Streit aus, der einzige wirkliche Streit, den er bei seinen Eltern erlebt hatte. Sie wohnten in einem Block mit ausreichend dicken Wänden, aber jetzt drang die spitze und aufgeregte Stimme seiner Mutter durch das Mauerwerk. Sie sagte energisch: „Ein Tier, ein Ungeheuer bist du, kein Mensch!" und er hörte klar das rollende r, das die Serbin in ihr verriet und das die Mutter eigentlich unterdrückte, wenn sie Rumänisch sprach. Als Antwort hörte er ein ernstes „wenn er ein Idiot ist" und dann „eine Scheiße und zwar alle!", wonach sich beide Stimmen überschlugen und schrill wurden. Er hob den Kopf und versuchte, die Diskussion zu verfolgen: „Weißt du? Hast du eine Vorstellung, was…?", das war sein Vater und nach etwa zehn Sekunden „Das mach ich, natürlich mache ich das, verdammt!", auch er, wonach sich die Stimmen in ein tiefes Stammeln verwandelten, wie wenn man einen Sender von einem weit entfernten Funkhaus kriegen will und während man die Skala auf und ab dreht, geht die Sendung zwischen Rauschen und Klopfgeräuschen verloren, kommt wieder, verschwindet wieder, wie Wellen aus Wörtern eines elektromagnetischen Meeres. Plötzlich begann seine Mutter wieder zu weinen und laut und unbeherrscht zu schluchzen, begleitet von einem sanften, rhythmischen und leiser werdenden Bass. Und dann breitete sich Stille aus, die vom monotonen Schwirren der Stimmen serbischer Sprecher aus dem vor zwei Tagen installierten Fernseher begleitet wurde. Er legte den Kopf auf das Kissen und schlief ein, umfangen von einer Schwäche, die ihm Beine und Arme beschwerte.

Er erwachte plötzlich durch das Licht. Jemand hatte die Lampe im Zimmer angemacht. Von draußen war entfesselter Regen zu hören, der sich endlich aus den Wolken entlud. Er drehte den Kopf und sah seinen Vater auf der Schwelle stehen: klein, dick, mit rundem Gesicht und einem dicken Schnurbart unter der Nase. Für einen Augenblick schien er ihm völlig fremd.

„Hab ich dich geweckt, Vlad?", fragte er besorgt und traurig.

„Nein, nein", entgegnete er schnell. „Ich lag einfach so da... mit geschlossenen Augen."

„Macht nichts. Komm mal zu dir und lass uns mal in der Küche reden."

Er erhob sich, noch betäubt, aber auch ängstlich. Er zog die Hausschuhe an und folgte seinem Vater in die winzige Küche, in der der Zigarettenrauch stand. Sein Vater zeigte auf einen Stuhl neben dem Tisch: „Setz dich dorthin."

Er setzt sich. Seine langen Beine stießen an die Schublade des Tischs. Auch sein Vater setzte sich. Er drehte sich um, griff einen Aschenbecher vom Küchenschrank, stellte ihn auf den Tisch, auf dem eine rote Wachsdecke mit weißen Tupfen lag, zog aus der Hemdtasche ein Päckchen Snagov und steckte sich eine Zigarette an. Dann hielt er ihm das Päckchen hin. Er schaute ihn verwundert an, tat aber nichts.

„Na los, nimm! Ich weiß, dass du rauchst. Nur vor mir rauchst du nicht."

Er schaut verblüfft auf seinen Vater.

„Na los, nimm endlich! Steck dir eine an und lass uns bisschen reden."

Er nahm misstrauisch eine Zigarette, die ihm sein Vater mit dem Feuerzeug anzündete, und sog einen tiefen Zug in die Lunge, der ihn belebte. Sein Vater sah ihn ernst und ruhig an. Auch er zog an der Zigarette, klopfte die Asche ab und begann:

„Also, Vlad… es tut mir leid! Es tut mir leid, dass ich dich… geschlagen habe. Ich verspreche dir, dass ich dich nicht mehr schlage. Was auch immer ist. Was auch immer du tust. Du bist jetzt groß und kann selbst urteilen. Ich mische mich nicht mehr ein. Ich will nicht…“

Seine Stimme wurde lauter.

Er unterbrach sich. Er zog an der Zigarette und drückte sie im kristallenen Aschenbecher aus. Er sah, dass dem Alten die Hand zitterte.

„Weißt du was? Du bist diesen Sommer durch die Zwischenprüfung gefallen, wegen deiner eigenen Dummheit…, du bist durchgefallen und fertig. Im Grunde ist das egal. Schau mich nicht so an. Natürlich hat mich das genervt. Deiner Mutter ging es sehr schlecht, der Armen, du hättest wenigstens an sie denken können…, aber darum geht es nicht. Hör gut zu: darum geht es nicht! Du bist nicht dumm. An die Uni kannst du jederzeit, du musst nicht am Loga gewesen sein, um Student zu werden. Es ist kein Weltuntergang und niemand stirbt deswegen. Weißt du, das UMT ist gar kein so ganz schlechtes Lyzeum.“

Sein Vater war es gewohnt, in Klischees zu reden, denn ihm schien, dass dadurch die Dinge klarer würden.

„Aber die Geschichte heute…, Vlad, so etwas ist nicht witzig! Mach sowas nie wieder in deinem Leben! Willst du unglücklich werden? Ich will das nicht und deine Mutter auch nicht.“

„Ich mache das nie wieder, Papa!“

„Das ist gefährlich, Vlad. Ich dachte, du weißt das. Wie um Himmelswillen konntest du denn…“

„Ich habe gedacht, dass ich das schnell wieder wegradiere, Papa! Ich weiß nicht, was ich gedacht habe, aber ich wollte es wegradieren.“ „Aber du hast es nicht wegradiert! … Naja, jetzt ist es ja egal. Es ist mir klar, dass man in deinem Alter Dummheiten macht. Die habe ich auch gemacht. Du rauchst und trinkst auch, wenn du mit deiner Clique ausgehst, stimmts?“ Er sagte nichts.

„Deine Mutter und ich, wir machen uns Sorgen, wenn du spät nach Hause kommst. Wer weiß, wo er herumstromert, hoffentlich ist nichts passiert! Du kommest nach Hause und riechst nach Rauch und wir wissen nicht, wo du so in Temeswar unterwegs bist…, aber naja, das ist normal. Ich würde mir eher Sorgen machen, wenn es nicht so wäre“, sagte sein Vater nachdenklich. „Und zum Glück kommen wir mit allem anderen irgendwie zurecht. Wir sind nicht am Verhungern und haben ein Dach über dem Kopf. Offen gestanden, wir können reagieren, wenn irgendetwas… irgendwas Komisches passiert. Aber bei diesen Dingen, wie bei…“, er senkte die Stimme, „…den *Drei Farben*, bei diesen Dingen musst du höllisch aufpassen. Verstehst du? Mein Lieber, das weißt du doch auch! Aus einer Dummheit heraus schadest du dir fürs ganze Leben – und du brichst deiner Mutter das Herz … und mir“, fügte er langsam hinzu.

„Ja, Papa. Ich weiß“, antwortete er demütig.

„Ja, du weißt das“, ereiferte sich sein Vater. „Aber du hast… du hast es trotzdem gemacht.“

„Es tut mir leid, Papa, es tut mir wirklich leid!“

Er fühlte, dass er es ehrlich meinte – er fühlte es und war bewegt.

„Ich mache sowas nie wieder, nie wieder.“

„Merk dir gut, was du gerade gesagt hast. Pass gut auf vor… deinem Lehrer, der gerade da war… oh Mann…“

„Socolaru.“

„Genau, Socolaru. Sei auf der Hut vor dem.“

Sein Vater dachte kurz nach.

„Immerhin glaube ich nicht, dass er dir noch Probleme machen wird… Weißt du, warum?“

Warum wohl?

„Rate mal!“

Er zuckte mit den Schultern hoch und zog an der Zigarette.

„Weil er ein Arschloch erster Güte ist, deswegen“, brach es aus seinem Vater heraus. „Weißt du, was er zu mir gesagt hat?“

Und er begann zu erzählen. Jetzt verstand er, warum Socolaru zu ihnen nach Hause gekommen war – und auch noch so eilig. Er hatte natürlich das von ihm verschandelte Lehrbuch mitgebracht und es seinem Vater gezeigt, der sich gelb verfärbt hatte und heftiger zu atmen begann: er hielt das Buch in der Hand, blätterte es ohne Sinn durch, denn er hatte gesehen, was zu sehen war, und währenddessen redete Socolaru mit seiner schrillen Stimme, die jetzt salbungsvoll und einschmeichelnd war, auf ihn ein. Er hätte mit dem Lehrbuch direkt zu den entsprechenden Organen gehen können, die…, Herr Jivan weiß schon, welche. Schließlich wurden ja die Symbole unseres sozialistischen Staates verhöhnt. Natürlich war Vlad minderjährig, also noch nicht vollumfänglich verantwortlich, nur, dass *sie* das manchmal nicht berücksichtigen. Oder aber, wenn sie es berücksichtigen, sich fragen, wie ein solcher Jugendlicher erzogen worden war, welche Werte ihm Eltern mit Verantwortung, mit Funktionen und Aufgaben in der Gesellschaft, vermittelten.

„Verstehst du, Vlad?“ Dann hatte der Lehrer das Thema gewechselt. Er begann, von seiner Frau und sich selbst zu sprechen, darüber, wie schwer es für manche junge Absolventen sei, im Alltag zurechtzukommen. Sie waren beide nicht aus Temeswar und hatten keinerlei Hilfe, sie wohnten zur Miete und reichten mit dem Geld immer gerade so für einen Monat, denn das Lehrergehalt ist, wie es ist, und alles ist teuer; wenn du etwas brauchst, kaufst du es entweder überteuert oder unter der Hand und das ist nicht richtig. Wenn sie wenigstens eine eigene Wohnung hätten, eine vom Staat, eine Wohnung mit zwei Zimmern, obwohl besser wären drei, denn sie wollten gerne ein Kind und wie soll man denn mit einem Kind so beengt in zwei Zimmern wohnen, das verstand sicher auch Herr Jivan, nicht? Manche haben mehr, andere haben nichts, jeder muss sehen, wie er zurechtkommt – hier hatte sich Socolaru in ihrer geräumigen Wohnung mit vier Zimmern umgesehen –, auch wenn sie den Antrag auf eine Wohnung gestellt haben, es stimmt, seine Frau hatte derzeit nur eine Vertretungsstelle, aber er war bei der Stadt angestellt und hatte ein Recht darauf, nur dass die Wartelisten lang waren und es Jahre dauern könnte, und das war nicht korrekt, warum sollte er, Socolaru, denn warten, wo er doch am UMT-Lyzeum arbeitet? Also ein bisschen gehörte doch auch er, quasi kollateral, „So hat er es gesagt: kollateral!", schimpfte sein Vater, zum Maschinenbauwerk, vielleicht könnte Herr Jivan, der ja dort arbeitet und Chefingenieur ist, vielleicht könnte er ihm irgendwie helfen, wenn die Arbeiter Wohnungen erhielten, warum dann nicht auch er, der ja die zukünftigen Arbeiter ausbildet, so wäre es doch eigentlich auch korrekt, nicht wahr, Herr Jivan? Natürlich würde er das verstehen, sie gehörten schließlich beide, Herr Jivan und Herr Socolaru, zur Intelligenz. Dann erwähnte er wieder das Lehrbuch und die Verhöhnung der Staatssymbole, vor allem, sagte er, die Verse in ihrer jetzigen Form, es scheint, als habe sie jemand von … , also wirklich von…, und er hatte mit dem Finger nach oben gezeigt, also von ganz oben geschrieben.

„Ich hätte am liebsten gesagt: ‚Also wer? Gott? Hat Gott sie geschrieben?' Dieses verfluchte und schwachsinnige Arschloch! Sogenannter Lehrer, Erzieher! Und so ist er schließlich über all das dorthin gelangt, wohin er wollte: dass er, wenn ich ihm eine Wohnung durch den Betrieb, also durch die UMT besorge, die ganze Geschichte mit der Hymne vergessen wird. Verstehst du?"

Er nickte. Er verstand sehr gut. Es hatte sich ein Fenster aufgetan, durch das er einen Blick in die Erwachsenenwelt werfen konnte. Es war furchtbar.

„Also muss ich dem Mistkerl eine Wohnung besorgen. Drei Zimmer will er. Sonst…"

Sein Vater schluckte trocken und steckte sich noch eine Zigarette an.

„Sonst wird er seine Pflicht tun müssen. So hat er es gesagt. Seine Pflicht tun. Er möchte natürlich nicht dazu gezwungen sein, vor allem, weil du ein ernsthafter Junge bist und gut lernst, er hat gesehen, dass du gute Zensuren hast, und er ist sich sicher, dass das nur ein Fehler war, denn so sind nunmal Kinder, sie machen allen möglichen Blödsinn, um interessant zu erscheinen. Der Blödmann weiß, wie Kinder sind! Sodass er also nicht gezwungen sein möchte, es dazu kommen zu lassen."

Er schaute Vlad unglücklich an.

„Was hätte ich tun können? Ich habe ihm gesagt, dass er es nicht dazu kommen lassen muss. Dass ich das mir Mögliche tue. Und er hat mich versichert, dass er vollstes Vertrauen in mich habe und dass er das Lehrbuch irgendwo gut aufbewahren wird, um sicherzugehen, dass nichts Schlimmes passiert. Also guck, Vlad, wohin du mich gebracht hast, Junge, wohin du mich gebracht hast!"

Er senkte den Blick und griff versehentlich an das Pflaster an der Schläfe.

„Es tut mir leid, Papa!", sagte er, so ernst und überzeugend er konnte. „Ich bin schuld, ich weiß. Ich werde nie wieder sowas tun, Papa, nie wieder, ich verspreche es!"

„Ja, mach das nie wieder, Vlad! Wenigstens deiner Mutter zuliebe! Ich… ich bitte dich sehr, Vlad. Pass ab jetzt auf!"

„Ja, Papa, mein Ehrenwort, ja!"

„Gut", seufzte sein Vater. „Tut es dort… weh?", er zeigte auf die Schläfe. „Es tut mir leid, Vlad, mein Lieber!"

„Nein, Papa, es tut nicht weh. Es ist vergangen."

*

Erst Anfang Dezember 1989 verstand er, dass Socolaru, der jetzt in der Wohnung wohnte, die er von seinem Vater erhalten hatte, sein Wort nicht gehalten und sich trotzdem mit der umgeschriebenen Staatshymne zu den Organen begeben hatte. Nur waren inzwischen schon drei Jahre vergangen, aus denen dann fünf, zehn, fünfzehn geworden waren und sich die Wut in Verachtung umgewandelt hatte. So oft er ihn im Wohnviertel traf, tat er so, als würde er ihn schlagen wollen, oder er überhäufte ihn mit Schimpfwörtern und verfolgte dann befriedigt, wie der gerupfte und immer buckligere Blonde in Deckung ging und den Schritt beschleunigte, mit einer Spur von gequälter Würde. Nachdem er mit Emilia in die Villa auf der Letea gezogen war, traf er ihn seltener, aber jedes Mal nahm er begeistert sein Ritual auf, was sich über die Jahre nicht abgenutzt hatte: wie auch immer er sich vorher gefühlt hatte, nach der Begegnung mit dem Lehrer fühlte er sich immer viel besser.

Er öffnete die Autotür und ließ Emilia einsteigen. Bevor er sich ans Lenkrad setzte, sah er noch einmal auf den Block seiner Kindheit. Sein Vater und seine Mutter winkten ihnen vom Eingang aus zu und betraten dann das graue Gebäude mit dem abbröckelnden Putz. Na guck mal, der Wein war bis zur vierten Etage hinauf gewachsen. Dort hatte Vali gewohnt, direkt über ihnen. Jetzt ist er mit seiner Frau, einer Banater Schwäbin, in Deutschland. Er hat nichts mehr von ihm gehört. Er war weggezogen…, wann? Dreiundneunzig oder vierundneunzig, als wir in unser Haus gezogen waren. Und auch das Wildschwein ist in Deutschland, erinnerte er sich, als er gedanklich seine Jugendclique durchging. Ragnar war schon vor der Revolution gegangen. Geblieben war Mircea, der aber mit Ileana und den Kindern auch in ein Haus gezogen ist, nach Dumbrăvița. Er lächelte kurz, als er sich erinnerte: am

Ende hatte der Dicke doch geschafft, das stattliche Mädchen seiner Träume zu erobern. Nur, dass Ileana vor zehn Jahren gestorben ist, auf dem Fußgängerüberweg von einem Auto überfahren.

Und Elvis aus dem Fabrik-Viertel, der erste Mensch, den er mehrmals ungebremst, ohne sich zurückzuhalten, geschlagen hatte. Er hatte ihn mehrfach wiedergetroffen: einmal sogar zwei Monate nach dem Handgemenge vor der Bierfabrik. Der Kerl hatte ihn auch gesehen und er war für einen Moment lang angespannt wie eine Katze kurz vor dem Sprung, aber dann schaute er weg und lächelte überheblich: rechts neben ihm ging an seiner Hand die Punkerin Mira, genauso gleichgültig und ausdruckslos wie damals, als er sie kennengelernt hatte. Mira blickte ihn seine Richtung, aber scheinbar sah sie ihn nicht: sie schaute durch ihn hindurch. Er wurde etwas traurig und begehrte sie für einen Moment, aber dann vergaß er es. Später, nach vielen, vielleicht zehn Jahren sah er Elvis wieder oder zumindest schien es ihm so, auch im Fabrik-Viertel, an der Kreuzung vor der Millenniumskirche, diesmal mit einem braungelockten kleinen Jungen an der Hand. Er sah müde aus, trug weitgeschnittene Kleidung, die etwas ausgeleiert war, und hatte zwei sichtbare Falten im Gesicht, die neben der Nase begannen und sich zu den Mundwinkeln hinunterzogen. Die strahlende Energie des Tänzers von der *2. April* schien sich bei diesem Mann völlig aufgebraucht zu haben. Vielleicht war er es auch gar nicht.

Mira hatte er wiedergesehen und zugleich auch nicht. Sie hatten sich noch einmal getroffen, wussten es aber beide nicht, denn am 17. Dezember 1989 arbeitete Mira in der Spätschicht im Bezirkskrankenhaus, wohin die ersten bei der Revolution verletzten Menschen gebracht wurden. Aber sie hatte nicht mehr die Punkfrisur, wie drei Jahre zuvor, und obschon sie ihm mit der Schere das blutgetränkte Shirt aufgeschnitten hatte, während er ausgestreckt auf der Trage lag und sie wie durch Nebel wahrnahm, vollzog sich kein dramatisches Wiedererkennen und er hatte nicht die Kraft, das romantische Potential dieser Begegnung zu nutzen.

„Ach, das war doch schön“, sagte er, als er sich ins Auto setzte.

Er warf einen Blick auf die Rückbank, wo ein weißes, geöffnetes Paket lag, das einen Stapel der *Fruchtbaren Sehnsüchte* enthielt, dann schob er seinen Sitz etwas nach hinten, um Platz zu bekommen, und arrangierte seinen Bauch hinter dem Lenkrad.

„Du bist wirklich rund geworden, mein Lieber“, lachte Emilia.

„Wenn du wüsstest, was für fruchtbare Sehnsüchte ich jetzt habe, Emi!“, gab er zurück und steckt den Schlüssel ins Zündschloss.

Emilia lachte, vergaß den Bauch ihres Mannes und fuhr sich kurz durch ihr Haar.

„Du hast recht, es war schön“, bestätigte sie. „Und bei Al Duomo war es auch perfekt.“

„Ja, es war ok“, meinte er und startete den Motor.

Er fuhr scharf an und wirbelte Staub auf, wie er es immer gerne machte, und schlängelte sich zwischen den Blöcken auf den schmalen Straßen mit Namen aus der Dobrogea auf die CFR-Allee. Er drückte auf den CD-Player und aus den Boxen von hinten ertönte ein ruhiges Lied.

„Wieder Serbisch, mein Lieber! Also wirklich!“, protestierte Emilia.

„Na, sagtest du nicht, dass du nach Split fahren mochtest?“

„Wir sprechen nicht so!“, gab sie zurück. „Du hast keine Ahnung! Wie ‚fahren mochtest‘? Wo hast du denn sowas gehört?“

„Na, was weiß ich denn, wie ihr in eurem Land sprecht?“, lachte er. „Aber wenn du willst, mache ich eine andere Musik rein. Ich dachte nur, dass du dich schonmal an die Sprache gewöhnen könntest, wenn wir dorthin fahren werden.“

„Aber du hast auch gesagt, dass du mich *Marina* hören lässt“, erinnerte sich Marina an das Tischgespräch. „Ich will jetzt auch endlich dieses *Marina* hören." „Ja, sicher", antwortete er schnell. „Du wirst es sofort hören. Warte nur kurz, bis das fertig ist. Gefällt es dir?"

Er drückte auf die Lautstärketaste, woraufhin die Musik laut zu hören war: *„Iza moga ramena skloni se od lovaca s oba oka sklopjena."*

„Was für ein Lied!", lachte Emilia. „Wie auf den Bällen meiner Mutter."

Er schaute kurz zu ihr, ohne etwas zu sagen. Was verstand Emilia denn von jugoslawischer Musik?

„Was singt er denn?", fragte sie, nicht sehr neugierig. „Verstehst du es?"

„Ja, ziemlich."

Er richtete kurz seinen Pony und beschleunigte dann langsam. Das Lied war beim Refrain angekommen, wo er aufgeregter und angespannter wurde und der junge Mann von einst einen Freudenschauer spürte.

„Hinter meinem Rücken… versteckst du dich vor Jägern, beide Augen sind geschlossen… Also Du!"

Emilia kicherte, legte die Hand auf seinen Schenkel und streichelte ihn leicht. Er erschauerte.

„Die Tutti Frutti Band", murmelte er verwirrt. *„Nasloni glavu na moje rame.* Das wäre in etwa", er schluckte leicht, „leg deinen Kopf auf meine Schulter."

„Mach ich jetzt", gurrte Emilia und neigte sich langsam zu ihm.

Der schwarze BMW fuhr schnell durch die leere Straße, wobei er an den Toren des ehemaligen Maschinenbauwerks vorbeikam. Er beschleunigte noch etwas und blieb weiterhin von diesem Schauer beherrscht, der ihn betäubte. Die Freude in ihm wuchs an, an seiner rechten Seite spürte er die Wärme von Emilias langem und schlankem Körper, der immer näher kam, das Auto gehorchte ihm und erahnte jeden seiner Wünsche, und jetzt konnte der vor den Scheinwerfern offen liegende Weg überallhin führen, denn es zählte nichts mehr, es zählte nichts als der plötzliche Augenblick des Glücks, den sie beide, nebeneinander im Dunkeln, fühlten, und dieser Schauer vereinte sie wie eine Aura, die sie Zeit und Raum, Vergangenheit und Zukunft und jeglichen anderes enthob.

„Vlad, pass auf! Vlad!", schrie Emilia mit spitzer Stimme.

Aus dem Nichts kam ihnen auf ihrer Spur, vor ihren Scheinwerfern, ein khakifarbener Militärlastwagen entgegen. Er nahm gerade noch auf der schwarzen, eisernen Stoßstange das Länderzeichen YU wahr und das fremde Nummernschild, bevor die quadratische Front des Lastwagens wie ein riesiger Schatten den Himmel über ihnen bedeckte. Es gelang ihm, scharf nach rechts abzubiegen und schnell auf den breiten Fußweg zu fahren, das Auto wackelte, als die Räder über den Bordstein sprangen, und er bremste verzweifelt vor dem Zaun des Kombinats. Der riesige Lastwagen dröhnte an ihnen vorbei. Der BMW fuhr noch zwei, drei Meter weiter, zerschrammte das Blech der Motorhaube und der Tür am Zaun, dann blieb er stehen. Emilia fiel nach vorn und schlug sich den Kopf an der Windschutzscheibe, und er röchelte, mit der Brust eng ans Lenkrad gedrückt.

Sie schauten einander an, verwirrt und voller Schrecken. Emilia begann zu zittern und zu weinen. Er beugte sich schnell zu ihr. Er stieß sich noch einmal schmerzhaft am Lenkrad. Er legte seine Arme um sie.

„Ist alles in Ordnung, Emi?", stammelte er und atmete schwer. „Bist du heil, meine Liebe?"

„Hmh", nickte sie und weinte weiter.

Ihr schönes rotes Seidenkleid war an der Schulter zerrissen. Ist doch egal mit dem Kleid! Dass ich jetzt daran denke? Er ließ

Emilias Kopf wieder los. Er stieg aus dem Auto und zog auch sie hinaus, langsam, am Lenkrad vorbei. Emilia stieg aus und taumelte. Sie hielt sich nicht gut auf den Beinen. Sie lehnte sich an die Motorhaube.

„Wir hätten sterben können", flüsterte sie.

„Was verdammt war das?", wurde er wütend und schaute sich um.

Die Straße war wieder leer.

Er beugte sich ins Auto und holte das Zigarettenpäckchen heraus. Er entnahm zwei, zündete sie an und reichte eine Emilia.

„Hast du gesehen, er kam direkt auf uns zu!", kommentierte sie. „Direkt auf uns zu."

„Natürlich habe ich es gesehen, verdammt nochmal. Aber was war das? Ein Lastwagen der jugoslawischen Armee?"

„Jugoslawisch war das?", wunderte sich Emilia.

„Ich habe das Länderzeichen gesehen."

Wieso jugoslawisch? Woher denn?, fragte er sich sofort.

„Vielleicht suchen dich deine serbischen Brüder", versuchte Emilia einen bösen Witz.

„Oder die Bosniar", parierte er, wobei er sich an Loțis Sturheit von letzter Woche erinnerte.

„Oder die Bosnier", seufzte Emilia, wobei sie subtil seine Aussprache korrigierte, und atmete den Rauch der Zigarette langsam aus. „*Whatever.* Das ist völlig egal." „Das ist nicht egal", flüsterte er, wobei ihn ein vager Gedanke durchzog, eher das Ende einer Erinnerung, die er zu vertreiben versuchte.

Die Angst, die ihn ergriffen hatte, war absurd und noch viel erschreckender als alles, was er in dem kurzen Blitz fühlte, als er die große und schwarze Stoßstange des auf sie zukommenden Lastwagens sah. Es war noch schlimmer als damals, mit Socolaru oder mit dem Offizier der Securitate, als damals, als er angeschossen worden war, als damals vor langem, als jemals. Er dachte plötzlich daran, wie sich während der jugoslawischen Kriege die Menschen von Sarajevo gefühlt haben mögen, als sie in ihrer von den Serben belagerten Stadt bleiben mussten und wussten, dass auf den Hügeln ringsherum Heckenschützen lauerten und dass jedes Mal, in jedem Moment, wenn sie auf die Straße gingen, einer von denen einem den Kopf oder die Brust mit einer Kugel durchbohren konnte. Bosnier aus Sarajevo. Aber es waren nicht nur Bosnier. Es gab keine Verbindung. Nur ein Militärlastwagen aus einem Jugoslawien, das es nicht mehr gab, nachts, auf einer Straße in Temeswar. Direkt auf sie zu. Auf ihn zu. Aber das bedeutete auch nichts. Es konnte nichts bedeuten, verdammt! Nicht jetzt.

„Vlad, mein Lieber, woran denkst du?", hörte er Emilias Stimme auf der leeren Straße. „Was machen wir jetzt?"

„Doch, es ist nicht egal", stammelte er. „Es ist überhaupt nicht egal."

Prolog

6
Die Teufel

An jenem Samstag standen alle drei vier Uhr früh auf, um so zeitig wie möglich in Moravița anzukommen. So hatte zumindest sein Vater kalkuliert: Für den Zoll mussten sie nicht mehr als zwei, drei Stunden einrechnen, und wenn sie Glück hatten und die Zollbeamten arbeiteten, konnten sie sogar innerhalb einer halben Stunde nach Jugoslawien hinüber gelangen.

Sie hatten kein Glück. Halb sechs hielt ihr grüner Dacia etwa zehn Meter vor dem Schlagbaum am Grenzübergang von Rumänien, vor dem Zollgebäude, auf dem unter einer kaltweißen Glühbirne groß „Sozialistische Republik Rumänien" geschrieben stand und die rumänische Trikolore wehte. Vor ihnen wartete noch ein Auto und nach einer Stunde hielt hinter ihnen ein zweites. Direkt neben der Mauer des grauen Betongebäudes, in dem sich die Zollbüros befanden, kauerten im immer durchsichtigeren Dunkel ungefähr zehn Schemen auf plattgedrückten Taschen. Sie ähnelten spitzen Haufen, aus denen hier und dort das rötliche Leuchten von Zigaretten zu sehen war. Vielleicht waren es Leute, die mit einer Erlaubnis für kleine Geschäfte nach Vršac wollten und die Grenze zu Fuß überquerten. Nur dass gerade gar niemand über die Grenze gelangte. Die Fenster des Zollgebäudes waren erleuchtet, aber die Glaskabine rechts des Schlagbaums blieb leer. Irgendwo hinter den Autos, am hölzernen Wachhäuschen, an dem sie vorbeigefahren waren, sah man die leicht gebeugte Silhouette eines Wachsoldaten und das regelmäßige Aufglimmen der Zigarette, an der er oft und gierig zog, während er auf seine Ablösung wartete. Ansonsten war nichts weiter zu erkennen, als die grauen, wellenförmigen Linien der Maisfelder, die sich auf der weiten Ebene zu beiden Seiten der

Straße erstreckten, und die Umrisse der Autos, die ebenso dunkel, schweigend und demütig wie die kauernden Schatten neben der Mauer warteten.

„Wann wollen die hier eigentlich mal arbeiten?“, fragte seine Mutter schläfrig und schaute seinen Vater an, der den Kopf auf das Lenkrad gelegt hatte.

„Wenn sie Lust haben“, antwortete sein Vater, ohne den Kopf zu heben.

Er döste auf der Rückbank. Der Enthusiasmus des Aufbruchs, der sie gestern Abend belebt und erschöpft hatte, als sie den Kofferraum und die Rückbank beluden – mit Benzinkanistern, Beuteln mit Essen, Porzellantellern, zwei Kaffeeservices, mit Schlüpfern, Strümpfen, Handschuhen und Baumwollshirts –, wobei gerade noch Platz für ihn blieb, hielt noch die halbe Stunde bis Stamora an. Sie waren auf Reisen! Ins Ausland! Sie verließen Rumänien! Unterwegs überprüfte seine Mutter dreimal das Handschuhfach, um sicherzugehen, dass sie die Hotelreservierungen, das Geld und die mühsam errungenen Reisepässe nicht zuhause vergessen hatten, wobei sein Vater jedes Mal aufmerksam zuschaute, obwohl beide wussten, dass alles in Ordnung war. Jetzt aber saßen sie apathisch und kraftlos da und schliefen fast ein. Nur ein Quentchen Angst vibrierte in jedem Kopf: Was, wenn sie nun zurückgeschickt würden? Vielleicht lassen die Zollbeamten sie nicht raus. Oder sie erlauben ihnen nicht, so viele Dinge mitzunehmen. Sie hatten zahllose Geschichten dieser Art von Laza, dem Bruder seiner Mutter, gehört. Das Warten hatte folglich auch seine gute Seite: bisher war nichts Schlimmes passiert.

Nach einer Viertelstunde sagte seine Mutter mit derselben schläfrigen Stimme:

„Was denkst du, wie lange werden sie uns hier noch warten lassen?“

„Laza hat gesagt, dass er einmal sogar zehn Stunden warten musste“, erinnerte sich sein Vater, ohne seine Haltung zu verändern.

Der Himmel wurde langsam hell und enthüllte die weite Ebene mit den gelblichen Maisfeldern, die graue Straße, die von Schlaglöchern übersät war, und die fünf Autos, die jetzt vor dem Schlagbaum an der Grenze zu Jugoslawien warteten. Die Schemen neben der grauen Mauer bekamen Farbe und menschliche Konturen. Auch der Soldat hinter ihnen in seiner khakifarbenen Uniform, mit den klobigen Stiefeln und dem Maschinengewehr auf dem Rücken wurde sichtbar. Jetzt sah man auch, wie klar der Himmel war: blau, wolkenlos und mit einem Stück Mond in einer Ecke, ganz oben. Es würde eine normaler, heißer Augusttag werden.

„Wie spät ist es?“, fragte sein Vater dumpf.

„Sieben Uhr zehn“, antwortete die Mutter und ließ dabei den Kopf an der Kopfstütze. „Keinerlei Bewegung zu sehen. Also warten wir weiter.“

Halb acht erschien ein kleiner Bus mit einem gelben Nummernschild aus Temeswar. Die Ablösung. Sechs Menschen in blauen und grünen Uniformen stiegen aus. Sie betraten das Zollgebäude und nach einer halben Stunde verließen es sechs andere Menschen in Uniform. Zwei stiegen in Autos, die am Straßenrand abgestellt waren, und die anderen in den Bus mit dem gelben Nummernschild. Sie fuhren zurück, Richtung Moravița und Temeswar. Die Ablösung belebte die Wartenden: Die auf den Taschen kauernden Schemen standen auf und begannen, langsam ein paar Schritte zu machen, um munter zu werden, und die Leute in den Autos stiegen ebenfalls aus, in den kühlen Morgen hinein. Am Horizont, über dem Rücken der Maisfelder, färbte sich der Himmel rosa, dann rot. Nur im Zollgebäude war keine Bewegung zu bemerken.

Auch seine Eltern stiegen aus und liefen um das Auto. Sein Vater öffnete den Kofferraum und schloss ihn sofort wieder. Er schaute nicht auf den Mann hinter ihm, der sich eine Zigarette angesteckt hatte und rauchte, wobei er an seinem Auto lehnte – einem roten Opel, mit einer italienischen Nummer. Er zündete sich eine Snagov mit Filter an und zog mit einem leichten Ächzen den Rauch in die Lunge. Er schaute herum, zu den wartenden Autos, dem grünlichen Wachhäuschen mit den drei schrägen Streifen, rot-gelb-blau, zu dem gelangweilten Soldaten, der durch ihr Blickfeld spazierte, zu den Hunden, die neben dem Wärterhäuschen lagen, auf die lange und leere Straße jenseits von ihnen, mit Bäumen, die sie in einer scheinbar unendlichen Reihe säumten und die sich zum Horizont hin zu verkleinern schienen, dann richtete er den Blick wieder zum Zollgebäude, als ob seine genaue Beobachtungsarbeit etwas verändert hätte.

„Drecksäcke", murmelte er langsam.

Er warf die Zigarette weg und stieg wieder ins Auto, wobei er die Tür zuknallte. Vlad zuckte zusammen. Seine Mutter stieg auch ein, öffnete das Handschuhfach und überprüfte noch einmal, ob sie die Reisepässe, die Hotelreservierungen, das Geld und das grüne Autobuch hatten. Sein Vater legte wieder den Kopf aufs Lenkrad. Draußen zirpten schwach die Grillen und es wehte ein kühler Wind. Er schlummerte auf seinem Platz zwischen den Gepäckstücken auf der Rückbank ein.

„Los, Bursche, steh auf! Aussteigen!"

Er stieg verschlafen aus und die kühle, frische Luft des frühen Morgens erfreute ihn. Er öffnete die Augen. Er befand sich vor dem Schlagbaum auf Höhe des Zolls und neben ihm stand ein unbekannter Mann, in einer blauen eleganten Uniform, mit Schlips, Sakko und frisch gebügelten Hosen. Seine Eltern warteten artig einen Meter entfernt. Er hörte Klirren von Porzellan, drehte sich um und sah, dass der Kofferraum offen war: Ein Mann, von dem er nur einen Teil des Körpers sah, stocherte zwischen den Taschen und Beuteln herum.

„Ist was, Dinu?", frage der Zollbeamte neben ihm, der ihre grünen Reisepässe mit dem Wappen der sozialistischen Republik und ihre Aufenthaltskarten für Jugoslawien in der Hand hielt.

„Eine Menge, Jenel", hörte man die Stimme aus dem geöffneten Kofferraum des Dacias. „Handschuhe, Schlüpfer, Töpfe, nackte Frauen… haha! Lagerhaltung auf Rädern."

„Na, sieh mal einer an", konstatierte nachdenklich der Zollbeamte und schaute seine Eltern an.

Er war ein hochgewachsener Mann, mit breiten Schultern und einem schwarzen, dichten und ordentlich gebürsteten Schnurbart, der eine gebogene Nase stützte. Das war das Erste, was ihm am Gesicht des Zollbeamten auffiel. Das Zweite war sein Blick: grüne, kalte, gleichgültige Augen.

„Hatten Sie nicht gesagt, Sie fahren in den Urlaub, Herr… "

Der Beamte öffnete den Ausweis.

„Herr Jivan. In den Urlaub? ", fragte er streng.

„In den Urlaub ", antwortete sein Vater artig.

Er zuckte zusammen: niemals hatte er seinen Vater so reden hören.

„Sie wissen, dass es nicht erlaubt ist, Sachen im Wert von mehr als zweihundert Lei aus dem Land auszuführen?", hob der Beamte die strenge und dennoch gelangweilte Stimme.

„Natürlich weiß ich das", antwortete sein Vater schnell. „Ich weiß, aber, verstehen Sie uns… "

Jetzt klang er bittend. Und der Beamte schien amüsiert.

„Wieviel ist das ungefähr wert, Dinu?", fragte er laut, jetzt fast fröhlich.

„Fünftausend. Mindestens."

„Aha", meinte der Beamte. „Also, Sie fahren ans Meer nach Jugoslawien, um sich zu erholen und sich wohl zu fühlen... So sagten Sie, richtig?"

„Äh, ja."

„Und warum haben Sie dann den Kofferraum voller... voller Sachen? Wollen Sie dort Schwarzhandel treiben? Schmuggelei? Na, ist das in Ordnung?" Und der langnasige Jenel klopfte sich langsam mit dem Zeigefinger auf die Wange. Sein Vater senkte den Blick. Seine Mutter schwieg weiter und schaute lange auf den Beamten.

„Und wenn ich Sie jetzt zurückschicken würde? Einfach, damit Sie etwas lernen! Fahren Sie zurück, packen Sie das Zeug aus und kommen Sie danach wieder, wie anständige und ehrliche Bürger. Dinu, bring mir bitte das Heft für die Verstöße", wandte er sich kurz an den Mann am Kofferraum, der sich daraufhin vom Auto entfernte und in das gläserne Zollhäuschen ging.

Er hätte schwören können, dass er gesehen hatte, wie der Zöllner diesem Dinu zuzwinkerte.

„Genosse Zollbeamter, ich bitte Sie sehr!", begann sein Vater plötzlich. „Verstehen Sie uns! Wir wollten nichts Illegales tun, wissen Sie..., ich habe mit meinem Schwager gesprochen, er hat ein kleines Geschäft und weiß, wie es ist.", redete er unter den kalten Blicken des Beamten weiter. „Er hat gesagt, dass die Serben, die Jugoslawen, eine hohe Inflation haben, dass sich von heute auf morgen die Preise ändern und man sich nichts mehr kaufen kann und dass uns die Dinar, die wir mitnehmen durften, nicht reichen werden und auch das Benzin nicht. Weder das Geld noch das Benzin. So hat er es uns gesagt...."

Sein Vater näherte sich, während er sprach, langsam dem Zollbeamten. Er beobachtete gleichgültig, als ob er eine Szene betrachtete, die nichts mit ihm zu tun hatte, wie klein und unterwürfig sein Vater vor dem Mann in Blau aussah. Sogar sein kastanienbrauner

Schnauzbart schien kraftlos und demütig vor dem eindrucksvollen Bart des Anderen. Sein Vater steckte die Hand in seine Jackentasche und sprach weiter:

„.. und wir haben uns gedacht, dass wir vielleicht auf diese Weise zurechtkommen, wenigstens mit dem Benzin, damit wir nicht mitten auf der Strecke stehenbleiben. Genosse Offizier, ich schwöre Ihnen bei meiner Ehre, nur darum haben wir die ganze Ware mitgenommen! Wir wollten keine Geschäfte machen oder das Gesetz übertreten, aber wir wussten nicht, was wir tun sollen. Sehen Sie..."

Er zog jäh die Hand aus der Tasche. Der Zöllner zuckte kurz zusammen, straffte sich und führte eine Hand zur Hüfte, zum Halfter der Pistole. In der folgenden Sekunde entspannte er sich, die Hand fiel ihm weich auf die Hosentasche und er lächelte leicht: In der Faust seines Vaters sah er ein weißes Kent-Päckchen.

„Nehmen Sie, Genosse", sein Vater senkte die Stimme. „Für die Zeit, die Sie hier in den Feldern stehen..."

Er fühlte, wie er vor Scham errötete. Scham und Groll. Er würde sowas nie machen. Besser, sie wären nach Hause zurückgefahren.

„Wo arbeitest du?", fragte der Zollbeamte trocken, wobei er auf die Höflichkeitsform verzichtete.

Er schaute noch nicht einmal auf das Päckchen.

„Bei UMT in Temeswar. Ich bin dort Chef-Ingenieur.", fügte sein Vater schnell hinzu.

„Und Deine Frau?"

„Auch. Auch bei UMT. Sie ist Ökonomin. Wir sind ernsthafte Menschen, Genosse Zöllner, wir tragen Verantwortung. Die Junge ist Student, er beginnt im Herbst mit der Uni. Wir sind nicht solche. Wir möchten keine Probleme machen."

Dieser neue Ton seines Vaters, der in seiner Hand weiterhin das Kent-Päckchen hielt, gefiel ihm überhaupt nicht. Die glänzende Folie des Päckchens leuchtete im hellen Licht, war aber leicht von

Schweiß beschlagen. Der Zollbeamte sah ihn noch einen kurzen Augenblick mit einem Anflug von Interesse an, dann schaute er zum Zollgebäude: Dinu, der andere Mitarbeiter, kam gerade aus der Tür mit einem Tellerchen voll Milch. Er stellte es ab und hinter ihm erschien eine schwarze Katze, die sich an seinen Hosen rieb, ihren Rücken durchbog und ihren Schwanz wie eine Fahne aufstellte. Die Hunde hinter ihrem Dacia standen plötzlich vom Asphalt auf, ihr Fell sträubte sich kurz, während sie interessiert zur Katze schauten, und begannen, neben dem Soldaten, der den Eingang zum Zoll bewachte, herumzustreunen.

„Pass auf, Herr Jivan", begann der Zollbeamte belehrend. „Diesmal drücke ich ein Auge zu, damit du nicht behaupten kannst, dass ich ein schlechter Kerl bin und dir den Urlaub vermiese. Aber das ist nicht die Regel. Es ist nicht korrekt, was du machst. Ihr alle macht es so und findet immer eine Entschuldigung! Dieser und jener erzählt euch irgendwas, ihr habt irgendwas gehört... So macht ihr das. Es ist schade um dieses Land, wenn die Leute alle so ticken."

Ob er, wenn ich ihm eins in die dämliche Fresse haue, gleich umfallen würde?, überlegte er für sich.

Der Zollbeamte winkte ab, ging in die Glaskabine rechts der Schranke und stempelte demonstrativ die drei Reisepässe. Er machte hinter der Scheibe ein Zeichen und sein Vater lief schnell zu ihm. Er nahm die Reisepässe und versuchte, das Zigarettenpäckchen durch die Öffnung zu schieben, aber der Beamte stand auf und ging ernst aus der Kabine, als ob der Alte gar nicht mehr dort gewesen wäre. Dinu, der andere Beamte, setzte den elektrisch betriebenen, rot-weiß gestreiften Schlagbaum in Gang, der sich ruckweise öffnete.

„Gute Reise!", sagte Dinu lebhaft zu ihnen.

Sein Vater lief eilig zum Auto, schloss den Kofferraum und setzte sich ans Lenkrad. Auch seine Mutter und er stiegen schnell in den Dacia und sein Vater startete den Motor.

Als sie am Gebäude vorbeifuhren, das sie von Jugoslawien trennte, sah er, wie der bärtige Zollbeamte den Rücken der schwarzen Katze streichelte.

„Ihr elenden Kommunistenschweine, ihr haltet euch alle für Götter!", murmelte sein Vater, kaum dass sie die Schranke passiert hatten und in den freien Raum zwischen Rumänien und Jugoslawien fuhren.

*

Mit der Zeit verbanden sich die Erinnerungen an die Reise nach Split unvermeidlich mit den Dingen, die später an diesen Orten geschehen waren. Die belehrende Stimme seines Vaters, der begeistert von den Dingen erzählte, die er unbedingt auf der Fahrt anschauen wollte, nachdem er drei Reiseführer und eine historische Abhandlung über Jugoslawien gelesen hatte, vermischte sich jetzt mit der inneren Stimme des einundvierzigjährigen Mannes, der wusste, was drei, vier Jahre nach ihrer Reise an all den Orten, durch die sie gekommen waren, geschah. Im Unterschied zu den Menschen, die diese Orte erstmals nach 1991 in den Nachrichtensendungen gesehen hatten, erinnerte er sich immer in dieser besonderen Weise an sie. Und was er nicht wusste, stellte er sich vor, überzeugt, dass er sich nicht zu weit von der Realität entfernt hatte.

Am zweiten Zoll, dem jugoslawischen, der ungefähr einen halben Kilometer entfernt war, standen sie nicht länger als fünf Minuten. Diesmal war es seine Mutter, die, kaum dass sie aus dem Auto gestiegen waren, auf den Zollbeamten zuging und ihm die Reisepässe hinhielt. Sie sprach ihn direkt auf Serbokroatisch an und als er sie hörte, lächelte ihr der junge Leutnant, der zehn Jahre später irgendwo im Kosovo vielleicht einen Kopfschuss erlitten hatte, kokett zu und begann eine Diskussion, von der sein Vater nur verstand, dass dieser große, blonde Serbe mit seiner Frau flirtete – und er hätte bestätigen können, dass es genau so war.

Nachdem sie in Jugoslawien angekommen waren, ließ ihn sein Vater ans Steuer. Er fuhr bis Ortsanfang Belgrad. Er erinnerte sich an diesen immer wärmer werdenden Tag, als sie mit dem Dacia durch die Weizenfelder fuhren und die Fenster geöffnet hatten, damit es etwas abkühlte, und die scheinbar unendliche Ebene des Banats betrachteten. Rechts, ganz oben auf einem Hügel sah man den Wehrturm von Vršac und wenig später durchquerten sie den Ort, ein typisch österreich-ungarisches Städtchen, das sie an Lugoj und ein bisschen auch an Oravița erinnerte, nur dass es sauberer und gepflegter war, mit kleinen Läden und glänzenden Vitrinen voller bunter Waren und Werbeanzeigen. Eigentlich schien alles hinter der Grenze eine kräftigere Farbe zu haben: Der Mais war grüner, die Straße ebener und von einem eher bläulichen Grau, der Himmel klarer und die Häuser wirkten frischer angestrichen. Sie wurden von deutschen und italienischen Autos mit jugoslawischen Kennzeichen überholt, Autos in der Art, von der die rumänischen Männer träumten, deren Namen sie wie die Heiligen aus dem Kirchenkalender aussprachen und deren Zylinderkraft, Verbrauch und Motoreigenschaften sie auswendig lernten. Und sie, die eher praktischen Jugendlichen, klebten an ihre Zimmerwände Poster mit den Autos im Wissen darum, dass sie sie nur auf diese Weise besitzen können: als buntes Bild auf einem Blatt Papier, das aus einer Zeitschrift von *dort* herausgetrennt worden war.

Hier war das Banat, das serbische Banat, das Stück, das Jugoslawien geblieben war im Jahr 1920, nicht 1918, wie sie es in der Schule gelernt hatten. Er fuhr aufmerksam, manchmal kreiselte er nervös hinter irgendwelchen großen landwirtschaftlichen Kombinen her, die fast die ganze Straßenbreite einnahmen, und fuhr durch die Banater Dörfer, deren Namen er hin und wieder gehört hatte: Vlajkovac, ein Dorf voller Rumänen, Uljma, Nikolinci, wie die Serben sagen, unser Nicolinț, Banatski Karlovac, Alibunar, Banatsko Novo Selo, das Banat der Ebene, hell und sonnendurchflutet, weit wie ein Meer aus guter, fetter, reicher und frischer Erde, ein wirklich großes Land, das eigentlich auch ein richtiges Land hätte sein können. Einmal hatte ein Freund, der Historiker im Banater Museum war, seinem Vater erzählt, dass es 1918 den Versuch gab, eine Banater Republik zu gründen, mit vier Nationalsprachen, wie in der Schweiz, mit Rumänen, Serben, Ungarn und Deutschen, aber er solle das niemandem erzählen, denn das sei gefährlich, aber so war es wirklich. Nur, dass die Rumänen nicht wollten, sie wollten die Große Vereinigung und haben sich daran die Finger verbrannt. Und den Serben wiederum, den Serben war es egal, damals hatte ihre Armee Temeswar besetzt und sie waren sich sicher, dass sie das ganze Banat behalten werden, das ganze, denn sie hatten es schließlich auch erobert, und aus Temeswar sollte Temišvar werden. Nur, dass daraus nichts geworden ist. Danach haben die Serben alles geplündert, als sie von den Franzosen, den Kolonialtruppen, den Negern, aus der Stadt vertrieben wurden. Denn es waren Schwarze, die Temeswar von den Serben befreiten. Und die Serben haben mitgenommen, was sie konnten, sie haben alles geplündert und sogar die zentrale Telefonanlage der Stadt aus den Wänden gerissen und fortgeschleppt.

Aber hier, in Jugoslawien, leben auch jetzt viele Rumänen, *paori*[14], Bauern mit Boden, Tito hat ihnen ermöglicht, ihre Böden zurückzubekommen, als ihm klar geworden war, dass die landwirtschaftlichen Kollektive eine Dummheit sind, und sie sind reich,

---

14 Von dt. *Bauer*.

haben viel Land, wie Onkel Laza erzählt, sie haben Mähdrescher und Pflüge und Traktoren, sie haben Autos von Mercedes und Volkswagen und Konten mit Valuta und sie fahren ins Ausland, wenn sie möchten, sie haben ihre Reisepässe zuhause. Wenn Tito noch gelebt hätte…, denn er hat das alles bewirkt, dieser großartige Mensch, ein wirklicher Partisan, nicht wie unserer, der geliebte Sohn des Volkes, oh Mann, Tito hat gegen die Deutschen in den Bergen gekämpft, dort, wo auch sie mit ihrem grünen Dacia vorbeikommen würden, die Deutschen haben sich aus Angst vor Josip Broz in die Hosen gemacht und Stalin ebenso, seine Mutter erinnerte sich, dass sie in ihrer Kindheit von den Kommunisten in den Bărăgan verbracht wurden, weil sie Titoisten waren. Es heißt, dass Stalin damals gut bezahlte Kriminelle und Mörder beauftragt hätte, Tito zu ermorden, und Tito hat sie alle gefasst. Aber dann war der Serbe so genervt, eigentlich der Kroate, denn Tito war Kroate, dass er Stalin eine Nachricht zukommen ließ, du hast soundsoviele Leute geschickt, um mich umzubringen, und es ist ihnen nicht gelungen, ich habe es satt, pass auf, dass ich dir nicht mal einen schicke, einen einzigen, und der wird es hinkriegen, und so hat sich Stalin am Ende beruhigt. Und wenn man die Grenze damals, 1919 oder 1920, als die aus Paris kamen, etwas in unsere Richtung verschoben hätte, hätten seine Eltern und er jetzt in Jugoslawien gelebt, es wäre ihnen mit Sicherheit besser gegangen und sie hätten nicht so an der Grenze betteln müssen, sie wären gereist, wohin sie wollten, nach Deutschland, in die Schweiz, nach Amerika, nach Hawaii. Und er wäre auf die Uni von Novi Sad oder sogar Belgrad gegangen und hätte 1991 an den friedlichen Demonstrationen der Hauptstadt teilgenommen, und danach, wer weiß, vielleicht wäre er in die Jugoslawische Volksarmee, Jugoslovenska Narodna Armija, eingetreten und in den Kampf gegen die Kroaten oder die Bosnier oder Kosovaren geschickt worden. Aber diese Kommission von Emmanuel de Martonne hat die Grenzen eben anders gezogen und das alles verhindert.

Er steckte in den Kassettenspieler des Autos eine Kassette, die auch von Onkel Laza war: das Album einer bosnischen Rockband, *Bijelo Dugme*, das mit der Hymne Jugoslawiens begann, *Hej Slaveni*, und ihn absolut beeindruckte: Wie unglaublich ist es, ein Rockalbum mit der Landeshymne zu beginnen, und es sperrt dich niemand dafür ein und sagt dir auch nicht, dass du die Staatssymbole verhöhnst! Danach kam ein spitzenmäßiges Lied, absolut Spi-tze, *Padaju zvijezde*, das er unendlich hätte anhören können, obwohl die Synthesizer-Riffs am Anfang eindeutig von *Jump* von der Gruppe von Van Halen kopiert waren.

„Was ist das denn, Vlad?", fragte sein Vater ratlos und simulierte Erschrecken. „Als wäre es der Blasmusikverein von Oravița, nachdem sie sich alle besoffen haben und paar Katzen am Schwanz ziehen."

„Mensch, Papa, was willst du denn? Das ist richtiger Rock, hörst du's nicht?"

Sein Vater hatte mit seinem Verständnis von Musik bei den Beatles aufgehört, was nicht schlecht war, aber nicht ausreichte, um von seinen leicht verächtlichen Kommentaren verschont zu werden. Und diese Musik hier passte sehr gut zum Autofahren, das hätte jeder gemerkt.

Als die Kassette zu Ende war, machte er ein neues Album von *Bijelo Dugme* rein, das neueste, *Ciribiribela*, das auch das letzte sein würde, denn die Gruppe und Jugoslawien zerfielen wenig später; die Serben, Kroaten und Bosnier der Band, wie auch alle anderen, gingen ihrer Wege und nur von Goran Bregović hat man noch eine Weile in der Welt gehört. Seine Mutter saß neben ihm und hörte aufmerksam zu, mal lächelte sie dabei, mal runzelte sie die Stirn, denn sie verstand die Texte noch besser als er selbst. Gegen Ende des Albums, als sie gerade durch Pančevo fuhren, sah sie ihn an, die schmalen Lippen, die er geerbt hatte, zusammengepresst und das Gesicht angespannt. Ihre Augen waren feucht geworden.

„Das… das hat mir meine Mama vorgesungen, als ich klein war, dort…" Er schaute sie verwundert an. Sein Vater ebenfalls.

„*Lijepa naša*?"

„Ja, das. Also nein, bei uns hieß es *Tamo daleko*. Weit weg. Es ist nicht genau so, wie ich es kenne, es ist verändert, aber so sang *tvoja bakica*, deine Großmutter, als ich klein war, damals im Bărăgan. ‚*Tamo daleko, tamo daleko, daleko od mora, tamo je selo moje, tamo je Srbija...*' So sangen unsere Leute im Dorf. Sie bekamen Heimweh, sangen *Tamo daleko* und weinten, die armen weinten, weil sie in der Fremde waren, weit weg von zuhause, sie hatten Angst, dass sie dort auch sterben würden. Es sind auch genug gestorben... Und meine Mama sang und weinte und da weinte ich auch..., das werde ich nie vergessen. Vlade, mach es nochmal an, ich will es nochmal hören."

Er spulte die Kassette zurück und sie hörten es noch einmal, ohne ein Wort zu sagen.

Er überlegte, dass bis jetzt keiner seiner Eltern von diesen Dingen erzählt hatte, von denen sie schon lange wussten. Es war, als hätte der Grenzübertritt einen Damm gebrochen und seine Eltern würden sich von allem entladen, das sie aus Angst in Rumänien nicht erzählen wollten.

„Ja, ja, es ist anders, aber es kommt von *Tamo daleko*", seufzte seine Mutter ruhig.

Kurz vor Belgrad setzt sich wieder sein Vater ans Lenkrad und dort, in der Hauptstadt Jugoslawiens, machten sie eine Pause, aßen auf einer Bank in einem schattigen Park Sandwiches von zuhause und dann bummelten sie eine Stunde durch die Stadt. Sie kamen nicht bis ins alte Zentrum, denn sie hatten keine Zeit. Vielleicht auf der Rückfahrt. Dieses ziemlich kahle Viertel mit den hohen Amtsgebäuden hatte er nie wiedergesehen, aber zehn Jahre später, nach den amerikanischen Bombardierungen von Belgrad während des Kosovo-Kriegs, vermeinte er es im Fernsehen zu erkennen. Aber vielleicht täuschte er sich. Vielleicht wollte er es wiedererkennen.

Nachdem Belgrad hinter ihnen lag, hielt sein Vater irgendwo am Straßenrand an und ließ ihn wieder ans Steuer. Sie mussten eintausend Kilometer bewältigen und hatten beschlossen, sich abzuwechseln. Seine Mutter ließen sie Lotsin sein, oder *pilotica*, wie sie ab jetzt lachend sagten. Bevor er den Motor startete, steckte er eine neue Kassette aus dem mitgeschleppten Stapel in den Kassettenrecorder. Auf deren Gehäuse war ein Bild aus dem Film *Der große Diktator*, mit einem nachdenklichen Chaplin in der Uniform des Diktators, der einen Globus vor sich hatte.

„Vlad, mach doch mal was anderes rein als immer diese serbische Musik!", kommentierte sein Vater von hinten und streckte dabei seine Beine bis unter seinen Sitz aus.

„Mann, Papa, das sind doch aber keine Serben!", widersprach er ihm gewitzt. „Das sind Kroaten."

Seine Begeisterung für jugoslawische Musik war noch ziemlich frisch. Vor drei Jahren hatte ihm Milan, der jüngere Sohn von Laza, zu seinem Geburtstag zwei Kassetten geschenkt: eine mit der Gruppe *Plavi Orkestar* und eine mit *Bijelo Dugme*, die er vorhin gehört hatte. Es war ein Album ohne Namen, zu dem alle nur *Kosovka devojka* sagten, denn auf dem Gehäuse war das berühmte Gemälde von Uroš Predić mit dem Kosovo-Mädchen, das dem Fürsten Lazar nach der Schlacht auf dem Amselfeld, dem *Kosovo Polje*, einen goldenen Pokal mit Wasser reicht. Das war vor genau sechshundert Jahren und zehn Jahre vor den neuen Kämpfen im Kosovo. Fürst Lazar liegt schön und sterbend auf dem Rücken und stützt sich auf einen kahlen und toten Türken; die braunhaarige Kosovarin stützt ihn vorsichtig und führt ihm den Pokal zum Mund. Und *Bijelo Dugme* beginnt das Album mit der jugoslawischen Hymne. Inzwischen umfasste seine Sammlung von Schallplatten und Kassetten mit jugoslawischer Rock- und Popmusik ungefähr einhundert Stück, aber es war ihm nicht gelungen, seine neue Leidenschaft weiterzuvermitteln, außer an Mircea – und auch nur teilweise mit *Bijelo Dugme* und *Riblja Čorba*, über die Mircea sagte, dass sie, obwohl er die Sprache nicht verstand, „etwas haben". Er konnte aber nicht erklären, was genau das war. Und vielleicht hörte er die jugoslawische Rockmusik auch nur Vlad zuliebe.

„Vlad, mein Lieber, es reicht", insistierte sein Vater. „Mach mal die Beatles rein, wenn du unbedingt weiterhin so was willst. Oder, naja, mal die Rolling Stones, mit diesem Verrückten mit dem großen Mund..."

„Papa! Ich dachte, du willst dich vielleicht auch ein bisschen an die Sprache gewöhnen."

„Ach lass mal, ich habe mich schon genug gewöhnt. Und auch in Temeswar höre ich den ganzen Tag Serbisch. Weißt du was? Guck mal, ich habe da unten ein paar Kassetten mit *Lepa Brena*. Mach die mal rein, denn die sind auch serbisch, gut?"

„*Lepa Brena*!", brummte er. „Na gut", gab er nach.

Diese Mischung aus Folklore und Pop, die die absolute jugoslawische Berühmtheit sang, mochte er nicht, aber – und das hätte er nie laut gesagt – ihm gefiel die Sängerin, und zwar in der Weise, wie alle Männer diese riesengroße Blonde mit den ewig langen Beinen liebten. Die war übrigens, wie er von seinem Vater erfuhr, muslimisch, wirklich, und hieß Fahreta und das war eine ebenso aufregende Sache wie eine katholische Nonne, die aus einem Kloster entkommen war und direkt in einem Kabarett landete. Er bedauerte auch heute noch, dass er nicht in ihrem Konzert 1984 in

Temeswar gewesen war, als *Lepa Brena* im Stadion der Stadt in einer Baggerschaufel gesungen hatte, die über den Köpfen der hundertausend begeisterten Zuschauer schwebte, die ihre Lieder mitsangen und die jugoslawische Flagge schwenkten. Vor allem war sein Vater dort, im Stadion. Und seine Mutter hatte ihn begleitet, etwas eifersüchtig auf die Blonde von einem Meter achtzig, aber solidarisch mit ihrem Mann von einssiebzig.

Sie fuhren einige Kilometer, während *Lepa Brena „oj, Dragana, Dragana"* sang und sein Vater der Mutter zuzwinkerte und dabei absichtlich entstellt aussah, in einer Weise, die er nie gemocht hatte. Sie fuhren durch Valjevo, das von den Flugzeugen der NATO bombardiert worden war, und weil hier die Berge Bosniens begannen, setzte sich wieder sein Vater ans Lenkrad, und bis nach Višegrad ertönte im Auto nur die Stimme von *Lepa Brena*, die dann und wann mit seinen Kommentaren und den Erinnerungen des Alten an das Konzert im Stadion von Poli durchmischt wurde.

Sie fuhren durch Titovo Užice, das nach dem Zerfall Jugoslawiens nur noch Užice hieß und ebenfalls von der NATO bombardiert worden war, an Čajetina vorbei, immer zwischen Bergen, an steilen Hängen und Schluchten entlang, die seinen Vater oft langsamer fahren ließen. Die Straße wurde hier und da schmaler, noch serpentinenartiger und enger in den Berghängen, und ringsherum richteten sich langsam die Gipfel der Dinarischen Alpen auf. Die Landschaft war phantastisch und stellenweise furchteinflößend: Man konnte jederzeit in plötzliche Täler abstürzen, weswegen sie sehr vorsichtig fuhren, mit den Felswänden auf der einen Seite und den Schluchten auf der anderen, während *Lepa Brena* ihnen versicherte, dass *„mani zemlju koja Bosnu nema"* und so ging es fast die ganze Reise durch Bosnien. Im Westen sank die Sonne, viel schneller als im Flachland, und konnte sich jeden Moment hinter einem der grünen Gipfel verstecken. Erst acht Uhr am Abend erreichten sie Višegrad und hielten, so wie es sein Vater geplant hatte, in der Nähe einer Tankstelle an, von wo sie Wasser nahmen und den Kanister füllten. Dort blieben sie die ganze Nacht, am Rande der Straße. Sie klappten die Autositze um, wodurch knotige Betten entstanden, und schliefen, nachdem sie wieder Sandwichs von zuhause gegessen hatten, gequält, einer an den anderen gepfercht, wobei sie die ganze Nacht unter ihren mitgenommenen dünnen Decken vor Kälte schlotterten. Die kalte bosnische Nacht…

Sein Vater wollte unbedingt Višegrad sehen und die Brücke von Mehmed Paša Sokolović, die Ivo Andrić in seinem Roman *Die Brücke über die Drina* beschreibt. Den hatte Vlad leider nicht gelesen. Eine steinerne Schönheit von fast zweihundert Metern Länge, mit elf Bögen und jenem wunderbaren Balkon in der Mitte, der *Kapija*, die Brücke, von der es hieß, dass in ihren Fundamenten ein serbisches Zwillingspaar begraben sei, ein Junge und ein Mädchen, Stoja und Ostoja, man hat sie dort genauso eingemauert wie bei uns, in der Legende vom Meister Manole, man hat sie in die Brückenpfeiler eingemauert, um die Nixe des Wassers zu beruhigen, die jede Nacht das zerstörte, was tagsüber gebaut wurde. Aber Stoja und Ostoja waren nicht die einzigen, die dort gestorben sind, auf dieser Brücke, deren Schönheit mit dem Tod verbunden ist. Als die Jugoslawienkriege begannen, wurden von der Brücke des Mehmed Paša – der einst an der Belagerung von Temeswar teilgenommen hatte und dabei war, als sie 1552 die Festung einnahmen und die kaiserlichen Verteidiger abschlachteten, nachdem diese sich ergeben hatten –, wurden von dieser Brücke, mit den Zwillingen an ihren Grundfesten, hunderte von bosnischen Muslimen in die Drina geworfen, nachdem sie zuvor von den Serben, ihren Freunden und Nachbarn, ermordet worden waren. Manchen wurde die Kehle durchgeschnitten, andere wurden erschossen und viele andere bei lebendigem Leib in ihren von den Serben angezündeten Häusern verbrannt, damals in Višegrad. Sogar der junge Mann, der ihnen half, den Kanister an der Tankstelle zu befüllen, würde in fünfzehn Jahren vom Haager Tribunal angeklagt werden, weil er über zwanzig Bosnier mit einem Genickschuss getötet hatte, zumindest offiziell, denn inoffiziell konnte niemand sagen, noch nicht einmal der junge Mann selbst, wie viele es wirklich gewesen waren. Und das junge Mädchen, das ihn auf der Brücke von Sokolović angelächelt hatte, während sein Vater versuchte, ihn gemeinsam mit seiner Mutter zu fotografieren und dabei auch ein Stück der *Kapija* und der Drina in das Bild zu bekommen, das junge Mädchen mit den schwarzen Augen und den dunklen Haaren, wie die Kosovarin auf dem Gemälde von Predić, mit dem amüsierten Lächeln und Brüsten, die sich gerade erst unter dem weißen Shirt mit Coca-Cola abzeichneten, war neben ihnen vorbeigelaufen und war vielleicht in ein Frontbordell der bosnischen Serben geraten, wo sie von hunderten Soldaten vergewaltigt worden war, bis einer ihr aus Langeweile den Hals mit einem Jagdmesser durchschnitt. Die Brücke war wirklich wunderbar, so wie es sein Vater versprochen hatte. Sie konnten leider nicht länger als nur ein paar Stunden in der Stadt bleiben. Sie hatten es eilig, nach Sarajevo zu kommen, wo, wie sein Vater erzählte, seit hunderten Jahren Serben, Kroaten und muslimische Bosnier zusammenlebten und sich gut miteinander verstünden.

„Eine Art Temeswar“, sagte der Alte begeistert, der seine Wahlheimat sehr liebte. „Ein jugoslawisches Temeswar. Nur, dass wir in Temeswar keine Muslime hatten, obschon, es gab mal welche, aber das ist lange her. Aber auch wenn wir welche hätten, wäre es genauso. Denn natürlich verstehen auch wir uns untereinander mit den Deutschen, den Ungarn, den Rumänen und den Serben und wir leben hier viel besser als überall sonst in Rumänien. Genau wie in Sarajevo. Genau so.“

Sein Vater war wirklich ein Meister der Klischees. Aber diesmal störte es ihn nicht. Für ihn war Sarajevo eine Art Hauptstadt der jugoslawischen Musik: *Bijelo Dugme*, *Plavi Orkestar*, *Dino Merlin*, *Zabranjeno Pušenje*, diese verrückten Punker, die immer die Interviews auf Toiletten gaben, alle waren aus Sarajevo. Wie auch in Temeswar: Von dort waren *Phoenix* und *Pro Musica*, *Progresiv TM* und *Celelalte Cuvinte*..., gut, sie hatten nicht dasselbe Niveau, aber trotzdem. Vielleicht war das überhaupt die Idee: Wenn die Menschen irgendwie vermischter sind, verstehen sie sich besser durch die Musik und brauchen keine Sprache. Die Sprache ist verräterisch. Ihm gefiel dieser Gedanke. Obwohl, die von Sarajevo sprachen dieselbe Sprache. Obwohl sie zehn Jahre später sagen würden, dass es nicht so ist.

In Sarajevo kamen sie nach dem Mittag an, gegen eins. Eine extrem heiße Sonne, und ihnen knurrten die Mägen vor Hunger. Sie ließen das Auto auf einem Parkplatz im Zentrum stehen und brachen zu einem Spaziergang durch die alte Stadt auf, wobei sie ihre Augen überall hatten und einander zeigten, was sie gerade sahen: mal das hohe Minarett einer Moschee, mal ein österreich-ungarisches Gebäude mit einer schön verzierten Fassade und mal eine römisch-katholische Kirche in Habsburgergelb.

„Du weißt, dass wir in Temeswar auch Moscheen hatten, oder, Vlad?“, sagte sein Vater.

Ihn aber zogen eher die Auslagen der Geschäfte an, die genau so aussahen, wie er sich die Läden im Westen vorgestellt hatte. Jeans auf Bügeln, Jeans, die frei verkauft wurden, mit den Preisschildern dran! Und nicht nur Jeans, sondern alles, was er sich wünschte: Sportschuhe von Adidas und Puma, bunte T-Shirts, Stapel von Kassetten und Schallplatten mit Rockmusik in Spezialgeschäften, sogar Videokassetten – alles, was es in Temeswar nur auf dem Schwarzmarkt gab, konnte hier jeder betrachten und kaufen. Du musstest nur in ein Geschäft gehen, fragen, anprobieren und kaufen. Bunte Werbung für Kleidung, Getränke, Autos, Gebäck, für jeden Blödsinn, bedeckte Mauern, Säulen und Vitrinen. Es war so hell und farbig, dass nur die Erinnerung an die grauen und staubigen Straßen von zuhause ihm teilweise die Freude verdarb: In einer Woche mussten sie dorthin zurück, wieder hinter die Grenze, in die Welt von Ceaușescu, die Welt des Kommunismus und der Lebensmittelkarten. Warum könnte er nicht hierbleiben? Die Sprache konnte er gut. Aber er war Student, erinnerte er sich. Ab jetzt war er Student. Vielleicht könnte er es versuchen, wenn er die Uni beendet hatte, nach diesen fünf Jahren der Freiheit und des Vergnügens, wie er hoffte. Dann wurde ihm bewusst, dass auch Jugoslawien ein kommunistisches Land war, immerhin hatte er den roten Stern auf den Amtsgebäuden in Belgrad und in Višegrad gesehen, und nun auch hier, auf einem großen, schönen Gebäude, sicher aus der österreich-ungarischen Zeit, in dem sich das Rathaus und die Nationalbibliothek befanden, die Vijećnica, die durch den Beschuss bosnischer Serben zerstört werden würde. Es verbrannten hunderttausende Bücher und Handschriften und es starben viele von denen, die versucht hatten, seltene Bücher, alte Zeitschriftensammlungen und Inkunabeln aus dem Feuer zu retten. Sie wurden von serbischen Heckenschützen, die auf den Hügel rings umher lauerten, erschossen.

Aber als er damals in Sarajevo ankam und überlegte, dass er hier gerne leben würde, gab es in der Stadt noch keine Schilder mit der Warnung ‚*Pazite, snajper*!‘[15]. Sie gelangten schließlich in das Viertel Baščaršija, mit dem alten gemauerten osmanischen Basar, wo sie den ersten – und besten – Kebap ihres Lebens aßen. Dann gingen sie zur Lateinerbrücke oder Brücke von Princip, noch eins der Rei-

15 Vorsicht – Heckenschützen!

seziele seines Vaters, die berühmte Brücke, wo der Serbe Gavrilo Princip, nur wenig älter als Vlad, mit einer Neun-Millimeter-Browning den österreichischen Thronfolger Franz Ferdinand und seine Frau Sofia erschossen und damit, wie es hieß, den Ersten Weltkrieg ausgelöst hatte. Ohne ihn, so sagte es sein Vater mit jenem belehrenden Ton, der ihn ohne jede Logik an die Unterwürfigkeit erinnerte, mit der er mit dem Zollbeamten in Moravița gesprochen hatte, ohne Princip und seinen Wahnsinn würde es heute vielleicht weder Großrumänien noch Jugoslawien geben. Sie fotografierten sich auch dort, neben der Marmortafel mit den kyrillischen Buchstaben, die an das berühmte Ereignis erinnert, rechts neben den Fußabdrücken im Zement. Danach machten sie eine Pause im Garten eines Cafés, unter großen, weiß-grünen Sonnenschirmen, um türkischen Kaffee und einen Saft zu trinken, da sie ausgerechnet hatten, dass sie sich einen kleinen Luxus leisten konnten. Sie hatten noch die Ware im Kofferraum, denn Laza hatte ihnen versichert, dass sich Unterwäsche, Porzellan und Handschuhe, die sie bisher durch halb Jugoslawien befördert hatten, im Landesinneren besser verkauften.

Den Kaffee brachte ihnen der Inhaber der Cafés persönlich, ein älterer Mann mit einer weißen Schürze und einem langen Schnauzbart aus dem vorigen Jahrhundert, der ihm bis neben die Mundwinkel reichte. Er servierte den Kaffee noch dampfend, in einem Ibric genannten Kaffeekännchen aus rötlichem Kupfer, mit je einem Glas kalten Wassers und einem Stück Rahat, dieser aromatischen Süßigkeit, auf einem Tellerchen. Als er sie reden hörte, konnte er sich nicht beherrschen und fragte, woher sie seien.

„Aus Rumänien“, antwortete seine Mutter auf Serbisch, Kroatisch oder Bosnisch.

Der Mann schaute ziemlich verwirrt: „Kommunismus? Ceaușescu?“

„Ja, ja", bestätigte seine Mutter lächelnd, obwohl die Antwort des Bosniers mit den roten Wangen und den fleischigen Lippen nichts Erheiterndes hatte. „Aus Temeswar", ergänzte sie.

„Ach, Temišvar!", hellte sich das Gesicht des Schnauzbärtigen auf. „Ich kenne Temišvar."

Wie später zu sehen war, schienen alle in Jugoslawien Temišvar zu kennen. Von Bukarest hatten sie nur vage gehört, von anderen Städten in diesem Ceaușescu-Land überhaupt nicht, aber Temišvar war ihnen vertraut. Es war ihnen nahe, gehörte zu ihrer Welt, dem ehemaligen Österreich-Ungarn, und letztlich war es noch nicht so lange her, dass Franz Joseph gestorben war, der Vater des schnauzbärtigen Bosniers hatte ihn sogar einmal gesehen – und er hatte auch Gavrilo Princip damals, im Juni 1914, unmittelbar nachdem er auf die beiden österreichischen Adligen gezielt hatte, in Handschellen gesehen. Und da es Sonntagmittag war, etwas nach der Essenszeit, und außer ihnen niemand weiter in dem kleinen Café zu Gast war, stellte sich ihnen der schnauzbärtige Besitzer zeremoniell vor, indem er sagte, dass er Nedret heiße, und er setzte sich auf einen Stuhl neben sie und begann, sie auszufragen: Zuerst über das Leben ins Rumänien, dann, ob es ihnen in Sarajevo gefällt und dann ließ er sich von seiner Mutter ausfragen, und sie übersetzte von Zeit zu Zeit für seinen Vater, der immer lächelte.

„Ja, es ist schön bei uns", sagte der Besitzer und zwirbelte seinen Bart mit zwei Fingern. „Gebe Allah, dass es hält! Ich war Kind, als Krieg war – der Zweite, mit den Deutschen, den Italienern und… damals war es sehr schlimm. Und danach kamen Tito und die Kommunisten und da war es auch wieder nicht gut."

„Aber jetzt ist es gut", antwortete seine Mutter und zeigte um sich herum.

Im warmen Licht der Sommersonne schien die fast leere, warme, ruhige und goldene Straße der alten Stadt ein Stück vom

Paradies. In der Nähe floss der Fluss Miljacka ruhig unter der Princip-Brücke hindurch und etwas weiter weg, über den zwei- oder dreistöckigen Häusern aus der Habsburger Zeit, erhob sich das Minarett, das die bosnischen Serben als Orientierungspunkt für ihre Geschütze während der Belagerung der Stadt genutzt hatten.

„Es ist nicht wirklich gut", schüttelte Nedret den Kopf. „Es war gut, ja, es war...", setzte er nachdenklich fort. „Vor zehn, fünfzehn Jahren war es richtig gut. Ich habe in der Schweiz gearbeitet und habe damals das Geld gespart, um das Café eröffnen zu können. Aber in den letzten Jahren lief es nicht mehr rund. Die Preise steigen, sie steigen von einem Tag auf den anderen, das könnt ihr euch gar nicht vorstellen. Und passt auf", warnte er sie. „Heute kaufst du etwas für dreißigtausend Dinar, morgen kostet es fünfzigtausend. Heute sind es fünfhunderttausend, morgen eine Million. Und eine Million ist nichts, ungefähr fünfzig, sechzig Schweizer Franken", rechnete er schnell unter ihren erstaunten Augen, denn sie hatten noch nie in ihrem Leben Schweizer Franken gesehen. „Und jetzt haben die Serben diesen Milošević... Dieser Mann ist verrückt, absolut verrückt. Der wird sich mit den anderen Kommunisten zusammentun, die ebenso verrückt sind wie er, und wird uns Unglück bringen. Sie wissen, was er im Kosovo gemacht hat, oder?"

Nein, sie wussten es nicht. Sie wussten, dass in Jugoslawien Kommunismus ist und man trotzdem gut lebt. Sie hatten von Slobodan Miloševićs Rede am Gazimestan[16] zu Beginn des Sommers nichts gehört, obwohl sie hunderte Male in den politischen Sendungen bei TV Belgrad lief. Seine Eltern und er schauten sich keine politischen Sendungen im jugoslawischen Fernsehen an. Die

16 Die sogenannte Amselfeld-Rede. Aus Anlass des 600. Jahrestags der Schlacht auf dem Amselfeld hielt Milošević am 28. Juni 1989 an der Gedenkstätte Gazimestan eine Rede, deren Deutung heute äußerst umstritten ist.

einzige wichtige Nachricht, die sie tatsächlich von TV Belgrad erfahren hatten, war die vom 27. April 1986, als die Jugoslawen über den Unfall in Tschernobyl berichtet hatten – viel eher, als er in Rumänien vage und ängstlich Erwähnung gefunden hatte. Aber politische Sendungen schaute sich keiner an - ihnen reichte die rumänische Parteipolitik.

„Dieser Idiot hetzt jetzt die Serben auf. Er trichtert ihnen ein, dass sie die besten und die stärksten sind und dass sie sich von niemandem auf die Füße treten lassen sollen", erklärte trübe Nedret. „Eine Million Menschen, so viele waren dort, am Gazimestan. Manche sagen, es wären zwei Millionen gewesen. Aber auch eine halbe Million ist genug. Viele wurden von ihren kommunistischen Führern hingeschickt, aber viele kamen auch freiwillig."

„Gazimestan?", fragte seine Mutter verwundert.

„Ja, Gazimestan im Kosovo…, wissen Sie, diese Schlacht, in der sie von den Türken niedergemetzelt wurden und seitdem rühmen sie sich damit."

„Kosovo Polje, das Amselfeld", erinnerte sich sein Vater, während er durch die Worte des Bosniers tappte.

In der letzten Zeit hörte man im jugoslawischen Fernsehen nichts öfter als *Kosovo Polje*, das *Amselfeld*.

„Genau!", wendete sich Nedret ihm zu, wobei er lächelte und vergaß, dass ihn sein Vater nicht verstand. „Diese Schlacht hatte ihren sechshundertsten Jahrestag. Was ist das für ein Volk, das den Tag feiert, an dem es von den Türken niedergeschlagen wurde? Aber naja, auch die Kosovaren sind nicht besser. Sie sind muslimisch, wie ich, aber Allah ist mein Zeuge, dass du in ganz Jugoslawien keine erbärmlicheren und fauleren Leute findest. Ich hatte zweimal Angestellte aus dem Kosovo, *Šiptari*[17]. Sie haben nur Mist

17 In der serbo-kroatischen Sprache abwertende Bezeichnung für Albaner.

gebaut. Sie klauten, waren dreckig und stanken und wussten nicht, wie man mit den Gästen umgeht. Sie wollten auch nicht. Einer hat versucht, mich zu schlagen. Mich, der ich ihm ein Brot gegeben habe!", erhob der Bosnier die Stimme. „Seitdem bin ich geheilt, ich will keine *prljavi Šiptari*[18] in meinem Café mehr. Auch als Kunden sind sie nicht gut. Aber das ist nicht mein Problem. Das ist Sache der Serben, mit ihnen fertig zu werden."

Er hielt kurz inne, blieb in Gedanken und redete weiter:

„Wissen Sie, es gibt hier ein Märchen, das besagt, dass wir der Ort sind, an den Schaitan, der oberste Teufel im Islam, die unreiferen Teufel schickt…, damit sie etwas lernen, etwas Handwerk beigebracht bekommen."

Er lächelte leicht und zwinkerte ihnen zu.

„So ist es, eine Legende", versicherte er sie schnell. „Aber sie hat ihren Kern. Wir sind eben so vermischt, alle möglichen Völker und Glaubensrichtungen, die einen von hier, die anderen aus allen möglichen Gegenden. Ich zum Beispiel bin Muslim, meine Frau ist zur Hälfte Serbin und orthodox getauft, aber sie geht nicht in die Kirche, denn die kommt ihr verdächtig vor, die hält es mit dem Materialismus", grinste er. „Und dort ist die Moschee, da drüben die orthodoxe Kirche und etwas weiter weg sind die Katholiken. Ich bin Bosnier, der ist Serbe, der andere ist Kroate, mancher zur Hälfte, mancher zu einem Viertel…, so ist das bei uns. Und die Geschichte geht so: Wenn diese dümmeren Teufel lernen müssen, wie sie Streit unter den Menschen säen, werden sie direkt hierhergeschickt, zu uns nach Bosnien, denn hier lernt man das schnell. Mit uns haben sie es einfacher, verstehen Sie? Sie müssen uns nur ein klein wenig anstacheln, nur ein bisschen, und gleich explodieren wir."

18 Schmutzige Albaner.

„Aber wir dachten, ihr versteht euch gut hier", meinte seine Mutter, fuhr sich mit einer Hand über die schweißbedeckte Stirn und schaute lange auf den Mann vor ihnen.

Nedret schaute sie ebenfalls an. Er zwirbelte wieder seinen Bart und wischte sich die Hand an der weißen Schürze ab.

„Natürlich", antwortete er mit einem schmalen Lächeln. „Wir verstehen uns natürlich. Wir sind Freunde und Verwandte. Wir heiraten untereinander, vergnügen uns und tanzen zu serbischer, kroatischer und zu unserer Musik. Wir gehen zu Wettkämpfen und betrinken uns zusammen. Auch ich trinke *rakija*", erwähnte Nedret stolz und senkte dabei die Stimme. „Aber passt auf: Niemand hier vergisst, dass er Serbe oder Bosnier oder orthodox oder katholisch ist. Dass er zu einem Viertel das eine oder zur Hälfte das andere ist. Das wissen alle sehr genau, sie merken es sich und geben es den Kindern weiter. Und dann müssen nur einmal diese Teufel kommen, um hier etwas zu lernen, und uns anstacheln und dann wissen wir nur noch das, dass ich das eine bin und der Nachbar das andere und hier, wo ich mit meinen Leuten lebe, nichts zu suchen hat."

„Was sagt er, was genau?", fragte sein Vater, denn er hatte das interessierte Gesicht der Mutter aufmerksam angeschaut und fühlte sich von der Konversation ausgeschlossen, eigentlich war er sogar etwas eifersüchtig auf den schlauen Bärtigen neben ihnen.

Seine Mutter übersetzte kurz Nedrets Bericht.

„Na, das ist doch Quatsch! Wann ist denn sowas passiert?"

„Immer wieder", antwortete Nedret. „Schaut mal", und er zeigte zur Lateinerbrücke, „ihr wolltet diesen Ort sehen, wo dieser Serbe den Thronfolger Franz Ferdinand erschossen hat, richtig? Aber wisst ihr auch, dass danach die Kroaten und die Muslime von hier, aus der Stadt, losgezogen sind und alle Geschäfte der Serben zerstört und die Serben, die ihnen in die Quere kamen, geschlagen und ermordet haben? Und danach kam der Krieg mit den Deutschen, den Italienern und der Ustaša[19], mit den Četniks[20], mit Titos Partisanen und wer eben noch so hier war. Die Kroaten haben die Serben ermordet, die Serben die Kroaten, die Kroaten die Bosnier, die Serben die Bosnier, die Serben sich untereinander und immer so weiter. Jeder wollte morden, vergewaltigen und Kehlen durchschneiden. Bosnien ist schön, ja, aber es füllt sich mit den abgestochenen, erschossenen und in Gruben geworfenen Toten. Wenn die Teufel über uns kommen, haben wir keine Kraft mehr."

„Aber Tito war doch Kroate", erwiderte sein Vater, nachdem ihm seine Mutter alles übersetzt hatte.

„Ja, Tito war Kroate, aber Tito ist tot."

Dann schlug er seine Hände auf die Knie, erhob sich und schaute noch einmal umher.

„Sag mal, Bursche, willst du eine Coca-Cola?"

Er schaute zu seinem Vater, der zur Mutter schaute und zugleich schüchtern an das Portemonnaie fasste. Nedret sagte schnell:

„Das geht aufs Haus. Ich hole sie schnell."

(Nedret ist den lernenden Teufeln entkommen – wenn sie überhaupt dort gewesen waren. Seine Frau hatte dieses Glück nicht: Sie starb auf dem Markale-Platz, wo die Eheleute Jivan ihre Sachen hätten verkaufen können, wenn sie nicht gerade an einem Sonntag in Sarajevo gewesen wären. An irgendeinem beliebigen Tag während der Belagerung durch die bosnischen Serben schickten die Truppen von Ratko Mladić,

19 Kroatischer, ultra-nationalistischer Geheimbund, 1930 von Ante Pavelić gegründet.

20 Von den Deutschen im Zweiten Weltkrieg als Sammelbegriff geprägt für serbische und montenegrinische Milizen, die nationalistisch und antikommunistisch ausgerichtet waren.

nachdem sie die Berge rings um die Stadt besetzt hatten, Mörsergranaten genau auf den gut gefüllten Platz, wo Leute an Ständen Gemüse, Früchte, Fleisch verkauften und was man eben sonst noch so auf Märkten anbietet, und ermordeten bunt durcheinander Serben, Kroaten und Bosnier. Nedret gelang es, sowohl den Bombardements als auch den Heckenschützen zu entkommen, aber er zog nach dem Ende der Belagerung zu seinem Sohn in die Vereinigten Staaten, an die Ostküste, in eine Vorstadt von Boston. Dort lebte er eine Zeitlang sehr einsam – sein Sohn war den ganzen Tag über auf der Arbeit, ebenso seine Frau, eine blonde und fröhliche Österreicherin, und Kinder wollten beide nicht – und manchmal irrte er durch die Straßen mit den hohen Gebäuden, vielen Autos und den fremden Menschen, die er nicht verstand. Der einzige Mensch, mit dem er manchmal sprach, war ein Serbe, der ebenfalls nach dem Krieg nach Amerika gekommen war. Er war aus Čemerno, wo bosnische Muslime in einer Nacht seine gesamte Familie ermordet hatten. Der Serbe, der Uroš hieß und damit genauso, wie der Maler des Gemäldes Das Mädchen vom Amselfeld, *war von einem Neffen des Bruders nach Amerika gebracht worden. Er und Nedret trafen sich samstags und sonntags in einem Gemeindezentrum, wohin sie von ihren Familien mit dem Auto gefahren wurden. Sie sprachen stundenlang über ihr Bosnien, über Sarajevo, über die Schönheit der Heimat, von der sie ein Ozean trennte, und sie versuchten sich vorzustellen, wie oft sie sich getroffen hatten, ohne sich zu kennen, und wie oft Nedret auf dem Markale-Platz Gemüse von Uroš gekauft hatte und Uroš einen Kaffee im Lokal von Nedret getrunken haben mochte. Sie sprachen langsam und seufzten oft und hatten nicht lange Freude aneinander. Uroš starb nach einem Jahr, ohne an einer anderen Krankheit als der Sehnsucht nach Bosnien zu leiden. Sein letzter Wunsch war es, auf dem Friedhof von Čemerno beerdigt zu werden und der Neffe versprach es ihm, um ihn auf dem Sterbebett zu beruhigen, aber natürlich wären die Kosten viel zu hoch gewesen. Danach verließ Nedret fast nicht mehr die Woh-*

nung seines Sohnes. Er wurde immer streitsüchtiger. Er schaute bis in die späte Nacht Fernsehen, die serbo-kroatischen Sender, die sein Sohn für ihn abonnieren musste, aß wenig, schlief, wie es gerade passte, und sechs Monate nach der Beerdigung von Uroš fand ihn seine Schwiegertochter tot auf dem Sofa, mit der Fernbedienung in der Hand und einem Lächeln auf dem Gesicht. Im Fernsehen lief eine Sendung über die Ernten im serbischen Banat in jenem Herbst, wovon die Österreicherin überhaupt nichts verstand. Nedret wurde auf einem Friedhof in Boston begraben, zwischen einem Deutschen, der 1938 vor den Nazis geflohen war, und einem Russen, der an der Oktoberrevolution teilgenommen hatte.)

Der letzte Ort, an dem sie noch auf ihrer Fahrt nach Split hielten, nachdem sie Sarajevo verlassen hatten, war die Stadt Mostar, die Temeswar stark ähnelte. Hier wollte ihnen sein Vater eine andere berühmte Brücke zeigen, die Alte Brücke, Stari Most, über die Neretva, die ebenfalls von einem osmanischen Architekten konstruiert worden war, dem Schüler des Baumeisters der Brücke über die Drina in Višegrad. Sie kamen an, als es schon dunkel wurde, und er zeigte sie ihnen, indem er triumphierend, als ob er selbst der Architekt gewesen wäre, auf den großen und perfekt proportionierten Bogen der Steinkonstruktion wies, die einem Regenbogen ähnelte. Jenseits davon zeichneten sich ein Minarett und ein andere hohe Gebäude mit gemauerten Wänden und Ziegeldächern ab. Leider wurde es immer dunkler. Sie durchquerten eilig das Städtchen, das von der jugoslawischen Armee für achtzehn Monate bis 1993 besetzt worden war, und sahen nichts von dem, was später bombardiert und angebrannt werden würde: das Franziskanerkloster, die katholische Kirche und der Bischofspalast von der Jugoslovenska Narodna Armija, der Jugoslawischen Volksarmee, das orthodoxe Kloster und die orthodoxe Kirche von den Truppen der

Bosnier und Kroaten und ein Jahr später dann die Brücke von den Truppen der bosnischen Kroaten, Hrvatsko Vijeće Obrane[21], mit ihren Geschützen, die keinen Stein auf dem anderen ließen. Und in dieser Zeit, in der in Bosnien kein Stein mehr auf dem anderen blieb, haben die Bosnier und die Kroaten die Serben ermordet und begannen sich dann gegenseitig abzuschlachten. Da freuten sich die lernenden Teufel und scharrten mit den Hufen.

Wenn sie Zeit gehabt hätten und nicht am nächsten Tag in Split sein müssen, hätten sie auch in Travnik halten können, der ehemaligen Hauptstadt des osmanischen Bosniens, wo die Ustaša im Zweiten Weltkrieg Serben, Juden und Roma verhaftet und ermordet haben, nachdem sie ihnen in die mit Gewehren und Messern bewaffneten Hände gefallen waren, und vier, fünf Jahre nach den prophetischen Worten von Nedret haben bosnische Militärs Serben ermordet, kroatische Militärs haben bosnische Muslime ermordet und die Teufel haben sich ein weiteres Mal gefreut. Vielleicht hatten sie in Bugojno nicht angehalten, weil es auf der touristischen Karte seines Vaters nicht verzeichnet war, aber es ist gut zu wissen, dass sich auch dort die alte Geschichte Bosniens wiederholte, denn die dorthin geschickten Teufel waren, obwohl nicht besonders einfallsreich, doch auch fleißig: 1941 wurden die in dieser Gegend wenigen Serben von den Ustaša zusammengetrieben, umgebracht und in einfache Gruben geworfen, fünfzig Jahre später hat die bosnische Armee Kroaten ermordet und die kroatische Armee Bosnier. Sie hatten auch nicht in Livno gehalten, wo sich 1941 serbische Četniks daran gemacht hatten, Kroaten und Bosnier zu ermorden, worauf die kroatischen Ustaša kamen, die mit Bedacht Serben und Serbinnen auswählten und sie in der üblichen Weise umbrachten,

21 Kroatischer Verteidigungsrat. Das war die Armee der Kroaten in Bosnien-Herzegowina während des Bosnienkrieges, die sich ebenfalls Kriegsverbrechen schuldig gemacht hatte.

manchmal schnitten sie dabei mit Bajonetten die ungeborenen Kinder aus den Leibern der schwangeren Frauen und zerdrückten ihnen die Köpfe mit dem Stiefelabsatz.

Nachdem sie die Berge gegen Mitternacht hinter sich gelassen hatten, wobei das dünne Licht des Dacias die geschlängelte Straße nur schwach beleuchtete und *Lepa Brena ‚Hei, Bosno, Bosno moja'*, sang, erreichten sie vier Uhr morgens einen Gipfel und sahen von dort die schimmernden Lichter einer schlafenden Stadt im Tal, die blassen Linien der Straßenbeleuchtung, die Lichtknäuel der Schiffe im Hafen und das Band der vereinzelten Lichter von den paar Dörfern mit dem Namen Kaštela an der Küste von Split. Jenseits davon sahen sie über den ganzen Horizont die Adria, dunkel und seidig wie ein Tuch, das von einem großen und goldenen Streifen aus Mondlicht in der Mitte geteilt wurde. Ihnen taten die Knochen weh, und die Augen, die die Müdigkeit zugewebt hatte, brannten ihnen, aber sie hielten an, stiegen aus und betrachteten das silberfarbene, ruhige und unbekümmerte Meer, das fast ohne Wellen war. In der Ruhe ringsherum war das starke, unermüdliche Zirpen von scheinbar riesigen Grillen zu hören. Sie streckten ihre gestauchten Rücken, atmeten den Duft der Nacht und ließen sich vom Anblick des Meeres unter ihnen und dem leichten Lüftchen, das auf dem Gipfel wehte, beglücken.

*

An jenem Montagmorgen im August 1989 erwachte er zum zweiten Mal mit einem steifen Rücken, der auf die enge Rückbank des Dacias gezwängt worden war. Er hob den Kopf und sah das ruhige Wasser der Adria, das rötlich in der Morgendämmerung glänzte. *‚Evo zore. Evo zore, Bogu da se pomolim'*, wie die von *Bijelo Dugme* sangen. Seine Mutter drehte sich leicht und gab ein unweibliches Aufstoßen von sich. Er stieg aus dem Auto, wobei er vorsichtig die Autotür öffnete und wieder schloss. Er streckte sich in seiner ganzen Länge aus und sah sich dabei um. Seine Knochen taten weh und die Blase drückte ihm furchtbar. Er betrat den Flur des Hotels, auf dessen Parkplatz sie gestanden hatten. Er nickte entspannt zum Mann an der Rezeption, der halb eingeschlafen war. Er durchquerte unbekümmert den leeren und noch stillen Raum und suchte dabei den Wegweiser in Richtung Toilette.

Als er zurückkam und wieder an der Rezeption vorbeilief, sah ihn der braunhäutige Mann, dessen Kopf zur Seite gefallen war und dabei einen zum Scheitel hin ausgedünnten Haarkranz sehen ließ, beunruhigt an. Er ging zu ihm und fragte, wann sie in ihr Zimmer könnten, sie hätten eine Reservierung für sieben Nächte im Hotel Marjan. Jivan, auf diesen Namen laute die Reservierung, auf Jivan. Drei Personen. Aus Rumänien. Sie müssten dort verzeichnet sein. Verwirrt sah der Mann sein breites, erleichtertes Lächeln und begann, in großen Heften zu suchen. Dann antwortete er ihm verwickelt und – wie ihm schien – in einem falschen Serbisch, dass erst zwölf Uhr die Zimmervergabe erfolge. Wäre es auch eher möglich? Ja, er soll gegen zehn-elf wiederkommen, er wird mit … reden, vielleicht mit der nächsten Schicht, er hatte die letzten Worte nicht verstanden. Er bedankte sich, ging hinaus, überquerte die Straße und blieb an der asphaltierten Uferpromenade am Meer stehen. Erst jetzt ließ er sich von der Schönheit des Ortes überwältigen: Die Kühle belebte ihn, die helle Luft vibrierte, das Meer glitzerte zu seinen Füßen und war so klar, dass er dessen grün-gelblichen Grund sah, die moosbedeckten Steine und die kleinen streunenden Fische, die um die Bäuche der unzähligen, am Ufer liegenden Fischerboote schwammen. Und hinter ihm, auf einem Hang, alte Gebäude aus grauen Steinblöcken mit rötlichen Ziegeldächern und bunten Fensterläden. Split war nicht so, wie er es sich vorgestellt hatte. Es war nicht wie Mamaia oder Constanța oder Temeswar: Hier gab es nur Hügel, Palmen, Agaven und Steinstrände, mit gelblichem, spärlichem Sand. Die Adria hatte leichte Wellen und irgendwo links erstreckte sich die alte Stadt, mit hohen und prächtigen Gebäuden, über denen der Turm einer Kirche thronte – die Kirche *Sveti Duje*, des *Heiligen Domnius*, wie er später erfahren würde. Jetzt aber drehte er sich zu dem hohen Hügel um, dessen Gipfel, von der anderen Seite des Hotels aus gesehen, bewaldet war, und entdeckte ziemlich weit oben eine Reihe riesengroßer metallischer Buchstaben, die durch die Baumkronen schimmerten und, wie bei Hollywood, das Wort TITO formten.

Wenn er nicht gewusst hätte, dass zu seinen Füßen die Adria beginnt, hätte er sich am Ufer eines größeren Sees geglaubt. Vor ihm waren in der Ferne längliche, grüne Bergrücken zu sehen, die nacheinander den Golf von Split abschlossen.

Die Sonne war irgendwo hinter seinem Rücken aufgestiegen und schien auf die verschlafene und friedliche Stadt. Das Dröhnen einer Schiffsglocke fuhr in seine Ohren und ließ ihn erschauern. Er drehte sich in Richtung Hafen und sah weiße Schiffe, die dort zu ankern schienen. Ein paar Fischer näherten sich auf dem grünen Wasser dem Hafen, zogen ihre Boote an Land und sprangen ans Ufer. Er spitzte die Ohren und hörte aus ihrer Richtung denselben eiligen Dialekt, hier und da unverständlich, aber musikalisch. Einer der Fischer, ein braungebrannter Bärtiger mit breiten Schultern und großen, knotigen Händen, beobachtete ihn und rief ihm ein „*Dobro jutro*" zu, wobei er kurz lächelte und dann weiterlief.

„*Dobro jutro*", flüsterte er. Guten Morgen.

Dieser Gruß belebte ihn. Er ging zum Auto zurück, an das er sich lehnte, und zündete sich eine Zigarette an. Ein in Gedanken versunkener Mann lief an ihm vorbei, mit grauen, gebügelten Hosen und einem weißen, kurzärmligen Hemd.

„*Dobro jutro*", grüßte er ihn deutlich.

„*Bog*", antwortete der Mann, Grüß Gott, wobei er einen Moment innehielt und sich sein Gesicht aufheiterte, dann lief er weiter.

Drei Stunden später, nachdem sie an dem Ort angekommen waren, der sich ziemlich pompös *Appartement* nannte, das heißt, in einem Zimmer, durch eine dünne Wand in zwei geteilt, das nur ein einziges Bad hatte (dieses aber strahlend sauber und mit zwei Steckdosen unter dem Spiegel), mit einem düsteren, braunen Teppich, und damit in einem Appartement, das jedem beliebigen Hotelzimmer im kommunistischen Rumänien ähnelte, nachdem sie begeistert den Farbfernseher ausprobiert hatten und den Warmwasserhahn, aus dem wirklich warmes Wasser kam, eigentlich fast kochend heißes, nachdem sie sich beschwert hatten, dass sie kein Zimmer mit Meeresblick bekommen hatten, sondern zu dem Hügel hin, der den Namen des Hotels trug – obwohl es natürlich genau andersherum war –, nachdem sie ihre Koffer, Taschen und Netze bis in die sechste Etage hinauf geschleppt hatten, unter den nachsichtigen Blicken des neuen Rezeptionisten, eines großen, dünnen, aber muskulösen jungen Mannes mit blasser Haut voller Sommersprossen, rötlichem Haar und einer Knollennase, nachdem sie sich für fünf Minuten in den Liegestühlen auf dem Balkon ausgestreckt und sich wie richtige Touristen, sogar wie Westtouristen gefühlt hatten, nachdem er ihnen die Inschrift mit Tito in Richtung Hügeloberkante gezeigt und sein Vater sich bewundernd über die Eier von Josip Broz ausgedrückt hatte, nachdem sie alle gebadet und sich damit von der Misere der Reise, inklusive der Misere, die in Rumänien geblieben war, gereinigt hatten, beschlossen seine Eltern, die aus Rumänien mitgebrachte Ware zu verkaufen. Er durfte machen, was er wollte, er sollte nur rechtzeitig wieder zurück sein, um das Abendessen nicht zu verpassen. Schließlich hatte er Ferien, seine ersten Ferien als Student, bevor er wirklich zu studieren anfing. Er könnte die Stadt besichtigen, schlug ihm sein Vater vor. Gleich hier, direkt am Meeresufer, sei die Altstadt, mit dem Diokletianspalast, den mittelalterlichen Vierteln und den venezianischen Häusern, der ganze historische Stadtteil sei nur zwei Schritte von ihrem so passend ausgewählten Hotel entfernt, gleich hier, in Richtung dieses Kirchturms, der sich zwischen den Gebäuden erhebt, den kannst du nicht verfehlen. Oder er könnte, wenn er Lust hätte, an den Strand gehen, vielleicht fände er ein hübsches und ruhiges, friedliches Plätzchen, wohin sie später auch kommen könnten.

Der rötliche Rezeptionist, der an ihren Waren überhaupt nicht interessiert schien, sagte ihnen, dass sie sie auf dem *Pazar* verkaufen könnten, gleich hier, neben dem Diokletianspalast. „Auf dem Basar?", fragte sein Vater. „Nein, *Pazar*", insistierte der Rote.

„Vielleicht ist es auch das Gleiche…?"

Nein, dort war eigentlich der Obst- und Gemüsemarkt, aber auch solche Dinge konnte man dort verkaufen.

„Piața, also Markt?", artikulierte sein Vater, nachdem er die Übersetzungen der Mutter angehört hatte.

„Nein, nein, *Pjaca* ist der Volksplatz, Narodni Trg. *Pazar*, nicht *Pjaca*."

Sein Vater wieherte, als er die Übersetzung hörte: Also, *Pjaca* ist nicht *Piața*, Markt. *Pazar* ist *Piața*. Und P*jaca* ist der Platz!

Der Rote verstand nichts und schaute seinen Vater freundlich mit einem breiten Lächeln an. Er hatte große und breite Zähne, wie ein Pferd, und es war zu sehen, dass er seinen Job gut zu machen versuchte, wie nach einem amerikanischen Lehrbuch zum Thema Kundenbetreuung.

„Ich wette, dass der Strand oben ist, auf dem Hügel", wendete sich sein Vater zu ihnen um und zwinkerte dabei. Seine Mutter ignorierte ihn und fragte, wobei sie ihre Worte mit Bedacht wählte, wo der nächste ruhigere Strand ist, der sich für eine Familie eignet, also nicht unbedingt der Ort, den er sich auch gewünscht hätte, aber das zählte jetzt nicht.

Dorthin brach er auf und versuchte dabei, im Schatten der Häuser und der wenigen Bäume am Rand der engen Straße zu laufen. Es war Mittag und die Sonne glühte mit einer Intensität, die er noch nicht einmal in den heißesten Sommern in Temeswar erlebt hatte. Das blendende Strahlen brannte auf seinen Augen, weswegen er sie zur Hälfte schloss. Sein unbedeckter Kopf brannte vor Hitze, das grüne, ziemlich lange Shirt war klitschnass vom Schweiß, und er verfluchte sich dafür, dass er seine Jeans angezogen hatte und die Ledersportschuhe, natürlich mit den weißen Socken. Er hätte die Schuhe sofort ausgezogen, aber der Asphalt war noch heißer als das heiße Leder der Schuhsohle. Ihn wunderte, dass, sobald er in den Schatten gelangte, die Luft sofort kühl wurde und der schwache Wind, den er ansonsten nicht bemerkte, ihm plötzlich den ganzen Körper belebte – außer die verdammten Füße, die in den weichen Lederschuhen eingeschlossen waren. Überall waren diese gigantischen Grillen zu hören, die unentwegt zirpten.

Er lief einen Hang hinunter, durchquerte eine Art Weide mit nur wenig und von der Sonne vergilbtem Gras und gelangte an das Ufer des Meeres, rechts ein weißes, kastenartiges Gebäude, neben dem Segelboote vertäut waren. Ein dicker Mann in einer kurzen, rot-weiß gestreiften Hose, dessen gebräunte Haut glänzte, räkelte sich im Schatten des Gebäudes in einem Liegestuhl mit Baumwollbezug. Er hatte die Augen geschlossen, die Hände über dem Kopf und die Beine ausgestreckt und schien sich wie der Bauer nach dem Gelage zu fühlen, wie sein Großvater früher gesagt hatte. Neben ihm warf eine Reihe von Palmen mit langen, lanzenartigen Blättern einen schmalen Schatten auf die nackte Erde. Er näherte sich dem Dicken, der barfuß war und dessen kaffeebrauner Bauch in einer breiten Falte über den Hosenbund fiel.

„Strand? Zvončac? Ježinac?"

Der Dicke öffnete die Augen, lächelte ihn gemütlich an, nahm eine Hand hinunter und zeigte mit dem Finger nach links, zu einem Promenadenweg aus glattem Stein, der sich zwischen den in den Kieselsteinen versickernden Wellen und dem steilen Ufer, das voller Sträucher und Kräuter war, entlangschlängelte.

Es war nicht so, wie er es sich vorgestellt hatte. Es war nicht so wie am Schwarzen Meer. Überhaupt nicht. Das Wasser der Adria war ruhig und hatte nur leichte Wellen, die an einen See denken ließen. Die kleinen Wellen schlugen schüchtern an das steinige Ufer und nirgendwo tat sich eine große Welle auf, in die man sich mit einem Aufschrei warf, um den Schlag des schaumigen Wassers an der Brust zu spüren. Andererseits, dachte er, während er den Steinpfad entlanglief, der allmählich anstieg, sah man am Schwarzen Meer nirgends so klares und blaues Wasser. Aber nein, eigentlich grün, grünlich.

Er lief etwas bergauf und bog dann neben großen, porösen Felsbrocken ein, die sich talwärts neigten, zum Meer hin. Er schaute nach unten und sah den Meeresgrund, mit großen Steinen und gelblichem Sand, der in den lichtvollen Wogen funkelte. Ihm wurde klar, dass das Wasser an dieser Stelle mindestens zehn Meter tief sein musste, aber wegen der Lichtbrechung schien es nur wenig tief, nur so viel, dass es zum Grund hin immer dunkler wurde. Er nahm ein Steinchen, warf es ins Wasser und sah zu, wie es langsam unterging, sehr langsam, und sich artig auf dem sandigen Boden absetzte.

Nachdem er den Hügel rechts umrundet hatte, der steil auf dem Promenadenweg endete und aussah, als stürze er beinahe ins Wasser, aber mit einem Zaun befestigt war, erreichte er das

Ende des Hangs und begann, wieder hinabzusteigen. Neben ihm sprangen von einer Betonmauer, die wie eine Barrikade hin zur Adria aussah, Jugendliche zwischen Felsen hindurch in ein Wasserloch, das nicht mehr als zwei Meter breit war. Es durchschauerte ihn, als er sah, wie ein höchstens zwölfjähriger Junge die Luft zwischen den Felsen durchschnitt, dabei fast anstieß, und mit dem Kopf zuerst in den grünen Spiegel eintauchte, wobei ein Kreis aus Schaum aufspritzte. Er verfolgte, wie er in das Wasser glitt und dann laut lachend zehn Meter weiter in Richtung Meer aus dem Wasser kam. Er blickte sich um und schaute die lange Steinpromenade entlang, die zu etwas hinunterführte, das nach einem Strand aussah. Nach einem Strand aussah, aber keiner war, keiner sein konnte, obwohl viele Menschen dort in der Sonne lagen. Es war eine kleine Bucht, die von einer glatten Wand aus scharfen Steinen und einem schmalen Streifen bräunlicher Erde begrenzt war, an der Sträucher und Büsche fleischiger Agaven wuchsen, mit Dornen, wie er sie nur in Filmen gesehen hatte. Nein, das konnte einfach kein Strand sein. In erster Linie, weil es keinen Sand gab, sondern eine fünf Meter breite Steinschicht, aus der hier und da große, schwarz-grünliche, vom Wasser abgerundete Felsbrocken herausschauten. Weil es so eng war, hatten manche ihre Decken oder Matratzen auf die Wege und auf die Zementmauer zwischen dem Strand und dem darüberliegenden Hang gelegt. Vielleicht war der Strand etwas weiter weg, ja, dort, wo man eine Art Biergarten mit Tischen und Sonnenschirmen sah – und dahinter eine Landzunge, die weit ins Meer hineinreichte.

„Hast du etwas verloren?“, hörte er zwei Schritte neben sich eine dünne, melodische und zugleich spöttische Stimme.

Er schaute orientierungslos um sich. Es war eine Mädchenstimme. Schließlich sah er sie.

„Hast du dich verloren?“, fragte das Mädchen wieder in diesem Serbokroatisch mit Akzent, das er aber verstehen konnte.

Er schaute sie kühn an. Er war im Ausland. Er war Student. Er konnte alles tun. Er konnte alles sagen. Und dieses Mädel war auf jeden Fall jünger als er.

„In deinen Augen“, sagte er, wobei er die Worte achtsam aussprach.

Das Mädchen lachte wohlklingend und warf dabei den runden Kopf mit dem gold-blonden Haar auf den Rücken. Er verliebte sich auf der Stelle, wie so oft in den letzten Jahren. Sie kam ihm unglaublich schön vor. Schön und fremd. Eine Jugoslawin. Und groß, sehr groß und sehr gebräunt, mit langen, goldenen und seidigen Beinen, auf denen hier und da etwas Sand zu sehen war. Sie saß auf der Betonmauer und fixierte ihn neugierig mit ihren blauen Augen und mit einem schiefen Lachen im Gesicht. In dem blauen Bikini mit weißen Karos sah man ihre noch zarten Knochen. Das glänzende, kurzgeschnittene und dadurch kindliche Haar, à la Louise Brooks, machte sie noch bezaubernder: Ein Mädchen, das direkt und ohne Scham flirtete. Wie alt sie wohl war? Sechzehn Jahre? Siebzehn?

„Wirklich?“, fragte sie schnell. „Du hast dich wirklich dort verloren?“

Und sie rieb sich theatralisch die Augen.

„Aber nein, hier bist du nicht. Denkst du wirklich, dass…“

Er wand sich unbeholfen: Er hatte die Wörter ab der Satzmitte nicht mehr verstanden. Er war aus der Fassung geraten. Er zögerte und fuhr sich mit der Hand durch das schwarze, kurz geschnittene Haar, das nach der Armee noch nicht sehr nachgewachsen war.

„Entschuldige, aber ich habe nicht richtig verstanden“, sagte er und verfluchte innerlich seine Ungeschicktheit. „Was hast du gesagt?“ „Entschuldige, aber ich habe nicht richtig verstanden“, äffte ihn das Mädchen nach, wobei sie ihre Stimme tiefer stellte und den Kopf mit einer ernsten Miene schüttelte. „Wieso sprichst du so komisch?“

Sie spitzte ihre roten Lippen und schaute ihn an. Sie hatte einen kleinen runden Mund mit vollen Lippen. Er dachte daran, dass es ihm gefallen würde, sie zu küssen. Er schluckte trocken. Er fuhr sich wieder mit der Hand durch das Haar und verlagerte sein Gewicht von einem Fuß auf den anderen.

„Komisch? Wie, komisch?“

„Na, komisch eben“, sagte sie kategorisch. „Wie ein Bauer im Fernsehen.“

Er war etwas frustriert.

„Bist du Serbe?“, fragte die Blonde und schaute ihn weiter an. „Nein, nein!“, entschied sie. „Du siehst nicht wie ein Serbe aus. Kosovare?“, wagte sie sich dann vor, mit einer klaren Zurückhaltung.

„Rate mal!“, warf er ihr hin.

Das Mädchen presste trotzig die Lippen aufeinander und kreuzte die Arme vor dem nicht gerade prallen, aber gerundeten Büstenhalter.

„Makedonier.“

„Nein“, antwortete er, und schaute verstohlen auf ihren mageren Bauch mit ein paar durchsichtigen Härchen um den Nabel herum.

„Slowene? Nein, nein“, nahm sie es schnell zurück. „Serbe… bosnischer Serbe.“

„Nein.“

„Aus der Vojvodina?“, stöhnte das Mädchen.

„Du näherst dich“, lachte er.

„Bulgare…? Bist du irgendwie Bulgare? Oder Pole?“, fügte sie schnell hinzu.

Sie wollte sich nicht geschlagen geben.

„Aus Rumänien“, erbarmte er sich schließlich. „Aus Temeswar. Temišvar.“

„Ach, Temišvar!“

Es war zu sehen, dass das Mädchen nicht gerade gut wusste, was dieses Temeswar ist, obschon ihr das Wort bekannt vorkam. Er half ihr: „Aus dem Banat. Dem rumänischen Banat. Jenseits der Vojvodina. Ich bin in den Ferien hier. Und du?“

„Ich bin von hier. Aus Split. Also bist du kein Serbe?“, insistierte sie.

„Nein. Ich habe es dir gesagt: Rumäne. Also gut, meine Mutter ist zur Hälfte Serbin, also Serbin aus Rumänien, weißt du?“

Das junge Mädchen nickte zögerlich mit dem Kopf. Sie wusste es nicht. Und er wusste nicht, was er noch sagen sollte, aber er wollte auch nicht gehen, und so begann er ihr zu erklären, wie das rumänische Banat ist, mit Serben, Ungarn, Deutschen, Juden, Tschechen, Slowaken, Kroaten…

„Habt ihr auch Kroaten?“, zuckte sie zusammen.

„Ja, haben wir. Wir haben alles. Wir haben auch Afrikaner, Amerikaner, Araber und ungefähr fünfzehn kleine und gelbe Chinesen“, übertrieb er.

Das Mädchen brach in das hübsche Lachen aus und sah ihn ungläubig an. Dann sagte sie wieder etwas, das er nicht verstand.

„Ihr sprecht komisch“, kommentierte er.

„Wie meinst du das?“ „Also, ihr sprecht nicht so, wie ich es kenne. Darum verstehe ich dich manchmal nicht. Sei mir nicht böse“, fügte er schnell hinzu. „Schau mal, heute im Hotel, das sagte der Rezeptionist über etwas, dass es lipo ist, hübsch, nicht lepo, hübsch. Und misto und di…“

„*Di, di si ti, moja ljubavi*“, trällerte schelmisch das Mädchen. „Ja, gut. Und was soll damit sein?“

Sein Gesicht hellte sich auf. Er erinnerte sich plötzlich an ein jugoslawisches Lied mit Versen, die in dieser Art zerlegt waren. Es war eine eher leichte Musik, aber allemal besser als das, was in Rumänien gebracht wurde.

„Ich kenne das! Von *Đavoli*, stimmt`s? *Stojin na kantunu*!"

„Magst du *Đavoli*?", fragte das Mädchen ernsthaft.

Die Mittagshitze überwältigte ihn. Diese weiße Sonne brannte schrecklich. Aber er wusste, wie wichtig es war, korrekt zu antworten.

„Natürlich", sagte er bestimmt und lächelte. „Die sind sehr gut. *Najlipši…*", fügte er zögernd und ironisch hinzu.

„Ja, ja!", bekräftige das Mädchen fröhlich, und hüpfte fast, wobei ihr kurzgeschnittener Pony wippte. „Und *Dani ljubavi*, kennst du *Dani ljubavi*?"

Er nickte.

„Wusstest du, dass sie von hier sind, aus Split? Ich habe sie sogar kennengelernt! Mit Neno Belan habe ich einmal in Bačvice gesprochen!", fügte sie stolz hinzu.

Ok, ok. Er wusste nicht, wer dieser Nino Belan ist und es war ihm auch egal, aber dieses Mädel hatte eine naive Schlauheit, die ihm sehr bekannt vorkam. Nein, sie konnte nicht älter als sechzehn sein. Und sie war so braun, so schlank, so… freundlich, sympathisch und eigentlich sogar schön! Und fremd. Jugoslawisch. Der Gedanke, eine jugoslawische Freundin zu haben, ließ ihm die Brust schwellen.

„Ich bin Vlad." Er reichte ihr die Hand.

„Marina". Sie drückte seine Hand mit ernster Miene, als hätten sie einen Vertrag geschlossen.

„Ok, Marina", antwortete er ebenso ernst. „Und was könnte ich Schönes hier in Split sehen? Außer dir natürlich."

Marina kicherte, senkte den Blick und ließ seine Hand los. Sie schaute zum Meer.

„Ich hoffe, dass ich dich nicht verstimmt habe", sagte er schnell. „Ich habe gescherzt…, also nicht gescherzt, aber ich habe es einfach so gesagt, damit… Bist du böse auf mich?" Marina schüttelte den Kopf, sagte aber nichts.

„Also, ich war auf der Suche nach einem Strand. Der Rezeptionist vom Hotel hat mir gesagt, dass hier ein Strand … für eine Familie ist, also für meine Eltern, weißt du! Jezinac, Ježinac oder so ähnlich. Wenn ich mich nicht…"

Es fiel ihm nicht ein, wie man auf Serbokroatisch „irre" sagte.

„…wenn ich nicht falsch liege. Weißt du, wo dieser Strand ist?"

Marina hob den Kopf und zeigte mit der Hand nach links unten, zu einem steinigen Ufer, an dem Leute auf Matratzen und Decken lagen.

„Das ist der Strand?", wunderte er sich. „Und wo ist der Sand? Und warum ist es so eng?"

„Na, was denkst du denn, wie der aussieht? Wie an der Côte d'Azur?"

Er hatte keine Ahnung, wie die Strände an der Côte d'Azur aussahen.

„Habt ihr keinen Sandstrand?"

„Klar, natürlich haben wir. Auf Brač…, auf der Insel Brač." Marina zeigte in die Ferne, über das weite Meer, irgendwohin am Horizont. „Dort, siehst du? Das, gerade hin, ist Čiovo, und dort, … links von dir, ist Šolta und dahinter, dort, weiter weg, ist Brač. Siehst du?" Sie zeigte über das Meer, bis zur im Nebel liegenden Landzunge. Brač.

Es war kein Wunder, dass er den Eindruck hatte, an das Ufers eines Sees gekommen zu sein. Alle diese Inseln, die so nahe zum Ufer lagen, umschlossen wie ineinander verschlungene Arme aus Stein die Bucht von Split. Und trotzdem war es die Adria, die sie umspülte und die sich weit hinaus erstreckte, bis zum Horizont, wo sie sich im Licht der unbarmherzigen Sonne unmerklich an den weiß-azurblauen Himmel schmiegte.

„Das ist so schön“, entfuhr es ihm, als er in die Ferne schaute.

„Nicht wahr?“, stimmte Marina zu. „Und wie sonnt ihr euch hier?“, fragte er, noch immer ratlos. „Stechen… dich nicht die Steine?“ Er fand kein besseres Wort. Marina lachte wieder – Gott sei Dank! –, stand vom Zementboden auf und zeigte umher:

„Mit Matratzen, siehst du? Du liegst auf einer Matratze. Oder einem Handtuch. Du bist also mit Mama und Papa gekommen?“

Er nickte und schämte sich.

„Na schau, so geht das. Du kommst mit Mama und Papa und liegst schön auf deiner Matratze“, lachte das Mädchen. „Oder du machst es wie ich.“

Im nächsten Moment ging sie an den Rand der Zementmauer, beugte leicht die Beine und stürzte sich wie von einem Sprungbrett in die Leere zwischen den Felsen. Er stöhnte und lief zum Rand. Er sah, wie Marina mit dem Kopf voran in das leuchtende Meer eintauchte und dann in einem Wirbel aufspritzenden Wassers verschwand. Als sich der Wasserwirbel beruhigt hatte, suchte er den goldenen und feingliedrigen Körper von Marina. Er war nirgendwo. Sein Atem stockte und er beugte sich aufgeregt über die Leere zwischen den Felsen. Er schaute aufmerksam. Nichts. Er blieb für eine halbe Minute so unbewegt, bis er einen Ruf von irgendwo weiter weg hörte:

„Vlad! He, Vlade! Traust du dich zu springen?“

Er sah den runden und lachenden Kopf von Marina, die zehn Meter entfernt von der Stelle, in die sie eingetaucht war, aus dem Wasser kam. Sie hob die Hände und schaute fröhlich nach oben zu ihm. Ihr Haar klebte wie ein goldener Helm am Kopf.

„Traust du dich?“, wiederholte sie laut.

Ein paar Jungs um ihn herum schauten ihn aufmerksam an –

oder zumindest schien es ihm so. Er zog schnell sein Shirt und die Jeans aus und warf sie auf die Zementmauer. Dann zog er schwerfällig die Schuhe aus, wobei er auf die langen, weißen Schnürsenkel schimpfte, und die Socken und stieg auf die hohe Kante. Er schaute zu dem grünen, dunklen, weit entfernten Wasser hinunter, das man gerade so zwischen den Wänden aus Stein glitzern sah. Es waren bis unten sicher nicht mehr als vier bis fünf Meter, aber für ihn, der an die friedlichen Strände von Temeswar und das ruhige und trübe Wasser der Bega gewöhnt war, schien der Sturz in die Leere durch den schmalen Spalt zwischen den Felsen mörderisch. Er zog seine Badehose auf den Hüften zurecht, schätzte mit den Augen den Abstand zu dem Wasserflecken, hob die Hände über den Kopf und warf sich in den Abgrund. Während des Sprungs schloss er die Augen und im nächsten Moment glitt er in ganzer Länge in das kalte und scheinbar elastische Wasser, das auf die grün bemoosten Steine der Felsen spritzte. Er spürte, wie sein linker Unterschenkel kurz an einer Steinkante, die aus dem Wasser ragte, rieb, dann tauchte er zum ersten Mal in seinem Leben in die Adria und berührte mit den Fäusten den sandigen Grund. Während er mit den Armen ruderte, um an die Oberfläche zu gelangen, spürte er plötzlich einen schneidenden Schmerz im Unterschenkel und fast zeitgleich einen kühlen und nassen Hauch unterhalb des Nabels.

(*Es muss erwähnt werden, dass die Badehose, eine blaue Speedo, die gerade erst im Paket eines emigrierten Banater Schwaben aus der Bundesrepublik nach Temeswar gelangt und dann für zweihundert Lei bei* ocskó, *dem Temeswarer* Pazar, *verkauft worden war, Vlads ganzen Stolz darstellte. Er ging so achtsam mit ihr um, dass er sie nur zweimal zum Baden getragen hatte, um die neidischen Blicke seiner Begleiter auf sich zu ziehen. Dabei hatte er aber nicht darauf geachtet, dass die*

Hose etwas größer als nötig war, so sehr er auch die Kordel festzog. Jetzt aber, als er schnell in das sanfte Meer der Jugoslawen eingetaucht war, durchbrach sein langer und kräftiger Körper zwar den Widerstand des Wassers und teilte es mit Leichtigkeit, aber die Speedo-Badehose wollte nicht folgen und schälte sich von ihm ab wie ein Stück alter Haut. Sie glitt die Beine entlang nach unten und blieb an der Wasseroberfläche, wo sie wie eine Plastiktüte schwamm.)

Bis er wieder zur Besinnung gekommen war, war Marina schon bei der Hose angelangt und handhabte sie wie eine Trophäe, indem sie sie fröhlich über ihrem Kopf schwenkte. Erst da erkannte er sie.

„He!", schrie er wütend. „Gib sie mir zurück!" „Komm doch und hol sie dir!", lachte sie und zog sich zu dem vom Wasser abgeschliffenen Felsen zurück.

Er schwamm auf Marina zu, wobei er schnaufte und das salzige Wasser ausspuckte, dann aber fühlte er wieder den brennenden Schmerz am Unterschenkel. Der Muskel zog sich in einem Krampf zusammen und er stöhnte vor Schmerz.

„He, lass die Tricks!", lachte Marina und zog die Hose durch das Wasser. „Das kenne ich schon."

„Ich habe mich gestoßen! Wirklich! Ich habe… ich habe Schmerzen…"

Er wusste nicht, was „Krampf" heißt, aber wahrscheinlich hatte sich sein Gesicht glaubhaft verzerrt. Marina zögerte. Sie schwamm langsam näher und sah im jetzt ruhigen Wasser eine dünne Blutspur. Sie schwamm energisch und ängstlich in seine Richtung und war in wenigen Momenten bei ihm.

„Hast du dich verletzt?", fragte sie und atmete schwer. „Du hast dich verletzt."

Sie rief in Richtung Ufer:

„Renato! Zu Hilfe! Los, Renato, Hilfe!"

„Lass mal, ich komme schon zurecht", schniefte er und drehte sich zur Seite.

Aber Marina hatte ihn schon am Arm gefasst.

„Warte, warte! Renato!", rief sie wieder.

Ein dunkler Körper sprang von oben, vom Ufer, ins Wasser und im nächsten Moment tauchte neben ihm und Marina ein runder Kopf mit schwarzem Haar und großen, lebendigen Augen auf. Die beiden zogen ihn in einen ruhigeren Bereich des Ufers, während er protestierte, um sich schlug und stöhnte. Sein Bein brannte schrecklich und hinterließ im Wasser eine rote Spur, der ein paar neugierige kleine Fische nachfolgten. Aber es war, es konnte nichts Großes sein, wenn ihn so ein süßes Mädchen am Arm durchs Wasser zog und hin und wieder zu seinen nackten Pobacken sah, die er sich irgendwie verschämt immer weißer und blasser vorstellte, je näher sie ans Ufer kamen.

„Meine Badehose", stotterte er und strengte sich dabei an, den beiden zu entkommen.

„Wir bringen ihn zum Arzt", sagte Marina über seinen Kopf hinweg.

„Nein! So gehe ich nicht…Au!", entfuhr es ihm, denn gerade hatte sein Unterschenkel an einen Stein auf dem Grund gestoßen.

„Warte, ich bring dir deine Hose", erbarmte sich der Renato genannte Junge.

Er und Marina schwammen bis nahe ans Ufer, ins flache Wasser. Er drehte sich mit dem Rücken zu ihr.

„Guck mich nicht an!", sagte er wütend.

„Gut, ich gucke nicht", antwortete sie beleidigt. „Ich habe sowieso alles gesehen, was zu sehen war."

Marina lachte schmal und wissend und schaute weg. Er erinnerte sich an die Gespräche zwischen den Jungs im Strandbad darüber, wie alle möglichen Dinge im Wasser kleiner werden. Vor allem im Salzwasser, hatte Mircea betont. Und er fühlte noch den zwickenden Schmerz am Bein, obwohl es sich zu beruhigen schien. Kommt dieser Renato jetzt endlich? Und Marina ist weg, wo ist sie denn hin?

Mist. Er musste sich ja auch aufspielen! Er drehte sich im flachen Wasser auf den Rücken, dann fiel ihm etwas ein und er drehte sich wieder auf eine Seite und schaute zum Ufer, von wo ihn einige Blicke trafen. Peinlich. Er fühlte auf dem ganzen Körper die Kühle des Sandes und der abgerundeten Steine, während die goldene Sonne ihm das Gesicht wärmte. Er schloss die Augen. Das friedliche Wogen des Meeres beruhigte ihn etwas. Er öffnete die Augen und untersuchte sein Bein: ein unangenehmer Schnitt, eine halbe Hand groß. Naja, er wird davon nicht sterben.

„Bleib so!“, hörte er Marina.

Er merkte, wie sie nach seinem verletzten Bein griff, und wollte es zurückziehen, hielt aber im letzten Moment inne aus Angst, sie zu stoßen. Marina strich über den Unterschenkel und hob ihn aus dem Wasser. Er sah, wie sie über die frische Wunde ein weißes Taschentuch oder ein weißes Halstuch band. Sie kniete im flachen Wasser, schaute zur Seite und bandagierte ihn eher nach Gefühl. Vielleicht hat sie nichts weiter gesehen, sagte er sich. Ja, sie ist wirklich süß.

„Hast du gesehen, dass ich Mut hatte?“, fragte er leise.

Marina nickte. Sie schaute ernst.

„Gefunden!“, rief Renato und schwenkte die blaue Badehose wie eine Fahne.

„Gib sie her! Schaut mal weg!“ Und er zog sie, so schnell er konnte, an und richtete sich schwerfällig im Wasser auf.

Eine Viertelstunde später saßen sie in einem Biergarten, der ihm bezaubernd schien, obwohl er sich nicht sehr von den Biergärten in den rumänischen Badeorten am Schwarzen Meer unterschied:

dieselben Eisenstühle mit einer Sitzfläche aus Sperrholz, dieselbe farblose Markise, dieselben Schanktische und silbernen Kühlvitrinen aus Inox und Glas. Nur dass alles farbiger war, heller und sauberer. Hier gab es viele Flaschen mit schönen Etiketten und Zigaretten aus dem Westen und Auslagen mit Köstlichkeiten und Säften, die er so oft in der Werbung bei TV Belgrad gesehen hatte, sogar Coca-Cola.

Es war ihm schließlich gelungen, Marina und Renato davon zu überzeugen, dass er nicht zu einem Sanitäter musste.

„Sagen wir, ich habe mein Blut für Jugoslawien gegeben", zog er sie ironisch auf. „Ich und Tito, gut?"

Der schwarzhaarige Renato lachte laut, Marina nicht. Sie hatte ihn aufmerksam angesehen und kurz gelächelt, wobei sie ihre Augen zusammenkniff.

„Wollen wir einen Saft trinken gehen?", hatte sie gefragt.

Er hatte kein einziges Geldstück in seinen Hosentaschen, nur ein Päckchen Snagov-Zigaretten und das goldene Feuerzeug. Das konnte er nicht sagen. Er zuckte unbeholfen mit den Schultern und verhedderte sich:

„Ich weiß nicht, wir…, ich bin gerade erst hier angekommen. Ich habe noch nicht…"

Es wäre schade gewesen, wenn er diese Gelegenheit verpasst hätte. „Ich zahle", war Renato vorgeprescht.

„Nein, das geht nicht!", protestierte er schnell mit einem Ton, der besagte, dass das geht, und fügte hinzu: „Ich will euch nichts schuldig bleiben."

„Ach lass mal, du bleibst uns nichts schuldig", versicherte ihm Renato, richtete sich ein wenig auf und klopfte ihm auf die Schuler. „Komm mit uns mit!"

Der Junge war viel kleiner als Marina, aber unglaublich sympathisch.

„Er ist mein Bruder", sagte Marina und ihm schien, als habe diese Erklärung eine vielversprechende zusätzliche Bedeutung.

Sie gingen zum Biergarten, wobei er sein mit Marinas Tuch verbundenes Bein demonstrativ nach sich zog, und begannen, sich lebhaft über alles Mögliche zu unterhalten. Sie saßen auf den Eisenstühlen, die mit Sitzkissen bedeckt waren, tranken kalte Coca-Cola und redeten wild durcheinander über Temeswar und Rumänien, über Split und Jugoslawien, über die Schule, über Musik, Filme, über das Meer und das Schwimmen. Sie saßen im kühlen Schatten der Markise und um sie herum gleißte die Sonne. Die entfernten Stimmen der Urlauber und das rhythmische Rauschen der Wellen erweckte in ihnen den Eindruck ewiger, in Licht und Schönheit versteinerter Zeit. Er aber strengte sich an, die Worte zu finden und entspannt, fröhlich und klug zu sein. Er schaute Marina an, erhaschte manchmal ihren aufmerksamen Blick und lächelte schüchtern. Dann wandte er sich Renato zu und fragte etwas oder erzählte etwas anderes und alles war interessant und spannend.

„Was sind das eigentlich für Grillen?", fragte er plötzlich, als ihm dieses laute, beharrliche Zirpen, das er wieder und wieder hörte, bewusst wurde.

„Das sind Zvrtschitz, Vlade", sagte Renato.

„Zvr... wie? Ich kenne das Wort nicht... Das habe ich noch nie gehört!"

„*Cvrčci*", erklärte Marina pädagogisch – und wie süß sie war, wenn sie ernst wurde! „Ein *cvrčak*, zwei *cvrčci*. Kleine schwarze Insekten, eigentlich grau, braun und so groß..."

„Soll ich dir eine einfangen?", sprang Renato auf.

„Nein, nein, lass bitte! Ich werde sicher mal eine sehen. *Cvrčci*. Gut, das werde ich mir merken."

Später würde er entdecken, dass die Tierchen mit dem unmöglichen Namen, *Cvrčci*, eigentlich Zikaden waren und den gesamten Mittelmeerraum bevölkerten. Und dabei würde er nicht an die kleinen zirpenden Dinger denken, sondern an jenen hellen Nachmittag, als er neben Marina saß und am Bein ihr mit seinem Blut getränktes Tuch trug. Dann würde er sich auch an alles andere erinnern. Jetzt aber fuhr er mit der Hand in die Hosentasche, zog das Feuerzeug und die Zigaretten heraus und zündete sich eine mit einer übertrieben natürlichen Haltung an. Er zog den Rauch in die Lunge und atmete lange zum Meer hin aus.

„Und was macht ihr abends, wenn ihr ausgehen wollt? Gibt es hier Diskos und Kneipen?"

„Eine Menge!", lachte Renato. „Du wirst sie noch zu sehen kriegen. Also, nicht gerade hier", er zeigte um sich herum. „Aber anderswo, in Bačvice und noch weiter weg..., du warst noch nicht in Bačvice? Nein, warst du nicht", erinnerte er sich. „Du wirst sehen, was dort los ist. *Lissen veri cärfülli, ei schel sei sis onli wens*: la Bačvice..."

„Warte mal, warte!", unterbrach er ihn eilig. „Das kenne ich doch! Das ist aus *'Allo ,'Allo!,* stimmt's? Guckt ihr *'Allo, 'Allo!?*

„Du auch?", wunderte sich Marina. „Wird das bei euch auch gesendet?"

„Weit gefehlt!", schnaufte er. „Aber ich gucke es, na klar. Ich gucke nur... TV Belgrad, das Nachtprogramm. Was soll man denn sonst auch gucken? Wir haben nur zwei Stunden Programm täglich und dann auch nur Politik mit der Kommunistischen Partei. Aber bei euch..., ihr habt keine Ahnung! Was da für eine Musik kommt! Ich bin ganz verrückt nach jugoslawischem Rock!"

„Wirklich? Und was gefällt dir am besten?"

Es schien ihm, als hätte Marinas Frage ironisch oder zumindest provokant geklungen.

„Ach, mir gefällt vieles", sagte er entspannt. „*Bajaga* und *Riblja*

Čorba, *Plavi Orkestar*, *Bijelo Dugme*, *Zabranjeno Pušenje*, *Parni Valjak*, *Prljavo Kazalište*..., die von Kazalište haben auf ihrem letzten Album ein tolles Lied! Vielleicht kennt ihr es..., ich weiß nicht mehr genau, wie es hieß... Das mit ‚*keiner kann seine Tränen so verbergen wie Marina, sie hatte Augen von der Farbe des Glücks, von der Farbe der Donau, und ich kann nicht ohne sie leben...*' Kennst du das, Renato?"

Renato kippelte mit dem Stuhl.

„Na klar, logisch!" Er sah zu Marina:

„Na, Schwesterchen, du musst doch nicht gleich rot werden!"

„Ich werde nicht rot!", wurde sie wütend und trank eilig ihre Cola.

„Aber irgendein Lied mit so einem unmöglichen Vlad hast du nicht gehört?", sagte sie verärgert.

„Von mir gibt es keine Lieder", antwortete er und fügte schnell hinzu: „Sei mir nicht böse! Ich habe gescherzt. Aber *Marina* gefällt mir wirklich sehr. Das ist sehr schön."

Sie sah ihn zwischen ihren Wimpern an.

„Wisst ihr, ich würde mich freuen, wenn wir uns nochmal sehen könnten", wagte er sich vor. „Ich schulde euch eine Cola. Und ich muss dir das zurückgeben." Er zeigte auf das weiße Tuch, das seinen Unterschenkel umhüllte.

„Na klar", antwortete schnell Renato. „Wir können heute Abend ausgehen, oder?", fragte er seine Schwester.

„Ich weiß nicht, vielleicht ja", antwortete Marina verdrießlich.

„Also gehen wir aus! Vlad, kann ich eine Zigarette haben?"

„Na klar!"

Marina protestierte der Form halber, als ältere Schwester. Er erfuhr später, dass Marina siebzehn war und Renato fünfzehneinhalb, obwohl er sich als sechzehnjährig ausgab. Es war übrigens zu sehen, dass Renato kein Raucher war: Er paffte stolz an der

Zigarette, atmete aber den Rauch nicht ein, und er wedelte mit der Zigarette herum, wobei er sich immer mal wieder umsah.

Er versuchte noch etwas über Rumänien zu erzählen, aber er merkte, dass er keine interessanten Geschichten auf Lager hatte. Zumindest schien er dieses blonde und große Mädchen, das ihn splitternackt im Meer gesehen hatte, nicht im Geringsten zu beeindrucken. Er hatte einen Hauch von Interesse nur in dem Moment bemerkt, als er ihr gesagt hatte, dass er Student ist und gerade die Armee beendet hat. Aber auch darüber konnte er nicht sehr viel reden: Sein Versuch, Geschehnisse aus seinem Soldatenleben zu erzählen, ließen Marina ins Leere schauen, was ihm jeden Schwung nahm. Und das Studentenleben war zum aktuellen Zeitpunkt nur eine interessante Aussicht.

„Und Renato…, der Name“, begann er auf der Suche nach einem Thema, „ist italienisch, oder?“

„Ja, klar, unsere Familie ist bisschen italienisch“, antwortete der Junge.

„Venezianer“, erklärte Marina.

„Wirklich!?“

„Ja, vorher, vor langem. Split war früher voller italienischem Adel und italienischen Händlern, weißt du? Unsere Familie ist seit Jahrhunderten hier. Vielleicht auch länger.“

„Wir sind keine Dahergelaufenen“, ergänzte Renato lebhaft. „Wir sind keine Bauern aus *Zagora* oder…“ Und hier sagte Renato etwas, das er nicht verstand.

„Wir sind *fetivi Splićani*“, schloss er stolz.

„Wie?“

„Also echte Splitaner“, klärte ihn Marina auf.

Er hob den Kopf und sah ihr in die Augen.

„Und …. könnt ihr Italienisch?“, fragte er sie. „*Prego, grazie, molto bene…*“

„Ja, ein bisschen", lachte sie. „Weniger als du Kroatisch, aber wir verstehen es. Unsere Großmutter spricht es auch jetzt noch gut. Sie hat es in der Schule gelernt."

„Wisst ihr was? Ihr könntet mir das beibringen, was ich noch nicht kann", schlug er vor und schaute kühn Marina an. „Wenn ihr wollt. Ich kann ja nicht alles vom Fernseher lernen."

„Oder von *Prljavo Kazalište*", neckte ihn Renato, aber er lachte und schaute Marina an.

„Besser solltest du schwimmen lernen".

„Was, kann ich etwa nicht schwimmen? *Ich* kann nicht schwimmen?"

„Vielleicht nackig."

„Also, ich kann nicht schwimmen?", wiederholte er und vermied damit eine direkte Antwort. „Lass mal sehen, ja?"

„Wettkampf, Wettkampf", lachte Renato und erhob sich vom Stuhl. „Ja, los! Los ins Meer!"

„Und dein Bein?", fragte plötzlich Marina, wobei sie mit dem Finger auf seinen verletzten Unterschenkel wies.

Ihm schien Besorgnis in ihrer Stimme zu liegen. Er winkte ab:

„Ach, das ist nicht so schlimm! Ein Kratzer. Ja, los ins Wasser. Dafür bin ich doch hergekommen. Zuhause gibt es kein Meer an den Wohnblöcken. Und ich bin nur eine Woche hier. Es wäre doch schade!", schloss er und schaute in Marinas Augen.

Imala je oči boje vena, boje vena, boje Dunava...

Viertel vor sieben stand er am *Trg Republike*, am Platz der Republik – oder Prokurative, wie ihn nicht nur Marina, sondern alle Einwohner von hier nannten – und wartete. In der Stadt wurde es langsam dunkel, die Hitze das Tages klang allmählich ab, der Wind brachte eine angenehme Kühle und er sah zum ersten Mal, wie auf dem Gipfel des Sommers eine Mittelmeerstadt zum Leben erwacht. Es war nicht schwer gewesen, den Platz *Prokurative* zu finden, er musste niemanden fragen. Er war am Meeresstrand entlanggelaufen, verzaubert vom Rauschen der Wellen rechts von ihm und der sanften Bewegung in den Lokalen mit Freisitz am Hang linkerhand. Es wurde dunkel, das Klirren von Flaschen, Gläsern und Tellern war zu hören und gedämpfte Melodien, die von Lokal zu Lokal wechselten. In der Luft schwebte ein frischer Duft nach Gräsern und Harz, der von Zeit zu Zeit von Gerüchen nach Gewürzen und gegrilltem Fisch überdeckt wurde.

Als er auf dem Platz ankam, erkannte er ihn sofort. Er war genau so, wie ihn Marina beschrieben hatte: etwas erhöht über der Promenade, u-förmig, rote Gebäude auf beiden Seiten und ein höheres in der Mitte, das die Seiten verband. Die Gebäude zu den Seiten hatten im Parterre große Arkaden, unter denen Tische von den Restaurants standen, und im ersten Stockwerk sah man grüne, große gewölbte Fenster. Im Erdgeschoss in dem Gebäude quer war der Name eines Kinos zu lesen, „Kino Marjan“, angeschlagen auf grünen, dunklen Türen, über denen sich ein langer und schmaler Balkon erstreckte. Bevor er die wenigen Stufen zu dem großen Platz hinaufstieg, betrachtete er den Hafen mit den eleganten weißen Schiffen, die auf der gesamten Uferbreite ankerten, und die breite Promenade zwischen Meer und dem Diokletianspalast, auf der viele Menschen in dünner, heller Kleidung spazierten. Ihn durchfuhr ein Schauer vor Wohlgefallen, Freude und auch Kühle, wobei er sich an Marinas kindliches Gesicht mit dem kleinen Mund und den lebhaften Augen erinnerte, das von dem geraden Schnitt des blonden Haares eingerahmt war.

Dieses Bild vertrieb völlig die Müdigkeit der beiden Nächte gequälten Schlafes im Auto und die Unzufriedenheit seiner deprimierten Eltern nach seinem Ausflug vom Mittag. Er bummelte auf dem Platz, der mit glattem Stein gepflastert war, und näherte sich mal dem einen Lokal, mal einem anderen. Er hätte sich gerne an einen der Tische gesetzt, irgendwo neben den hohen, ziegelroten Arkaden, aber er hätte etwas bestellen müssen und auch bezahlen. Und das war ein Problem. Er drehte seinen Rücken zum Kino Marjan und schaute auf das Meer, das in der Abendsonne sanft funkelte und wogte und mit kleinen, beruhigenden Wellen an die Küste schlug. Wie muss es sein, hier das ganze Leben zu verbringen? Jeden Tag ins Meer zu können, den ganzen Sommer zu schwimmen, sogar im Frühling und im Herbst? Marina hatte ihm erzählt, dass sie manchmal die Schule schwänzte und mit ihren Freunden an den Strand nach Bačvice ging. Und sie hatte auch erzählt, dass es in ihrem bisherigen Leben nur zweimal Schnee in Split gab. Wie warm konnte es hier werden? Was für eine Schönheit! Sein Blick ging noch einmal über den Platz im venezianischen Stil und er fragte sich, welche Filme im Kino Marjan liefen. Mit Sicherheit etwas Neues, etwas Amerikanisches, was nie in Rumänien ankommen wird außer höchstens über eine aus Deutschland mitgebrachte Videokassette, auf der dann alles auf Deutsch läuft. Er machte zwei Schritte auf die hohen Türen des Kinos zu, die in ihrem oberen Teil ebenso abgerundet waren wie die Arkaden auf den beiden Seiten des Platzes, und er bemerkte, dass ihn ein Kellner seines Alters mit einer weißen Schürze über den Jeans misstrauisch anschaute. Er blieb stehen, drehte sich wieder zur offenen Seite des Platzes um und da sah er sie kommen, offenbar vom Meer her.

Marina hatte ein azurblaues, dünnes und knielanges Kleid angezogen, das im leichten Wind flatterte, und weiße, flache Sandalen. Er nahm sofort ihre hohe und schmale Gestalt mit den runden braunen Schultern wahr. Sein Atem beschleunigte sich. Marina sah ihn und winkte. Hinter ihr kam Renato in einem weißen Shirt und kurzen Jeanshosen. Neben ihm, zu beiden Seiten, liefen zwei weitere Jugendliche: ein Kräftiger, mit blondem, lockigen Haar, der ihm etwas größer als er selbst schien, und ein Braunhaariger, der auch groß und sehr braungebrannt war.

„Hallo, Vlad!", grüßte sie ihn. „Hast du den Platz gefunden?"

„Das war nicht schwer", antwortete er so begeistert, dass Marina einen Moment innehielt und leicht schief lachte, wie es ihre Art war.

„Warte kurz", sagte sie schnell.

Sie drehte sich um.

„Also, das ist Boris", zeigte sie auf den kräftigen Blonden. „Und der ist Frane."

Der Dunkelhaarige nickte freundlich.

„Unsere Clique", erklärte Marina. „Jungs, das ist Vlad, der Rumäne. Aus Temeswar. Er ist Student", fügte sie hinzu.

Mit fünfzehn, siebzehn und neunzehn Jahren ist es einfach, Freundschaften zu schließen, auch wenn die, die sie schließt, ein Mädchen ist.

Ihm wurde bewusst, der er diesen Jugoslawen genauso exotisch vorkam, wie sie ihm. Er irrte sich, wenn auch nicht vollständig: Split wurde, wie die gesamte Küste der Adria, von fremden Touristen regelrecht heimgesucht, nur dass diese vier bis jetzt noch nie irgendeinen Rumänen getroffen hatten – und erst recht keinen, der so viel über ihre Welt wusste. Und selbst wenn er eigentlich nicht sehr viel wusste, wusste er doch genug. Er kannte Dinge, die alle fünf gleichermaßen interessierten, und er wollte einfach Spaß, genau wie sie.

„Wohin gehen wir?", fragte er, nachdem er den beiden Jungs formell die Hand gegeben hatte. „Was gibts hier Schönes zu sehen? Außer Marina, natürlich", wagte er sich vor und legte ein übertriebenes Lachen auf, damit alle verstehen, dass er scherzt.

Ihm schien, dass ihn Boris ziemlich lange anschaute.

„Alles bei uns ist schön!“ Renato zeigte um sich herum: „Alles, guck doch mal! Die Prokurative... Gefällt sie dir?“

Er nickte, aber er kam nicht dazu, etwas zu sagen.

„Das Meer, hier schau, das Meer, zwei Meter weg!“, zeigte Renato wieder und drehte sich zur leuchtenden Adria. „Der Hafen! Die Riva, unsere Uferpromenade! Der Palast, hast du den Diokletianspalast gesehen? Und den Strand von Bačvice... Ach, lass uns einfach nach Bačvice gehen! Hab ich das nicht gesagt? Los, wir zeigen ihm Bačvice!“

„Wir könnten auch nach Zlatna Vrata“, schlug Frane ruhig vor. „Das ist auch nahe.“

„Ach nein, nein!“, weigerte sich Renato.

„Warum denn nicht?“, wunderte sich Frane wiederum ruhig, wobei er die Augenbrauen hob und sein längliches Gesicht dadurch noch länger schien. Dann fuhr er sich mit der Hand durchs Haar.

Er beneidete ihn plötzlich für seine Geste und die Frisur: Frane trug die Haare genau wie Dave Gahan von Depeche Mode: an den Seiten fast abrasiert und auf dem Scheitel nach oben frisiert. Das sah klasse aus!

„Warum nicht?“, wiederholte Frane. „Das ist gleich hier. Wir gehen dabei auch durch den Palast... Und die haben gute Musik. Vielleicht ist dort auch gerade ein Live-Konzert. Letzte Woche war Osmi Putnik da.“

„Ach nein, nein!“ Renato war unnachgiebig. Er schüttelte den Kopf und wedelte protestierend mit der Hand. Jetzt ähnelte er wirklich einem Italiener.

„Nein! Nach Zlatna Vrata können wir ein andermal gehen. Lass uns Vlad was wirklich Schönes zeigen. Was Großes. *Lissen veri cärfülli, ei schel sei sis onli wens:* Auf ins Shakespeare!“

Boris und Marina wurden lebhaft. Frane lächelte breit und auf seinem spitzen Kinn erschien ein Grübchen.

„Ok, *mon colonel*, auf zu Shakespeare!“

Er war verwirrt.

Also wie?

„Also ins Schauspiel?“

„Ich habe euch ja gesagt, dass er komisch spricht“, sagte Marina zu Boris und Frane, die hinter ihr liefen.

„Wie, komisch?“, fuhr er auf.

„Guck mal, du hast ‚Schauspiel' gesagt, wie die Serben“, erklärte Boris. „Im Kroatischen sagt man ‚Theater'.“

„Ja, und du hast diesen Akzent, ich weiß nicht, wie... nicht serbisch, sondern anders“, ergänzte Marina. „Eben so vermischt. Ungefähr so, wie meine bosnischen Großeltern sprachen.“

„Gut, ich habe verstanden, dass ich wie die Bauern rede! Das ist alles, was ich kann.“ „„Das ist alles, was ich kann.“‘, äffte ihn Renato nach und lachte los. „Reden so die Serben in Rumänien?“ Sie liefen zu fünft die Promenade entlang, die breit und hell erleuchtet war, wie ein großer, endloser Platz. Der Wind trug zu ihrer Begeisterung bei.

„Was ist das hier eigentlich?“, wechselte er das Thema.

„Das ist die Riva. Hier kommen die Touristen zum Bummeln her.“

„Riva? So wie diese Band, die beim Eurovision gewonnen hat? Ist die von euch?“

„Sie ist aus Zadar“, korrigierte Renato. „Aber du konntest den Wettbewerb nicht anschauen, oder?“ „Doch, doch, bei TV Belgrad. Ich habe euch ja gesagt, dass ich nur das gucke. Und wisst ihr, ich habe mich für euch gefreut“, fügte er höflich dazu.

„Marina hat sich auch gefreut“, platzte Renato heraus. „Sie mag sie, weißt du?“

„Vielleicht möchtest du heute Abend gerne noch ein bisschen ins Wasser!?“, schnitt ihm Marina das Wort ab. „Was ist denn mit

Riva? Die sind doch toll, oder? Und du hast dich damals auch gefreut!“

Renato reckte die Nase in die Luft: Sie verdienten nicht einmal, zur Kenntnis genommen zu werden. Aber die Tatsache, dass eine jugoslawische – oder kroatische – Band den Preis des Eurovision Song Contest gewann, war für sie alle eins der wichtigsten Ereignisse dieses Sommers, viel wichtiger als die Rede über die wirklichen Serben und das serbische Blut, die am Gazimestan von einem jugoslawischen Kommunisten mit dem Namen Slobodan Milošević gehalten wurde. Am Ende bedeutet ein politisches Meeting, und sei es auch eins, bei dem sich über eine Million Menschen zusammenfinden, noch nichts, weder Spaltung noch Krieg noch Tod, solange man ihm keine Bedeutung verleiht. Und das tut man nicht in einem Sommer am Meer, wenn ringsherum alles ruhig, jung und schön ist, wenn die Zikaden noch ungestört tönen, wenn von den Tischen Besteck friedlich auf Porzellan klirrt oder die gedämpfte Musik der *Bee Gees* erklingt und klar ist, dass hier nichts Böses passieren kann.

„Ihr habt mir immer noch nicht gesagt, warum wir ins Schauspiel... ins Theater gehen“, beharrte er, und sein Blick verweilte auf den Fenstern mit den Holzläden, die sich in den zweitausendjährigen Steinmauern des Diokletianspalastes befanden. „Wartet mal! Wohnen hier Leute?“

„Natürlich“, antwortete Boris. „Hier wohnen Leute. Das sind Wohnungen.“

„Wohnen sie im Palast? Wie... toll! In einem Palast zu wohnen!“

„Naja, es ist nicht gerade ein Palast“, dämpfte Boris seine Begeisterung. „Es ist nicht wie in *Schneewittchen*. Es ist ein altes Gebäude, das fast verfallen war, und auf dieser Seite hat man Wohnungen gemacht. Früher wurde hier der Abfall der Stadt hergebracht.“

„Ja, aber trotzdem...“

„Die Wohnung meiner Leute ist tausendmal besser", meinte Frane. „Die haben die Kommunisten vor fünfzehn Jahre gebaut."

„Na, ist ja gut!", sagte Marina.

„Shakespeare ist eine Diskothek, musst du wissen. Sie heißt Discothèque Shakespeare. Sie ist weiter weg, noch weiter als Bačvice, irgendwo in Zenta..., das kannst du nicht wissen", winkte sie ab. „Aber sie ist riesig, sie ist..., das kannst du dir gar nicht vorstellen, wie groß sie ist. Du wirst ja sehen."

Sie gingen ein großes Stück am Meer entlang, auf schmalen Wegen und auf einem Stück Promenade und kamen schließlich zu einem weiträumigen Strand mit Gebäuden aus Beton und Holz, die an den Hang gebaut waren und auf der gesamten Breite zum Meer hin offene Lokale hatten. Hier schien alles zum Meer hin offen. Eins der Gebäude, ein großes, hatte sich in eine Diskothek verwandelt, die zu einem Viertel überdacht und zu drei Vierteln offen war. Von dort erklang ein bekanntes Lied: ein peinlicher italienischer Diskohit, der ideal zum Tanzen war. Und genau das wollte er tun und mit ihm auch die vier Splitaner, die sich seiner angenommen hatten. Nur kam hier ein Problem dazwischen.

„Habt ihr Geld dabei?", fragte Marina fröhlich und ihr Blick blieb auf ihm hängen.

Er sah sich um und nahm aus dem Augenwinkel die fast runde Kugel des Mondes mit seinen kleinen, wilden, silbernen Kerben wahr, der sich allmählich über dem jetzt schwarzen Wasser erhob. Er stocherte mit dem Fuß in dem bröckligen Sand..., ach sieh an, sie haben doch auch Sand, sagte er sich verwundert. Er erinnerte sich plötzlich an die Diskussion mit seinen Eltern am Nachmittag im Hotel.

„Ach Mensch, was ist denn los?", fragte Renato im Halbdunkel am Wasser. „So sind die Mädels: Sie fragen dich nach Geld und verderben dir den ganzen Spaß, stimmt's?"

Frane und Boris waren etwas zurück geblieben und schienen verwirrt.

Er wollte locker sein, aber es gelang ihm nicht. Er kramte mit der rechten Hand in der Hosentasche und fühlte die drei Banknoten: drei grün-rosafarbene Papiere, auf denen das Gesicht eines Minenarbeiters mit Helm abgedruckt war. Sechzigtausend Dinar. Etwas mehr als zwei Dollar, wenn er sie in echtes Geld getauscht hätte. Oder anderthalb Dollar einen Monat später – oder wenige Cents fünf Monate später, je nachdem. Aber die anderen Monate waren ihm egal.

„Wisst ihr... “, begann er angestrengt, wobei er auf die Musik und die lebhaften Stimmen hörte, die aus dem Lokal über ihnen kamen. „Ich komme aus Rumänien, also bei uns... ich habe euch ja erzählt, wie es ist...“

Seine Stimme holperte. Die vier Splitaner standen vor ihm, in einer Art Halbkreis, mit Boris und Frane an den Seiten. Sie sahen ihn aufmerksam und – wie ihm schien – freundlich an. Ehrlich.

„Also, bei uns ist es... Irrsinn, wie soll ich es sagen? Kommunismus, aber nicht wie hier. Hässlich, so wie in Russland. Wir dürfen nichts machen. Ich weiß nicht, wie es mein Vater geschafft hat..., dass wir diese Reise an die Adria machen konnten. Wir haben noch nicht einmal Reisepässe, wisst ihr?“

Er wählte die Worte, die ihm schwer fielen, mit Bedacht. Einen Augenblick dachte er daran, dass er sich lächerlich machen könnte vor diesen Jugendlichen, vor Marina.

„Also, die Sache ist die: Meine Eltern... haben kein Geld mitgenommen – also, nicht viel. Wir dürfen... kein fremdes Geld haben. Mein Onkel hat uns ein paar Dinar gegeben“, fügte er ohne Sinn hinzu. „Aber meine Eltern haben alle möglichen Dinge mitgebracht, um sie hier zu verkaufen. Mein Onkel hat gesagt, dass das so am besten ist. Ganz normale Dinge des täglichen Bedarfs,

Shirts, Töpfe und Teller. Damit wir etwas Geld haben, das wir am Strand und in der Stadt ausgeben können, so haben sie gedacht. Und sie waren auf der *pjaca*, ach nein, auf dem *Basar*, auf dem *Pazar*..."

Und so, holprig, aber entschlossen, erzählte er ihnen, soweit er es von seinen Eltern verstanden hatte. Während er seine Badehose in der Adria verloren hatte, waren seine Eltern zum Pazar gegangen. Der Rezeptionist vom Hotel hatte ihnen den Weg erklärt. Sein Vater hatte das Auto in der Nähe des Palastes geparkt und sie waren beide eine Weile durch den Basar gelaufen. Sie durchquerten auch den Bauernmarkt, auf dem sie verblüfft sahen, dass die Bananen denselben Preis wie die Äpfel hatten. Sie berührten zum ersten Mal in ihrem Leben Granatäpfel, sie stießen einander an beim Anblick der jugoslawischen Bauern, die den Banater Bauern extrem ähnlich sahen, und staunten über die Kioske und Tische mit den Souvenirs. Dann kamen sie zu einer kleinen, steingepflasterten Straße neben der äußeren Palastmauer, wo fliegende Händler standen, mit Waren, die sie auf dem Pflaster auf Decken und Tüchern ausgebreitet hatten. Sie stellten sich dort schüchtern hin, sein Vater brachte die Taschen mit den Dingen, breitete sie auf dem Pflaster aus und schaffte sogar, ein Set Teller und ein paar Baumwollstrümpfe zu verkaufen, als plötzlich ein Polizist in blauer Uniform von ihnen stand. Seine Mutter erzählte dann, dass der Polizist zuerst nach der Erlaubnis gefragt hat und dann, als er sie reden hörte, wissen wollte, woher sie kommen und was sie in Split zu suchen haben..., und ab hier wurde die Geschichte unklar. Der Polizist und seine Mutter begannen eine Diskussion über Rumänien und die Serben, über die Sprache, die sie als Serbisch bezeichnete, der Polizist aber als Kroatisch. Und vielleicht hatte seine Mutter etwas gesagt, was den Polizisten verärgerte, jedenfalls sagte der ihnen, dass sie ohne Erlaubnis nicht einfach so verkaufen dürften und sich also davonscheren sollten. Und dann hatte sich sein Vater eingemischt, der unter der Hitze litt und der wütend war und sich vielleicht auch an die Erniedrigung am rumänischen Zoll erinnert hatte. Sicher ist, dass er seine Mutter gefragt hat, was dieser Mistkerl von einem Polizist eigentlich will. Er kann kein Serbisch oder Kroatisch, aber zufälligerweise hatte er einen Satz ausgesprochen, den auch Serben und Kroaten sehr gut verstehen, vielleicht sogar die Bosnier. So kam es, dass der Polizist rot wurde, sich hinunterbeugte und in seiner Wut einen roten Porzellanteller griff, einen mit roten Rosen am Rand, wie seine Mutter unter Tränen sagte, und ihn auf dem Steinpflaster zerschmetterte. Dann sagte er ihnen wütend, dass sie sich verpissen sollen vom *Pazar* und er sie dort nicht nochmal sehen will. Das war alles.

Die Splitaner schauten ihn an.

„Aber weißt du, er hätte nicht von Kroatisch reden sollen... “, begann Boris. „Aber warte mal, was hat er eigentlich gesagt?“ „Ich habe keine Ahnung“, zog er die Schultern hoch. „Vielleicht diese Sache mit ...fick dich... und es war ihm nicht klar, dass es auch bei euch...“

Renato lachte los und entschuldigte sich dann.

„Quatsch, Boris, das ist es nicht!“, versuchte er die Dinge zurechtzurücken. „Dieser verdammte Polizist!“

„Renato!“, schimpfte Marina.

„Was denn?“, sprang der Junge fast auf. „Man hätte ihm...“

Er hörte ein paar Worte, die er nicht verstand, ahnte aber, was sie bedeuteten.

„Was hätte man?“

„Man hätte ihm Geld geben müssen, was denn sonst?“, erklärte Frane. „Ihm Geld geben, damit er sie in Ruhe lässt. Wusstest du das nicht?“ Er wusste das sehr gut, vielleicht sogar besser als Frane und die anderen. Aber er war schließlich nicht bei sich zuhause. Er schwieg. Auch die anderen sagten nichts mehr. Er schaute kurz nach oben, zur Disko Shakespeare, und dann zum Meer. Das schwache Rauschen des Meeres vermischte sich sonderbar mit dem Dröhnen des Basses aus der Disko. Er hörte genau hin und erkannte das Lied: *Millie Vanilli* mit *Girl, You Know It's True*.

„Hört mal, ich habe eine Idee!" Marina hob plötzlich lebhaft die Hand wie in der Schule: „Ich habe eine sehr, sehr gute Idee! Wollt ihr sie wissen?"

„Natürlich, sag an", ermunterte sie Boris, beugte sich nach einem Stein und warf ihn weit ins dunkle Meer.

„Was wäre wenn... Achtung... was wäre, wenn wir die Sachen morgen auf dem *Pazar* verkaufen würden? Wir vier... fünf. Wie wäre das?", rief Marina begeistert aus.

„Ich... ich weiß nicht...", begann Boris zögernd und schaute sie an. „Wie? Hast du sowas schonmal gemacht?"

„Nein, aber so schwer kann es doch nicht sein, oder?"

Niemand sagte etwas. Er war auch noch nicht wieder zu sich gekommen. Er sah die vier niedergeschlagen an.

„Na los, los!", insistierte Marina bittend. „Es wird sicher unterhaltsam, Boris, du wirst sehen! Wir werden unseren Spaß haben. Was denkst du denn, was passieren kann? Was können sie uns anhaben?" Er dachte an den Polizisten. Plötzlich schien allen, vielleicht weniger ihm, dass ihnen nichts passieren könne.

„Es könnte interessant sein", überlegte Frane. „Wie auch immer, es ist mal was Neues. Ich habe noch nie etwas auf dem *Pazar* verkauft."

„Ja, ja!", begeisterte sich auch Renato. „Lasst uns das machen! Ich verstehe mich darauf, ihr werdet sehen! Ich habe Händlerblut in mir."

„Du?", neckte ihn Boris. „Aber wie weit reicht das?" „Doch, Mensch, doch, Händlerblut!" Renato wurde trotzig.

„Von meinem Großvater und dem Urgroßvater und dem Ururgroßvater! Venezianische Händler! Mit diesen Leuten hat man Split erbaut, nicht mit den Bauern aus *Zagora*. Was sagst du, Vlad? Willst du?“

Ihm fehlten vor Verblüffung die Worte. Er dachte an seine Eltern und fragte sich, was diese Jugendlichen, Marina und Renato, gepackt hatte.

„Wartet mal, ich muss erst mit meinen Eltern reden“, zögerte er, sagte dann aber schnell: „Ja, klar, zum Teufel nochmal! Wenn ihr das machen wollt!? Ja, das wäre wunderbar!“

Er überlegte kurz, dann fügte er schnell hinzu: „Vielen Dank. Ich danke euch sehr!“ Er schaute zuerst Marina direkt an, dann die anderen: „Das könnt ihr euch gar nicht vorstellen…“ Er hielt inne. Er wusste nicht, was sie sich nicht vorstellen konnten. Boris rettete ihn aus seiner Verlegenheit und schlug ihm kräftig auf die Schulter:

„Na, dann gibst du uns ein paar Prozente von dem Geschäft ab und alles ist in Ordnung!“

„Natürlich, na klar“, antwortete er verwirrt.

„Mensch, du, ich habe einen Scherz gemacht! Einen Witz!“, schnitt Boris ihm das Wort ab. „Jetzt lasst uns mal tanzen gehen, ja? Damit auch der Rumäne eine richtige Disco in Dalmatien sieht.“

Und er sah wirklich eine richtige Disco, wie in den amerikanischen Filmen. Zwei, nein drei, vier Kugeln aus silbernen Spiegeln drehten sich über den Tänzern und warfen bunte Lichter in alle Richtungen, indem sie die sieben oder acht Farben einer richtigen Lichtorgel brachen. Die Tanzfläche erstreckte sich von der Terrasse mit dem Eisengeländer, von dem aus das Meer fast zu ihren Füßen lag, bis irgendwohin weit, in einen großen und dunklen Saal hinein. In dessen Tiefen war eine Bar mit glänzender Theke und Vitrinen mit Flaschen zu sehen, bestimmt voller besonders raffinierter

Getränke. Eine Menge junger, gebräunter und dünn bekleideter Menschen mit weißen Hemden und Shirts, die in den Strahlen der ultravioletten Lichter spektral leuchteten, tanzten mit erhobenen Händen zu *Boys, Boys, Boys*, das Lied von *Sabrina*, von deren ‚Vorbau', wie auch dem von Pamela Anderson, er viele Nächte geträumt hatte. Er hatte später gelesen, dass diese Art Träume von den Feministinnen Verdinglichung oder Objektifizierung des weiblichen Körpers genannt werden oder einen anderen Kack dieser Art, meine Güte, dann war das eben sein Laster. In jedem Falle schien es in der Discothèque Shakespeare keine Feministinnen zu geben, sondern nur gebräunte Mädchen mit schlanken Beinen, manche auf hohen Absätzen, andere in Sandalen oder barfuß. Es gab hingegen ein paar gealterte Machos, in weißen, gut gebügelten und am Hals geöffneten Hemden, die er für deutsche Touristen hielt oder – die dunkleren unter ihnen – für Italiener, mit ergrautem Haar, reflektierenden, silbernen Sonnenbrillen und ausgetrockneten oder dicken, muskulösen und haarigen Beinen, die in Badelatschen steckten. Und es gab eine Menge sehr großer Jungs – und viele sehr große Mädchen, blond und groß, genau so wie Marina, als hätte sich dort eine Parade von Fotomodellen versammelt. Er schien mit seinen fast zwei Metern von dort zu stammen. Er schaute auf die Gruppe, mit der er gekommen war, auf seine jugoslawische Clique: Nur Renato war eher klein, er war nicht größer als ein Meter sechzig und bisschen darüber. Boris war fast so groß wie er – und wahrscheinlich muskulöser, wie er etwas ärgerlich feststellte – und Frane ebenso. Ihm ging durch den Kopf, dass sich die Jungs auf Basketball verstehen könnten. Fast sicher. Darum gehören die Jugoslawen zu den besten Basketballern der Welt, wurde ihm bewusst: Sie hatten genügend Auswahl.

„Na, gefällt es dir?" Boris, der neben ihm genauso ungeschickt wie er selbst tanzte, stieß ihn leicht mit dem Ellenbogen an.

„Es ist fantastisch!" Und es war wirklich fantastisch.

Rechts neben ihm tanzte Renato mit seiner Schwester einen Fox mit Figuren, sodass sich die anderen Tänzer zurückgezogen und einen Kreis um sie herum gebildet hatten und sie nun anschauten. Sie waren beide Tänzer erster Güte, dachte er unglücklich. Er verfolgte Marina, wie sie sich beseelt drehte. Dabei lachte sie und ihr Haar wirbelte golden, während das Kleid nach oben flog und ihre schlanken Beine einer Schwimmerin aus Split bis oben hin enthüllte. Wenn er versuchen würde, mit ihr zu tanzen, würde er sich lächerlich machen. Vielleicht würde er ihr auf die Zehen treten. Jetzt wünschte er sich, er wäre in die Tanzkurse gegangen, die seine Mutter einmal erwähnt hatte, als er im ersten Jahr am Lyzeum war. Er wollte etwas zu Boris sagen, um seine Unzufriedenheit mit Gleichgültigkeit zu vertuschen, aber der Blonde sah selbst auch zu den beiden Geschwistern, und ihm schoss durch den Kopf, dass Boris vielleicht dasselbe dachte.

Letzten Endes hatte er dann doch mit Marina getanzt. Nach Boris natürlich und nachdem ihm bewusst geworden war, als er beobachtete, wie eng Boris Marina an sich gedrückt hielt und wie er sie ansah, während er sie langsam und unbeholfen drehte, dass der auch mehr sein wollte als nur ein Freund von Marina. Nur, dass sie das nicht wusste oder so tat, als wüsste sie es nicht. Ja, und so ein Mist, er war nur sieben Tage hier! Nur dass Marina ihn nackt gesehen hatte. Und ihn mit ihrem Tuch verbunden hatte. Das zählte doch, oder? Ach, als ob das zählte!

„Tanzt du mit mir, Marina?", fragte er sie schüchtern, woraufhin sie ernst nickte, als hätte sie eine wichtige Sache vernommen.

Sie tanzten am Rand der Terrasse, nahe am Meer, und er sagte sich, dass das der romantischste Ort ist, an dem er je ein Mädchen im Arm gehalten hat. Sie tanzten langsam, drehten sich gemächlich, und er passte auf, dass er sich ihr nicht zu sehr näherte. Aber er beugte seinen Kopf über sie und spürte ihr seidiges Haar. Es roch nach Lavendel und Meer. Er fühlte die Wärme ihrer Haut unter dem dünnen Stoff des Kleides und den Schweiß auf den Schulterblättern, wo er seine noch verschwitztere Hand hielt.

„Kennst du das Lied?", fragte Marina plötzlich mit ganz normaler Stimme.

„Nein, gar nicht", gab er zu. „Das habe ich noch nie gehört."

„Wie? Du, der alles kennt? Aber von der Band *Tutti Frutti* hast du gehört, oder?"

„Ja, sicher...", stotterte er. „Ich habe von denen gehört. Aber ich kenne das Lied nicht."

„Das ist schön"", sagte sie träumerisch und lehnte sich leicht an ihn. „Hör mal!"

Er hörte, durchschauert von ihrer Nähe. ‚*Leg deinen Kopf auf meine Schulter, lass mich dir in Ruhe sagen, wie traurig es ist, im Dunkeln zu sein und daran zu denken, dass du niemandem auf dieser Welt nützt...*' Etwas schmalzig. Aber das konnte er nicht sagen.

„Schön", sagte er langsam und berührte zufällig mit den Lippen das warme Ohr von Marina.

„Ja, stimmt's?", sagte sie leise und fuhr zusammen.

Er spürte einen kühlen Schwindel hinter der Stirn, drückte sie kurz und stürmisch an sich und ließ dann erschrocken locker.

„Ich freue mich so sehr, dass ich dich kennengelernt habe..., dass ich euch kennengelernt habe", korrigierte er sich schnell. „Ich hätte mir nie vorstellen können, dass ich mich so wohl fühlen würde."

Marina sagte nichts.

„Weißt du, ich bin gerade erst angekommen und schon tut es mir leid, dass ich wieder abreisen muss. Versprich mir etwas. Eine einzige Sache. Ich hoffe, dass ich das schaffe."

„Was?" Das Mädchen lachte leicht, scheinbar träumerisch, und schaute ihn mit schmalen Augen an.

„Versprich mit, dass du einmal mit mir zu *Marina* tanzt. Von *Prljavo Kazalište*, weißt du... Ich muss daran denken, seit ich dich kennengelernt habe."

Marina lächelte stärker und er fühlte einen Puff im Rücken: Ein Paar, das der Tanzkreis einengte, war an sie gestoßen.

„Du verlangst ziemlich viel", sagte sie listig.

„Ich weiß. Nach allem, was du heute für mich gemacht hast."

„Deine Wunde am Bein", erinnerte ihn Marina. „Ich bin daran schuld."

„Das zählt nicht. Aber ich möchte gerne, dass ich mit Marina zu *Marina* getanzt habe. Die... passendste Marina von der ganzen Welt. Also... herrje, siehst du, ich kann nicht gut Serbisch!"

„Kroatisch", korrigierte sie ihn amüsiert.

„Ja, Kroatisch", akzeptierte er artig.

„Und zu Marina kann man noch nicht einmal sehr gut tanzen", erklärte sie ihm. „Es ist eher ein Lied zum Anhören. Wir machen uns dann lächerlich."

„Mit dir ist alles möglich. Und ich bin es gewöhnt, mich mindestens einmal täglich lächerlich zu machen."

Marina lachte und warf ihren Kopf nach hinten. Ihr glänzendes Haar leuchtete bunt in den Diskokugeln mit dem Spiegelglas.

„Also ja?" „Mal sehen. Vielleicht ja", erbarmte sich Marina.

Boris lehnte an der Balustrade und schaute zu ihnen.

„Sag mir mal lieber, wann wir uns morgen treffen wollen, um auf den *Pazar* zu gehen", erinnerte sie ihn.

*

Sie trafen sich neun Uhr am Morgen vor dem Hotel Marjan. Er hatte wie ein Stein geschlafen und geträumt, dass er zusammen mit Marina die Grenze zu Rumänien überschritt und Boris und Renato die Zollbeamten waren und sie aus unklaren Gründen verärgert kontrollierten. Als er aufwachte, erklärte er seinen Eltern ziemlich stolz und selbstsicher, dass sie versuchen würden, die aus Rumänien mitgebrachten Sachen auf dem *Pazar* zu verkaufen. Sein Vater schien ungläubig, aber resigniert genug, um ihm den Autoschlüssel zu geben, wohingegen seine Mutter sich wie immer freute und ihm eine Liste schrieb mit den Preisen, die sie verlangen sollten. Er fuhr triumphierend mit dem Fahrstuhl nach unten in die Empfangshalle des Hotels, wobei er mit dem Schlüsselbund des Dacias in der Hand klapperte, und ging auf die Straße, wo ihn wieder die gleißende Sonne blendete. Die noch kühle Luft und das reine Blau des Himmels umfingen ihn von neuem, er fühlte sich frei, so frei wie noch nie, und er dachte daran, dass er immer hier leben könnte, in dieser warmen Welt, die alle Sorgen vertreibt. Vor allem war er nicht allein: Im Schatten eines Gebäudes warteten die Splitaner auf ihn. Sie waren alle gekommen. Marina sah er zuerst: Sie hatte eine kurze, leuchtend blaue, stonewashed Jeanshose an und ein langes, weites Shirt. Sie trug eine schwarze Sonnenbrille mit nach außen verlängerten Gläsern, die an Katzenaugen erinnerten, und sah noch hübscher aus, als er sie in Erinnerung hatte. ‚Leg deinen Kopf auf meine Schulter...', brummte er schief und lächelte den vieren, die näher kamen, zu. Er hob die Autoschlüssel und schüttelte sie.

„Ciao! Wollt ihr also wirklich?"

„Ciao!", antwortete Marina fröhlich. „Ja, wir wollen. Du nicht?"

„Schließlich haben wir es ja versprochen", bekräftigte Boris und drückte ihm fest die Hand.

„Wartet mal ab, wenn ihr mich dann seht!", rief Renato fröhlich. „Eine Million Dinar zum ersten, eine Million Dinar zum zweiten, wer gibt mehr?"

„Renato, wir machen keine Versteigerung!", mäßigte ihn seine Schwester.

„Doch, mit mir wird es eine! Ihr werdet schon sehen. Wo ist das Auto?"

Er zeigte etwas verschämt auf den Dacia auf dem Parkplatz: staubig, mit matter Farbe, die hier und dort abgeplatzt war, er fiel auf neben all den glänzenden und aerodynamischen Autos, die dort parkten.

„Der grüne, mit der Nummer mit TM", sagte er traurig.

Frane lächelte leicht und klopfte ihm auf die Schulter:

„Ach, egal, unser Yugo sieht auch nicht besser aus. Von wem habt ihr das Modell geklaut?" „Von Renault", antwortete er überrascht.

„Wir von den Italienern, von Fiat", klärte ihn Frane auf. „Jeder tut, was er kann."

Als er das Auto aufschloss und Renato sich gleich auf den Beifahrersitz setzte, war er kurz enttäuscht, zeigte es aber nicht. Es wäre schade gewesen: Das Gesicht des Jungen strahlte so stolz, als würde er in das Abenteuer seines Lebens aufbrechen. Marina hätte sich nicht so gefreut. Frane und Boris hatten sie auf der Rückbank in ihre Mitte genommen, und er setzte sich ans Steuer. Bevor sie losfuhren, gab er Renato die Liste seiner Mutter.

„Guck mal, zu diesen Preisen sollen wir die Dinge verkaufen, so sagt meine Mutter", sagte er verlegen.

„ ‚Meine Mutter, Mamă-mea'" lachte Renato. „Mamă-mea... Gut, lass sehen."

Er sah sie genauer an, gab sie dann seiner Schwester, wobei er sich zu ihr umdrehte:

„Marina, du hast mehr Ahnung, du gehst ja mit deinen Mädels einkaufen", grinste er. „Was sagst du dazu?" Marina setzte die Sonnenbrille ab, nahm das Blatt und schaute es aufmerksam an.

„Kleine Preise", sagte sie nach einer Minute ernst. „So zumindest kommt es mir vor. Schau mal, das hier...", sie zeigte mit dem Finger.

„Schlüpfer", kicherte Frane, der sich zu ihr gebeugt hatte.

„Für die", setzte Marina unbeeindruckt fort und schubste Frane zur Seite, „kommt mir der Preis nur ein Drittel vor von dem, was in den Geschäften verlangt wird. Für ... für die Teller weiß ich es nicht, aber ich wette, dass sie auch zu billig sind. Hier in Jugoslawien steigen die Preise enorm. Ich denke, wir können versuchen, mehr zu verlangen. Wenigstens doppelt so viel."

Er drehte kurz den Kopf und schaute sie verwundert an.

„Habt ihr sowas schon mal gemacht?" „Noch nie", kicherte Renato.

„Noch nie", bekräftige Boris ernsthafter. „Aber hab keine Angst. Heute machen wir dich zum Millionär."

„Milliardär!", rief Renato aus und gestikulierte. „Milliardär, du wirst es sehen. Los, lass uns fahren. *Hit the Road, Jack*!", schlug er mit der Hand auf das schwarze Plastikbord des Autos.

Milliardär war er nicht geworden, aber Millionär, das ja. Millionär in Dinar, was, wie er selbst wusste, keine große Sache bedeutete, aber das klang in jeder Sprache gut. Nachdem sie auf dem *Pazar* angekommen waren, hielten sie mit dem Auto im Schatten, stiegen aus, trugen alle Haushaltswaren aus dem Kofferraum auf die kleine Straße am Fuße des Palastes, wo bereits andere fliegende Händler ihre Ware feilboten, und begannen zu verkaufen. Zu ihrer Überraschung lief die Sache gut. Schlüpfer, Baumwollstrümpfe, Kaffeetassen, Teller, Shirts, Taschentücher, alles wurde allmählich gekauft, nach kurzen und fröhlichen Verhandlungen, denn damals war in Jugoslawien das Geld eigentlich immer wertloseres Papier, während die Dinge Dinge blieben – „Investitionen", wie er es später nennen würde. Unter all den ernsthaften und müden Erwachsenen, die, wie es aussah, mit ihren improvisierten Tischen immer dort waren und davon zu leben schienen, zogen sie die Aufmerksamkeit auf sich. Renato war fröhlich, laut, übereifrig, gestikulierte, handelte, lobte Neugierigen gegenüber das eine oder andere und sprach so schnell, dass er ihn nicht mehr verstand. Boris stand mit über der muskulösen Brust verschränkten Armen hinter ihm, wie ein Bodyguard, und antwortete ernsthaft auf jede Frage, die ihm interessierte Besucher stellten, wobei er sie immer an Renato verwies. Marina lachte viel, arrangierte die Sachen auf der lumpigen Decke aus dem Kofferraum des Dacias immer wieder neu, strich sich oft Haarsträhnen aus dem Gesicht und amüsierte sich zuweilen – mal warf sie einen Teller hoch und fing ihn geübt wieder auf und mal tanzte sie mit einem über den Kopf gehaltenen Handtuch auf den Fußspitzen wie eine Haremsfrau. Neben ihr ordnete Frane kleinlich, genau wie in einem richtigen Geschäft, jedes Objekt. Plötzlich begann Renato mit kleinen Kaffeetassen zu jonglieren: zuerst mit zwei, dann mit drei, er warf sie in die Luft und fing sie nacheinander wieder auf, was schnell lächelnde Besucher anzog. Ein paar Touristen fotografierten ihn. Renato lachte breit in die Kamera hinein, ohne die Tassen aus dem Blick zu verlieren.

„Soll ich es mit vier machen?", fragte er verschwitzt und mit dem Blick auf den weißen Porzellantässchen. „Das habe ich bis jetzt noch nie gemacht. Soll ich mal probieren?"

„Nein, nein, das reicht so!", sagte er eilig. „Es ist sehr schön mit drei. Pass auf..."

Nach zwei Stunden stand ein großer Polizist vor ihnen, größer als er, mit breiten Schultern, kräftigen Wangenknochen, mit einer Nase wie ein Mast und frisch rasiert. Der Nasige, der gut derselbe gewesen sein könnte, der gestern seine Mutter vertrieben hatte, sah sie kalt an. Sie erstarrten. Marina zog sich an die Mauer zurück und die Jungs traten etwas vor und verbargen sie hinter ihren Rücken.

„Guten Tag", sagte der Polizist streng.

„Guten Tag", murmelten Boris und er.

„Grüß Gott, Genosse Offizier", war die ruhige Stimme von Frane zu hören, der den Mann des Gesetzes ruhig ansah.

Der Gruß schien den Polizisten etwas zu entspannen.

„Was macht ihr hier?" „Genosse Offizier, ich weiß, woran Sie denken", begann Frane. „Sehen Sie, wir wollen etwas Geld sammeln. Für die Ferien, wissen Sie. Zum Badengehen, für einen Saft, für ein Lokal..." „Ihr wisst, dass Ihr eine Erlaubnis braucht, um auf dem *Pazar* verkaufen zu können? Auf dem *Pazar*, nicht auf der Straße", präzisierte er etwas sanfter. „Was ist das?"

Er trat näher und musterte die Objekte auf der zerlumpten Decke, wobei er die Stirn runzelte.

„Also, ... nein, eine Erlaubnis haben wir nicht", gestand Frane unschuldig. „Wir haben nicht gewusst, dass wir eine brauchen."

„Doch, ich habe es gewusst", hörte man plötzlich Boris.

Sogar der Polizist schaute ihn verblüfft an. Boris umrundete die Decke und kam neben ihn.

„Also, ich habe es gewusst, Genosse Offizier", begann er mit ernster, vor Aufregung etwas dünner Stimme. „Aber ich habe gedacht, wenn wir herkommen, um paar Kleinigkeiten zu verkaufen..., denn schauen Sie selbst", er zeigte mit der Hand, „wir haben gedacht, dass das nichts macht. Gestern Abend hat mir mein Vater gesagt, dass es meine Sache ist, wenn ich das will, aber dass es nicht erlaubt ist. Er hat Recht studiert und weiß es, wissen Sie. Aber ich wollte meinen Freunden helfen, das ist alles. Wenn wir einen Fehler gemacht haben, bitten wir sehr um Verzeihung. Es kommt nicht wieder vor."

„Ist dein Vater Anwalt?", fragte der Polizist milde.

„Nein, nein!", antwortete Boris. „Also, er war einige Jahre Anwalt, aber man hat ihm vorgeschlagen, in der Armee zu arbeiten, beim UDBA. Denn er verdient dort besser, wissen Sie. Er hat auch einen militärischen Rang. Er sagt, dass es besser ist als Anwalt."

Der Polizist sah ihn genauer an. UDBA, die Staatssicherheit, war etwas Ernstes. Er zog die Augenbrauen zusammen, schaute auf die ernsthafte und brave Figur des blonden jungen Mannes und betrachtete danach die anderen.

„Dein Vater hat recht", sagte er dann zu Boris. „Was ihr macht, ist ein Verstoß gegen das Gesetz."

Boris senkte den Kopf. „Ich weiß. Es kommt nicht wieder vor."

„Ja, macht das nicht noch einmal!", sagte der Polizist hart und drückte den Rücken durch. „Ich verstehe euch doch", mäßigte er seinen Ton. „Ich war auch so wie ihr."

Er schaute sie noch einmal an: Alle hatten demütig den Kopf gesenkt.

„Also, damit ihr nicht denkt, dass ich böse bin. Diesmal lasse ich euch in Ruhe, ja? Aber ich will euch nicht noch einmal hier erwischen. Was ihr macht, ist nicht in Ordnung. Es ist illegal. Und korrekt ist es auch nicht. Habt ihr verstanden?"

„Ja, wir haben verstanden. Wir danken Ihnen sehr!", beeilte sich Boris. „Wir werden das nicht noch einmal machen."

„Vielen Dank!", murmelten alle im Chor.

Nachdem sich der Polizist leichtfüßig entfernt hatte und aus ihrem Blickfeld verschwunden war, setzten sie sich an die Mauer, direkt vor die Decke auf dem Pflaster.

„Arbeitet dein Vater wirklich bei der UDBA?", fragte er.

Der Vorfall hatte ihn beeindruckt.

„Ach Quatsch!", lachte Boris. „Er ist Ingenieur für Konstruktion. Hast du das wirklich geglaubt?"

Er zuckte mit den Schultern und schaute verblüfft, während die anderen schallend lachten: Natürlich hatte er es geglaubt. Warum sollte er es denn auch nicht glauben?

„Ich habe den Eindruck, dass mir der Polizist auch nicht geglaubt hat", fügte Boris hinzu, lächelte entspannt und wischte sich den Schweiß von der breiten Stirn.

Die Sonne hatte jetzt die Luft erhitzt und auf der kleinen Pflasterstraße zwischen der Mauer des Palastes auf der einen und einer Gebäudereihe, deren Steinblöcke von Wind und Regen löchrig geworden waren, auf der anderen Seite staute sich inzwischen die Hitze.

Der Schatten der Mauer war immer kleiner geworden und so blieben sie in der weißen, brennenden Sonne.

„Und warum hat er uns dann in Ruhe gelassen?"

„Weil er sich nicht richtig sicher war, Vlad", erklärte ihm Frane. „Man weiß nie. Vielleicht haben wir gelogen, aber vielleicht auch nicht, verstehst du? Warum sollte er sich mit uns herumärgern?"

Sie blieben noch zwei Stunden und verkauften fast alles, was sie auf der Decke aufgereiht hatten. Am Ende, als sie die Geldstapel zählten, sahen sie, dass er wirklich ein Multimillionär geworden war: Er hielt in zerknitterten, schmutzigen und für ihn noch ungewohnten, braunen, grünen und rötlichen Banknoten fast zehn Millionen Dinar in der Hand – also ungefähr vierhundert Dollar.

„Na, jetzt kannst du uns auch ein Bier kaufen", lachte Boris und schlug ihm kräftig auf die Schulter.

Er sah Marina an, die ihm zuzwinkerte und dann ihre Sonnenbrille auf die Nase setzte. Mit ihrem runden, kurzgeschnittenen Kopf ähnelte sie ein wenig einer Katze.

*

Sie saßen zu fünft auf einer breiten Terrasse an einem kleinen Hügel. Jenseits der niedrigen Mauer lag der Hafen von Split und auf dem blinkenden Meer wogten weiße Schiffe. Unten, am Fuß des Lokals, war die Straße, die zum Bahnhof ganz in der Nähe führte. Auf der gegenüberliegenden Seite waren der *Pazar*, von dem sie soeben gekommen waren, und etwas weiter weg die Riva zu sehen, die große Touristenpromenade mit ihren Palmenreihen.

„Fünf Bier Laško“, befahl Boris gelangweilt dem Kellner mit der weißen Schürze, der sofort neben ihnen aufgetaucht war.

„Vier“, korrigierte ihn Marina. „Und eine Coca-Cola für mich.“

Der Kellner, der nicht älter als sechzehn, siebzehn Jahre war, maß sie mit seinen Blicken, sagte aber nichts. Er drehte sich um und verschwand im Lokal.

„Hört mal! Hört mal hin!“ Renato erhob den Zeigefinger und alle schwiegen.

Aus dem Inneren des Lokals hörte man ziemlich laut, von einem Kassettenrekorder oder aus dem Radio, ein Lied von *Prljavo Kazalište* und das war *Marina*: ‚*Jer nitko nije znao sakrit' suze k'o Marina, imala je oči boje vena, boje vena, boje Dunava...*‘ Er dachte, dass er sie, wenn er sie jetzt zum Tanzen auffordern würde, vielleicht beeindrucken könnte. Aber vielleicht auch nicht, sagte er sich dann, als er sich umschaute. Trotzdem tat es ihm sehr leid, auf eine solche Geste zu verzichten.

„Na, Marina, vergießt du eine Träne für unseren Freund?“, grinste Renato. „Denn er hat sich wegen dir das Bein verletzt.“

„Halt den Mund!“, schnitt ihm Marina das Wort ab und wurde rot. „Und ... und warum hast du zugelassen, dass für dich Bier bestellt wurde? Du darfst noch kein Bier trinken. Du bist zu klein.“

„Ja, ja, natürlich“, gab Renato zurück. „Und du bist groß.“

„Renato, stell dich nicht so dumm!“, fuhr sie ihn an. „Gebt ihm kein Bier, Jungs“, sagte sie zu den anderen. „Er wird betrunken und dann schimpft mich unsere Mutter aus.“ Sie runzelte die Stirn und blieb trotzdem süß. Er wand sich auf seinem Stuhl.

„Lass ihn doch, Marina... Ein Bier merkt man nicht so schnell.“

Marina schwieg. Renato sah ihn dankbar an. Neben der Terrasse ging eine lärmende Gruppe von zwei Mädchen und drei Jungs in langen, ärmellosen Shirts vorbei. Sie liefen die Treppe hinunter, die zur Straße und von dort zum Hafen führte. Man konnte sie nicht übersehen: Alle schienen mindestens einen Meter neunzig groß zu sein, waren braungebrannt und hatten lange, muskulöse Glieder. Einer hielt einen ziegelroten Basketball in der Hand. Zwei nickten in ihre Richtung und Frane nickte zurück.

Er schaute ihnen lange hinterher.

„Was ihr hier für große Menschen habt!"

„Ich nicht", sprang Renato auf seine Füße, offenbar, um ihn zu überzeugen, dass er sich irrte. „Aber ich wachse noch", präzisierte er und schaute seine Schwester an.

Inzwischen hatte der Kellner die vier Bierflaschen auf den Tisch gestellt, eine nach der anderen, die Coca-Cola-Flasche und vier hohe Gläser mit einem grünen und einem kleineren Emblem. In den Gläsern waren Eiswürfel. Renato griff sich schnell ein Bier und schaute Marina triumphierend an. Boris beugte sich nach vorn, um Marina einzuschenken, aber er war schneller.

„Danke, Vlad", sagte Marina lächelnd.

„Kamen die gerade vom Basketball?", wechselte er das Thema.

„Ja, klar!", antwortete Frane. „Ich kenne sie, sie spielen in der Juniormannschaft. Hier in Split gibt es die besten Basketballer von ganz Jugoslawien."

„Von der ganzen Welt", trumpfte Renato auf.

„Die weltbesten sind die Amerikaner", widersprach er und zündete sich eine Zigarette an.

„Ok, dann die besten von ganz Europa", lenkte Frane ein.

„Besser als die Griechen?" „Sag mal, Vlad, kennst du dich mit Basketball aus?", fragte Boris plötzlich. „Hast du von Jugoplastika gehört? Von unserer Mannschaft, von hier, aus der Stadt. Weißt du, wer dieses Jahr den Europapokal der Landesmeister gewonnen hat? Wir! Und im letzten Jahr? Auch wir. Hast du von Dino Rađa gehört? Oder von Toni Kukoč?"

„Ja, ich habe von denen gehört", sagte er, lächelte heimtückisch und trank von seinem Bier. „Und von Vlade Divac, der nicht von euch ist. Und auch Dražen Petrović ist nicht von euch. Ich weiß, dass Jugoplastika den Pokal bekommen hat, ich habe auch das Spiel mit Maccabi Tel Aviv gesehen. Aber im letzten Jahr, bei den Olympischen Spielen, haben euch die Russen gut geschlagen."

„Du redest gerade von Jugoslawien", ereiferte sich Boris. „Gut, das stimmt. Aber wer hat in diesem Jahr den Europatitel gewonnen?" „Ihr", gab er zu.

„Genau, wir. Und im Finale haben wir ausgerechnet die Griechen geschlagen!", schloss Boris stolz.

„Ja, aber bei euch zuhause, in Zagreb", gab er nicht nach. „Das wird nicht dazu gesagt." „Ja, bei uns zuhause. Na und? Und ihr, also Rumänien, wo wart ihr denn eigentlich?" Boris blieb beharrlich. Vor Erregung wurde seine Stimme etwas dünn.

„Wir haben davon keine Ahnung", gab er zu und breitete die Arme aus. „Aber wir haben den Europapokal im Fußball bekommen, wusstet ihr das? Mit Steaua Bukarest. Und wir haben Nadia Comăneci. Ihr habt von ihr gehört, oder?"

„Ja, von Nadia, ja, ja", murmelten die Splitaner.

„Naja, das können wir eben besser. Die Mädchen machen bei uns die ganze Arbeit."

Er schwieg kurz und schaute zu Marina. Die anderen schwiegen auch und sahen dabei ernst aus.

„Und ihr..., spielt ihr auch Basketball?", fragte er plötzlich.

„Natürlich", bestätigte Frane. „Hin und wieder. Einfach aus Spaß."

„Ich würde gerne mal eine Runde spielen, wenn ihr Lust habt." „Jederzeit!", wurde Boris lebhafter. „Gleich heute, wenn du noch Kraft hast." Boris lächelte ironisch und fuhr dann freundlicher fort:

„Es gibt hier ein gutes Spielfeld, gleich bei Bačvice, neben einer Schule. Dorthin gehen wir manchmal, um uns ein bisschen zum

Affen zu machen. Aber kannst du Basketball spielen, Vlad?" Er hatte das mit kameradschaftlicher Besorgnis gefragt und dabei einen Blick zu Marina geworfen.

„Ich komme zurecht", sagte er und hoffte, die passenden Worte gewählt zu haben.

Er lächelte und griff nach dem Bierglas. Wahrscheinlich waren diese jugoslawischen Jungs ziemlich gut. Aber wenn auch Marina zuschauen könnte, würde er sich absolut ins Zeug legen.

„Nehmen wir noch ein Bier?", schlug er vor.

„Hast du keine Angst, dass die Polizei dich betrunken am Steuer erwischt?", säuselte Marina.

Er dachte kurz nach. Er schaute zu ihr: Sie lächelte gelassen. In Marinas Rücken sah er die bläuliche Linie des Meeres und die nebligen Umrisse einer Insel.

„Nee", sagte er schnell. „Was soll mir denn passieren? Wer wird denn ein Auto aus Rumänien anhalten? Und dann kann ich kein Serbisch", zwinkerte er ihnen zu.

„Kroatisch", intervenierte Frane.

Er verstand nicht. Er schaute auf den schlanken und muskulösen Jugendlichen mit den langen, braungebrannten Armen, die er auf dem Tisch aufgestützt hatte.

„Wie?" Sein breites Gesicht wurde in einem dünnen Lächeln noch breiter.

„Kroatisch", wiederholte Frane. „Das ist nicht dasselbe, musst du wissen. Also, das ähnelt sich, natürlich, und wir verstehen uns mit den Serben, aber Serbisch ist das eine und Kroatisch etwas anderes."

„Vielleicht haben deswegen deine Eltern soviel Pech mit der Polizei gehabt", vermutete Boris ernst. „Die Leute hier mögen es nicht, wenn du ihnen sagst, dass du Serbisch sprichst. Oder Serbo-Kroatisch."

„Na wieso? Ist das nicht dasselbe?“, wunderte er sich und spürte eine unklare Spannung in der Luft.

Er war überzeugt davon, dass der Polizist sich darüber geärgert hatte, dass das Schimpfwort in beiden Sprachen, bei den Serben und bei den Rumänen, so ähnlich klang.

„Es ist nicht dasselbe“, erklärte Frane gelehrt. „Guck mal, wir sagen zum Zug *vlak* und die Serben sagen *voz*. Wir sagen zum Auto *auto* und sie sagen *kola*. Wir sagen zum Bahnhof *kolodvor*, sie *stanica*.“

„Ihr sagt zum Ort *misto*, sie sagen *mesto*“, lachte er.

„Nein, nein, das ist nur bei uns so, in Dalmatien“, korrigierte ihn Frane ebenso ernsthaft. „Und die Serben schreiben wie die Russen mit diesen hässlichen, kyrillischen Buchstaben. Welches europäische Land schreibt denn noch so? Schreibt ihr in Rumänien so?“

„Gott bewahre, nein! Nein, wir schreiben ganz normal, wie alle Menschen!“ „Na siehst du?“ Frane war zufrieden. „Die Serben haben uns genug angetan mit ihrem ganzen Zeug. Wenigstens mit unserer Sprache sollen sie uns in Ruhe lassen.“

„Ok, verstehe“, sagte er schnell. „Das wusste ich nicht. Ich habe gedacht, dass es in Jugoslawien…“.

„Jugoslawien ist ein Kackhaufen!“, fuhr Renato plötzlich auf und Vlad bemerkte, dass der Junge schon angetrunken war.

Natürlich waren alle schon angetrunken, sprachen etwas lauter und gestikulierten heftig – alle, außer Marina.

„Renato, entspann dich“, sagte sie.

„Was denn? Was?“, wurde er trotzig und verzog dabei lächerlich das Gesicht. „Marschall Tito ist gestorben“, und er zeigte auf den Hügel Marjan, wo Titos Name aus Metallbuchstaben prangte, „und Jugoslawien ist ein Kackhaufen. Ein kommunistischer Kackhaufen“, präzisierte er mit leiserer Stimme.

Sieh mal an, wie die hier über den Kommunismus sprachen!

„Das sehe ich auch so", pflichtete er ihm bei und erschrak zugleich über seinen Mut.

Er fing Marinas Blick auf und nickte.

„Gut, ich habe verstanden", sagte er schnell und wollte den Schatten, der zwischen ihnen entstanden war, auflösen. „Und wie verbleiben wir nun mit dem Basketball?"

„Na, wir könnten erstmal Mittag essen gehen und uns dann am Nachmittag wiedersehen", schlug Boris vor. „Was sagt ihr dazu? Wir treffen uns hier um vier Uhr. Gut, Vlad? Weißt du, wie du hierher kommst? Guck mal, du gehst über die Riva. Das ist einfach." Er zeigte mit der Hand zur Promenade und zum römischen Palast.

„Sehr einfach."

Er zerdrückte seine Zigarette.

„Soll ich euch nach Hause fahren? Los, kommt, ich stehe sowieso in eurer Schuld."

„Du bist uns nichts schuldig", widersprach Marina. „Ich habe mich wirklich amüsiert. Vor allem mit dem Polizisten."

Ihre so freundlich und entspannt gesprochenen Worte ließen ihn tief Luft holen und erfüllten ihn mit einer Freude, wie er sie lange nicht empfunden hatte. Er fühlte sich leicht und stark.

„Ja, das stimmt, es war sehr unterhaltsam", bekräftigte Renato und lachte bis über beide Ohren.

„Und wir wohnen in der Nähe, Vlad", fügte Frane hinzu.

Eigentlich wohnte Frane ziemlich weit weg, in einem Wohngebiet mit Hochhäusern, das Skalice hieß. Aber das wusste er damals noch nicht.

„Gut, dann also bis zum Nachmittag, vier Uhr", willigte er ernst ein und hob die Hand, um den Kellner zu rufen. „Lass mal sehen, wozu dann Jugoplastika in der Lage ist."

*

Sie spielten eine Stunde und es schien ihm das beste Spiel seines Lebens überhaupt. Wenn ihn Onkel Gelu gesehen hätte, hätte er ihn sofort in die erste Mannschaft geholt. Ihm war einfach alles geglückt. Vielleicht auch, weil Marina ihn vom Rand des am Meer gelegenen Spielfelds, von einer Bank aus, die strategisch in der Nähe des Korbs und im Schatten eines Feigenbaums aufgestellt war, ernst durch ihre Sonnenbrille, die ihr ein kindliches Aussehen verlieh, betrachtete. Wie ein Trainer, den man nicht enttäuschen möchte, zumindest er wollte ihn nicht enttäuschen. Und auch Boris nicht, wie ihm schien.

Sie hatten entschieden, zwei gegen zwei auf einen einzigen Korb zu spielen.

„*Streetball*", erklärte ihm Boris lehrerhaft. „Einundzwanzig, wenn du weißt, wie es geht."

Er wusste es.

„Guck, du spielst am Anfang mit Frane, denn er kann das gut", schlug Boris vor. „Bis du dich reingefunden hast. Ich spiele mit Renato. Und dann wechseln wir."

„Ach nein, lass mich doch mit Renato spielen. Um die Jahre, also... das Alter auszugleichen", erklärte er schnell und erinnerte sie nicht gerade sehr subtil daran, dass er der älteste von ihnen war.

Boris zuckte mit den Schultern. Renato war begeistert. Warum auch immer: Dieser schwarzhaarige Junge mit der knolligen Nase und dem Teint eines Sizilianers war ihm gegenüber sehr anhänglich.

„Gut, dann fangen wir an", entschied Boris und lancierte den Ball zum metallischen Ring des Korbs.

Der bräunliche Ball stieß laut an den Ring und gelangte in Renatos Arme, der ihn schnell verlor: Er gehörte nicht zu den zukünftigen Europameistern aus Split.

Eine Zeitlang spielte er sehr brav, um sich über seine Gegner klar zu werden: Boris, der nur etwas kleiner war als er, kräftiger, aber auch etwas langsamer, spielte sehr gut, und Frane, schlanker und agiler, war im Grunde genauso gut, aber er hatte es immer eilig, in den Korb zu zielen, sodass er ihn oft verfehlte, was verwunderlich war, denn ansonsten schien er immer der ausgeglichenste von ihnen allen zu sein. Beide waren trotzdem sehr gut, gerade auch als Amateure. Er hatte aber die Erfahrung zahlloser Trainings im Schulklub und außerdem den immensen Wunsch, zu beeindrucken. Und Frane und Boris war nicht klar, was sie von ihm zu erwarten hatten. Und zu seiner Überraschung half ihm einfach alles: Die verstiegensten Dribblings gelangen ihm wie in Temeswar nie, die Würfe aus der Entfernung gelangten in den Korb mit dem Netz aus Ketten, als ob er sie hineingelegt hätte, und ihm glückten einige so exakte Pässe, dass es Renato gelang, ein paar Mal, wie beim Training, aus der Rückwärtshaltung heraus zu treffen. Marina klatschte delikat mit ihrem schiefen Lächeln, er fing Feuer, und Renato wollte immer öfter den Ball haben.

„Vlade! Vlade!“, rief er immer und hüpfte begeistert mit erhobenen Händen auf einer Stelle.

Plötzlich begann er aus seinem Übermut heraus, wie im Stadion zu schreien:

„Vlade vor! Vlade Divac! Vlade Divac! Hierher, hierher!“

Und er drehte sich, dribbelte, spielte den Ball, warf, fing – alles gelang ihm. Aus einer Laune heraus warf er plötzlich blind, mit dem Rücken zum Tor, und noch bevor er sich umdrehte, wusste er, dass er treffen würde und getroffen hatte und dass Renato wieder rufen würde: „Vlade Di-vac! Vlade Di-vac!“

Nach einer Zeit wechselten sie die Partner, trotz aller komischen

Proteste von Renato, der in der Mannschaft „Rumänien“ bleiben wollte, und er bekam Frane als Partner. Er verlor ein Spiel, bei dem er sich auch nicht übermäßig angestrengt hatte, und eins gewann er und dann wechselten sie wieder die Mannschaft: Frane mit Renato und er mit Boris. Diesmal hatte er den perfekten Partner: Sie erspürten einander, sie spielten das ganze Feld aus und beendeten ganz schnell zwei Partien, wobei sie durch ihre Gegner hindurchliefen wie durch zwei Pfosten.

„Na, so werden wir nie mehr spielen, das ist klar“, sagte Boris und wischte sich den Schweiß von der Stirn.

„Wie, so?“, fragte Renato erbost.

„Ich mit Vlade Divac“, lächtelte Boris. „Das hat einfach keinen Sinn. Wir fegen euch um wie paar Kegel. Weißt du, was Kegel sind, Vlade?“

Er nickte.

„Warum hast du nicht gesagt, dass du Basketball spielen kannst?“, fragte Frane.

Er zog die Schultern hoch.

„Ich habe gesagt, dass ich es mag. Ja, ich kann es auch ein bisschen. Aber ihr spielt auch klasse“, fügte er schnell hinzu.

„Dann sag ich dir, was du nicht spielen kannst“, meinte Marina von der Seite, stand auf und richtete ihre ziemlich enge kurze Hose.

„Und was?“ Er drehte sich zu ihr um und mit ihm Boris und Frane.

„*Picigin*. Jungs, wie wäre es, wenn wir den Basketball bleiben lassen und dem Rumänen *picigin* beibringen? Ich bin hier ganz steif geworden, weil ich immer zu euch geguckt habe.“

„Wie? Wie hast du gesagt? Pitzi...“

„*Picigin*“, wiederholte Marina.

„Und wie spielt man das?“

„Am Strand. In Bačvice. Im Wasser. Komm, wir zeigen es dir.“

Dann stahl sich Marina neben ihn und flüsterte ihm im Vorübergehen zu:

„Du hast getan, was du konntest, um mich zu beeindrucken, stimmt's? Vlade Divac..."

Sie drehte sich munter um, überholte ihn und ging auf die Straße. Er blieb stehen. Hinter ihm kam Renato, der sich auf die Zehenspitzen stellte und ihm auf das Schulterblatt klopfte:

„Schön, Mensch, sehr schön! Wir müssen nochmal zusammen spielen!"

„Klar spielen wir nochmal, das verspreche ich dir", versicherte er ihm. „Wir zwei passen gut zusammen."

„Findest du? Findest du, ja?", freute sich der Junge. „Schade, dass du bald wieder abreist..."

Ja, schade, dachte er und sah sich nach Marina um, die sich, groß und schlank, auf der Straße entfernt hatte und dabei zum Meer schaute, das vor ihnen leuchtete.

„Du wirst sehen, Vlade, du wirst sehen, was für ein Spaß *picigin* ist. Das ist eigentlich unser Sport, weißt du? Wir haben ihn erfunden. Hier, in Split."

Und niemand außer ihm hat es gehört, dachte er und schaute unglücklich, wie Boris seinen Schritt beschleunigte und Marina einholte.

„Hier in Bačvice", redete der Junge weiter. „Am besten spielt man es hier."

„Das ist Tradition", ergänzte Frane von der anderen Seite.

Und während sie auf dem Fußweg die schmale Straße hinunterliefen mit den ein- oder zweistöckigen österreich-ungarischen Gebäuden, umgeben von Gärten voller blühender Oleanderbüsche und hier und da Mittelmeerpinien mit breiten Kronen, die einen frischen, harzigen Duft ausströmten, erklärten die beiden begeistert die Regeln und den Zauber des Spiels. Es war nicht sonstwas für ein Spiel: Es ähnelte Volleyball, aber ohne Netz und sogar ohne Spielfeld, der Ball war viel kleiner – ein Tennisball, von dem der Bezug entfernt wurde – und man zielte mit dem Handrücken von einem Spieler zum nächsten und alles vollzog sich im Meereswasser. Aber nicht in jedem x-beliebigen Wasser, erläuterte Frane, sondern unbedingt im flachen Wasser von Bačvice, das nicht zu tief war und damit die Bewegungen behinderte, aber auch nicht zu flach. Hier konnte man künstlerische Sprünge genauso vollziehen wie beim Volleyball am Strand. Nur, dass es eben im Wasser war.

„Und woher nehmen wir den Ball?", fragte er ihn nicht gerade begeistert.

„Keinen Ball!", fuhr Renato aufgeregt hoch. „Beim *picigin* sagst du niemals Ball oder Bällchen. Und wenn du es auf Serbisch sagst, *lopta* oder *loptica*, ist das der größte Fehler, den du machen kannst. Beim *picigin* spielen wir mit dem *Balun*. So heißt das. Merke es dir: *balun*."

„‚*Stojin na kantunu, glava u balunu...*'", murmelte er, sich an das Lied erinnernd, das gestern Marinas Interesse geweckt hatte.

Er schaute zu ihr und beschleunigte seinen Schritt.

„Genau, genau!", rief Renato, der ebenfalls schneller ging. „Wie bei Đavoli. Und man spielt zu fünft: zwei *sidruni*, also feste Spieler, die an einer Stelle stehen, und drei *trkači*, die Springer. Du machst erstmal einen *trkač*, da du es noch nicht kennst. Es ist nicht wie beim Basketball, Vlade Divac", grinste der Bursche und entblößte seine kleinen, dichten Zähne.

„Wie ihr wollt." Er zog die Schultern hoch. „Und wie macht man die Punkte? Wer gewinnt?"

„Genau das ist das Schöne daran", antwortete wieder Frane. „Niemand gewinnt. Man spielt nicht auf Punkte. Eigentlich gewinnen alle – du gewinnst, weil du spielst, verstehst du? Das Spiel hat seinen eigenen Zauber."

„Es ist noch zauberhafter, wenn man gewinnt und nicht verliert“, brummte er.

„Das denkst du jetzt“, widersprach Frane und warf das durchgeschwitzte Shirt, das er sich ausgezogen hatte, als sie das Spielfeld verließen, über die Schulter. „Wart mal ab, du wirst schon sehen.“

Sie liefen an einem Park vorbei, in dem es kein Gras gab, sondern nur hohe Bäume mit glatten Stämmen und weitverzweigten Kronen, überquerten eine wenig befahrene, kleine Straße, die parallel zum Strand verlief, und traten dann durch das kleine Tor eines Drahtzauns, das direkt auf den weiter unten gelegenen Strand führte. Sie stiegen die Stufen zum Meer hinunter und schauten sich um. Vor ihnen erstreckte sich die leuchtende Adria, in der Hunderte Menschen planschten, und manche warfen wirklich einander einen kleinen Ball zu, einen *Balun*, sie schlugen ihn mit der Hand an, schauten ihm nach und sprangen ins Wasser. Dann sah er rechts ein Gebäude aus Beton, ein Lokal mit einer Terrasse, auf deren weißer Mauer mit großen, blauen Reliefbuchstaben BAČVICE geschrieben stand.

„Ich habe den Eindruck, dass ich dieses Gebäude schon mal gesehen habe“, sagte er laut und lief vorsichtig die nassen Stufen hinunter.

„Natürlich hast du es schon gesehen“, lachte Renato. „Gestern Abend, als wir in die Shakespeare gegangen sind.“

„Nein, nein! Ich kenne es von woanders her, von irgendwo her.“

Dann erinnerte er sich: Die Schrift BAČVICE war in einem Videoclip bei TV Belgrad erschienen. Genau, mit der Band Đavoli: fünf junge Männer in weißen Hemden und Jeansjacken, die so taten, als würden sie auf einem Zementweg mit dem Namen des Strandes Saxofon, Gitarre oder Schlagzeug spielen. Ihn durchfuhr ein Freudenschauer: Er war an einem Ort angekommen, der schon im Fernsehen war. Damals hatte er nicht geahnt, dass er je dort …

hier sein könnte. Es war, als würde er direkt in die Welt eintauchen, von der er träumte. Und eigentlich war er dort auch eingetaucht, er war hier, im Videoclip, mit den vier jugoslawischen Freunden, und er war nach Bačvice gekommen, um ihr Spiel mit ihnen zu spielen, *glava u balunu*, ein Spiel, bei dem niemand gewinnt – denn es konnten ja nicht alle gewinnen.

Als sie ins Wasser liefen und das Spiel mit dem Ball, dem *Balun*, zwischen ihnen begannen, überwältigte ihn plötzlich ein unerwartet starkes Gefühl. Es war herrlich, dort zu stehen, bis zu den Knien in der großen Wärme des Meeres zu planschen, mit der rötlich scheinenden Sonne am Himmel und mit einer Truppe von Freunden, mit denen dich nur die Ferien verbanden, die Jugend und die Sorglosigkeit. Und mit Marina. Er ließ sich auf das Spiel ein, passte auf, dass er nicht ausrutschte, nicht hinfiel – wenigstens nicht gleich am Anfang – er fing schnell Feuer und begann, den rosafarbenen Gummiball so geschickt wie möglich zu schlagen und ihn zu seinem bevorzugten *Sidrun* zu schicken, zur blonden Marina nämlich mit den blauen Augen und den kleinen, runden Brüsten, und alle riefen und lachten, als er einen guten Schlag aus dem Sprung heraus schaffte, bevor er in das freundliche Wasser der Adria stürzte.

„Vlad, halte deine Badehose gut fest, dass du ihn nicht verlierst!", rief plötzlich Marina, lachte und zwinkerte ihm zu.

Er sah die anderen an und sah sie lachten. Renato zog demonstrativ am Rand seiner schwarzen Badehose. Es wussten alle. Natürlich wussten sie es.

Nach ein paar Minuten schickte Renato, der Boris von seinem Posten als *Sidrun* ablöste, den Ball in die Ferne, indem er ihn heftig und ungeschickt mit dem Handteller schlug. Der *Balun* flog lange durch die Luft und flog zum Ufer, zwischen Menschen, die in der Sonne lagen.

„Das kann passieren“, entschuldigte sich Renato und rannte los.

Das rosafarbene Bällchen war neben der Matratze eines jungen Mädchens mit blendend weißer Haut und langem, schwarzen und glänzenden Haar gelandet, das sich gegen die Sonne mit einer großen, weißen Brille verteidigte. Renato rannte zu ihr, nahm den Ball aus dem Sand und schickte dem überraschten Mädchen eine lange Reihe von Entschuldigungen. Sie stützte sich auf die Ellenbogen auf, schüttelte den Kopf und antwortete mit einem kleinen Lächeln. Dann kehrte Renato schnell zurück und die fünf begannen wieder, den Ball zwischen sich hin und her zu bewegen, wobei sie mit den Beinen durch das Wasser patschten, rannten, sprangen und den *Balun* mit der Faust schlugen. Nur dass sich Renato nach einigen Minuten allzu stark nach einem hohen Wurf reckte und mit einem kühnen Schlag den Ball noch einmal an den Strand warf und dieser wieder neben der Matratze des schwarzhaarigen Mädchens landete.

Er sah ratlos, wie der Bursche eilig ans Ufer rannte und sah dann das lächelnde Gesicht von Boris, der verstehend mit dem Kopf nickte. So ist das, wurde ihm klar: Marinas Bruder spielt extrem gut *picigin*. Es war überhaupt nicht ungeschickt – nicht zweimal hintereinander. Diesmal blieb Renato neben der Matratze des Mädchens länger als eine Minute, sagte etwas zu ihr, wobei er den Kopf heftig bewegte und gestikulierte und sie zum Lachen brachte. Das Mädchen schob die Sonnenbrille hoch und reichte ihm die Hand.

„Was hast du denn zu ihr gesagt, Mensch? “, fragte ihn Boris ungeduldig, als er mit dem *Balun* zurückkam.

„Schschscht! Mach nichts kaputt!“, fuhr ihn Renato an und hüpfte durchs Wasser. „Sie heißt Danica“, informierte er ihn.

„Gut, aber was hast du zu ihr gesagt?“, blieb er hartnäckig.

„Ei schel sei sis onli wens“, grinste Renato und warf dann den Ten-

nisball zu Boris, der ihn mit beiden Händen auffing. „Ich habe ihr gesagt, dass es komisch ist, dass unser Ball von ihr angezogen wird."

„Und?" „Sie hat mich gefragt, ob ich sicher bin, dass der *Balun* Schuld ist. Boris, na los, wirf", unterbrach er sich, aber Boris schüttelte den Kopf und zeigte mit dem Finger auf ihn. „Gut, gut... Und dann habe ich ihr gesagt, dass ich nicht sicher bin."

Eine Minute später, als der *Balun* wieder bei Renato war, schaute sich der Bursche kurz zum Strand um, beugte sich in komischer Art und Weise vor, als ob er irgendwie ausweichen wollte, und warf ihn kräftig mit der derselben präzisen Ungeschicklichkeit in hohem Bogen neben die Matratze mit dem schwarzhaarigen Mädchen.

„Renato!", schimpfte Marina. „Mach hier nicht mehr auf dumm!"

„Aber ganz im Gegenteil, Schwesterherz", lächelte Renato. „Ganz im Gegenteil."

Er ging zum Stand, wobei er überheblich durchs Wasser patschte, und ließ sich, als er neben Danica angelangt war, nahe bei ihr auf die Knie nieder. Das Mädchen nahm den Ball aus dem Sand und reichte ihn ihm und Renato warf ihn mit einem kräftigen Schlag zu ihnen. Der Ball fiel genau zwischen Boris und Marina ins Wasser.

„Spielt ihr mal!", rief der Junge. „Ich bin geschafft."

Boris nahm langsam den *Balun*.

„Los, Vlad!", spornte ihn Frane an.

„Hey, am Ende gewinnt doch jemand beim *picigin*", warf er in die Runde und zwinkerte Marina zu.

*

Als sie sich alle an jenem Abend erneut auf der Riva trafen, erschien Renato mit Danica, die die Sonne der Adria überhaupt nicht gebräunt hatte. Sie gingen in eine andere Disco, legten los und fühlten sich fantastisch. Renato tanzte den ganzen Abend mit Danica und danach entfernten sich die beiden von den anderen, Hand in

Hand liefen sie los und verloren sich zwischen den Bäumen des Parks am Strand. Er bemerkte, dass Danica etwas größer als Renato war, fast nicht zulässig, obschon es sie nicht zu stören schien, und dass das Mädchen nur sehr wenig sprach. Hingegen hörte sie mit großen Augen Renato zu, der für beide zusammen plapperte und gestikulierte. Was einem von diesem Mädchen in Erinnerung blieb, wenn man sie von Nahem sah, waren ihre großen, runden und schwarzen Augen, die irgendwie an die Rehe aus den Comics von Walt Disney denken ließ.

„Als wäre sie Bambi", flüsterte er Frane zu, der leise lachte und nickte.

In diesen Tagen hatte er sich fast gar nicht mehr mit seinen Eltern getroffen. Er brachte sie einmal nach Ježinac. Sie verliebten sich in diesen Ort und verbrachten die Vormittage am dortigen Strand, sonnten sich, „um UV-Licht zu bekommen", oder schwammen neben anderen Familien, Grundschulkindern und ungewöhnlich fröhlichen Alten, die ihr Leben offenbar am Strand fristeten. Manche kochten dort sogar, als ob sie den Rest ihres Lebens dort bleiben müssten. Er hingegen fegte gemeinsam mit seiner Spliter Clique durch die ganze Stadt. Jetzt waren sie zu sechst. Sie trafen sich gewöhnlich früh auf der Riva, gingen zum *picigin* nach Bačvice, liefen am Strand entlang bis nach Ovčice, nach Zenta und sogar noch weiter, sie durchquerten ganz Split und gelangten auch in den anderen Teil der Stadt, an einen Privat-Strand mit dem Namen Bene – eine wunderschöne Badestelle an einem Ufer mit aromatischen Pinien und Sportplätzen – und abends suchten sie sich eine Diskothek, wo sie sich bis zum nächsten Tag austoben konnten. Er erinnerte sich gar nicht mehr an alle Orte, an die ihn seine neuen Freunde in den nächsten drei-vier Tagen geführt hatten. Sie waren am *Goldenen Tor*, *Zlatna Vrata*, hinter dem Palast, und tranken Bier im Park nebenan, der offiziell Josip Juraj Strossmayer hieß, den aber alle Đardin nannten. Sie waren im Forum, im Popaj, im Baće und im Hollywood... Split war ein Ort ewigen Vergnügens und eines endlosen Sommers, mit großen und braungebrannten Menschen, mit schönen Frauen und ganzen Kerlen, mit denen man sich schnell verstand und denen manchmal die Sicherungen durchbrannten, aber die sich genauso schnell beruhigten und nicht nachtragend waren. An einem Abend lernte er einen Serben mit der Miene eines fröhlichen Pferdes und mit vorstehenden Schneidezähnen kennen, weswegen ihn alle Duško nannten, die serbische Variante von Bugs Bunny: Duško Dugouško, ein großer und fröhlicher Typ, der sich mit Frane angefreundet hatte und im Hafen von Split arbeitete. Er war achtzehn und erwartete jederzeit seine Einberufung, aber er hatte entschieden, sich bis dahin so viel wie möglich zu vergnügen. Mit Duško saßen sie an einem Abend zusammen, erzählten eine Unmenge ohne Anfang und Ende und rauchten rote Ronhill, denn er hatte damals genug Geld und musste nicht mehr die Snagover Glimmstengel aus Rumänien konsumieren.

Schließlich war es ihm auch gelungen, mit Marina zu diesem Lied zu tanzen. Das geschah in der Diskothek Hollywood, zumindest erinnerte er sich daran. Er tanzte mit Marina, hielt sie eng umschlungen und sah irgendwo nahe Renato mit Danica. Renato hatte ihm über die Schulter von Bambi hinweg zugezwinkert. Er blieb ernst und fasste Marina noch fester.

„Zerdrück mich nicht“, säuselte sie ihm amüsiert ins Ohr.

„Verzeih“, sagte er und ließ etwas locker. „Nur dass…, ich musste daran denken, dass ich in drei Tagen wieder abreise. Und ich möchte dich bis dahin noch sehen! Ich würde dich gerne jeden Tag sehen!“.

„Ich auch“, sagte Marina ernst, aber gelassen.

In ihm kämpften Freude und Ärger miteinander. Er neigte sich hinunter und küsste sie zart auf das Haar. Marina drückte ihn leicht und dann sagte keiner von ihnen mehr etwas, bis das Lied zu Ende war. Als sie sich voneinander lösten, sah er in der Nähe Boris: Er hatte mit einem Mädchen getanzt, löste gerade seine Hände von ihrer Taille, sah aber zu Marina. Er schien weder wütend noch ärgerlich: nur traurig oder lustlos. Im nächsten Moment aber kam er auf sie zu und lächelte sie beide an.

„Gefällt es dir hier?", fragte er und schlug ihm auf die Schulter.

Als sie die Disco verließen, trennten sie sich schnell: Frane ging nach Hause, nach Skalice, und Renato war schon lange mit Danica verschwunden und ließ Marina allein. Sie blieben unschlüssig auf dem Fußweg stehen, er, Marina und Boris, unter dem Licht einer hohen Lampe, und dann fragte er lebhaft und eilig:

„Marina, soll ich dich nach Hause bringen? Also, wenn du mir den Weg zeigst?"

Er wusste, dass die Geschwister in Varoš wohnten, in der Altstadt, in der Nähe von seinem Hotel.

„Gerne, warum nicht?", lächelte sie. „Boris, kommst du noch ein Stück mit?"

„Nein, lass mal", sagte Boris weich. „Wenn du mit Vlad gehst, ist es in Ordnung. Ich gehe einen anderen Weg. Pass auf, dass du ihn nicht in Split verlierst", scherzte er.

„Ja, und dann bleibt er hier und die rumänische Polizei sucht ihn mit Spürhunden", lachte sie. „Gut. Ciao, Boris!"

Boris winkte und entfernte sich.

Ja, das muss an der Hollywood-Disko gewesen sein. Er erinnerte sich daran, wie sie gemeinsam losgegangen waren, sie liefen am Stadion Poljud vorbei, durchquerten ein Viertel mit Blöcken, dann einen Park und schließlich liefen sie durch kleine dunkle Straßen. Irgendwo, unter der Krone sehr großer Bäume, fasste er Marinas Hand. Sie zog sie nicht zurück. Sie sagten nichts, liefen schweigend, und dann erinnerte ihn Marina daran, wie sie einen Fox mit Duško getanzt hatte und wie sie ihm aus der Hand geglitten war.

„Schau mal, so“, sagte sie fröhlich und zog ihre Hand aus seiner Hand, um ihm zu zeigen, wie sie aus Duškos Griff entwichen war.

Sie liefen so noch etwa zehn Minuten, wobei sie sich erzählten, was ihnen gerade durch den Kopf ging, oder aber sekundenlang schwiegen oder kurze, banale Sachen austauschten, über die Stadt, das Meer, die Disco und ihre Freunde.

„Mir gefällt Danica“, sagte er.

„Ja, sie ist ein anständiges Mädel“, bestätigte Marina.

„Und sie versteht sich sehr gut mit Renato.“

Nach einem kurzen Schweigen sagte Marina plötzlich:

„Weißt du, dass sie Serbin ist?“

„Nein. Das hat sie mir nicht gesagt.“

„Ja, sie ist vor zwei Jahren mit ihren Eltern hergekommen. Ihr Vater ist Offizier in der JNA.“

Jetzt erinnerte er sich kurz an die Worte des Cafébesitzers in Sarajevo. Hier vergisst absolut niemand, dass er Serbe oder Bosnier, Kroate oder Italiener, orthodox oder katholisch ist. Dass jemand zu einem Viertel das eine ist und zur Hälfte das andere. Eigentlich war er genauso. Im Banat waren alle so – alle wussten, was sie sind.

„Ich bin auch zu einem Viertel Serbe“, erinnerte er sie. „Und Banater. Und du bist Italienerin, Kroatin und Jugoslawin und das schönste Mädchen, das ich in meinem Leben gesehen habe.“

Die Worte waren von selbst gekommen, er hatte sich nicht angestrengt, sie zu formulieren. Er blieb stehen und Marina auch. Er fasste sie wieder fest an der Hand und mit dem anderen Arm drückte er sie an sich und beugte sich über sie. Marina zog sich nicht zurück: Sie hob den Kopf und schaute ihm unschuldig und fragend in die Augen. Er küsste sie heftig und spürte diese feurige Freude, spürte einen elektrischen Schauer, der seinen ganzen

Körper durchfuhr, und ihm wurde schwindlig, während er sich an den warmen Frauenkörper schmiegte. Er roch ihr duftendes Haar, den Duft nach Schweiß und Deodorant – Lavendel, wurde ihm bewusst – und knetete ihre Lippen ausdauernd, streichelte sie mit beiden Händen auf dem zarten Rücken und fuhr zu den schmalen Hüften hinunter. Marina stöhnte leicht und hing an seinem Hals.

„Ich liebe dich", sagte er, als er sich von ihr gelöst hatte, die Lungen ohne Luft.

„Ich liebe dich auch, Vlad", antwortete Marina langsam.

Als sie weiter ging, umfasste er ihre Taille. Ihr weißes Leinenhemd klebte an seiner schweißnassen Hand. Er schwitzte, er brannte und der kühle Nachtwind schien eigens für ihn gesandt. Das sagte er auch Marina, die leicht schief lächelte.

„Wie schade, dass du wieder abreisen musst!", flüsterte sie nach einer Weile.

„Ja, ich muss wieder weg", erinnerte er sich betrübt.

Sie schwiegen wieder. Marina redete als erste:

„Glaubst du, dass wir uns wiedersehen werden?"

Ihre Stimme war voller Zweifel. Beide wussten die Antwort.

„Ich weiß es nicht...", versuchte er eine Antwort. „Vielleicht."

Nach einem kurzen Moment fügte er verdrießlich hinzu:

„Ich fürchte, nicht. Aber wir könnten uns schreiben."

„Ja, klar, das könnten wir", bestätigte sie ohne Überzeugung.

Sie gingen noch eine Weile und er fühlte plötzlich Müdigkeit, als ob mit einem Mal die Energie, die ihn noch wenige Augenblicke vorher erfüllt hatte, aus ihm gewichen war. Eine Sommergeschichte, das war es. Nur das: eine Feriengeschichte. Wann würde er wieder nach Jugoslawien kommen? Nie. Und wie könnte Marina nach Rumänien kommen? Er drehte sich zu ihr: Sie war so schön! Sie lief nachdenklich, mit zusammengepressten Lippen und die blonden, glatten Haare erzitterten bei jedem Schritt. Er streichelte langsam ihr Haar.

„Ich könnte ja hier bleiben…"

Das glaubte er auch selbst nicht.

„Nein, das könntest du nicht", schnitt ihm Marina schmollend das Wort ab. „Was willst du denn hier machen?"

In Temeswar erwartete ihn die Universität: fünf Studienjahre. Hier… war es schön, unglaublich schön – er sah sich um, sah auf die Häuser aus der Zwischenkriegszeit oder noch älter, an denen sie vorbeikamen, mit zwei-drei Etagen und Ziegeldächern, mit großen Fenstern und Holzläden und mit Gärtchen voller Oleander und großen, bunten Blumen – aber was sollte er an diesem Ort? Einfach so, plötzlich. Er sah das wütende und abschätzige Gesicht seines Vaters vor sich. Wegen eines Mädchens! Wegen einer von vielen. Vlad, bist du blöd? Und wo willst du hier bleiben? Bei ihren Eltern? Ich bin mir sicher, dass die sich freuen würden! Auf einen Schwiegersohn aus Rumänien hatten sie gerade gewartet! Willst du dich mit ihr verloben, ja? Oder warten, dass sie das Lyzeum beendet? Heiratet ihr auch? Und dazu willst du auch den rumänischen Botschafter einladen, ja? Was weißt du schon vom Leben, Vlad! Du hast keine Ahnung.

Vielleicht dachte Marina etwas Ähnliches. Vielleicht auch nicht. Vielleicht wusste sie das schon.

„Naja, lass uns wenigstens in diesen Tagen Spaß haben", sagte er und bemerkte verärgert, dass er genau wie sein Vater sprach, nur auf Serbokroatisch, oder Kroatisch.

„Ja, stimmt", bestätigte Marina zögernd.

Beide aber hatten ihre Freude verloren. Irgendwie hatten sie sich auch nichts mehr zu sagen. Das Schweigen war unangenehm und irritierend und das Zirpen der Grillen machte es noch irritierender.

„Frane hat gesagt, dass es hier irgendwo am Stadtrand eine interessante Disco gibt", traute er sich nach einer Weile zu sagen.

„Ja, beim Hotel Zagreb", erinnerte sich Marina. „In Duilovo. Aber ich weiß nicht, ob es mir dort gefallen würde. Das ist ein Hotel der Armee. Wahrscheinlich ist das auch eine Soldatendisko. Hast du auf sowas Lust?"

Er erinnerte sich an die Disko *2. April*. Er zögerte. Immerhin war hier nicht Rumänien.

„Ach naja, das wird schon nicht so schlecht sein! Wenn Frane sagt, dass die spannend ist... Wir könnten Samstagabend hingehen. Wir gucken, wie es ist, und wenn es uns nicht gefällt, gehen wir in die Stadt."

„Ok." Marina zuckte die Schultern. „Und wie wollen wir nach Duilovo kommen? Mit dem Bus?"

Er hatte keine Ahnung, was oder wo dieses Duilovo war. Aber außerhalb der Stadt bedeutete sicherlich ziemlich weit weg.

„Ich kann das Auto von meinem Vater bekommen. Er gibt es mir. Und wir machen eine... einen Ausflug. Du warst noch nicht dort?", fragte er sie neugierig.

„Noch nie."

„Und weißt du, wie sie heißt?"

„Ja", sagte Marina und lächelte. „Titanic. *Disco Titanic*." Titanic... Das schien jetzt ein absolut passender Name!

7
Die Walze

Er hielt mit dem Auto im geräumigen Hof der Werkstatt und stieg aus, wobei er den Schlüssel stecken ließ. Ein grauhaariger und dünner Mann in einem blauen Overall, mit einem runden Bauch, der wie der kleine Bruder seines eigenen Bauches aussah, kam ihm in der knallenden Sonne gemächlich entgegen.

„Was ist das Problem?“, fragte er trocken, wie er es schon hundertmal gemacht hatte.

Vlad zeigte ihm die andere Seite der Motorhaube. Der Mann blieb vor der tiefen, etwa einen Meter lange Delle stehen.

„Schlimm“, bemerkte er ruhig. „Sonst nichts?“

„Nichts. Ach, wenn ich schon hier bin... Machen Sie bitte auch eine Durchsicht, Sie wissen schon, Bremsen, Öl, Licht und was es noch so gibt. Ich will in den Urlaub. Nicht, dass das Auto mich unterwegs im Stich lässt.“

„Fahren Sie weit weg?“

„Nach Kroatien.“

„Ziemlich weit... Gut, wird gemacht.“, erklärte der Meister optimistisch und wischte seine Hände am Arbeitsanzug ab.

Ihm fiel auf, dass der Mann saubere Hände hatte, aber wahrscheinlich war das ein professioneller Reflex. Er verlagerte das Gewicht von einem Bein auf das andere und kratzte sich an der Hüfte, unter dem Rand seiner Shorts. Dann schaute er den Meister fragend an.

„Komm Dienstag, Chef“, sagte der, nachdem er kurz überlegt hatte. „Bis dahin ist es garantiert fertig“.

Dann rief der Meister zu einem Schuppen im Hof, wo ein paar Kerle an drei-vier Autos herumwerkelten: „Elvis! Komm mal her!“

Er fuhr zusammen. Er schaute den dünnen, muskulösen und dunkelhäutigen Mann an, der eilig auf sie zukam.

„Elvis, kümmerst du dich um das Auto von Herrn..."

„Jivan", sagte er kurz.

„So. Schau mal", zeigte der Meister Elvis die zerkratzte und eingedellte Seite des BMWs. „Machst du das bis Montag?"

Elvis blieb neben dem Auto stehen, betrachtete nachdenklich den eingedellten Flügel und fuhr mit einem Finger über den Kratzer. Vlad musterte das dunkle, unrasierte und knochige Gesicht mit den dunklen Augen und versuchte, es mit dem verschwommenen Bild aus seiner Teenagerzeit abzugleichen. Er sah, wie sich Elvis neben den BMW hockte, und erinnerte sich an die geschmeidigen Bewegungen des Jungen von damals. Vor zwei Tagen hätte er ihn gefragt, ob er jemals im *2. April* gewesen war, ob er sich an ein brünettes, zierliches Mädchen mit schneeweißer Haut erinnerte, eine coole Punkerin aus dem Fabrik-Viertel, ob er sich vielleicht sogar ihretwegen mit jemandem geprügelt hatte. Doch er sagte nichts. Der khakifarbene Militärlastwagen mit der jugoslawischen Vignette war ihm in Erinnerung geblieben. Er erinnerte sich auch an Socolaru, nicht demütig und verängstigt wie jetzt, sondern jung und selbstsicher, wie damals, als er an der Tür seiner Eltern geklopft hatte und er anfangs dachte, es sei die Polizei, die ihn wegen der Schlägerei vor der Diskothek verhaften wollte. Das hatte er damals befürchtet. So wäre es gut gewesen. Dann entschied er, dass es sich in der Tat um seinen Elvis handelte, aber letztlich war es egal.

„Machst du es bis Montag fertig?", wiederholte der Meister.

Elvis stand auf, klopfte sich die Hände an der blauen Latzhose ab, deren Hosenträger über seine Oberschenkel hingen, und sagte: „Dienstag, Chef. Dienstag ist das garantiert fertig."

Der Meister lächelte allwissend: natürlich Dienstag.

„Haben Sie eine Versicherung, Herr Jivan?"

Er machte ein undeutliches Handzeichen und lächelte mit aufeinandergepressten Lippen.

„Machen Sie sich mal darüber keine Sorgen. Dienstag komm ich es abholen."

Er drehte sich um, verließ den Hof und machte sich in der sengenden Nachmittagssonne zu Fuß auf den Weg. Elvis zuckte die Achseln und schaute fragend zu seinem Chef, der seine Geste wiederholte und dabei eine Grimasse schnitt.

*

Nein, Elvis war unwichtig. Diesem armen Kerl musste er nichts beweisen. Doch es gab etwas, was ihn unzufrieden stimmte – oder beunruhigte es ihn? Socolaru. Und die furchtbare Angst von damals. Und sein Wehrdienst im Strafbataillon. Und der Hauptmann von der Securitate. Die Angst von *damals*. Sonst wäre er vielleicht gar nicht bei der Revolution auf die Straße gegangen. Vielleicht wäre er nicht angeschossen worden. Wäre er im Kreiskrankenhaus geblieben, wäre er sicher gestorben: In dieser Dezembernacht hatten sich mehrere Individuen mit Ausweisen in den Krankenhaussälen aufgehalten, wurden von Ärzten, die auch Dreckskerle waren, begleitet und hatten Pistolen dabei. Und am nächsten Tag wurden Menschen, die mit Verletzungen an den Armen oder Einschusslöchern in den Beinen und Hüften ins Krankenhaus gekommen waren, für tot erklärt – man hatte ihnen in den Kopf geschossen. Schurken! Scheißkerle! Er war sich sicher, dass auch sein Hauptmann im Kreiskrankenhaus gewesen war. Wenn dieser Arzt ihn damals nicht ins „Victor Babeş" geschickt hätte, neben seinem ehemaligen Lyzeum, hätte er dieses Untier mit den mächtigen Backen genau noch ein einziges Mal gesehen. Sieh mal einer an! Mechaniker, bist du etwa verletzt, oh je, was für eine schlimme Wunde, ich fürchte, du schaffst es nicht, so ist es doch, Herr Doktor, er schafft es nicht, oder?, ich hoffe, du hast deinen Jugoslawien-Ausflug genossen, danach hätte er mit seiner haarigen Hand den Pistolenlauf auf den Kopf gerichtet und Schluss, dann hätte er ihn nicht mehr gesehen, wahrscheinlich genießt dieser Dreckskerl irgendwo die fette Rente, die er als Verteidiger des Vaterlandes bekommt, oder vielleicht ist er Berater bei irgendeiner Versicherungsfirma, wie alle seinesgleichen, so einem Menschen zahlte er den Lohn und die Rente in diesem Rumänien der Wichser, diesem Rechtsstaat, verdammt.

Er stolperte über ein Loch im Bürgersteig und fluchte kurz. Ja, zu vieles hatte sich angesammelt: Socolaru, die Armee, der dreckige Securist, dieser elende Scheißkerl mit seinen schlauen Texten über die Diffamierung der Staatssymbole und über Jugoslawien, er hatte keine Ahnung, was in Jugoslawien gewesen war, keine Ahnung, woher sollte er es damals auch wissen, er war ein ängstlicher Kerl, gut, dass er sich nicht in die Hose geschissen hat, Vlad Jivan, der große Angeber aus dem Viertel, er schnaufte und schritt erbittert weiter durch die knallende Sonne. Ruckartig zog er seinen marineblauen Blouson aus und blieb im T-Shirt. Die undeutliche, hartnäckige Unruhe, die seine Brust eiskalt werden ließ und seinen Verstand betäubte, meldete sich wieder. Wie damals, mit Socolaru. Und mit Herrn Vergil, obwohl das irgendwie nicht so schlimm gewesen war. Und gestern Abend, als sie ihn fast umgebracht haben, ihn und Emilia... Woher zum Geier kommt in ihrem Viertel ein jugoslawischer Militärlastwagen? All das hatte sich angestaut, es rollte über ihn hin wie eine Walze, die ihn erwischt hat, um ihn plattzumachen. Paranoia. Er lächelte gequält, seine Lippen dünn wie eine Rasierklinge. Dann erhaschte er den vorsichtigen Blick einer Frau, die aus der entgegengesetzten Richtung kam, und merkte, dass er beim Gehen gestikulierte. Er drückte den Rücken durch und kontrollierte seine Bewegungen. Die Frau machte im Vorbeigehen einen großen Bogen um ihn. Er brach in Lachen aus. Wenn er wenigstens verrückt wäre.

Er hätte damals nicht unterschreiben sollen. Das war es. Der heutige Vlad hätte nicht unterschrieben – und alles wäre anders gewesen. Er hätte sich weigern können. Was wäre dann passiert? Vielleicht hätten sie ihn wegen der Geschichte mit der Staatshymne oder aus anderen Gründen exmatrikuliert. Obwohl, das hätten sie nicht gemacht, das wollte der Hauptmann mit den dicken Backen nicht von ihm. Er wollte genau das, was er erreicht hatte. Und dabei hatte der von nichts eine Ahnung, keinerlei Informationen von der UDBA über den Ausflug nach Split, über seine kroatische Clique oder die Disco Titanic..., nein, nichts! Er hatte es mit eigenen Augen gesehen.

Vor einigen Jahren, 2008, als der Zugang zu den Securitate-Akten möglich geworden war, hatte er einen Antrag beim CNSAS[22] gestellt. Er hatte ihn von der Verlagsadresse losgeschickt, ohne Emilia irgendwas zu sagen, und voller Angst auf die Antwort gewartet. Nach einem Monat bekam er einen offiziellen neutralen Bescheid:

Herrn Vlad JIVAN

Sehr geehrter Herr Jivan,

Wir setzen Sie in Kenntnis, dass wir aufgrund Ihres beim CNSAS eingegangenen Antrags

blablabla

blablabla

blabla in den vom Rumänischen Informationsdienst stammenden

22 *Consiliul Național pentru Studierea Arhivelor Securității*, Nationalrat für die Erforschung der Securitate-Archive.

Registern blabla von den ehemaligen Organen der Staatssicherheit fickt euch kreuzweise, ihr Securisten *blablabla zwei Akten auf Ihren Namen Vlad JIVAN identifizieren konnten.*

Wenn er wollte, konnte er sie am CNSAS-Sitz in Bukarest einsehen, in der Matei Basarab-Straße 55-57. Auf Terminbasis.

Blablabla hochachtungsvoll, Ihr...

Zwei Akten.

Er fuhr hin. Emilia sagte er nur die halbe Wahrheit, dass er zu einem Geschäftstreffen mit Herrn Vergil fährt, Emilia rümpfte wie immer die Nase, er machte einen Termin beim Archiv und dann rief er den Alten an.

Es war anders, als er es erwartet hatte. Nicht wie in den Filmen mit Archiven und Geheimdiensten. Statt des alten und dunklen Gebäudes mit verschimmelten Mauern, labyrinthischen Fluren, riesigen Sälen voller Karteikarten und Regalen mit Pappkartons, fand er dort einen modernen Bau vor, mit billigen Termopan-Türen und einem silbernen Fahrstuhl. Das Gebäude ähnelte einem Arbeiterwohnheim aus Westeuropa, nur dass am Eingang eine bewaffnete Wache stand. Er füllte ein Formular aus und wurde in einen lichtdurchfluteten, aber verstaubten Saal mit Holzbänken geführt, die ihn an die Experimentiersäle der Uni erinnerten. Zehn Minuten später legte ihm ein junger Beamter zwei vergilbte Akten hin und warf ihm, wie es ihm schien, einen unzufriedenen Blick zu. Er ignorierte ihn höflich, bedankte sich und öffnete die Akte, vor der er am meisten Angst hatte: die, auf deren Deckblatt DER MECHANIKER stand. Dort sah er das Blatt Papier, auf dem er fast zwanzig Jahre zuvor unterschrieben hatte:

Im Wissen darum, dass die Verteidigung des Vaterlandes und der Sicherheit des Staates eine patriotische Verpflichtung und der ganze Kackrest,

erkläre ich, Vlad Jivan, geboren am 11.08.1970, in Temeswar, wohnhaft in Temeswar, meine Bereitschaft zur Zusammenarbeit mit den Organen der Staatssicherheit…

Ihm wurde auf einmal schlecht. Meine Bereitschaft zur Zusammenarbeit mit den Organen der Staatssicherheit. Er blätterte rasch die wenigen Seiten der Akte durch: ein paar offizielle Adressen, auf der Schreibmaschine getippt, mit Unterschrift und Stempel, bei denen man den Mitarbeiterstatus des Studenten Vlad Jivan von der Polytechnischen Universität in Temeswar registrierte – nur das, Gott sei Dank! Das war's. Das war das ganze Geheimnis, sein kleines Revolutionärsgeheimnis: einige Seiten aus einer vergilbten und fasrigen Akte. Er erinnerte sich an die Erklärung eines ehemaligen Securitate-Offiziers aus den neunziger Jahren: gleich nach dem Fall Ceauşescus hatte man hastig einige hunderttausend Akten von Informanten verbrannt. Warum war diese Kleinigkeit nicht auch dabei gewesen? Sein nasses T-Shirt klebte am Rücken: Es war Sommer, es war heiß, die Sonne brannte durch die großen Fenster im oberen Stockwerk und erhitzte seinen Nacken. Er wischte den schweißnassen Hals ab und schaute sich im Raum um, wo ein paar andere Menschen andere vergilbte Blätter lasen, dann öffnete er die zweite Akte, die viel dicker war und auf deren Deckblatt mit leserlicher Schrift DER DICHTER stand. Vlad, der Dichter.

Zuerst fand er im Aktenregister einen Antrag auf Überprüfung von Vlad Jivan, aus dem Jahr 1986, einen Antrag auf Überprüfung bei der Meldebehörde und eine lange Erklärung von etwa fünf Seiten, die in kleiner und grässlich akkurater Schrift vom Informanten VLASE geschrieben war. Dieser berichtete, wie einer seiner Schüler die Staatshymne unserer Sozialistischen Republik verhöhnt hatte. Der Akte waren graue Fotokopien von der Seite aus dem Geschichtslehrbuch mit der Hymne *Drei Schlüpfer* beigelegt, der einzigen literarischen Schöpfung von Vlad, die Emilia einst, als er ihr seine eigene Version der Geschichte erzählt hatte, „postmoderne Schöpfung mit historisch-dokumentarischem Wert“ genannt hatte. Historisch-dokumentarisch, verdammt! Es folgte eine Dienstnotiz, was auch immer das war, und dann in chronologischer Abfolge eine Reihe von regelmäßigen, doch harmlosen Berichten von Vlase, wo ab und zu „die exzentrische Haltung“ oder „das rebellische Verhalten“ des Objekts Erwähnung fanden, sein „mangelndes Interesse am Studium der Geschichte des Vaterlandes“, aber nichts anderes, nichts Konkretes von diesem Scheißkerl! Zum wiederholten Mal bereute er, dass er ihn nach der Revolution nicht aufgesucht hatte, als er aus dem Krankenhaus entlassen worden war und sich erholt hatte, da hätte er ihm wenigstens einmal den Kiefer brechen, ihn blutig schlagen können. Jedenfalls hatte sich Socolaru 1990 oder 1991 ans Silvic, das Forstlyzeum in Pădurea Verde, versetzen lassen, also etwas näher an zuhause, zu der Wohnung, die er von seinem Vater bekommen hatte, und etwas weiter weg von den Gerüchten, die inzwischen im UMT-Lyzeum über seine Verbindungen zur Securitate kursierten. Sonst wäre er jetzt Emilias Kollege und würde direkt neben ihrem Lyzeum arbeiten.

Die Akte enthielt noch zwei kindliche Erklärungen, geschrieben von Mitschülern aus dem Lyzeum. Er machte sich nicht einmal mehr die Mühe, sie zu identifizieren, wahrscheinlich waren es paar arme Gestalten vom Land, die die Securisten für irgendwelchen Schwachsinn – Saufen im Internat, Schlägerei in der Diskothek – unter Druck gesetzt und gezwungen hatten, zu Informanten zu werden. Eine der Erklärungen aus mühsam geformten Buchstaben sagte aus, dass „Jivan Vlad bei denen angibt, die schwächer sind als er“ und dass er „über ausländische Musik redet“. Er lächelte. Der Informant hatte recht: Genau das hatte er getan.

Dann, zwischen anderen Berichten, Dienstnotizen und an der

Schreibmaschine getippten Adressen, mit Buchstaben, die sich tief in das schlechte Papier eingeprägt hatten, wobei die Tinte an den Rändern zerlaufen war, entdeckte er einen Stapel Berichte aus der Zeit seines Wehrdienstes. Natürlich hatte man ihn damals auch bespitzelt. Fünf Menschen, fünf Kollegen hatten über ihn Berichte geschrieben, und den einen erkannte er rasch und mit schwerem Herzen wieder. Es war Micea, der, der ihn und Loţi vor den anderen Dieben, Schurken und Gaunern aus ihrer Einheit von Bau- und Strafarbeitern geschützt hatte. Micea hatte ihn bei der Securitate verpetzt. Fast sicher hatte er das auch mit Loţi gemacht. Vlad überkam eine traurige Rührseligkeit, je weiter er die Berichte voller grammatikalischer Fehler las, die der Kerl aus dem Iosefin mit Mühe geschrieben hatte. Nichts von den Berichten „Sandocans" – vermutlich hatte er sich den Decknamen selbst ausgesucht –, nichts davon war kompromittierend, obwohl Vlad in der Armee genug Mist gebaut hatte. Nichts von dem, was „Sandocan" geschrieben hatte, konnte gegen ihn verwendet werden. Er erinnerte sich an die vielen Gelegenheiten, als er die Einheit verlassen hatte, um trinken oder zu den Frauen zu gehen, als er die Arbeit geschwänzt hatte oder, im Einvernehmen mit dem zuständigen Offizier, gegen Alkohol Stiefel und Militärkleidung aus dem Lager verkauft hatte, als er den Kommandeur der Einheit geschmiert hatte, damit er frei bekommt; er erinnerte sich an die unzähligen Dummheiten, die er angestellt hatte – keine davon fand in Sandocans Schriften Erwähnung, obwohl Micea über alles Bescheid wusste. Armer Micea! Armer Sandocan! Nach der Revolution hatte er ihn noch etwa zweimal getroffen, einmal hatten sie sogar im Sinaia-Biergarten ein Bier getrunken. 1996 hatte er in der *Renaşterea bănăţeană,* der *Banater Wiedergeburt,* gelesen, dass man ihn tot, erstochen, aufgefunden hatte, auf der *Podul de fier*, der *Eisenbrücke* über die Bega, über die die Bewohner erzählen, dass sie von Gustave Eiffel entworfen worden war, obwohl das nicht stimmte. Das war sicherlich ein Racheakt. Das alles, während Socolaru und sein Hund noch am Leben waren.

Als er nach zwei Stunden mit der Lektüre fertig war, räumte er die Akten zusammen und ging zu dem Beamten, der sie ihm übergeben hatte. Dieser, ein junger Mann mit einem schicken Ziegenbart, saß an einem Schreibtisch, der an ein Lehrerpult erinnerte, und las Dokumente, die viel älter und abgenutzter als seine waren. Im nächsten Augenblick schaute er zu ihm auf.

„Könnte ich mir die Akte kopieren?", fragte er ihn flüsternd, um die Leute um sich herum nicht zu stören.

„Natürlich", lächelte er. „Warten Sie hier, ich schicke sie zum Kopieren."

„Ich kann doch…"

„Nein, nein!", unterbrach ihn der Beamte. „Wir müssen die Namen unkenntlich machen. So sagt es das Gesetz."

„OK", zuckte er die Schultern, er hatte ohnehin alles gesehen, was er sehen wollte.

„Also möchten Sie… beide kopieren?", fragte der Beamte mit dem gleichen netten Lächeln.

„Nein, danke", antwortete er ruhig. „Nur den dickeren."

„‘Der Dichter‘"?, fragte der junge Mann mit Ziegenbart und schaute über beide Deckblätter.

„Ja, ‚Der Dichter‘", bestätigte er.

„Und den ‚Mechaniker‘ nicht?", vergewisserte sich der Beamte.

„Nein. Den brauche ich nicht."

„Verstanden. Prima!"

Ich habe auch verstanden, regte er sich insgeheim auf. Du scheiß unverschämter Bukarester! Wie alt der wohl bei der Revolution gewesen war? Fünf? Acht? Der hat keine Ahnung, wie das Leben damals war.

An diesem Abend aß er gemeinsam mit Herrn Vergil im Restaurant des Hotels, in dem er sich ein Zimmer gebucht hatte.

Herr Vergil war ein kleiner, fröhlicher, rüstiger alter Mann, rundlich, mit einem Kopf wie eine große Kugel. Er hatte ein abgeflachtes Kinn, volle, gierige und leicht geöffnete Lippen und graue, wässrige, aber lebendige Augen, die Vlad manchmal auf unerwartete Weise durchbohrten. Von der Stirn bis zum Nacken hatte er eine Glatze, doch die noch übriggebliebenen, ergrauten Seiten schnitt und kämmte er sich achtsam. Er trug elegante graue Anzüge, die ihm wie angegossen passten und die er zu tragen verstand, die Jacke dabei immer offen. Das einzige Zugeständnis an den schlechten Geschmack waren die Mokassin-Schuhe mit Zipfeln oder geflochtenen Bändern – immer aus Leder.

„In meinem Alter sind die besonders bequem", hatte ihm Herr Vergil irgendwann erklärt.

Sie sprachen zuerst über das Geschäft, aber nicht allzu lange. Sie aßen gut, bestellten französischen Wein, den Herr Vergil ausgesucht hatte, und bei der zweiten Flasche fing der Alte an, ihn zu necken.

„Na, sag mal, Vladi, was macht eigentlich die Republik Banat?" Er lachte breit mit seinen dicken Lippen und zog gierig an der extralangen Kent.

Seit er ihn kannte, rauchte Herr Vergil nur extralange Kent. Sicherlich eine Gewohnheit aus seiner Jugend. Er hatte auch die schlechte Angewohnheit, seinen Namen zu verniedlichen. Wie seine Mutter, wie Emilia... Vladi, Vladilein.

Um Gottes Willen, er war fast 2 Meter groß! Höflich erwiderte er das Lächeln.

„Lassen Sie mal, Herr Vergil! Das ist Biergartentratsch, das wissen Sie doch."

„Tratsch, Gerede, klar, aber erzähl doch mal! Wollt ihr für uns eine Grenze errichten? Soll ich mit dem Reisepass zu dir kommen?“

„Sie wissen ja..., darum geht es nicht. Es ist nur ungerecht, dass wir mit jedem Scheiß von Bukarest abhängig sind, oder?“

„Es ist nicht gerecht, Vladi, aber was zum Geier ist auf dieser Welt schon gerecht?“ Er seufzte verständnisvoll, dann zeigte er auf ihn: „Aber was würdest du dann tun?“

„Dann, wann?“, wunderte er sich und trank langsam aus dem Weinglas.

„Wenn ihr euch von uns trennen wollt“, sagte der Alte in ernstem Ton. „Arbeiten wir noch zusammen? Machen wir grenzüberschreitende Geschäfte? Das wäre ja dann der Fall. Du weißt, dass ich mich auskenne“, fuhr er im gleichen Ton fort, als würde er über eine bevorstehende Realität sprechen. „Ich mach dich zum reichsten Menschen im Banat, Vladi, wie es der Typ war... wie heißt er? Dieser Kerl von euch.“

Er zog die Augenbrauen hoch: Worauf wollte Herr Vergil hinaus?

„Der Schriftsteller, euer großer Banater... verdammt, ich habe seinen Namen vergessen! Der tollste Mensch auf der Welt!“ Plötzlich erinnerte er sich. „Das mache ich aus dir: den tollsten Geschäftsmann aus dem Banat. Nehmen wir noch eine Flasche?“

Ohne Vlads Antwort abzuwarten, hob er die Hand und schnippte mit den Fingern. Der Kellner tauchte fast unvermittelt mit einer weiteren Weinflasche auf, öffnete sie, räumte die leere Flasche vom Tisch und verschwand wieder.

„Richte der schönen Emilia meine Grüße aus“, erinnerte sich Herr Vergil, der von einer Idee zur anderen zu springen schien.

Er kannte ihn allerdings zu lang, um in die Falle zu tappen.

„Richte ich ihr aus, natürlich.“

Und es ist ihr scheißegal, dachte er kurz.

„Eine Schönheit, Vladi! Pass gut auf sie auf."

„Klar, Herr Vergil, natürlich."

„Schreibt sie noch Gedichte?

„Ja, klar."

„Wunderbar", schmatzte der Alte mit seinen dicken Lippen. „Wun-der-bar! Was hattest du für Glück im Leben, Vladi! Und dein Junge... geht's ihm gut, ist er gesund?

„Aber sicher. Er geht jetzt in die 9. Klasse."

„Oho!", sagte Herr Vergil verwundert. „Wirklich groß... Der übernimmt ja bald dein Geschäft."

Er schwieg und fixierte die Hand seines Gegenübers, die langsam die Zigarette in den Aschenbecher aschte.

„Komm, erzähl noch ein bisschen!", preschte Herr Vergil wieder vor, genauso fröhlich und lebendig wie bisher – nur seine grauen Augen hatten zwei Sekunden lang Vlads Gesicht fixiert. „Werdet ihr in der EU sein? Eine Armee haben? Ein Parlament? Das Banater Parlament? Und eine Banater Polizei? Eine Banater Securitate?"

Einmal, an einem Abend wie diesem, in einem Restaurant wie diesem, hatte er, angetrunken und provoziert von der übermäßigen Fröhlichkeit des Alten – doch auch aus einer Art Groll heraus, die die fröhliche und an Arroganz grenzende Selbstsicherheit von Herrn Vergil (und der Bukarester allgemein) in ihm hervorrief – angefangen, ihm von der sagenhaften Banater Republik zu erzählen, nachdem er die gesamte Verwaltung Rumäniens von der Großen Vereinigung bis heute schlechtgemacht hatte. Am Anfang machte er es ironisch und schien über den Quatsch, den er von sich gab, zu lachen. Aber später, als er merkte, dass Herr Vergil ihm mit ernster Miene zuhörte, wie ein Student in seiner Lieblingsvorlesung, und ihm allerlei Verständnisfragen stellte, verlor er seine Hemmungen. Wenn er über diese Dinge sprach, fühlte er sich wohl, also hatte er alle Geschichten, die unter den Temeswarer Freunden zirkulierten, aneinandergereiht: angefangen beim Brief, den der Banater Traian Vuia einst geschrieben und darin behauptet hatte, dass die Vereinigung eine „rein theatralische Geste", ein „Wortgefecht", eine „versteckte Annexion", ein „bitterer, mit Zucker umhüllter Happen" gewesen sei, bis hin zu den Frustrationen der Siebenbürger Politiker in der Zwischenkriegszeit und den Kritiken der heutigen Provinzbewohner. Er hatte hier, in Bukarest, in einem Luxusrestaurant, die berühmte Losung der „Drucker", der Fußballfans von Poli Temeswar, angestimmt, vielleicht ein wenig zu laut, denn von den umliegenden Tischen hatten sich ein paar Köpfe zu ihnen umgedreht: „Ihr Bukarester Drecksäcke, ihr Bukarester Drecksäcke/ das hier ist nicht eure Ecke / Hier ist das Banat, hier ist unser Land/ wir fahren eure Hauptstadt/ hier sofort vor die Wand!" Er hatte die Arme hochgenommen und hin und her bewegt, war laut geworden...und leicht hysterisch gewesen. Er hatte allerdings wirklich zu viel getrunken. Am nächsten Tag hatte er eine Art Übelkeit gespürt, war unzufrieden und etwas verschreckt.

„Wie sagtest du, Vladi?", erinnerte ihn Herr Vergil. „Es ist ein Geisteszustand, nicht wahr? So in etwa", grinste er und seine Augen leuchteten kurz. „Ein Geisteszustand."

„Irgendwas ist es schon, Herr Vergil", versuchte er einen rationalen Ton anzuschlagen. „Es geht nicht nur ums Banat. Haben Sie es nicht auch gesehen? Auch in der Moldau und in Cluj ist es so, ...oho, in Cluj ist es sogar schlimmer! Die Menschen haben die Manöver dieser Hauptstadtleute satt. Ich habe eine Unmenge Leute das Gleiche sagen hören: Dass sie ohne Bukarest besser zurechtkämen, also, wenn sie eigenständig wären. Die Verwaltung wäre einfacher und es gäbe nicht mehr so viel Korruption. Aber hier, in Bukarest, merkt man das nicht. Niemandem ist das klar. Es ist zu weit weg. Sehen Sie, vielleicht ist das genau das Problem."

„Dass ihr zu weit weg seid?" fragte der Bukarester, der sich bemühte, die Zusammenhänge zu verstehen.

„J-ja," zögerte er einen Moment. „Für die von hier, aus der Hauptstadt, geht Rumänien bis zum Prahova-Tal und bis zum Meer, bis zur Küste. Sie haben keine Ahnung, was weiter weg passiert."

„Das mag sein, Vladi, das mag sein", sagte Herr Vergil versöhnlich. „Und wie wolltet ihr das mit der Sprache machen?", erinnerte er sich und lachte.

Er lächelte auch und entspannte sich ein wenig. Ja, die Diskussion drohte, zu ernst zu werden, und es freute ihn, dass Herr Vergil ihr diese Richtung gab.

„Na, das habe ich Ihnen ja gesagt. Wir erklären die Banater Sprache zur offiziellen Sprache, zur Amtssprache."

„Banaterisch? Schön. Und Rumänisch? Was macht ihr mit dem Rumänischen?"

„Rumänisch auch. Und Ungarisch, Deutsch und Serbisch. Multikulturalismus, wie es heutzutage Trend ist. Aber an erster Stelle kommt die Banater Sprache. Wir sagen nicht mehr *tren*, Zug, wir sagen *aizînban*. Die *Aizînban*, die auf der *Ștrică*[23] fährt. Und statt Bürgermeistern werden wir die Kinesen[24] haben."

„Chinesen?", lachte Herr Vergil laut. „Das gefällt mir. Der Chinese des 1. Bezirks... Das müssen wir bei uns auch einführen, Vladi."

„Und wenn wir Geschäfte machen, dann lassen wir die Papiere aus dem Rumänischen in die Banater Sprache übersetzen. Wie einst in der Republik Moldau, als sie ins Moldauische übersetzten. Sie hatten bezahlte Übersetzer und Dolmetscher..."

---

23 Rumänisierte Formen von dt. Eisenbahn und Strecke.

24 Ein Wortspiel. Es zielt ab auf die im Rumänischen identische Schreibung und Aussprache von rum. chinezi = dt. Chinesen. Rum. „chinezi" ist ein Regionalismus des slawischen Wortes „cneaz" für Fürst.

„Das sind Legenden, Vladi!“, mäßigte ihn Herr Vergil.

„Nein nein, so machen wir es. *Lissen veri cärfülli*: statt eines Buchhaltungsregisters werden wir *bucfari dă socoţi*[25] haben. Und wir geben *băfele*[26]....“

„Was ist das nun wieder?“

„Befehle, also Genehmigungen. Und wir drucken unser Geld. Es gibt doch moldauische Lei, nicht wahr? Dann führen wir eben auch den Banater Leu, den Banater Löwen, ein. Den haben wir doch auch auf dem Wappen. Der Banater Löwe, unsere Nationalwährung!“, proklamierte er stolz und hob das Glas.

„Trinken wir auf den Banater Leu!“, skandierte auch Herr Vergil. „Und auf diesen *bucfar* oder Befehl.“ Beide lachten und leerten ihre Gläser.

„Ach Vladi, ich mag dich“, versicherte ihm Herr Vergil und strich dabei mit der Handfläche über die Tischdecke. „Und ich freu mich, dass du mal auf einen Plausch, einen kleinen Spaß vorbeigekommen bist.“

Herr Vergil reiste nicht gerne. Er sagte, dass er vor der Pensionierung so viel unterwegs gewesen war, dass ihm jetzt nicht einmal mehr danach war, Bukarest zu verlassen.

„Ei, Vladi, Vladi… Jeder tut, was er für gut befindet, du kannst dich nicht dagegenstellen. Aber du weißt, wie man sagt: wir lachen, wir witzeln, wir ficken, wir zahlen. Apropos zahlen, zahlst du heute Abend die Zeche?“, fragte er plötzlich, als wäre ihm etwas wieder eingefallen.

„Sicher, Herr Vergil“, stimmte er vorsichtig zu und spitzte die Ohren, als er die doppeldeutige Redewendung hörte.

Bisher hatte ihm der Alte nie erlaubt, zu zahlen.

---

25 Eine Zusammensetzung aus dem Slawischen.

26 Von dt. Befehl.

„Hör mal“, fing Herr Vergil wieder an, „mal im Ernst, glaubst du wirklich an diesen Humbug?“

Es war klar, dass er etwas beabsichtigte. Wer weiß, was der Alte in seinem Kopf ausbrütete? Er fühlte sich berauscht, doch er war nicht so betrunken, dass er das stählerne Leuchten in dessen Augen nicht sehen konnte.

„Ach, Herr Vergil, was heißt in Rumänien schon ernst?“, sagte er und wedelte mit der Hand, in der er die Zigarette hielt. „Habe ich Ihnen erzählt, dass mein Urgroßvater neunzehnhundertachtzehn in Alba Iulia war?“

„Hast du.“

„So hat er das damals empfunden. Er war ein wahrer Rumäne und glaubte, dass wir die Vereinigung vollziehen müssen, damit alle Rumänen in einem Land, ihrem Land sind. Na, bitte, die Vereinigung hat man gemacht. Und dann, neunundvierzig, haben sie ihn in den Knast gesteckt. Na bitte! Warum? Was hat dieser Mensch denn Schlechtes getan?“

Herr Vergil zuckte die Achseln. Er aber hob die Hände und hielt sie vor sich, als würde er etwas präsentieren.

„So waren die Zeiten“, sagte Herr Vergil besonnen. „Das war damals der Zeitgeist.“

„Genau!“, stimmte er laut zu. „So waren damals die Zeiten, neunzehnachtzehn waren sie anders und jetzt sind sie wieder anders. Es ist ein Zeitgeist, sag ich ja! Aber das heißt doch nicht, dass sich das Banat morgen von Rumänien abspaltet und dass wir keine Rumänen mehr sind oder so. Das heißt, dass die Menschen nicht zufrieden damit sind, wie die Dinge laufen. Es ist nicht wie...“

Einen Moment lang suchte er nach Worten. „Es ist nicht wie in Jugoslawien.“

„Gott behüte!“, rief Herr Vergil aus und lehnte sich auf dem Stuhl zurück. Dann warf er einen Blick auf seine schwere Armbanduhr, eine silberne Tag Heuer Carrera mit metallischem Armband:

„Guck mal, wie spät es geworden ist! Ich habe es nicht mehr so mit den schlaflosen Nächten wie früher. Ich bin in die Jahre gekommen, Vladi. Du verstehst mich, oder?"

„Natürlich", stimmte er zu, wieder überrascht, denn es war nicht mal Mitternacht und Herr Vergil hielt üblicherweise gut bis nach ein Uhr, ja sogar zwei Uhr nachts durch – zumindest dann, wenn er sich mit ihm traf.

Herr Vergil winkte dem Kellner. Dieser tauchte sofort an ihrem Tisch auf.

„Ja, Herr Vergil?", fragte der Kellner und verbeugte sich dabei eilfertig, mit einer Hand auf dem Rücken.

„Die Rechnung, bitte, Lică, mein Lieber", sagte Herr Vergil und griff ihn kurz am Ärmel: „Heut zahlt Vladi, ein netter Junge."

„Verstanden", antwortete Lică. „Ich bring sie ihnen sofort."

Er machte schnell auf dem Absatz kehrt. Als er mit der Rechnung zurückkam und sie ihm hinlegte, hinderte ihn Herr Vergil am Gehen, indem er ihn wiederum sanft am Ärmel fasste.

„Lică, wir kennen uns schon lange, nicht wahr?"

Der Kellner nickte rasch mit dem kleinen, dunklen Kopf, unter dem er eine schwarze Fliege trug. „Sicher, Herr Vergil, seit einer Ewigkeit!"

„Dann tu mir doch einen Gefallen, wie einem alten Menschen. Wenn du ein Minütchen hast."

„Für Sie mache ich alles, Herr Vergil!"

Herr Vergil lehnte sich im blumig gepolsterten Stuhl zurück, rückte sein Revers zurecht und zeigte dann auf Vlad:

„Sag diesem hübschen und klugen Jungen, was du davon halten würdest, wenn die Siebenbürger... pardon, Vladi, wenn die Banater sich von uns abspalten und ihr eigenes Land gründen würden."

Der Kellner lächelte unter seinem Schnurrbart und zog die Schultern hoch.

„Das geht mich nichts an, Herr Vergil. Sollen die ruhig machen."

„Nein nein, Lică!", widersprach Herr Vergil. „Überleg mal so: dir hier, als Oberkellner, wie würde es dir gehen?"

„Wie soll es mir schon gehen? Der Kunde ist Kunde, ich frag ihn nicht, was er macht, woher er kommt und was er will. Die ausländischen Kunden sind gute Kunden", erklärte Lică. „Wenn er gut bestellt und die Rechnung begleicht, dann interessiert mich nicht, woher er kommt. Und wenn ich mich nicht in einer Fremdsprache verständigen muss, umso besser", fügte er nach einem Moment hinzu.

„So, so..."

„Herr Vergil!"

„Nein, nein, Vladi!", hob Herr Vergil die Hand. „Ich wollte dir nur etwas zeigen."

„Was?"

„Das. Was Lică sagt. Dass es ihm egal ist, wenn du mit Reisepass kommt und in Banater Lei bezahlst. Stimmt's, Lică ?

„Sicher, Herr Vergil, garantiert! Der Kunde ist Kunde, nur zahlen soll er. Das ist unsere Devise."

„Danke, Lică, das war alles", beendete Herr Vergil das Thema.

Lică entfernte sich mit aufrechtem Gang und mit einer Hand elegant hinter dem Rücken.

Vlad zog die Rechnung aus der kleinen, braunen Lederhülle. Einige Sekunden musterte er sie verblüfft, dann hob er den Blick.

„Ich kann hier sicher mit der Karte zahlen, oder?", lächelte er schnell, als er sah, dass ihn Herr Vergil aufmerksam und mit gespitzten Lippen anschaute. „Ich habe nicht allzu viel *Cash* dabei..."

„Natürlich kannst du", bestätigte Herr Vergil und zeigte auf die umliegenden Säulen aus braunem Travertin, auf die massiven Tische mit weißen, appretierten Tischdecken und auf den Marmorboden. „Das ist ein Ort für Minister und Botschafter, stimmt's? Lică!", hob er wieder die Hand.

Lică tauchte beinahe umgehend wieder an ihrem Tisch auf.

Er holte sein Portemonnaie raus und suchte nach der Karte. Er wollte etwas sagen.

„Vladi findet, dass das ziemlich teuer ist", kam ihm Herr Vergil zuvor.

„Nein, hab ich nicht gesagt..."

Doch der Alte fuhr fort, ohne ihm Aufmerksamkeit zu schenken: „Hast du vielleicht was obendrauf gelegt, Lică, mein Lieber?", fragte er ernst. „Das tust du mir doch nicht an, oder? Weißt du, Vladi ist wie mein Sohn. Wenn ich einen gehabt hätte, hätte ich mir so einen wie Vlad gewünscht", fügt er hastig und rührselig hinzu.

„Herr Vergil, das ist doch nicht nötig..."

„Bei meiner Ehre, Herr Vladi!", verteidigte sich der Kellner. "Schauen Sie nur auf die Rechnung: Da steht alles drauf! Gibt es etwas, was Sie nicht hatten?"

Das gab es nicht. Zögerlich schaute er nochmal über die Rechnung: Vorspeisen, Kuttelsuppe, wie sie Herr Vergil bestellt hatte und wie sie von allen Kellnern in Bukarest genannt wurde, Wellington-Filet mit Rosmarinkartoffeln und Gemüse, Forelle nach traditioneller Art, Crêpes, drei Flaschen Bordeaux, Brot, Salat... Ja, das war alles. Er kapierte nicht, was der Alte wollte.

„Es ist in Ordnung, Herr Vergil, wirklich!", insistierte er und hielt Lică die Karte hin.

Herr Vergil hielt ihn auf, indem er sich über den Tisch beugte. Er lächelte wieder breit mit seinem großen Mund und wandte sich dann zum Oberkellner oder was auch immer der war:

„Na, Schluss jetzt! Lică mein Lieber, lass uns mal Vladi beibringen, wie die Dinge in dieser Welt laufen."

„Schauen Sie mal, Herr Vladi", setzte der Kellner pedantisch an und griff die handgeschriebene Rechnung an einer Ecke. „Schauen Sie, hier ist das Brot – das ist inklusive, aber manchen fällt es nicht auf. Macht nichts, machen wir weiter. Die Forellen, eine, zwei, drei, wer zählt die schon noch genau nach auf der Rechnung? Es ist der Grammpreis, wie beim Filet, da wiegt der Kunde nicht nach. Wie auch immer, nun ist es weg, es wurde verzehrt, nicht wahr? Es ist so viel, wie ich hingeschrieben habe. Sehen Sie?"

Er schüttelte den Kopf und versuchte, eine gewisse Würde zu bewahren, um die sich Lică wahrscheinlich kein bisschen scherte.

„Und der Wein... hier steht, dass es einer aus dem Jahr 2005 ist, aber es ist einer von 2003. Er ist älter, aber es ist ein Bordeaux aus Pomerol, den wir auf Lager haben, aus einer schlechteren Ernte, also billiger, verstehen Sie? Also haben wir dann: fürs Brot fünf Lei, plus den Grammpreis für die Forelle und das Filet, etwa zwanzig Lei mal zwei, plus dreißig Lei pro Flasche mal drei, das macht etwa hundertfünfzig."

„Zusätzlich, Vladi, zusätzlich!", präzisierte Herr Vergil.

„Plus Trinkgeld, wenn Sie so nett sind. Insgesamt etwa eineinhalb Millionen, also einhundertfünfzig. Und das für eine bescheidene Mahlzeit – also für zwei Personen. Wenn acht oder zehn Kunden auf einmal kommen, merkt man nicht mal fünf Millionen."

„Auf einen Schlag!", folgerte Herr Vergil belustigt. „Hast du gesehen, wie dich die Bukarester über den Tisch ziehen, Vladi? Die Walacher, wie du sie nennst. Dankeschön, Lică mein Lieber", wendete er sich zum Kellner. „Jetzt bring uns die richtige Rechnung. Ich zahle."

Er spürte, dass er rot geworden war, und wusste selbst nicht, warum.

„Herr Vergil, nein! Ich hab gesagt, dass ich übernehme!", raffte er sich auf und wollte aufstehen.

„Nein, Vladi, nein. Ich habe das gesagt. Bleib ruhig, ich hatte sowieso nicht vor, dich zahlen zu lassen. Du bist mein Gast, zum Teufel! Bring mir die Rechnung, Lică. Vladi, merk dir das gut: Lică ist der schlaueste Oberkellner, den ich in meinem Leben gesehen habe. Und ich bin herumgekommen, wie du weißt."

Das wusste er.

Herr Vergil schien alle guten Restaurants in Europa zu kennen, und in Bukarest grüßten ihn die Kellner immer respektvoll, wo auch immer sie essen gingen.

„Vladi, das hier habe ich gemacht, um dir etwas klarzumachen.", setzte der Alte redselig an und schmatzte zufrieden. „Ihr dort habt keine Ahnung. Die Bukarester ziehen euch im großen Stil über den Tisch. Entschuldige, dass ich es dir so ins Gesicht sage, aber glaub mir, ich kenne mich aus. Wenn ihr euch so organisiert, wenn ihr selbständig werdet, sind wir in zehn Jahren da und kaufen das gesamte Banat. Und ihr werdet uns dafür danken."

„Also sind wir Dummköpfe!"

„Nein, mein Junge, auf keinen Fall! Aber diese Geschichten von der Unabhängigkeit, von der besseren Welt, die ihr errichten wollt, dass ihr besser und reiner seid, dass wir Bukarester euch verderben, das sind Träume, Freundchen! Ihr seid genau wie wir. Wir sind alle aus demselben Holz geschnitzt. Gut, schlecht, wie auch immer, das sind wir eben. Ich kenne so gut wie alle eure Geschäftsleute aus Temeswar. Es gibt keinen einzigen, der noch ganz dicht ist: Dem einen gefallen minderjährige Mädchen, der andere macht Immobiliengeschäfte mit der Zigeunermafia und wieder ein anderer ist mit irgendwem vom Bezirksrat verbandelt. Alle haben mit den Bukarestern, den Hauptstadtleuten, was am Laufen. Gut, vielleicht gibt es noch ein paar von diesen Ladenbesitzern, die kleine Profite machen, aber die Großen, die zählen, kommen alle nach Bukarest. Hier wird das Geld gemacht. Hier wird alles arrangiert. Ob die mit irgendeinem Senator aus dem Kreis Timiş unter einer Decke stecken oder eine Firma besitzen, die Aufträge für Straßenbau bekommen oder irgendwelchen Kram importieren oder exportieren, alle landen hier!"

„Ja, weil man alles von Anfang an so organisiert hat!", gab er Kontra. „Anders geht's nicht: alles läuft über Bukarest. Du kannst nichts machen, wenn du hier niemanden hast!"

„Aber natürlich, habe ich was anderes gesagt? Was ist mit uns beiden, Vladi? Hm?"

Er ließ den Kopf hängen.

„Ach, was gebärdest du dich wie ein Trauerkloß?", lachte Herr Vergil. „So macht man das. So werden Geschäfte gemacht und fertig. Was denkst du, wie es früher war, als ich nach London oder München fuhr, um mit dem verfaulenden Kapitalismus Verträge abzuschließen? Kein einziges Mal wurde ich gefragt, wie es mit den Menschenrechten in Rumänien aussieht! Das verkaufen wir, das kauft ihr, das ist unsere Sache, das eure. Wir sind Gentlemen, verdammt! Wir machen Geschäfte, wir retten nicht die Welt!"

Herr Vergil war in Fahrt.

„Ach, und hast du mal drüber nachgedacht, wie viele Siebenbürger... und wie viele von deinen sauberen, aufrichtigen und nicht korrumpierbaren Banatern nach Bukarest gekommen sind, um alle möglichen Dinger zu drehen? Die sind gekommen und die sind geblieben. Es sind viele, Vladi – *es ist* viele, wie wir Walacher sagen. Die Hauptstadt ist voll mit ihnen. Und es geht ihnen gut hier. Die Menschen sind gastfreundlich, das Leben ist fröhlich, du machst leicht Geld, wenn du schlau bist, warum sollst du dein Leben mit solchen Hirngespinsten zerstören? Die Welt ist global, Vladi, das hast du schonmal gehört, oder? *Sink globelli*, äct *lokelli*. Ihr seid nicht das rumänische Katalunien, Mensch! Das sage ich dir bei aller Liebe, glaub mir, das kommt von Herzen!“

Katalonien, sagte er sich unwillkürlich, doch er korrigierte ihn nicht.

„Apropos“, fuhr Herr Vergil fort und lachte dabei kurz und tief. „Heute Abend hast du Lică getroffen. Wusstest du, dass er einer deiner Siebenbürger ist? Vasile. Vasalie, so heißt er. Er ist seit etwa zwanzig Jahren hier und würde nicht mal dann in sein armseliges Dorf zurückziehen, wenn du ihn an den Eiern packst. Mit der Zange, ha-ha!“

„Aber, Herr Vergil!“, verteidigte er sich und wischte sich die verschwitzte Stirn ab – vielleicht hatte er doch zu viel Wein getrunken. „Ich hab nicht gesagt, dass irgendwer sich jetzt von Rumänien abspaltet, dass er... keine Ahnung, Grenzen errichtet und einen Unabhängigkeitskrieg vom Zaun bricht. Aber ein wenig Autonomie würde uns gut tun.“

„Wer hat denn von Krieg gesprochen, Vladi?“, bebte Herr Vergil. „Gott bewahre! Wir sind keine Schwachköpfe wie deine Jugoslawen. Aber ich alter Mensch, der vieles gesehen hat, garantiere dir, dass euch die Bukarester in fünf Jahren sogar die Schlüpfer wegnehmen. Dann bleibt euch nur euer Stolz, euer ‚Das Banat voran‘ und das Klo von Franz Josef.“

Herr Vergil hatte sich aufgeregt: Bisher hatte er seinen Kommentaren über die Banater Republik noch nie so viel Bedeutung beigemessen, und er bereute es, diese abgegeben zu haben. Es war deutlich, dass der Wein auch dem Alten zu Kopf gestiegen war, egal wie schwach die französische Traubenernte aus dem Jahr 2003 gewesen sein mag. Doch die Erinnerung an das Klosett des österreich-ungarischen Kaisers ließ ihn in ein lautes, entspanntes Lachen ausbrechen.

Er hatte Herrn Vergil irgendwann einmal die ganze Geschichte erzählt, so wie er sie selbst von einem Bekannten aus der Handelskammer gehört hatte. Vielleicht war es eine Erfindung, doch sie war viel zu köstlich, um nicht weitergetragen zu werden. Der Bekannte sagte, dass es in Temeswar einen wohlhabenden Kerl mit einer Leidenschaft für lokale historische Relikte gibt – der Bekannte wollte nicht sagen, um wen es ging, oder aber er wusste es selbst nicht –, der die Toilette von Franz Josef gekauft hatte. Er hatte sie sauber gemacht, restauriert und bei sich zu Hause aufgestellt. Daran sieht man, dass der Mythos des Kaisers, der über achtundsechzig Jahre einen Großteil Europas, von Böhmen bis nach Siebenbürgen und bis in die Bukowina, beherrscht hatte, immer noch stark genug war, interessante Leidenschaften hervorzubringen. Wie Emilia gesagt hatte, als sie diese Story hörte: Die Banater mögen nicht die Krypta der Habsburger haben, aber immerhin haben sie ihre Latrine bekommen. Für ehemalige Monarchisten an der Peripherie war das schon eine Errungenschaft. Er hatte herzlich gelacht und beide hatten sich spielerisch verschiedene Redewendungen und Bilder einfallen lassen. Er erinnerte sich an die Theorie der Nähe zwischen Menschen, die mit den Handschlägen. Welche Begeisterung du wohl spürst, wenn du weißt, dass dich nur ein Paar Arschbacken vom Kaiser trennen, wenn du dich mit dem Hintern dort hinsetzt, wo dessen schlaffe Arschbacken gesessen haben! Das Banat ist auch beim Klo vorneweg, hatte Emilia gesagt. Der Geist des Kaisers drückt für seine treuen Temeswarer Untertanen ab. Vlad punktete mit einer Version der ehemaligen Reichshymne: Gott erhalte Franz den Kaiser, wenn er Lust zu kacken hat, in meinem schönen Banat. Das klingt nach *Drei Schlüpfer*, hatte Emilia geurteilt. Wie sich wohl dieser Mensch fühlt, wenn er auf die Toilette geht? Betritt er sie mit einer Krone auf dem Kopf? Legt er mit Goldgarn bestickten Stoff auf den Deckel? Benutzt er normales Klopapier oder eins, das mit dem Reichswappen, mit dem zweiköpfigen Adler bedruckt ist? Oder mit Sissi und Franz auf dem Thron? Jeder auf seinem Thron, versteht sich. Vielleicht hatte der Mensch auch den intimen Thron von Sissi gekauft, um die beiden nicht zu trennen. Nein, der war vermutlich in Budapest, an einem anderen Ort imperialer Nostalgie, denn die schöne Kaiserin hat die Ungarn heiß geliebt! Ja, aber das wäre doch traurig: bis dass Buda uns scheidet.

An diesem Abend, an den er sich bestens erinnerte, schien ihm, dass er und Emilia über die Geschichte mit Romeo hinweggekommen waren, dass alles sein konnte wie früher, fast genau wie früher. Sie machten Liebe miteinander, wie früher, und sie schlief mit dem Kopf auf seiner Schulter ein.

Herrn Vergil hatte er die Geschichte mit dem kaiserlichen Klosett erzählt, um ihn zu unterhalten. Aber das zählte nicht. Er wusste selbst, wie viel Frustration, wie viel Überspanntheit und wie viel Realität in dem Hirngespinst vom unabhängigen Banat steckte. Weder er noch seine Freunde und Bekannten, mit denen er über die Republik Banat wie über eine historisch unmittelbar bevorstehende Möglichkeit diskutierte, hatten vor, mehr zu tun als bisher. Und trotz der hitzigen Diskussionen in ihrer Clique und im Netz, die ihnen das Gefühl einer aufkeimenden Macht gaben, die jederzeit explodieren konnte, waren sie ausreichend mit sich selbst zufrieden. Die Revolte gegen die Unterdrücker aus der Hauptstadt diente nur dazu, dieses Zufriedenheitsgefühl zu verstärken, denn sie waren noch nicht ganz alt geworden und hatten sich nicht gänzlich von der braven Behaglichkeit des mittleren Alters vereinnahmen lassen – sie waren noch im Stande, die Welt zu verändern, so wie sie es vor fünfzehn-zwanzig Jahren vermocht hatten. Es kam nur auf den Willen, auf den richtigen Moment an. Schließlich hatte man noch erstaunlichere Dinge gesehen, davon war er überzeugt. Die Welt verändert sich schnell, nichts ist sicher und ein

Gemütszustand kann auf kaum spürbare Weise zu einem Geist der Veränderung werden. Wie in Jugoslawien, ja. Jugoslawien schien ihm damals ewig. Und das Kaiserreich von Franz Josef schien seinerzeit auch ewig zu sein – bis es verschwand. Und dann war es klar, dass sich so, wie die Dinge liefen, in jedem Fall etwas ändern würde, egal, was Herr Vergil sagte. Es war ein Gedanke, an den er sich verbissen klammerte: die Perspektive einer Veränderung, egal wie unwahrscheinlich, die ihm einen Neuanfang böte, die alles auslöschte, was es in seinem Leben auszulöschen gab, und dessen weiteren Verlauf ändern würde – aber nicht zum Schlechten, auf keinen Fall zum Schlechten.

Seinen Besuch im Archiv der Securitate hatte er Herrn Vergil gegenüber in keiner Weise erwähnt. Vor dem Treffen hatte er die Kopie seiner Dichter-Akte in das Hotelzimmer gebracht und sie geistesabwesend nochmal überflogen. Ja, von Socolaru ging alles aus. Sogar seine Beziehung zu Herrn Vergil. Nach dem Abendessen im Restaurant hatten sie sich lächelnd voneinander verabschiedet und der Alte hatte ihn umarmt. Ihm schien es, als seien Herrn Vergils Augen etwas feucht geworden. Und doch konnte er sich ein Schimpfwort nicht verkneifen, das er im Fahrstuhl auf dem Weg zum Zimmer murmelte. Emilia hatte recht, Herrn Vergil nicht zu mögen, aber er hatte keine Wahl. Alles, was er geschafft hatte, hatte er dem freundlichen und selbstsicheren Alten zu verdanken, der die Menschen kannte und gut Bescheid wusste. Doch Herr Vergil war es auch, der ihn stärker in diesen Schlamassel verstrickt hatte, der ihn immer mehr erstickte.

*

Im Sommer 1990, als er vor wenigen Monaten aus dem Krankenhaus entlassen worden war und sich in der Wohnung seiner Eltern ausruhte, hatte er die Klingel gehört. Die Eltern waren auf der Arbeit, und so ging er zur Tür, schaute in den Spion und sah durch das kleine Glas die verzerrte, durch die Lupe deformierte Erscheinung eines bärtigen Mannes mit schwarzen Haaren, kleinen Augen und einem runden Gesicht, breit und dicklich, das ihm bekannt vorkam. Er öffnete die Tür und erkannte ihn, sobald er seine lebhafte Stimme hörte: Es war Ragnar, sein alter Freund aus dem Wohngebiet, der 1984 oder 1985 in die Bundesrepublik ausgewandert war. Ragnar war nach Temeswar gekommen mit einer Hilfslieferung für die rumänische Revolution. Eigentlich, so hatte er es in ihrem Gespräch verstanden, als sie in der Küche rauchend und Coca-Cola trinkend zusammensaßen, war der Schwabe mit einem Lastwagen voller Druckergeräte gekommen. Ragnat hatte, nachdem er in Deutschland angekommen war, Arbeit in einer Druckerei aufgenommen, wo er heute noch unter Vertrag stand. Als die Besitzer der Druckerei ein paar alte Geräte vernichten wollten, war ihm die Idee gekommen, diese nach Rumänien zu bringen.

Ragnar regte ihn dazu an, ein Geschäft zu eröffnen. Er, Vlad, hatte keinen Plan vom Drucken, doch er war ein beglaubigter Revolutionär, war von Steuern befreit und so konnte er zentral gelegene Räumlichkeiten in der Nähe der Piața Unirii mieten, auf einer kleinen Straße neben dem katholischen Dom. Also hatten sie sich an die Arbeit gemacht, ohne zu viel nachzudenken. Sein Vater, der überall in der Stadt Beziehungen und Bekannte hatte, stellte die Verbindung zu einem etwas älteren Arbeiter von der polygrafischen Gesellschaft her, die nach der Revolution in Helicon umbenannt worden und schließlich pleite gegangen war. Dieser sollte mit ihnen zusammenarbeiten und ihnen das Handwerk beibringen, denn die Zeiten, als das Land einen Haufen Ingenieure brauchte, schienen vorbei zu sein. Ragnar und er überlegten sich, auch einen Verlag zu gründen, da sie sowieso drucken konnten, was sie wollten, und nannten ihn in ihrem damaligen Enthusiasmus

Editura Timişoara Liberă, *Verlag Freies Temeswar*. Erst später, als der Name immer peinlicher klang, entschied er sich, auf seine Bücher nur die Initialien zu drucken: Verlag TL. Am Ende hatten sie keine Gesellschaft mehr gegründet, denn Ragnar war deutscher Staatsbürger und sie hätten eine Menge Unterlagen gebraucht. Er versicherte ihm jedoch, dass *Freies Temeswar* moralisch, „Moralisch, Ragnar, denn ich bin keiner von denen, die ihre Freunde hängen lassen", ihnen beiden gehörte. Insgeheim hatte er sich aber gefreut, dass keiner ihn damit nerven würde, was er wie zu tun und zu lassen hätte, nicht mal ein alter Freund aus der Kindheit.

Dann musste Ragnar zurück nach Deutschland. Es blieb ihm nichts anderes übrig, als mit Herrn Bălan von Helicon zurechtzukommen. Er bezahlte den alten Mann direkt, mit Bargeld und ohne Papiere. Nach kurzer Zeit sah er sich gezwungen, einen weiteren Arbeiter einzustellen. Dann noch einen. Als sich die Geschäftslage verschlechterte, entließ er den zweiten. Er musste sich sehr viele Dinge aneignen, von denen er noch nie gehört hatte: Papierarten, Maße, Grammatur – woher sollte er denn wissen, dass man das Papier abwiegt, wie Käse? –, Buchformate, Posterarten, all diese Buchstaben: A5, A3, A2, B2, wie man Druckplatten herstellt, was Alkasol ist, wie man Blätter falzt, wie man die Farbgebung hinbekommt, wie die Farben gemischt werden, was dieses Biegen ist. Die Geräte gingen manchmal kaputt und wurden wieder zusammengeflickt, Herr Bălan brachte heimlich Ersatzteile von Helicon mit, doch die Arbeit war mühsam und forderte allen Einsatz. Andererseits entdeckte er, dass ihm der Beruf Freude machte. Er hatte immer gern gelesen, er mochte Bücher und es war faszinierend, sie selber herzustellen, zu sehen, wie die bedruckten Seiten zum Vorschein kamen, die nach frischer Tinte riechen, wie man sie faltet, schneidet und zu einem Buch oder einer Broschüre verarbeitet und wie man daraus Geld macht. Doch Geld machte er damals ziemlich wenig und dieses Problem wurde immer größer.

Mittlerweile hatte er Emilia geheiratet und sie wohnten alle vier in der Wohnung seiner Eltern im UMT-Viertel. Der Verlag überlebte hauptsächlich dank der Druckerei, wo sie weniger Bücher, als mehr Poster und Flyer druckten, üblicherweise in schwarz-weiß. Nachdem er einiges in eine Kopiermaschine Marke Xerox investiert hatte, konnten sie auch Unterlagen und wissenschaftliche Arbeiten für Studenten kopieren oder sogar Gesuche, die die Menschen an Pfosten klebten: „In der Nähe von Piața Operei ist ein besonderer Pekinese weggelaufen, er hört auf den Namen Pufi, dem Finder wird eine Belohnung ausgezahlt", dazu ein verwaschenes Foto, grau mit schwarz, auf dem man die Konturen von Pufi kaum erkennen konnte, obwohl – wie besonders konnte ein Pekinese sein? Für das Kopiergerät hat er ein Mädchen angestellt, das er später auch entließ, und so ging es drei-vier Jahre weiter. Nicht nur einmal hatte er Lust, alles hinzuschmeißen. Die Arbeit fraß Zeit und er kam kaum über die Runden, besonders, weil Emilia in der Zwischenzeit, kurz bevor sie die Uni abschließen konnte, Alex bekommen hatte und ihre Abschlussprüfungen verschieben musste. Nun wohnten sie zu fünft in der gleichen Wohnung und hätten es ohne die Unterstützung seiner Eltern nicht geschafft. Der Papierpreis war plötzlich angestiegen, die Drucktinten aus dem Import waren teuer, die aus Rumänien waren schlecht, also begann er, ernsthaft über seine Privilegien als Revolutionär nachzudenken: Nach dem sogenannten Dankbarkeits-Gesetz aus dem Jahre 1990 konnte jeder, der bei der Revolution verletzt wurde und kein Einkommen hatte, sein ganzes Leben eine Entschädigung bekommen, etwa wie ein mittleres Gehalt. Es gab auch andere Vorteile: Gratis-Behandlungen, Gratis-Transport, Steuererleichterungen. Wenn er sich anschaute, wie das Geschäft lief, das ihm zusammen mit Ragnars Besuch in den

Schoß gefallen war, schien ihm die Idee, dass er einfach so, auf Kosten des Staates, leben könnte, ohne einen einzigen Tag in seinem Leben zu arbeiten, immer attraktiver.

„Diese zwei Tage waren die beste Investition meines Lebens“, sagte er Emilia mit einem selbstironischen Lächeln.

Sie rümpfte verächtlich die Nase. Sie hatte recht. Aber was konnte man tun? In der Armut der neunziger Jahre, als ihnen Emilias Gehalt als frischgebackene Lehrerin nicht einmal für das Essen ausgereicht hätte – was hätte er tun können als etwa Zwanzigjähriger, der es mehr schlecht als recht geschafft hatte, Ingenieur zu werden in einem Land mit zehntausenden von Ingenieuren, die keiner mehr brauchte?

Und dann hatte er einen Kumpel getroffen, einen Bekannten in etwa seinem Alter, den er in seinem Revolutionsverein kennengelernt hatte, einer der vielen Vereine übrigens, die in Folge des Dankbarkeits-Gesetzes entstanden waren. Sie saßen an einem warmen und belebenden Märztag in einem Biergarten an der Piața Operei, erinnerten sich an die heldenhaften Momente vom Dezember 1989 und machten sich gegenseitig Mut. Der Kumpel aus dem Revolutionsverein war nach Bukarest gezogen und arbeitete als Berater eines liberalen Abgeordneten. Er erzählte Vlad mit einer leidenschaftlichen Empörung, die an Bewunderung grenzte, welche Dinger in der Hauptstadt gedreht wurden, wie unseriös und oberflächlich die Menschen waren und welche Huren beiderlei Geschlechts sich in seiner Welt tummelten.

„Aber wenn es ums Geld geht, um Geschäfte, irgendwelche Schmierereien, sind alle top! Sogar der größte Bukarester Analphabet steht sofort bereit, wenn er irgendwo Geld schnuppert. Die sind wie die Mäuse, die den Speck riechen, Vlad, ehrlich! Und der ganze Speck ist dort!“

Vlad klagte ihm seine Schwierigkeiten und der Kumpel zeigte sich hilfsbereit gegenüber einem alten Revolutionskameraden, den er im Dezember 1989 noch nicht einmal gekannt hatte. Er sagte ihm, dass er jemanden kennt, einen Kerl aus Bukarest, etwas älter, doch verdammt umtriebig und schlau, einer, der überall mitmischt, in Ceauşescus Zeiten hatte er im Außenhandel gearbeitet, du weißt, was das heißt, oder? Die Securitate steht ihm ins Gesicht geschrieben. Doch der Mann war ein Fachmann, er kannte sich aus, das war unumstritten, und es hieß, dass er zuverlässig sei. Und er beschäftigte sich genau mit sowas: Druckerzeugnisse, Poster, Flyer... Er besaß auch ein Lager mit Druckmaterialien, verkaufte Ware *en gros*, Papier und sowas, der Kumpel wusste es nicht genau, doch die Parteileute kannten ihn. Herr Vergil, so nannten ihn alle. Herr Vergil kannte alle und alle kannten Herrn Vergil, der kein Betrüger war, sondern ein zuverlässiger Mensch – so zuverlässig, wie es ein Walacher, der schon mal Securist gewesen war, eben sein konnte. Wenn er wollte, könnte er ihm eine Telefonnummer oder Adresse zuspielen. Er willigte ein.

So lernte er Herrn Vergil kennen. Er rief ihn an und sie verabredeten sich, natürlich in Bukarest. Er ließ Emilia mit dem erst zweijährigen Alexandru zu Hause und fuhr alleine, mit dem Zug. Damals fuhr er Zug, denn der Dacia seines Vaters war zu abgenutzt, um einen so langen Weg zu bewältigen. Sie trafen sich im Restaurant des Hotels Intercontinental, wo er die billigsten Speisen auf der Karte bestellte. Herr Vergil musterte ihn kurz, lachte und öffnete seine fleischigen Lippen. Lassen Sie mal, Herr Jivan, ich lad' Sie ein!, sagte er ihm mit einer arroganten Zärtlichkeit. Ich weiß, wie man anfängt. Ich war auch mal jung, zum Geier!

Damals war Herr Vergil noch nicht so alt und hatte mehr Haare auf dem Kopf, nicht die graue Krone, die jetzt seine Glatze umrandete. Und er, Vlad, hatte keinen Bauch und war viel leichtgläubiger, aber trotzdem schaute er misstrauisch auf den kleinen und umtriebigen Herrn im eleganten grauen Anzug mit weißem Hemd, ohne Krawatte und mit Schuhen aus geflochtenem Leder. Solche Schuhe trugen auch die Geldwechsler, die vor dem Hotel lauerten, um die Leute übers Ohr zu hauen. Nur dass er keine große Wahl hatte. Herr Vergil war übertrieben freundlich und verständnisvoll und so war es auch geblieben. Er zeigte ihm ein paar Druckmuster aus seinem Verlag, die er in einer schwarzen Aktentasche mitgebracht hatte. Die ließ ihn zwar lächerlich aussehen, aber sowas trugen doch die Geschäftsleute, warum also nicht? Schön. Schön!, rief Herr Vergil aus. Er musterte die auf dem Tisch ausgebreiteten Flyer und Bücher, roch am Papier und betastete es. Deutsche Technologie, nicht wahr? Sicher! Sag mal, bist du bei der Firma, in diesem Verlag alleiniger Partner? Eigentümer? Ja, er war allein. Ragnar hatte die rumänische Staatsbürgerschaft aufgegeben, als er ausgewandert war, und wollte keinen Stress mit der rumänischen Bürokratie: Als er mit den Firmenpapieren angefangen hatte, hatte Ragnar lustlos abgewinkt und ihm gesagt, er solle sich nicht verrückt machen und die Firma alleine gründen und fertig. Am Ende ging die Druckerei mit all ihren Geräten als Spende durch, und er nutzte sie auch für den Revolutionsverein, um im Falle einer Wirtschaftsprüfung eine gesetzliche Absicherung zu haben. Außerdem wusste er, dass keiner es gewagt hätte, einem Menschen, der für die Freiheit des Volkes fast gestorben wäre, etwas zu unterstellen. Wo kaufst du deine Materialien? Was kosten sie? Er erzählte es ihm. Von dort und dort, so und soviel kostet das Papier, so und soviel die Tinte... Es stellte sich heraus, dass er das Material eigentlich von Herrn Vergil kaufte, denn der wiederum versorgte die Firmen in Temeswar, mit denen Vlad zusammenarbeitete. Ein Grund mehr, direkt zusammenzuarbeiten. Du sparst dir den Zwischenhändler, verstehst du?, erklärte ihm Herr Vergil. Sparst Kosten ein. Und mit Verlaub, deine Temeswarer schlagen unverschämte Gebühren drauf. Wie auch immer, ihre Sache, aber es ist so. Am Ende, als sie bei der zweiten Weinflasche angekommen waren, verstanden sie sich blendend. Der Alte ging von „Herrn Jivan“ zu „Vladi“ über. Es ist, als wärst du mein Kind, Vladi!, rief er aus. Gott hat mir keine Kinder geschenkt, aber wenn ich einen Sohn gehabt hätte, dann hätte ich mir gewünscht, dass er so ist wie du! Er warf einen Blick auf den linken Ringfinger des Alten, an dem ein dicker Ehering strahlte. Der Alte beobachtete ihn, doch er sagte nichts. Er bot ihm an, die Druckmaterialien direkt zu verkaufen und schlug anschließend eine engere Zusammenarbeit vor. So gewinnen wir beide. Vielleicht hältst du das für Unsinn, aber glaub mir, Vladi, ich habe genau nach einem Menschen gesucht, den ich dort, in Siebenbürgen, einsetzen kann. Im Banat, aber er protestierte nicht. Später hatte er Gelegenheit, ihn zu korrigieren. Damals war er bereit, der Siebenbürger Mann von Herrn Vergil zu werden.

Die Wahlen standen bevor und der Alte erklärte ihm, dass zehntausende von Plakaten und Flyern und Tonnen von Flugblättern mit den Kandidaten und ihren Parteien gedruckt werden mussten. Er begriff sofort: das war eine ordentliche Geldquelle. Die Parteien zahlten alles, weil niemand auch nur einen Cent aus der eigenen Tasche ausgab. So einen Auftrag hätte er sich nie träumen lassen: die wurden nicht einfach so vergeben, nicht einmal für deutsche Technologie. Nein, du hast es nicht kapiert, Vladi, wies ihn Herr Vergil sanft zurecht. Die machst du billig, spottbillig. Zum Kleinstpreis, wenn es nötig ist. Sogar mit ein wenig Verlust. In die Akte trägst du ein: eintausend Poster B2, auf Glanzpapier zweihundertzwanzig m/g^3, und du machst eintausendzweihundert, eintausendfünfhundert. Fünftausend Flugblätter schreibst du auf, machst aber siebentausend. Das machst du auch ohne Papiere, denn du weißt ja, in den Parteien geht das Geld durch viele Hände und verirrt sich ab und zu auch mal. Er kapierte es nicht. Wo war dann das Geschäft?

Der Gewinn fließt direkt in deine Hände, erklärte Herr Vergil. In den Papieren machst du Verlust, aber das ist der Verlust der Firma, verstehst du? Der große Gewinn kommt erst später. Hör mir noch ein bisschen zu, schnitt ihm Herr Vergil das Wort ab, als er sah, dass er protestieren wollte. Der... große... Gewinn kommt... erst danach. Vertrau mir, ja? Wenn du es schaffst, Qualität zu liefern, wie du es mir gezeigt hast, und wenn die Dinge erstmal laufen, wirst du dir nicht mehr den Kopf über die Einnahmen und Ausgaben zerbrechen. Vertraust du mir, Vladi? Das tat er zwar nicht, aber eine Wahl hatte er auch nicht und das wusste der Alte. Es stimmt aber, dass er ihn *damals* nicht zu irgendwas gezwungen hat. Ich dir auch, mein Junge!, erwiderte Herr Vergil. Du hast keine Ahnung! Wenn ich daran denke, wie viel Mut du damals hattest, als du im Dezember auf die Straße gegangen bist! Wie soll ich einem wie dir nicht vertrauen? Menschen mit Rückgrat, die sich den Kugeln des Tyrannen stellen... Du sollst wissen, dass ich stolz darauf bin, dass du mit mir zusammenarbeiten möchtest, Vladi. Ich kenne mich aus, und du verdienst es. Du hättest damals sterben können, nicht wahr? Er hatte das in einem heiteren Ton gesagt, als würde er über einen Film sprechen, der ihm gefallen hatte. Und du bist davongekommen, Junge... Große Sache! Gott ist groß! Du wirst sehen, wir beide werden gut zusammenarbeiten. Garantiert!

Er hatte aber trotzdem noch ein paar Zweifel. Er hätte gerne von Herrn Vergil gewusst, wie er seine verlegerische Seite, die Publikation von Büchern weiterentwickeln konnte. Der Rat eines Kenners. Oder eine Bekanntschaft, Vitamin B... Nein, nein, damit kenne ich mich echt nicht aus, sagte Herr Vergil ruhig. Er zündete sich eine extralange Kent an, zog einige Male daran und klopfte die Zigarette über dem tellergroßen Aschenbecher aus Kristall ab. Aber einen Rat..., einen Rat kann ich dir geben. Ein weiteres Mal zog er an der Zigarette und blies langsam den Rauch aus. Er schaute Herrn

Vergil mit kühner Aufmerksamkeit an. Du solltest nicht allzu viel auf diesen Teil zählen, sagte er ihm. Willst du mit Büchern Geld machen? Versuch es, keiner hält dich davon ab. Aber ich glaube nicht, dass du es tun wirst. Der Zug ist abgefahren. Ich glaube, das weißt du auch, sonst würdest du nicht fragen. Er nickte, obwohl er es nicht wusste. Herr Vergil fuhr fort: Damals, direkt nach der Revolution, neunzig, vielleicht bis dreiundneunzig, vierundneunzig, ging das noch. Da konnte dir der große Wurf gelingen, wie mit den Büchern von Sven Hassel, *Gestapo*, und den anderen. Oder mit Eliades *Geschichte der Religionen...* Aber die Rumänen sind nicht wirklich so lesebegeistert, wie wir es gerne glauben möchten. Hätte ich irgendeinen Wettbewerbsvorteil oder strategischen *Asset* gehabt, wäre ich fünf Minuten klüger gewesen, dann hätte ich selbst Geld mit Sven Hassel gemacht oder mit den Erinnerungen von denen, die die Kommunisten eingesperrt hatten, wie Steinhardts *Tagebuch des Glücks*, *Jurnalul fericirii,* und solche Sachen. Aber so... nein, das funktioniert nicht mehr. Und ich bin hier in Bukarest, wo man die wichtigen Entscheidungen trifft, verstehst du? Was denkst du, was du dort in der Provinz bewegen kannst? Was veröffentlichst du? Autoren aus dem Ausland musst du das *Copyright* bezahlen, Urheberrechte, Übersetzer, ein Vertriebsnetzwerk bilden, du musst aufpassen, dass dich die Buchläden nicht über den Tisch ziehen und dich zumindest alle drei Monate für das Buch bezahlen... Hast du Geld, das du dahinein investieren kannst? Natürlich nicht. Daran hatte er überhaupt nicht gedacht. Aber vielleicht willst du Rumänen verlegen. Rumänische Schriftsteller. Und wen? Die Großen veröffentlichen alle hier in Bukarest. Nur, wenn du dort in Temeswar einen Marin Preda oder irgendeinen Siebenbürger Mircea Eliade entdeckst... Banater, sagte er sich. Aber das wirst du nicht. Denn es gibt sie nicht. Das sag ich dir. Und wenn es die gäbe, würden sie nach Bukarest kommen, um veröffentlicht zu werden, weil die großen Verlage hier sind. So!, schnipste der Alte vor seiner Nase mit den Fingern. Der ist ja fröhlich, der Opa! Sicher, wenn du dich nicht Drucker, sondern Verleger nennen willst – Herr Vergil verzog das Gesicht und zwinkerte ihm gequält zu –, veröffentlichst du mit dem Geld der Schriftsteller. Du machst ihnen einen Kostenvoranschlag, so viel kostet der Druck, so viel das Papier, rechnest einen kleinen Profit mit ein und dann übergibst du ihnen schön die Bücher, die sollen sie weiterverschenken. Dann bist du Verleger, siehst du? Das kannst du machen, keiner hält dich davon ab – und du verlierst auch kein Geld. Aber davon wirst du dir nie ein Auto kaufen und auch kein Haus bauen können, nicht mal, wenn du Shakespeares Vater entdeckst!

Das bleibt abzuwarten, sagte er sich wieder, doch er lächelte freundlich und stellte seine zweite Frage. Für wen würde er..., würden sie arbeiten? Wie, für wen?, wunderte sich Herr Vergil. Das heißt, für wen würden sie die Wahlplakate und die anderen Dinge produzieren, mit denen man Geld verdient? Für die Macht oder für die Opposition? Für wen würdest du sie gern machen wollen, Vladi?, lächelte der Alte und fixierte ihn. Auf keinen Fall für die dreckigen Neokommunisten, die unser Land führen, dachte er, doch wieder schwieg er strategisch. Solche Strategien eignete er sich schnell an. Er hob die Schultern. Für alle, mein Junge!, gab Herr Vergil majestätisch die richtige Antwort, dann lehnte er sich mit Genugtuung zurück und öffnete weit seinen Sakko aus fein gewebter englischer Wolle. Lerne, wie ein Geschäftsmann zu denken. Du machst Geschäfte und nicht Politik! Vielleicht findest du den einen oder anderen nicht sympathisch, ich vielleicht auch nicht, aber das erzählst du nur deinen Freunden, oder wenn du willst, gehst du auf eine Demo und schreist ‚Nieder mit ihm, nieder mit ihm!'. Du gehst schön wählen, wählst, wen du möchtest, sicher, wer hindert dich dran? Aber wenn du dein Büro betrittst, ist Schluss, mein Lieber, du bist Geschäftsmann, nicht Demonstrant. Schau mich an!, forderte er ihn auf. Schau gut hin! Einige würden über mich sagen, dass ich ein alter Securist bin. So würden sie sagen. Er schwieg. Er wusste, dass sich eine Antwort gehörte hätte, doch er war dazu nicht fähig. Er presste den Kiefer zusammen und schaute den Alten weiter an. Wie auch immer, so würden sie sagen, fuhr Herr Vergil etwas kühler fort. Ich habe meinen Job gemacht, mein Junge, das habe ich getan! Ich hätte im Innenhandel oder im Außenhandel arbeiten können. Als sie mir den Posten angeboten haben, redete ich eine Nacht und einen Tag darüber mit meiner Frau, bis ich sagte, warum nicht? Ich wusste, dass ich mich darauf verstehe. Und ich habe meinen Job anständig gemacht. Ich habe Geschäfte gemacht – für Rumänien, für Ceauşescu, für die Wirtschaft des Landes. Meinen Job, verstehst du? Ja, ich hatte einen Militärgrad, ich wurde als Hauptmann pensioniert und ich hätte auch General werden können, hätte ich es gewollt. Aber darum geht's nicht. Selbst wenn ich in den USA gelebt hätte, wäre ich Geschäftsmann geworden, weil ich gut bin, kapierst du? Mein Lieber, ich könnte jetzt die Füße hochlegen und nur von meiner Pension leben. Ich würde besser leben als viele Leute in dieser Stadt. Weißt du? Natürlich weißt du es. Aber ich kann es nicht, es ist nicht meine Natur. Ich mache das, was ich schon lange mache, wie der arme Eminescu sagte. Ich mache Geschäfte. Und ich bin verdammt gut darin!

Das war erst der erste Teil der Erläuterung.

Du musst mit allen zusammenarbeiten, Vladi. So ist das in jeder Branche. Du rümpfst nicht die Nase, weil der eine Kommunist war und der andere Securist. Irgendeiner hatte sich bei Ceauşescu eingeschleimt..., na gut, aber nun ist er Parteivorsitzender und braucht jemanden wie dich. Wenn du nicht willst, wollen andere. Und morgen brauchst du den Typen vielleicht. Eine Hand wäscht die andere und beide Hände waschen das Gesicht, ja? Kapierst du? Wir sind in Rumänien, Vladi, du kannst nie wissen, was morgen passiert. Schau mal, es könnte jetzt sein, dass unsere Machthaber die Wahl verlieren, denn danach riecht es gerade. Aber es könnte auch sein, dass nicht. Warum sollst du es dir schwer machen? So weiß jeder, dass du zuverlässig bist und keine Flausen im Kopf hast, du willst doch auch nur auf die Füße fallen…, und du musst wissen, dass die Menschen das respektieren. Das verneinen sie zwar, aber das tun sie. Mach du nur deine Arbeit ordentlich, und die Beziehungen entstehen von selbst. Ich kümmere mich drum.

In der Tat kümmerte er sich. Etwa zwei Monate nach der wenig profitablen Aktion mit den Drucksachen für die Wahl, nachdem er wie ein Wahnsinniger geschuftet und jede Nacht in seinen Träumen nur die Gesichter von Politikern im dunklen Sakko und mit strahlendem Lächeln gesehen hatte, manchmal vor rotem, manchmal gelbem, blauem oder grünem Hintergrund – alle die gleichen Mienen, alle das gleiche Grinsen –, erhielt er zwei Aufträge durch einen entfernten Bekannten vom Bezirksrat: Flyer und Plakate mit Brandschutznormen und ein Paket mit Werbematerialien und Programmflyern für ein nationales Symposium zu Umweltthemen. Er reichte weitere Angebote für Projekte und Kampagnen ein, alle ordentlich vom Staat oder von der Lokalverwaltung vergütet, und erhielt mit der Zeit die Aufträge. Von einigen erfuhr er durch Herrn Vergil, der ihm manchmal auch sagte, mit wem er sprechen sollte – der Alte kannte in der Tat einen Haufen Leute –, bei anderen riet ihm Herr Vergil, sich nicht einzumischen: Das mit der Kampagne gegen Drogen ist ein nationales Projekt, mit viel Geld. Ist nicht für unsereiner. Das ist für die großen Macher. Mit der Zeit kam auch die Phase der EU-finanzierten Projekte, der Kampagnen für etwas und gegen was anderes, und in der Druckerei surrten die Geräte unentwegt und spuckten bunte Blätter aus, auf denen die Tinte noch feucht war, schwere Blätter, seidenmatt oder matt, dünne Blätter mit niedriger Papierdichte, große Poster, *glossy*, und Flugblätter, die mehr schlecht als recht auf porösem Papier gedruckt waren, doch alle waren profitabel, immer profitabler. Er kaufte ein weiteres Druckgerät für Offset-Druck, diesmal durch ein Unternehmen, zu dem Herr Vergil Verbindung hatte, stellte weitere vier Leute ein, und zum passenden Zeitpunkt stellte er auf Digitaldruck um – aber er behielt Herrn Bălan, der ihm das Drucken beigebracht hatte. Ein Jahr später kaufte er sich einen gebrauchten weißen Golf, dann einen roten Toyota, den Emilia heute noch fährt, und nach den Wahlen im Jahr 2000, die sich für ihn und Herrn Vergil sowieso als gewinnbringend erwiesen, beschloss er, ein Grundstück zu kaufen, um ein Haus zu bauen, denn Emilia wollte unbedingt ihren Sohn in einem Haus großziehen. Das Grundstück war weit von der elterlichen Wohnung entfernt, Richtung Fratelia, aber auf einer schönen, ruhigen Straße, die beiden von Anfang an zugesagt hatte. Sie trug einen Namen, der ihm prädestiniert schien: Letea, genau wie die größte Papierfabrik in Osteuropa.

Nun stand am Ende der Straße, die zum Rebreanu-Boulevard führte, ihre Villa – weiß, modern und mit einem oberen Stockwerk, im Bauhaus-Stil, wie Emilia es mochte und wie man fast alle Villen im Rumänien der neunziger Jahre baute. Die Druckerei arbeitete fleißig weiter. Druckerei und Verlag, denn er blieb hartnäckig und veröffentlichte weiterhin Bücher – und nicht nur Emilias oder die Sammlungen von Übungen und Kommentaren der Inspektoren und Schulaufsichtsräte, die Beziehungen, nicht aber Geschäfte (obwohl Beziehungen in Rumänien Geschäfte bedeuteten) mit sich brachten. So war es schon immer, Emi, warum sollte ich gegen den Strom schwimmen?, sagte er einmal Emilia, die gelegentlich Anflüge von Gerechtigkeit hatte – in der Villa, die ihr nicht die soziale Gerechtigkeit gebaut hatte, auf dem Sofa, das nicht das Geschäftsethos gekauft hatte, neben der Einbaugarderobe, die sich nicht durch Korrektheit und fairen Markenwettbewerb gefüllt hatte. Wenn Emi es absegnete, war es in Ordnung. Vielleicht hatte er deswegen in einem Sommer im Jahr zweitausendirgendwas, als Ragnar in den Urlaub nach Temeswar gekommen war, kaum, dass sie sich begrüßt und umarmt hatten, dem Deutschen ein Plastiktütchen voller Geldscheine in die Hand gedrückt: fünftausend Euro. Für damals, in den 90er Jahren. Es ist nicht so viel, aber das ist das, was ich dir bieten kann, Meister. Sag mir, dass es ok ist. Überrascht sagte Ragnar, dass es ok ist, und kratzte sich am vorzeitig ergrauten Bart. Warum sollte es nicht in Ordnung gewesen sein? Damals, im Jahr 1990, hatten sich seine Vorgesetzten gefreut, dass sie die alten Geräte losgeworden waren, ohne Gebühren zu bezahlen. Sie hatten ihn sogar für diese Idee gelobt. Heute war Ragnar der Leiter der bayerischen Druckerei, wo er als Geselle seine Arbeit angefangen hatte; er hatte eine Frau, zwei Kinder und lebte im Herzen des deutschen Wohlstands. Sein erster Impuls war, so schien es ihm, den Stapel Geldscheine nicht anzunehmen. Zehn Jahre zuvor hätte er es sicherlich getan, nur dass man jetzt die Probleme des Lebens anders bewertete, und er vermutete, dass Ragnar ein neues Auto oder wer weiß, vielleicht neue Wohnungsmöbel nicht schaden konnten. Ragnar war es ja gewesen, der seinen Weg zum Erfolg geebnet hatte – den schönen Zeiten im UMT-Viertel und der Temeswarer Revolution zuliebe. Als er ihn zu sich nach Hause einlud und die beiden auf der schattigen Terrasse der Villa auf der Letea-Straße ein kaltes Bier tranken, mag es Ragnar sogar vorgekommen sein, dass der fröhliche und selbstsichere Dunkelhaarige, sein ehemaliger Freund, der nun den stattlichen Bauch eines Geschäftsmannes besaß, zu leicht davongekommen war. *C'est la vie*, dachte er munter. *C'est la vie, toujours perfide.*

Einige Monate vor Ragnars Besuch, im Frühjahr, hatte ihn Herr Vergil auf dem Handy angerufen. Es war ein sonniger Nachmittag und so war er auf die Terrasse gegangen, um in Ruhe reden zu können: die Schüler hatten Ferien, Emilia war zu Hause und beobachtete ihn vom Sofa aus, und als er den Namen des Alten aussprach, verzog sie das aristokratische Gesicht zu einer genervten Grimasse. Sie hatte Herrn Vergil nie gemocht, obwohl dieser sie, als sie Vlad zweimal nach Bukarest begleitet hatte, mit einer fast übertriebenen Höflichkeit behandelt hatte. Allerdings hatte Herr Vergil sie bei dem ersten Treffen von den langen und geschwungenen Oberschenkeln bis zum frisch frisierten Haar gemustert und gierig geschmatzt. Das geschah, als die beiden sich dem Tisch näherten, an dem er auf sie wartete, und Emilia dann ihren etwas abgenutzten Mantel ablegte und ihr blaues Seidenkleid zum Vorschein kam, das sie gezielt ausgesucht hatte, um Eindruck zu schinden. Danach hatte nichts oder fast nichts an seinen Gesten oder Worten die Grenzen des Anstands überschritten. Vielleicht nur, als er gesagt hatte: Ach, ihr Lieben, wie leid es mir tut, dass ihr nicht in Bukarest wohnt! Ich hätte aus euch Minister gemacht... Nein, Botschafter, Botschafter! Beide so groß und attraktiv, da hätten die alten Frauen und Männer in den Botschaften Bauklötzer gestaunt! Und klug, natürlich, hatte er rasch hinzugefügt. Was haben Sie studiert, Frau Emilia? Englisch. Ich bin überzeugt, dass Sie es göttlich sprechen, wie bei Shakespeare zu Hause, *don't you*? Emilia hatte ein breites, künstliches Lächeln aufgesetzt. Zum zweiten Treffen war sie widerwillig mitgegangen, obwohl der Alte weiterhin freundlich gewesen war und sich sogar für ihre Gedichte interessiert hatte. Und nun konnte sie sich die Grimassen nicht verkneifen, wenn sie Vlad mit Herrn Vergil reden hörte.

Herr Vergil hatte eine Bitte an ihn. Eine, naja, etwas besonderer Art. Nein, nein, mit dem Geld gab es keinerlei Probleme. Dort wo es nötig war, reichte es aus – was auch immer das hieß, denn er zahlte dem Alten einen soliden Prozentsatz aus seinem offiziellen oder inoffiziellen Gewinn, sei es für die Instandhaltung und Wartung, sei es für tatsächliche oder fiktive Anschaffungen, und fast niemals geschah das durch die gleiche Firma oder auf das gleiche Konto. Er hatte eine Weile gebraucht, um zu verstehen, warum und vor allem wie Herr Vergil all diesen Mischmasch machte, diesen Tanz des Geldes, den er für rein dekorativ, für rein spielerisch hielt. Die Bitte von Herrn Vergil war in der Tat eine besondere. Sogar die Stimme klang am Telefon schmieriger als sonst.

„Vladi, ich rufe dich an, um dich um einen Gefallen zu bitten. Ein ganz kleiner, eine Bagatelle, in zehn Minuten hast du es erledigt. Es ist nicht mal für mich, sondern für einen Bekannten. Es ist sogar einer von deinen Temeswarern, ein Banater, wie du sie nennst."

Das Ganze zog sich länger hin, als es in Herrn Vergils Natur lag. Als er fertig war, wurde ihm klar, warum.

„Verdammt, Herr Vergil!", rief er aus und ging aufgeregt durch das frisch gemähte Gras. „Also ehrlich, das ist etwas... Wie soll ich so etwas tun?" Mit einer Hand hielt er das Telefon dicht am Ohr und mit der anderen gestikulierte er aufgebracht, als würde ihn der andere sehen und damit seine Entrüstung besser verstehen können. Geschäfte waren Geschäfte, wie auch immer sie waren. Aber das... Diese Sache!

„Herr Vergil, ich kann das nicht! Verlangen Sie von mir was anderes, egal was, wirklich, aber sowas nicht. Ich würde mir..., es würde mich..."

Er murmelte verwirrt, und das regte ihn noch stärker auf. Er fand seine Worte nicht. Herr Vergil war in ein Gebiet vorgedrungen, wo er nichts zu suchen hatte. Es war, als hätte er von ihm verlangt, Emilia hinzuschicken, um einen dieser... Bukarester zu verführen, so in der Art. Der alte Securist überspannte den Bogen: Er schlich sich in sein vergangenes Leben ein.

„Mensch, Vladi! Das ist doch keine große Sache! Nicht mal illegal. Ich hab es dir gesagt, der Junge war dort, bei der Revolution, auf dem Platz oder was weiß ich wo, bei den Demonstrationen, die es gab. Aus revolutionärem Elan ist er auf die Straße gegangen, alleine, du weißt genau, wie das war!"

Fast sah er Herr Vergil dabei grinsen.

„Aber genau das wird ihm jetzt nicht anerkannt, verstehst du? Der Kerl hat sich zu viel Zeit gelassen mit den Papieren, wahrscheinlich kennt er auch nicht die richtigen Leute, und jetzt wollen die seinen Status als Revolutionär nicht anerkennen. Er hat das beantragt, ist wie ein Verrückter deswegen herumgerannt und nur das fehlt ihm noch: eine Erklärung, eine einzige, von einem echten, beglaubigten Revolutionär. Deshalb hab ich an dich gedacht, denn in dich habe ich vollstes Vertrauen! Wir kennen uns ja seit einiger Zeit. Würdest du mir nicht vertrauen?"

Das klang nicht gut. Das klang nach einem schlechten Omen. Herr Vergil wollte keinen Rückzieher machen. Er verstand es nicht. Er blieb neben einem der Kirschbäume stehen, die er neben dem Haus gepflanzt hatte, und begann, die rosafarbenen Blütenblätter zwischen den Fingern zu zerquetschen, erst eine Blüte, dann eine weitere. Die zarte Feuchtigkeit fühlte sich angenehm an. Vielleicht war der Moment gekommen, Herrn Vergil loszuwerden – also nicht, sich seiner zu entledigen, sondern sich etwas zu distanzieren und das Kräfteverhältnis neu zu kalibrieren. Nun hatte er seine eigenen Bekanntschaften, Freunde, Menschen, die ihm etwas schuldeten, Menschen mit Beziehungen.

„Ich kann nicht, Herr Vergil", wiederholte er mit einer Stimme, in die er sich bemühte, so viel Bedauern wie möglich hineinzupacken. „Nein, das kann ich nicht." Er griff eine Kirschblüte zwischen

Daumen und Zeigefinger. „Ehrenwort! Alles, woran ich jemals geglaubt habe... Können Sie das nicht verstehen, wenn das auch den Bach runtergeht, wie soll ich sagen…" „Ich verstehe dich, Vladi!", antwortete der Alte und seufzte tief, resigniert. „Ja, die Ideale der Jugend, die sind viel wert. Aber damit machst du nichts, was nicht richtig ist, das sollst du wissen. Der Junge war dort, das garantiere ich, aber er hatte nicht das Glück, angeschossen zu werden und so konnten ihn andere Leute nicht sehen und wiedererkennen. Na, komm schon, Junge, wie oft soll ich dich noch bitten? Komm schon, Mechaniker, tu es für mich!" Da erstarrte er. Ihm lief es eiskalt den Rücken hinunter und sein Herz dröhnte: Er hörte es bis in den Kopf vibrieren. „Was haben Sie gesagt, Herr Vergil?", platzte es aus ihm heraus und klang erbitterter, als er wollte. „Mach das für mich. Wenn ich dich drum bitte..." „Nein, nein! Wie haben Sie mich genannt?" „Mechaniker. Bist du denn nicht Ingenieur der Mechanik? Warst du nicht auf der Polytechnischen? „Doch, war ich. Beim TCM", fügte er leise hinzu. „Na, siehst du? Du bist Mechaniker, nicht? Das meinte ich." Jetzt erkannte er die alte Fröhlichkeit des pensionierten Securisten. Ja, natürlich war er Mechaniker: Das würde er nicht vergessen. In diesem Augenblick wusste er, dass er dieses Schreiben aufsetzen würde, vielleicht auch weitere, bei Bedarf – und ihm wurde auch klar, dass er sich nur dann von Herrn Vergil loslösen würde, wenn dieser es wollte und wie dieser es wollte. Er schrieb die Bescheinigung an diesem Abend auf dem Laptop, mit einem Gefühl der Erschöpfung und Lustlosigkeit. Nun war alles egal. Was konnte schon noch passieren? Er war gerade fertig geworden, da merkte er, dass Emilia hinter ihm stand und ihn vermutlich schon eine Weile beobachtete. Der Junge war oben, er schlief seit zwei Stunden, und wer weiß, warum sie heimlich in ihrem Seidenpyjama die Treppe hinuntergestiegen und dort stehen geblieben war, zwei Meter vor dem bläulichen Bildschirm, auf dem sich die kleinen schwarzen Buchstaben ansammelten: „Der Unterzeichnete Vlad Jivan, Teilnehmer der Revolution vom Dezember 1989 und Mitglied des Revolutionsvereins…"

„Das wollte der alte Securist von dir?"

„Ja, das," antwortete er sanft. „Bist du runtergekommen, um Wasser zu trinken?"

„Und du, *du* bist zu so etwas fähig?"

Er zuckte die Achseln, ohne sich wenigstens zu ihr umzudrehen. Der Bildschirm beleuchtete das große und blasse Gesicht. Ja, der Revolutionär Vlad Jivan war zu so etwas fähig.

Vlad (nicht Vladi), als wir uns kennengelernt haben, warst du nicht so. So kannte ich dich nicht. Vlad, was ist mit dir passiert? Nichts, Emi, nichts ist passiert, was soll schon… Was haben wir jetzt für ein Leben? Ein gutes Leben, Emi, meine Liebe. Wir müssen ja auch leben, verstehst du's nicht? So nicht. Herrgott nochmal, so nicht. Das Kind schläft. Ich weiß, dass es schläft. Und du verarschst es – und mich auch. Mit deinem Vergil. Mit diesem Drecksack, diesem alten Securisten. Es ist nicht so. Sag das nicht. Warum hast du Loţi nicht so eine Bescheinigung geschrieben? Loţi ist kein Revolutionär. Und der hier schon? Weil der Alte das so sagt? Darum? Kennst du diesen Typen…, nein, natürlich kennst du ihn nicht. Herr Vergil, der Revolutionär, kennt ihn. Nein, nicht darum (du hast keine Ahnung, warum, und du wirst es auch nie wissen, das schwöre ich). Loţi war auf der Straße. Er ist zu den Demos gegangen. Er hat viel eher das Recht auf so ein Papier, warum hilfst du ihm nicht? Emi, du weißt ganz genau, dass es hier nicht um Loţi geht. Hör auf, mich für dumm zu verkaufen. Loţi ist dein Freund. Der Einzige, der dir noch geblieben ist. Nicht der einzige. Du hast viele Beziehungen, Bekanntschaften, der Verleger Vlad, der alle kennt und mit allen trinkt. Wie kannst du so ein Dummkopf sein? Er ist der Einzige, der dein Freund ist. Einen anderen hast du nicht. Aber das juckt dich nicht. Doch, das juckt mich, verdammt. Was nervst du mich die ganze Zeit mit Loţi? Für ihn würdest du so etwas nicht tun. Warum sollte ich das? Für den Securistendrecksack aber schon, verrecken soll der. Was hat er aus dir gemacht? Schau dich mal um, Emi, meine Liebe. Was hat er gemacht, sag es! Das hat er gemacht, dass wir nicht mehr in der Scheiße leben, dass wir wie Menschen leben. Das hätte ich nie geglaubt. Was hättest du nie geglaubt? Dass wir ein eigenes Haus haben könnten? Dass du so tief sinken könntest! Ich sinke, verdammt! Dass du solche Schweinereien machen könntest. Ich hab dir gesagt, dass ich diesen schmierigen Alten, Kommunisten, Securisten nicht mag. Durch ihn haben wir alles, was wir besitzen, tu nicht so, als wüsstest du es nicht. Der hat dir den Verstand geraubt, du bist zu einem... zu einem... Weißt du wirklich nicht mehr, wie ich früher war? (Und deine Stelle am Energetic, was denkst du, wie du sie bekommen hast, verdammt nochmal? Auf ehrliche Weise, durch eine staatliche Prüfung?) Ein Ehrloser, ein, mir fällt das so schwer zu sagen. Das Kind schläft, halt den Mund, wein nicht. Mach das nicht, Vlad, bitte sag, dass du es nicht machst. Wir hätten nicht mal Geld für Windeln gehabt, verdammt, wie zum Teufel hast du das vergessen, wir waren auf den guten Willen meiner Alten angewiesen. Mach das nicht, Vlad, verarsch dich selbst nicht. Ich hab nichts falsch gemacht, dieser Mensch braucht mich einfach. Wie ich dich damals geliebt und vergöttert habe, im Dezember, in dieser Nacht, im Krankenhaus. Ich helfe ihm doch nur, Emi, versteh das endlich, es ist keine große Sache, keiner verliert dabei was, niemand leidet. Ich dachte, ich würde selbst sterben, wärst du gestorben, wäre ich es auch, und jetzt, was machst du jetzt? Darum geht es nicht, doch, genau darum geht es, und das weißt du auch, nein (doch, darum geht es, verdammt, das weiß ich doch auch), es geht darum, dass wir in Ruhe unser Leben leben, das ist kein ruhiges Leben, nicht so, besser wäre, was weißt du schon, was besser wäre, was besser ist, besser ist, wenn du deinen Vergil abknutschst, Emi, das ist meine Sache, stolzer Banater, kriecht den Bukarestern in den Arsch und dann verflucht er sie ich sorge für Brot auf dem Tisch verdammt nochmal raffst du das nicht Banat der Sklaven nicht unabhängig halt den Mund, verflucht das Kind schläft lass es schlafen was ist mit ihm ich sorge für Brot auf dem Tisch verdammt nicht so doch so du bescheißt dich selbst und was sollte ich tun und mich auch Vlad du warst nicht so du auch nicht wer hat ein Haus gewollt verflucht und das hab ich nicht gesagt das hab ich aber gesagt und irgendwann ein Auto und Gucci-Handtaschen wenn du dich so aufführst und mit Kultur und Gedichten angeben Vlad immer noch ich Emi ich bin durch ich bin durch verflucht nochmal Schluss hör auf zu weinen wein so viel du willst jetzt wirst du noch zuschlagen nein ich schlag nicht zu verdammt ich schlag nicht zu lass' mich verflucht nochmal in Ruhe das kannst du nur das nur das nur das…

Als er ins Bad ging, um sich zu waschen, sah er, dass Emilia die Zahnbürste in einen separaten Becher getan hatte, und eine Traurigkeit überkam ihn, wie er sie vielleicht noch nie gespürt hatte. Es war Unsinn, aber er stützte sich mit den Armen auf das Becken aus Marmor und schaute lang auf die zwei Becher mit den zwei Zahnbürsten, zwischen denen jetzt ein Abstand war, jede in ihrem Behälter. Er nahm seine und schmiss sie auf die Fliesen. Dann wurde ihm übel, er stöhnte und übergab sich lange in die Kloschüssel, wobei er Schluckauf bekam und Wellen gelblich-grüner Gallenflüssigkeit aus ihm herausflossen.

*

Also hatte es damals, im Restaurant, keinen Sinn gehabt, Herrn Vergil zu sagen, warum er wirklich nach Bukarest gekommen war. Vielleicht wusste er es sowieso schon. Immerhin hatte der Alte, nach seiner Bitte damals, nie mehr irgendeinen Mechaniker erwähnt. Das war nicht mehr nötig – und das wussten sie beide.

In den Jahren nach diesem Tag, diesem Abend, der sich bis heute fest in seinen Kopf eingenistet hatte, verfolgte er den Werdegang des Individuums, für den er die Bescheinigung geschrieben hatte, dem er zum Revolutionärsstatus verholfen hatte. Selbst wenn er aus Temeswar gewesen sein sollte, obwohl er noch keinen Beweis dafür auftreiben konnte, führte der Kerl sein Leben in Bukarest. Wenn er seinen Namen bei Google eingab, fand er ihn mal als Berater eines kurzlebigen Ministers, mal als Sekretär bei einem Senator, mal als Mitglied in allerlei Verwaltungsräten bei bankrotten staatlichen Unternehmen und einmal hat er ihn sogar als Staatssekretär beim Industrieministerium entdeckt. Er war immer an zweiter oder dritter Stelle, neben wichtigen Menschen und an wichtigen Orten. Im Gegensatz dazu existierte Herr Vergil im Internet fast gar nicht. Sicher, hier und da tauchte sein Name auf, als Verwalter oder Partner in irgendeinem Unternehmen, einige davon kannte er, andere nicht, doch der Alte gelangte nie in die Nachrichten, nicht mal in eine kleine Meldung in der Zeitung, einen Bericht oder eine Debatte. Er existierte einfach, obwohl eine Menge wichtiger Leute aus Temeswar ihn zu kennen schienen – von Politikern bis hin zu Geschäftsleuten. Verdammt, selbst zu Loţi konnte man im Netz mehr Informationen finden!

Jetzt aber, wo er die Autowerkstatt verlassen hatte, ging er aufgebracht und mit großen Schritten die Straßen Temeswars entlang, zählte eins und eins zusammen und entdeckte Zusammenhänge, die es vielleicht gar nicht gab. Und erinnerte er sich an etwas anderes: an den Abend oder eher die Nacht, in der er aus Bukarest zurückgekehrt war.

In dieser Nacht war er gerade an Caransebeş vorbei, seit etwa einer Stunde regnete es und er fuhr auf einer nassen und gewundenen Straße. Auf dem Beifahrersitz lag die Kopie der Bespitzelungsakte des Dichters, etwa hundert fotokopierte Seiten, die zu einem Viertel aus dem senfgelben Umschlag herausschauten. Er fuhr aufmerksam oder zumindest schien es ihm so, denn es regnete mit feinen Tropfen weiter und durch den Wasserdunst, der unentwegt fiel, seit er ins Banat reingefahren war, sah die Straße im Licht der Halogen-Scheinwerfer schwarz und vernebelt aus. Es war ein nerviges und anstrengendes Wetter. Es war Sommeranfang und ein Herbstregen ging auf die Welt nieder. Er fuhr seit ungefähr zehn Stunden, sein Blick vernebelte sich, und aus den Autolautsprechern tönte ununterbrochen die gleiche Pop-Rock-Musik aus dem alten Jugoslawien.

Er erinnerte sich, dass er damals ein paar Mal geblinzelt hatte – vielleicht war er auch eingenickt. Vielleicht hätte er rechts ranfahren und anhalten sollen, als er spürte, wie sich die Müdigkeit in seinem Körper ausbreitete. Doch es war nicht mehr, überhaupt nicht mehr weit und die Straße war leer, wer ist schon bei solch einem Wetter unterwegs, und im Auto war es warm und gemütlich. Er wusste überhaupt nicht, woher dieser Soldat vor seinem Auto aufgetaucht war.

Er sah ihn im letzten Moment: bärtig und mit großen Augen im Licht der Scheinwerfer, in khakifarbener Kleidung und mit den Armen über dem Kopf, er bewegte sie hin und her, wie, um ihn auf etwas aufmerksam zu machen. Er bremste entsetzt, wobei er sein ganzes Gewicht in das Pedal stemmte. Das Auto schlitterte lange, rasselte, rollte über den Soldaten und schwebte, es schwebte wirklich, zehn, zwanzig Meter über die nasse Straße und hielt mit quietschenden Reifen in einem Erdhaufen am Straßenrand an. Nun war er richtig wach und zitterte: Eine Kälte überfiel ihn, die ihm den Atem nahm und die Schläfen erstarren ließ. Sein Puls spielte verrückt und er holte tief Luft, nur dass die Luft scheinbar nicht dort ankam, wo sie gebraucht wurde. Nach einer halben Minute, als er wieder denken konnte, entschied er sich, aus dem Auto auszusteigen, um nachzusehen, ob er den Soldaten erfasst hatte, obwohl, wie hätte er ihn nicht erfassen sollen? Er war dort gewesen, direkt vor dem Auto. Er stieg nur in T-Shirt und Hosen aus dem BMW und stützte sich dabei auf die Tür, seine Beine zittrig und schwer. Aus dem Kofferraum holte er eine schwere Lampe aus Metall, schaltete sie an und ging zurück auf die leere Straße, die zwischen Hügeln lag. Um ihn herum keine Menschenseele.

Der feine Regen prasselte auf ihn nieder, die Haare klebten ihm an der Stirn und an den Schläfen und fielen ihm in die Augen. So lief er, erbittert und voller Grauen, etwa hundert Meter, seine Lampe auf den Asphalt gerichtet. Nichts. Mit dem Lichtstrahl suchte er die vergrasten Straßenränder ab. Nichts. Er ging noch ungefähr zweihundert Meter weiter und entfernte sich ordentlich vom BMW. Als er sich umdrehte und zurückschaute, sah er nur noch die Rücklichter schwach in der Ferne leuchten. Er machte kehrt und suchte nach vorne gebeugt noch einmal alles ab, beide Spuren und die Straßenränder. Wo war er? Wer war er? Was hatte er nachts dort zu suchen? War er per Anhalter unterwegs? Mitten auf der Straße? Und wenn er irgendwie einen Menschen umgebracht hatte, aus reiner Dummheit, wegen seiner Müdigkeit... obwohl, vielleicht auch nicht. Da war niemand. Er fand niemanden: keinen Soldaten, keine Leiche, nicht mal irgendwelche khakifarbenen Fetzen, nur die nasse Straße und etwas weiter vorne die Spuren der BMW-Reifen am Straßenrand. Er ging vor das Auto, in dem noch der Schlüssel steckte und dessen Scheinwerfer noch an waren, und musterte die Motorhaube: nichts, keine Spur einer Delle oder Kratzer. Er erinnerte sich, dass er keinen Aufprall oder Zusammenstoß gespürt hatte. Wahrscheinlich sah er schrecklich aus: ein nasser und aufgebrachter Koloss, von den Scheinwerfern geisterhaft beleuchtet, mit an der Stirn klebendem Haar und einem vor Nässe am Körper klebenden Shirt. Aber immerhin war da nichts. Es war nichts gewesen.

Er kam zu dem Schluss, dass er geträumt hatte. Er war am Steuer eingeschlafen – es war ein kurzer Schlaf gewesen, nur ein paar Sekunden lang, in dem sein Kopf diesen schrecklichen Traum erfunden hatte, vielleicht, um ihn zu wecken, wer weiß? Um ihn zu warnen. Er stieg wieder in sein Auto und fuhr klitschnass und schweißgebadet bis nach Temeswar.

Jetzt ging ihm durch den Kopf, dass es nicht so war. Er schaute zum klaren, leuchtend blauen Himmel und streckte ihm verzweifelt die Arme entgegen. Ein nervöses Zittern überkam ihn, vom Magen bis zum Hals. Nein, so konnte er nicht entkommen – er nicht. Dieses Glück wurde ihm nicht zuteil. Ach, von wegen, blaffte er. Das ist die Paranoia, Vlad, sie schleicht sich langsam an dich heran, das hat dir gerade noch gefehlt. Einen Augenblick schaute er verloren herum: Er war auf der Piața Operei angekommen, direkt im Park der Kathedrale, etwa an der Stelle, wo man auf ihn geschossen hatte. Doch der Gedanke ließ ihn nicht los. Was, wenn es doch so war? Wie auch gestern Abend mit dem Lastwagen. Was, wenn er in der Nacht damals nicht am Steuer eingeschlafen war? Und jetzt wollte Emilia nach Kroatien fahren. Nach Split, verdammt. Damit sie vielleicht Marina trifft. Nun, sie werden sich bestimmt treffen. Mit Marina und dem Rest. Am Ende gelangt man wieder dorthin, wo man früher hergekommen war. Wenn ich könnte, würde ich die Zeit zu '89 zurückdrehen, dachte er.

Denn jetzt glaubte er langsam, begann zu glauben, dass dieser Soldat – oder was auch immer er gewesen war – in dieser Nacht, vor drei-vier Jahren, wirklich auf der Straße gestanden und ihm den Weg versperrt hatte und dass es ein jugoslawischer Soldat war.

8
Die Riva

Um sieben Uhr morgens stellten sie die Taschen und die zwei Tüten in den Kofferraum des BMWs und um sieben Uhr dreißig verließen sie Temeswar über die Calea Şagului und fuhren Richtung Moraviţa zum Zoll. Natürlich dachte er an die Reise von vor … wieviel Jahren? Zwanzig Jahre. Nein, zweiundzwanzig. Genau zweiundzwanzig. Im August 1989. Nur saß er jetzt am Steuer, neben ihm Emilia, die ihn verschlafen anlächelte, und dort, wo er damals im Dacia gesessen hatte, fläzte jetzt Alex, mit seinen langen Beinen, die er bis unter die Vordersitze ausstreckte. Wie damals war der Tag heiter und frisch, er spürte es, als sie das Haus verließen und er die feuchte Morgenluft einatmete; danach zündete er sich eine Zigarette an. Ihn fröstelte. Er überprüfte das Handschuhfach und beugte sich dabei über Emilias warme Knie, die ein weißes Leinenkleid mit Spitzenborte bedeckte: dort waren die Reisepässe. Auch sein Portemonnaie. Der weiße Knopf war im Koffer, er hatte ihn am Samstag drei Stunden lang in den alten Schachteln mit Erinnerungsstücken gesucht, die sich in der Abstellkammer stauten, während Emilia irgendeine Literatursendung auf TV Temeswar schaute, in der unausgesprochenen Hoffnung, dass man ihren Namen nennen würde. Der große perlmuttfarbene Knopf lag in einem vergilbten Umschlag, unter den Fotos, alle mit künstlerischem Anspruch, die sein Vater in Jugoslawien geschossen hatte. Er hatte ihn in die Tasche gesteckt und dann in das Futter des Koffers gestopft. Er merkte, dass seine Hand zitterte. So ein Schwachsinn! Als wäre er ein Teenager, fuck! Aber er wusste, das heißt, er war überzeugt, dass, ja, dass er ihr dort begegnen würde. *Imala je oči boje vena, boje vena, boje Dunava…* Und er würde auch die anderen treffen. Irgendwann musste es passieren, nicht wahr? Er packte den Koffer am einziehbaren Griff und schob ihn in eine Ecke des Zimmers. Sie würden sich treffen und er würde herausfinden, wenn es irgendwas herauszufinden gab. Wahrscheinlich gab es das. Zweiundzwanzig Jahre. Und er hatte nichts vergessen: Er hatte sich verstellt, hatte sein Leben gelebt, sich mit dringenderen, zeitnahen Sachen befasst, aber vergessen hatte er es nie. Wie soll man so etwas vergessen?

Er grinste, seine Lippen dünn wie eine Klinge. Er richtete sich in seinem Sitz auf und fasste das Lenkrad erneut mit beiden Händen.

„Vladi, schau bitte auf die Straße", sagte Emilia mit einer sanften, schläfrigen Stimme. „Sag mir, wenn ich für dich was suchen soll."

„Lass mal, ich pass' schon auf", erwiderte er und beschleunigte leicht. „Ist doch kein Problem, siehst du nicht, dass wir die einzigen auf der Straße sind?"

In der Tat war die Straße fast leer. Doch Emilia ließ nicht locker.

„Ich will nicht, dass uns wieder sowas passiert wie damals, vor zwei Monaten, mit diesem Lastwagen."

Er fuhr auf. Er wusste, dass sie so etwas sagen würde, dennoch überkam ihn eine Kälte, die seine Schläfen für einen Augenblick erstarren ließ. Die Walze.

„Uns passiert nichts, Emi, meine Liebe", sagte er monoton und beherrschte seine Wut. „Uns passiert jetzt nichts."

Nicht jetzt.

Am Zoll von Moraviţa stand schon lange kein Soldat mehr am Wachhäuschen, der die Papiere kontrollierte. Nur sechs, sieben Hunde, vielleicht die Nachkommen derjenigen von vor zwei Jahrzehnten, lagen auf dem Zement, vor dem frisch verputzten Gebäude, das sich scheinbar kein bisschen verändert hatte. Der Zoll wirkte menschenleer. Er hielt genau vor der Schranke, die ihn vom *No Man's Land* trennte. Er warf einen Blick nach hinten: Der schlaksige Alex schlief friedlich, seine iPod-Kopfhörer in den Ohren. Er lächelte, machte den Motor aus, griff an Emilia vorbei zum Handschuhfach und nahm die Reisepässe. Langsam öffnete er die Tür und wollte aussteigen; zwischen seinen Lippen steckte schon eine Zigarette. Emilia legte ihm eine Hand auf den Arm:

„Warte, Vladi, die kommen schon zu uns. Du musst nicht aussteigen."

„So geht's schneller", antwortete er ruhig. „Ich bin sofort wieder da."

Er stieg aus, streckte sich in der morgendlichen Kühle, lockerte seine Glieder und atmete die frische Luft der Felder. Er zündete die Marlboro an und sah sich um. Zu beiden Straßenseiten erstreckten sich die gleichen Maisfelder, leicht von der Dürre vergilbt. Er zog zweimal tief an der Zigarette. Währenddessen tauchte ein rundlicher Mann in blauer Uniform aus dem Zollgebäude auf. Er hatte ein verschlafenes Gesicht und ein Doppelkinn, das über dem Hemdkragen herunterhing.

„Vlad! Hey, du Revolutionär, bist du für das Embargo gekommen?"

Er zwinkerte ihm kurz zu. Er erwiderte das Lächeln und schüttelte ihm die Hand, danach umarmten sie sich kurz.

„Nein, Mann, welches Embargo? Erinnere mich nicht daran! Sind wir etwa dafür bei der Revolution gestorben, dass auch wir jetzt ein Embargo machen? Nein, Mensch, ich fahr in den Urlaub. Mit meiner Frau und dem Kleinen, also meinem Großen. Und bei euch so?"

„Tote Hose. Siehst du nicht?", zeigte der Zöllner herum und verzog das Gesicht. „Ich warte auf meine Ablösung."

„Komm schon, Claudiu", lachte er. „Vermisst du etwa die Schlangen von damals? Du warst am Abstempeln, bis du dir die Hand verrenkt hast – und das für einen Hungerlohn."

„Doch, sicher!" lächelte Claudiu. „Was willst du denn hören?"

„Erzähl mir doch mal, wie viel du pro Schicht eingesteckt hattest. Konntest du zehntausend Mark beiseite legen?"

Claudiu winkte ab. Er war unzufrieden, sagte aber nichts. Es war auch gar nicht nötig: Vlad wusste ganz genau, wie viel die Zöllner hier damals einnahmen.

„Komm, Mann, wen kümmert's? Aber erzähl mir nicht, dass es mit den Zigaretten von den Serben auch nicht mehr läuft."

Claudiu wurde fröhlich und antwortete ihm mit gespielter Traurigkeit:

„Es ist nicht mehr wie früher, Vladi! Was, du erinnerst dich nicht?"

„Doch natürlich, wie sollte ich das vergessen, fuck! Damals war ich echt am Verhungern..."

„Aber du warst jünger. Und du hattest keinen Bauch. Ich auch nicht", fügte Claudiu schnell hinzu und klopfte sich mit beiden Händen auf das Hemd, das sich über seinem Bauch wölbte, wie auf eine Trommel, bumm-bumm. „Das waren schöne Zeiten!"

„Schöne Zeiten, ja. Machst du mir einen Stempel drauf?"

Er reichte ihm die drei Pässe mit rotem Umschlag:

„Ich will heute Abend ankommen."

Claudiu nahm die Reisepässe und ging zum Zollgebäude.

„Und wohin wollt ihr?", warf er ihm hin und drehte den Kopf halb zu ihm. „Ans Meer, zu den Kroaten. Nach Split." „Wow, Split... Ich hab gehört, dass es richtig cool ist! Wart ihr schon mal dort?" „Ich war schon mal dort, vor zweiundzwanzig Jahren. Das war noch zu Ceauşescus Zeiten, stell dir mal vor!? Ich war ein ängstlicher Teenager. Bin mit meinen Eltern gefahren."

Er hielt inne, zog noch einmal an der Zigarette und blies den bläulichen Rauch in die kühle Luft.

„Zwei Tage waren wir unterwegs. Kannst du dir das vorstellen, fuck? Zwei Tage! Ganz Jugoslawien haben wir durchquert..."

Claudiu hörte ihm nicht mehr zu. Er war in das Zollgebäude gegangen, aus dem er einige Sekunden später wieder auftauchte und ihm die Reisepässe gab.

„Hast du Lust, etwas zu deklarieren?"

„Sprit", sagte er ernst. „Viel Sprit."

Beide brachen in Lachen aus.

„Ja, Mann, schöne Zeiten! Na dann gute Fahrt, und komm schön braun zurück, du Angeber, noch bist du ja ziemlich weiß..."

„Garantiert. Einen schönen Tag dir, Claudiu! Ciao."

„Ciao", antwortete ihm Claudiu und drehte sich auf den Fersen um. „Kommt, Steluţa, Vulpiţa, kommt mal her!", rief er mit einer sanften Stimme.

Die Hunde, die auf dem Asphalt lagen, standen langsam auf und umzingelten ihn.

Er stieg ein. Machte den Motor an. Die Schranke ging hoch und als der BMW am Zoll vorbeifuhr, hob Claudiu die Hand zum Gruß, flankiert von den vier zotteligen Hunden, die hoffnungsvoll zu ihm hochschauten. Er schaute zu Emilia.

„Mit diesem Kerl habe ich während des Embargos die Grenzübergänge geregelt. Netter Typ, nur dass er uns bei den Gebühren ziemlich verarscht hat."

Er sagte es mit einer gewissen Nostalgie. Das war zu den Zeiten, als es mit dem Verlag extrem schlecht ging und er ihn beinahe aufgegeben hätte. Alex war gerade geboren worden, sie brauchten Geld, also nahm er den Dacia seines Vaters und begann, das Embargo zu „praktizieren", wie alle, die an der jugoslawischen Grenze wohnten: also Handel mit Benzin und Diesel. Er lud etwa hundert

Liter Kraftstoff ins Auto – in den Tank und in so viele Kanister, wie man ins Auto hineinbekam – und verkaufte ihn unmittelbar hinter der Grenze. Irgendwann konnte er sagen, wie konzentriert das Benzin war, nach dem Geschmack auf der Zunge, wenn er an der Spitze des Schlauches sog, um den Behälter oder Kanister zu leeren. Ein Bekannter hatte ihn mit Claudiu zusammengebracht und Vlad organisierte seine Transporte immer während dessen Schicht. Wie viele Stunden hatte er damals in Moraviţa, Tag und Nacht, in den endlosen Schlangen gestanden, die sich bis zur Einfahrt ins Dorf erstreckten! Wie oft hatte er im Auto geschlafen! Er erinnerte sich, wie er den Dacia mit Muskelkraft einige Meter nach vorne schob, als die Schlange am Zoll vorwärts rückte, um den Motor nicht anmachen zu müssen. Danach musste er wieder warten. Doch es lohnte sich: ein Liter Benzin kostete in Rumänien etwa eine Deutsche Mark, bei den Serben aber verkauften sie es für drei-vier, sogar fünf Mark. Hundert Mark nahm Claudiu ein, manchmal auch zweihundert, denn angeblich hatte er noch Vorgesetzte, die er schmieren musste. Trotzdem behielt er einiges ein und eine Weile kamen sie so über die Runden, indem sie sich den Krieg im ehemaligen Jugoslawien zunutze machten. Ja, schöne Zeiten. Wenigstens jetzt, wo er sich daran erinnerte.

Durch den serbischen Zoll schafften sie es fast genauso schnell. An der Scheibe des Autos, das vor der Schranke angehalten hatte, tauchte eine Zollbeamtin mit roten, lockigen Haaren auf, die etwa zwanzig Jahre alt war und eine gut geschnittene Militäruniform trug. Alexandru machte große Augen und begann, seine zerzausten Haare in Ordnung zu bringen.

„Wohin... geht?“, fragte die Zöllnerin auf Rumänisch, mit einer ernsten Miene, die überhaupt nicht zu ihrem niedlichen Gesicht passte.

Sein Blick fiel unabsichtlich auf den Ausschnitt ihres Militärhemds und er sagte ihr etwas auf Serbisch oder Serbokroatisch. Die Rothaarige lächelte, antwortete in der gleichen Sprache und ging zwei Schritte zurück. Er nahm die Reisepässe von der Ablage, stieg aus, öffnete den Kofferraum und plauderte entspannt weiter, mit seinem breiten, dünnen Lächeln, während die Zöllnerin nickte und ihre kupferfarbenen Locken fröhlich schaukelten. Er schloss den Kofferraum, den die Frau kaum beachtet hatte, und hielt ihr die Reisepässe hin. Sie nahm die Papiere und stolzierte zum Zollgebäude. Alex hatte seine Fensterscheibe heruntergelassen und betrachtete ihre kurvige Figur.

„Siehst du, Alex? Ich habe dir gesagt, dass du Serbisch lernen sollst!"

„Mann, lass mich doch in Ruhe!", platzte Alex heraus und zog sich etwas ins Auto zurück, aber nicht ganz. Nach einigen Minuten kam die Rothaarige mit den Reisepässen zurück und hielt sie ihm hin. Er griff danach und sagte ihr etwas, die junge Frau lachte kokett, ohne die Reisepässe loszulassen, er antwortete ihr und eine Minute lang unterhielten sie sich weiter, was Emilia nervte. Doch wie fast alle Rumänen hielt sie die Füße still, bis sie die Zollbehörde hinter sich gelassen hatten. „Was wollte diese Tussi von dir?", fragte sie mit gespielter Strenge. „Was hast du ihr gesagt?" „Nichts, Emi, nichts. Wir haben nur ein wenig Smalltalk gemacht. Sie sagte, dass sie meinen Akzent mag. Und dabei hatte ich Angst, dass ich die Sprache vergesse..."

Er zwinkerte ihr zu und hielt ihr die Reisepässe hin, die Emilia ihm aus der Hand riss, um sie zurück ins Handschuhfach zu legen. Dort berührte sie einen dünnen Buchrücken. Sie zog das Buch heraus und schaute auf den Umschlag: *Pră socacu cu băgrini. Auf Kaakern von freher.*

„Was ist das denn?", lachte sie und strich die braunen, weichen Haare aus dem Gesicht. „Sie soll kacken, wirklich?"

Er lachte auch und drückte auf den Knopf des CD-Players. Aus den hinteren Boxen tönte ein langsames Lied, serbisch oder kroatisch oder bosnisch. Jugoslawisch.

„Papa! Kannst du bitte leiser machen? Ich höre schließlich selber was an!“

Diese rauhe Stimme eines trotzigen Teenagers! Daran erinnerte er sich...

„Das kannst du dir auch anhören. Nachher hast du noch genug Zeit für deinen Kram. Du sollst dich an die Sprache gewöhnen“, erklärte er ihm nebenbei. „Vielleicht bleibt was hängen.“

Emilia blätterte nun durch *Auf Kaakern von freher*. Aus dem Augenwinkel sah er, wie sie die Nase rümpfte.

„Im Ernst, Vlad, was ist das?“

„*Bajaga*. ‚Sie trägt ihre Brüste wie Medaillen‘.“

„Was?“, fuhr Emilia auf.

„Das Lied. So heißt es: *Grudi nosi k'o odlikovanja*.“

„Nein, Vladi, ich meinte das Buch hier! Was ist es? Einer von deinen Autoren?“

„Ja, Emi, einer von ihnen. Ich glaube, das habe ich seit..., na, ich weiß nicht, seit wann, schon länger her. „Dem sehr geehrten und großherzigen Verleger Vlad Jivan, wormschig, herzlich, von einem Banater Bruder“, las Emilia die Widmung auf der ersten Seite. „So viel habe ich auch verstanden. Dieses Kauderwelsch von euch..., das kapiere ich ums Verrecken nicht!“

„Siehst du, Emi, siehst du? Habe ich dir nicht gesagt, dass wir eine andere Sprache sprechen? Na, wenn die Serben und Kroaten“, und er zeigte um sich herum, als gäbe es dort einen Haufen Serben und Kroaten, „ihre eigene Sprache gemacht haben, also wenn jeder sagt, dass er etwas anderes spricht, dann schau auch du mal in das Buch, da findest du eine andere Sprache! Denn wenn zwei waschechte Banater miteinander sprechen, versteht ihr Altreichler nichts mehr!“ „Das ist keine Sprache, Vlad. Es ist ein Dialekt. Subdialekt. Mundart. Die Sprache ist nach wie vor Rumänisch.“ Er lächelte mit seinen dünnen Lippen. „Ja? Subdialekt? Mundart? So haben die euch das an der Uni beigebracht? *Poteito-potato*, du weißt ja... Wichtig ist aber: verstehst du es oder verstehst du es nicht? Nenn es, wie du möchtest, Dialekt, Subdialekt... Der Punkt ist: kapierst du es? Du weißt, dass das nicht der Fall ist. Lies mir mal was von dort vor... nee, das klappt ja auch nicht. Wenn das keine andere Sprache ist, dann...“ Emilia beugte sich stirnrunzelnd über eine Seite und buchstabierte langsam: *„Die Baba aus Kaakern...“* Mensch, Vladi, solche schmutzigen Sachen veröffentlichst du?“ Er lachte zufrieden: „Kaa-kern, Emilia, kaa-kern! Es ist ein langes a. Gib mir mal das Buch!“

„Nein! Fahr du mal, ich komm schon zurecht.“

Er ahnte, was ihr durch den Kopf ging. An diesem Abend hatte sie solche Angst gehabt!

„OK, Emi, OK. Lies mal vor und dann übersetze ich es dir in die Altreich-Sprache.“

Emilia konzentrierte sich auf die Seite und buchstabierte stockend. Er stoppte sie, seine Augen auf der Straße:

„OK, OK. Hör mal hier zu, wie es sein soll.“

Er wiederholte in der lokalen Aussprache die vier Verse, die Emilia vorgelesen hatte:

Die Baba aus Kaakern flottierte sich,
Um zu kriegn einen Kotscherich.
Ihr rempelten die Knerpeln arg,
Aber mit Tratscherln sie nicht verzagt.“

„Na, hast du es kapiert oder nicht?“

„Ich kapiere es nicht, mein Lieber, aber es ist Quatsch.“

„Ja, aber das ist Banater Quatsch“, erwiderte er. „Mach weiter!“

Emilia blätterte ein paar Seiten zurück:

„Dodo, schau mal, ich bin Meisterich,
und den Rumpel hab ich kitschiert.
Ganz für umsonst schloferst du mich,
denn ich bin so miro… miri…“
„…*mirifosiert*, verzettelt“, half er nach.
„…*mirifosiert. Turniere in die Sober*…“
„Geh in die Stube“, übersetzte Vlad.
„Turniere in die Sober,
Nimm das Rapeltsel…“
„Nimm das Streichholz…“
„…*sieh die Stöck… die Stöckern, die sind kruden,*

Und nun sind warm die Knerpeln und brauchst nicht mehr die Scherpeln.“

„Also die Beine“, erläuterte er pedantisch. „Und die Decke. Siehst du, das ist Banaterisch. Hast du es kapiert? Nein, natürlich nicht. Es ist nicht eure Sprache, sondern eine andere. Ich habe es dir gesagt: Die Serben und Kroaten verstehen sich, wenn sie miteinander reden, und trotzdem beharren sie darauf, dass jeder von ihnen eine eigene Sprache hat. Was soll man dann zum Banat sagen, wenn wir sogar wirklich eine eigene Sprache haben…“

„Eine Mundart“, hakte Emilia ein.

„Sprache, Mundart, nenn das, wie du willst, aber in der Walachei versteht sie trotzdem keiner. *Lissen veri cärfülli, ei schel sei zis onli wens*: Wenn wir es wollten, würden wir sofort unsere eigene Sprache machen, nur für uns. Diese Geschichte mit der Mundart und den Dialekten ist Propaganda, das ist… Ideologie. Die Einheit der Rumänen von altersher und das Blabla mit Traian und Decebal und den dakoromanischen Ursprüngen. So hat man es uns in der Schule eingetrichtert, so sagen wir es auch. Schau mal“, zeigte er mit einer Hand zum Buch, „kannst du es lesen, wenn ich es dir nicht ins Walachische übersetze? Kannst du nicht.“

„Gut, mein Lieber, wie du sagst," sagte Emilia versöhnlich, dann klappte sie das Buch zu und drehte sich plötzlich zu Alexandru: „Alex, was heißt ‚*mirososiert*'"?

„Mirifosiert," korrigierte er sie.

„*Mirifosiert*, gut... Was ist das, Alex, weißt du es?" Der Junge zuckte die Achseln. Er hatte schmale, knochige Schultern und ein längliches Gesicht, mit schön geschwungenen Wangen und hohen Wangenknochen, wie seine Mutter. Von Vlad hatte er nur die blasse Haut und die Statur geerbt. Und das schwarze, glänzende Haar, das seine Augen betonte – sie waren grün und nicht blaugrün, wie die von Emilia.

„Keine Ahnung. So reden die Bauern aus Oraviţa."

Auf Emilias Gesicht breitete sich ein triumphierendes Lächeln aus. Er merkte, dass sie ihn veräppelt hatte. Er lächelte und betrachtete ihre entspannten Gesichtszüge. „Tja, wenn nicht mal dein Sohn, der Banater, deine Sprache kennt..., aber diese Sachen sind hübsch", fügte sie wohlwollend hinzu und klopfte auf den Deckel des Buches, bevor sie es zurück ins Handschuhfach legte und es mit einem trockenen Klicken schloss. „Das ist natürlich nicht Eminescu, unser Nationaldichter, noch nicht mal sein Nachahmer Vlahuţă, aber es ist unterhaltsam. ‚*Die Baba aus Kaakern flottierte sich...*' Ich sehe es kommen, bald kriegt einer von denen den Nobelpreis." Er schwieg eine Weile. Er schaute geradeaus durch die Scheibe und klopfte auf dem Lenkrad im Rhythmus der Musik, die aus den Boxen tönte: „*Nemoj da brineš kad srce zna i nebo zna, / Ti imaš mene a tebe ja...*" Cooles Lied. „Emi, mein Schatz, meine Liebe, meine Schöne... ich bewundere und respektiere dich für deine literarischen Kenntnisse, aber du sollst wissen, dass es schon einen Banater gibt, der den Nobelpreis bekommen hat. Eine Banaterin, meine ich."

Emilia schaute ihn belustigt an.

„Ich wusste es! Ich wusste nicht, wann du es sagen würdest, aber ich hätte schwören können, dass du mir nicht das letzte Wort überlässt!" Begeistert bewegte er den Kopf im Rhythmus der Musik. Soll sie ruhig reden und es zugeben.

„OK, mein Lieber, ihr habt einen Nobelpreis, ja. Die Herta Müller. Aber sie schreibt auf Deutsch. Und du hast sie nicht bei dir verlegt. Dir gefällt nicht mal, wie sie schreibt. So hast du es mir gesagt." „Ob ich sie mag oder nicht, wichtig ist, dass sie den Nobelpreis bekommen hat. Und sie ist Banaterin. Das Banat hat einen Nobelpreis, Rumänien nicht. So ist das!" Emilia schaute kurz nach hinten.

„Alex, möchtest du was? Hast du Durst?", fragte sie mit ihrer tiefen, aber mütterlichen Stimme.

Der Junge schüttelte den Kopf, die iPod-Kopfhörer tief in den Ohren. Vielleicht hatte er sie gar nicht gehört. „Weißt du, Emi, das erinnert mich an die Sache mit Ivo Andrić. Die Serben sagen, dass er einer von ihnen ist, in Belgrad haben sie ihm auch eine Statue gebaut, im Zentrum, wenn wir dort vorbeifahren, sehen wir sie vielleicht. Die Kroaten bestehen darauf, dass er einer von ihnen ist, weil er Kroate war. Und er, Andrić, sagte, dass er Jugoslawe ist. Na, wer hat recht?" „Ich habe... *Die Brücke über die Drina* gelesen", erinnerte sich Emilia. „Lange her, als ich an der Uni war. Ungureanu hat uns im Seminar davon erzählt." „Ein sehr schönes Buch! Habe ich dir erzählt, dass ich diese Brücke von Mehmet-Paša Sokolović gesehen habe? Mein Vater hat uns neunundachtzig dorthin geführt. Wie gerne hätte ich dich damals dabei gehabt!", wurde er leiser und legte seine rechte Hand für einige Sekunden auf Emilias Oberschenkel. „Nicht Marina?", erwiderte Emilia in scherzhaftem Ton. „Nee, überhaupt nicht! Damals kannte ich sie ja auch nicht." Emilia kannte er damals auch nicht, doch keiner von ihnen hing sich an diesem Detail auf. „Wenn ich dran denke, was für ein Elend gerade in Serbien herrscht und wie es früher war, zu

Zeiten Jugoslawiens... Wenn sie sich wenigstens einvernehmlich getrennt hätten, ohne Skandal." „Vlad, mein Lieber, dir fehlt ein Bier mit den Jungs", stellte Emilia belustigt fest. „Weißt du, ich kann sie nicht ersetzen."

„Nein, das ist es nicht... Aber gut, dass du es sagst!", erinnerte er sich plötzlich. „Wir dürfen nicht vergessen, Loţi ein Hochzeitsgeschenk zu kaufen. Irgendwas Besonderes, so wie... keine Ahnung, da kennst du dich aus. Die Frauen sind gut bei so was."

„Papa!", hörte man von hinten die flehende Stimme von Alexandru. „Kannst du auch mal etwas anderes einlegen, bitte? Nimm mal etwas von meinem iPod, was meinst du?"

Er drehte kurz den Kopf zu ihm. „Klar, Alex, wie du möchtest", antwortete er ihm überaus ernst. Während Alexandru seine Kopfhörer herausnahm und ihm sein kleines *Gadget* geben wollte, fuhr er fort:

„Du willst Pussycat Dolls, stimmt's?" Alexandru erstarrte und wurde sofort rot, dann zog er seine Hand ruckartig zurück. Das war eine unnötige Bosheit gewesen. Vor drei-vier Jahren war sein Sohn verrückt nach dieser Frauenband gewesen. In seinem Zimmer, an der Wand direkt neben dem Bett, thronte ein riesiges Poster von etwa anderthalb Metern, auf dem die fünf Frauen in hautnahen Anzügen mit tiefem Ausschnitt ihre Rundungen großzügig zur Schau stellten. Sie waren sexy, da konnte man nichts sagen. Eines Tages, als er in das Zimmer gekommen war, hatte er zufällig einen längeren Blick auf das Poster geworfen:

„Schicke Kirschen, oder?" Etwas verlegen hatte Alex zugestimmt. Es war genau die Zeit, als er den Zauber der nackten weiblichen Schönheit entdeckte – jedoch eher in seiner grafischen Form als in der aus Fleisch und Blut. Er hatte sich dem Poster genähert und auf die stolz gewölbte Brust der Frontfrau der Band geklopft. Das Gesicht der Sängerin schien ihm sehr vertraut. „Die siehst deiner

Mutter ziemlich ähnlich, findest du nicht?" Nicole Scherzinger sah Emilia in der Tat ziemlich ähnlich. Doch Alex hatte erbittert widersprochen, mit einer gewissen Verzweiflung:

„Nein, Papa, auf keinen Fall! Was siehst du dort? Nein, nicht mal... vielleicht von weitem, aber Papa, das ist echt blöd, im Ernst! Wie sollen sie sich ähnlich sehen?"

„Doch, sie sieht ihr echt ähnlich", hatte er darauf bestanden. „Sogar der Körper..."

„Nein, Papa, was siehst du denn dort? Sie ähneln sich gar nicht, ab-so-lut nicht!"

„Ach komm, lass mal... Sie gefällt dir, nicht wahr?" Etwa eine Woche später merkte er, dass das Plakat von der Wand verschwunden war, und er bereute seine Worte. Er erinnerte sich ziemlich gut an dieses Alter. Er hätte darauf wetten können, dass der Junge masturbierte und dabei von den Frauen auf dem Poster geträumt hatte – von Nicole Scherzinger, ziemlich sicher –, aber im Nachhinein hatte ihn die Idee, dass die Brünette stark seiner Mutter ähnelt, nicht gerade amüsiert. Manchmal konnte er einfach den Mund nicht halten. Wie jetzt.

„Das war ein Scherz, Alex, im Ernst! Komm schon, gib mir deinen iPod. Was soll ich spielen?" Er spielte ein Album von Avril Lavigne, die Emilia überhaupt nicht ähnlich sah. „Wisst ihr, dass wir damals, neunundachtzig, zwei Tage mit dem Dacia meines Vaters bis nach Split gebraucht haben? Gut, ja, wir sind den Weg durch Bosnien gefahren, mitten durch die Berge – zwei Tage und zwei Nächte! Aber jetzt...".

Gegen Abend kamen sie in Split an, so um halb acht (oder halb neun, nach der rumänischen Uhrzeit). Draußen war es immer noch hell. Sie fuhren in die Stadt über den Weg, der aus Solin kam, oder Salona, wie es bei den Römern hieß, und ließen die sieben Kaštela hinter sich. Auf der Poljička Cesta schaute Emilia entzückt auf den grünen Streifen, der die zwei breiten Hälften des Boulevards voneinander trennte. „Siehst du, Emi, das nennt sich Zivilisation! Nicht diese Ruinen in Griechenland."

Er fühlte Stolz, als hätte er mit eigenen Händen das Gras, den Oleander und die Blumen gepflanzt. „Das Meer! Da ist das Meer, Mama, es glitzert!", rief Alex aus. „Da, links!" Sie bogen auf die Kralja Zvonimira ein und überholten eine Reihe von gelben, quadratischen Bussen, die zum Hafen hinunter fuhren, an den Wohnhäusern auf beiden Straßenseiten vorbei: kleine Gebäude aus der Zwischenkriegszeit, mit zwei-drei Stockwerken, ohne Balkon, dafür aber mit grünen, von der Sonne verfärbten Rollläden. Dann bogen sie auf die Pojišanska ein und er hielt am Rande eines Parkplatzes, der ein wenig abseits lag. Das Navi zeigte ihm, dass sie noch ein paar hundert Meter fahren mussten.

„Wir lassen das Auto hier."

Also nahmen sie ihr Gepäck aus dem Auto und machten sich zu Fuß auf den Weg. Sie liefen eine schmale Gasse hinunter, in die kein Auto gepasst hätte, eine mediterrane Gasse mit hohen Steingebäuden, mit kleinen Läden oder Restaurants im Erdgeschoss und mit Rollläden vor den Fenstern. Es war heiß, eine orangefarbene Hitze, die noch nicht weichen wollte. Zwischen den Steingebäuden, manche mit bröckelnden Fassaden, andere vor langer Zeit verputzt, spürte man nicht mal einen Hauch von Wind.

Sie hatten für zwei Wochen eine Zweizimmerwohnung bei einer alten Dame in der Stadt reserviert, die Eigentümerin eines ganzen Hauses war. Die Adresse hatte Emilia von ihrem ehemaligen Kommilitonen bekommen, dem Schriftsteller. „Hier ist sie, schau mal!", zeigte Alex auf ein kleines Schild mit dem Straßennamen. „Ulika Svî Petra Starog."

„ ‚Ulitza', nicht ‚ulika'. Petra Starog, also, noch einfacher, Petrova. Ist das nicht schön?"

Die Sonne war untergegangen und hatte am Himmel eine Röte hinterlassen, die sich über die Häuser senkte. Von der Straße her war das Lärmen von Stimmen und manchmal das Dröhnen eines Motorrads zu hören. Er atmete tief die vertraute, reine und kräftige Luft ein, die von der Adria herüberwehte, und schaute sich um. Links war ein kleiner Park, den er vielleicht schon mal gesehen hatte. Er war schon mal hier gewesen. Oder nicht? Er kannte den Geruch: Oleander, Kiefer und Meer. Die Freude der Rückkehr vermischte sich plötzlich mit einem undeutlichen Gefühl, das sich in seiner Brust ausbreitete: Traurigkeit, vielleicht auch Besorgnis. Ein paarmal blinzelte er, dann rief er fröhlich aus (fröhlicher, als ihm zumute war):

„Ihr werdet sehen, wie toll es ist! Das wird euch richtig gefallen!"

Die Wohnung war geräumig, sie hatten auch eine Küche, und das Meer, die Promenade, der Strand, der Diokletianspalast waren ganz in der Nähe.

„Du solltest dich bei Gheo dafür bedanken", sagte Emilia mit Genugtuung, während sie ihren Koffer leerte und die Kleider und Schuhe in den Schrank mit Schiebetüren einräumte.

„Lass' mal, du dankst ihm schon genug", warf er ihr hin, im gleichen Ton wie zuvor. „Wollen wir heute Abend auf die Riva gehen?"

Auf die Riva, dort, wo sich alle treffen, dachte er, und es überkam ihn eine so starke Ungeduld, dass es auf seiner Haut kribbelte. Ob sie sich nach dem Krieg sehr verändert hat? Im Internet sah es ungefähr gleich aus, abgesehen von ein paar langen, weißen Metallstangen mit einem gebogenen Ende, die entlang der Promenade aufgestellt waren. Sie erinnerten ihn an die Redewendung seines Großvaters: „Das passt vorne und hinten nicht".

Nachdem sie geduscht hatten, gingen sie in die Stadt. Am Ende der Petrova-Straße, in Richtung des Hafens, öffnete sich vor ihnen sein Split, das er Schritt für Schritt wiedererkannte.

Dort, schaut mal, dort ist der *Pazar*, wo ich die Waren meiner Eltern verkauft habe, weiter hinten Richtung Palastmauer, und weiter vorne, wo es zum Hafen runter geht, ist eine coole Bar, wie in alten Zeiten, wollt ihr die sehen?, man schaute direkt auf das Meer, man konnte es riechen, es ist nicht weit, Bačvice ist in der anderen Richtung, der Strand, der beste Strand in Split, von dem wir gekommen sind, das sah aber nicht so aus, hier war ein feines Plätzchen, eine Bar mit besonderer Stimmung, was zur Hölle, genau wie in den Temeswarer Cafés mit ihren Halunken, mit würfelförmigen Stühlen, sieh an, Wettbüros gibt es auch, ich wette, dass ein Ustaša es aufgekauft hat, einer von denen, der den Serben die Goldzähne aus dem Mund herausgerissen hat, nachdem sie sie erschossen hatten, wirklich, das haben die gemacht, ehrlich, so einer mit breitem Nacken und abrasierten Haaren, verdammt, alles geht kaputt, Mann, lasst uns runtergehen, da ist der Hafen und das Meer, seht ihr?, Emi, Alex, die Adria, Jadran, schaut mal, wie ruhig sie ist, wie ein See, was man dort sieht, sind Inseln, und da ist die Promenade und der Palast, gehen wir?, siehst du die Palmen, Alex?, los, ich zeig euch die Prokurative, man kommt sich vor wie in Italien, mit den Arkaden und Bögen, ihr werdet sehen, wie sich das zum Meer hin öffnet, das ist die Riva, die Promenade, sie haben bisschen was verändert, aber gut, gibt es sowas an der rumänischen Dreckküste?, wir sind dort, irgendwo unter den Palmen, spazieren gegangen, wir haben da gesessen und Bier getrunken, Coca-Cola, was hat es für mich damals bedeutet, einfach Coca-Cola zu trinken!, es gab sie an jedem Kiosk, danach gingen wir in die Diskothek, wie es sich für mich anfühlte, entspannt da zu sitzen und mit meiner Clique aufs Meer zu schauen – mit Marina, ja, mit Marina und Renato und dem Rest, wir redeten nur Blödsinn, das da ist der Marjan-Hügel, morgen bei Tageslicht werdet ihr ihn sehen, irgendwo an der Spitze stand mal aus Metall Titos Name, wie in Hollywood, aber ich wette, das ist längst weg dort.

An diesem Abend schafften sie es nicht bis zur Prokurative. Sie erkundeten die Riva, die Emilia verzauberte und vielleicht sogar auch Alex, denn man weiß nie, was sich hinter dem gelangweilten Ausdruck eines Teenagers verbirgt. Er schaute skeptisch auf die großen quadratischen und glänzenden Platten unter ihren Füßen, mit Abflussfugen dazwischen, die er von damals, von 1989, nicht in Erinnerung hatte. Nicht mal die Bänke aus poliertem Stein, oder was auch immer diese glänzenden Erscheinungen waren, gefielen ihm.

„Hier brichst du dir doch die Beine, wenn es regnet! Das finden die wahrscheinlich elegant, fuck! Das ist wieder eine dieser Ideen der zurückgebliebenen Balkanmenschen."

Eine Weile spazierten sie gemächlich auf den Palmenwegen am Meeresufer, im nächtlichen Laternenlicht, spürten die wohlige Müdigkeit nach der Reise und hielten an einem der eleganten Cafés auf der Riva, die sich entlang der Mauern des römischen Palasts aneinanderreihten. Um sie herum machten Dutzende von Menschen in Sommerkleidung scheinbar dasselbe wie immer: Sie spazierten in der abendlichen Kühle, setzten sich auf die Holzbänke am Meeresufer oder sogar auf die Bänke aus Stein auf der Promenade und bevölkerten die Tische der Cafés mit den Sonnendächern aus Leinen und den weißen, gestärkten Tischdecken, die an den Ecken mit Metallklammern befestigt waren, damit sie nicht die von der Adria kommende Brise fortblies.

Kaum hatten sie sich hingesetzt, brachte ihnen ein großer Kellner mit Schnurbart, etwa dreißigjährig, in weißem Hemd und schwarzer Hose, drei Speisekarten und legte sie eilig, aber akkurat vor sie auf den Tisch:

„*Oprostite. Hir jor menju.*“

Der Kellner wollte sich entfernen, aber Vlad hob energisch die Hand.

„Ich habe noch eine Frage“, fing er auf Serbisch an.

Der Kellner blieb plötzlich stehen.

„Kann ich in Euro bezahlen? Ich bin gerade in der Stadt angekommen und habe es nicht geschafft, Geld zu wechseln.“

Der Mann musterte ihn.

„Sicher“, antwortete er auf Kroatisch und lächelte dünn. „Sie können in Euro bezahlen, in Dollar oder in Schweizer Franken, wenn Sie möchten. Nur nicht in Dinar.“

Das provozierte ihn.

„Geht es auch in Deutscher Mark?“, fragte er lächelnd, aber mit einer kalten Stimme.

Der Kellner fixierte ihn aufmerksam.

„Nein, Deutsche Mark nehmen wir nicht mehr an“, antwortete er ihm nach einer Weile.

„Das dachte ich mir schon. Schade, das war eine gute Währung.“

„Das war sie“, stimmte der Mann zu. „Aber es gibt sie nicht mehr. Sie können mit Euro bezahlen, sicher“, wiederholte er. „Sind Sie Serbe?“ erkundigte er sich dann höflich.

„Nein, Rumäne. Aus Temeswar.“

„Aaa, Temeswar!“, rief der Kellner aus, nickte und entfernte sich.

Er drehte sich wieder zum Tisch und öffnete die Speisekarte.

„Leck mich…“, brummte er und dachte in diesem Augenblick, dass der Kerl wahrscheinlich etwas Ähnliches gemurmelt hatte, während er zum Lokal ging, das am Fuß des Palastes lag.

„Er dachte, ich sei Serbe“, erklärte er Emilia und Alex trocken. „Er hat mir gesagt, ich solle keinesfalls in Dinar bezahlen.“

„Aber du bist doch Serbe!“, sagte Emilia. „Hat er ein Problem damit?“

„Ich glaube, das haben sie. Die haben es auf die Serben abgesehen. Aber mach dir keinen Kopf."

Sie bestellten Hummer und eine Flasche Weißwein. Alex wollte Hähnchenbrust mit Pilzen – er hasste Meeresfrüchte. Sie stießen an und auf einmal entspannten sie sich. Der Wein, die ruhigen Gespräche an den Nachbartischen, das Gelächter, die Wellen der Musik, die abgeschwächt zu ihnen gelangten, das sanfte Rauschen des Meeres und die Frische, die es herantrug, all das ließ eine wohlige Wärme in ihnen aufsteigen.

Am nächsten Tag wachten sie erst gegen zehn auf und frühstückten in einem kleinen Lokal gegenüber, vor dem ein roter VW *Käfer* parkte. Sie liefen schattige Gassen hinunter, mit niedrigen Villen aus der Zwischenkriegszeit, vor denen große Sträucher standen: Salbei, *Bougainvillea*, Oleander, Olivenbäume und Thuja. Sie gingen an der Schule und dem Basketballfeld vorbei, wo er zum ersten Mal Divac, Vlade Divac genannt worden war. Dann gelangten sie zum Strand, der fast so aussah wie damals. Am weiß-grau gestrichenen quadratischen Betongebäude hingen immer noch die blauen Buchstaben aus Eisen, die den Ortsnamen bildeten, nur dass ein *C* abgefallen war und die anderen Buchstaben schon leicht rosteten.

Nah am Ufer schickten ein paar Jugendliche einen *Balun* im Wasser hin und her. Das Meer war unverändert. Er schauderte, als ihm bewusst wurde, dass jederzeit Marina oder Renato aus dem Wasser auftauchen könnten, um ihn auf eine Cola oder eine Runde *Picigin* einzuladen. Renato und Danica, erinnerte er sich. Und Boris mit Frane.

Emilia und Alex lagen zwei Stunden auf Bambusmatten in der Sonne und planschten ein wenig im Wasser. Er traute sich einige Male weit raus, Emilia folgte ihm zurückhaltend. Stolz nahm er auf sie gerichtete Blicke wahr. Sie sah fantastisch aus, das wurde ihm noch einmal bewusst. Der blaue Badeanzug aus zwei Teilen, ein bisschen zu eng, stand ihr gar nicht schlecht. Alex, der nicht so gut schwimmen konnte, blieb dagegen stur am Ufer, im seichten Wasser, und beide konnten ihn von Weitem sehen: wie er groß, dürr und knochig, mit strahlend weißer Haut, neugierige Blicke um sich herumwarf. Schade, dass er ihm kein Serbisch beigebracht hatte.

„Das Wasser ist wunderbar!“, rief ihm Emilia zu und warf ihre kastanienbraune, nasse Mähne über den Kopf.

„So ist die Adria“, antwortete er ihr keuchend, mit dem Kopf über dem Meer. „Komm doch näher zu mir!“, schmeichelte er sich ein. „Dann siehst du, wie gut es hier ist.“

„Nein, ich geh raus.“

Er schaute ihr nach und beobachtete, wie sie die friedlichen Wellen der Adria zerteilte, sich dann aus dem Wasser erhob und zum Strand lief, wobei sie sich mit ihren langen Beinen mit der straff gebliebenen Haut durch das niedrige Wasser bewegte. Er drehte um und schwamm auch in Richtung Ufer, dabei spritzte das Wasser zu seinen Seiten. Er war müde geworden.

Nach dem Mittagessen besichtigten sie den Diokletianpalast. Sie verließen ihn durch die Zlatna Vrata, das Goldene Tor, gegenüber der von Grünspan befallenen, riesigen Bronzestatue des Bischofs Grgur aus Nin. Sie stiegen die Steintreppe zu ihm hoch und gelangten an den Fuß der Statue, deren großer Zeh, rund wie eine Kartoffel und beständig von den Händen der zehntausenden von Gläubigen und Touristen poliert, gelb-rötlich im Sonnenlicht schimmerte.

„Es heißt, dass, wenn du den Zeh von Sveti Grgur reibst und dir etwas wünschst, dein Wunsch in Erfüllung geht“, wiederholte er gegenüber Emilia und Alex den Satz, den er vor etwas mehr als zwei Jahrzehnten auf Serbokroatisch gehört hatte.

„Deshalb stehen die Menschen hier Schlange?", erkundigte sich Alex.

„Genau deshalb."

„Wie die Lampe von Aladdin", bemerkte Emilia. „Nur größer", fügte sie hinzu und hob den Blick zum bronzenen, mit einer Mitra bedeckten Haupt, das zehn-fünfzehn Meter über ihnen wachte. „Du reibst und reibst und dein Wunsch erfüllt sich. Okay, wenn das der Brauch ist..."

Sie zuckte die Achseln und stellte sich an der Schlange an, mit einem ironischen Lächeln. Er wusste, dass sie sich aus Trotz anstellte, sagte aber nichts. Nachdem sie alle drei gewissenhaft den glänzenden und warmen Zeh des Bischofs gerieben hatten, lief er nach rechts, am Đardin-Park vorbei, und nötigte Emilia und Alex, ihm zu folgen. Dann umrundete er den Palast auf einer gepflasterten Straße, die zum *Pazar* führte. Dort reihten sich Dutzende von Läden mit Souvenirs, mit Fläschchen und Beutelchen mit getrocknetem Lavendel, Lavendelhonig, T-Shirts mit der kroatischen Flagge, Porzellanfiguren mit dem kroatischen Wappen, rot-weiß karierte Käppis, Gemälde mit Meereslandschaften, Silikonschuhe für den steinigen Untergrund der Adria und mit allem Möglichen, was Touristen kaufen würden.

„Hier habe ich Schlüpfer und Teller verkauft", spielte er sich munter auf. „Irgendwo dort! Ich stand in der Sonne und sprach die Kunden an. Ich erinnere mich an eine coole Episode, als ein Polizist gekommen ist und..."

„Diese Marina, war die auch dabei?", stoppte Emilia seinen Elan.

Er unterbrach den Satz und schaute zu Alex. Er zwinkerte ihm zu und erwiderte schnell:

„Ja, war sie, natürlich war sie da! Ohne sie wäre ich gar nicht zurechtgekommen."

Ohne Renato auch nicht, erinnerte er sich. Oder ohne Boris. *To su bili dani ljubavi.* Gedankenverloren blieb er vor einem Kiosk mit Souvenirs stehen und sein Blick fiel auf ein Feuerzeug mit dem Bild von Ante Gotovina, dem kroatischen General, der vom Haager Gerichtshof für Kriegsverbrechen gesucht wurde. Der General trug eine Militärschirmmütze mit dem kroatischen Wappen. Über dem Bild stand Folgendes geschrieben: „Gotovina – garantiert lebenslang."

„Verdammte Scheiße", brummte er.

„Was ist das, Vlad?" fragte ihn Emilia, die zu ihm gekommen war und übertrieben liebevoll den Arm um seinen Hals gelegt hatte.

Er küsste sie auf die Wange.

„Nichts, reiner Blödsinn", zeigte er auf das Feuerzeug. „Ihr Held, Gotovina. Der Serbenschlächter. Die sind wirklich stolz auf das, was hier war."

„Vlad, mein Liebster, was auch immer du tust, du bleibst eben ein Serbe", neckte ihn Emilia. „Schau, dass sie dich nicht hören und dir mit Stöcken hinterherlaufen."

Der Verkäufer im Kiosk, ein sonnengebräunter Typ mit Schnurrbart, der sich sofort, als er sie sah, lächelnd und mit gespitzten Ohren genähert hatte, runzelte die Stirn, als er die Worte „Gotovina" und „Serbe" hörte.

„Möchten Sie etwas?", fragte er sie trotzdem, nicht gerade begeistert.

Er winkte ab und ging mit Emilia weg. Sie durchquerten den *Pazar*, gefolgt von Alex, der mit Kopfhörern in den Ohren gelangweilt umherschaute, und gingen wieder auf die Riva, wo die Hitze die Touristen in den Schatten der Sonnendächer getrieben hatte. Vom Hafen her, von irgendwo hinten, hörte man die Sirenen zweier Fähren, deren tiefes, abwechselndes Dröhnen wie ein Gespräch anmutete.

Und als er auf der Suche nach einem Café, das möglichst vor

der knallenden Sonne geschützt war, seine Blicke schweifen ließ, erblickte er sie irgendwo vor ihm an einem Tisch. Sie schaute in die Ferne, irgendwohin Richtung Hafenverwaltung. Genau wie damals. Wenn ich könnte, würde ich die Zeit zurückdrehen, bis neunundachtzig. Nur, dass sie jetzt lange Haare hatte, bis über die Schultern. Sonst schien sie unverändert.

„Marina!“

Er lief mit großen Schritten zu dem jungen Mädchen.

„Marina!“ sagte er nochmal, etwas lauter, mit schwerem, stockendem Atem.

„Marina! Komm, Marina, komm! Los, hier lang! Schnell, schnell!“

Er griff ihre Hand und zog sie auf den Hang mit dem spärlichen Gras und den einzelnen Dornenbüschen hinauf.

„Komm, ich halte dich! Da entlang“, zeigte er ins Dunkle und keuchte.

Als er ihre kleine Hand drückte, spürte er einen Schmerz in den Fingern. Er hatte sich verletzt, vielleicht hatte er sich irgendetwas verrenkt, aber jetzt war das egal. Gemeinsam stiegen sie zwischen den Dornenbüschen hoch und klammerten sich dabei an die robusteren Büsche, bis sie an den Wegrand kamen. Sie rannten geduckt durch die Nacht, obwohl niemand sie verfolgte. Sie wussten, dass Boris vor ihnen war und Renato und Frane wahrscheinlich irgendwo hinter ihnen her tappten.

Mit großen Schritten stiegen sie den Hügel hinauf, stolperten und krochen manchmal auf allen vieren, bis sie zum Dacia gelangten, der am Wegrand geparkt war. Boris stand schon neben dem Auto.

„Ist Renato schon hier?“, fragte Marina verzweifelt. „Ich gehe nicht ohne Renato!“

„Er kommt, er kommt“, beruhigte sie Boris, der, auf eine Autotür gestützt, im Dunkeln stöhnte. „Frane kommt auch. Ohne sie fahren wir nicht los“, fügte er sanft hinzu.

Sie blieben neben Boris stehen. Im Mondlicht zeichneten sich allmählich ihre Gesichter ab. Marina bemerkte, dass Boris sie seltsam ansah. Sie schaute an sich herunter: Ihr schwarzes T-Shirt unter der weißen Netzbluse war zerfetzt und entblößte eine ihrer Brüste. Hastig bedeckte sie sie und kauerte sich hin. Sie fing an zu weinen. Er kniete sich neben sie hin und streichelte ihr übers Haar. Es war weich und samtig und rührte ihn.

Marina fing an zu zittern, als hätte sie Schüttelfrost, sodass er sie umarmte und festhielt. Er merkte nicht, dass auch seine Arme zitterten.

„Es ist alles gut, Marina, komm schon, es ist alles gut, du wirst sehen...“

Ein Rascheln im Gras verriet, dass jemand näher kam. Beide hoben den Kopf.

„Wo seid ihr?“, hörte man von rechts Renatos kehlige Stimme.

„Hier, hier“, flüsterte Boris. „Macht schneller, verdammt nochmal!“

Die beiden gelangten zum Dacia und öffneten die hintere Tür. Alle stiegen ein. Er startete den Motor und fuhr mit einer Staubwolke in Richtung Stadt. Als er wendete, sah er ganz weit unten das dunkle Meer, von einem silbernen Streifen durchzogen, der sich bis zum Horizont erstreckte.

Er war jetzt kurz vor ihrem Tisch und das Mädchen beobachtete ihn, doch ihr gelangweilter Blick brachte ihn dazu, stehenzubleiben. Vielleicht war sie es doch nicht. Oder sie war es. Noch einmal sagte er, unsicher, aber ziemlich laut:

„Marina?“

Das Mädchen fixierte ihn verwundert, dann schaute sie zu jemandem an ihrem Tisch. Sie machte ein kleines Zeichen mit dem Kopf. Eine Frau mit kurz geschnittenen Haaren drehte den Kopf und stand langsam auf. Hinter ihm machten keuchend erst Emilia halt, dann Alex. Einige Sekunden lang sagte niemand etwas.

„Vlade?“

Natürlich: niemand bleibt ewig jung.

Er schaute der Frau mit den strohblond gefärbten Haaren und dem knochigen, überraschten Gesicht in die Augen und sah die zwanzig Jahre, die vergangen waren. Zugleich hatte ihr Blick einen Moment auf seinem leicht verschwitzen Bauch verweilt, der das T-Shirt wölbte, als würde er dort einen Basketball verstecken, und dann auf seinen kräftigen Armen, auf dem weißen, leicht schlaffen Fleisch. Sie zählte wie in einem Spiegel der Erinnerung dieselben Jahre ab. Doch das junge Mädchen – wie sehr ihr das Mädchen ähnlich sah! Er nahm eine Bewegung rechts wahr, wo, halb verdeckt durch ein weißes Holzspalier, ein glatzköpfiger Kerl aufgestanden war. Sein Schädel glänzte, die Augen waren klein, der Hals kurz und der Nacken voller Speckrollen. Ein ärmelloses Shirt, ein Rumpf wie der eines Fleischers…, der Typ sah wie ein rumänischer Betrüger oder ein russischer Racket, diese Art russischer Gangster, aus – es war Boris, es konnte mit seinen fleischigen Lippen nur Boris sein, der ihn unsicher, freundlich und vorsichtig anlächelte und sichergehen wollte, dass er alles richtig sah und verstand.

„Am Ende bist du doch zurückgekommen, nicht wahr?“, sagte Boris auf Kroatisch. Seine Augen leuchteten lebendig, wie einst.

Der Blonde von damals kam hinter dem Tisch hervor und umarmte ihn. Auch Marina umarmte ihn – sie zitterte in seinen Armen, als sie ihn einmal fest drückte. Es schien, als sei sie den Tränen nahe, aber so war sie eben.

„Und das ist Giulia“, zeigte Boris auf das Mädchen, das sie erstaunt, aber nicht sonderlich neugierig betrachtete. „Marina hat sie alleine gemacht, ohne mich“, scherzte er.

Giulia machte kurz eine Grimasse und zog den Mund zusammen, wie sie es wahrscheinlich schon zig Mal beim Hören dieser Bemerkung gemacht hatte. Höflich reichte sie ihm die Hand, er drückte sie und schaute sie noch einmal an: irgendwie sah sie der Marina aus seinen Erinnerungen doch nicht mehr so ähnlich. Die Haare goldfarben, etwas matter und leicht gewellt. Und das Kinn spitzer. Oder vielleicht auch nicht und sie schob es nur herausfordernd nach vorne.

„Ich bin Vlad. Aus Rumänien, aus Temeswar. Du bist wirklich... wie Marina.“ Er wollte sagen: „ihr wie aus dem Gesicht geschnitten“, aber er kannte das serbokroatische Wort nicht.

Er drehte sich um und legte den Arm um die Schultern von Emilia, die überrascht zuschaute, ohne zu verstehen, was vor sich ging, es jedoch ahnte.

„Schau mal, Emilia, dein Wunsch hat sich erfüllt“, sagte er mit einem überaus breiten Lächeln. „Das ist meine damalige Clique. Ein Teil davon. Das ist Marina. Und das ist Boris. *Marina, ovo je moja* žena, *Emilija. Ona ne govori srpski... hrvatski*“, korrigierte er sich schnell. „*I moj sin, Aleksandru*“, zeigte er auf Alex, der irgendwo abseits stand und wartete.

„Wollt ihr euch zu uns setzen, Vlade?“, fragte ihn Marina auf Kroatisch.

Sie lächelte verlegen, von Geschehen verblüfft.

„Ich habe dich seit... seit damals nicht wiedergesehen“, fügte sie hinzu.

„Ja, sehr gerne, natürlich! Was für ein Glück! Weißt du, genau daran habe ich gedacht, dass ich euch treffen werde, wenn ich herkomme. Alle treffen sich auf der Riva.“

„Ich habe auch daran gedacht“, sagte Marina, während Boris und Alexandru einen Tisch dazustellten. „Seit einiger Zeit denke ich ständig daran.“

Er schaute kurz zu ihr, dann zu Boris, der ihnen zugehört hatte und sich dabei leicht verfinsterte, aber nichts sagte. Sie konnten sowieso nicht hier reden, jetzt, vor Giulia. Er wusste aber, dass sie unbedingt reden mussten. Diese undeutliche Angst fuhr ihm wieder wie ein Schauder über den Rücken.

Sie wussten auch nicht richtig, in welcher Sprache sie sich unterhalten sollten.

„Sprecht ihr Englisch?“, fragte er auf Serbisch und zeigte zu Emilia. „Meine Frau ist Englischlehrerin, aber Kroatisch kann sie nicht.“

„Marina spricht Englisch“, brummte Boris und rieb sich die riesigen Hände.

Dann fiel ihm auf, dass Boris ein Tattoo auf dem Arm hatte, eine Art Schild mit den rot-weißen Karos der kroatischen Flagge und eine Zahl, 72.

„Auch Giulia kann Englisch, natürlich“, fuhr Boris fort. „Die Jungen können es alle. Ich nur ein bisschen, genug um zurechtzukommen.“

„*Lissen veri cärfulli...*“ Beide lächelten. „Ungefähr so viel kann ich auch“, sagte er. „Wie du auch Kroatisch kannst“, neckte ihn Boris. Also bist du jetzt Verleger, ja, ich mache Bücher, also ich, wie sagt man?, du druckst sie?, ja, ich drucke sie, und auch Plakate, Flyer, alles Mögliche, Emilia unterrichtet Englisch, Marina macht auch was mit Englisch, mit den ausländischen Touristen, sie macht dafür die Werbebroschüren, Vlad hat mir von dir erzählt, was hat er dir?, eigentlich nicht erzählt, er sagte, er hat dich kennengelernt, ich weiß, wie es damals war, wir waren so jung, er hat euch kennengelernt, schöne Zeiten, und du, Boris?, wie Giulia und... Alexandru?

ja, ich habe eine Baufirma, ich mache ab und zu (ein paar Wörter, die er nicht verstand), das mit dem Krieg tut mir leid, ich weiß das aus dem Fernsehen, wegen den Serben, bei euch haben die nicht, nein, in Split war nicht viel los, aber ich war dort, natürlich war ich dort, ich habe mich nicht versteckt wie andere, die uns jetzt belehren, was hat dir Vlad über mich erzählt?, weißt du, dass er dich mochte?, er hat deinen Namen gesagt, als er verletzt wurde, welche Musik hörst du?, ich wusste nicht, dass er verletzt wurde, ja, bei der Revolution, in Temeswar, ich mag *Avril Lavigne*, die Jungs aus meiner Klasse auch, ja, ich weiß von der Revolution, aus dem Fernsehen, einundneunzig habe ich das gesehen, gefällt dir Split?, bisher ja, warst du schon mal hier, ich war in Griechenland und in der Türkei, aber es ist nicht so wie hier, du kannst schwimmen, oder?, jetzt ist es besser, ich komm zurecht, wahrscheinlich nicht so wie du, du hast das Meer hier, wie meinst du das, er hat meinen Namen gesagt?, warst du auf Bačvice?, Marina ist besessen, ich sag es dir, *Soundgarden* ist auch cool, hast du schon von *Suicidal Tendencies* gehört?, ich spiele dir was vor, wenn du willst, einfach deinen Namen, mehrmals, und etwas auf Serbisch, auf Kroatisch, es macht ja keinen großen Unterschied, ich lese auch gerne, weißt du?, bist du auf Facebook ?, in der elften Klasse, ich auch, du hast keine Ahnung, Vlad, wie es hier war, du kannst es nicht wissen, hier, bei Marko Marulić, so heißt er, ein kroatischer Dichter, ich lese auch gern, ich in Temeswar beim, ich weiß nicht, wie das auf Englisch heißt, Pädagogischen, warst du auf der Marmontova?, da musst du hin, dort sind die besten Läden von Split, weißt du wen ich vermisse?, Renato…" „Wie geht es Renato? Ihn würde ich auch so gerne treffen!" Diese letzten Worte sprach er in eine bedrückende Stille hinein. Boris schaute ihn kalt an und Marina senkte den Blick und spannte ihre Wangenknochen an. Tiefe Furchen zogen sich jetzt durch ihr Gesicht. Emilia verstummte ratlos. Auch die beiden Teenager schwiegen nun. Er hörte Möwen kreischen und die Adria rauschen.

„Renato ist gestorben, Vlad“, stammelte Boris. „Im Krieg für das Vaterland.“ Natürlich, hier war Krieg gewesen. Ein richtiger Krieg, in dem deine Freunde und Bekannten sterben. „Wie ist er gestorben? Wie... wie alt war er? Er war ein Teenager! Was heißt das, er ist im Krieg gestorben?“ „Er war neunzehn, Vlad,“ sagte Boris ernst, dann fügte er leise hinzu: „Er wurde erschossen, so starb er.“ Marina brach in Tränen aus. Emilia griff nach ihrer Hand und drückte sie, obwohl sie nicht verstand, was gerade passierte. Alexandru schaute verwirrt zu Giulia, deren Gesicht hinter dem Schleier aus goldenen Haaren lag: Das Mädchen hatte den Kopf gesenkt und schwieg brav. „Er wollte auch dort sein, wollte sein Land verteidigen“, fuhr Boris in einem raueren Ton fort. „Weißt du? Renato ist ein Held.“ ‚Sind wir dafür bei der Revolution gestorben?‘, erinnerte er sich. Was für ein Schwachsinn! Manche waren wirklich gestorben – Teenager, solche wie er. Und hier waren es wahrscheinlich mehr, viel viel mehr. Mit dem heldenhaften Gefühl, das man dann verspürt, wenn man sich für alles zu opfern bereit ist, wenn es das wert ist... Aber war es das wert? Wollte Renato wirklich für Kroatien sterben? Statt nun auch auf der Riva zu sitzen und ein Bier zu trinken, mit Danica oder mit egal wem. Mit seiner Geliebten. Mit seiner Frau. „Die Serben haben ihn erschossen“, präzisierte Boris. „Die Serben aus der Krajina[27].“ „Wann, wie?“ „Bei Maslenica, 1993.“ Er wusste, wovon Boris spricht: Operation Maslenica. Eine Brücke, die die Küste und den Norden Kroatiens verband, den die Kroaten im Winter 1993 eingenommen hatten. Er hatte gelesen, dass damals hunderte von Menschen auf beiden Seiten gestorben waren – am Ende

27 Grenzgebiet Kroatiens zu Bosnien-Herzegowina.

waren es Zahlen. Und Renato war eine von diesen Zahlen. Marina schluchzte weiter, mit kleinen, erstickten Schreien und vor lauter Tränen glänzenden Wangen. Giulia hatte jetzt auch einen ernsten Gesichtsausdruck, wie es sich gehörte. Ihm ging durch den Kopf, dass das Mädchen den dunkelhäutigen und fröhlichen Kerl nicht kennenlernen konnte, der ihr Onkel war. „Und jetzt... wo ist er jetzt?" Boris warf ihm einen strengen Blick zu. Marina dagegen hob den Kopf und lächelte ihn gequält an, mit ihrem kleinen Mund, der dabei schief und entstellt wirkte. „Auf dem Lovrinac. Auf dem Friedhof", fügte sie hinzu, als sie seine Verwirrung erriet. „Möchtest du sein Grab sehen? „Marina!", intervenierte Boris, er klang vorwurfsvoll. „Lass mal, Boris, lass es ihn sehen. Renato mochte Vlad sehr... Willst du hin, Vlad?" Boris seufzte und ballte die Fäuste. „Natürlich will ich." „Na, dann lass uns morgen hinfahren, gut?", schnaufte Boris. „Ja, Marina? Morgen", sagte er sanfter. „Wir sehen uns morgen."

*

Sie trafen sich am nächsten Morgen im Đardin, neben der Statue des Grgur aus Nin. Sie fuhren ohne Alex und Giulia zum Friedhof. Das Mädchen willigte mit arroganter Miene ein, Alex die Stadt zu zeigen. Die beiden entfernten sich würdevoll, einen Meter Abstand zwischen sich. Sie fuhren mit Boris' Auto, einem petrolfarbenen Mercedes CLK, den er begehrlich anschaute. Als sie zum Auto gingen, flüsterte ihm Boris zu, wobei er darauf achtete, nicht gehört zu werden:

„Du hättest sie nicht daran erinnern sollen!"

Er verstand nicht. Woher sollte er das wissen? Das konnte er nicht. Er ließ Emilia hinten einsteigen und setzte sich neben sie.

Die Sonne tauchte den Hügel, auf dem der Lovrinac-Friedhof lag, in goldenes Licht. Sie ließen das Auto auf dem Parkplatz, betraten den Friedhof durch das große Tor und machten sich zu Renatos Grab auf.

„Er weidet mich auf grüner Au", flüsterte Emilia.

Es war der ordentlichste Friedhof, den er je gesehen hatte. Am Eingang, unter zwei dicken Kiefern, gingen sie an der Gruft von „Joh. Jellicich K.K. Hauptmann" vorbei – vermutlich ein ehemaliger österreich-ungarischer Offizier. Vor ihnen öffneten sich breite und asphaltierte Wege, mit mediterranen Kiefern auf beiden Seiten, Grasstreifen, gepflegten Blumenbeeten und geometrisch geschnittenen Parzellen rechts und links, mit Gräbern, so weit wie das Auge reichte. Hier und da erhob sich ein massives Denkmal, das die Monotonie durchbrach; in der Luft schwebte der Geruch von Harz und duftenden Kräutern und über allem lag eine sommerliche, lichtdurchflutete Ruhe, die nur die *Cvrčci*, die Zikaden, mit ihrem ununterbrochenen Zirpen störten. Auf einer grauen Marmorplatte, neben der Statue eines rundlichen Engels, hatte es sich eine weiße Katze mit dickem Schwanz frech im Halbschatten gemütlich gemacht. Er zeigte sie Emilia, die lächelte. Sie hatte ein marineblaues Seidenkleid angezogen und trug dazu schwarze Sandalen – die schlichtesten Kleider, die sie mitgebracht hatte. Eventuell hatte sie gedacht, dass sie sie auf einem vornehmen Ball tragen würde. Keinesfalls aber auf einem Friedhof. Marina dagegen war ganz in Schwarz gekleidet, wie eine Verkörperung der balkanischen Trauer: schwarze weite Hosen, eine dunkle Bluse und eine Art Schleier oder Tuch auf dem Kopf. Langsam verstand er Boris' Gereiztheit. Er verweilte mit dem Blick auf Marinas schlanker Figur und verfolgte ihren flinken Gang in den Schuhen mit flachen Absätzen auf dem Asphalt der Allee.

„Was ist das?"

Er zeigte irgendwo nach rechts zu einem großen Kreuz, neben dem ein paar dunkle Platten wie Heizkörper aufgestellt waren. Er versuchte, das unangenehme Gefühl loszuwerden, dass er einen Fehler gemacht hatte. Woher sollte er es wissen? Und außerdem wollte er Renatos Grab sehen. Wenigstens das.

„Das Denkmal der deutschen Soldaten aus dem Zweiten Weltkrieg", antwortete ihm Boris etwas ruhiger. „Die Helden des Krieges für das Vaterland sind etwas weiter hinten."

Sie gingen an einer Parzelle mit kleinen Gräbern vorbei, die voller Spielzeug und Puppen waren. Sie lagen auf den Steinplatten oder waren an den Kreuzen befestigt. Er konnte allerlei Namen lesen: Giurgić, Paparela, Kujmanić, Čagali, Pešl, Andreis, Ganza, Halilović und Musafia, Marcocchia, dann ein Boban, an dessen Ende sich eine Marmorplatte mit dem roten Stern, der Sichel und dem Hammer befand – offenbar ein ehemaliger Partisan, –, ein Zvezdić, in dessen Grabstein eine Menora, der siebenarmige Leuchter, eingraviert war... Eine mediterrane Stadt, eine durchmischte Stadt. Wie Temeswar, dachte er sich.

Endlich kamen sie an.

Renato Barbić
1974 – 1993
72. bojna Vojne policije
Položio je život *za oslobođenje domovine Hrvatske*

„Er opferte sein Leben für die Befreiung des kroatischen Vaterlandes."

Also für die Auflösung Jugoslawiens, dachte er und schämte sich sofort. Neben der Inschrift war ein Wappen mit den kroatischen Karos in Rot und Weiß zu sehen – darin steckte ein holzgeschnitztes Kreuz.

Auf dem Grabstein war ein Foto von Renato befestigt, genau so, wie er ihn in Erinnerung hatte: ein brünetter Junge mit einem runden, fröhlichen Gesicht und einem schelmischen Lächeln um den Mund, der so klein wie Marinas Mund war. Er trug eine klassische Jeansjacke, mit aufgerichtetem Kragen im Stil der achtziger Jahre – wie die Typen von Đavoli in dem Video, das in Bačvice aufgenommen wurde, sagte er sich, dann verbesserte er sich: er hatte sie getragen, Plusquamperfekt. Jetzt trug er sie nicht mehr. Er war dort, unter der Steinplatte mit dem Foto, seit... seit achtzehn Jahren. *Forever young*. Ohne Bauch, ohne Liebste, ohne Fleisch auf den Knochen, die in den Sarg gestopft waren. Er hatte sein Leben für die Befreiung des kroatischen Vaterlandes geopfert. Ein Held.

Marina nahm ein kleines Gerät aus ihrer Handtasche, stellte es auf das Grab und drückte auf einen Knopf.

„Komm, Marina, mach das nicht schon wieder!", begann Boris, doch sie drehte sich um und schaute ihn eisig an.

Boris verstummte.

Von der Steinplatte erklang leise ein Lied, das er sofort wiedererkannte.

„Was ist das, Vlad?", flüsterte Emilia.

„Ein serbisches Lied. *Riblja* Čorba, *Rat je završen*. Der Krieg ist zu Ende."

Plötzlich wurde ihm trostlos zumute. Eine Unruhe wie ein Kribbeln, eine starke Aufregung durchzog seinen Körper von den Fersen bis zur Brust. Während das Lied matt auf der Steinplatte rauschte, übersetzte er es leise für Emilia:

„Der Krieg ist zu Ende, die Welt ist... perfekt, die Toten, die Lebendigen und die Verwundeten sind alle begraben... zusammen, aber der Krieg ist zu Ende. Ich weiß nicht, wer gesiegt hat, ich weiß nicht, wer verloren hat, jeder hat... jemanden umgebracht, aber der Krieg ist zu Ende. Die blauen Augen... Gottes... betrachten alles von oben, doch der liebe Gott hat seine eigenen Aufgaben."

Emilia griff seinen Arm. Das wehmütige Lied voller resignierter Traurigkeit, das von bitterem und trostlosem Pfeifen begleitet wurde, raubte einem die Kraft. Um sie herum waren fast nur Gräber von Jugendlichen, die jetzt in seinem, in ihrem Alter gewesen wären, sie hatten Frisuren im Punk- und *New Romantic*-Stil getragen, sie runzelten naiv die Stirn und warfen kindlich ernste Blicke aus den Grabsteinbildern.

„Und all die Kinder... diese Jungs, diese Teenager, sie haben... sie sind weniger, als sie waren, keiner weiß, wo sie hingekommen sind..."

Er unterbrach sich. Er spürte, dass Emilia zitterte und sich ihr ganzer Körper angespannt hatte. Er schaute sie an und sah ihr erstarrtes, erdfarbenes Gesicht. Emilia löste sich von ihm, um neben Marina niederzuknien. Mit zögernder Zärtlichkeit nahm sie ihre Hand. Marina verschränkte ihre mit Emilias Fingern.

„Das macht sie immer", flüsterte Boris, der zu ihm gekommen war. „Jedes Mal, wenn sie sich an Renato erinnert."

„Wie ist es passiert?", fragte er leise. „Warst du dort?"

„Nein, war ich nicht. Aber Frane war dort. Sie haben ihm in die Brust und den Hals geschossen. Die Serben. Aber sie hört nicht auf mit diesem Scheißlied."

„Wieso?"

„Weil er es mochte", schnitt Boris eine Grimasse. „Renato hat mal gesagt, dass wir ihm dieses Lied spielen sollen, wenn er stirbt. Dass der Krieg zu Ende ist. Es war ein Witz, wir saßen nachts im Lager zusammen und redeten nur Quatsch. Aber ich war auch ein Volltrottel, weil ich es Marina erzählt habe. Weißt du? Wenn sie gekonnt hätte, hätte sie Bora Georgević hierher bestellt, damit er am Grab spielt. Diesen idiotischen serbischen Irren!"

Jetzt sah er wirklich wie ein russischer Racket aus, einer, der dich mit seinen bloßen Händen umbringen konnte.

„Komm, ich zeige dir den Friedhof", schlug Boris auf einmal vor.

Er schaute auf die beiden Frauen, die sich hingekniet hatten.

„Das wird noch dauern", seufzte Boris. „Komm. Sie wird mich anrufen, wenn sie fertig ist."

Sie entfernten sich langsam und gingen auf eine Reihe quadratischer Steinplatten zu, die vor ihnen am Hang im sonnenvergilbten Gras steckten.

„Schau mal, hier sind die Gräber der Partisanen und derjenigen, die von den Deutschen im Zweiten Weltkrieg umgebracht wurden!"

Und von den Ustaša, dachte er, aber er sagte es nicht. Er folgte ihm schweigend. Sein Freund aus dem ehemaligen Jugoslawien schien ihm wirklich den Friedhof zeigen zu wollen. Er führte ihn durch den Bereich der Muslime, dann zu einer Stelle auf der gegenüberliegenden Seite, wo Ustaša und ehemalige Funktionäre des kroatischen faschistischen Staates begraben waren und zu ihrem Andenken ein Denkmal errichtet worden war. Alles war gut organisiert und sorgfältig eingeteilt, nach Herkunft, Religion, Krieg oder Überzeugung. Hier vergisst niemand, was er ist, erinnerte er sich. Sie tun so, als ob sie es vergessen würden, aber sie vergessen niemals. Genau neben dem Grab eines Mannes, den 1945 die Partisanen erschossen hatten, Kopf an Kopf, befand sich eine Steinplatte ohne Kreuz, dafür aber mit dem roten Stern der Kommunisten. Ihm wurde bewusst, dass in Lovrinac, eingeteilt und aufgereiht, alle Toten aus den vergangenen Kriegen lagen: die von der Ustaša und den Deutschen umgebrachten Kroaten und Serben, Partisanen, Kommunisten und Monarchisten, von Kommunisten ermordete Ustaša, von Serben ermordete Kroaten, von Kroaten ermordete Serben, von Kroaten und Serben ermordete Muslime, von Partisanen ermordete Deutsche, von wem auch immer ermordete Italiener, die ganze Totenernte derjenigen, die sich ein unabhängiges Kroatien gewünscht hatten, ein vereinigtes und kommunistisches oder monarchistisches Jugoslawien und danach erneut ein unabhängiges Kroatien. Alle beisammen – und mittlerweile wusste keiner mehr, wer verloren und wer gewonnen hat. Wie beim *Picigin*, dachte er. Keiner gewinnt. Aber manche sterben. Wie Renato.

Schließlich fing Boris ernst an:

„Hör mal, Vlad, ich weiß, es war keine Absicht, aber ich bitte dich, in Zukunft mehr aufzupassen. Du hast gesehen, wie es Marina geht. Sie hat sehr unter dem Tod von Renato gelitten. Auch jetzt geht es ihr nicht gut. Sie hat immer noch…"

Und Boris sagte etwas, was er nicht verstand, aber er ahnte, was es bedeutete. „Ich konnte das nicht wissen, Boris! Woher hätte ich es wissen sollen? Wolltest du etwa, dass ich gar nicht nach ihm frage?" Das starke Kribbeln, das er vor einigen Minuten verspürt hatte, verwandelte sich langsam in Wut. „Er war auch mein Freund!", betonte er die Wörter. „Und schließlich waren wir zusammen auch dort, in der Disco Titanic! Hast du es vergessen? Das vergisst man doch nicht!" „Doch, Vlad! Wenn du ein Leben haben willst und dieses Leben leben willst, versuchst du zu vergessen, Herrgott nochmal! So haben wir es gemacht. Jetzt musstest du kommen und die Vergangenheit ausgraben! Renato, die Disco Titanic… wen kümmert's, verdammt? Niemanden, wenn du die Dinge in Ruhe lässt. Aber nach zwanzig Jahren musste der Serbe kommen und in der Scheiße rumwühlen." „Welcher Serbe?" „Du, Vlad! Vlade Divac, der nur seine eigenen Interessen verfolgt und sich davonmacht, wenn es schwierig wird. Wie damals." „Damals? Damals musste ich wieder weg, erinnerst du dich?", blaffte er. „Wolltest du, dass ich in Jugoslawien bleibe? Was hätte ich hier tun sollen? Außerdem", er grinste gemein und zögerte kurz seine Antwort heraus: „wolltest du, dass ich mit Marina zusammen bleibe?" Er war sicher, dass Boris ihn schlagen würde. Er bereitete sich sogar vor, sich zu verteidigen, zu erraten, wo ihn der Schlag treffen würde: im Gesicht, im Bauch? Doch Boris schlug ihn nicht, obwohl sein großes, fleischiges Gesicht knallrot geworden war. Nur halb hob er die geballte Faust, dann ließ er sie sinken. Er fragte Boris friedfertig:

„Was war eigentlich hier passiert, nachdem ich wieder abgereist bin? Damals, neunundachtzig." „Da war nichts", sagte Boris leise. „Damals war nichts. Und danach kam der Krieg."

*

Sie kehrten ins Zentrum zurück, nach Varoš, in einer noch erdrückenderen Stille als auf dem Hinweg. Boris parkte das Auto irgendwo zwischen der Riva und dem Hotel Marjan. Sie gingen zusammen durch die Sonne, die prall über das Ufer der Adria schien. „Wollt ihr was trinken?", fragte er unsicher und warf Marina einen Blick zu. Marina nickte fast unmerklich. Eine Totenstarre. Wer weiß, zum wievielten Mal. Sie gingen auf einem neu gepflasterten Fußweg, der noch raue Ecken und Schotterreste zwischen den Platten hatte. „Sie renovieren das Marjan", zeigte Boris nach hinten auf einen quadratischen Bau, an den Vlad sich gut erinnerte. Das Hotel war nun eine staubige Baustelle, von Bulldozern und Lastwagen belagert, die auf der engen Straße dröhnten, umgeben von Stapeln aus Ziegelsteinen und langen Stahlbetonstücken, die wie Barrikaden anmuteten. „Unser Bürgermeister Kerum hat es gekauft", fuhr Boris fort. „Er will die Promenade vergrößern. Der ist auch ein großer..." Und wieder sagte er etwas, was Vlad nicht verstand. Es konnte etwas Gutes oder Schlechtes sein. Er schaute zum heruntergekommenen Hotel und jenseits davon auf den Marjan-Hügel, der sich wie ein grüner Buckel hinter der Stadt abzeichnete. „Diese große Tito-Schrift ist weg..." „Natürlich", bekräftigte Boris und erhaschte seinen Blick. „Zusammen mit dem Scheißjugoslawien." Er wollte etwas antworten, sagte aber nichts. Sie gingen weiter und hielten sich dabei im spärlichen Schatten der Palmen am Ufer. Nachdem sie ein verfallendes Gebäude umrundet hatten, dessen mit Rollläden versehene Fensterscheiben zerschlagen und die weißen Wände mit Graffiti bedeckt waren, gelangten sie auf einen breiten Weg, der zur Riva führte und den Konturen des Ufers folgte. Am Ufer waren ein paar Dutzend Fischerboote in geordneten Reihen befestigt. Er merkte, dass er seinen ersten Spaziergang zur Promenade wiederholte, an dem Abend, als er Boris und Frane kennengelernt hatte. Schöne Zeiten. Zum Teufel mit ihnen! Plötzlich spürte er Emilias Hand auf seinem Ellenbogen und zuckte zusammen. „Vlad, wo gehen wir hin?“, fragte sie leise. Er erinnerte sich, dass Emilia nichts von dem verstand, was sie sagten. „Wir gehen... was trinken. Sie haben uns eingeladen, was zu trinken.“ Emilia nickte: ja, natürlich.

Plötzlich hörte er von irgendwo die Akkorde eines Liedes, das er sehr gut kannte und das hier unmöglich gespielt werden konnte: *Lipe cvatu* von *Bijelo Dugme*, ein Rocklied und Liebeslied mit patriotischer Färbung über das ehemalige Jugoslawien. Ein wunderschönes Lied, doch wer traute sich, es hier zu spielen – auf der Touristenpromenade von Split, bei maximaler Lautstärke? Er schaute zu Boris und sah, wie der mit den Augen die Quelle sucht und entschlossen zu einem weißen, abgenutzten Volkswagen Golf lief, der am Straßenrand parkte. Er folgte Boris schnell, Emilia und Marina kamen langsam hinterher. Am Auto hörte man Boris‘ donnernde Stimme: „Was für eine Scheiße ist das denn?“

Er kam zu Boris. Drei Jugendliche, zwei Jungen und ein Mädchen, höchstens zwanzig Jahre alt, in zerrissenen und abgenutzten Jeans und weiten T-Shirts, die an die Punker aus alten Zeiten erinnerten, saßen eng beieinander auf einer Bank neben dem Volkswagen, in den Händen geöffnete Ožujsko-Bierdosen. Aus der offenen Autotür tönte laut die Stimme von Alen Islamovic: *„Baš me briga gdje si otišla, ravna ti je, Jugoslavija, baš me briga, nisi dijete...“* Aha, na und? Eigentlich war das ein Liebeslied.

„Ich hab euch gefragt, was das ist, verdammt nochmal?"

Die zwei Jungs, dunkelhaarig und durch die schief geschnittenen Haare fast verunstaltet, standen langsam auf und schauten sich dabei an. Sie wussten nicht, was tun: Vor sich hatten sie einen wütenden Mann von fast zwei Metern, mächtig und mit Armen wie Baumstämme, die offenbar absichtlich bis zu den Schultern entblößt waren, damit man das farbige Militärtattoo mit der Nummer 72 sah... Da wurde ihm klar: 72. bojna Vojne policije. Vermutlich die Einheit, der sie im Krieg angehört hatten. Regiment, Bataillon, *whatever*. Alle drei: Boris, Renato und Frane.

Die zwei Jugendlichen sagten nichts.

„Dafür sind eure Eltern im Vaterlandskrieg gestorben, ihr Arschlöcher?", brüllte Boris. „Damit ihr euch..."

Wieder verstand er die Wörter nicht, doch er hörte einen Fluch mit Schwanz und dem Namen Jugoslawiens.

„Ihr Volltrottel! Macht sofort die Musik aus, sonst mache ich diese Scheiße kaputt!"

Einer von den Jungs, mit einem silbernen Nasenpiercing, ging langsam zum Auto und schaltete den CD-Player mit einer herausfordernden Geste aus. Von der Bank hörte man die nasale Stimme des Mädchens, eine Rothaarige mit doppeltem Sidecut und einem farbigen Tattoo über den Ohren:

„Unsere Eltern sind nirgendwo gestorben. Und in Jugoslawien war es besser. So ist das. Jetzt geht es schlechter. Sie können sagen, was Sie wollen, aber unser Leben ist scheiße."

„Frech bist du!", Boris drehte sich knurrend zu ihr. „Du solltest dich schämen!"

Was hatte er vor? Wollte er sie schlagen?

„Boris, komm, lass das, verdammt," sagte er leise und berührte ihn an der Schulter.

Boris riss sich los. Zwei Schritte entfernt schauten Marina und

Emilia schweigend zu: Emilia verwirrt, Marina mit wer weiß welchen Gedanken.

„Ja", bekräftigte das Mädchen, richtete sich auf der Bank auf und schaute Boris direkt an. „Es war besser. Darf ich jetzt noch nicht mal mehr reden? Im neuen freien und demokratischen Land?", platzte es aus ihr heraus. „Was haben wir getan? Wir hören nur ein bisschen Musik."

Das Mädchen war dünn und unter dem T-Shirt mit tiefem Ausschnitt konnte man ihre kleinen Brüste und die parallelen Linien ihrer Rippen sehen. Vlad bemerkte, dass sie eine knollige und leicht gerötete Nase hatte, die mit der weißen Haut ihrer Wangen kontrastierte.

„Ich weiß auch, wie es früher war", fing das Mädchen wieder an. „Es gab Arbeit, man hat Wohnungen gekriegt und du konntest zur Schule gehen, eine Uni besuchen. Heute ist nichts mehr. Nur Armut. *Heute* ist es scheiße!"

„Ajla, komm, lass mal", mischte sich einer von den Jungs ein. „Es hat keinen Sinn."

„Natürlich nicht", kommentierte das Mädchen ruhig und schlürfte Bier aus der Dose.

„Du scheiß bosnische Hure!", warf ihr Boris zu.

Das Mädchen spuckte trotzig auf den Gehsteig. Emilia schaute entsetzt zu. Boris hob die Faust, wie er es vorhin getan hatte, auf dem Friedhof von Lovrinac.

„Lass mal, Boris, komm! Lass uns gehen!"

Vlad griff seinen Arm und zog ihn weiter. Boris ließ sich ohne Widerstand wegführen. Er schaute noch einmal drohend zu den drei, doch die Jugendlichen taten so, als ob sie ihn nicht sähen. Marina ging zu Boris und schob ihre Hand unter seinen anderen Arm: „Es ist alles in Ordnung, Boris, echt mal, du wirst dich doch deswegen nicht aufregen."

„Aber du hast es doch gesehen!“, regte sich Boris auf, diesmal ohne viel Kraft. „Sowas!“

„Ich hab’s gesehen. Aber lass es einfach! Was bringt das? Damit wirst du sowieso nichts lösen. Sie haben keine Ahnung. Sie tun einfach...“

Sie tun cool, das hatte Marina wahrscheinlich gesagt. Es regte ihn tierisch auf, wenn er einzelne Wörter nicht verstand, obwohl er schon so lange Musik in dieser Sprache hörte, Zeitungen und Internetnachrichten las und einen Haufen Dokumentarfilme gesehen hatte. Er blieb hinter den beiden zurück und begann, Emilia die Episode von vorhin zu erklären.

Sie hielten auf dem Prokurative-Platz und setzten sich an einen Tisch unter den hohen Arkaden an einem der roten Gebäude in der Nähe des ehemaligen Marjan-Kinos.

Emilia betrachtete den venezianischen Platz. Er hätte gerne ein paar Fotos mit dem *Smartphone* gemacht, aber er traute sich nicht. Er schaute zur offenen Seite des Platzes, wo die Adria goldfarben leuchtete.

„Weißt du, dort war mal ein wunderschöner Springbrunnen,“ fing Boris an, der seinen Blick bemerkt hatte. „Bajamontuša, so hieß er. Ich habe ihn nicht mehr gesehen, nur auf Bildern. Die Kommunisten haben ihn siebenundvierzig gesprengt, nachdem sie die Stadt eingenommen hatten.“

„Wieso?“

„Weil er italienisch war“, intervenierte Marina, dann sagte sie es auch auf Englisch: „Dort, vor dem Platz, war eine schöne *Fontana*, aus den Zeiten der italienischen Verwaltung. Sie hieß Bajamontuša, nach Bürgermeister Bajamonti. Boris erzählte gerade, dass sie 1947 von den Kommunisten gesprengt wurde.“

„Wieso?“, fragte auch Emilia.

„Sie sagten, dass sie faschistisch war. Und sie wollten zeigen, dass sie nun an der Macht waren. Die Jugoslawen. Die kommunistische Partei."

„Marina ist halb Italienerin", mischte er sich auf Englisch ein.

„Und Kroatin," präzisierte sie. „Unsere Familie ist seit Jahrhunderten hier."

Sie bestellten zwei Bier. „Ožujsko", merkte Boris an, „das wird dir schmecken, Vlad." Und zwei Gläser Rotwein ‚für die Mädels'. Alle wurden still.

„Es freut mich, dass wir auf dem Friedhof waren", traute er sich schließlich. „Schade, dass Frane nicht auch dabei war..."

Er ließ den Satz unvollendet. Marina schaute ihn ernst an und Boris verzog den Mund zu einer Grimasse. Der Kellner tauchte rasch auf und brachte die Flaschen und Gläser.

„Sehr ihr euch manchmal noch?"

„Ja... ab und zu", antwortete Boris und blinzelte häufig. „Aber er ist... Frane hat ein paar Probleme."

„Frane wurde im Krieg verwundet", ergänzte Marina, die Emilia gerade etwas auf Englisch erklärt hatte.

Wie gut die beiden offenbar miteinander klarkommen, bemerkte er. Doch er wusste, dass er nicht davor Angst hatte. Marina fuhr auf Englisch fort:

„Frane hat Ärger, der Arme! Er wurde am Bein verletzt. Eine schlimme Wunde. Seitdem hat er Probleme. Er leidet an dieser Sache, wie die Soldaten, post-traumatischer Stress..."

„Er hat Wahnvorstellungen", intervenierte Boris auf Kroatisch. „Es ist schwer zu ertragen, Vlade, glaub mir. Ich habe Mitleid mit ihm, habe ihm geholfen, so viel ich konnte, mit den Ärzten, mit unseren Kontakten, aber ich glaube nicht, dass..., es ist sehr schwer, verstehst du? Es ist nicht mehr wie früher. Manchmal wird er verrückt und sagt allerlei wirres Zeug. Und er wird schnell wütend, dann ist er nicht mehr zu bremsen. Er kann sich nicht kontrollieren."

Frane. Der ausgeglichenste von allen, erinnerte er sich. Er konnte es kaum glauben. Aber er war nicht im Krieg gewesen. Er war nur ein Held der Revolution.

„Weil er im Krieg war?"

„Ja", sagte Boris. „Er ist nicht wiederzuerkennen. Aber wir haben uns alle verändert dadurch," fügte er nachdenklich hinzu, nahm Marinas Hand und presste sie an seine Brust. „Und jetzt kommen welche und sagen, dass die Veteranen auf dem Rücken des Staates leben und dass Schluss sein sollte mit dem Geld und den Gratisbehandlungen und den Renten. Du hast es selbst gesehen. Dumme Idioten! Ohne diese Veteranen wären sie jetzt noch Belgrad ausgeliefert! Und wenn du solche Idioten siehst, wie die dort, fick sie..."

„Boris, Boris!", geriet Marina in Panik. „Schluss, beruhige dich. Idioten gibt es überall. Idioten und Frustrierte."

Boris schwieg und kaute eine Weile an seinen Lippen. Er trank etwas Bier, nahm eine Packung Rothmans heraus und fing in einem ruhigeren Ton an:

„Weißt du, Vlad, einmal bin ich mit meinem Vater mit dem Auto nach Trieste gefahren, um ein paar Jeans und andere Sachen zu kaufen. Das war genau nach der Unabhängigkeitserklärung von Kroatien, der Krieg hatte noch nicht angefangen."

Während Boris sprach, neigte Marina ihren Kopf mit den kurzgeschnittenen, goldblonden Haaren zu Emilia und übersetzte ihr, zumindest schien es so, Emilia lächelte sie dankbar an.

„Naja, und auf einmal tauchte mitten auf der Straße eine Schranke vor uns auf. Einfach so, mitten auf dem Weg. Vater hielt an, stieg aus und ich habe gesehen, dass ein Soldat in einer Uniform der Jugoslawischen Volksarmee, aber ohne die jugoslawischen Abzeichen, auf ihn zugeht. Ich stieg auch aus. ‚Was ist das denn?', fragte mein Vater. Der Soldat war jung, etwa in meinem Alter, und er war verunsichert, weil mein Vater manchmal ein etwas strenges Auftreten hat. Er hatte auf der Baustelle mit allen möglichen Arbeitern zusammengearbeitet und musste sie irgendwie im Zaum halten. Der Soldat sagte schließlich: ‚Das ist die Grenzkontrolle.‘ ‘Welche Grenze?‘, fragte mein Vater und in diesem Augenblick wurde es ihm klar. Mir auch. ‚Ach, in Ordnung‘, sagte er. ‚Boris, hol mal die Pässe.‘ Es war die Grenze zu Slowenien, verstehst du? Es gab noch keinen Zoll und noch kein Gebäude, nur diese Schranke, die sie irgendwie von der Verkehrspolizei hatten, und vier Soldaten dazu. Aber es war eine Grenze – dort, wo früher keine Grenze gewesen war. Sicher, wir wussten, dass Slowenien als erstes seine Unabhängigkeit erklärt hatte, aber an solche... Kleinigkeiten hatten wir nicht gedacht."

Er schaute kurz zu Emilia und sah, dass sie ihn auch anschaute. Er wusste, dass sie auch wusste, woran er gerade dachte.

„So", fuhr Boris fort, „ich holte also die Pässe. Aber was für Pässe? Die jugoslawischen, verstehst du? Andere gab es ja nicht. Wir, die unabhängigen Kroaten, zeigten die Pässe der Sozialistischen Republik Jugoslawien vor. Der Soldat inspiziert sie mit ernster Miene, gibt sie uns zurück, grüßt und wünscht uns ‚Gute Fahrt!‘. Er hatte keinen Stempel, er hatte nichts. Nur die Kontrolle. Er hob die Schranke und wir fuhren durch. Aus der anderen Richtung kam ein Auto mit Kennzeichen von Ljubljana und Papa lächelte amüsiert und sagte: ‚Jetzt wird er auch die Slowenen kontrollieren, die nach Kroatien fahren. Die werden ihm auch ihre jugoslawischen Pässe vorzeigen.‘ Klar, was sollten sie denn sonst zeigen? Und ich wette, dass auch er, der Soldat, der Zollbeamte, zu Hause so einen Reisepass von denen hatte. Wenn du mal überlegst, ist das doch ein Witz: Wir, die Kroaten, Slowenen, Serben, tun so, als hätten wir Grenzen errichtet, zeigen aber die gleichen Papiere vor, aus dem gleichen Land, von dem wir behaupten, es würde nicht mehr existieren, und fahren dann weiter. Wir sagen, dass jeder von uns sein eigenes Land hat, und stellen Schranken auf. Wie Kinder, die herumalbern. Aber später, als so viele Menschen für diese Länder gestorben sind, Menschen, die in Kroatien, in Slowenien, in Bosnien lebten und ihr eigenes Land haben wollten... Das ist kein Witz mehr, Vlad! Deshalb habe ich mich so sehr über diese Bengel von der Riva aufgeregt. Und diese Kleine, so frech! Ajla! Hast du das gehört? Ich wette, sie gehört zu diesen Flüchtlingen aus Bosnien, die vor den Serben weggelaufen sind, damit sie nicht abgeschlachtet werden. Split ist voll mit Flüchtlingen, mit *Balija*[28], die nichts tun und auch nichts tun wollen, sie verlangen nur staatliche Hilfen und Wohnungen und leben auf Kosten der Stadt, weil sie Flüchtlinge sind. Hey, der Krieg ist längst zu Ende, wisst ihr das? Nur, dass sie jetzt nicht mehr in ihre armseligen Dörfer am Arsch der Welt zurück wollen. Sicher, es ist besser in Split, an der Adria. Aber dann halt deine Scheißklappe, du dumme muslimische Hure, und fang nicht an mit dem Scheißjugoslawien! Warum sind die nicht in Jugoslawien geblieben, wenn sie das wollten? Die dumme Kuh hätte in Sarajevo bleiben sollen oder dort, wo sie herkommt... aus Srebrenica, Ratko Mladić soll sie in den Arsch ficken!"

Zwei Frauen vom Nachbartisch schauten zu Boris, dann schauten sie schnell weg.

„Boris, sei leise", sagte Marina. „Reg dich nicht mehr so auf."

Er wusste nicht, wieso, aber er hatte das Bedürfnis, ihn zu provozieren:

„Mladić haben die in diesem Frühjahr gefasst. Jetzt müssen sie noch Gotovina kriegen."

„Halt die Klappe, Vlad!", intervenierte Marina auf Kroatisch.

„Sag nichts über Gotovina!", hob Boris aufgebracht die Stimme.

28 Abwertende Bezeichnung für Bosniaken und andere slawischsprachige Muslime.

„Was weißt du schon? Nichts weißt du! Nichts kapierst du! Gotovina ist ein Held, musst du wissen! Gotovina hat den Serben eins auf die Fresse gegeben, sobald er sie erwischt hat. Ich habe unter ihm gedient und bin stolz darauf, verstehst du? Ich habe nichts gemacht, wofür ich mich schämen müsste. Weder ich noch Frane und... und der arme Renato! Weißt du, wie wir Gotovina angeschaut haben? Was für ein Mensch! So einen Menschen werdet ihr Serben nicht in tausend Jahren haben!"

„Ich bin kein Serbe! Das habe ich dir schon mal gesagt, mach mich nicht zum Serben. Echt mal, Boris! Ich habe nichts zu tun mit dem, was war, also was ihr in Jugoslawien gemacht habt."

„Natürlich, in Jugoslawien", murrte Boris.

„Spielst du noch Basketball?", lenkte er das Gespräch in eine andere Richtung, um mit dem Thema abzuschließen.

„Ab und zu", antwortete Boris etwas ruhiger. „Ich habe nicht mehr wirklich Zeit für sowas."

„Mit Frane?"

„Nein, nein. Mit ihm..., ich hab's dir gesagt, mit ihm ist es jetzt schwierig. Für uns alle ist es schwierig", philosophierte Boris.

„Verstehe", nickte er. „Trotzdem würde ich ihn gerne treffen. Habt ihr seine Nummer?"

„Ja klar. Wir sind in Kontakt", bejahte Boris etwas lustlos.

Eins der Handys, die auf dem Tisch lagen, klingelte genau in diesem Moment. Marina griff danach und antwortete. Nach einem kurzen Austausch auf Kroatisch legte sie das *Smartphone* wieder auf die weiße Tischdecke.

„Giulia", erklärte sie auf Englisch. „Sie ist mit Alexandru in Bačvice. Sie sagte, dass sie ihm *Picigin* beigebracht hat", lächelte sie leicht.

Er sah, dass sich ihr Gesicht entspannt hatte und dass ihr kleines, leicht schiefes Lächeln seinen Zauber nicht verloren hatte. Boris dagegen runzelte die Stirn. Er kannte dieses Stirnrunzeln von damals, von der *Discothèque Shakespeare*.

„Es ist alles gut", fügte Marina hinzu. „Möchtest du Franes Telefonnummer?"

Er nickte:

„Ja, sicher."

Unbedingt.

„Pass auf, wenn er mit seinen Hirngespinsten anfängt", warnte ihn Boris. „Widersprich ihm nicht. Reg ihn nicht auf." „Welche Hirngespinste?" „Du wirst es schon merken", sagte Boris leiser. Er spürte wieder die Kälte auf dem Rücken. Er griff nach der Bierflasche und trank lange. Er zündete noch eine Zigarette an. Er schaute zu Marina, die schwieg, ihren Blick auf die glänzenden Platten der Riva gerichtet. Er würde vorsichtig sein. Er legte seine Hand in Emilias Schoß, auf die vom Seidenrock bedeckten Oberschenkel. Sie drückte sie, obwohl sie von dem Gespräch gegen Ende nichts verstanden hatte. Er merkte, dass er selber nicht so viel verstand. Er schaute auf die sonnendurchflutete Promenade, auf der sorglose Menschen im warmen Licht der Adria spazierten. Es war nicht gut, unter der Oberfläche dieses irdischen Paradieses herumzuwühlen. Du kommst, nimmst, was man dir gibt, gehst wieder und lässt sie zurück mit ihren gesprengten Brunnen, den Ustaša und den Partisanen, die sich gegenseitig abschlachten und danach nebeneinander begraben werden. Mit ihren kranken Ansichten über das serbische, slowenische, kroatische und bosnische Blut. Manchmal kommt es dir so vor, als wären sie übergeschnappt, als könnte sie der Wahnsinn jederzeit überfallen.

*

„Hoffentlich sind wir bald da, dann kann ich endlich dieses Kleid ausziehen!", murmelte Emilia. „Ist dir nicht warm?"

„Doch, natürlich“, antwortete er gleichmütig. „Schau mal, wie sonnig es ist.“

Sie ließen die Kioske mit den Souvenirs und die wenigen Obststände hinter sich, die sich entlang des Fußwegs reihten.

„Diese Kroatin, Marina, hat mir gefallen“, kommentierte Emilia. „Du warst in sie verliebt, oder?“ „Ach, verliebt! Damals...“

Er suchte nach Worten.

„Wie alt war ich? Neunzehn. Ich war ein Teenager, vergiss das nicht! Ich wollte mich verlieben.“

„Und sie war ein Mädchen aus dem Ausland,“ fügte Emilia hinzu.

„Ja, sie war aus Jugoslawien. Aus unserem Westen.“

Emilia schwieg kurz, aber er wusste, dass sie noch nicht fertig war.

„Sie ist in Ordnung“, folgerte sie. „Und unglücklich. Hast du gesehen? Sie sieht so alt aus..., als wäre sie gar nicht in unserem Alter.“ „Sie ist sogar jünger“, präzisierte er. „Zwei Jahre jünger.“ „Ja, siehst du? Schade um ihren Bruder. Auf diesem Bild sieht er sehr hübsch aus. Wie die sich hier umgebracht haben... wie bei uns, bei der Revolution!“ „Renato war Weltklasse.“ Das war er wirklich. War er gewesen. „Sag mal, Vlad“, schlug Emilia einen anderen Ton an. Er spitzte die Ohren. „Hast du wirklich geglaubt, dass dieses Mädel, ihre Tochter..., hast du gedacht, sie ist es?“ Er lachte verlegen und fuhr sich mit der Hand durchs Haar. Einmal, zweimal. Immerhin hatte er noch Haare, dachte er und erinnerte sich an Boris. „Weißt du, wie sehr die sich ähneln?!... Du kannst das nicht erkennen, weil du sie ja damals nicht gesehen hast, als..., aber von weitem, als ich sie erblickt habe, schien mir wirklich... Es ist albern, aber für einen Augenblick kam es mir so vor, als hätte ich einen Zeitsprung gemacht.“ Er lachte verlegen. „Weißt du, wie in diesem Filmen, wo du auf einmal in die Vergangenheit katapultiert wirst. Du erkennst den Ort und die Menschen, aber du merkst, dass sie alle aus alten Zeiten sind, als du jünger, kleiner warst. Nein, lach mich nicht aus, ich habe es nicht ernsthaft geglaubt. Eine Sekunde, vielleicht. Es war irgendwie ein Schock. Aus der Nähe sieht man, dass sie nicht genau identisch sind." „Echt, sieht man das?", lächelte Emilia leicht. „Auch wenn sie nebeneinander stehen?" Ihm fiel ihre Stichelei nicht auf. „Die Sache ist..., Emi, die Sache ist, dass ich es erwartet habe, sie zu treffen, weißt du? Also nicht nur sie", sagte er schnell. „Sie alle. Ich hatte einen Verdacht, eine... eine Vorahnung, fuck! Seit du gesagt hast, dass du nach Split möchtest, damit du auch mal Split siehst." „Ich habe mich über dich lustig gemacht", sagte Emilia und schaute ihn aufmerksam an. „Und ich habe gedacht, dass es ein toller Ort wäre. Ich hätte nicht geglaubt, dass du es so ernst nehmen würdest." „Doch, das habe ich. Was soll ich dir jetzt sagen?" Er war verlegen. Er steckte die Hand in die Hosentasche und nahm einen runden Gegenstand, wie eine etwas größere Münze, heraus. Er hatte ihn am Vorabend eingesteckt mit dem Gedanken, also mit der vagen Vorstellung, dass er ihn mitnehmen könnte. Nun holte er ihn heraus und betrachtete ihn: ein weißer, glatter und glänzender Knopf, mit vier großen Löchern und glattem Rand. Er schaute zu Emilia und machte eine Grimasse. „Halt mal!" Emilia nahm ihn und drehte ihn verwirrt auf beide Seiten. „Was ist damit?" „Lass uns über die Straße gehen. Pass auf!" Sie überquerten die Straßen gegenüber vom Hafen und stiegen einen sanften Hang hinauf. Dann gingen sie über eine Eisenbahnbrücke. Unter ihnen tauchte aus dem Tunnel ein Zug auf und fuhr in den Bahnhof ein. Die Lokomotive pfiff lang und bremste schrill quietschend. Sie stiegen die Brücke hinab und gelangten vor ein hohes, offiziell anmutendes Gebäude, das ein Soldat in Gardeuniform bewachte. „Weißt du, da ist noch was. Bisher habe ich es dir nicht gesagt. Ich habe es keinem gesagt. Aber wenn wir es bis hierher geschafft haben, was macht das für einen Unterschied?“ Seine Stimme war unsicher, was ihn wütend machte. Er schwitzte stark, wahrscheinlich wegen der Hitze und wegen des Biers, das er mit Boris getrunken hatte. „Das habe ich mir gedacht“, flüsterte Emilia mit tiefer Stimme. „Diese Freundschaft von euch war etwas zu eng. Und irgendwas scheint da nicht zu stimmen. Wie lange habt ihr euch gekannt? Fünf Tage? Sechs?“ „Sechs“, merkte Vlad an. „Von wegen, das hast du dir gedacht!“ „Dieser Boris kommt mir nicht so freundlich vor“, machte sie unbeirrt weiter. „Ihr beiden habt ein Problem miteinander, das habe ich gemerkt.“ „Boris ist frustriert“, sagte er trotzig. „Er weiß, dass, wenn ich hier geblieben und nicht zurückgegangen wäre...“ Er schwieg. Die Diskussion driftete in eine gefährliche Zone – in eine andere als die, in die er wollte. Sollte er es ihr sagen? Er hielt inne. Emilia schaute ihn an und drehte den weißen Knopf mit den Fingern hin und her. „Ich habe ihn aus Temeswar mitgebracht“, zeigte er auf den Knopf. „Ich wollte ihn Marina geben. Damit sie sich erinnert. Glaube ich.“ „Sie sollte sich jetzt als verheiratete Frau an die Zeit erinnern, als sie deine kleine Freundin war?“, wunderte sich Emilia.

„Nein, nicht das. Und außerdem war sie nicht wirklich meine Freundin. Ich weiß nicht genau, woran sie sich erinnern sollte. Ich denke, ich wollte, dass sie mich wiedererkennt.“

„Aha, wie in den Filmen“, kommentierte Emilia ernst. „Du kehrst in die Vergangenheit zurück und gibst ihr den Knopf. Oder den Handschuh. Den Anhänger mit ihrem Bild, aus der Zeit, als sie alt war, also, wenn sie alt sein wird. Komm zurück zu miiiiiir...“ „Komm, Emi, hör auf! So peinlich bin ich nicht. Ich gebe zu, ich weiß nicht mehr, was mir durch den Kopf ging. Das hier, der Knopf, war ein Zusammenhang. Sie sollte sich noch einmal an damals erinnern. Ja, so irgendwie. Etwas in der Art.“ „Etwas, was ihr zwei getan habt?“, fragte Emilia leise. Davon konnte nicht die

Rede sein. „Etwas, was wir fünf getan haben“, gab er widerwillig zu. „Aber heute auf dem Friedhof... , das hast du selbst gesehen, Emi. Du hast sie gesehen.“ Emilia nickte. „Die Arme.“ „Ich wäre ein Trottel gewesen, sie mit dieser Geschichte aufzuwühlen. Es ist sowieso nicht so gut gelaufen. Mit Boris und dem ganzen Rest.“ „Marina hat mir ein bisschen was erklärt. Du und Boris, ihr habt ein Problem.“ „Er hat es, weil er ein Rindvieh ist!“ Er winkte ab. „Ein kroatisches Rindvieh. Aber das ist es nicht. Soll ich es dir sagen?“, preschte er auf einmal vor, als würde er von einem Sprungbrett ins Wasser springen. Emilia nahm seine Hand, um ihn zu beruhigen. Die Handfläche war verschwitzt und kalt. Vielleicht hatte sie ihn noch nie so aufgeregt, unruhig und verwirrt gesehen. Nein, nein. Oder vielleicht an dem Abend, als er dieses blöde Empfehlungsschreiben für den Revolutionär des alten Securisten verfasst hatte. Und mit Romeo, vor fünf Jahren. Das waren nicht gerade ihre besten gemeinsamen Erinnerungen. Er schluckte trocken und ballte die Faust, bis Emilia vor Schmerz stöhnte. Ihr Stöhnen rüttelte ihn wach. „Emi, Emi, meine Liebe!“, fing er in einem Ton an, den er selber lange nicht mehr gehört hatte. „Erinnerst du dich, als ich dir einmal gesagt habe, dass ich dich brauche? Damals, im Krankenhaus.“

„Ich brauche dich auch, Vladi“, stammelte sie und legte den Kopf an seine Schulter. „Ja, ich erinnere mich.“ „Wenn ich irgendwann fallen sollte, wenn ich abstürze, bleib bei mir, halt mich fest. Wie in dem Lied von Billy Idol.“ „*Catch My Fall*“, flüsterte ihm Emilia zu, die nun Angst hatte. „Ja, *catch my fall.* Jetzt musst du mich halten, Emi. Wenn du es kannst.“

9
Der weiße Knopf

Wir ließen das Auto irgendwo am Straßenrand, auf einem kahlen Plateau in Richtung Duilovo, du weißt ja, an der Stadtausfahrt... naja, nicht so wichtig. Wir waren nur noch zu fünft. Danica war mit ihrem Vater nach Niš gefahren, um ihre Großeltern zu besuchen, Duško hatte Frane gesagt, dass er zu tun hat. Ich habe keine Ahnung, was. So waren die Freunde von Frane: Sie kamen, und dann verschwanden sie wieder. Mir war es recht, so blieben nur wir zusammen, die Anfangsclique. Die Clique aus dem *Pazar*. Das war was, oder?, grinste Renato. Komm ruhig nochmal zu uns und wir verkaufen wieder Sachen aus Rumänien! Wir gingen runter zum Ufer, links am Hotel Zagreb entlang, auf einer breiten Allee, auf die die Autos einbogen. Ein großes und hässliches Hotel, so ein quadratischer Betonbau mit vielen Stockwerken, wie fast alle Hotels aus den Siebzigern. Wir gingen an einem Gebäude vorbei, das als Verlängerung des Hotels errichtet worden war: ein langer und grauer vierstöckiger Block, mit aneinandergereihten Fenstern und einer Fassade ohne jeglichen Charme. Danach liefen wir an einer Barriere aus Metallrohren, wie man sie von Behörden und von Militäreinheiten kannte, entlang, und jenseits davon begann ein Park oder ein Garten, der mir so vorkam, als würde er sich bis zum Meer erstrecken. Er zeigte nach Westen, ich sah die Sonne, wie sie über das Meer hinabgeglitten war. Es war schön. Ich schaute zurück zu dem Hügel in Richtung Dujlovo mit den Dornenbüschen und dem spärlichen Gras. Wir liefen auf der rechten Seite um diesen hässlichen Block herum, der mich an ein rumänisches Arbeiterwohnheim erinnerte. Ich hörte aus einem Fenster im Erdgeschoss ein Lied von *Lepa Brena*, *Hajde da se volimo*, bei voller Lautstärke.

Sie war damals en vogue, es war auch ein jugoslawischer Film rausgekommen mit diesem Titel: *Hajde da se volimo...* Weiter links war ein Flachbau, ein Einkaufszentrum, ungefähr wie bei uns an der Küste – eine Art Nudel aus Beton, die in Läden mit Schaufenstern und Glastüren aufgeteilt war: Getränke, Obst und Gemüse, Zigaretten, Textilien, Kosmetik, Tabak, Zeitungen. Diese Ähnlichkeiten ärgerten mich mehr als die Unterschiede: Es war am Ende bei ihnen fast genauso wie bei uns, nur wenig fehlte bei uns. Letztlich war auch Jugoslawien kommunistisch. Warum mussten wir immer der Arsch der Welt sein? Rumänien und Bulgarien! Und Nordkorea, fuck!

Im Park hinter dem Hotel war es kühl und ich erinnere mich, dass es nach Grünem roch, nach Harz und etwas Sonderbarem, exotischen Kräutern von hier. Er sah schöner aus als die Parks in der Stadt. Irgendjemand sorgte sich gut um die jugoslawischen Offiziere, denn das Hotel Zagreb war im Besitz der Jugoslawischen Volksarmee, der JNA. Es waren gut gepflegte Blumensträucher, Lebensbäume, Pinien, dickstämmige Palmen, Alleen mit Holzbänken und Straßenlaternen..., das Paradies der Armee! Etwas weiter entfernt eine Reihe von betonierten, parallel verlaufenden Wegen, fünfzehn-zwanzig Meter lang und von hohen, doppelten Straßenlaternen belichtet – das waren Bowlingbahnen, wurde mir klar, denn dort waren Jugendliche in khakifarbenen und weißen Hemden mit kurzen Ärmeln, die irgendwelche... Kugeln, ja, Kugeln... warfen... und ich hörte die gefallenen Kegel klimpern. In der Mitte des Parks glitzerte ein kleiner Teich. Daneben war ein Kinderkarussell. Gut geht's der Volksarmee, sagte ich. So ist es, bekräftigte Frane und schlug einen anderen Ton an. Weißt du was? Ich habe mir was überlegt. Damit wir hier in der Titanic keine Probleme haben. Warum sollten wir Probleme haben?, wunderte ich mich. Ist das etwa verboten? Nein, es ist nicht verboten, sagte er, aber man weiß nie, was diesen Armeeleuten durch den Kopf geht. Es ist ihr Revier, deutete er mit dem Kinn auf das Betongebäude.

Ich schaute unwillkürlich zum Hotel, das ich jetzt von hinten, vom Park aus, sah: Die breiten Betonstreifen der Balkons, alle weiß gestrichen, erstreckten sich von einer Ecke des Hotels zur anderen. Sie sahen aus wie die Lamellen großer Jalousien. Oder wie Schießscharten an einer mehrstöckigen Kaserne. Hört mal, was ich denke, fuhr Frane schelmisch fort und schaute auch die anderen an. Du, Vlad, sagst, dass du Ausländer bist. Amerikaner. Zu den ausländischen Touristen sind alle höflich. Und wir sind deine kroatischen Freunde, in Ordnung? Gut, aber ich bin wirklich ein ausländischer Tourist!, erwiderte ich etwas beleidigt, denn ich ahnte, was er im Kopf hatte. Nein, Vlad, ein echter Ausländer, sagte Frane. Amerikaner, Deutscher, Holländer... Fremder. Nicht aus Rumänien. Dort ist... Er sagte nicht mehr, was dort war, aber das war auch gar nicht nötig. Ich wusste selbst, was der Unterschied zwischen einem Ausländer und einem Rumänen – oder Bulgaren oder Russen war. *Vlad from America!*, kicherte daraufhin Renato derb. *For se först teim in auer biutiful kantri!* Ja, aber ich rede mit euch Serbisch... Kroatisch, sagte ich zu ihnen. Ich brachte es ständig durcheinander, Serbisch, Kroatisch, für mich war das ein und dasselbe. Außerdem kann ich nicht gut genug Englisch, sagte ich später.

Wir fünf wurden alle nachdenklich. Die Idee war cool – zumindest so aus Spaß. Ich schaute aus dem Augenwinkel zu Marina: Nach der Diskussion von gestern Abend redeten wir nicht mehr viel miteinander. Wir waren zurückhaltender. Und wie um mich zu ärgern, schien sie an diesem Abend noch schöner zu sein. Sorry, Emi, das war damals, es geht nicht um..., du hast selbst gesehen, wie sie jetzt ist. Sie hatte sich geschminkt, das war auffällig. Sie hatte Lippenstift benutzt. Sie trug einen schwarzen, sehr kurzen Rock, der ihre Beine fast bis ganz oben entblößte, und ein schwarzes T-Shirt mit tiefem Ausschnitt und eine weiße, gehäkelte Bluse, mit großen Maschen und zwei Zierknöpfen vorne. Wie schafft sie es, zu sitzen, ohne dass man ihre Unterhose sieht?, überlegte ich im Auto... Emi, du weißt ja, dass wir Jungs sowas denken. Bei dir schaue ich auch – sogar heute habe ich das gemacht, im Biergarten, reflexartig. Unterwegs im Auto saß Marina hinten mit Boris und Frane, ich warf ihr insgeheim den einen oder anderen Blick zu, aber ich konnte nur ihre Knie sehen.

Marina fing meinen Blick auf und sah mich trotzig an. Ich hab's, ich hab's!, sprang Renato auf, der noch nachgedacht hatte. Er schaute mich überlegen, aber immer noch lächelnd an und sagte dann: Vlad ist ein amerikanischer Serbe! Was soll das?, fragte Boris verwirrt. Amerikanischer Serbe, fing Renato mit seiner Geschichte an. Also, er kommt aus Amerika, wohnt in Amerika, aber eigentlich stammt er aus Jugoslawien. Er ist von hier weggezogen. Also, seine Eltern sind nach Amerika ausgewandert, als er klein war. Sie waren aus... aus... Banatsko Novo Selo, machte ich beim Spiel mit, als ich mich an ein Schild auf der Autobahn erinnerte. Ja, aus Banatsko Novo Selo, griff Renato schnell die Idee auf. Nur, dass er dort aufgewachsen ist, in..., wo in Amerika möchtest du aufgewachsen sein, Vlad? Ein paar Sekunden dachte ich nach. In New York... Nein, in Miami, sagte ich, besser in Miami. Wie in *Miami Vice*. Die anderen nickten: Natürlich kannten sie die Serie von TV Belgrad. Mit Don Johnson und Philip Michael Thomas. Und einer sexy spanischen Schauspielerin, die kennst du nicht. So. Also, sagt Renato, du bist in Miami großgeworden und bist jetzt mit deinen Eltern ins Heimatland in den Urlaub gefahren. Und Kroatisch, also Serbisch, kannst du, weil sie es dir beigebracht haben. Nur, dass du mit amerikanischem Akzent sprechen musst!, gestikulierte er beflügelt. Ungefähr so: Isch bin Vlad aus Amerika, aus Maiami. *Ei schel sei zis onli wens*, mischte sich Boris etwas schräg ein. Ja, ja!, lachte Renato.

Ei schel sei zis onli wens. Giv mi ior manii or ei kil ju. Was sagst du, kriegst du es hin, so zu sprechen? Ich probiere es, sage ich. Also, die Idee war, dass ich gebrochen spreche, aber nicht allzu gebrochen. Wie bisher, neckte mich Marina. Sie war sauer, aber was konnte ich schon dafür? Was hatte ich getan? Nein, nein!, widersprach Renato. Mit amerikanischem Akzent. Isch bin Vlade… Vladii, irgendsowas. Isch heiße Vlade, isch komme aus Amerika, *yes*?, sag ich und mach mir vor lauter Lachen fast in die Hose. Perfekt, perfekt!, springt Renato auf. Mich hast du überzeugt. Mich auch, sagte Frane. Lass uns gehen. Wart ihr schon mal hier?, fragte ich sie und erinnerte mich dann. Moment, Moment!, sage ich. Nicht so. Wart ihr *hier, ei miin here*? Ja, ja, genau so, nickte Renato. Here. Nein, sagte er dann. Waren wir noch nicht. Nur Frane.

Inzwischen hatte sich Frane zum steinigen Ufer aufgemacht, das ich noch nicht gesehen hatte. Vor uns leuchtete das Meer bläulich und knapp über dem Wasser stand die Sonne. Dann tauchte ein quadratischer Turm aus Beton mit einer größeren Öffnung vor uns auf. Daneben war eine Terrasse zu sehen: In ihre Mauern waren kunstvoll gerundete Formen hineingeschnitten. Der Weg dorthin war mit kleinen rötlichen Fliesen wie aus Backstein gepflastert. Da ist sie!, sagte Frane und zeigte darauf. Wo denn?, frage ich. Dort. Auf dem grauen Betonturm stand in großen, blauen Buchstaben:

DISCO TITANIC

Und darunter war in der gleichen Farbe ein Pfeil eingezeichnet, der die Richtung zeigte.

Was, gehen wir jetzt unter? fragte Renato. Versinken wir? Wie die Titanic, kommentierte Boris, der nun neben Marina lief. Frane unterbrach sie: Ihr werdet es schon sehen. Ich will euch die Überraschung nicht verderben.

Wir liefen über die rötlichen Fliesen. Als wir uns dem Terrassenrand näherten, hörten wir von irgendwo unten ein Dröhnen von Bässen, das sich bald in die rhythmischen, fließenden Töne eines Tanzliedes verwandelte und mit dem Lärm von Stimmen und Lachen vermischte. Wir befanden uns jetzt auf der Terrasse genau über einem Hang voller Dornsträucher, der über zehnzwanzig Meter steil nach unten verlief, bis zum Meeresufer. Und die Terrasse aus Beton war genau über den Hang gebaut, sie war wie ein Balkon hin zur Adria. Wir drängten uns an ihren Rand, um das Meer und die vielen Inselrücken auf der See anzuschauen und wurden dann vom Lärm erschlagen, der von unten kam. Ich schaute hinunter und sah unter uns, auf dem steilen Hang thronend, ein beleuchtetes Lokal mit einem Sonnendach aus Leinen, das zur Hälfte zusammengebunden war, und mit hohen Tischen, an denen Männer, Frauen, Mädchen zusammensaßen und tranken – wahrscheinlich Offiziere aus der Jugoslawischen Volksarmee mit ihren Familien. Mitten im Lokal befand sich eine Drehplattform und neben ihr war eine weiße Wendeltreppe, die weiter hinunterführte, zu einem Raum auf Meeresniveau. Dort konnte man eine undeutliche Menge erkennen, die in den farbigen Blitzen der Lichterorgeln und Neonlampen tanzte. Das war also der Abstieg! Von unten, aus der Diskothek, konnten diejenigen, die sich warmgetanzt hatten oder die Paare, die Romantiker, direkt zum Strand rausgehen, auf eine schwach beleuchtete Promenade, die sich im Dunkeln verlor. Das ist sie!, rief Frane sichtbar begeistert. Dort ist die Bar – wir gehen hin, trinken ein Bier, wenn ihr wollt, und dann steigen wir in die Disco Titanic ab. Es ist nicht so voll, wie es aussieht, entschuldigte er sich wie ein Besitzer, der seinen Laden verteidigt. Und sowas findet man nicht in der Stadt. Nur das Beste für unsere tapfere Armee!, kommentierte Boris. Und wie kommen wir dorthin? Springen wir auf die Terrasse? Wir steigen zum Ufer hinab, schlug ich vor, wie denn sonst? Frane lächelte mich irgendwie von oben herab an und zeigte uns rechts von der Terrasse, in der Mauer des Betonturms, zwei Metalltüren. Wir hatten sie nicht bemerkt. Wir nehmen den Fahrstuhl!, erläuterte er. Renato lachte: Sieh mal an! Ein Fahrstuhl direkt zum Strand! Morgen melde ich mich bei der Militärakademie an. Nur, wenn du ein Idiot bist, knurrte Boris. Und zwei Köpfe größer. Frane drückte kühn auf den Knopf des Fahrstuhls und drehte sich zu uns: Also, Vlad, du bist Amerikaner, ja? Amerikanischer Serbe. *From Banatsko Nouwo Selou*, sage ich. *But also from Maiami, of cors. Ei schel sei zis onli wens.* Sie lachten und wir drängten uns in den Fahrstuhl, der uns langsam bis ins Untergeschoss brachte und dabei leicht quietschte.

Wir hielten an der Bar, um Mut zu fassen – für den Kampf, wie Renato sagte. Fast alle Tische waren belegt, die Menschen waren in Gespräche verwickelt und schenkten uns keine Aufmerksamkeit. Trotzdem drehten sich ein paar Köpfe zu uns. Ich hatte etwas Angst – was passiert, wenn uns jemand fragt, wer wir sind und was wir dort zu suchen haben, doch ich merkte, dass die meisten Blicke Marinas lange Beine fixierten und dann zu ihrem kleinen, festen Hintern hochwanderten. Sorry, Emi, so war es halt! Und dabei regte ich mich auf. Aber ich merkte, dass es blöd war. Warum sollten sie nicht gucken? Ihr könnt glotzen, so viel ihr wollt, das Mädchen ist mit uns, also reibt ihr euch mal ruhig selber.

Wir fanden einen Tisch irgendwo in der Mitte der Bar, denn die an den Seiten, mit Blick aufs Meer, waren alle besetzt. Ich ging bestellen – weißt du, am Ende war ich der einzige Volljährige unter uns, auch wenn ich es nicht hätte beweisen können, weil ich meinen Reisepass nicht eingesteckt hatte. Ich setzte eine lockere Miene auf, gab diese Sache von mir, die nach einem amerikanischen Akzent klingen sollte, und fuck, es funktionierte. Und dann dachte ich: Wer von diesen Leuten in der Disko konnte eigentlich wissen, wie ein in Amerika aufgewachsener Serbe spricht? Fünf *biirs Djelen end* eine Coca-Cola, biiiitte, das sagte ich in etwa. Wollt ihr auch Gläser?, fragte der Barman, ein dunkelhäutiger, muskulöser Kerl in einem weißen Hemd mit hochgekrempelten Ärmeln. *Onli* eins, *for* Coca-Cola. Ich zahlte und sagte so entspannt wie möglich: Ich danke Ihnen *veri*... sehr, der Kerl nickte, ich nahm zwei Bier und Frane, der weiter hinten wartete, die anderen zwei zusammen mit Marinas Glas. Frane ging zum Tisch, an dem die anderen kichernd auf uns warteten, und als ich mich aufmachen wollte, spüre ich, wie jemand mir auf die Schulter klopft. Ich drehe mich um. Es war ein großer, braunhaariger Kerl mit Mittelscheitel. Du hast so einen komischen Akzent, Junge!, sagt der. Wo kommst du her? Er verhaspelte sich ein wenig. Er trug ein weißes Hemd mit Tressen, fast bis zum Bauchnabel aufgeknöpft, und Shorts mit Palmen, im Hawaii-Stil. *From*... aus Miami, sag ich und strenge mich an, weiter einen auf amerikanischen Serben zu machen. Also, dort bin ich aufgewachsen. Meine Eltern ausgewandert *from* hier, Jugoslawien. Aha!, sagt er. Und jetzt bist du in dein Vaterland zurück? Ich dachte, er veräppelt mich. Ich mache nur Urlaub, sage ich, etwas verunsichert. Ich nicht in Jugoslawien gewesen, seit ich gegangen. Seit… Scheiße, das ist ein Detail, das wir gar nicht festgelegt haben. Stimmt, seit wann? Seit ich vier Jahre alt war. Der Typ, ein Offizier oder was auch immer er war, schaute durch mich hindurch, denn ich hatte den Eindruck, dass er mich gar nicht sieht. Als ich die Bierflaschen nehmen und gehen wollte, berappelte er sich. Und woher, sagtest du, kommst du? Aus Miami, sage ich. Nein, nein. Von wo aus Jugoslawien bist du ausgewandert? Aus einem Dorf, weit von... *from* hier. Das wurde mir von den Eltern auf der Karte gezeigt. Aus anderer Seite *the* Land. Aus – das sprach ich sehr sorgfältig aus – *Banatsko Nouwo Selou*. „Selou“. Ich fand es selber übertrieben, als ich hörte, was ich gerade von mir gegeben hatte, aber der Kerl lachte breit, mit großen Zähnen wie die eines Pferdes. Du bist aus dem Banat! Aus der Vojvodina! Von dort komme ich auch, weißt du? Bis ich kapieren konnte, was er wollte, hörte ich ihn auf einmal im Dialekt sagen (na gut, in der Mundart!): *Kannsch du Rumänisch*? Ich erstarrte. Mein Kopf explodierte, ich brachte nichts mehr über die Lippen– weder auf Serbisch noch auf Englisch. Hat er etwa gemerkt, dass ich kein Serbe bin? Dass ich Rumäne bin? Warum, weshalb? In Split! Der Typ hat gelacht und mir auf die Schulter geklopft. Nein, ich merke, du kapierst es nicht, sagte er wieder auf Serbisch. Habt ihr keine Rumänen dort, in Novo Selo? Ich zuckte mit den Achseln. Es muss welche geben, sagte er. Aber du warst zu jung, um das zu wissen, so ist das. Wie heißt du? Vlade, sage ich schnell, reflexartig, und vergesse den Akzent und alles – doch das schien nicht wichtig zu sein. Ich bin Dorin, reichte er mir die Hand. Ich drückte sie. Ich war noch völlig verblüfft. Ich bin Rumäne, sagt er. Banater. Aus Vlaicovăţ, ich weiß nicht, ob du davon gehört hast. Nein, ich glaube nicht, woher auch. An der Grenze zu Rumänien. Wusstest du, dass es in der Vojvodina Rumänen gibt? Ich schüttelte den Kopf. Und... Ungarn?, stammelte ich, um auch etwas zu sagen. Ja, einen Haufen. Wir sind damals in Jugoslawien geblieben, als die Grenzen nach dem Krieg gezogen wurden, 1920. Wir hatten echt Glück. Vater hält sich weiter stolz für einen Rumänen, aber wir sind immer noch Jugoslawen. Weil dort in Rumänien ist es eine Katastrophe, die sterben vor Hunger. Ceauşescu fickt sie in den Arsch, wie es ihm gefällt. Entschuldige, dass ich so spreche, sagte er. Aber so oder so bist du Banater wie ich. Komm, ich lad' dich ein auf ein Glas. Ich zeigte zu den zwei Bierflaschen. Eigentlich wollte ich diesen Dorin loswerden – andererseits, was für eine merkwürdige Begegnung! Ich hatte Lust, ihm zu sagen, wer ich wirklich bin und woher ich komme – und sei es nur, um sein Gesicht dabei zu sehen. Klar, bring den Jungs das Bier, nickte er verständnisvoll. Aber wenn du Lust hast… Er klopfte mit der Hand auf den Tresen. Ich halte dir den Platz frei. Und das Angebot steht. Du hast mein Wort als Offizier.

Ich nahm das Bier und ging zu unserem Tisch. Von unten, aus der Diskothek, hörte man ein schnelles Lied von der Band *Magazin*. Die aus Split war, das wusste ich von Marina. Warum hast du so lange gebraucht?, empfing mich Boris. Was wollte der Typ von dir? Hat er etwa erraten, dass du…? Er fand nicht das richtige Wort. Eben! Was war ich überhaupt und als was gab ich mich aus? Nein, er hat nichts erraten, beruhigte ich ihn. Im Gegenteil. Aber er ist ein bisschen beschwipst, er wollte mir etwas zu trinken ausgeben. Ich schaute zur Bar und sah, wie Dorin winkte. Vielleicht ist das so einer, eine Schwuchtel, lachte Frane. Sei vorsichtig, sonst nimmt er dich von hinten! Verkauf dich nicht zu billig, Vlade!, mischte sich Renato ein. Du bist hübsch, du verdienst gutes Geld. Mindestens fünfhundert Mark. Leck mich!, sage ich mit einem Lächeln auf den Lippen. Willst du nicht selbst zu ihm gehen? Vielleicht kriegst du tausend. Ich bin zweitausend wert, Vlade!, sagt Renato und schwingt seine Hüften. Mich kauft nicht jeder Soldat einfach so, wie er will. Ich bin Profi, wer mich einmal hatte, vergisst mich das ganze Leben nicht. Dich nutzt er aus und erinnert sich nicht mal an die Farbe deiner Arschbacken. Eklig!, brach es aus Marina heraus. Ich kann es nicht fassen, Renato! Was denn? Was? Siehst du nicht, wie zart und gelenkig ich bin? Komm, *Sorella*, Qualität muss man anerkennen! Marina konnte sich ein Lächeln nicht verkneifen. Gehen wir denn nicht in die Disko?, erinnerte uns Boris. Er richtete seine Frisur, als würde er sich fertigmachen. Doch, klar! Gleich, ich muss nur mein Bier austrinken, sprang Renato auf. Vlade, wenn du willst, geh zu deinem Offizier. Vielleicht gelingt dir die Nummer. Weißt du was, ich gehe hin, sagte ich, keine Ahnung warum. Ich war neugierig. Ich nahm mein Bier und ging zur Bar, neben Dorin. Hallo! Du bist zurück! Möchtest du was Stärkeres als das?, zeigte er auf die Flasche Jelen. Klar, sage ich. Ich wette, du lässt es hier krachen!, lachte er dann. Wie alt bist du? Neunzehn. Dachte ich mir. Zu Hause kommst du nicht wirklich an Alkohol, nicht wahr? Wieso?, zeigte ich mich überrascht und trank wie zum Trotz einen großen Schluck Bier. Na, weil ich es so kenne, dass ihr bis einundzwanzig keinen Alkohol trinken dürft. Ja, so war es in Amerika, erinnerte ich mich plötzlich. Ich sagte dann mit einer gleichgültigen Miene: Ach, ja, *of cors*. Aber dein Vater nimmt dieses Gesetz nicht wirklich ernst. Also gibt er dir zu trinken?, lachte Dorin. Naja, hier und da gibt er mir ein Bier oder einen Wein zum Essen. Ja. Er sagt, es ist gut, wenn ich mich daran gewöhne. Ein wahrer Banater!, sagte er. Würdest du einen Whisky trinken?

Ich nickte. Warum nicht? An diesem Abend habe ich zum ersten Mal in meinem Leben Whisky getrunken – keine Ahnung welche Marke, das war mir egal. Aber er war stark, wie ein richtiger Tzuika von zu Hause, und hatte ein seltsames Aroma. Ich fand ihn nicht schlecht, wie heute auch... Ich zündete mir eine Zigarette an und fühlte mich erwachsen, sehr erwachsen. Ich lächelte den Kerl aus Vlaicovăţ an, der eigentlich nichts Interessantes zu erzählen hatte. Ein langweiliger Bauer. Entweder nervte er mich mit Fragen zum Leben in Amerika, bei denen das, was ich aus *Miami Vice* wusste, nicht besonders hilfreich war, oder er gab an mit dem tollen Leben, das er in der jugoslawischen Armee führte, hier in Split. Er war auf einer Militärbasis der Jugoslawischen Volksarmee in der Stadt stationiert, in Lora, irgendwo am Meer, und verbrachte fast all seine Abende in der Stadt, in der Disko, in Restaurants, im Kino, mit Frauen... Was sollte er sonst machen? Er war siebenundzwanzig Jahre alt, unverheiratet, verdiente gutes Geld und ihm ging nicht mal durch den Kopf, dass er irgendwann in einem echten Krieg kämpfen würde. Er sagte mir, dass er im Gegensatz zu seinen serbischen Kameraden die Kroaten mag. Sie sind sehr stolz, das stimmt, und sie können die Serben überhaupt nicht riechen. Die haben einen Groll gegen sie, sagte er. Ich wundere mich, dass du dich mit einigen von ihnen hier angefreundet hast. Aber mit mir haben die kein Problem. Also am Anfang guckten sie mich noch schief an, aber als ich ihnen sagte, dass ich kein Serbe, sondern Rumäne, Banater bin, beruhigten sie sich schnell. Und die Frauen... oho, hast du gesehen, wie die Splitanerinnen sind? Gut, dass nicht... Wie denn nicht? Eine von ihnen war genau hier, mit mir – also, war gewesen. Ich drehte den Kopf um: An unserem Tisch saßen nun zwei ältere Paare, mindestens dreißig Jahre alt. Von unten, unter meinen Füßen und dem roten Backsteinboden, hörte man das leise Dröhnen des Bluesrock-Liedes, *Piece of My Heart*. Von Nazareth. Danke für das Getränk, sagte ich höflich und stellte das leere Glas auf dem Tresen ab. Ich hatte schon seit gut ein paar Minuten den fremden Akzent vergessen, aber dem Offizier fiel es nicht auf. Kein Problem. Komm wieder vorbei, du Amerikaner.

Ich stieg vom Barhocker ab, und ich glaube, ich taumelte ein bisschen. Dass ich mich mit einem Bier und einem kleinen Whisky betrinke!, sagte ich mir. Vorsichtig ging ich zur Wendeltreppe und stieg sie langsam hinunter. Unten, auf Höhe des Meeres war die Disko: Der Raum war nicht allzu groß, aber geräumiger, als er mir von oben vorgekommen war. Es war nicht sehr voll, vielleicht auch, weil es noch zu zeitig war, draußen wurde es gerade dunkel. Ich glaube, in diese kleine Diskothek, aus der man fast direkt in die Wellen der Adria springen konnte, kamen eher die Hoteltouristen, Männer und Frauen vom Militär. Frauen, ja! Genau so. Das Hotel Zagreb war weit von der Stadt entfernt und in Split konnte man genügend Orte finden, die geräumiger, attraktiver und lebendiger als die Disco Titanic waren – denn die war am Ende eine Diskothek für die Soldaten. Und für die Soldatinnen..., mein Blick klebte nun an einer Gruppe von fünf Frauen in weißen, engen Tops. Keine davon war besonders groß, aber alle waren gut gebaut und fröhlich und sie tanzten in der Nähe des Ausgangs, wobei sie ihre Arme über den Kopf erhoben hatten. *„Baby, don't forget my number, ba, ba-ba-ba, ba-ba-ba, ba"*. *Milli Vanilli*, du kennst sie, sie waren überall. Und direkt danach hörte man die Stimme von Liliana Nikolovska, die Frontfrau von *Magazin*. Ihre Mutter war Mazedonierin und flüchtete einige Jahre später mit einem gebrochenen Arm aus der Stadt, aus Angst vor den hiesigen Nationalisten, und ihre Wohnung wurde von einem ehemaligen kroatischen Unabhängigkeitskämpfer besetzt. Und sie, also Liliana, wanderte in die Vereinigten Staaten aus. Das ist das ehemalige Jugoslawien...

„Propjevat će, *propjevat* će, *propjevat* će *svi, kad ih naša milicija pjesmom probudi...*" Die Mädchen hüpften tapfer herum, alle tanzten. Mich überkam der Schwindel im Spiel der roten, grünen, gelben, blauen Lichtstrahlen, die die Diskokugeln an der Decke brachen und in alle Ecken der Diskothek wie farbige Pfeile verstreuten. Ich versuchte, meine Leute aus der Clique zu finden. Schließlich sah ich sie: Renato und Marina tanzten miteinander, drehten sich und fingen sich gegenseitig auf, verdammt gut synchronisiert, obwohl Marina etwa einen Kopf größer als ihr Bruder war. Etwas weiter schwangen auch Boris und Frane im lebhaften Rhythmus des Liedes hin und her. Ich bahnte mir einen Weg zwischen den Tänzern und den Lichtern. Es roch aufregend, nach jungem Schweiß und heißem Parfum. Der Ort gefiel mir. Er hatte das gewisse Etwas, ohne etwas Besonderes zu sein – vielleicht war genau das sein Charme. Es war im Grunde eine typische Diskothek der achtziger Jahre, genau wie in den amerikanischen Mainstreamfilmen. Wie wir es uns damals als Teenager erträumten. Kugeln, Farben, Neonlichter, ein Stroboskop, junge Körper in Shorts und Miniröcken, in T-Shirts und Tops, fröhliche und oberflächliche

Lieder, die sagten, dass du dir keine Sorgen machen musst, alles ist gut auf der Welt und so wird es immer sein, tra-la-la, diese Lieder, die nun *Jingles* in Werbespots geworden sind: für Waschmittel und Deos, Frauenschuhe und Vitamine für die gealterten Achtziger, verdammt! Ab und zu spielten die DJs auch ein langsames Lied, bei dem man jemanden in die Arme schließen konnte.

Mein erster Impuls war, du kannst es dir denken, zu Marina zu gehen. Aber ich dachte, dass sie vielleicht nicht wollte. Bei den Blues-Akkorden schaute sie nicht ein einziges Mal zu mir. *Simply Red* klagte „*If you don't know me by now*" und ein großer, dunkelhaariger Typ in einem Hemd, das im fluoreszierenden Licht neonartig leuchtete, forderte Marina zum Tanzen auf. Ich sah, wie Boris stehen blieb und sich dann Richtung Wand zurückzog. Sehr gut, dachte ich mir. Ich klopfte Frane auf die Schulter und machte ein Zeichen mit dem Kopf zu der fröhlichen Mädchengruppe neben den Türen zum Meer hin. Sofort tauchte Renato neben uns auf und auch Boris, mit ernster Miene. So handelten wir, die Jungs, als Gruppe – so fühlten wir uns selbstsicherer euch Mädchen gegenüber, weißt du noch? Wir bahnten uns einen Weg zwischen den Paaren, die bereits umschlungen waren und sich hin und her wiegten. Ich landete vor einer kleinen jungen Frau, etwa so groß wie Renato, aber mit einer Brust wie ein Panzer, im Ernst, die waren so groß wie mein Kopf und leuchteten fast, denn sie trug dieses weiße, enge Top. *Sie trägt ihre Brüste wie Medaillen*, erinnerte ich mich sofort. Das Lied von *Bajaga*. Tanzen Sie?, frage ich höflich und beuge mich leicht zu ihr. Klar. Ich legte meine Arme um sie und begann, mich so elegant wie möglich hin und her zu wiegen, du kennst mich ja. Ich roch an ihren welligen, kastanienbraunen Haaren, die nach Shampoo dufteten. Ich war noch nie hier, fing ich entspannt an. Ich packte auch den amerikanischen Akzent aus, nur dass ich ziemlich laut und klar reden musste, also ist mir das nicht wirklich gelungen. Ich komme jeden Abend her, sagt sie mit einer tiefen, voluminösen Stimme. Sie wirkte ein bisschen belustigt. Wirklich? Sie hob den Blick zu mir. Sie hatte ein etwas breiteres Gesicht, mit einer hohen Stirn, einer Adlernase und vollen Lippen. Sexy, aber richtig! Die Frau lächelte. Ich kannte dieses Lächeln: Normalerweise bedeutete es schlecht verborgene Unsicherheit. Aber sie war ganz klar älter als ich, sie musste etwa fünfundzwanzig, vielleicht sogar dreißig sein..., sie war alt. Naja, nicht alt, ist klar, aber ich war neunzehn, es war genug, um mich zu verunsichern. Ihr Atem roch nach Alkohol, der gleiche Geruch wie der des Whiskys, den ich kurz davor getrunken hatte. Ich bin Vlad, sage ich etwas schüchtern. Ich, Polona. Entschuldige, wie? Polona!, wiederholte sie nachdrücklich. Also aus Polen?, versuchte ich einen schlechten Witz. Ha-ha! Nein, aus Slowenien.

Sie fragte mich nicht, woher ich kam, also hatte ich nicht die Gelegenheit, ihr die Geschichte mit Amerika zu erzählen. Ich war nicht mal sicher, ob ich es hätte tun können. Also schwieg ich und drückte sie noch fester an mich, meine Brust klebte an ihren Schultern. Ich spürte ihre großen, fleischigen Brüste auf meinen Rippen und ein Schauer durchfuhr meinen Körper. Auf einmal war mein Ding steif wie ein... Knochen, fuck! Mir graute es, verstehst du, Emi? Ich machte mich vor einer Frau lächerlich. Ich ahnte, dass sie sich besser auskennt als die Mädchen aus der Disko, als Marina... als du selbst, zu der Zeit, als ich dich kennengelernt habe. Außerdem schien mir, dass sie lächelt. Ich musste unbedingt etwas sagen, verdammt! Ich habe gesehen, dass du mit deiner Clique gekommen bist, sagte ich und bewegte den Kopf in eine beliebige Richtung. Aber mit dieser Bewegung rückte ich noch näher an Polona heran. Ich beugte meinen Rücken, damit ich meinen Bauch etwas zurückziehen konnte, aber andererseits wollte ich nicht ihre Aufmerksamkeit auf diesen Körperbereich lenken, der sie weiterhin drückte.

Ja, ja, sagte sie. Wir sind eine Truppe. Kolleginnen am Lyzeum. Am Lyzeum?, sagte ich überrascht. Die Frau schaute mich wieder an und lächelte schelmisch. Sie roch gut und ich war..., wie soll ich sagen? Beflügelt. Bisschen berauscht, angenehm berauscht. Ja, wir sind Kolleginnen am Lyzeum. Wir arbeiten zusammen. Wie meinst du das? Bist du... Lehrerin? Klar. Polona lachte, sie war entspannt und fröhlich, ich glaube, sie veräppelte mich oder spielte gern solche Streiche. Ich zog meine Hüften noch weiter zurück. Der Nacken tat mir schon weh, weil ich meinen Rücken so anspannte. Geschichte, sagte sie. Dieses Mädchen, diese Frau hatte etwas, was mich antörnte. Eine unbekümmerte Unverfrorenheit. Lehrerin am Lyzeum. Da ging mir durch den Kopf, dass es mir vielleicht gelingen könnte... wie in den amerikanischen Filmen mit und für Teenager, mit der sexy Lehrerin und dem Schüler. Dachtest du, ich gehe selber aufs Lyzeum?, fragte sie mich und dann war mir, als würde sie sich leicht in mich hineindrücken – oder vielleicht wollte ich diesen Eindruck haben. Was soll ich sagen? Danke, lachte sie. Und du? Wie alt bist du? Neunzehn, sagte ich. Ich hatte keine Lust, mir irgendeine Geschichte auszudenken, ich war schon so ziemlich verlegen, weil... er mir so steif geworden war. Ehrlich? Ich hätte gedacht, dass du älter bist. Mindestens zweiundzwanzig. Sie hätte meine Lehrerin sein können, weißt du? Da erinnerte ich mich an meine Physiklehrerin, die ehemalige Balletttänzerin. In ihrem Unterricht mussten wir schuften, in keinem Fach lernte ich so, wie ich es für die Physikstunden tat. Hausaufgaben, Unterrichtseinheiten, alles. Vielleicht hätte ich sonst nicht die Aufnahmeprüfung für die Uni geschafft. Ich hätte wetten können, dass du auch bei der Armee warst, sagt Polona. Mir wäre fast rausgerutscht, dass ich tatsächlich da gewesen war, aber ich schaffte es, mich zurückzuhalten. Ich hatte keine Ahnung, wie und wann die Einberufung in Jugoslawien stattfand. Bist du hier, im Hotel?, fragte sie dann. Nein, nicht hier. Ich bin in der Stadt. Aber du schon, oder? Klar. Mit meinem Mann. Aber jetzt gerade ist er nicht hier, er ist mit den Jungs angeln gegangen. Mit dem Boot.

Ich schluckte trocken. Ich hatte deutlich den Eindruck, dass die Frau mich verarschte. Wieso hat sie ihren Mann erwähnt und dann gesagt, dass er nicht da war? Ich hatte sie doch nicht gefragt! Und was wäre, wenn der Kerl wirklich nicht da war und sie mir das sagen wollte? Also, dass sie alleine war? Vielleicht war der Typ wie Dorin, der Banater, so einer, der den ganzen Tag an der Bar herumsitzt und trinkt, sagte ich mir. Der Tanzraum schien mir wieder ziemlich groß – vielleicht erstreckte sich ein Teil davon bis unter den steilen Hang, wie eine Art Höhle, die man in das Ufer gegraben hatte. Es war mir nicht klar. Ich weiß auch nicht, warum ich darüber nachdachte. Ich spürte weiter Polonas warmen und straffen Körper und ich wollte mich nicht von ihm, von ihr lösen. Was sollte ich jetzt tun? Um uns herum spielten die Lichter und irgendwo in der Nähe, zwischen roten und grünen Blitzlichtern, sah ich Marina mit diesem Dunkelhaarigen tanzen. Er hielt sie dicht an sich gepresst und hatte eine Hand ganz oben auf ihrem langen Oberschenkel, er hatte ihren sowieso schon kurzen Rock hochgezogen. Mir schien, dass sie sich zurückziehen wollte, aber im Halbdunkel dort konnte man das nicht wirklich erkennen. Das Lied ging zu Ende und unmerklich in ein anderes über – wieder ein *Blues*, aber auf Serbokroatisch. Ich kam gar nicht dazu, mich von Polona zu lösen – ich glaube, ich wollte das auch gar nicht. Ich spürte die Wärme ihrer runden, festen Brüste, an denen ich klebte, aber ich schaute wieder nach Marina. Ich war besorgt, vielleicht ein bisschen eifersüchtig, und ich wollte, dass auch sie mich sieht und wie ich mich an diese Lehrerin dränge. Tanzen wir noch weiter?, sagt Polona auf einmal. Ja, klar. Wenn du noch willst, füge ich schnell hinzu. Mir macht es Spaß. Mir auch. Und sie gab noch mehr in meinen Armen nach, diesmal deutlich, ich bildete es mir nicht ein. Ich sehe, wie Marina etwas weiter entfernt weiter mit dem Dunkelhaarigen tanzt. Zwei langsame Lieder, eins nach dem anderen, zweimal Blues. Verstehst du, das sagt was über die Art der Stimmung in der Disco Titanic aus. Was ist das?, frage ich, um Smalltalk zu machen. Was das für ein Lied ist? *Plavi Orkestar*, sagt Polona. Was, kennst du sie nicht? Fuck, wie soll ich die nicht kennen? Nein, das habe ich ihr nicht gesagt. Ich sagte ja, aber… Und sie: Ich habe einmal Saša Lošić kennengelernt, nach einem Konzert. Ein bezaubernder Typ. Dir gegenüber, natürlich, sage ich in Gedanken und erkläre ihr: Ich kenne *Plavi Orkestar* natürlich. Aber dieses Lied kenne ich nicht. Wie nicht? *Proljeće*. Es ist vom letzten Album, von diesem Frühjahr. Klare Sache. Deshalb kannte ich es nicht, es war noch nicht bis nach Rumänien gekommen. Es war zu neu. Nach Rumänien kommt alles mit Verspätung, wie ein Echo von etwas, das woanders schon zu Ende war. Damals und auch jetzt, fuck! Es ist wie in diesem idiotischen Witz mit dem Ende der Welt, das den ganzen Planeten zerstört, außer Rumänien. Wieso? Weil Rumänien um fünfzig Jahre hinterherhinkt.

Marina kam uns näher und ich sah sie nun besser. Sie zog ihren Kopf zurück und versuchte, sich von dem Dunkelhaarigen zu lösen. Der Kerl drückte sich in sie hinein und betaschte ihren Schenkel. Ihren Hintern. Das widerliche Schwein, das hätte ich nie gewagt! Weil man das nicht macht! Nicht so, aus dem Nichts. Eine Soldatendisko, verflucht nochmal! Der war mit Sicherheit Soldat. Dann sah ich, wie sich Marina plötzlich aus den Armen des Dunkelhaarigen riss und zum Ausgang flüchtete. Der Kerl folgte ihr gemächlich. Er schien überrascht. Renato und Boris liefen ihnen sofort nach, Frane dann auch. Sie hatten ihre Partnerinnen alleine gelassen, ganz sicher. Ich ahnte einen Skandal. Entschuldige mich bitte, sage ich Polona. Ich bin schnell wieder da, sei mir nicht böse, aber es ist dringend, ich habe ein Problem – ich weiß nicht mehr genau, was ich ihr gesagt habe. Ich löste mich von ihr mit einer kurzen Ausrede, sie schaffte es nicht, mir irgendwas zu sagen und schaute mich nur merkwürdig an. Ich schämte mich, weißt du. Aber zwischen uns gab es diese Sache... die Gruppensolidarität, verdammt! Ich fand die Tür und ging auf die gepflasterte Promenade, direkt am Ufer. Es war dunkel geworden, aber neben der Diskothek war Licht: Über dem Eingang gab es auf beiden Seiten mattweiße Glühbirnen. Die Jungs bogen soeben nach rechts ab, sie gingen irgendwohin. Ich hob den Kopf und sah die Lichter der Stadt, irgendwo weit, ganz weit weg. Ich holte sie an einer abgelegeneren Stelle des Hügels ein und sah in ihrer Nähe zwei weiße Schemen: Marina und dieser Kerl. Wir standen alle vier nicht weit von ihnen entfernt und ich hörte Marina, wie sie, kurz davor, in Weinen auszubrechen, mit erstickter Stimme sagte: Wie, wie kannst du es wagen? Dreckiger Bosnier! Halt verdammt noch mal die Fresse!, sagte der mit einer wuterfüllten, hohen Stimme. Wenn du nicht wolltest, warum bist du hergekommen? Hattest du nicht genug Spaß in der Stadt? Und du hast dich wie eine Nutte angezogen. Ich zieh mich an, wie ich will!, schrie Marina hysterisch und schubste ihn. Der Soldat hob die Hand mit geballter Faust. Es passierte so schnell, dass ich keine Zeit zum Nachdenken hatte. Renato rannte in ihre Richtung und warf sich auf den Typen. Lass meine Schwester in Ruhe! Er verpasste dem Typen Faustschläge überall hin, wo er konnte, wütend und irgendwie auch etwas lächerlich. Der Bosnier machte überrascht einen Schritt nach hinten, bezog aber sofort wieder Stellung. Er stemmte seine Beine in den Boden, neigte sich leicht nach hinten und drehte sich zu ihm. Ist das deine Schwester, du Zwerg? Und du bewachst sie, damit sie keiner fickt? Die hat das ganze Genmaterial aus dem Bauch deiner Mutter gekriegt und für dich ist nichts übriggeblieben. Frane, Boris und ich rückten zögerlich näher, wir wussten nicht, was wir machen sollten, und dann erblickte uns der Typ. Oho! Oho! Ihr seid mit der ganzen Truppe gekommen, um die Ehre des Fräuleins zu verteidigen! Gut, gut. Er hob die Arme, als würde er sich ergeben. Wenn es so ist, ziehe ich mich zurück. Er drehte sich um zu Marina, die laut schluchzte: Aber du sollst wissen, dass du die Gelegenheit verpasst hast, einen richtig steifen Bosnierschwanz zu sehen. Sowas habt ihr nicht, ihr Lappen. Vielleicht nur, wenn ihr Juden seid. Und er lachte einmal kurz. Damals kapierte ich es nicht, erst Jahre später, als ich mich erinnert habe, verstand ich, was es mit dem Schwanz eines Bosniers, eines Muslims auf sich hatte.

Du widerliches Schwein!, brüllte Boris und machte zwei Schritte in seine Richtung – sicher, er wollte vor Marina angeben. Der Bosnier schnaubte, spuckte auf den Boden vor uns und wollte zurück zur Disko gehen. Boris versperrte ihm den Weg. Der Bosnier blieb stehen, schaute ihn einen Moment an, drehte sich halb weg, als würde er um ihn herumgehen wollen, drehte sich aber plötzlich mit geballten Fäusten zurück und schlug Boris fest auf das Kinn. Boris fiel mit einem tiefen Ächzer auf den Kies. Frane und ich waren verwirrt. Der Bosnier blieb stehen und drehte sich zu uns: Na, wer von euch will auch noch?, fragte er uns ruhig. Renato war hinter ihm erstarrt. Nur Marina stürmte zu Boris und kniete sich auf den Kies. Sie fing an zu schluchzen und nahm Boris' Hand. Brüll, du blonde Ziege, brüll!, ermutigte sie der Bosnier. Ja, genau so, brüll! Marina drehte sich um und spuckte ihn hasserfüllt an. Ich konnte nicht sehen, ob sie ihn getroffen hat, aber er sprang auf sie drauf und packte sie am Nacken. Spuckst du, du widerliche Hure? Du spuckst? Er hielt sie wie eine Katze. Ich sah mich um. Die Diskothek war zwanzig-dreißig Meter weit entfernt, doch am Ufer war niemand zu sehen, und wir waren irgendwo weiter hinten, geschützt, keiner konnte sehen, was hier abging. Der Bosnier zwang

Marina aufzustehen, packte sie am Hals wie mit einer Zange und drehte sie mit dem Gesicht zu sich. Er griff sie fest mit einem Arm um die Taille, damit sie ihm nicht entwischt, und mit der anderen Hand packte er ihr Kinn. Er drückte fest zu und Marina öffnete den Mund und stöhnte. Der Bosnier röchelte kurz und spuckte mit dickem Schleim direkt in ihren Mund. So wird gespuckt, dämliche Ziege!, sagte der ekelhafte Kerl in einem ruhigen, fast lehrerhaften Ton, dann zog er noch einmal an ihr und stieß sie dann mit der Hand, die das Kinn hielt, von sich weg.

Marina stürzte, rollte auf eine Seite. Boris kam mühsam wieder auf die Knie und stöhnte – er spuckte etwas aus oder kotzte. Erst dann kamen Frane und ich zur Besinnung und stürzten uns auf den Bosnier. Der Typ drückte den Rücken durch, wollte Schwung holen, spannte die Arme an, aber er schaffte es nicht mehr, sich auf uns zu stürzen. Wir hörten einen dumpfen Schlag und sahen, wie sein Kopf leicht zuckte und er auf die Knie fiel, die rechte Hand an der Schläfe. Dann hörte ich Renato: Fick dich, du verdammter *Balija*! Er hatte einen großen Stein aufgetrieben und ihm damit direkt auf den Schädel gehauen. Sofort warfen wir uns alle auf den Bosnier und fingen an, auf ihn einzuschlagen, alle durcheinander. Ich verpasste ihm einen Tritt ins Gesicht, so stark wie ich konnte, mit einem Hass und einer Freude, die ich bis dahin nicht gekannt hatte. Dieses Gefühl habe ich vier Monate später wieder erlebt, bei der Revolution, vor dem Bezirksrat, als wir mit der Polizei und den Securisten aneinandergeraten sind... Jedenfalls trat ich wieder auf ihn ein, von der Seite, ich trat einmal zu und dann noch einmal, die Sohle der Sportschuhe vibrierte. Währenddessen trat ihm Frane in die Rippen und den Bauch. Danach kamen Boris und Renato. Der Bosnier schaffte es nicht mehr, sich aufzurichten. Er streckte einmal die Arme und drehte sich auf den Rücken, dann rollte er sich auf dem Kies zusammen. Wir traten ihn, wo wir nur konnten und so stark wir konnten: in den Kopf, den Rücken, die Schulterblätter, du elender Scheißkerl, du mieses Schwein, verdammter *Balija*, du Drecksack, in die Leber, die Nieren, die Lungen, in die abgeschürften Ohren, er lag zusammengekrümmt da, die Arme und Knie an der Brust, ich trat den widerlichen Scheißbosnier wie einen Fußball, und wir hörten nicht auf, denn wir waren der Arm der Gerechtigkeit und damit berechtigt, zu treten, treten, treten, bis ihm das Blut aus der Nase und dem Mund schoss, dann sogar aus einem Ohr, weiter und immer weiter...

Marina stoppte uns. Sie zerrte an Renato. Sie klammerte sich verzweifelt an Boris, dann an mich. Ich riss mich los, meine Hand verfing sich in ihrer Bluse. Da habe ich sie wahrscheinlich zerfetzt und ihr beide Knöpfe abgerissen. Frane hörte von allein auf. Wir schauten alle fünf runter auf das, was von dem Typen übriggeblieben war: ein weißer, unbewegter Klumpen auf den Kieselsteinen. Wir schauten uns um: niemand zu sehen. Niemand war rausgekommen, niemand. Eine Weile standen wir so da, keuchend, verschwitzt, die Schuhe blutbeschmiert, wie eine Gruppe von Arbeitern, die sich nach einem gut erledigten Auftrag ausruhten.

Haben wir ihn getötet?, fragte Renato flüsternd. Keiner von uns sagte was. Das war nicht nötig. Ein Kälteschauer durchfuhr mich, dann kam die Angst. Das war nicht mehr *Drei Schlüpfer* und auch keine Schlägerei in der Disko wegen eines Mädchens. Das war... Mord an einem Menschen. Ich war am Ende. Das Studium, das Unileben, Temeswar – alles ging flöten. Wenn sie mich kriegen... wenn. Aber er hat es verdient, sagte ich mir erbittert, vielleicht, um mir selbst Mut zu machen. Dieser Scheißkerl hat es verdient. Frane beugte sich über den auf dem Kies zusammengerollten Körper und betastete seinen Hals und sein Gesicht. Er atmet nicht mehr. Was machen wir jetzt? Plötzlich packte mich Kälte und ich fing an zu zittern. Was machen wir? Was mache ich? Was soll ich tun? Soll ich flüchten, von hier wegrennen, oder was sonst? Niemand hat uns gesehen, niemand kennt uns. Ich muss fliehen. Nach Rumänien, das hatte ich im Kopf. Wir werfen ihn in die Adria, hörte ich auf einmal Renato sagen. Der Junge keuchte und winselte, als wollte er weinen. Die Wellen werden ihn von hier wegspülen. Niemand hat uns gesehen. Niemand wird es erfahren. Wer weiß, wann die ihn finden. Alle schwiegen, ich weiß nicht wie lange, vielleicht Minuten, vielleicht Sekunden lang. Schnell, nicht dass jemand kommt, flüsterte Boris. Wir beugten uns über den Bosnier und als ich den Kopf hob, merkte ich, dass Marina uns anschaute, ihre Kiefer aufeinandergepresst. Ich versuchte, den... ihn zu fassen, fühlte unter meiner Handfläche etwas Rundes: einen Knopf, Marinas weißen Knopf. Ich nahm ihn und steckte ihn in die Hosentasche. Dann griff ich den Bosnier am Gürtel. Der Körper hing schwer. Mit Mühe schleppten wir ihn die zehn-fünfzehn Meter bis zum Meeresufer und mieden das Licht der Laternen vor der Diskothek, so gut wir konnten. Wir stellten ihn unten ab, auf der Promenade aus Zement. Frane schubste ihn und wir hörten das laute Platschen, als er ins Wasser fiel. Boris stieß ihn mit dem Fuß weiter ins Meer. Dabei verlor er fast das Gleichgewicht. Hoppla, fast hingefallen!, rief er aus und lachte kurz. Aus der Disco Titanic kam Tanzmusik, das Dröhnen der Bässe, das Rumoren auf der Terrasse. Und während wir so dastanden, ich weiß nicht, wieso, vielleicht, weil wir unsere Arbeit gemacht hatten, schien uns, als hörten wir einen lauten Schrei von irgendwo links, genau von der Terrasse. Als hätte jemand ein Signal gegeben. Wir rannten los, den Hügel hoch, und liefen auseinander. Ich stürmte zu Marina und griff sie an der Hand. Los, Marina, los!, keuchte ich, rief immer weiter, los, Marina, los Marina, bis wir am Auto angekommen waren, auf der anderen Seite des Hügels.

Tausendmal habe ich mich an diese Flucht erinnert und davon

geträumt: Wie wir stolperten, Marinas warme und verschwitzte Hand, die Disteln oder die Agaven, die meine Arme zerkratzten und meine Hose zerfetzten, die Angst, das Auto nicht zu finden, Angst, nichts mehr zu finden, uns verlaufen zu haben. Ich spürte sogar eine Art Erregung, mit Marina, die neben mir keuchte, ähnlich der Erregung, die Polonas Körper in mir ausgelöst hatte. Aber da war noch etwas, das Gefühl, dass jemand hinter uns her ist, dass uns jemand verfolgt, der alles beobachtet hatte, und dass sie nach uns rufen, uns vielleicht sogar erkennen. Ich zog an Marinas Arm, komm, Marina, ärgerlich, weil sie sich nicht schneller bewegte, und wiederholte immer wieder, los, Marina, los, Marina. Keinen einzigen Augenblick habe ich zurückgeschaut. Ich traute mich nicht.

10
Elektrischer Orgasmus

„Das war es", sagte er leise und zuckte die Schultern. „Wir haben einen Menschen umgebracht." Eine Weile spazierten sie nebeneinander her. Sie durchquerten den Zenta-Strand, ohne den vielen Menschen in Badeanzügen Beachtung zu schenken – Junge, Alte, viele Kinder, die in Silikonschuhen auf den Kieselsteinen herumrannten oder im flachen Wasser am Ufer planschten. Irgendwo links, neben einem Restaurant mit Biergarten, hüpften zwei Mädchen und ein Junge auf einem hohen grünen Trampolin wild herum. Emilia warf ihnen einen Blick zu und lächelte kraftlos.

„Und was hast du danach getan?"

„Was sollte ich schon tun?", antwortete er mit der gleichen sanften Stimme. „Ich bin weggefahren. Wir sind alle in das Auto gestiegen und weggefahren."

Er fuhr sich mit der Hand durch das Haar, schnaubte und blies die dunkle Haarsträhne aus dem Auge.

„Irgendwo am Ufer machten wir halt. Wir waren dreckig, weißt du? Wir gingen ans Ufer und wuschen uns so gut, wie es eben ging: die Hände, die Klamotten, die Schuhe. An den Schuhen war Blut."

Er erinnerte sich, dass er diese Simod-Turnschuhe auch an dem Abend trug, als er Emilia kennenlernte. Er hatte sie getragen, bis sie auseinanderfielen.

„Danach haben wir das Auto am Hotel geparkt und uns getrennt. Wir verabschiedeten uns, als würden wir uns am nächsten Tag wiedersehen, obwohl wir wussten, dass es nicht so war, also, dass ich sie nicht wiedersehen würde. Am nächsten Morgen bin ich mit meinen Eltern an den Strand gegangen, nach Ježinac. Meine Mutter war sehr überrascht, aber ich glaube, beide freuten sich:

Es war der letzte Tag, Montagmorgen sollten wir nach Rumänien aufbrechen, und sie wollten, dass ich auch mit ihnen etwas Zeit verbringe. Oder vielleicht hatten sie Angst, dass ich irgendwas anstelle, mich verirre oder in irgendwelche Schwierigkeiten gerate, und dass sie dann nicht mehr von dort wegkommen würden. Die Armen, sie hatten keine Ahnung! Mama lachte die ganze Zeit, redete ununterbrochen und fragte mich ständig, ob ich irgendwas möchte, ob sie mir was mitbringen soll. Und ich konnte nur an die Disco Titanic denken. Sobald jemand hinter der Kurve am Strand auftauchte, schaute ich hin – vielleicht waren sie meinetwegen gekommen, um mich zu verhaften, die Polizei, also die Miliz. Als wir zurückkamen und vor dem Hotel einen Polizisten sahen, bin ich fast ohnmächtig geworden. Mein Puls raste und ich verstummte."

Er schluckte und warf Emilia einen kurzen, verstohlenen Blick zu. Sie lief langsam, ihr Gesicht wie versteinert.

„Wir wussten es nicht, Emi" sagte er fast flehend. „Das heißt, wir wussten es irgendwie, aber wir haben dabei nicht nachgedacht, was wir hier eigentlich machen. Es war wie ein Wahn. Danach überkam uns Grauen. Wir haben keinen Moment nachgedacht."

Er verzog das Gesicht und versuchte, seine Gedanken zu sammeln und zu ordnen.

„Wir waren, ich weiß nicht, wir waren... blindwütig, glaube ich. Es war etwas Männliches... Verzeih mir, Emi, es ist schrecklich, das ist mir völlig klar, aber so dachten wir, also, dachten wir nicht. Du kannst dir nicht vorstellen, dass du jemanden umbringen könntest, weil du, wie soll ich sagen, keine Vorstellung davon hast, dass ein Mensch deinetwegen sterben kann und dann... dann, verdammt, lebt er nicht mehr, er liegt da, bewegt sich nicht mehr, atmet nicht mehr und du bist Schuld. Auch ich hätte, obwohl ich älter war als die anderen, ich hätte es besser wissen müssen, aber ich hatte eben denselben Kopf wie sie. Und ich sage dir was, wenn wir schon... Du kannst mich verachten, du kannst sagen, was du willst und du hast recht, aber in diesen Augenblicken hat es mir gefallen, ja, es hat mir gefallen, ihn zu schlagen und zu sehen, wie er sich zusammenkrümmt und ächzt. Erst danach..."

Er schwieg wieder, diesmal lange. Er ging mit gebeugten Schultern, groß und krumm, seine Hände tief in den Taschen der beigefarbenen Shorts. Von hinten kamen sieben-acht Teenager auf Inlinern angefahren, in knallbunten T-Shirts, und überholten sie fröhlich lärmend.

„Dieser Boris schien nicht so mitgenommen zu sein", kommentierte Emilia. "Ich glaube, ihm ging das nicht so nahe."

„Vielleicht nicht", antwortete er etwas lebhafter. „Ja, Boris war im Krieg. Wahrscheinlich hat er auch... andere Menschen umgebracht."

Er verschluckte sich und hustete ein paarmal kurz.

„Vielleicht auch Zivilisten. Menschen in den Dörfern. Serben, glaube ich. Und Bosnier. Ich weiß es nicht, darüber hat er mir nichts erzählt, aber ich glaube, dass er genug schlimme Dinge gesehen hat. Nein, er schien nicht mitgenommen. Er hat etwas erwähnt, aber eher vage. Eigentlich konnte er auch gar nichts sagen, weil seine Tochter dabei war."

„Alex versteht sich gut mit ihr", lächelte Emilia.

„Ich habe ständig daran gedacht. Ich hatte Angst, dass sie mich suchen, dass sie mich kriegen. Damals, auf dem Rückweg. Und später, in Temeswar. Ich saß manchmal da und plötzlich graute es mir: Und wenn gleich jemand an der Tür klopft und sagt: ‚Guten Tag, ist Vlad Jivan zu Hause? Wir sind von der Miliz. Wir würden gerne eine Sache mit ihm besprechen.'? Ich hätte sofort gewusst, welche Sache. Die ganze Zeit hatte ich Angst. Auch damals im Herbst, mit dir."

Und damals, mit dem Hauptmann. Doch das würde er Emilia

nie sagen. Ein Verbrechen ist etwas Schreckliches, ja, aber die andere Sache war schlimmer. Also vielleicht nicht schlimmer, aber... doch, schlimmer. Wobei nein, nicht das – es war anders, entwürdigend, perfide. Ein Verräter, ein Nichts. So hätte es Emilia gesagt. Verdammt, damals, als er die Bescheinigung für diesen Typen von Herrn Vergil schrieb und sie ihn erwischt hatte, hatte sie sich mehr aufgeregt als jetzt.

„Und in der Nacht, als sie dich angeschossen haben", fügte Emilia hinzu. „Ich erinnere mich."

„Ja, auch da. Aber dann ging es vorbei. Ich vergaß... also, nein, wie soll ich sagen, verdammt!? Es ist..., es ist in die Ferne gerückt, als hätte ich eine Schranke, eine Grenze überquert, jenseits derer mich diese Geschichte nicht mehr einholen konnte. Ich war in einer anderen Welt, in einem anderen Leben. Aber ich habe es nicht vergessen. Nur, dass ich mich lieber nicht erinnert habe. Ich hatte so viel um die Ohren – und es war gut so. Und jetzt, jetzt sind wir nach Split gekommen und ich habe es gewusst. Ich habe gewusst, dass ich sie treffen würde. Verzeih mir, Emi, verzeih mir, dass ich es dir nicht früher gesagt habe. Das ist nicht wirklich etwas, das man erzählen möchte. Keinem Menschen. Egal wie sehr ich dich liebe."

Emilia antwortete nicht. Erst nach einer Zeit murmelte sie, deutlich vernehmbar:

„Alex soll das niemals erfahren, ja? Ist dir klar, was das für Folgen hätte? Er darf niemals etwas davon hören."

„Auf keinen Fall! Glaubst du, dass Boris oder Marina es anders gemacht haben? Mit Giulia..."

Sie liefen langsam am Steilhang entlang, auf dem Sträucher mit seltsamen Blumen in kräftigen Farben und die fleischigen, grünweißlichen und dornigen Blätter der Agaven wuchsen. Auf dem Hügel waren hier und da eine Reihe von Häusern sehen. Sie gingen auch am Zaun eines Wassersportklubs vorbei, wo Dutzende, ans Ufer gezogene Boote und Jachten lagen – zur Reinigung oder Reparatur.

„Ich will von deinem ganzen Scheiß mit dem unabhängigen Banat nichts mehr hören!", platzte es auf einmal aus Emilia heraus.

Er schaute sie verwundert an. Wo kam das jetzt her? Außerdem war es nicht Emilias Art, so zu sprechen.

„Du bist genau wie die hier!", begann sie aufgebracht, ihren Ärger, die Wut, oder was auch immer sie in diesen Augenblicken fühlte, zu entladen. „Unabhängiges Banat. Unabhängiges Kroatien. Wir haben die Nase voll von den Verbrechern, die uns regieren, wir wollen frei sein, wir kommen alleine zurecht. Wir wollen die loswerden, die anderen, sie umbringen. Denn am Ende tötest du. Du bringst einen Menschen um, hunderte Menschen, das ist egal, es ist ja für… für das Vaterland, für die Ehre, wofür auch immer!", stotterte Emilia. „Die beste Ausrede. Wie dein Boris! Und Renato, und..."

„Renato war ein Teenager."

„Ihr alle. Ihr macht eure Clique, schlagt, mordet, ihr zieht in den Krieg, verteidigt euer Vaterland, das Land, eure Frauen, wen kümmert's? Das macht ihr! Und es gefällt euch. Schlägereien, Mord. Ihr braucht nur einen Zündfunken. Ihr merkt nicht mal, was ihr anrichtet."

„Es ist nicht das Gleiche, ehrlich! Der Krieg war etwas Anderes. Und Jugoslawien..."

„War er nicht! Das zählt nicht. Es zählt, dass ihr etwas Großartiges macht, was ihr ständig herumerzählen könnt..., wenn ihr mit dem Leben davonkommt. Wie wir Marina beschützt haben, wie wir unser Vaterland befreit haben, wie wir bei der Revolution gestorben sind. Aber am Ende kommt es wieder zu dieser Scheiße: du bringst Menschen um. Und nachdem du das getan hast, bist du nicht mehr der, der du warst. Vlad, mein Lieber", ihre flehende, tiefe Stimme ließ ihn schaudern, „bitte, lass diese Dinge sein! Was brauchst du? Was fehlt dir? Es ist klar, dass du mit irgendwas unzufrieden bist. Ist es *das*? Die Geschichte mit diesem Typen, dem Bosnier? Und was willst du jetzt machen?“

Wenn er bloß etwas machen könnte..., wenn er die Zeit zu ’89 zurückdrehen könnte. Aber das konnte er nicht.

Er erinnerte sich plötzlich an eine seltsame Begegnung im Verlagssitz von TL. Eines Tages war ein hagerer und dunkler Typ in seinem Büro aufgetaucht, mit großen, schwarzen Augen und einer gebogenen Nase, der irgendwie an einen traurigen Raben erinnerte. Der Mann sagte ihm, dass er Geschichtslehrer an einem Lyzeum sei, irgendwo in einer Gemeinde aus dem Kreis Timiş. Er habe ein Buch geschrieben, das er gerne in seinem Verlag veröffentlichen wollte. Was für ein Buch? Ein Geschichtsbuch natürlich. Die Geschichte Europas im 21. Jahrhundert. Am Anfang glaubte er, nicht richtig verstanden zu haben. Also wie, acht Jahre aus der Geschichte Europas? Nein, hatte ihn der Mann im zerknitterten, verlotterten schwarzgrauen Anzug verbessert. Dann reichte er ihm einen Stapel bedruckter Blätter, die in eine Plastikhülle eingebunden waren.

Er schaute ihn skeptisch an, blieb aber ernst. Es war nicht der erste Verrückte, der sich für einen Schriftsteller hielt. Manchmal schien ihm sogar, dass sein Verlag die Verrückten und Monomanen wie ein Magnet anzog. Oder aber dass die meisten Autoren wirklich nicht ganz dicht sind. Er nahm das Manuskript des hageren Mannes und betrachtete es. In der Tat stand auf der ersten Seite großgeschrieben: *KLEINE GESCHICHTE EUROPAS IM XXI. JAHRHUNDERT (20012100)*. Er blätterte den dicken Stapel durch: Etwa vierhundert A4-Seiten, in kleiner Schrift beschrieben, mit einzeiligem Abstand und Schriftgröße 11. Etwa achthundert Buchseiten, errechnete er schnell. Aber wir haben erst 2008. Ja, natürlich, antwortete ihm der traurige Rabe. Und Sie haben eine Geschichte geschrieben – eine Geschichte bis zum Jahr 2100? Er war selbst überrascht, dass er diese Frage stellte. Ja, ein Jahrhundert, präzisierte der Lehrer. Damit es eine runde Sache ist, wissen Sie. Er konnte ihm nicht widersprechen: einhundert Jahre waren eine runde Zahl. Er wollte nicht in die Details gehen: Er ahnte schon, was er hören würde. Er blätterte langsam die Seiten durch und wurde hier und da auf ein paar schwarz-weiße Karten des Kontinents aufmerksam. Auf einer war der Staat Katalonien klar zu sehen. Er zeigte mit dem Finger darauf. Also wird Katalonien unabhängig werden? Es ist schon unabhängig geworden, korrigierte ihn der Lehrer. In der ersten Jahrhunderthälfte. Es stimmt, es gab einige Zusammenstöße und eine Zeit lang hat sich Spanien geweigert, Katalonien anzuerkennen, aber es war unumkehrbar. Wie auch in Belgien, mit Flandern und Wallonien. Unumkehrbar. Der Mensch schien sehr selbstsicher. Und hier?, zeigte er mit dem Finger auf eine andere Karte, etwas undeutlicher, mit Schraffierungen und dicken Strichen, auch in schwarz-weiß. Werden wir eine Grenze zu Russland haben? Haben wir. Also hat… Rumänien hat eine Grenze zu Russland, korrigierte sich der andere und beugte sich über den Schreibtisch, um besser sehen zu können. Nachdem die Russische Föderation die Krim besetzt hat und nach den Kriegen in der Ukraine und der Republik Moldau. Der ehemaligen Republik Moldau, merkte er an. Dann hat Russland sein Territorium ausgeweitet. Schauen Sie mal, hier und hier. Ja, der Typ war sehr sicher. Er merkte, dass es keinen Sinn haben würde, sich über ihn lustig zu machen. Außerdem hatte sich ein Gedanke in seinen Kopf eingenistet und er musste ihn ausdrücken. Und wie wird es um das Banat stehen? Also was passiert hier, bei uns? Es ist etwas komplizierter, begann der Mann in einem ernsten, belehrenden Tonfall. Ein Teil davon, der größte, ist der Vojvodina angeschlossen, innerhalb der Jugoslawischen Föderation. Jugoslawisch?!? Ja, ein neues Jugoslawien, nur ohne Kroatien und Slowenien. Und ohne Mazedonien. Mit einem Teil Bosniens, mit Montenegro... Und Kosovo? Ohne Kosovo. Kosovo ist ein Territorium mit Sonderstatus. Wann war es das nicht? Das alles, wissen Sie, nach der Zeit der Unabhängigkeit des Banats, also des Mittelteils und des Südens. Sie wissen ja, die Kreise Timiş und Caraş und ein Teil von Hunedoara. Mit der Hauptstadt in Temeswar, natürlich. „Natürlich." Das Individuum war vielleicht verrückt, aber es war ein akribischer Verrückter. Sehen Sie, dazu ist es wegen der Weltkrise zwischen 2060 und 2064 gekommen..., das sagen die Spezialisten. Unmittelbar nach dem Unabhängigkeitskrieg und nach der Hungersnot von 2063. Dann kam es zur serbischen Invasion, von der Russischen Föderation unterstützt... Es steht alles dort, klar und deutlich. Der Mann richtete sich auf und schaute ihn an. Und, was sagen Sie? Würden Sie meine Arbeit veröffentlichen? Wissen Sie – hier sprach er mit etwas leiserer, immer noch tiefer Stimme – ich könnte mich mit einem Geldbetrag beteiligen. Nicht sehr viel, denn, verstehen Sie... Er zuckte mit den Schultern. Von dem Lehrergehalt... Aber ich könnte das Buch landesweit verkaufen, ich habe ein paar Bekannte, die schon Interesse hätten. Ich habe Freunde, Kollegen, in Arad, Reșița, sogar in Craiova. Und eine Schwägerin von mir arbeitet hier in Temeswar, in einer Buchhandlung. Er bat ihn um ein bisschen Bedenkzeit, damit er das Manuskript lesen könne, danach würden sie sich besprechen. Bei einem so dicken Buch war die nötige Investition auch recht hoch. Nach etwa einer Woche, so hatte er es vorgeschlagen. Der Autor der *Kleinen Geschichte Europas im 21. Jahrhundert* willigte würdevoll ein. Er würde wiederkommen.

Er nahm den Stapel gebundener Blätter mit nach Hause und zeigte ihn amüsiert Emilia. Emilia lachte auch, blätterte ihn kurz durch und legte ihn dann beiseite. Die Hirngespinste der Banater interessierten sie nicht. Er versuchte, sie zu lesen, aber er langweilte sich schnell. Das Buch war in einem schwerfälligen Stil geschrieben – ein Wirrwarr von Daten, Institutionen, Abkommen und Kommissionen, mit Konflikten, Verhandlungen und Namen, hunderten von Namen, einige vage vertraut, andere offenbar erfunden, und das narrative Gespür fehlte darin gänzlich. Es war kein Science- Fiction-Roman, keine alternative, fiktionale Geschichte, keine Geschichte nach dem Muster „Was wäre, wenn… ." Es war der akademische, eintönige und langweilige Band eines Gelehrten über eine Geschichte, die sich nie ereignet hatte. Am Ende beschränkte er sich darauf, die Karten zu studieren, die hier und da den monotonen und überladenen Text unterbrachen, denn er wollte wissen, welche seltsame Entwicklung die Geschichte des zukünftigen Europas im Kopf dieses faden Lehrers durchgemacht hatte. Ein Russland, das sich bis über Rumänien erstreckte. Großbritannien: verunstaltet. Spanien: zersplittert. Litauen: besetzt. Krieg in Estland. Ein kleineres Jugoslawien. Und ein in zwei kurze, aber blutige Kriege verwickeltes Banat. Die Logik eines verrückten – und sehr systematischen – Historikers.

Dann erinnerte er sich an einen Roman, den er in den neunziger Jahren gelesen hatte: *Das Orakel vom Berge* von Philip K. Dick, einem seiner Lieblingsautoren für Science Fiction. Dort wurde eine Welt imaginiert, in der Nazi-Deutschland und Japan den Zweiten Weltkrieg gewonnen hatten, aber erst um 1960. Die Sowjetunion war zerschlagen und vernichtet worden, Europa befand sich unter deutscher Herrschaft und die Vereinigten Staaten waren japanisches Besitztum. Nur existierte in dieser überzeugend detailreich imaginierten Welt ein amerikanischer Schriftsteller namens Hawthorne Abendsen, der eine alternative Weltgeschichte in Form eines Romans mit dem Titel *Schwer liegt die Heuschrecke* schrieb. Dort, in Abendsens Roman, wird eine Welt imaginiert, in der Deutschland und Japan faktisch bereits 1945 den Krieg verloren haben, und das Buch – sonst verboten, aber insgeheim von allen gelesen – breitet sich bedrohlich im Bewusstsein von Dicks Figuren aus. Denn allmählich glauben sie, dass der Roman von Abendsen kein fiktionales Werk, sondern die Wahrheit, die Realität ist, während die Welt, in der er und seine Leser in dem von Japan besetzten Amerika leben, eigentlich die Fiktion, die falsche Realität darstellt. Aber welche Realität sein, Vlads Verrückter, wohl gesehen hatte? Die Geschichte Europas im 21. Jahrhundert. Dann erinnerte er sich an Herrn Vergil und diese Realität, die reale und unmittelbare, in der er lebte und durch tausende von Fäden mit anderen Menschen verbunden war. Wie wäre es, ein solches Buch bei TL zu veröffentlichen? Ein Buch über den Zerfall Rumäniens. Unter anderem. Vlad Jivan, Attentäter auf die nationale Identität, auf die territoriale Integrität des Landes. Ein Mensch mit einer zweifelhaften Vergangenheit, die jederzeit ans Licht kommen kann. Nicht wahr?

Beim nächsten Treffen mit dem Historiker gab er ihm das Manuskript zurück und sagte ihm, dass er es leider nicht veröffentlichen könne. Seine Geschichte sei zu lang, würde zu viele Kosten verursachen und zu viele wirtschaftliche Risiken. Und dann – gab er ihm zu verstehen – könnte es auch andere Probleme machen. Der Mann schaute ihn verwundert an, mit seinen großen, schwarzen Augen in den scheinbar ausgetrockneten Augenhöhlen. Sehen Sie, selbst der SRI, der rumänische Informationsdienst, könnte... benachrichtigt werden, wissen Sie. Wieso? Wunderte sich der Lehrer. Es ist ein Geschichtsbuch. Eine wissenschaftliche Abhandlung, präzisierte er würdevoll. Er zuckte die Achseln: Woher soll ich das wissen? Bei TL können wir den Band jedenfalls nicht veröffentlichen. Vielleicht in anderen Verlagen. Bis heute wusste er nicht, ob der Lehrer seine Abhandlung irgendwo hatte veröffentlichen können. Er hatte sie nie gesehen, hatte nichts darüber gehört und den Autor hatte er auch nicht mehr getroffen. Eine Zeit lang bot das Thema Anlass für Gespräche und Spaß und dann vergaß er gänzlich die *Kurze Geschichte Europas im XXI. Jahrhundert.* Erst jetzt hatte er sich erinnert – wegen Emilia. Nein, die Geschichte kannst du nicht vorhersagen. Die Geschichte ist das, was war. Wie der Krieg in Jugoslawien. Er war. Und außerdem war es hier etwas ganz anderes gewesen: Bei genauem Nachdenken wurde klar, dass dieser Krieg unvermeidbar war. Unumkehrbar, wie der Lehrer sagte. Alle Seiten hatten einander befeuert, sich aufgeputscht, einander ermutigt und bestärkt. Jetzt war ganz klar, dass der Krieg geschehen musste. Nur damals war es denen nicht klar und vielleicht haben sie es auch nicht sehen wollen. Ja, es war etwas ganz anderes.

Er riss sich zusammen. Er verstand, worauf Emilia hinauswollte, aber es war nicht das Gleiche. Andererseits wollte er ihr nicht widersprechen. Sie war seine Liebe, seine Frau, und vielleicht versuchte sie, mit dem, was er ihr erzählt hatte, was passiert war, Frieden zu schließen.

„Na, was willst du machen?", wiederholte Emilia etwas härter. „Wie lange ist das her?"

„Zwanzig... zweiundzwanzig Jahre."

„Und du hast es niemandem erzählt."

„Wem willst du sowas erzählen?! Hallo, ich bin Vlad, ich habe einen Verlag in Temeswar und ich habe einen Menschen umgebracht. Einen Bosnier. Sehr erfreut."

„Nicht mal mir..."

„Nicht mal dir. Glaubst du, ich habe nicht daran gedacht? Hundertmal, tausendmal. Und jedes Mal habe ich mir gesagt: Was bringt es? Wem nützt es? Eine Geschichte aus der Vergangenheit, als ich dich noch nicht mal kannte und nicht wusste, was ich tat, bis ich es nicht getan hatte. Wann hätte ich es dir sagen sollen? Als wir uns kennengelernt haben? Damals starb ich vor Angst, dass man es erfährt, dass einer zu mir nach Hause oder in die Uni kommt, um mich abzuholen. Nachher kam die Revolution. Ich hab dir gesagt, ich habe es vergessen, verdrängt, diese ganze Geschichte. Es war wie ein schlechter Traum, der jetzt zu Ende war, ich war entkommen, jetzt bin ich entkommen. Wir haben geheiratet, Alex kam auf die Welt, wir hatten Sorgen, hatten unser Leben... alles war gut. Bis du gesagt hast, wir sollen nach Split. Weißt du noch? An diesem Abend."

„Mit dem Unfall..."

„Ja, der Unfall. Der jugoslawische Lastwagen. Oder zumindest schien es mir ein jugoslawischer gewesen zu sein. Wahrscheinlich wegen dem, was passiert war. Damals hatte ich so eine Vorahnung, also ich wusste, dass es so kommen wird, dass diese ganze Geschichte wieder zum Vorschein kommt. Ich habe es dir ja gesagt, Emi! Es ist nicht so, dass es mir egal ist, denn es ist mir nicht egal. Aber was soll ich tun? Ich möchte wenigstens wissen, dass du bei mir bist, dass du mich hältst, verdammt! Dass du mich nicht abstürzen lässt."

Emilia griff im Gehen nach seiner Hand, drückte sie und schmiegte sich an ihn. Sie rieb ihren Kopf leicht an seiner Schulter und küsste ihn kurz auf den nackten Arm.

„Ich lasse dich nicht im Stich, Vladi, mein Lieber!", stammelte sie. „Egal, was passiert."

Er umarmte sie, küsste sie lange und hob sie dabei hoch. Er drückte sie fest an sich, als wollte er sie nicht mehr loslassen. Als er sie freigab, murmelte er:

„Oh Mann, was wir für einen Urlaub machen!"

Wenige Schritte weiter fügte er hinzu:

„Aber vielleicht ist es besser so. Ja, vielleicht ist es besser so."

Sie gingen an nahe am Strand gebauten Häusern mit breiten

Terrassen vorbei, wo die Bewohner Blumenbeete angelegt und Töpfe mit Palmen und kleinen Oleandern hingestellt hatten, wie in einem Garten. Ziellos gingen sie weiter, der Linie des Ufers folgend, die sich weit, fast bis ins Unendliche erstreckte. Nach einer Zeit schien es ihnen, als hätten sie die Stadt gänzlich hinter sich verlassen. Sie liefen auf einem schmalen asphaltierten Weg, der mit Staub bedeckt war. Um sie herum war keine Menschenseele mehr. Zwischen dem Weg und dem Meer lag ein Streifen sandiger Erde, auf dem dünnes, trockenes und raues Kraut wuchs, zwei Handflächen hoch.

„Vlad, mein Lieber, wollen wir nicht zurück?"

„Das lohnt sich nicht. Jetzt ist der Weg dorthin kürzer als der Weg zurück."

Emilia schaute ihn verwirrt an, sagte aber nichts. Sie liefen in der orangefarbenen Nachmittagshitze weiter durch die kahle Landschaft. Rechts von ihnen rauschte leicht das klare, glitzernde Meer und die Wellen rollten auf das flache Ufer. Sie waren an einer Bucht angekommen.

„Schau mal dort!", zeigte er plötzlich.

„Wo?"

Emilia hob den Blick und sah vor ihnen, am Ende des Weges, ein großes Gebäude aus Zement mit einem abgeflachten roten Ziegeldach und einem quadratischen Turm, der auf der Hügelspitze thronte. Am Ufer lagen etwa zehn Leute auf Matratzen unter ihren Sonnenschirmen. Etwas weiter noch, hinter dem heruntergekommenen Gebäude, waren zwei Betonstege zu erkennen, vom Salzwasser halb abgetragen. Es war ein weiterer Badestrand, etwas schäbiger als die Strände in der Stadt.

„Die Disco Titanic!"

Er beschleunigte seinen Schritt, ohne es zu merken, und Emilia folgte ihm.

„Hier!“, zeigte er und blieb plötzlich stehen. „Hier muss es gewesen sein.

Oder weiter weg…?“

Er sah desorientiert die Promenade entlang.

„Was?“

„Mit dem Typen, dem Bosnier. Das war etwas abgelegen, auf dem Hügel… oder war es nicht dort? Es war nachts, ich weiß es nicht mehr.“

Er runzelte die Stirn. Hier war es passiert, irgendwo in der Nähe. Alle fünf. Eigentlich sie vier und der Bosnier. Dann auf der Promenade, auf dem betonierten Ufer. Oder war es gepflastert gewesen? Und das Meer, ja, das Meer war immer noch dort. Dann die Disko, die Terrasse und der Turm. Was davon übrig geblieben war.

Sie näherten sich. Ein paar Leute vom Strand schauten zu ihnen. Mehrere Männer musterten Emilia. Und eine junge Frau, oben ohne. Bisschen pummelig, dachte er. Und die Disko ist völlig ruiniert.

„Das ist sie? Sie ist ganz schön kaputt, Vlad.“

Ihn überkam eine starke Ungeduld. Er wollte alles sehen, wiedererkennen, sich erinnern. Ja, hier war der Eingang. – oder der Ausgang direkt zum Strand. Die Türen waren bis oben hin mit großen Steinen grob zugemauert. Der quadratförmige Zementturm, der sich etwas weiter hinten abzeichnete, bis weit über die Terrasse hinaus, war auch eine Ruine, die Seite zum Meer hin obszön entblößt. Rahmen aus Eisen, die den leeren Raum füllten und einst große Fenster gestützt hatten, verrosteten langsam zwischen den Betonwänden. Im Inneren des Turms waren oben zwei eingeklemmte, rot gestrichene Käfige zu sehen: die alten Fahrstühle. Sie hatten tausende von Feierlustigen, Militärs der Jugoslawischen Volksarmee und ihre Frauen, befördert – und an einem Abend im August 1989 auch ihn, Marina, Renato, Boris und Frane.

„Seid ihr damals über diese Seite zur Disko runter?"

„Wir sind an die Bar", präzisierte er und schluckte trocken. Zuerst an die Bar. Er erinnerte sich an Dorin, den Banater aus der JNA. Und an Polona – wo sie jetzt wohl ist? Er näherte sich der Steinmauer, die den Eingang in die tote Disko versperrte und von großen Graffitis bedeckt war, und stellte sich auf die Fußspitzen, um durch einen langen Spalt zu schauen, der am oberen Teil der schlampig gebauten Mauer geblieben war. Emilia tat es ihm nach. Dort drin, auf der Tanzfläche, auf der Vlad die Körperwärme der slowenischen Lehrerin gespürt hatte, lagen abgebrochene, weiße Bretter, Fensterrahmen mit zerbrochenen Scheiben, große Stücke Schotter und in den Ecken Fäkalien – wahrscheinlich schon aus der Zeit, bevor die Mauer gebaut worden war. In der Mitte war die Wendeltreppe zu sehen, die zur Bar führte, weiß, verstaubt und aufgeplatzt. Ein paar Sonnenstrahlen, die von oben wie eingeklemmte Lichtorgeln hereindrangen, brachten den Zementboden zum Vorschein: Darauf lag eine Staubschicht, ein paar Finger dick, in die sich alte Fußabdrücke eingeprägt hatten. Fußabdrücke von Tänzern, ging es ihm durch den Kopf.

Sie entfernten sich von dem schmalen Mauerspalt und sahen sich um. Am Ende des ehemaligen Tanzraums, um die Ecke, entdeckten sie einen Kiosk mit Säften und Kaffee, eingepfercht in einen Raum so klein wie eine Garage. Direkt davor, in Strandnähe, bildeten ein paar Plastiktische mit Stühlen und Sonnenschirmen ein bescheidenes Café. Er ging auf den Kellner im Café zu:

„War hier nicht früher eine Diskothek?"

Der Kellner, ein stämmiger Mann mit kurz geschnittenen grauen Haaren und rotem, munterem Gesicht, schaute ihn aufmerksam an.

„Doch, war es. Sie gehörte der Armee. Aber das war vor langer Zeit, zu Zeiten Jugoslawiens.

„Jetzt nicht mehr?"

Der Mann – vermutlich der Eigentümer des Cafés mit den drei Tischen – deutete mit dem Kopf auf die Ruine, in die er sich eingenistet hatte, wie einst die Bewohner von Split in den Diokletianspalast. Welche Diskothek konnte es dort geben?

„Die ist schon lange nicht mehr dort. Seit… ich erinnere mich nicht mehr, ich glaube seit einundneunzig, zweiundneunzig."

„Und das Hotel? Hotel Zagreb?"

„Ach, ja!", strahlte auf einmal der Kroate. „Wenn Sie das suchen, es ist dort oben."

Und er zeigte nach oben, zu der Spitze des Hangs hinter ihnen. Vlad bedankte sich und sie gingen weiter.

Sie liefen ein Stück zurück, durch die Menschen, die sich in der Sonne bräunten, gingen um die Diskothek herum und gelangten an eine Treppe aus runden Steinen neben dem verfallenen Gebäude.

„Ich wusste nicht, dass es die hier gibt!"

Leicht keuchend stiegen beide die Treppe hoch. Als sie oben angekommen waren, waren sie nass geschwitzt. Es war wirklich warm.

„Wow, was für ein Park!", rief Emilia aus.

„Der Park des Hotels. Der jugoslawischen Armee."

Der Park schien unverändert, er sah genau so aus wie letztes Mal – also, das einzige Mal, als er dort gewesen war. Ihm kam der Gedanke, dass die Disco Titanic nach diesem Abend für immer geschlossen wurde, seitdem langsam verfiel und auf ihn wartete. Auf ihn und die anderen. Auf eine bestimmte Art stimmte das auch. Für ihn war nach jener Nacht dieser menschenleere, abgelegene Ort am Ufer eines unerreichbaren Landes erstarrt. Er schaute umher. Die Kegelbahnen verfielen zu breiten Bahnen aus aufgeplatztem Beton, von Unkraut und Sträuchern zugewuchert. Das Kinderkarussell, dessen Farbe abgeplatzt und ausgeblichen war, stand wie erstarrt. Aus dem kleinen Teich oder Becken oder was auch immer wucherte das Unkraut und überragte die aufgesprungenen Betonkanten. Doch der eigentliche Park mit seinen hohen Bäumen und dem Duft nach Harz und Blumen der Adria wirkte zusammen mit den Ruinen der verlassenen Bauten noch bezaubernder. Ein Stück weg erhoben sich die zwei Gebäude des Hotels Zagreb. Am imposanteren von beiden standen Baugerüste, ein Zeichen, dass es jemand renovierte. Das andere, das ihm damals ein Arbeiterwohnheim zu sein schien, war schmutzig und dunkel, die Balkone verrostet und die Fenster zerschlagen. Von irgendwo dort, von einem Balkon mit Wäsche auf der Leine war Musik zu hören. *Lepa Brena*, fiel ihm ein und er fuhr dabei zusammen: *Mani zemlju koju Bosnu nema.*

Er lief aber in die andere Richtung, zur Terrasse auf der Hügelspitze, auf der sich der Turm mit dem Schacht und den erstarrten Aufzügen verbarg. Darauf stand noch in großen blauen, ausgeblichenen und abgeblätterten Buchstaben:

DISCO TITANIC

Er griff Emilias Hand und spürte, dass er ein wenig zitterte – vielleicht wegen Anstiegs. Sie liefen schweigend den mit Backstein gepflasterten Weg entlang und blieben vor der hohen Terrasse stehen, die zu beiden Seiten von Betonmauern mit eingearbeiteten breiten Bögen und hunderten sich überlagernden Graffitis und Kritzeleien begrenzt waren. Den Zugang zur Terrasse versperrte eine weitere, etwa einen Meter hohe Mauer, über die er relativ leicht stieg. Dann wandte er sich zu Emilia, fasste sie an den Armen und half ihr, über die Mauer zu springen.

„Schau mal", zeigte er ihr die Umrisse der zugemauerten Fahrstuhltüren. „Hier waren sie."

Emilia nickte. Wieder betrachtete er die Linie ihrer Wangen, die hohen Wangenknochen und den schön geschwungenen Mund mit den vollen Lippen. Er spürte etwas wie Zerrissenheit und drehte sich um, zum Meer, zu den vollgekritzelten Mauern, zum Turm mit den Fahrstühlen. Unter einen breiten, in die Betonmauer hineingeschnittenen Bogen, durch den man das tiefblaue Meer sehen konnte, hatte jemand geschrieben: „*Cigani jebem vam majku svima*". Ein anderer hatte sich darauf beschränkt, in schwarzen, dicken Buchstaben kurz, „*HipHop*" zu schreiben. Auf der Mauer zum Meer hin war die lapidare Inschrift „*Tanja kurva*" zu lesen. Er schaute von der Mauer hinunter und sah dort die Bar von damals, die roten Bodenplatten abgerissen oder zerschlagen, Metallstümpfe, wo früher die Tische und die Bar gewesen waren, die Drehplattform aus Holz nun grau, der Lack abgesplittert, voll mit Schotter- und Steinresten. Die Treppe mit den weißen und schmutzigen Stufen führte tief in die verwahrloste Diskothek hinunter.

„Es hat trotzdem seinen Reiz", hörte er auf einmal Emilia neben sich. „Es ist ein nostalgischer Ort, das spüre ich auch. Die Aussicht ist so schön! Es ist schön und traurig, oder? Etwas, was war und nicht mehr ist, aber die Schönheit kann man immer noch sehen. Stimmt's, Vlad? Etwas Melancholisches."

Sie wird ein Gedicht darüber schreiben, dachte er bösartig. Obwohl Emi recht hatte: es war schön und traurig. So ist das, seufzte er leicht. Renato ist tot, Boris hat eine Glatze und ist kratzbürstig und Marina ist…, sie ist nicht mehr, wie sie einmal war. Und er auch nicht. Er beugte sich herunter und zupfte ein Büschel Gras vom Betonrand der Terrasse. Und dann sah er dort, in schwarzen, handhohen Buchstaben geschrieben

„*Vlade Divac*".

*

Am nächsten Tag, als er nachmittags Frane anrief, klingelte das Telefon etwa fünfmal, dann hörte es auf. Frane ging nicht ran oder hatte den Anruf abgelehnt. Er zuckte die Schultern und steckte das iPhone in die Tasche. Er bückte sich und schaute auf seinen großen Zeh: Die Sandalen hatten gerieben und gestern, als er den ganzen Weg bis nach Duilovo zu Fuß gemacht hatte, war neben seinem großen Zehnagel eine Blase entstanden, die geplatzt war und nun brannte. Noch in der Hocke hob er den Blick und richtete ihn auf das Schuhgeschäft, in dem Emilia seit mindestens einer Stunde verweilte.

Nichts.

Das wird noch dauern. Er kratzte sich verstohlen am Rücken, wo seine Haut sich anfing zu schälen. Nie wurde er braun wie die anderen. Das hat auch Alex geerbt, dachte er und lächelte. Sein Alex hatte nicht allzu viel Zeit am Strand verbracht. Oder vielleicht schon, aber nicht mit ihnen. Soweit er es mitbekam, trieb er sich die ganze Zeit mit Giulia herum. Scheinbar war er doch kein Weichei. Er brauchte nur etwas Ansporn – aber sicherlich nicht von seinem Vater.

Etwas weiter weg, im Schatten eines Gebäudes auf der eleganten Marmontovastraße, verkaufte ein alter Straßenhändler Holzmarionetten: allerlei Tiere, von Schnüren zum Leben gebracht. Mit breitem, zahnlosen Mund lächelte er die sommerlich gekleideten Menschen an und ließ jetzt einen drolligen kleinen Esel mit überdimensionierten Hufen auf den glänzenden Platten traben. Neben ihm streckte ein Pantomime den Fußgängern seine verschränkten Hände entgegen. Er war eine lebendige Statue mit Plastikflügeln, weiß geschminktem Gesicht und gelblichen OP-Handschuhen, der auf einem improvisierten Sockel, ähnlich einer umgedrehten Schüssel, stand.

Wenn niemand vorbeiging, ruhte er sich mit müder Miene aus,

und auf seinem weiß geschminkten Gesicht zeichneten sich zwei tiefe Furchen ab.

Das Handy in Vlads Tasche begann, die ersten Akkorde von *Padaju zvijezde* zu spielen. Er schaute auf die Nummer.

„Hallo?"

„Hallo?"

„Frane?"

„Wer ist da?"

Boris hatte recht: Ihr gemeinsamer Freund war komisch.

„Vlad. Vlade Divac. Weißt du noch? Von neunundachtzig", fügte er schnell auf Serbokroatisch hinzu. „Ich hab deine Nummer von Boris."

Am Telefon blieb es still. Eine Frau mit Kind, das hysterisch in eine rote Plastiktrompete blies, lief an ihm vorbei.

„Der Mörder kommt immer zum Tatort zurück", hörte er schließlich Franes höhnische Stimme. „Wie in den Romanen. Ich wusste, dass du irgendwann zurückkehren würdest. Wollen wir uns treffen?"

Natürlich wollte er, warum hatte er sonst angerufen? Doch Franes Stimme beunruhigte ihn.

„Wenn du Zeit hast…".

„Ich hole dich ab", antwortete Frane eilig. „Wo bist du? Wie siehst du aus? Hast du eine Glatze?"

„Nein, nur Boris", lachte er, „aber ich habe den Bauch einer Schwangeren."

„Gut, ich finde dich schon."

„Ich kann mit dem Auto zu dir kommen. Oder wir sehen uns an der Riva, was sagst du?"

„Nein, nein, ich komme dich abholen!", beharrte Frane. „Es gibt eine Bushaltestelle unten am Đardin, neben dem *Pazar*. Warte dort auf mich, in einer Stunde. Ciao."

Frane hatte aufgelegt. Er schaute auf den traurigen Engel, der auf seinem Podium saß und ins Leere schaute. Dann betrat er den Laden, aus dem Emilia nicht mehr herausfand.

Eine dreiviertel Stunde später war er an der Bushaltestelle, direkt am Ende des *Pazars*. Er blieb dort stehen und wartete, verfolgte aufmerksam jeden Bus, der anhielt und beobachtete alle Fahrgäste, die ausstiegen. Ein älterer Herr im bräunlichen Anzug, das trockene Gesicht müde und von Falten durchfurcht, kam langsam auf ihn zu und holte ein paar kleine, aus Holz geschnitzte Fische aus der Tasche.

„Wollen Sie?“, fragte er ihn mit unsicherer Stimme.

Er fuhr zusammen, als er den schweren Geruch nach Naphthalin spürte, und winkte entschieden ab. Der Alte sank in sich zusammen, zog sich zurück und steckte dabei die Fische in die Jackentasche. Er verlor sich unter den Menschen, die in der Sonne auf ihren Bus warteten.

„Kuck-uck“, hörte er auf einmal hinter sich.

Er drehte sich jäh um. Ja, er hätte ihn wiedererkannt. Er hätte Frane sofort erkannt und ihn insgeheim, mit einer kleinlichen Genugtuung, bemitleidet. Frane wirkte ausgelaugt, abgenutzt, von den Jahren finster geworden und zugleich verbittert: sein ovales, olivfarbenes und rasiertes Gesicht war von zwei tiefen Falten durchfurcht, von denen aus sich feine Linien, wie Ästchen von zwei ausgetrockneten Stämmen, bis unter die Augen und zum Kinn verzweigten. Er hatte immer noch die Frisur von Dave Gahan, die ihn älter aussehen ließ, als er war, aber vielleicht lag es auch daran, dass er nun graue Haare hatte. Er trug eine khakifarbene, kurze Hose mit vielen Taschen und ein sandfarbenes Sommerhemd mit kurzen Ärmeln, die bis über die Schultern hochgekrempelt waren. Auf den muskulösen Armen mit ihrer trockenen, sich leicht schälenden Haut war ein Tattoo, identisch mit dem von Boris.

„Komm!“ Frane fasste ihn am Arm.

„Wohin?“

„Zur Haltestelle. Wir gehen zu mir.“

Er fügte sich. Ihm fiel auf, dass Frane leicht hinkte und auf dem linken Oberschenkel, direkt über dem Knie, eine große Narbe hatte – sie war verheilt und sah aus wie ein Stück glänzendes Fleisch.

„Wurdest du verletzt?“, fragte er ihn, um irgendwas zu sagen.

„Sicher. Hat es dir Boris nicht erzählt? Für das Vaterland!“, grinste er. „*Za Dom, spremni!*“ Der militärische Gruß der Kroaten. Und der Ustaša im Zweiten Weltkrieg. So war das hier: alles vermischte sich miteinander. Hass und Patriotismus, Tod und Stolz. Die jugoslawischen Teufel. *Za Dom, Spermi!*, dachte er hämisch.

„Hier, das ist er“, sagte Frane, als der Bus auftauchte. „Wir fahren zu mir nach Pujanke. Weißt du, wo das ist?“

Er schüttelte den Kopf. Frane erklomm mit Mühe die erste Stufe und stützt sich dabei auf ihn.

„Ich habe keine Fahrkarte“, fiel ihm ein. „Ich hätte mir eine kaufen sollen.“

„Mach dir keinen Kopf. Du fährst mit mir“, warf ihm Frane zu und stieg schwerfällig in den Bus. Drinnen war es fast leer. Er schaute nach einem Platz in der Nähe. Frane blieb allerdings neben einem Sitz stehen, auf dem eine ältere katholische Nonne saß – mit schwarzer Kutte, weißer Haube und Ledersandalen an den nackten Füßen.

„Mein Bein tut weh!“, sagte er bestimmt.

Die Frau hob verwirrt und etwas verängstigt den Blick.

„Mein Bein tut weh!“, wiederholte Frane im gleichen Ton und fixierte sie.

Die Nonne stand schnell auf, verlor kurz ihr Gleichgewicht, als der Bus eine engere Kurve fuhr, und setzte sich zwei Plätze weiter vorn wieder hin. Frane kletterte auf ihren Sitz und klopfte zufrieden auf den Nebensitz:

„Komm, Vlade, setz dich!"

Er setzte sich hin und musterte Frane lang. Dann schaute er zu den leeren Sitzen im Bus.

„Lass mal, Vlad!", brummte Frane. „Wenigstens das sollen sie machen, nachdem wir für sie gekämpft haben und gestorben sind."

‚Sind wir dafür bei der Revolution gestorben?' Diesen Schwachsinn würde er nicht mehr sagen. Wäre er, wenn er hier, im ehemaligen Jugoslawien, gelebt hätte, auch in den Krieg gezogen? Wahrscheinlich schon. Und er hätte das Gleiche gesagt.

„Jetzt sind wir ihnen egal", sagte Frane laut und fixierte den Nacken der Nonne. „Niemand kümmert sich um uns. Wir waren gut genug, um für Kroatien zu sterben. Jetzt sind wir eine Belastung für die Staatskassen. Das sagen sie uns. Vielleicht sollten wir alle so schnell wie möglich sterben."

Er antwortete nicht.

Die Reise mit dem Bus erschien ihm endlos. Beim Aussteigen sprang Frane flink von der Schwelle des Busses direkt auf den Gehweg und schaute zurück. Er erhaschte den verwirrten und schüchternen Blick der Nonne und lachte laut. Erst nachdem der Bus die Haltestelle verlassen hatte, stieß er einen kurzen Ächzer aus, bückte sich und umklammerte seinen Oberschenkel mit beiden Händen.

„Aua, verdammt, das tut weh! Schau mal, dorthin gehen wir", zeigte er auf einen sechsstöckigen Block, immer noch gebückt.

Frane wohnte im letzten Stock, wo schon im Treppenhaus eine furchtbare Hitze zu spüren war. Während er die Tür aufschloss, sagte er ihm:

„Die Wohnung hat mal einem Serben gehört, der sich verpisst hat bevor..."

Und dann sagte er ein unbekanntes Wort.

„Komm rein“, sagte er und stieß die Tür auf.

Schon im Flur schlug ihm ihn der Gestank nach Zigarettenrauch und ranzigem Essen entgegen. Die Wohnung schien dunkel oder verraucht. Der heiße Gestank war überall zu spüren. Ansonsten herrschte in der Wohnung peinliche Ordnung. Sie gingen in das Wohnzimmer und er blieb vor einem großen Kalender stehen, der an der Wand klebte. Die Monate waren nach kroatischer, also bäuerlicher Art bezeichnet, um den Unterschied zum Serbischen oder zu anderen Sprachen der Region deutlich zu machen: *siječanj*, *veljača*, *ožujak* – also Hartung, Hornung, Lenz... Jetzt war zum Beispiel *kolovoz*, der Erntemonat. Seine Aufmerksamkeit wurde allerdings von den Illustrationen im Kalender angezogen: Es war eine Art Triptychon mit Erläuterungen. Dort waren drei Bilder, drei dunkle Silhouetten zu sehen: ein Jugendlicher mit orangefarbenem Strandhandtuch über der Schulter, aufgeklebt auf das Bild einer Bretterpromenade am Strand, dann ein Soldat in Kampfausrüstung, mit Helm und Maschinengewehr, der mit Photoshop in einen Wald hineingeschnitten worden war, und schließlich ein Kerl im Businessanzug, der scheinbar vor einer namenlosen Straße mit Laternen aus Schmiedeeisen in der Luft schwebte. Über dem Triptychon stand in großen Buchstaben, wie eine Art Titel: „Drei Lebenswege – 1991-2011“. Unter jeder Abbildung waren die Erläuterungen zu sehen. Unter dem Jugendlichen am Strand stand: „1991-1995: Es ist nicht sein Krieg. 1995-2011: ehrenwerter Bürger, Gesellschaftskritiker“. Der Soldat daneben war so beschrieben: „1991-1995: verteidigt sein Vaterland, gefährdet sein Leben und seine Karriere. 1995-2011: möglicher Kriegsverbrecher, Belastung für den Staatshaushalt“. Der Mann im Anzug war „1991-1995: Kriegsprofiteur, der sich den Wandel zunutze macht, und zwischen 1995 und 2011: reich und mächtig, einflussreich und unantastbar“.

Drei Lebenswege. So sah man die Dinge hier – zumindest in Franes Wohnung. Aber sicherlich gab es noch viele andere mit dem gleichen Kalender an der Wand. Möglicher Kriegsverbrecher, eine Last für dem Staatshaushalt. Ich hätte in Jugoslawien bleiben sollen, dachte er böse.

„Trinkst du was? Whisky?"

„Sicher", sagte er und betrachtete das Zimmer.

Es war recht traditionell möbliert, wie bei seinen Eltern: auf einer Seite ein Buffet mit zwei großen, schwarzen Boxen rechts und links, in der Mitte ein glänzender Tisch mit vier Stühlen, ein gelblich-grüner Teppich, ein Sofa an der gegenüberliegenden Wand, der mit dem Kalender. Vielleicht stammt das noch von dem Serben, der abgehauen war.

Neben dem breiten, braun-gelb karierten und abgenutzten Sofa stand ein Nachttisch, der voller Medikamentenfläschchen war. Frane fing seinen Blick auf.

„Ja, ich nehme alles Mögliche", sagte er und humpelte zum Buffet mit den Glastüren. „Schmerzmittel, Schlafmittel, Antidepressiva, Blutverdünnungsmittel, Magentabletten gegen die Nebenwirkungen der anderen Tabletten. Ich bin Kriegsheld, verdammt noch mal. Guck mal."

Er knallte zwei Kristallgläser und eine Flasche Whisky auf den Tisch in der Mitte des Wohnzimmers.

„Setz dich. Rauchst du?"

Als Antwort warf er die rote Marlboro-Packung auf den Tisch.

„Wunderbar. Kann ich auch eine haben? Die Veteranenrente ist nicht sehr großzügig."

„Sicher."

Sie setzten sich und Frane füllte die Gläser bis zur Hälfte.

„Prost!"

„Scheiße", antwortete ihm Frane, als er anstieß. "Du bist also gekommen. Ich wusste, dass du kommst. Du hast dich schon mit Boris getroffen, nicht wahr? Und mit Marina. Was haben sie über mich gesagt?"

„Naja, sie haben erzählt, dass du verletzt bist. Dass du im Krieg verwundet wurdest. Und sie haben mir von Renato erzählt. Wir waren gemeinsam in Lovrinac, weißt du?"

„Haben sie dir nicht gesagt, dass ich verrückt bin?", lächelte Frane.

Sein Lächeln von damals: diskret, aber deutlich. Er erkannte es wieder und fühlte sich erleichtert.

„Doch, sie haben etwas erwähnt."

„Das bin ich wirklich. Wir sind es alle. Denkst du, die sind normal?"

„Vielleicht... ein bisschen... Ja, sie sind auch nicht... also Marina, Marina schien mir ziemlich niedergeschlagen. Wegen Renato", erläuterte er rasch.

„Natürlich seinetwegen", bekräftigte Frane und zündete sich mit großer Geste eine Zigarette an. „Komm, trink. Es ist gut, sich zu betäuben."

Er trank.

„Sie übertreibt doch. Es ist zwanzig Jahre her, oder? Seit Renato gestorben ist."

„Ja, aber er war ihr Bruder. Du hast keine Ahnung. Die beiden waren sehr verbunden. Zu sehr, würde ich sagen."

„Was meinst du?"

Durchgeknallt oder nicht, Frane wusste, wie er sein Interesse wecken konnte.

„Ihre Mutter ist vor langer Zeit gestorben, als sie ganz jung waren. Marina hat Renato selbst großgezogen, hat sich um ihn gekümmert. Sie hatte keine Wahl: ihr Vater, Ante, war Seefahrer und viel unterwegs. Und wenn er länger bei ihnen war, brachte er ihnen immer eine Stiefmutter ins Haus. Immer eine andere. Und dieser Mann konnte trinken, ganz ordentlich, er trainierte das die ganze Zeit. Er war..."

Und wieder sagte er einen unbekannten Ausdruck, aber das war nicht wichtig.

„Also hatten sie die ganze Zeit nur sich, verstehst du? Als Renato starb, war sie am Boden zerstört. Und dann war da noch die Geschichte mit Emin. Dem Bosnier", fügte Frane hinzu, als er sah, dass Vlad ihn verständnislos anschaute.

„Ich verstehe."

„Nein, ich glaube nicht, dass du es kapierst", widersprach ihm Frane, „aber du wirst es schnell verstehen."

„Doch, ich habe es begriffen. Deshalb gefiel ihr Danica nicht", erinnerte er sich.

„Danica", zuckte Frane zusammen. „Ach ja, die."

Sein Gesicht verfinsterte sich. Er löschte die Zigarette und zündete sich hastig eine neue an, an der er lange zog. Dann trank er.

„Weißt du noch irgendwas von Danica? Oder von Duško? Duško, dieser Angeber! Toller Kerl!", lachte er gekünstelt. „Weißt du noch, wie erfolgreich er bei den Frauen war?"

Frane nickte und wurde etwas lebhafter. Er fuhr mit der Hand über den hölzernen, glänzenden Tisch.

„Ich glaube, Duško war in Srebrenica. So habe ich es gehört: Dass er mit Mladićs Leuten in Bosnien war."

„In Srebrenica?", erschauerte er. „Bei dem Massaker?"

„Ich bin mir nicht sicher", zuckte Frane mit den Schultern. „Mir haben es Leute gesagt, die es angeblich wussten. Möglicherweise. Ich habe aber nicht gehört, dass ihm jemand was anhängen will. Habe ihn nicht auf den Suchlisten von Den Haag gesehen. Der Kerl wusste sich immer zu helfen. Und er war vertrauenswürdig. Ich habe ihn gut gekannt, das musst du mir glauben. Ich würde mich nicht wundern, wenn er eines Tages hier auftaucht, um ein Bier mit mir zu trinken."

Er war doch Serbe, dachte er. Er gehörte zum anderen Lager, also, zu einem der anderen Lager, wie viele es auch immer gewesen waren. Trotzdem war es besser, das nicht zu sagen. Er konnte nicht beurteilen, was hier passiert war. Der Gedanke, dass der fröhliche Duško Menschen, darunter alte Menschen vom Land und Jugendliche, die sich vor ihm gewunden und geweint haben, mit einem Genickschuss getötet hat, erfüllte ihn mit Grauen. Und er war nicht mehr mit ihnen in der Disco Titanic gewesen, schoss es ihm zufällig durch den Kopf.

„Bist du sicher, dass er Teil von Mladićs Truppen war? Und in Srebrenica?"

Frane zuckte wieder die Achseln.

„Das munkelt man. Was spielt das für eine Rolle? Was war, ist vorbei, keiner will jetzt wieder die Toten ausgraben. Wir wissen nicht mal, wo die alle liegen."

Frane lachte tief, den Kopf gesenkt.

„Irgendwer sagte mir, dass er jetzt bei den Pink Panthers ist." Er schaute ihn plötzlich an. „Hast du von denen gehört?"

Ja, er hatte davon gehört. Einmal hatte er etwas im rumänischen Fernsehen gesehen: eine Bande von Schmuckdieben, die in die berühmtesten Läden der Welt eingebrochen waren. In Japan, Dubai, der Schweiz, Monaco... In Paris hatten sie vor etwa zwei Jahren Edelsteine im Wert von etwa achtzig Millionen Euro gestohlen. Sie hatten hohe Ansprüche. Und man hörte, dass sie alle aus dem ehemaligen Jugoslawien kamen: Serben, Bosnier, Kroaten. Brüderlichkeit und Einheit, wie zu Titos Zeiten. Ach ja, sie vermieden es, Menschen umzubringen. Vielleicht hatten sie im heimischen Krieg ihre Pflicht getan – in Srebrenica, zum Beispiel. Manche fanden sie sympathisch, vielleicht auch aufgrund des ironischen, postmodernen Namens. Wegen dieses Namens hatte er schon beim ersten Mal, als er von ihnen hörte, vermutet, dass sie zu seiner Generation gehörten, die mit den Filmen um Inspektor Clouseau großgeworden war.

Also Duško. Als er davon im Fernsehen erfuhr, hätte er sich nicht vorstellen können, dass er einen von diesen rosaroten Panthern kennt.

„Und du weißt, dass er in Srebrenica war?“, ließ er nicht locker.

„Ob er dort war oder nicht... Was nervst du mich die ganze Zeit damit?“, wurde Frane wütend. „Und was, wenn er dort gewesen war? Diese Scheiße hätte es gar nicht gegeben, wenn die Schweden, die zur Verteidigung dort waren, Eier in der Hose gehabt hätten.“

„Die Niederländer“, korrigierte er ihn.

„Schweden, Niederländer, alles eins! Die Schutztruppen der Vereinten Nationen, UNPROFOR, Männer ohne Eier! Die sind nach Bosnien gekommen, wie zu einem Ausflug: elegant, gepflegt, mit viel Geld. Sie kamen aus ihren zivilisierten Ländern, um Ordnung unter den Wilden zu machen. Die hatten keine Ahnung, was ein echter Krieg ist! Friedenstruppen, eine Scheiße! Sie kamen hierher, um junge Bosnierinnen zu ficken, sich wie Schweine zu betrinken und nach Hause zurückzukehren, um dort anzugeben, was für Kerle sie sind, dass sie gekämpft und Schießpulver gerochen haben und nicht das Gefurze ihrer Vorgesetzten. Der ganze Westen ist so, Vlad, das müsstest du auch wissen! Nur die Amerikaner wissen vielleicht noch, was Krieg und Tod bedeutet. Die hier, die Schweden, Holländer, als sie Mladić zu Gesicht bekamen, haben sie sich in die Hosen geschissen und ihm die Füße geküsst. Jämmerliche Säcke! Vor lauter Glück wissen sie nicht mehr, in welcher Welt sie leben. Sie sind wie Hühner im Stall. Du kannst denen sogar die Frau aus dem Bett holen und sie im großen Stil reiten. Sie werden zuschauen und dir höflich die Zigarette danach anzünden. Scheißkerle. Nach Srebrenica habe ich einen Dokumentarfilm gesehen mit diesen Soldaten, mit den Schutztruppen der Vereinten Nationen. Angeblich fühlen sie sich nicht schuldig, weil sie keine Wahl hatten, sie konnten nicht, sie hatten keine Waffen, sie hatten keine Möglichkeiten. Warum seid ihr dann in den Krieg gezogen, dämliche Schwachköpfe? Sie schauten so, mit Augen wie Ochsen: Ja, wir bedauern, was passiert ist, es war schrecklich, es war Völkermord, ein großes Unglück, aber es stand nicht in unserer Macht, wir konnten nichts tun. Wir mussten diese Menschen an Mladić übergeben, ihm helfen, sie irgendwohin zu bringen und zu erschießen. Aber wir bereuen es. Weißt du was? Die aus dem Westen verdienen einen Krieg, einen echten, damit sie sehen, wie das ist. Ich würde persönlich dabei sein und es denen zeigen. Wenn ich mit den Jungs aus dem Bataillon in Srebrenica gewesen wäre, hätte sich Mladić vor uns nicht mal gerührt. Er hätte gewusst, dass man es sich mit den Kroaten nicht verscherzen darf. Wir haben ihn ja zweimal gefickt!"

Frane leerte das Glas und knallte es auf den Tisch.

„Soll ich bisschen Musik anstellen?"

„Mach mal."

„Magst du etwas Bestimmtes?"

Er hatte die Höflichkeit des Gastgebers also doch nicht vergessen.

„Was du möchtest."

Frane humpelte zum Buffet und griff die Fernbedienung. Im Zimmer erklang der Anfang eines Liedes der Band *Parni Valjak. Povratak ratnika*. Die Rückkehr des Kriegers.

„Ich wette, dass du die nicht kennst", lächelte Frane.

„Doch, ich wette, ich kenne sie. Aber mir gefällt *Lupi petama* von *Kazalište* besser."

Frane setzte sich wieder auf den Stuhl und lachte kurz. Er hatte ihm ein Album mit patriotischem Rock aus dem kroatischen Unabhängigkeitskrieg genannt.

„Ha! Ich hätte nicht gedacht, dass ich einen Serben treffe, der *Lupi petama* mehr mag."

Warum wiederholten sie das ständig?

„Ich bin kein Serbe, Frane, das habe ich dir schon mal gesagt. Ich bin Rumäne. Banater. So wie du auch Kroate... und Jugoslawe bist, ok?"

„Ich bin kein Jugoslawe!", bellte Frane kurz.

„Du warst mal einer."

„Ich war einer und ich habe dafür gekämpft, dass ich keiner mehr bin, verstehst du? Hier!"

Er streckte das Bein aus und klopfte sich auf den verletzten Oberschenkel:

„Das habe ich getan für unser Vaterland, für Kroatien!"

„Es ist aber nicht so, wie du es erwartet hast, oder?"

„Doch, ist es!", protestierte Frane, schlug mit der Faust auf den Tisch und brachte Flasche und Gläser zum Beben.

Anders hättest du umsonst gekämpft, du Armer! Er erinnerte sich an den Wandkalender hinter ihm, mit den drei Lebenswegen.

„OK, OK, ich verstehe. Jetzt mal ehrlich, Frane, denkst du, ich will mit dir streiten? Ich habe mich so gefreut, als ich dich gesehen habe!", log er. „Auch Marina und Boris. Und ich hätte mir so sehr gewünscht, Renato wiederzusehen!"

Frane schaute ihn finster an und kniff die braunen, leicht geröteten Augen zusammen. Er füllte sein Glas, diesmal bis zum Rand, und nahm einen ordentlichen Schluck. Dann zündete er sich wieder eine Zigarette an. Seine Hand zitterte.

„Du hast mich nach Danica gefragt", wechselte er das Thema. „Weißt du, ich habe sie einmal getroffen, während des Krieges."

Frane zog kräftig an seiner Zigarette und schwieg. Er spürte die Spannung im Raum und verstummte. Seine Brust wurde eng. Aus den Boxen, die strategisch und symmetrisch neben dem Buffet platziert waren, hörte man die Stimme des Sängers von *Parni Valjak: „Dodji, zaboravi, nudim ti noći* ćarobne...“

„Danica war mit Renato bis einundneunzig zusammen, als die ganze Geschichte angefangen hat. Sie war Serbin, erinnerst du dich?“

Er nickte.

„Die beiden haben sich gestritten, vertragen, dann wieder gestritten, wieder vertragen und so weiter. Ich mochte sie, sie war sehr hübsch, mit ihren großen, schwarzen Augen. Ich kapierte nicht, was Renato wollte. Ich glaube, er kapierte es selber nicht. Mal war er mit Danica, mal mit einer anderen zusammen, kehrte zu ihr zurück, verließ sie wieder. Danach haben wir uns alle drei, auch Boris, bei der Vojna policija, der Kriegspolizei, gemeldet. Und wir haben sie nicht wiedergesehen. Also Renato hat sie nicht mehr gesehen. Ich...“

Er trank das Glas sofort aus und füllte es wieder.

„Frane...“

„Lass mal, Mensch, das ist nicht schlimm. Könntest du mir die Tabletten vom Nachttisch bringen? Die in dem gelben, größeren Glas. Mein Bein tut weh.“

Er ging zu den Medikamenten.

„Die hier?“

Er griff nach einer gelben Flasche.

„Ja, ja. Und die weiße daneben bitte auch.“

Nachdem er vier Tabletten mit einem großen Schluck Whisky eingenommen hatte, fing Frane wieder an:

„Dreiundneunzig, nach Maslenica, als sie Renato umgebracht haben... Nach Maslenica sind wir nach Split zurück. Eine Weile waren wir dort, dann wurde uns gesagt, dass wir nach Lora gehen könnten, wenn wir unserem Vaterland dienen wollen. Dort wurden Männer gebraucht. Hast du von Lora gehört?"

Der Name kam ihm bekannt vor. Er hatte irgendwo etwas gelesen oder gesehen, oder irgendjemand hatte es ihm mal gesagt..., er kniff die Augen zusammen und presste die Zähne aufeinander, als würde das seiner Erinnerung auf die Sprünge helfen.

„Vielleicht, irgendwas. Ich erinnere mich nicht."

„Lora war eine Militärbasis der Jugoslawischen Volksarmee. Hier in Split, in der Nähe von Poljud... du weißt, wo Poljud ist, nicht wahr? Vielleicht bist du daran vorbeigefahren, aber sie wird dir nicht aufgefallen sein. Sie liegt bei den Jachthäfen dort, Richtung Kaštela: Poljud, Mornar... In Richtung Bene."

Er wusste es nicht. Warum sollte er? Ratlos schaute er ihn an.

„Ist egal", winkte Frane ab. „Jedenfalls war dort die Basis der jugoslawischen Armee. Einundneunzig haben wir, die kroatische Armee, sie übernommen. Die Serben, die Jugoslawen waren von dort geflüchtet. Nach Lora wurden allmählich Kriegsgefangene gebracht. Spione. Und Verräter. Alle möglichen Verdächtigen. Serben, Bosnier aus Split und der Umgebung, von den Inseln. Da hat man uns damals gefragt, ob wir für eine Zeit dorthin wollen, um sie zu bewachen. Als Wachen. Die Gefangenen bewachen. Boris sagte nein, er mache bei so etwas nicht mit. Ich glaube, er wollte bei Marina bleiben, weißt du..."

Er zwinkerte ihm kurz und ernst zu.

„Du warst auch mit Marina zusammen, oder? Damals, neunundachtzig."

„Ja, aber nicht wirklich...", protestierte er schwach.

„Naja, egal. Boris ist immer auf die Füße gefallen. Das ist auch jetzt so, weißt du? Er hat Kontakte zum Rathaus, renoviert, baut, alles aus öffentlichen Geldern. Er hat es verdient, er hat doch schließlich auch für Kroatien gekämpft! Nein, es ist nicht so, wie du denkst“, fügte Frane rasch hinzu, obwohl er nichts weiter getan hatte, als an der Zigarette zu ziehen. „Boris ist in Ordnung. Er ist einer von den Anständigen, nicht...“

Er zeigte vage auf den Wandkalender.

„Boris ist in Ordnung. Aber er weiß, wie er zurechtkommt. Ich glaube, deshalb hat sich Marina nach Renatos Tod für ihn entschieden. Verstehst du?“

Irgendwie begann er zu verstehen.

„Gut, also hat Boris nein gesagt. Ich habe ja gesagt, was sollte ich sonst tun? Ich wurde ja gebraucht. Ich tat es für Kroatien. Und ich bin nach Lora gegangen. Ich habe in Lora die Gefangenen bewacht. Weißt du, was das bedeutet, Vlade? Weißt du, was dir passiert wäre, wenn du in Lora gelandet wärst?“

Er schüttelte den Kopf und fixierte ihn dabei. Frane zitterte stark – vielleicht auch wegen der Medikamente – und war jetzt weiß im Gesicht.

„Lora war eine Katastrophe. In allen Kriegen gibt es so etwas. Besonders bei uns, weißt du? Auch bei den Serben und den Bosniern. Die Serben haben kroatische Frauen ermordet, sie haben sie vergewaltigt und dann umgebracht. Schwangeren steckten sie die Bajonette in den Bauch, holten die Kinder lebend heraus und zerquetschten ihnen mit den Stiefeln den Schädel, vor den Augen der Mütter, damit sie sehen, wie sie sterben. Sie nannten sie kroatische Huren. Und danach töteten sie die Frauen auch.“

Er hatte auch von so etwas gehört. Irgendwo hatte er gelesen, dass es eine der Praktiken der kroatischen Ustaša im Zweiten Weltkrieg war, das sagte er nicht. Wahrscheinlich waren solche Techniken Teil des jugoslawischen Gemeinguts. Sie waren zu einer Tradition geworden. Wie das Schlachten des Schweins. Oder die Weihnachtslieder. Die Ermordung der Serben, die Erdrosselung der Kroaten, das Erschießen der Bosnier, die Verbrennung der Kosovaren.

„Naja, in Lora war... waren Gefangene. Alle möglichen, nicht nur Soldaten. Auch nicht nur Serben. Es waren jugoslawische Soldaten, Serben aus Kroatien, aber auch Kroaten von hier, aus Split, die die Jugoslawen unterstützt oder die Serben in der Stadt in Schutz genommen hatten. Es gab auch Frauen, junge Mädchen. Jeder, der verdächtigt wurde, den kroatischen Staat zu sabotieren oder das Vaterland zu verraten. Es war eine Zeit des Wahnsinns, verstehst du? So ist es immer, überall. Viele der Serben, die nicht mehr fliehen konnten, sind in Lora gestrandet."

Er begann, den Rest der Geschichte zu erahnen.

„Als ich dorthin gekommen bin", fuhr Frane fort, „erklärte man mir, wie die Sache läuft. Es gab nicht viel zu tun. Es war langweilig und man spielte mit den Gefangenen. Ab und zu hast du ihnen Essen hingeworfen, wenn du Lust hattest – nicht allzu viel, die Reste waren gut genug für sie. Wenn nicht, dann nicht. Keiner ist verhungert. Es waren Wachen, die in schwarzen Uniformen herumliefen, sie sagten, dass sie Ustaša sind, richtige Ustaša. Manche waren gar nicht an der Front gewesen, hatten noch nie in ihrem Leben gekämpft. Aber sie waren Ustaša, verstehst du. Und Lora, über Lora sagten sie, dass es Ustaša-Territorium ist. Wenn ein Transport mit Gefangenen ankam, brüllten sie ihnen ins Ohr: ‚Ihr serbischen Schweine, ihr Drecksverräter, hier ist Ustaša-Territorium. Nicht Jugoslawien, nicht Kroatien. Von hier kommt ihr nur noch tot raus'. Die Gefangenen wurden gezwungen, den ehemaligen Ustaša-Gruß zu machen und ‚*Za Dom, spremni!*' zu rufen, dann folgte die Willkommensschlägerei. Weißt du, wie? Die Wachen nahmen sich einen Stock, einen Knüppel oder ein elektrisches Kabel und bildeten einen Korridor. Die Gefangenen rannten da durch. Und wir schlugen sie:

mit den Stöcken, mit Eisenrohren, mit den Kabeln. Die armen Idioten!“

Frane lachte gemein und trotzig. Er füllte sein Glas und leerte es sofort halb aus.

„Dort konntest du machen, was du wolltest. Wenn du einen Gefangenen schlagen wolltest, schlugst du ihn. Wenn du ihm die Augen auskratzen wolltest, deine Sache, das konntest du sogar mit einem Teelöffel tun. Du konntest sie auch umbringen, keiner hätte etwas gesagt. Besonders diejenigen im Block C. Dort waren die Soldaten von der Front, aus der Jugoslawischen Volksarmee. Die Reservisten. Die Weißen Adler...[29], einmal habe ich so einen Adler geschlagen, bis er geschissen und Blut gekotzt hat. Ich glaube, ich habe ihm alles gebrochen. Wie damals, bei der Disco Titanic, weißt du noch?“

Er zwinkerte ihm wieder zu.

„Gefällt es dir?“, grinste Frane. „Weißt du, wie der elektrische Orgasmus geht? Wir banden ihnen die Hände hinter dem Rücken zusammen, steckten den Summer eines Feldtelefons mit Induktionsspule in ein Ohr und den anderen Summer klemmten wir ihnen an die Eier. Dann drehten wir die Kurbel des Telefons und sofort fingen sie an, sich zu schütteln, zu springen und Grimassen zu machen. Elektrischer Orgasmus! Sie versuchten, wegzurennen, sich loszureißen, aber das tat auch weh, und dann betäubten wir sie mit den Stöcken. Oder mit dem Baseballschläger. Sie pissten, standen dann nass da und stanken, sie schissen Blut... Was soll ich dir noch erzählen, um dich nicht zu langweilen? Ich habe dort die entfesselte Vorstellungskraft des Menschen mit Macht über Leben und Tod gesehen. Zwei Monate bin ich geblieben, so viel. Zwei Monate. Lang wie ein ganzes Leben.“

---

29 Auch: Četniks. Zwischen 1991 und 1999 eine paramilitärische Einheit der Serben, die Kriegsverbrechen gegen die nichtserbische Bevölkerung beging.

„Um Himmels willen!“, rief Vlad aus und leerte schnell sein Glas. „So etwas hast *du* gemacht?“

„Was hätte ich denn machen sollen?“, wurde Frane laut. „Ich mochte diese Geschichte mit dem Ustaša-Staat nicht. Wir wollten Kroatien befreien, ja, die dreckigen Serben mit der kommunistischen Partei sollen uns nicht mehr fertigmachen, Belgrad soll uns nicht mehr regieren... Weißt du, dass das ganze Geld, das ganze Einkommen zu ihnen ins Zentrum ging? Nur dass“ – er fing an zu flüstern, als würde er ein Geheimnis erzählen – „mein Großvater einer von Titos Partisanen war. Er hat hier in den Bergen gegen die Deutschen und die Ustaša gekämpft. Er war ein echter Kommunist, der an das vereinigte Jugoslawien glaubte. So waren die Zeiten. Als Tito ein paar von ihnen nach Goli Otok deportierte, hat ihn mein Großvater unterstützt. Er sagte, das waren Schurken, die Jugoslawien an Stalin übergeben wollten. Er ist im gleichen Jahr gestorben wie Tito, der Arme! Ich war klein, aber er hatte mich so lieb... Was wollte ich sagen? Viele dort waren so, viele von uns hatten Partisanen oder Kommunisten als Großeltern. Vielleicht auch Ustaša, was weiß ich? Aber ich dachte mir, dass sich die Frage anders stellt: Wir wollen unabhängig sein, unser Land, unser Vaterland haben. Und die Serben töten, sonst bringen sie uns um. Denn genau das passierte. Es war Krieg. Aber so stellte sich die Frage in Lora nicht. Es ging nicht darum, gegen diejenigen zu kämpfen, die dich angegriffen, deine Dörfer runtergebrannt und dich aus deinem Zuhause vertrieben haben. Wir waren nicht in der Krajina, in der Republika Srpska. Die Frage war: Bin ich ein guter Kroate oder nicht? Wenn ich keiner war, würde ich auf der anderen Seite landen, in der Zelle. Es gab einen Kerl, Emilio, der mich irgendwie schief anschaute und mich verdächtigte, der Sache nicht treu genug ergeben zu sein. Jedenfalls hatte er es irgendwie auf mich abgesehen. Ich weiß nicht, wieso. Weil ich den Gefangenen keine Stöcke in den Arsch gesteckt habe, bis ihre Gedärme rissen? Weil ich die serbischen Huren nicht vergewaltigt oder ihnen die Zähne ausgeschlagen habe? Er, Emilio, und ein anderer, Ante, außerdem noch Sule und zehn weitere Leute, die waren die Lagerherren. Dort war ein Chaos..., das kannst du dir nicht vorstellen. Manchmal holten sie Splitaner her, wahrscheinlich ihre Freunde, Stadtmenschen, die sich langweilten, und ließen sie mit den Gefangenen Spaß haben. So war es in Lora, Vlade. Spazier mal durch Split, dann wirst du sehen, wie schön es ist und wie nett die Stadtmenschen sind. Du würdest nie denken, dass hier so etwas passiert ist."

Frane hatte recht: In dieser sonnigen Stadt voller goldener, grüner und blauer Töne war so etwas unvorstellbar. Eine krankhafte Neugier überkam ihn. Er hätte diesen Ort gerne gesehen, wenigstens von außen, um ihn zu kennen und zu spüren, ob es dort nicht etwas gibt, wie Ausdünstungen des Bösen, dunkle Zeichen, dämonische Spannungen... irgendetwas musste es geben.

Parni Valjak spielte gerade eine melancholische Rockballade.

Alles riecht immer noch nach ihr, sagte das Lied.

„Als ich zum ersten Mal eine Zelle betreten habe, schlug mir zuerst der Gestank entgegen", erinnerte sich Frane. „Blut, Urin, Scheiße. Und Schmutz, verkrusteter Dreck, wie bei den Obdachlosen, die in den verlassenen Häusern schlafen. Dort waren drei Männer, einer in meinem Alter und zwei ältere, ihre Gesichter geschwollen, voll mit blauen Flecken, ihre Kleider zerfetzt und schmierig. Als sie uns gesehen haben, mich und den Typen, mit dem ich war, kauerten sie vor Angst auf den Matratzen zusammen. Einer war aus Split, halb Kroate, halb Serbe, die anderen beiden Serben. Zivilisten. Der Spionage verdächtigt."

„Und, hast du sie geschlagen?"

„Fick dich", antwortete Frane ruhig. Er überlegte kurz und fügte hinzu:

„Den Jüngeren, den Kroaten, ja, einmal. Ante und ich. Und einmal haben wir einen *kolo* organisiert. Weißt du, wie das geht? Dieser Volkstanz."

Er nickte.

„Nein, weißt du nicht. Nicht, wie er in Lora geht. Wir brachten die Gefangenen raus in den Hof, begossen sie mit Wasser, befahlen ihnen, sich an den Händen zu halten, eine Reihe zu bilden, und banden ihnen elektrische Signalgeber um, einen dem Ersten, den anderen dem Letzten. Wir schalteten den Strom an und da fingen sie an zu zittern, sich zu schütteln und wie Übergeschnappte Grimassen zu machen. Die Serben tanzen *Kolo*, das sagten wir. Und es gab auch andere Sachen. Wir zwangen sie, einander den Schwanz in den Mund zu nehmen, und schlugen ihnen mit Stöcken auf die Köpfe. Wie in dem Witz mit dem Krokodil, kennst du den?"

„Ja", sagte er leise, obwohl er ihn nicht kannte.

Er hatte gerade keine Lust auf den Witz mit dem Krokodil.

„Das gefällt dir nicht", stellte Frane ernst fest. „Du findest es eklig, unmenschlich. Ich bin auch ein Kriegsverbrecher, nicht wahr? Die sollten mich einsperren. Oder mir in den Nacken schießen, was meinst du?"

Jetzt war er lauter geworden.

Boris hatte recht. Ihr Freund hatte nicht alle Tassen im Schrank. Er musterte ihn und fragte sich, ob er ihn vielleicht mit einem Faustschlag umhauen und dann verschwinden könnte.

„Alle haben solche Sachen gemacht!", rief Frane aus und seine Stimme überschlug sich. „Die Serben, die Bosnier, alle! Was denkst du denn? Hättest du es anders gemacht, wenn du hier gewesen wärst? Glaubst du, dass du besser bist? Erinnerst du dich an die Disco Titanic?"

„Und Danica?"

Frane hörte auf und wurde nachdenklich.

„Gib mir noch eine Zigarette", sagte Frane, während er eine Marlboro aus der Packung nahm. „Danica. Ja. Auf Danica bin ich an einem Abend gestoßen, als ich mit einem Typen, Anđelko, den weiblichen Gefangenen Essen brachte. Er zeigte sie mir. 'Willst du die mal bumsen?', fragte er mich. 'Sie sieht noch gut aus. Du wäschst sie ein wenig mit dem Schlauch und dann ist sie wie neu, glaub mir, ich weiß, was ich sage.' Ich schaute sie lange an, in dem schwachen Licht der Zelle konnte ich sie nicht gut sehen. Ich glaube, sie hat mich auch wiedererkannt, weil sie zusammenzuckte und zurückwich – sie lag in einem dieser militärischen Etagenbetten, unten, und sah jämmerlich aus. Ihr Gesicht war geschwollen und sie hatte eine aufgeplatzte Lippe, mit einem Blutgerinnsel in der Ecke des Mundes. Ihre Haare waren kurz geschnitten, zu dreckigen Büscheln verunstaltet. Sie trug Jeans, deren Farbe vor lauter Dreck gar nicht mehr erkennbar war, so speckig waren sie, mit großen Flecken oben an den Hüften, vorne und hinten. Mir schien, als wäre es Blut, aber vielleicht habe ich es mir nur eingebildet. Und an den Unterarmen hatte sie längliche Schnitte oder Wunden. Erinnerst du dich an ihre großen, schwarzen Augen? Sie schaute mich an, verängstigt und hilflos, als würde sie nicht kapieren, was ihr passiert. Als würde sie darum betteln, dass man ihr was antut. Sie muss richtig gequält worden sein, denn sie hatte etwas, was dich antörnte. Mit großen Titten und… Sie war wie eine Frau mit einem verwirrten Mädchengesicht. Anđelko ging hin, steckte ihr die Hand zwischen die Beine und drückte fest. ‚Du Sau, hält deine Fotze noch?', sagte er zu ihr. Danica machte eine Grimasse und fing an zu weinen, aber sie sagte nichts, brachte keinen Ton heraus. Dann wischte sich Anđelko angeekelt die Hand auf der Matratze ab. Ich warf den Frauen ein Netz mit Essen hin. Wir wollten gehen. Dort gab es noch zwei Frauen, aber auf Danica hatten die es irgendwie abgesehen. Vielleicht auch, weil sie Serbin und die

Tochter eines jugoslawischen Militärs war."

„Und was hast du getan?"

Er bemühte sich, gleichgültig zu scheinen. Er zündete sich eine Zigarette an und sah, dass auch ihm die Hand zitterte. Er legte sie auf den Tisch.

Die Worte bildeten einen Film, der sich in einer anderen Dimension abspielte. Frane gab Anđelko ein Zeichen mit dem Kopf, dass er gehen und ihn allein lassen soll. Der lächelte ihn komplizenhaft an und zwinkerte ihm zu. Dann ballte er die Faust wie einen Schmiedehammer, bewegte sie rhythmisch nach vorne und nach hinten und hob fragend das Kinn. Frane nickte und zeigte auf Danica, die er mit einem Finger zu sich bestellte. Das Mädchen zitterte, stand aber rasch von der aufgeplatzten Matratze auf, die voller schmutziger Wollknäuel war. Reflexartig versuchte sie, die verknoteten und klebrigen Haare in Ordnung zu bringen. Andjelko zwinkerte Frane noch einmal zu, dann ging er und ließ die eiserne Tür hinter sich offen. Frane und Danica gingen beide in den Flur des Gefangenenblocks. Er führte die Freundin von Renato in eine leere Zelle, wohin normalerweise andere Wachen mit den gefangenen Frauen kamen und wo Danica sicherlich schon ein paar Male gewesen war. Er gab ihr ein Zeichen, dass sie sich auf das Bett setzen soll – ein Einzelbett, genauso dreckig und feucht wie alle, die er gesehen hatte – und legte den Finger an die Lippen. Schscht! Ich bin es, Frane. Du erinnerst dich an mich, oder? Das Mädchen nickte und schaute mit großen Augen den Soldaten mit seiner Depeche Mode-Frisur an. Sie saß vor ihm und bebte leicht. Seit wann bist du hier? Seit sechs Monaten, flüsterte Danica. Sie war heiser und als sie sprach, sah Frane, dass ihr oben zwei Zähne fehlten: ein Schneidezahn und ein halber Eckzahn. Ich tu dir nichts, flüsterte er auch. Erinnerst du dich an mich? Sie schaute ihn zögerlich an und rieb sich die Hände an den fleckigen

Jeans. Frane. Wir haben uns am Bačvice kennengelernt. Und in der Disko Shakespeare, weißt du noch? Ich habe dich wiedererkannt, stammelte sie und schluckte mühsam. Du bist hier Wache. Das ist egal. Ich bin Frane, ja? Der Freund von Renato. Ich tue dir nichts, das musst du wissen. Du hast mein Wort. Ihm schien, dass sich das Mädchen etwas entspannte. Danica wimmerte und wischte sich mit dem Ärmel des blau-schmutzigen Pullovers die Nase ab. Renato ist tot, sagte sie trocken. Ja, er starb in Maslenica. Wenn er noch gelebt hätte, wäre ich nicht hier gelandet, fuhr sie fort und begann, leise zu weinen. Die Tränen flossen ihr langsam die Wangen herunter, glitten vorbei an der Nase und sammelten sich auf ihrem Kinn. Sie hinterließen helle Spuren auf den Wangen. Wie dreckig konnte sie sein?

„Sie sah furchtbar aus, Vlade. Das kannst du dir gar nicht vorstellen. Ihr Gesicht war abgemagert, die Wangen dünn und die Arme... ihre Arme waren wie weiße Stöcke und die Hände wie kleine Schaufeln, mit denen Kinder spielen. Zerkratzt, zerschnitten, ich weiß es nicht... Am Ende erzählte sie mir, was passiert war. Ihr Vater wurde zu seiner Einheit einbestellt und auf Einsatz geschickt. Er war Major in der Jugoslawischen Volksarmee, wahrscheinlich weißt du das nicht mehr. Und er kam dann nicht mehr nach Split zurück. Sie und ihre Mutter hätten damals auch wegziehen sollen, doch sie haben es nicht getan. Sie dachten, dass alles in einem Monat oder zwei erledigt wäre oder dass jemand sie abholen und wegbringen würde. Als sie zu ihr in die Wohnung kamen und sie verhafteten, war sie alleine, ihre Mutter war einkaufen gegangen. Seitdem hatte Danica sie nicht mehr gesehen. Sie war nicht in Lora. Vielleicht war sie entkommen, vielleicht versteckte sie sich bei jemandem im Haus, bei irgendeinem Kroaten – aber das glaube ich nicht. Sie hätte sich gemeldet. Wahrscheinlicher war, dass sie sie umgebracht hatten."

„Wer?“

Frane sprach mit so viel Leichtigkeit über die Toten!

„Irgendjemand. Wer weiß das noch? Damals fand man einfach so erschossene Serben, die man irgendwo begraben oder aber einfach so hingeschmissen hatte, auf...“

Er hob die Hand, um ihn zu stoppen. Er hatte nicht verstanden.

„Wohin?“

„Dort, wo man den Müll der gesamten Stadt entsorgt“, erklärte Frane und zeigte in eine beliebige Richtung. „Es waren..., das waren die Zeiten.“

„Der Zeitgeist“, brummte er.

„Ja, so ungefähr. Was denkst du, was die Serben in der Krajina getan haben? In der Zeit, die sie dort waren, ist kaum ein Kroate übrig geblieben. Die, die abhauen konnten, hatten Glück. Nur ihre Häuser haben gebrannt. Sie sind aber nicht zusammen mit ihren Häusern verbrannt.“

Frane schaute ihn finster an. Seit er von Danica erzählte, hatte er sein Glas nicht mehr angerührt.

„Also hast du mit ihr gesprochen?“

„Ja, sie hat mir alles erzählt. So viel, wie sie konnte, die Arme. Sie hat gesagt, dass sie mich sofort erkannt hat, aber sie hatte nicht den Mut, irgendwas zu sagen. Ich trug eine Uniform und sie erwartete nichts Gutes. Nach sechs Monaten. Mensch, sie haben ihr, ich will gar nicht genau wissen, was sie ihr getan haben. Sie hat mir nur gesagt, dass einer, Zoran, sie irgendwann entdeckt hat, ein ehemaliger Nachbar aus ihrem Wohnblock. Er war so ein Weichei, halb Kroate, halb Serbe. Er war früher zu ihnen nach Hause gekommen, ihre Mutter, Danicas Mutter, hatte ihm immer Kuchen und Cola angeboten. Sie sagte, dass er ein Dummkopf war. Und sie hat ihn dort getroffen, in Lora, er war Wachmann. Dieser Zoran hat sie unzählige Male vergewaltigt. Sie hat mir erzählt, dass er ihr einmal sogar ein Rohr reingesteckt hat. So war es mit Renatos Danica. Schenk mir mal nach, Vlad“, zeigte Frane auf die Flasche Jack Daniels. „Schenk mir mal ein, ich erzähle dir alles.“

Er lachte kurz: Ein schiefes Lächeln, das sein gesamtes Gesicht verzerrte. Vlad schenkte ihm ein. Frane leerte das Glas in einem Zug.

Dann schenkte er sich auch ein und fragte:

„Und was hast du gemacht?“

„Ich habe ihr versprochen, dass ich sie aus dem Lager rausbekomme. Ich habe geschworen, dass ich es tue. Wenigstens das. Drei Tage später, nach Einbruch der Dunkelheit, bin ich mit einem kleinen Rucksack nach Lora gekommen, in dem ich saubere Kleidung von zu Hause mitgebracht hatte: Jeans, ein Hemd mit langen Ärmeln, ein paar Sportschuhe. Es war Frühling, also brauchte man nicht mehr als das. Am Tor standen zwei von unseren Kameraden Wache, aus meiner, Boris‘ und Renatos Einheit, mit der wir in Maslenica waren. Verlässliche Jungs. Um elf Uhr nachts habe ich den Schlüssel vom Block der Gefangenen genommen, wie es die Wachen taten, wenn ihnen langweilig wurde, ging in Danicas Zelle, hob sie von der Matratze hoch und brachte sie weg, damit sie sich umziehen kann. Dann brachte ich sie halb versteckt über das Tor der ehemaligen Basis der Jugoslawischen Volksarmee raus, einfach so. Es war ein Chaos dort, Vlad, und keiner scherte sich darum. Ich dachte, sie könnten etwas herausfinden oder ahnen. Besonders Emilio, ich hab dir erzählt, dass der mich nicht mochte. Aber keiner hat sich einen Kopf gemacht. Eigentlich sind auch andere Gefangenen dort ausgebrochen, es war möglich. Aber manche davon haben sie erschossen oder zu Tode geprügelt, wenn sie sie erwischt haben. Ich denke, sie sind auch heute noch irgendwo in diesen Höfen am Ufer der Adria begraben. Und selbst wenn jemand was gesagt hätte, war ich immerhin Veteran aus Maslenica, verdammt nochmal! Ich habe meine Zeit nicht damit zugebracht, Ustaša zu spielen und eine armselige Menschenmenge zu bewachen, um mich mit ihr zu amüsieren. Ich habe für Kroatien gekämpft, verstehst du?“

Er nickte: Natürlich hatte Frane für Kroatien gekämpft. Er hatte sein Vaterland verteidigt, sein Leben und seine Karriere aufs Spiel gesetzt – aus der trotzdem nichts geworden war. Eine Rente, ein Nachttisch voller Medikamente und viel Alkohol.

„Das war's?“

„Das war's. Was hätte ich noch tun sollen? Ich habe sie zu mir mitgenommen, sie hat sich gewaschen, sich frisch gemacht und hat dort geschlafen. Am nächsten Tag habe ich sie weggeschickt. Sie soll Freunde, Verwandte suchen, wen auch immer, und sie soll schauen, dass sie aus Split verdammt nochmal wegkommt. Ich konnte nichts mehr tun. Und sie ist gegangen. Ich habe sie nicht mehr gesehen. Vielleicht hat sie es nach Serbien geschafft.“

Oder vielleicht nicht. Sie könnte irgendwo in einem Massengrab liegen, auf den Hügeln der dalmatinischen Küste, zusammen mit anderen: Serben, Kroaten, Bosniern, die einen über den anderen, seit hunderten von Jahren.

„Nach etwa einem Monat verließ ich Lora. Alles ekelte mich an. Ich ging mit Boris und meinen Kameraden an die Front. Dort wurde ich verletzt. Aber weißt du, selbst heute, wenn ich an Lora vorbeifahre, schaudert es mich. Ich weiß gar nicht, ob ich Grauen oder Ekel verspüre... Das war nicht in Ordnung. Das war nicht gut. Krieg ist Krieg, das weiß jeder, aber sowas...“

„Ach komm, lass mal, es gab auch andere. Und Jasenovac...“

Frane fuhr zusammen und schien plötzlich aufstehen zu wollen.

„Sicher, Jasenovac! Reib's mir unter die Nase!“, explodierte er. *„Jasenovac i Gradiška Stara, to je kuća Maksovih mesara...‘* Sobald einer was über Kroatien und den Krieg sagt, findet sich ein Serbe, der Jasenovac erwähnt. Ich hab dir gesagt, mein Großvater war Partisan! Lass mich mit Jasenovac in Ruhe, verdammt nochmal!"

„Ok, ok!", hob er die Arme über den Kopf, wie um sich zu schützen. „Ich wollte nur sagen, dass es im Krieg immer so war. Besonders bei euch", fügte er hartnäckig hinzu. „Immer sind Zivilisten gestorben, schuldig oder nicht. Hast du etwa keine Zivilisten im Krieg getötet? Also", wollte er sich korrigieren, „ist es nie vorgekommen, dass..."

Er beendete den Satz nicht mehr. Er nahm das Glas und trank einen großen Schluck. Er war aufgeregt, völlig verwirrt und gleichzeitig erschüttert – aber auch darauf versessen, weitere Gräuelgeschichten zu hören. Sie ließen ihn erschaudern, weckten aber zugleich seine Wissbegierde, wie damals, als er Bücher über die Vernichtungslager der Nazis las: Er konnte sie nicht aus der Hand lassen.

„Fick dich, Vlad. Was weißt du schon? Du bist im Krieg, kapierst du? Du wirst angegriffen, du schießt, du tötest. Oder die anderen töten dich. Überleg mal, wenn du kannst: Du kommst in ein Dorf. Ein serbisches Dorf. Also mit Serben und Kroaten, nur dass die Kroaten schon von den Serben ausgemerzt worden waren. Du kommst mit deinem Bataillon, mit den Panzern vorne", (Diese Bilder verstörten ihn, wenn er Dokumentarfilme über die Jugoslawienkriege schaute: Die Panzerketten surrten auf den Gassen irgendeines Dorfes, das ihm jedes Mal vertraut schien, weil es den Banater Dörfern überaus ähnlich sah. Manchmal war ihm, als würde er das Dorf seiner Großeltern mit den serbischen und rumänischen Häusern wiedererkennen, ein andermal sah er auf den Straßen jugoslawischer Städte Ausschnitte von Oravița. Dann dröhnten die Kanonen und Häuser stürzten zusammen, Dächer rutschten seitlich hinab und durch die Explosionen flogen Mauersteine in alle Richtungen.) „und jemand beginnt auf dich zu schießen, aus irgendeiner Richtung. Arkans Tiger[30]? Jugoslawische Reservisten? Oder vielleicht Zivilisten? Du hast keine Zeit zu überlegen, verdammte Scheiße! Du schießt auch, und wenn du kannst, bringst du sie um, damit sie dich nicht umbringen. Ich weiß noch, dass die uns mal so beschossen haben, als wir in ein verlassenes Dorf gekommen waren. Also, es wirkte verlassen. Da waren keine Truppen, keine Četniks, es war niemand da. Am Ende haben wir gemerkt: Sie waren auf einem Dachboden, schoben die Ziegelsteine ein wenig zur Seite und feuerten von dort Schüsse ab. Ich betrat das Haus mit Darko, einem Typen, der in Oluja gestorben ist, hinter uns Boris. Wir sahen jemanden in der Küche und feuerten ab. Es war ein alter Mann, der dort zu tun hatte, keine Ahnung, was er trieb, er fiel auf den Tisch und das Blut floss darüber. Ich erinnere mich, dass auf dem Tisch eine weiße Leinentischdecke mit blauen Streifen lag. Sie färbte sich in der Mitte rot und der Fleck wurde immer breiter. Darko fand die Leiter zum Dachboden, bestieg sie und schoss dabei mit dem Revolver um sich, er stieß die Falltür auf und warf eine Granate. Er schrie etwas und zielte wieder in den Dachboden. Nach etwa einer Minute kamen sie mit erhobenen Händen raus: zwei Jungs, etwa fünfzehn-sechzehn Jahre alt, in Jeans und abgenutzten, löchrigen Lederjacken. Ein blonder Dünner mit großer Nase und einer mit dunklen Haaren und rundem Kopf. Beide verängstigt und mit geröteten Augen. Auf dem Dachboden war noch ein Junge, etwa zwei Jahre älter, den Darko erwischt hatte. Der war verreckt. Na, sag mir jetzt, du Schlauberger, was die waren: Soldaten oder Zivilisten?"

Er sagte nichts. Er heftete nur seinen Blick auf Frane, der sich die Hände rieb, als hätte er Juckreiz.

---

30 Paramilitärische Einheit, deren Kommandant Željko Ražnatović *Arkan* genannt wurde. Unter seiner Führung wurden Kriegsverbrechen und Verbrechen gegen die Menschlichkeit begangen.

„Und was habt ihr mit ihnen gemacht?“

„Was sollten wir schon machen?“, sagte Frane ruhiger. „Wir haben sie gefangen genommen. Was denn sonst? Darko hat dem Dunkelhaarigen ein Auge ausgeschlagen“, fügte er meditativ hinzu. „Na sag es, waren das Zivilisten?“ Frane blieb hartnäckig: „Sie haben auf uns geschossen, verstehst du? Sie wollten uns töten.“

Das Handy summte auf dem Tisch wieder den Anfang von *Padaju zvijezde*.

„Sieh mal an!“, lächelte Frane.

„Ja“, sagte er auf Rumänisch, das iPhone schon am Ohr. „Ja, Emi meine Liebe, ich komme, versprochen. Ich bin gerade auf einen Plausch bei Frane. So ist meine Stimme, ich hab nichts. Ja, ich habe ein bisschen was getrunken. Nur ein bisschen. Wo ist denn Alex? Ja, ich hab kapiert. Nein, ich will nicht, dass du deinen Urlaub allein verbringst. Ich komme, versprochen. Natürlich gehen wir. Noch ein bisschen. Wie spät ist es? Um neun, ok? Nein, um neun. Ja, ich verspreche es, natürlich, versprochen. Ich liebe dich, Emi! Meine Frau“, erklärte er ihm, nachdem er aufgelegt hatte. „Sie will in die Stadt.“

Er schaute auf die Handyuhr und lachte:

„Sie will ihre neuen Sandalen ausführen. Aber ich muss auch dabei sein.“

„Du hast eine Frau“, konstatierte Frane und schaute auf seinen Ehering.

„Ja, hab ich.“

„Und Kinder?“

„Einen Jungen, Alex. Er ist siebzehn. Er ist auch mit dabei. Aber wir sehen ihn kaum, er treibt sich den ganzen Tag woanders herum. Du weißt ja, wie Teenager sind.“

„Vielleicht ist er an der Disco Titanic...“

„Ach Quatsch, Mann, so ein Quatsch!“, wies er ihn zurecht.

„Was hast du eben für eine Sprache gesprochen? Rumänisch?"

„Rumänisch."

„Das klang wie Russisch."

„Gar nicht! Was denn für ein Russisch? Es ist eine romanische Sprache, Frane! Vielleicht wie Italienisch. Das ähnelt dem Italienischen, weißt du?"

Frane widersprach nicht. Er schaute kurz zu ihm, dann zum Glas. Er zündete sich noch eine Marlboro an.

„Deine Kippen gehen zu Ende", bemerkte er, nachdem er in das Päckchen geschaut hatte. „Und ich habe vergessen, welche zu kaufen."

„Lass mal, wir holen noch welche."

In der Luft lag eine peinliche Stille, wie vor einem Abschied. Sie hatten sich nicht mehr viel zu sagen. Er leerte sein Glas und stellte es auf den Tisch. Frane verfolgte seine Geste mit einer besorgten Miene.

„Vlad", fing er an. Dann schwieg er.

„Was denn, Frane?", sagte er sanft.

Frane schaute ihn eindringlich an.

„Wegen der Zivilisten... im Krieg gab es keine Zivilisten. Keiner hat sich gefragt, ob es Zivilisten sind oder nicht, das will ich damit sagen. Es waren Feinde. Wer war Zivilist? Keiner hat auf diese Weise gedacht. Deshalb ist das passiert, was in Lora und überall passiert ist. Überleg mal, was waren die, die Marinas Eltern umgebracht haben?"

„Warte, warte!"

Das war etwas Neues.

„Wer hat Marinas Großeltern umgebracht? Waren sie nicht von hier, aus Split?"

„Die Großeltern väterlicherseits, ja. Sie gibt die ganze Zeit an mit ihren italienischen Großeltern, Venezianer oder was auch immer sie waren. Weil sie *fetivi Splićani* sind, echte Splitaner." Frane schnitt eine Grimasse. „Nicht *Boduli* wie ich. Die Wahrheit ist, dass ihre Mutter von Bauern aus *Zagora* abstammt. Wusstest du das nicht?"

Er schüttelte den Kopf: nein, wusste er nicht.

„Ja, aus einem Dorf in der Nähe von Knin. Sie haben sie dort erschossen, in ihrem Zuhause erschossen. Und ihnen die Augen ausgekratzt. Kapierst du? Die Zivilisten. Ihre serbischen Nachbarn, mit denen sie dort im Dorf zusammenwohnten. Hat sie dir das nicht gesagt?"

„Nein", flüsterte er.

„So war es aber. Sie haben sie erschossen und ihr Haus angezündet."

So war es.

Die Teufel, erinnerte er sich. Aus der Erzählung des Bosniers von damals, neunundachtzig, in dem Café in Sarajevo... Wie hieß er nochmal? Egal. Vielleicht ist er auch so gestorben, in Srebrenica. In einem anderen Srebrenica.

„Vielleicht waren auch Zivilisten dabei", fuhr Frane mit ruhiger, sicherer Stimme fort. „Ich erinnere mich, dass ich in einer Nacht mit unserer Truppe in den Gräben war, irgendwo auf einem Hügel. Auf dem Hügel vor uns, auf der anderen Seite, warteten die Četniks. Genau wie wir. Wir warteten auf den Morgen, um von vorne anzufangen: entweder wir oder sie. Unten im Tal war ein kleines Dorf, ein Scheißdorf, ich weiß nicht mal mehr, wie es hieß, aber ich weiß, dass wir, wir und die Četniks, es den ganzen Tag beschossen haben, denn es lag genau in der Mitte, zwischen uns. Ein paar wenige Dorfleute waren noch übrig geblieben und in der Nacht, als wir zu schlafen versuchten, hörten wir, wie zwei Leute, ein Mann und eine Frau, jammerten. Wir oben, auf der Höhe, sie unten. Sie jammerten, baten um Hilfe, fluchten, aber sie verfluchten nicht uns oder die Četniks, sondern den Krieg. Wieder schrien sie. Vielleicht tat ihnen etwas weh oder sie waren verletzt, ich weiß es nicht. Es war dunkel, es war so eine feuchte, neblige Nacht. Wir hörten ständig ihre Schreie und ihr Gejammer. Sie drangen uns direkt ins Gehirn. Boris verlor die Geduld und schrie: ‚Jetzt krepiert endlich mal! Krepiert endlich, verdammt nochmal!' Ich glaube, das war auch drüben zu hören, auf dem Hügel der anderen. Die Töne wanderten wie verrückt durch diesen Nebel. Die beiden waren eine Weile still, aber nicht lange. Dann fingen sie von vorne an. Die ganze Nacht schrien sie, unentwegt, ich dachte, ich werde verrückt. Am liebsten wäre ich dort runter gegangen, ins Tal, und hätte sie eigenhändig erschossen. Aber wenn ich aus der Deckung gekommen wäre, hätten mich die Scheiß *Snajper* der Četniks erschossen. Ich glaube, das Gleiche dachten die sich auch… Jedenfalls verstummten diese beiden gegen Morgen. Wahrscheinlich waren sie krepiert. Damals war ich nicht mehr ganz dicht. Und jetzt wollen die uns als Kriegsverbrecher hinstellen! Wer entscheidet das? Ein paar Spießer im Anzug, die nie in ihrem Leben einen erschossenen Menschen gesehen haben oder einen mit durchschnittener Kehle, mit raushängenden Gedärmen und ausgekratzten Augen! Mit abgeschnittener Zunge. Hast du jemals so etwas gesehen, Vlad?"

Wie sollte er? Er schüttelte den Kopf.

„Und mit Fliegen überall im Gesicht, du merkst nicht mal, dass dort ein Gesicht war. Du musstest sie mit der Hand verscheuchen, um ihn begraben zu können. Vor ein-zwei Jahren hättest du noch mit ihm *Picigin* in Bačvice gespielt."

„Redest du von Renato?", wunderte er sich.

„Nein, nein. Ich weiß", konterte Frane. „Aber ja. Also ich meine, ja, das wollte ich dir sagen."

Das wollte er nicht. Er wollte ein bisschen Zeit schinden, ihn nicht gehen lassen. Er schaute wieder verstohlen auf die Uhr.

„Warte, wart mal noch kurz! Das wollte ich dir jedenfalls erzählen, wenn du schon hier bist. Nimm doch noch ein Glas. Komm, schenk dir noch ein!“, forderte Frane ihn mit heiserer Stimme auf. „Mehr!“

Na gut. Er schenkte sich ein Fingerbreit Whisky ein und schaute Frane fragend an. Er ahnte, warum er das Treffen so in die Länge zog. Danach würde er nämlich in der verrauchten, stickigen Wohnung allein zurückbleiben.

„Wie du willst“, brummte Frane. „Deine Frau wartet auf dich. Aber sei vorsichtig, Vlade. *Ei schel sei zis onli wens*“, sagte er ernst und lachte. „Was denkst du, warum du jetzt in Split gelandet bist?“

„Meine Frau wollte hierher, nicht ich. Sie wusste von der Geschichte mit Marina und...“

„Und mit der Disco Titanic?“

„Nein, das nicht! Also ja“, korrigierte er sich schnell. „Ich habe es ihr gestern erzählt. Wegen Boris und Marina. Und Renato“, fügte er nach einem Augenblick hinzu.

„Ach, ja, Renato. Sicher.“

Frane war betrunken, ganz klar. Oder von den Erinnerungen überwältigt. Jedenfalls war er nicht ganz dicht. Und eben vereinsamt und krank. Verwundet.

„Weißt du, wer Renato umgebracht hat?“, flüsterte Frane.

„Die Serben, oder? Die Armee, die Soldaten... ähm, die Truppen aus der Krajina.“

„Der Bosnier“, platzte Frane fast triumphierend heraus. „Emin. Unser Bosnier.“

Ja, so hieß er. Frane hatte ihn auch früher schon erwähnt. Marina hatte es ihnen damals gesagt. Emin, der Bosnier. Trotz Franes Verrücktheit überkam ihn wieder diese undefinierbare Angst. Vor

Frane fürchtete er sich nicht: Er war harmlos. Vielleicht verrückt, aber nicht gefährlich. Die Gefahr lauerte woanders, neben ihnen. Bei ihnen.

„Der Bosnier hat ihn erschossen, das sage ich dir! Ich habe ihn gesehen. Er war dort, hinter einem Felsen."

„Der Bosnier ist tot", schnitt er ihm trocken das Wort ab. „Das weißt du doch selber, verdammt!"

„Vielleicht, vielleicht aber auch nicht. Vielleicht ist er nicht tot und verfolgt uns alle. Der Reihe nach. Denkst du nicht? Außer er ist wirklich tot, dann ist es egal."

„Mensch, du bist verrückt!"

„Bin ich, sicher. Das haben dir doch Boris und Marina gesagt. Hör auf sie, sie sind anständige Menschen. Aber die wissen es auch, glaub mir. Sie haben auch Angst."

Er hatte eigentlich nicht den Eindruck, als würden sie sich vor etwas fürchten. Sicher, Marina war etwas seltsam, mit ihren manischen Friedhofsgängen, aber was wusste er denn eigentlich? Er hatte keine Ahnung gehabt, dass ihre Großeltern im Krieg gestorben waren. Er wusste so gut wie nichts über sie.

„Wovor haben sie denn Angst?"

„Vor dem Bosnier. Ich habe ihn gesehen, damals in Maslenica. Ich war neben Renato. Es war Morgen. Der Bosnier, frisch rasiert..., hast du irgendwo an der Front frisch rasierte Soldaten gesehen? Direkt vor uns. Er war da", beharrte Frane.

Wieder entstand aus den Worten ein Film, der sich in einer anderen Dimension abspielte. Der Bosnier stand hinter dem Felsen auf und schaute sie an. Renato sah ihn zuerst und schoss auf ihn – einmal, zweimal, dreimal, ohne ihn zu treffen. Der Bosnier ging nicht mal in Deckung, dabei befand er sich in Reichweite des Gewehrs. Warum bloß hatte Renato nicht eine Salve geschossen? Warum hatte Frane nicht geschossen? Und dann richtete sich Renato wie hypnotisiert halb auf, sein Helm etwas über den Augen, und der andere schoss zweimal. In den Hals und in die Brust. Renato fiel nach vorn, sein Mund voller Blut. Aus der Seite des Kopfes spritzte ein Blutstrahl über die Uniform und tränkte sie mit der dunklen, zähen Flüssigkeit. Frane beugte sich über ihn und drehte ihn auf den Rücken. Als er aufschaute, sah er den Bosnier nicht mehr. Er hatte sich versteckt oder war geflohen. Auf ihn hatte er aber nicht geschossen – wer weiß warum. Er hätte es tun können. Das wäre so einfach gewesen!

„Und Renato war tot“, schloss Frane ab. „Und voller Grauen. Also, so sah er zumindest aus.“

„Warum hat er dich dann nicht auch umgebracht? Du warst doch eine leichte Beute.“

„Ich war noch nicht dran“, zuckte Frane mit den Schultern. „Meine Zeit war noch nicht gekommen. Bis jetzt.“

„Also zwanzig Jahre später? Der Bosnier hat zwanzig, nein, zweiundzwanzig Jahre gewartet?“

Er wollte ihm widersprechen, ihm zeigen, dass er sich irrte, dass er paranoid sei. Wenn er irgendwie recht hatte, obwohl, verdammt, wie sollte er?, wenn er recht hatte, dann war alles ein Wahnsinn. Und es war schlimm.

„Zivilisten!“, sagte Frane und schrie dabei fast. „Du hast nach den Zivilisten gefragt, ob wir Zivilisten umgebracht haben. Er war ein Zivilist.“

„Er war Offizier in der Armee!“, korrigierte er ihn gereizt.

„Ja, aber damals war kein Krieg. Er war ein Zivilist. Und wir... wir haben ihn verprügelt und ihn dort einfach weggeworfen. Wie ein Nichts.“

Damals war kein Krieg, na und? Das war die Logik eines Verrückten, ganz klar. So konnte es nicht sein.

„Und wie hast du ihn wiedererkannt, verdammt nochmal?“, explodierte er. „Wir haben ihn damals am Strand, nachts, nicht einmal gut sehen können. Es war dunkel. Weißt du noch, wie er aussah? Selbst Marina habe ich kaum wiedererkannt."

„Er war es, Vlade", antwortete Frane ruhig. „Ich weiß, dass er es war."

Ja, er war verrückt, anders konnte es nicht sein. Er war übergeschnappt, genau wie Boris sagte. Eigentlich noch schlimmer.

„Du glaubst mir nicht. Du willst auch gar nicht", stellte Frane fest. „Deine Sache. Warum solltest du auch nicht glauben, dass du entkommen bist? Schließlich ist es lange her. Es ist vorbei. Aber sag mir jetzt, ob dir nicht wenigstens einmal etwas Merkwürdiges passiert war, was dich an ihn denken ließ. In diesen zwanzig Jahren oder wie viele es waren. Sag mir, dass niemals irgendwas war, und ich glaube dir!", betonte er seine Worte.

Der jugoslawische Lastwagen. Beinahe wären sie gestorben – Emilia und er. Genau an dem Abend, als sie sich entschieden hatten, nach Split zu reisen. Der Lastwagen – und der Soldat auf der Fahrbahn, vor drei-vier Jahren, als er aus Bukarest kam. Der Schweiß lief ihm eiskalt den Rücken herunter, obwohl es im Zimmer drückend war von der Hitze, die sich über den Tag angestaut hatte. Er leerte das Glas und stellte es langsam ab. Aber damals war er am Steuer eingeschlafen, er war sich sicher, dass er eingeschlafen war und kurz geträumt hatte, eine Sekunde lang. Es stimmte nicht. Es war nicht passiert. Das kam von innen, aus seinem Kopf.

„Nicht der Krieg, Vlad. Der Krieg war für alle schlimm. Nein, nicht für dich," erinnerte sich Frane. „Aber es ist nicht der Krieg. Sondern die andere Sache. Du dachtest, du bist davongekommen? Sieht nicht so aus. Er ist in uns, in uns allen."

Mannomann, jetzt philosophierte er!

„Ich frage dich nicht, woran du gerade denkst", sagte Frane. „Es ist egal. Ich bin mir sicher, dass etwas bei dir war. Dir ist irgendwas passiert. Du kannst es bestreiten, aber ich glaube dir nicht. Ich habe auch meine Probleme, Boris auch. Der wird ums Verrecken nicht zugeben, dass er Angst hat, deshalb wird er so wütend, wenn du ihn daran erinnerst. Pass auf, einmal hat ihn jemand im Park angegriffen, in Sustipan. Er hatte sich ein Haus auf der Meštrović angeschaut, er wollte dort ein Haus kaufen. Eine Villa. Er behauptet, es wäre ein Dieb gewesen, ein Einbrecher. Er sagt, er hätte ihn geschlagen und dann von einer Klippe geworfen. So hat er es auch Marina erzählt. Der große Held! Er hat ihr nicht gesagt, dass der Typ kein Dieb war. Dass er sich vor Angst in die Hose geschissen hat. Aber ich weiß es, weil es mir so gegangen ist. Und deswegen bist auch du zurück in Split. Ich glaube, die Zeit ist gekommen."

„Welche Zeit?"

„Jetzt sind wir alle hier. Alle zusammen."

Blödsinn, Blödsinn, was für ein Blödsinn!

„Und Marina nicht?", sagte er übertrieben höhnisch.

„Nein, wieso?", fragte Frane überrascht. „Marina hat nichts getan. Sie hat ihn nicht geschlagen. Er hat sie geschlagen. Dafür haben wir ihn bestraft, nicht wahr? Er hat es verdient."

„Er war ein Idiot."

„So ist es. Und wir die Apostel der Gerechtigkeit."

Er antwortete ihm nicht mehr und wühlte in der Marlboro-Packung.

„Die Zigaretten sind alle", vermeldete er kurz. „Und ich muss los. Meine Frau wartet auf mich."

Er stand langsam auf, vom Alkohol und dem ganzen Gespräch benebelt. Er hätte nicht nach Split kommen sollen. Sie hätten überall hinfahren können in diesem kleinen Land, das aus einem großen gemacht worden war: nach Dubrovnik, Opatija, Rovinj, auf irgendeine Insel, ganz egal welche. Auf Brijuni, Titos Insel. Egal wohin, aber nicht hierher. Nicht zurück nach... nach '89, mit

Frane, Marina und Boris. Mit Renato. Es war viel Zeit vergangen, wen kümmerte noch diese Geschichte? Eine Geschichte aus der Jugend, die ihn so viele Jahre verfolgt hat. Es schien ihm, dass er fast ununterbrochen von der damaligen Augustnacht besessen gewesen war, dass er genug gebüßt hatte und es verdiente, sich nicht mehr zu quälen. Franes Halluzinationen brauchte er nicht. Er hatte es Emilia erzählt, hatte sie dorthin gebracht, Asche auf sein Haupt gestreut. Reichte es nicht? Vielleicht übertrieb Frane. Ganz sicher übertrieb er, er hatte Wahnvorstellungen, so hatte es Boris gesagt. Nur, dass die Ursache dafür dieselbe war. Wie der Soldat auf der Fahrbahn oder der jugoslawische Lastwagen. Der war verdammt konkret gewesen, Emilia hatte ihn auch gesehen. Er war kein schlechter Mensch, nein: Die Nacht von damals verfolgte ihn bis jetzt. Und Frane auch, ja, aber bei seinem Freund war das was anderes. Er hatte ganz andere Gräuel gesehen. Und auch verübt. Er war völlig übergeschnappt. Verdammte Kroaten! Verdammte Jugoslawen! Emilia wartete auf ihn und er, er kommt zu spät.

„Wo finde ich hier ein Taxi?"

„Nirgendwo", kicherte Frane. „Also am Nationaltheater, in Varoš, aber das hat keinen Sinn. Ich bringe dich zur Bushaltestelle. Ich muss mir sowieso Zigaretten kaufen. Die Nacht ist lang."

Er nickte zustimmend. Er sah sich um in der ordentlichen, leeren Wohnung mit den dunklen Wänden, in der es nach Rauch und Essen stank. Schade um Frane, den Armen. Er war ein guter Junge. Der ausgeglichenste von allen, erinnerte er sich.

Sie fuhren mit dem Fahrstuhl hinunter und schwiegen. Plötzlich sagte Frane:

„Jetzt kommen wir direkt in der Diskothek raus, wart mal ab."

Er antwortet ihm nicht, doch der Gedanke, dass es so sein könnte, überwältigte seinen Verstand für einen Augenblick. Als sich die

Fahrstuhltüren öffneten, zuckte er kurz auf, als hätte er erwartet, die Bar zu sehen und die Musik zu hören.

„Baby, don't forget my number, ba, bababa, bababa, ba."

Frane beobachtete ihn aufmerksam und grinste, als er das bemerkte.

„Na sieh mal an!"

Sie verließen das Gebäude und gingen eine Weile auf einem schmalen Weg bis zur Straße. Dort war ein noch geöffneter Kiosk. Er verlangte eine Stange Marlboro und hielt sie Frane hin.

„Danke, Vlad", sagte Frane und lächelte schwach. „Ich wusste, dass du ein guter Junge bist. Schau, die Bushaltestelle ist dort. Pass auf dich auf."

„Mach ich. Du auch. Wir sehen uns."

„Das glaube ich nicht", antwortete Frane.

Aus seinem Gesicht war das Lächeln verschwunden. Es war starr, besorgt und von Falten durchzogen. Er sah aus, als wäre er mindestens sechzig. Und er zitterte leicht – wegen des Whiskys und der Wunde.

„Wie du meinst, Frane. Aber mach langsam."

„Bringt das noch was?"

Er hatte keine Kraft mehr, ihm zu widersprechen. Frane antwortete selbst:

„Nein, das bringt nichts. Du wirst sehen. Ciao."

11
Die Botschafter

4.40 Uhr
Er öffnete betäubt die Augen im schwachen Licht des Morgens, das durch das Fenster mit dem doppelten Holzrahmen schien. Emilia stöhnte und schlug mit den Händen auf das Bettlaken. Er nahm sie sanft in den Arm und fühlte unter dem Seidennachthemd ihre runden, feuchten Brüste und drückte sie langsam. Er zog sie an sich.

„Ist gut, Emi, meine Liebe!"; flüsterte er ihr ins Ohr, plötzlich erregt von der Hitze ihrer Haut. „Ist gut, ist gut, es war ein Traum, beruhige dich. Komm, beruhige dich."

Emilia machte sich etwas los, stöhnte und fuhr zusammen. Sie entspannte sich, atmete tief und tastete um sich. Sie drehte sich zu ihm. Sie drückte ihn fest und legte ihren Kopf an seine Schulter.

„Vlad, mein Lieber, ach, Vlad!", seufzte sie langsam.

„Du hast geträumt, meine Liebe. Es ist vorbei", beruhigte er sie und ihn durchzog ein angenehmer Schauer, als er ihr glattes, weiches Haar streichelte. „Du hast geträumt."

Er drückte sie fest an sich und spürte unter dem Nachthemd ihre warmen Schenkel. Er fuhr mit einer Hand auf der Seide nach unten, bis er die nackte Haut erreichte.

„Es war schrecklich. Es war so… so wirklich!", seufzte Emilia. „Ich war zuhause, in Temeswar, irgendwo, wir waren zu zweit und der Krieg hatte begonnen, also, ich wusste irgendwie, dass Krieg ist, wie du es die ganze Zeit sagst, wegen dem unabhängigen Banat."

„Ich habe doch nichts über einen Krieg gesagt."

Emilia hörte ihn offenbar nicht.

„Es war Krieg und ich war mit dir zusammen, nur wir zwei, wir zwei sensten…“

„Wie?“

„Wir haben gesenst, also, wir hatten Sensen. Wie auf dem Dorf, weißt du? Wir waren in Temeswar, ich wusste, dass wir in der Stadt sind, aber wir waren auf einem Feld, es war eine Art Feld und wir haben Köpfe gesenst. Wir liefen mit der Sense über ein Feld aus Menschenköpfen. Wir haben sie abgesenst. Wir liefen vorwärts, sensten sie ab, zisch-zisch, die Köpfe fielen herunter, rollten umher, das Blut spritzte…“

Emilia stöhnte wieder und hielt inne. Er richtete sich auf und lehnte sich an das Kopfteil des Bettes. Er umfasste ihr Schultern und zog sie auf seine Brust.

„Das sind Albträume.“

„Und plötzlich habe ich gesehen, dass dort Mama und Papa waren“, erzählte sie mit gepresster Stimme weiter. „Dort, auf dem Feld. Und wir haben immer weiter gesenst, waren bei ihnen angekommen. Dann habe ich beiden den Kopf abgesenst. Sie schauten mich an, aber ich bin mit der Sense drübergegangen und habe sie abgesenst. Vlad, es war so echt!“

Emilia zitterte. Er zog sie noch stärker an sich heran und neigte seinen Kopf über ihren.

„Es ist ganz normal, dass du Angst hast. Manchmal sind diese Träume so real! Aber es ist nichts, siehst du?“

„Das ist wegen der Geschichten von deinen Leuten“, murmelte Emilia schwach und begann dann mit einer weichen und ernsten Stimme: „Dann war ich plötzlich auf dem Opernplatz. Ich weiß nicht, warum. Aber ich war dort. Du warst nicht mehr dabei. Ich war alleine und sah zu einer Blumenreihe, wie die auf dem Rasen an der Statue der Wölfin. Und dort sah ich einen Kopf. Den abgehackten Kopf eines Mannes, mit etwas Rotem und Klebrigen dort, wo der Hals war, ein Stumpf mit einer roten Geschwulst, wie auf diesen Krebs-Bildern auf den Zigarettenpäckchen. Er lag dort, auf den Rasen geworfen, mit dem Gesicht nach oben. Er hatte blaue, ganz blaue Augen, das habe ich genau gesehen, sie waren groß, ganz aufgerissen und starr nach oben gerichtet. Er war tot und alle gingen an mir vorbei und bemerkten nichts. Dann habe ich mich an dieses Lied vom Friedhof erinnert, mit dem Krieg, der zu Ende ist – oder jemand hatte es gesungen. Ich bekam Angst, ich weiß gar nicht, warum in diesem Moment, und da hast du mich geweckt. Vladi, ach du, mein Lieber! Es war schrecklich, es war…, sowas will ich nie wieder in meinem Leben erleben!"

„Komm, ist gut, ist alles gut", beruhigte er sie und streichelte sanft ihren Rücken. „Du hast geträumt, Emi, das ist alles, du hast geträumt. Na, bleib einfach so und beruhige dich. Meine Liebe, meine Liebe…"

Allmählich beruhigte sich Emilia. Sie hatte ihn schläfrig umfangen und er spürte wieder, dass er sie begehrte. Der schlanke Körper duftete angenehm nach Schweiß und Lavendelseife. Seine Hand rutschte langsam von ihrem Rücken auf den Po und folgte dem süßen Schwung der Hüften.

„Vlad, Alex hört uns", protestierte Emilia schwach.

„Ach was, er hört nichts", murmelte er gedankenlos.

10.23 Uhr

„Und worüber hast du mit diesem Freund gesprochen?", fragte ihn Emilia und räkelte sich auf der Bambusmatte.

„Ach, Erinnerungen. Über früher."

„Aber du warst eine ganze Weile dort", insistierte sie, wobei sie ihn über ihre Sonnenbrille hinweg anschaute. „Ungefähr fünf Stunden. Eine Menge Erinnerungen für einen, den du gerade mal sechs Tage gekannt hast. Ihr habt getrunken, stimmt's?"

Er lächelte und entspannte sich völlig.

„Wir haben bisschen übertrieben, das gebe ich zu. Wie im Studium, Emi. Aber vornehm, mit Whisky, nicht mit Bier, wie…"

„Wie der Pöbel."

„Genau, wie der Pöbel und wie ich in Temeswar", lachte er. „Du musst wissen, dass Boris recht hatte. Frane ist verrückt. Das wundert mich nicht, nach allem, was er gesehen und erlebt hat. Weißt du, was er mir erzählt hat? Dass hier, in Split, ein Gefangenenlager war, für die Serben. Für Militär und Zivilbevölkerung. Ein schreckliches Lager, so wie bei den Nazis. Er war dort für zwei Monate als Wächter."

Er wollte ihr nicht von Danica erzählen. Nicht jetzt. Im goldenen Licht des Strands schienen ihm alle Geschichten von gestern Abend weit entfernt und irreal. Und für Frane bestand keine Chance mehr, der Arme! Wahrscheinlich gab es noch viele wie ihn, die Leben und Karriere riskiert hatten und sich jetzt fragten, ob sich dieser Einsatz gelohnt hat. Für Kroatien. Für Serbien. Für Bosnien. Er schaute Emilia an. Sie hatte offenbar die Geschichte mit dem Bosnier vergessen. Es tat ihm gut, mit ihr darüber zu sprechen: Jetzt war es leichter, was auch immer Frane sagen würde. Das war vergangen und vergessen, wie auch der Krieg vergessen war. Und er hatte überlebt. Ja, in gewisser Weise waren er und Boris klargekommen. Sie hatten alles durchgemacht, denn was bleibt dir anderes übrig, wenn du dein Leben nicht wegwerfen willst? Du vergisst, machst weiter, gehst immer weiter. Ihm war es so vorgekommen, als hätte er einen Soldaten auf der Straßenmitte gesehen, einen jugoslawischen Lastwagen, und jemand hat ‚Vlade Divac' an die Disco Titanic geschrieben – aber das alles bedeutete nichts. Frane… der arme Frane hatte Pech gehabt. Er hat sich nicht mehr zurechtgefunden. Irgendwie war das schlimmer als bei Renato.

„Wohin wollte Alex eigentlich nochmal gehen?“, fragte er plötzlich.

„In die Stadt, die Stadt angucken“, antwortete Emilia. „Er hat es mir nicht genau gesagt. Ich glaube, er ist mit diesem Mädel gegangen, mit Giulia.“

„Hast du ihm Geld gegeben? Damit er sich nicht lächerlich macht!“

„Banater, Banater!“, lachte Emilia. „Sofort denkst du ans Geld. Natürlich habe ich ihm welches gegeben“, beruhigte sie ihn. „Hör mal, dich stört es nicht, wenn er mit…“

Er sah sie ratlos an.

„Mit wem? Mit Giulia? Ach, natürlich! Was, denkst du dabei an Freud? Der Vater mit der Mutter und jetzt der Sohn mit der Tochter? Nach zwanzig Jahren?“

„Nein, natürlich nicht! An welche Schweinereien denkst du denn nun wieder?“

„Ist schon in Ordnung, Emi! Na los, gib zu, dass das Mädchen hübsch ist! Sie sieht gut aus, nicht wahr? Ok, ok, darum geht es nicht. Aber ganz ehrlich, ich freue mich, dass er nicht so ein Weichei ist, wie es scheint.“

„Er ist doch kein Weichei, Mensch!“, fuhr Emilia auf. „Er ist sensibel. Weißt du noch, dass er mit diesem blauen Nilpferd im Bett geschlafen hat, bis er sechzehn war? Das war ganz abgewetzt und an den Nähten aufgeplatzt, aber er wollte es immer dort haben, neben sich. Morgens hat er es versteckt, damit ich es nicht sehe… Ach, der Liebe!“

„Na, jetzt ist die Zeit für einen Partnerwechsel im Bett gekommen. Er schläft jetzt mit jemand anderem.“

„Vlad!“

„Naja, komm, es tut ihm gut. Vielleicht schreibt er auch ein Gedicht darüber!“

„Also, jetzt bist du wirklich unmöglich!“, wurde Emilia wütend.

„Warum? Gedichte bedeuten Gefühle, nicht wahr? Und jetzt fühlt er bestimmte Dinge…, hoho, was er alles fühlen wird!“

Er zwinkerte Emilia kurz zu, griff um ihre Schultern und drückte sie kurz.

„Dein Telefon klingelt“, sagte sie trocken.

Er griff nach dem iPhone und sah auf den Bildschirm.

„Alo?“, sagte er schnell und hielt das Telefon ans Ohr.

„Vlad?“, fragte Boris von irgendwo weit weg.

„Ja, was ist?“

„Frane ist gestorben.“

„Was?“

„Frane ist tot.“

Sein Blick trübte sich.

„Wie kann das sein? Wie? Wann ist es passiert?“

„Wahrscheinlich gestern Abend. Heute Nacht. Sie haben ihn am Strand gefunden, irgendwo Richtung Žnjan.“

Boris Stimme war zögerlich. Richtung Žnjan, also Richtung Disco Titanic. Das wollte er sagen.

„Wie das? Nein, das kann nicht sein! Ich habe gestern Abend mit ihm gesprochen.“

Er hatte ihm auch eine Stange Zigaretten gekauft. Er hatte es nicht geschafft, sie alle aufzurauchen.

„Hast du mit ihm gesprochen?“, fragte Boris aufgeregt.

„Ja, gestern Abend, bei ihm zuhause. Wir haben ein paar Stunden erzählt. Er hat mir gesagt, dass…“

Er fühlte wieder einen Druck auf der Brust, als ob er nicht mehr gut atmen konnte. Er sog die Luft tief in die Lungen ein und Angst umfing ihn. Die Hand, in der er das Telefon hielt, war schweißnass.

„Er hat mir von dem Bosnier erzählt…“

„Ich weiß. Diesen Unsinn von ihm, das habe ich auch zigmal von ihm gehört… Es sieht so aus, als habe er sich umgebracht. Das ist nicht verwunderlich. Ich habe schon lange damit gerechnet."

Frane, tot! Er hatte gerade einmal mit ihm gesprochen. Renato, dann Frane. Vier kleine Negerlein, schoss es ihm durch den Kopf. Und zwei sind übrig geblieben.

„Die Polizei untersucht den Fall", redete Boris weiter und wurde offiziell. „Hast du Lust, mit denen zu reden? Du bist wahrscheinlich der Letzte, der ihn lebend gesehen hat." „Nein, Gott bewahre! Was soll ich denen sagen? Wir haben uns unterhalten, wir haben was getrunken, dann bin ich wieder los und fertig."

„Das habe ich mir auch gedacht", sagte Boris kalt. „Ich wollte dir sagen, dass die Beerdigung übermorgen ist, zwölf Uhr. In Lovrinac, auf dem Friedhof der Helden des Vaterlandskriegs. Wenn du magst, dann komm. Es werden alle unsere Kameraden dort sein. Wenn du Lust hast, komm! Ciao!"

„Warte mal! Mach jetzt nicht Schluss! Wo bist du?"

„Bei der *Marenda*, mit Marina", antwortete Boris gezwungen.

„*Marenda*?"

„Ja, was Typisches für Split. Ist ja egal."

„Wo seid ihr? Auf der Riva? Wir müssen reden."

„Worüber sollen wir reden, Vlad?", sagte Boris und er spürte den Ärger in seiner Stimme. „Ich habe heute zu tun, ich habe einen vollen Tag. Ich muss mich auch um die ganze Geschichte mit Frane kümmern, schließlich haben wir zusammen gekämpft. Ich habe keine Zeit, ehrlich, ich habe keine Zeit. Sei mir nicht böse", schlug er einen sanfteren Ton an und es schien Vlad, als sähe er Marina, die Boris am Ärmel zieht und ihn finster anschaut.

„Über den Bosnier."

„Es gibt darüber nichts zu reden", antwortete Boris und legte auf.

Er schaute ins Leere. Vor ihm wogte das Meer golden und ruhig.

14.37 Uhr

„Du musst zugeben, dass du lange nicht einen solchen Urlaub hattest“, lachte er mit gespielter Fröhlichkeit. „Vorgestern eine Gedächtnisfeier, übermorgen eine Beerdigung, für nächste Woche werde ich etwas arrangieren, keine Angst. Wenigstens das Essen ist ok“, er zeigte auf seinen leeren Teller. „Naja, bei diesen Preisen könnte es eigentlich besser sein.“

„Vlad, du mein Lieber!“, sagte Emilia bittend. „Tu nicht so! Halt mich nicht für blöd!“

„Nein, Emi, nein. Ehrlich. Aber es tut mir leid, dass es sich so entwickelt hat. Ich hätte dir alles viel eher erzählen müssen. Wollen wir unsere Klamotten packen und uns davonmachen?“

Emilia dachte ein paar Sekunden nach. Als sie antwortete, schaute sie ihm ernst in die Augen:

„Wie du willst, Vlad. Wie du es für besser hältst.“

„*Catch my fall*, Emi“, erinnerte er sie. „Ich weiß einfach nicht, was ich machen soll. Nur, dass du bei mir sein sollst. Das ist alles. Emi, es tut mir leid, dass ich dir die Ferien verdorben habe.“

„Du hast sie mir nicht verdorben, mein Lieber“, widersprach sie ihm, beugte sich über den Tisch und griff seine Hand. „Ich bin bei dir. Du hast mir nichts verdorben.“

Er ließ sich streicheln und blieb eine lange Zeit unbewegt sitzen. Er wollte ihr nicht noch mehr erzählen. Es hatte keinen Sinn.

„Wollen wir bezahlen?“

Emilia nickte.

19.45 Uhr

Sie spazierten durch die schwach beleuchteten Straßen hinter Varoš unter schattigen Bäumen und hielten sich an der Hand. Er hatte sich jetzt beruhigt, aber von Zeit zu Zeit kehrten seine Gedanken zu Frane zurück. Vielleicht hatte Frane schon längst entschieden, dass er sich umbringen wird, und hat ihm deswegen all das erzählt. So gesehen verbanden sich die Dinge miteinander und hatten eine Logik, wenn auch die eines Verrückten. Vielleicht hatte er sich auf diese Weise einfacher mit dem Gedanken, sich umzubringen, arrangiert. Was hätte der Unglückliche auch anderes tun sollen? Er erinnerte sich an die zwei jungen Leute, die in diesem unbekannten Dorf gefangen genommen worden waren, an Lora und an Danica... Wer weiß, was noch alles geschehen war und was Frane ihm nicht erzählt hatte.

Emilia drückte ihm leicht die Hand.

„Denkst du an Frane?", fragte sie sanft.

„Ja, ein bisschen."

Er musste es ihr sagen. Nein, es hatte keinen Sinn.

Auf der Straße duftete es süß nach Oleander und mediterraner Pinie. Zwischen zwei Häuser hatte man kleine Olivenbäume gepflanzt. Etwas weiter weg, auf einem von zwei Straßenlaternen erleuchteten Terrain, das von einer niedrigen Steinmauer umschlossen war, wollten ein paar Männer unbedingt eine Partie *Balote* beenden: Sie warfen die Metallkugeln und kommentierten alles fröhlich. Auf der Mauer neben ihnen waren Bierflaschen und Bierdosen aufgereiht. Die untergehende Sonne warf ein rötliches Licht auf die Gebäude hinter ihnen.

„Dein Telefon klingelt", sagte Emilia.

Ja, *Padaju zvijezde*. Die balkanisierten Klänge von Van Halen ertönten in seiner Hosentasche. Er zog das Smartphone mit kleinem Herzen heraus und schaute auf den Bildschirm:

„Boris. Was er wohl will? Hallo?"

„Verdammt, los, kommt nach Firule!", hörte man die niedergeschlagene und gereizte Stimme von Boris. Als würde er ihn durchs Telefon anspucken.

„Was? Wo?"

„In Firule, im Krankenhaus!"

„Wohin? Warum?"

„Weil dein Idiot von einem Sohn hier ist, verdammt nochmal! Und Giulia! Kapiert?"

Er schaute verwirrt zu Emilia.

„Ich habe gerade das Auto nicht hier", stotterte er.

„Nimm ein Taxi, irgendwas!", redete Boris schnell weiter. „Taxen gibt es nur vor dem Nationaltheater. Oder such mal im Telefon. Nur komm schnell! Gib Bescheid, damit ich dich im Hof vom Krankenhaus abholen kann."

Er drehte sich zu Emilia um, die in Angst geriet, als sie sein Gesicht sah.

„Was ist? Was hat er gesagt?"

„Alex… ist im Krankenhaus", gelang ihm zu sagen.

„Warum?", schrie Emilia.

Er zog die Schultern hoch.

„Das hat er mir nicht gesagt."

Er erinnerte sich plötzlich an Frane.

Zuviel auf einmal. Es passiert zu viel auf einmal. Er drückte schnell auf sein Telefon und suchte auf dem Stadtplan von Split die Klinik von Firule. Bei Zenta, bei Žnjan – dort, wo sie ihn wahrscheinlich ertrunken gefunden hatten. Ihn, Frane. Für einen Moment verdunkelte sich sein Blick. Es war schlimm, sehr schlimm. Und diesmal hatte er keine Kraft, nichts konnte ihm helfen, denn es ging nicht um ihn, es ging um Alex. Er schaute voller Angst auf Emilia.

„Das ist… das ist ziemlich weit", stammelte er.

Und plötzlich erfasste ihn eine Welle verzweifelter Wut. Er sah Emilias weißes Gesicht und drückte kurz ihren Arm, dass sie aufschrie.

„Wir fahren schnell hin!", sagte er hastig. „Und Boris und Marina sind dort. Es ist alles in Ordnung, es wird in Ordnung sein, du wirst sehen, verdammt!“

20.20 Uhr

Der BMW bog von der Polička Cesta nach rechts ab und fuhr in den Hof der Klinik.

„Wir sind da!“, rief er in das Telefon, noch bevor Boris ihm antworten konnte. „Wir sind da!“

„Gut, ich komme runter.“

Sie stiegen aus dem Auto, warfen die Türen zu und schauten unbeholfen auf die weißen Gebäude um sie herum.

„Wir warten, er holt uns ab.“

Aber statt Boris erschien Marina, die eilig zwischen den im Hof parkenden Autos auf sie zu lief. Im schwachen Abendlicht schien sie noch blasser und schmaler im Gesicht als auf dem Friedhof.

„Los, los, schnell hoch!“, begann sie auf Kroatisch und fasste seine Hand.

„Are they ok?“, fragte Emilia mit angehaltenem Atem und lief ihnen schnell hinterher.

„Yes, yes, it's ok“, warf ihr Marina ebenso eilig hin und wendete sich auf Kroatisch an ihn: Jemand hat sie im Park attackiert.

„Wo?“, fragte er sie mit erstickter Stimme.

„Am Hotel Zagreb.“

Er zuckte kurz mit dem Kopf. Darum war sie so verängstigt. Am Hotel.

„Boris glaubt das nicht, stimmt's?“

„Er will nicht“, antwortete ihm Marina, als sie den Gang des Krankenhauses betraten. „Der Fahrstuhl ist dort“, zeigte sie und lief darauf zu.

Emilia fasste ihn ebenfalls am Arm: „Was ist, was hat sie gesagt? Was ist?“

„Jemand hat sie angegriffen. Mehr hat sie nicht gesagt, aber ich glaube nicht, dass es ernst ist. Sicher ist es nicht ernst, du wirst ja sehen."

Er belog sie mit Überzeugung, denn das musste er tun. Ein Toter an der Disco Titanic reichte für heute... Aber was zum Teufel haben sie dort gesucht?

Sie fuhren mit dem Fahrstuhl nach oben und betraten einen hellen und sterilen Flur. Sofort stürzte sich Boris aufgeregt und durchgeschwitzt auf ihn, er war rot im Gesicht, im Nacken und auf der Glatze.

„Vlad, verdammt nochmal!", warf er ihm hin, kaum dass er ihn sah. „Wusstest du, dass die beiden zusammen unterwegs waren?"

Er zog die Schultern hoch. War das sein Problem? Boris' Aufregung stachelte seine kalte Wut von vorher an. Und jetzt außerdem eine leichte Missachtung.

„Hast du es gewusst? Was willst du, sollte ich ihn anbinden? Sag mir, was passiert ist und halt mir jetzt keine Moralpredigten. Wo sind sie?"

Boris zeigte mit dem Kopf irgendwohin Richtung Korridor.

„Giulia ist im Behandlungszimmer. Dein Sohn wird operiert. Er hat sein Fett abbekommen."

„Was verdammt nochmal sagst du da?", wurde er laut und blähte sich auf.

„Jemand hat sie angegriffen, Vlad", schaltete sich Marina ein und schob sich zwischen sie. „Wir wissen nicht, wer. Wir haben die Polizei informiert, es wird bald jemand kommen. Aber es ist nichts Ernstes", fügte sie schnell hinzu. „Der Arzt hat mir gesagt, dass es nicht schlimm ist, dass beide gesund werden. Es sieht schlimmer aus, als es ist, sagte er. Es sieht nur so aus."

„Das behauptest du", brach es aus Boris heraus. „Meine Tochter wurde am helllichten Tag angegriffen, weil sie irgendwie mit einem bescheuerten Serben herumgelaufen ist! Aber es ist nichts Schlimmes, es sieht nur so aus", höhnte er.

Er drehte sich zu Emilia um, die sich an die weiße Wand gelehnt hatte und ihn erschöpft mit großen Augen ansah. Ihm wurde bewusst, dass sie verzweifelt versuchte, etwas von ihren Worten zu verstehen.

„Es ist nichts Schlimmes, Emi, meine Liebe, alles wird gut werden! Alles wird gut werden, du wirst sehen..."

Dann wandte er sich wieder an Boris:

„Was hat du denn verdammt nochmal andauernd mit deinen Serben? Welcher Serbe? Alex kann noch nicht einmal Serbisch! Hast du denn immer nur das im Kopf?"

„Das, ja!", wurde Boris laut. „Seitdem du in Split bist..."

Er verschluckte sich, schluckte schnell und begann wieder: „Seit du nach Split gekommen bist, passiert das ganze Unglück. Warum bist du denn nicht dort geblieben, in deinem blöden Temeswar oder wo auch immer? Der Serbe kommt mit seinem Sohn und macht unser Leben kaputt. So macht ihr es immer."

„Welche ihr?"

„Ihr, du. Du, Vlade Divac. Genau so. Vlade Divac und... und Dražen Petrović."

Er schaute Boris an, seine erbitterte und gerötete Erscheinung. Ihm wurde bewusst, welche Geschichte sein ehemaliger Freund konstruiert hatte. Auch vorgestern, auf dem Friedhof, hatte er Vlade Divac erwähnt, den Serben Vlade Divac. In den hiesigen Kreisen der Basketballfans zirkulierte die Geschichte der zwei Freunde in der goldenen Mannschaft Jugoslawiens, der Serbe Divac und der Kroate Petrović, die beide nach Amerika gingen und deren Freundschaft mit dem Zerfall Jugoslawiens ein abruptes Ende fand. Dražen Petrović wurde einer der Besten und von einer Mannschaft des NBA rekrutiert. Es heißt, dass er danach vielen jugoslawischen Basketballern, einschließlich Vlade Divac, geholfen hatte, Verträge in Amerika zu bekommen. Eine Legende besagte, dass Vlade seinen jetzt kroatischen Freund so sehr hasste, dass er Dražen bei einem Spiel der NBA auf die Hand trat, als dieser gestürzt war. Manche nahmen an, dass das eine Geschichte war, die kroatische Nationalisten erfunden hatten oder dass es sich andernfalls, wenn sie wirklich wahr war, um einen Unfall handeln musste. Andere sagten, dass alles genau so geschehen sei und dass Vlade Divac einmal eine kroatische Flagge aus einer Halterung gerissen hätte. Andere erklärten, dass die beiden eigentlich nie gute Freunde gewesen waren und dass die ganze Geschichte mit ihrer engen Beziehung von serbischen Propagandisten und jugoslawischen Nostalgikern erfunden worden war. Aber mindestens einer von ihnen konnte nichts mehr bestätigen oder negieren: Dražen Petrović war 1993 bei einem Autounfall in Deutschland gestorben. Er war damals achtundzwanzig Jahre alt. Vlade Divac hingegen lebte weiter und ging in die Geschichte des serbischen, jugoslawischen und amerikanischen Basketballs ein.

Als er jetzt Boris anschaute, verstand er – oder ihm schien, dass er versteht – dass dieser Angst hatte. Er hatte vor etwas Angst. Darum wurde er wütend und regte sich so sehr auf: Er hatte mehr Angst als je zuvor.

„Ach, hör einfach auf mit diesen Geschichten“, sagte er mit einer nervtötenden Ruhe. „Du weißt ganz genau, dass es nicht darum geht. Nicht um Serben, Kroaten und anderen jugoslawischen Blödsinn von euch. Es ist wegen des Bosniers, stimmt's?“

Er fixierte Boris und achtete auf seine Reaktion. Boris öffnete den Mund, sagte aber nichts: Er blieb so, mit halboffenem Mund. Seine in Fettpolster eingehüllten blauen Augen zwinkerten oft. Die Angst schien sich auf ihn zu übertragen.

„Es geht um den Bosnier“, wiederholte er nachdrücklich. „Um Emin. Ja, Marina?“

Und er schaute kurz zu ihr. Marina nickte leicht.

„Du bist verrückt!“, schrie Boris fast. „Du bist…, du bist wie Frane. Und du wirst genauso wie er enden, pass nur auf.“

„Vielleicht. Vielleicht ja. Aber du dann auch, weißt du?“

Er dachte mit einer gewissen Erleichterung daran, dass es ganz genau so sein könnte, dass die ganze Geschichte auf diese Weise aufhören könnte.

Auf dem Flur war die zitternde Stimme von Giulia zu hören:

„Papa! Mama!“

Giulia kam mit kleinen, eiligen Schritten auf sie zu, begleitet von einem jungen Arzt mit einem bräunlich-fahlen Gesicht. Ihr rechter Arm war geschient und in einen Verband gelegt und am Hals trug sie eine eher kleine Halskrause.

„Es ist nicht so schlimm, wie es aussieht“, nahm der Arzt die vorherige Litanei wieder auf, während sich Giulia unbeholfen und vorsichtig von Boris und dann von Marina umarmen ließ. „In zwei Wochen ist sie wieder fit.“

„Und Alex?“, fragte er schnell.

„Ach, der Junge? Bei ihm war es etwas komplizierter“, antwortete der Arzt und blickte zu Emilia, die ihn verwirrt fixierte. „Machen Sie sich keine Sorgen, er wird wieder gesund. Wir mussten ihn aber operieren, denn er hatte drei gebrochene Rippen und einen leichten…“ Er verstand nicht gut, was der Arzt am Schluss sagte. Etwas mit Kopf, etwas mit dem Kopf. Diese blöde Sprache!

„Was, wie? Was war mit dem Kopf? Was hat er dort?“

Der Arzt sah ihn aufmerksam an – und etwas misstrauisch, wie ihm schein. Er wiederholte langsamer:

„Ein Schlag auf den Kopf. Es ist nichts Schlimmes. Er wird sich erholen. Und es bleiben keine Folgen. Wir haben ihn… wir haben ihn geröntgt…, verstehen Sie? Sind Sie Serbe?“, fragte er plötzlich.

„Rumäne. Aus Temeswar“, antwortete er erleichtert und reichte ihm die Hand. „Jivan.“

„In Ordnung, Herr Jivan. Es wird alles gut.“

Gar nichts wird es! Er zog Emilia neben sich und fasste sie fest an der Taille.

„Es ist gut, es ist gut“, versicherte er ihr.

„Wir müssen ihn aber ungefähr zwei Tage hier behalten, zur Beobachtung“, setzte der Arzt fort. „Jetzt schläft er, wissen Sie, das ist sehr gut. Ich bitte Sie, mitzukommen, und Sie auch“, sagte er, sich an Boris und Marina wendend. „Wir müssen ein paar Formulare ausfüllen.“

Er sah Emilia fragenden Blick.

„Alles in Ordnung, Emi. Nur, dass er noch hierbleiben muss, unter Beobachtung. Er hat drei gebrochene Rippen und wurde auf den Kopf geschlagen. Hab keine Angst, es ist nichts Ernstes, nichts Ernstes“, fügte er schnell hinzu.

Er nahm sie in den Arm und umarmte sie fest, mit ihrem Kopf an seiner Brust.

„Es ist nichts Ernstes, Emilia, wirklich, es ist nichts Ernstes. Alles wird gut, du wirst sehen. Alex wird wieder gesund.“

20.30 Uhr (Der Bericht von Giulia)

„Wir spazierten am Strand, mehr nicht. Wir liefen einfach so von Bačvice bis Zenta und noch weiter am Meer entlang und kamen bis nach Žnjan. (Alex hatte ihr von seinem Lyzeum in Temeswar erzählt, sie von ihrem Lyzeum Marko Marulić in Split; jeder hat mit seinen Freunden und Freundinnen angegeben und sich daran erinnert, wie sie ihre Lehrer geärgert hatten, Alex erfand dabei eher die Geschichten, denn es konnte ja keiner überprüfen, und sie erzählte ziemlich gleichförmig – war doch eigentlich egal – davon, wie sie mit ihren Freundinnen statt zur Schule an den Strand ging, von ihrer Direktorin, die eine Kuh war, eine richtige Kuh, nur dass ihr die Hörner fehlten, wir haben auch so eine Kuh, in Physik, und wohin geht ihr aus?, bei euch gibt es doch kein Meer, richtig?, nein, aber wir haben paar wunderbare Strandbäder, eine Menge Strandbäder, ganz nahe, du wirst sehen, einmal sind wir mit der ganzen Klasse ins Strandbad gegangen, wir saßen dort rum und waren baden und haben uns bräunen lassen, ich habe ein Bier getrunken und was glaubst du, wer plötzlich erschien?, ausgerechnet unser Mathelehrer, wir hätten die letzte Stunde mit ihm gehabt, also kam er auch dorthin, denn wozu sollte er denn in der Schule herumsitzen, weiß du, und da erstarrte ich, aber der war schwer in Ordnung, lachte und sagte, dass er uns Unterricht im Freibad, im Wasser, gibt, und Alex hielt sie an der Hand und sah sie beinahe unentwegt an, sie hatte den geflochtenen Zopf auf dem Rücken, eine Kaskade von goldenem, leicht gewellten Haar, gehst du in Clubs?, natürlich, auf jeden Fall, sagte Alex, mein Vater erlaubt es nicht, er sagt, dass es gefährlich ist.) Dort war ein abgelegener Strand, neben dem Hotel Zagreb. Weißt du, Papa! Dort, am Hotel, wo deine Leute mit den Renovierungen beschäftigt sind."

Das hatte er nicht gewusst. Er schaute fragend zu Boris:

„Renovierst du das Hotel Zagreb?"

„Ich habe… ich habe einen Geschäftspartner, mit dem ich das…", sagte er durcheinander. „Was spielt das für eine Rolle?" Boris drehte den Kopf langsam zu Giulia.

„Wir waren dort, am Strand", fuhr Giulia eilig fort, „und da war eine gemauerte Ruine vor uns, mit einem verrosteten Turm auf dem Hügel. Wir sind dort hochgestiegen, in diesen verlassenen Park hinter dem Hotel. Ich war ziemlich müde, Alex auch. Deswegen haben wir entschieden, uns bisschen auszuruhen, und haben uns auf eine Bank gesetzt. (Sie setzten sich in den Schatten einer Pinie, auf eine Bank, von der das Holz abplatzte. Sie lehnten sich aneinander, Alex löste seine Hand von ihrer Hand und legte sie um die Schultern des Mädchens, sie ließ sich weich gegen ihn fallen, sie drehten langsam die Köpfe zueinander, sie küssten sich, zunächst schüchtern und zärtlich, dann nahm Alex ihren Kopf in seine Hände und begann, ihre Lippen mit seinen Lippen zu kneten, sie stöhnte leicht und fühlte, wie seine Hand ihre Schenkel streichelte und dabei versuchte, nach oben zu rutschen, unter das verflucht enge Material der kurzen Jeanshose, sie biss ihn leicht, und nach einer Weile gab Alex auf, legte seine freie Hand auf ihre Taille, fuhr unter ihr Shirt und vorsichtig weiter hinauf, bis zu ihrer kleinen Brust mit der schon harten Warze, die er langsam umfasste.) Wir saßen eine Weile so da und haben geredet."

„Worüber?"

„Über die Schule und über Split. Er hat mir von Temeswar erzählt", redete Giulia weiter. Sie sah ihrem Vater direkt in die Augen, während der Polizist zuhörte und sich alles notierte. „Wir waren ganz allein dort und haben niemand anderen gesehen. Es war niemand dort. Und dann tauchte dieser Mann auf. Ich habe ihn erst gar nicht wahrgenommen, aber er kam direkt auf uns zu."

„Wie sah er aus?", fragte der Polizist.

„Groß, ungefähr so wie ich. Braune Haut und schwarzes Haar."

„Hatte er einen Bart, einen Schnauzbart? Wie sah das Gesicht aus?"

„Nein, er hatte keinen Bart", antwortete Giulia schnell, dann hielt sie inne. „Er hatte ein… gewöhnliches, ovales Gesicht. Mit schwarzen Augenbrauen, die ungefähr so zusammengewachsen waren", zeigte sie. „Er schien sehr böse."

„Wie war er angezogen?"

Giulia kniff die Augen zusammen und versuchte, sich zu erinnern.

„Er hatte ein weißes, kurzärmliges Hemd an und mit … etwas wie Epauletten drauf, aber aus Stoff. Und Hosen, aber ich weiß es nicht mehr. Längere Hosen.“ Plötzlich brach sie in Weinen aus.

„Er hat sich mit uns angelegt. Er sprach wie in Bosnien, das habe ich deutlich gehört. Er wollte Zigaretten von uns und ich habe ihm gesagt, dass wir nicht rauchen. Dann hat er von Alex Geld gefordert, damit er sich Zigaretten kaufen kann, aber Alex hat nicht verstanden und ich habe ihm geantwortet, dass wir kein Geld haben. Und dann… dann hat er gesagt, dass ich mich nicht einmischen soll, dass er nicht mit mir redet, er hat etwas Hässliches zu mir gesagt und mich als Ziege bezeichnet…“

Er zuckte zusammen und schaute wieder Boris an, der versteinert starrte und seine Zähne zusammenbiss. Marina knetete ihre Hände und man sah, dass sie sich anstrengte, nicht zu weinen. Und Emilia schaute ihn verwirrt und voller Angst an.

„…und danach (Sie hatte den Unbekannten angefahren: ‚Weißt du was? Lass uns in Ruhe und scher dich fort!‘ Alex war halb von der Bank aufgestanden, ratlos, aber bereit, sie zu verteidigen) … er hat mich… er hat mir… er hat mich geschlagen und mich am Hals gepackt, hat wieder Ziege zu mir gesagt, dumme Ziege!, und mich so weiter geschlagen.“ (Ohne zu zögern hatte sich Alex auf den Mann gestürzt und ihm linkisch die Fäuste in die Rippen gehauen und auf die Schulter, hatte auf Rumänisch und auf Englisch gerufen: ‚Lass sie in Frieden! *Leave her alone, you dick*‘, der Mann griff sie wieder am Hals und stieß sie in Richtung Bank, sie stürzte böse auf die Hand, hörte, wie sie knackte, spürte einen spitzen Schmerz, sie sah Alex, der von den Fäusten und Händen des Mannes völlig überwältigt war, er schlug ihn methodisch, offenbar emotionslos, aufs Ohr, auf die Wange, auf den Kopf, er stieß ihn auf die Erde und begann, ihn auch mit den Füßen zu bearbeiten, Alex rollte sich zusammen, lag mit den Händen auf der Brust und bedeckte sein Gesicht, und der Bosnier schlug und schlug und ächzte, bis er plötzlich einfach so aufhörte.) „Ihr seid die Botschafter, nur das, das hat er gesagt, und hat ausgespuckt, so richtig voller Ekel. Merkt euch das, ihr seid die Botschafter („Verflucht sind eure Mütter, die euch geboren haben!“) Und dann ist er gegangen, er hat uns nichts weggenommen, weder Geld, noch die Telefone, er hat mir nichts angetan, sondern ist gegangen, er ging in Richtung Meer neben dem kaputten Betonturm entlang, als ob ihn das, was passiert ist, nichts angehen würde.“ (Sie war zu Alex gerannt, der unten lag und stöhnte, die Haare und das Gesicht voller Erde, Blut und Speichel, sie fragte ihn, ob ihm schlecht ist, ob es ihm schlecht gehe, sie weinte, ihr tat der Hals weh, ihr tat der Arm weh, dann holte sie das Smartphone aus der Hosentasche und rief ihren Vater an.)

„Diese Flüchtlingsschweine!“, explodierte Boris plötzlich vor dem Polizisten. „Es war einer von denen. Dort müssen Sie suchen, in diesem Ghetto des Hotels Zagreb!“

„Boris, Boris!“, Marina fasste seine Hand.

„Was Boris?“, riss er sich los. „Lass es mich sagen. Ich habe für dieses Land gekämpft, damit wir unser eigenes Land haben und nicht dieses ganze Pack kommt und uns verhöhnt! Verstehst du?“, wandte er sich an den Polizisten. „Ich will in Ruhe bei mir zuhause leben können. Was soll ich denn machen? Soll ich die Pistole nehmen und selbst dorthin gehen? Ich gehe, wenn du willst, wenn ihr nicht in der Lage seid, etwas zu tun.“

„Wir kümmern uns, Herr Kašteljić, das versichere ich Ihnen.“

„Ich sehe, dass ihr nichts tut!“

„Boris“, sagte Marina wieder mit verlorener Stimme.

Er sah, dass sie zitterte. Keiner von ihnen beiden, von ihnen dreien, glaubte, was Boris sagte und alle wussten es.

„Fräulein, würden Sie den Mann wiedererkennen, wenn Sie ihn sehen?“, fragte der Polizist, der sich zu Giulia umgedreht hatte.

Giulia nickte automatisch und stöhnte. Der Hals tat ihr immer noch weh. Ihr Gesicht war rot und vom Weinen verzerrt.

22.18 Uhr

„Nein, Vlad, das kannst du gleich vergessen! Ich lasse Alexandru nicht allein in dieser Nacht. Ich bezahle alles, das ist mir egal. Ich schlafe neben seinem Bett, ich schlafe auch vor der Tür, wenn es sein muss, verstehst du? Rede bitte mit den Ärzten! Rede mit ihnen, hörst du?"

Emilia war fest entschlossen, sodass er nicht insistierte. Er suchte einen Arzt und überzeugte ihn, Emilia bei Alex zu lassen. Der Junge schlief mit dem Kopf im Verband und in einer unbequemen Haltung.

Er dachte nicht daran, hier zu bleiben. Er konnte sich gerade so noch auf den Beinen halten.

„Ich komme morgen früh wieder", versicherte er und streichelte ihr die Schultern. „Aber ich kann nicht hier bleiben, glaub mir. Ich kann nicht." „Ich weiß, Vlad", sagte Emilia ruhig. „Mach, was du willst, aber mach keine Dummheiten, ja? Mir reicht diese Geschichte, die reicht mir vollauf. Und ich verstehe nichts von dieser vermaledeiten Sprache!", brach es aus ihr heraus und sie begann zu weinen. „Ich fühle mich wie eine Idiotin. Du und deine neurotischen Freunde… siehst du, was passiert?" Sie zeigte mit zitternder Hand auf das Bett mit Alex.

„Nein, Emi, nein", beruhigte er sie und nahm sie in den Arm. „Sag das nicht. Lass doch die Sprache, das ist doch jetzt nicht wichtig. Bleib du bei Alex… Bleib bei ihm. Du wirst sehen, dass er wieder gesund wird. Er wird gesund werden, hörst du?"

Emilia nickte und schluckte einen Knoten hinunter. Sie weinte und sie ärgerte sich, sie ärgerte sich über die Stadt, die Menschen, sogar über ihn mit seinen Freunden und Geheimnissen. Ihm wurde bewusst, dass Emilia einfach nur bei dem Jungen bleiben, an seinem Bett sitzen und ihn bewachen wollte.

„Geh nur, Vlad, geh nur, wenn du willst. Ich passe auf Alex auf."

„Ich weiß, Emi. Ich weiß, meine Liebe."

22.35 Uhr

Er blieb neben dem BMW stehen und fuhr mit dem Finger über die Stelle, wo die Motorhaube einen Kratzer bekommen hatte, nach dem Vorfall mit dem Militärlastwagen. Er dachte nach. Er holte das Telefon raus.

„Hallo, Boris. Ich gehe zur Disco Titanic. Willst du nicht deine Pistole nehmen und mitkommen?"

Einen Moment sagte Boris nichts. Dann begann er mit ärgerlicher Stimme:

„Bist du verrückt, Vlad? Was suchst du dort? Was willst du machen?" „Du weißt, was ich suche. Tu nicht mehr so", unterbrach er ihn. „Du weißt das sehr gut – und Marina auch." Weil Boris wieder schwieg, fügte er hinzu:

„Der Bosnier, Boris. Emin. Er war es, der Bosnier. Vielleicht hatte Frane recht. Wir müssen diese ganze Geschichte beenden. Ich weiß nicht genau, wie, aber es muss sein. Brauchst du noch mehr Erklärungen? Los, komm mit, genau wie damals. Lass es uns zu Ende bringen."

„Du bist verrückt", wiederholte Boris.

„Der Bosnier, Boris. Er war das. Nicht irgendein Flüchtling. Du hast das schon vorher gewusst. Er ist dort – irgendwie ist er dort."

„Fick dich!", schnauzte ihn Boris an.

„Das hat gestern Abend auch Frane zu mir gesagt", witzelte er und spürte, wie Boris der Atem stockte. „Verstehst du nicht? Noch nicht einmal jetzt? Willst du denn nicht, dass es endlich aufhört?"

„Es hat schon längst aufgehört, Vlad. Diese Geschichte ist schon lange zu Ende." „Ist sie nicht. Lüg nicht mehr, du weißt auch, dass das nicht stimmt. Nur, dass du Angst hast, das ist es", stachelte er ihn an. „Sonst würdest du mit mir mitgehen, wie du selbst gesagt hast, du würdest jetzt nicht mehr zögern. Das machst du jetzt nämlich: Du schiebst es auf. Du kommst nicht davon, du schiebst es nur auf. Seit zwanzig Jahren schiebst du es auf."

„Du bist verrückt, Vlad, geh zum Arzt", sagte Boris verstockt. „Oder geh nicht, denn das hat keinen Sinn. Du bist verrückt, wie alle Serben. Weißt du was? Mach, was du willst, es ist deine Sache, aber lass mich bitte in Ruhe. Jetzt muss ich mich um Giulia kümmern. Sie hat genug wegen deines Sohns gelitten."

„Wegen meines Sohns? Wie…"

Aber Boris hatte aufgelegt.

Er lachte böse. Dann überlegte er. Ja, er hat Angst, der große Kriegsheld hat Angst! Von irgendwoher aus dem Tal hörte man die Meereswellen und um ihn herum zirpten die *Cvrčci*.

Es war eine klare Nacht, mit einem großen, fast vollen Mond. Er riss die Fahrertür des BMW auf, stieg ein und startete den Motor. Dann überlegte er es sich anders. Er stieg aus, schloss sorgsam zu und ging in Richtung Tal, auf einer schmalen Straße, die zur Adria führte. Als er am Strand ankam, wendete er sich nach links und ging am dunklen Meeresufer genau den Weg entlang, den er einmal mit Emilia gegangen war und den heute Alex und Giulia gelaufen waren. Diese beiden traurigen Botschafter.

Epilog

12
Daleka obala

Die an die Hügel geschmiegte Stadt wurde langsam ruhig. In den frisch gebauten Wohnblöcken in Zenta, nahe am Ufer, gingen hier und da die Lichter aus, wodurch ganze Abschnitte der Häuser mit mehreren Etagen und Balkonen dunkel wurden. Hin und wieder traf er auf eine verspätete und laute Touristengruppe, die aus der Stadt zurückkam, oder – noch öfter – Liebespaare, die sich schweigend und eng umschlungen davonzustehlen schienen.

Er beeilte sich nicht. In seinem Kopf lief der Film rückwärts, genau wie der Weg. Er lief nicht nur zum Hotel Zagreb, zur Disco Titanic, sondern zugleich von 2011 zurück zu 1989. Er ließ den Unfall mit dem jugoslawischen Lastwagen hinter sich und den Tag, an dem er seine Akte beim CNSAS gelesen hatte, er gelangte zu jenem Vormittag, als er die SMS von Pielaru entdeckt hatte und spürte noch einmal den schmerzhaften Druck, der seine Brust beengte, eine stechende Kralle wühlte dort auch an jenem Abend, als er die Empfehlung für den Revolutionär von Herrn Vergil geschrieben hatte. Dann kam der Tag, als er mit Emilia in ihr Haus auf der Letea-Straße gezogen war, der Moment, in dem er Herrn Vergil kennenlernte, der Tag, als Alexandru geboren wurde, die verwirrte Freude von damals, der Abend, als er sich mit Emilia zum ersten Mal liebte, der Abend, als er vor der orthodoxen Kathedrale in Temeswar angeschossen wurde, und die Diskothek im Haus der Studenten. Und jetzt näherte er sich Duilovo.

Es war niemand zu sehen und das schwache Rauschen der Stadt hatte sich völlig verloren. Ringsum waren nur die Wellen und das verzweifelte Zirpen der *Cvrčci* zu hören.

Boris, dieser elende Boris hatte sich nicht getraut. So war es immer gewesen. Boris hatte sich immer zurückgehalten, gewartet und sich nicht eingemischt. Er kam irgendwie zurecht. Er erinnerte sich daran, was Frane erzählt hatte. Vielleicht hatte es Boris im Krieg genauso gemacht. Wahnsinn, wie er seine Haut verteidigte! Er hingegen ist hier. Er verspürte einen kindlichen Stolz und lächelte, amüsiert von seiner eigenen Tapferkeit. Es hatte wirklich etwas Kindisches: er hatte sich in der Nacht auf den Weg gemacht, ein paar Rechnungen zu begleichen – mitten in der Nacht! Er erinnerte sich daran, wie er einmal, vor langem, als er zehn-zwölf Jahre alt war und die Ferien bei seinen Großeltern auf dem Dorf verbrachte, vor den Kindern damit angegeben hatte, dass er in der Nacht vom Friedhof am Dorfrand ein Kreuz holen wird. Und wirklich kam er mit einem Holzkreuz zurück, das er ganz zufällig herausgerissen hatte, das erste überhaupt, das ihm unter die Augen kann. Die Schläge, die er vom Großvater am nächsten Tag kassierte, als sich die Geschichte im Dorf verbreitet hatte, waren nur ein farbloses Bild aus der Vergangenheit. Er erinnerte sich jedoch sehr gut, als ob es gestern gewesen wäre, an die Angst, die ihn auf dem Weg zum Friedhof und dann vor allem auf dem Friedhof selbst erfasst hatte, die Schwärze, durch die er sich schwer atmend tastete, und dann an die verzweifelte Jagd zurück ins Dorf, mit dem Kreuz in der Hand. Er glaubte nicht an Geister, an Zombies, denn so etwas gibt es nur in Filmen, die Toten waren tot, es gab keinen Grund, sich davor zu fürchten. Nur dass es in der Nacht, in der Einsamkeit, auf dem Friedhof anders ist, es ist nicht mehr wie tagsüber, wenn man ruhig zwischen den Kreuzen über den Begrabenen umherspaziert. Die Nacht macht einen orientierungslos und unsicher.

Jetzt geht es ihm genauso. Er kann sich nicht sicher sein. Vielleicht hat Boris recht, wie damals auch, als er sich weigerte, nach Lora zu gehen. Vielleicht ist dort, im Ghetto neben dem Hotel Zagreb, ein verrückter Geflüchteter – oder sogar mehrere. Er erinnert sich an den Abend, als er mit Emilia den Film *Underground* von Kusturica gesehen hatte, den er fast auswendig kannte. Emilia hat er nicht gefallen. Die sind verrückt, so sagte sie damals. Hysterisch. Naja, es war ein kluger, beeindruckender, sogar bewegender Film, ja, er war bewegend, voller Anspielungen, voller Symbole und Botschaften, aber auch voller Hysteriker. Was soll man aus den Gedankenspielen von Verrückten schon verstehen? Er hatte Emilia verwirrt angesehen. Naja, wie sollte es auch anders sein?

Irgendwie muss es sein Ende finden. Oder wenigstens muss er wissen, dass er etwas unternommen hat, damit es sein Ende findet. Er muss sehen, dass da nichts ist oder dass etwas ist, muss es aber beenden, das Kreuz darüber schlagen. Und mit dem Kreuz in der Hand fliehen. Er lachte. Davor hat sich Boris gehütet, er hat sich immer gehütet. Wie damals, neunundachtzig, als er sich neben Marina drehte und zögerte und zögerte... Wenn er nicht nach Rumänien zurückgekehrt wäre, wenn Renato nicht gestorben wäre, vielleicht hätte er es dann gar nicht riskiert. Eher riskierte er Giulias Leben, denkt er und wird plötzlich wütend. Vielleicht freut sich Boris jetzt, dass er zu Hause angekommen ist und alle Türen gut verschlossen hat – um nichts mehr zu wissen, denn da war ja nichts. Er wartet und wartet, dass es vorbeigeht. Und er zittert, der Blödmann! Dražen Petrović! Ja, Boris sieht sich als ein Dražen Petrović. Vlad ist der Böse und Dražen der Gute! So eine Scheiße. Wenn er im Basketball wenigstens besser gewesen wäre. Keine Frage, er war genau wie er: ein Mittelmäßiger. Er kam nie in eine große Mannschaft. Und außerdem waren Divac und Petrović damals, '89, zusammen. Egal, was danach passiert ist. Das zählt. Du kannst nicht zurück, du kannst nicht so tun, als wärst du nicht gewesen, wo du warst, und als hättest du nicht getan, was du getan hast. Du darfst die anderen nicht dafür zahlen lassen.

Giulia und Alex zum Beispiel. Alex wird gesund werden... So

hat es auch der Arzt gesagt, dass er sich keine Sorgen machen muss. Emilia ist neben ihm. *Catch my fall*, erinnert er sich und lacht in sich hinein. Nein, keine Frage. Wenn Emilia zu jemandem hält und ihn vor dem Sturz bewahrt, dann ist das Alex. So muss es auch sein. Das hier ist seine Geschichte, nicht ihre und nicht die von Alex. Seine und die der anderen. Der arme Alex! Er hat keine Ahnung. Er ist nur der Botschafter. Er und Giulia. Das Mädchen gefällt ihm, natürlich gefällt sie ihm. Ob er mit ihr zusammenbleibt, wenigstens ein bisschen? Wenig wahrscheinlich. Obwohl eine solche Geschichte einen verbindet, das weiß er sehr genau. Giulia – wie Marina. Sie ähneln sich sehr. Und sie ist so jung und frisch. Mit elastischer und glatter Haut, mit diesem jungen, verrücktmachenden Duft, mit der Ungeschicktheit und der Lust, die man damals selbst hatte. Ihn erfasst plötzlich Begehren und er stellt sich Giulia vor, wie sie mit ihm am Strand der Adria entlangläuft: in Bačvice, in Ježinac, auf der Riva. Er streichelt ihr Haar und riecht an ihrem Hals. Wie damals, mit Marina.

Hier, gleich, hinter der Kurve. Er wird an der Disco Titanic vorbeigehen, in den Park hinaufsteigen, zum Hotel, dorthin, wo „Vlade Divac“ geschrieben steht – und fertig. Da wird nichts sein. Mehr als sicher. Oder es wird etwas sein, aber dann wird er es wenigstens erfahren. Er schnauft leicht und beschleunigt den Schritt, wobei er versucht, die Angst, die in seinen Gliedern steckt und die er jetzt gut kennt, zu ignorieren.

Vlade Divac aus Temeswar. Er war nicht von hier, hätte nicht hier sein dürfen. Und trotzdem ist er in einer bestimmten Weise hier. Er spürt es. Wenn er damals, neunundachtzig, in Split geblieben wäre, was hätte er wohl gemacht? Wenn er die Zeit zu ‘89 zurückdrehen könnte. Hätte er im Krieg gekämpft? Er, der Serbe. Vielleicht ja. In der 72. Vojne policije, Kriegspolizei, gemeinsam mit Frane, Boris und Renato. Sie hätten Menschen ermordet, sowohl Soldaten als auch die Zivilbevölkerung, Jugoslawen oder ehemalige Jugoslawen. Oder vielleicht wäre er auch gestorben, wie Renato, wer weiß. Für das Vaterland, für eins der vielen Vaterländer, die sich die Menschen vorstellen, wenn sie verrückt werden. „Für die Ehre des Vaterlandes waschen wir uns zwischen den Beinen", erinnert er sich plötzlich und kichert. Für Großrumänien. Für Großjugoslawien. Für ein unabhängiges Banat. Für ein unabhängiges Kroatien. Für die Ehre eines Mädchens, Marina, Giulia... egal. Er wäre bei ihnen gewesen, bei ihren Toten, Lebenden und Verletzten von hier, aus dem ehemaligen Jugoslawien. Einer von ihnen.

So ist es, sagt er sich, als ob er versucht, sich selbst zu überzeugen. Er war damals mit ihnen zusammen, in jener Nacht. Keiner von ihnen hat diese Nacht vergessen. Ihr kleiner Krieg, den nur sie kennen. *To su bili dani ljubavi*. Das ist wichtig – das will er jetzt beweisen. Der Bosnier zählt nicht. Oder er zählt so, wie es Frane sagt: Er ist in ihnen, er richtet in jedem dasselbe an, jeder schuldig und zugleich nicht schuldig, aber jeder. Sie waren miteinander verbunden, egal wie verschieden sie im normalen Leben sind, sie bleiben wie Kriegskameraden verbunden durch die heroischen und schrecklichen Dinge, die sie getan haben, die erlittenen und die verursachten Schmerzen. Merkwürdigerweise ruft dieser Gedanke eine Art Freude in ihm hervor. Er, der Serbe, der Rumäne, der Banater, kommt, um dieser Geschichte ein Ende zu setzen. Reinen Tisch zu machen. Alex und Giulia zu verteidigen, wie ein Soldat im Krieg. Es ist seine Wahl – nach zweiundzwanzig Jahren. Das hat etwas zu bedeuten. Das zählt.

Er geht um die Kurve. Zuerst sieht er, weit entfernt, undeutlich und flackernd, das weiße Schimmern der Diskokugeln in den Ecken der Diskothek. Ringsherum – Leere. Nur das Meer rauscht und die *Cvrčci* zirpen ohne Unterlass. Beim Anblick der in der Nacht leuchtenden Lichter erschauert er etwas, nur etwas. Er geht weiter, der Atem stockt im Hals. Einer der Fahrstühle fährt langsam zur Terrasse hinunter und ihm ist, als höre er ein bekanntes, rhythmisches Dröhnen. Wenigstens werde ich nicht allein sein, sagt er sich verwirrt und fühlt einen ungestümen Schwung. Er beschleunigt den Schritt. Renato und Frane müssen auch dort sein.

Er atmet die kalte Luft ein. Die Diskothek verschleiert sich und wabert im Dunkeln. Es dauert nur einen Moment. Dann wird sein Blick klar. Er spitzt die Ohren und geht entschlossen auf der betonierten Promenade los. Die Musik wird immer lauter.

Glossar

’Allo ’Allo! — Britische Sitcom, die im von den Deutschen besetzten Frankreich des Zweiten Weltkriegs spielt und von der BBC 1982 bis 1992 ausgestrahlt und auch im kommunistischen Rumänien empfangen wurde. Die Figur Michelle Dubois spricht darin mit stark französischem Akzent die Phrase „Lissen veri cärfülli, ei schel sei zis onli wens…“, die im Roman als Leitmotiv auftaucht.

Altreich — Im Rumänischen: *regat*, Königreich. Die unter Alexandru Ioan Cuza 1859 vereinigten Fürstentümer Moldau und Walachei wurden unter König Carol I. 1881 zu einem Königreich ernannt. Als Altreich wird die territoriale Konfiguration Rumäniens bis zum Ersten Weltkrieg bezeichnet.

Banat — Historische Region im Westen Rumäniens, die bis 1918 zur Habsburgermonarchie bzw. Österreich-Ungarn gehörte. Das Banat wurde von Rumänen, Deutschen, Ungarn, Serben, Roma und anderen Nationalitäten bewohnt. 1918 wurde es zwischen Ungarn, dem Königreich Rumänien und dem Königreich Jugoslawien aufgeteilt und liegt heute in den Staaten Serbien, Ungarn und Rumänien.

Bărăgan — Tiefebene im südöstlichen Rumänien. 1951 wurden Rumänen, Serben, Ungarn, Deutsche u.a. aus der Grenzregion zwischen Rumänien und Jugoslawien aufgrund des politischen Konflikts zwischen Stalin und Tito in den Bărăgan deportiert.

Jasenovac — Vernichtungslager, das im Zweiten Weltkrieg in der Nähe von Zagreb errichtet und von den Ustaša betrieben wurde.

Mladić, Ratko (*1943) — Ehemaliger bosnisch-serbischer General, der 2017 in Den Haag wegen Völkermordes verurteilt wurde. Er war einer der Hauptverantwortlichen für das Massaker in Srebrenica.

Oltenien — Historische Region Rumäniens, auch Kleine Walachei genannt. Für den Protagonisten ist es eine Region, über die er gerne spottet.

Vlade — Vokativform des Namen *Vlad* im Rumänischen, im Serbischen kann es ebenfalls eine Vokativform oder auch ein männlicher Vorname im Nominativ sein, siehe der Basketballspieler Vlade Divac.

Walacher — Ironisch gemeintes Äquivalent zur Bezeichnung der Bewohner der Walachei bzw. auch nur der Stadt Bukarest, im Original *mitici*.

Zigeuner — Vlad, der Protagonist des Romans, bedient einen nationalistischen, rassistischen und insgesamt intoleranten Diskurs, der sich auch in seiner Alltagssprache niederschlägt. Da der Roman in großen Teilen aus seiner Perspektive geschrieben ist, wird auch in der Übersetzung an entsprechenden Stellen seine Ausdrucksweise wiedergegeben. Das betrifft u.a. auch die Verwendung der Bezeichnung „Schwarze“.

Inhalt

NEU START KULTUR

Die vorliegende Übersetzung wurde gefördert vom Deutschen Übersetzerfonds im Rahmen des Programms „Neustart Kultur“ der Beauftragten der Bundesregierung für Kultur und Medien.

Die Beauftragte der Bundesregierung für Kultur und Medien

Impressum

Umschlag: Jolanta Johnsson unter Verwendung einer Fotografie der Disco Titanic in Split von ©Alina Radu
Zitat Rücktitel: Radu Pavel Gheo, Bila jednom jedna zemlja. In: Ders.: Românii e deștepți. Clișee mioritice. Iași 2004, S.146
Satz/ Layout: Jolanta Johnsson

Druck: BookPress, Olsztyn

ISBN 978-3-948156-83-1